KB212360

인천교구 꾸르실료 50년사

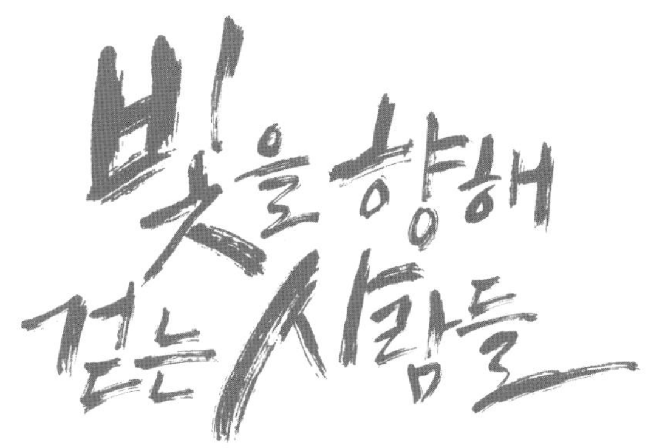

| 차례

| 발간사 |

"주님께서 저들에게 큰일을 하셨구나." (시편126,3)

고동구(힐라리오)
인천교구 꾸르실료 주간

인천교구 꾸르실료 도입 50주년을 맞이하면서 사랑과 은총으로 이끌어 주신 하느님께 찬미와 감사를 드립니다.

50년을 되돌아보며 시편126편 3을 묵상합니다.

"주님께서 저들에게 큰일을 하셨구나."

주님께서 우리에게 큰일을 하셨기에

우리는 기뻐하였네.

우리가 크게 기뻐하는 "인천교구 꾸르실료 도입 50주년"을 맞이하였습니다.

50년 동안에 인천교구 꾸르실료는 12개의 지구 울뜨레아와 129개의 본당 울뜨레아를 구성하였고 19,705명의 꾸르실리스따를 배출하였습니다.

작금에 코로나19의 팬데믹 사태로 잠시 멈춘 듯하지만 실재로 많은 꾸리실리스따들은 각자의 환경에서 크리스천 생활의 꾸르실료를 살아내기 위하여 고전분투하고 있음에 감사드립니다. 모든 일이 그러하듯 힘든 이시기는 반드시 지나갈 것이고, 우리가 고통스러운 현실을 슬기롭게 살아낸다면 주님께서는 더 큰일을 우리에게서 이루어 내실 것을 믿습니다.

우리의 선배님들도 어려가지의 어려웠던 시절을 지혜롭게 살아내심으로서 후배들에게 이처럼 훌륭한 유산을 물려주셨음을 기억해야 하겠습니다.

인천교구에 꾸르실료를 도입하여 주신 (고) 나귀엘모 주교님과 꾸르실료를 사랑해 주신 (고) 최기산 보니파시오 주교님, 늘 격려와 사랑으로 이끌어 주시는 정신철 요한세례자 주교님, 그리고 역대의 모든 지도신부님, 차수지도신부님, 롤료지도신부님, 역대교구의 임원여러분, 차수봉사자분들께 그리고 인천교구의 모든 꾸리실리스따 여러분에게 존경과 감사의 말씀을 드립니다.

50주년을 위해 애써주신 준비위원들과 교구사무국 제23대와 24대 임원여러분에게도 감사의 인사를 드립니다.

그리스도는 당신을 믿습니다!

정신철(요한 세례자) 주교
인천교구 교구장

성 바오로 6세 교황님께서 꾸르실리스따들을 향해 "그리스도와 교회와 교황은 그대들만을 믿는다."라고 말씀하셨습니다. 그 믿음은 꾸르실리스따들의 활동에 확신하였고, 교회 안에서 많은 영적열매를 맺는 것을 보았습니다.

인천교구 꾸르실료는 초대 교구장이셨던 나굴리엘모 주교님으로부터 시작되었습니다. 제2차 바티칸 공의회에 직접 참석하셨습니다. 회의 기간 중 평신도 운동의 중요성을 느끼셨던 나주교님은 스스로 1967년 서울 2차 꾸르실료를 체험하셨고, 1968년 초 인천교구에 도입하여 대건고등학교에서 인천교구의 첫 번째 남성 꾸르실료를 실시하셨습니다. 그렇게 시작한 꾸르실료는 50년의 세월 동안 19,800여 명의 형제, 자매들이 꾸르실료를 체험을 이끌었고, 이렇게 양성된 평신도 지도자들이 교회 안과 밖에서 많은 영적 열매를 맺고 있음을 봅니다.

저는 꾸르실리스따를 보며 부활하신 예수님을 체험한 제자들과 같다고 생각을 합니다. 3박 4일 체험을 통해 신자들은 예수님을 알면서도 잊고 지냈던 주님을 다시 알아보게 되었고, 주님을 전하기 위한 성령의 뜨거움을 간직한 사람들이 되어갑니다. 이로써 세상에 나가 열매를 맺고, 작은 누룩이 되어 세상을 복음화할 것임을 저는 확신합니다.

이런 성령의 뜨거운 체험도 코로나-19로 인한 어려움에 힘들어하고 있습니다. 특히 감염 확산에 대한 두려움으로 영적 활동의 멈춤은 영적인 게으름으로 변하고 있습니다. 이런 시대에 꾸르실리스따는 영적인 게으름에 빠지기보다는 꾸르실료체험 때 결심한 바를 되새기고, 그 결심을 갱신하며 살아가시기를 부탁드립니다.

특히 코로나-19는 가정의 중요성을 알게 하였습니다. 모든 생명이 시작되는 가정 안에서 모든 꾸르실리스따들이 가정교회를 이루고, 그 안에서 기도의 불길을 만들어 간다면, 세상의 복음화의 불꽃은 더욱 크게 커질 것입니다. 그리스도는 여러분을 믿고, 여러분을 필요로 하듯, 저도 꾸르실리스따를 믿고, 꾸르실리스따를 필요로 합니다.

하느님께서 인천교구 꾸르실료가 지속해서 성장하여 그리스도를 위해 많은 일을 하도록 이끌어 주시기를 빕니다. 50주년사 발간을 축하드리며 모든 꾸르실리스따들과 그 가족들에게 하느님의 은총이 충만하시기를 기도합니다.

2021년 12월

빛과 함께 걸어가자

이용현(베드로) 신부
인천교구 꾸르실료 담당사제

2020년 2월부터 시작된 코로나-19로 인해 교회의 모든 것들이 멈춘 것 같은 시간을 보내게 되었다. '우정의 만남'을 중심으로 하는 꾸르실료는 3박 4일 체험을 할 수 없게 되었고, 2년간 인내의 시간을 보내게 되었다. 이 시간 동안 교구장 주교님께서는 교회의 역사를 정리할 것을 당부하셨고, 꾸르실료의 역사를 정리, 체계화하며 50년사를 기획 추진하게 되었다.

교회 내에는 성경으로 전해지는 주님의 말씀과 교회를 이룬 신앙선조들의 가르침인 성전으로 이루어진다. 그 유구한 가르침은 1949년 스페인에서 꾸르실료라는 평신도운동으로 시작하였고 1966년 필리핀 꾸르실리스따들의 도움으로 한국에 도입되었다.

제2차 바티칸 공의회를 통해 평신도가 주축이 되어 교회의 영적 발전에 앞장 서야 함을 느낀 성 바오로 6세 교황님은 적극적으로 꾸르실료 운동의 활성화에 힘을 실어주셨다. 당신 인천교구장인 나길모 굴리엘모 주교님도 교황님의 가르침에 일치하고자 부단히 노력했다. 특히 평신도 교육에 앞장선 나주교님은 본인이 직접 1967년 꾸르실료를 체험하고, 1968년 인천교구에 꾸르실료를 도입했다.

꾸르실료하면 "이상, 순종, 사랑"으로 정의할 수 있지만 "그리스도인 생활의 꾸르실료" "복음화의 누룩" "끊임없는 회심의 삶"으로 표현 할 수도 있다. 평신도 지도자

훈련으로 대표되는 꾸르실료는 1968년 인천교구에 도입되자마자, 급속도로 성장하였고, 지금은 2만 평신도들이 이 영성운동을 체험하고 각자의 삶의 자리에서 그리스도를 증거하며 살아가고 있다.

50년사를 준비하며 그 시간 안에 머물렀던 꾸르실리스따들의 영적 나이테를 볼 수 있었고, 그것이 꾸르실료라는 큰 나무를 이루고 있음을 알게 되었다. 50년, 사람으로 치면 하늘의 뜻을 아는 지천명의 나이이다. 이 50년사를 보는 인천교구 모든 꾸르실리스따가 이 빛을 통해 매 순간 주님의 뜻을 바라보기를 바라고, 이 빛이 주님께로 향하는 영적 나침반이 되기를 기도해본다.

2021년 12월

담담사제 이용현 베드로

제1편

꾸르실료(Cursillo)운동(運動)과 역사(歷史)

제1장
꾸르실료(Cursillo)운동의 역사

1) 용어의 정의

'꾸르실료(Cursillo)'는 스페인어로서, 원형은 Curso인데 영어의 Course와 같은 말이다. 여기에 접미사 -ilo가 붙어 '작은 Curso' 즉 영어로 표현하면 'a little course'라는 뜻이 된다. 우리말로 달리 번역하지 않고 원어를 그대로 써오고 있는 이 '꾸르실료'는 한마디로 짧은 시간에 갖는 회심에로의 여행 즉 회심의 여정을 뜻하는 용어이다.

꾸르실료라고 할 때는 3박 4일만을 의미하며, 꾸르실료 운동이라고 할 때는 꾸르실료 이전, 꾸르실료, 꾸르실료 이후를 다 포함하여 일컫는 말이다. 흔히 '꾸르실료 운동'이라고 줄여서 부르지만 정식 명칭은 '그리스도인 생활의 꾸르실료 운동'이다. 회심의 여정인 꾸르실료는 하느님을 체험하는 그 열정적인 신앙으로 불타게 이끄는 하느님 은총의 초대이다.

2) 꾸르실료 운동의 사회적·종교적 배경

꾸르실료 운동이 탄생 되었던 1940년대와 그 여명기라고 할 수 있는 1930년대의 스페인은 좌우익 간의 내전(1936~1939년)과, 이어진 제2차 세계대전(1939~1945년)으로 매우 혼란스러웠다. 내전은 끝났지만, 그 후 몇 년간 스페인 교회는 격동기를 겪고 있었다. 스페인은 전통적으로 가톨릭 국가이며 모든 시대에 걸쳐 가톨릭교회에 지대한 기여를 했는데, 예수회의 창설자인 로욜라의 성 이냐시오를 비롯해서 아빌라의 성녀 데레사, 십자가의 성 요한 및 성 피터 크레이버 등을 예로 들 수 있다. 이들 성인 성녀들은 스페인 종교 전통이 형성되는데 지대한 영향을 주었다. 그럼에도 반(反) 성직자 중심주의는 스페인의 문화 역사 안에 깊이 뿌리박힌 스페인적 현상이다.

이렇게 스페인의 20세기 전반기는 폭력과 불안정으로 특정 지어진다. 공산주의, 무신론 그리고 반(反) 성직자 중심주의가 많은 스페인 사람들의 생활에 침투했으며, 결국 모로코 주둔 스페인군 사령관으로 있던 파쇼 장군인 프란치스코 프랑코의 쿠데타로 군사 독재가 시작되었다. 그는 전쟁에 지친 이 나라에 평화와 질서를 세우려고 노력했으나 내전의 상처를 입은 나라로서 전쟁으로 받은 빈곤과 혼란, 도덕성 상실, 비인간적 형태 등의 사회적 혼란과 부정부패 및 개인주의, 지역주의 등이 스페인 사회상을 대변해 주고 있었다. 꾸르실료 운동이 비교적 평온하고 안정된 프랑스나 이탈리아에서 발생 되지 않고 스페인에서, 그것도 남쪽의 작은 섬 마요르카(Mallorca)에서 탄생 된 데에는 다음과 같은 몇 가지 요인을 생각할 수 있다.

그 첫 번째는 스페인의 국민성을 이루고 있는 스페인 기질이다. 이 스페인의 기질은 종교적으로 보수적인 기질로서 가톨릭교회의 전통에 근거할 뿐 아니라 두 가지 특수한 문화인 유대 문화와 무어 문화에 영향을 받아 신권주의로서, 종교는 국가에 긴밀히 연관되어 있어야 한다는 인식에 바탕을 두고 있고, 특별히 18세기부터 근세에 이르기까지 있었던 수차례 내전의 역사에서 스페인의 기질이 형성되었다고 말할 수 있다. 내전의 성격은 모두 종교적 전쟁이었다. 이러한 전쟁은 어떤 측에 속했든 간에 그들은 끈질긴 투지와 전적으로 투신하는 적극적인 근성을 만들었다. 둘째는 어떠한 역경 속에서도 스페인의 가톨릭교회는 아주 강한 힘을 가지고 있었다는 것이다. 셋째는 마지막 내전(1936~1939년)으로 인한 사회의 혼란으로 무관심과 세속주의의 출현, 특히 공산주의 위협 등 여러 가지 요인들에 대한 반작용이다. 넷째는 유대교와 이슬람교에 의해 짙게 채색된 스페인의 가톨릭 특성이다. 신성을 강조하고 교회와 국가는 불가분의 관계라고 생각하는 것이 유대교와 이슬람교의 영향이다. 예를 들면 꾸르실료 운동의 탄생 동기를 부여했던 산티아고 데 콤포스텔라(야고보 성인의 무덤이 있는 성지)는 중세기 이슬람 시대의 성역이었고 이슬람 시대 후에도 그리스도교의 메카였다. 이곳은 이슬람교도를 공격하는 목표로서 상징성을 가진 성전(聖戰)의 의미를 가졌으며 그 성전(聖戰)은 순교이고 천국으로 들어가는 방법으로 받아들였다. 그것은 바로 꾸르실료를 탄생시킨 투쟁적 기질이 되었다.

또한 내전 후의 혼란 속에서도 스페인의 종교적 환경이 지적으로는 고풍의 중세기적 전통이 짙었고 학자풍이었으며 신심은 수덕 중심인 수도원적 전통이었다. 반면에 스페

꾸르실료 발상지 호노라토 수도원 입구

인 문화 역사 속에 깊이 뿌리 박고 있는 스페인적 현상인 반(反) 성직자 중심주의인 진보주의적 성향이 여전히 잠재해 있는 이중적 환경 속에서 특별히 유대계 인들이 많았고 증거자의 사상이 강한 이슬람교도가 오래 머물렀던 스페인 남쪽에서 꾸르실료가 탄생했다. 꾸르실료의 창시자들은 세상의 모든 문제를 해결할 수 있는 유일하고 완전한 해결책은 바로 가톨릭교회가 가르치고 있는 진정한 그리스도인 정신이라는 인식을 갖게 되었다.

그들은 안이한 것만 찾고, 비활동적이며, 사회 풍조에 영합하려는 정신을 배격했다. 그들은 바오로 사도처럼 세상을 구하기 위한 방법은 오직 그리스도밖에 없다는 신념을 가졌다. 바오로는 성령의 능력만이 오로지 땅의 얼굴을 새롭게 할 수 있다고 인식하였고, 그리스도 안에서만 지혜와 정의와 거룩함과 구원을 찾을 수 있고, 그것이 바로 세상이 필요로 하고 있는 것 이라고 믿었다.

꾸르실료 창시자들은 또 사도직이란, 그리스도인 생활 가운데 덤으로 하는 직분이 아니라 그리스도인 생활 자체의 요구이며, 그리스도인 생활이 바로 사도직 생활이라는 신념을 갖게 되었다. 그것은 외형적인 활동 기구만을 조직하는 것이 아니라, 참으로 세상의 누룩이 되고 소금이 되려는 그룹을 형성하여, 행동적이고 활기 있는 그리스도인 공동체로서 생활하려는 신념이었다. 후안 에르바스(Juan Hervas) 주교와 보닌(Bonin) 형제 등 꾸르실료운동을 시작했던 사람들은 물론, 그 후 계속하여 꾸르실료 운동에 참여했던 사람들은 이와 같은 이념적 배경, 곧 마음의 자세를 갖고 있었다.

이 같은 이념적 배경을 가진 꾸르실료 운동의 창시자들은 제2차 바티칸 공의회(Concilio Vaticano II)를 준비하고 능동적으로 참여했다. 꾸르실료는 제2차 바티칸 공의회 이전에 시작되었지만, 공의회가 갖고자 하는 정신으로 이미 살고 있었다. 그뿐 아니라, 더 나아가 꾸르실료는 성직자와 평신도의 일치 사상을 강조하여 교회 공동체 확립에 역점을 두었다. 공의회가 제시한 정신을 공의회에 앞서 반영하고 실천했던 것이다.

3) 꾸르실료운동의 시작과 전개

꾸르실료운동은 1940년대에 탄생했다. 공식적으로는 1949년 1월 7일에 실시한 꾸르실료를 세계 제1차 꾸르실료라 명명하고 있지만, 이 꾸르실료 운동의 씨앗은 그보다도 훨씬 전부터 싹트기 시작했다. 이것은 스페인의 마요르카에서 열렸던 제3차 꾸르실료 세계대회(1972년)와 카라카스에서 열렸던 제4차 꾸르실료 세계대회(1988년)에서도 확인되었고, 한국 서울에서 가졌던 제5차 꾸르실료 세계대회(1997년)에서도 재확인된 바 있다.

19세기 초에서 19세기 말 사이에 있었던 세 차례의 내전(1821~1823년, 1833~1840년, 1869~1876년)은 스페인 전역을 혼란과 무질서로 만들었고 그 틈 사이에서는 무신론적 경향을 띤 세력의 발생 그리고 그에 가세한 이념 주의 곧, 좌익 혁명적 노선의 세력 등이 고개를 들었으며, 1930년대까지 접어들게 되었을 때 가톨릭교회 일각에선 내전 이전에 향유 했던 교회의 강하고 신앙으로 가득 찼던 그 모습을 되찾아야 한다는 기운이 일기 시작했다.

그뿐만 아니라 그들은 당시의 사회현실을 극도의 무질서와 그 무질서 안에서 발생된 죄의 권세가 사회 전반을 지배하고 있고, 그로 인하여 만들어진 반(反) 그리그도적 · 비(非) 그리스도적 환경이 사회의 구조적 모순을 만들고 있다고 믿었으며, 그것을 역전시켜 그리스도적인 세상으로 만들어야 한다는 생각을 가지게 되었다.

그 무렵 개최되었던 스페인 가톨릭 청년 연합회 제2차 총회(1932년)에서 다음 제3차 총회를 1937년에 개최하면서 그 기간 동안 스페인과 라틴 아메리카의 젊은이들과 함께 산티아고 데 콤포스텔라로 대대적인 순례를 시행하기로 확정했으나 1936년 내전이 다시 일어나 중단되고 말았다. 1939년 내전이 끝나자 젊은이들은 즉시 조직을 정비하여 산티아고 순례를 위한 계획을 세우고 발표했다. "10만 명의 모든 젊은이 산티아고로!"라는 구호 아래 목표 달성을 위하여 국가위원회의 주도 아래 모든 교구에서 "순례자들을 위한 상급반 꾸르실료"를 실시했고, 각 교구에서는 모든 성당에서 "순례 지도자들을 위한 꾸르실료"를 실시했다. 그중 마요르카 교구는 "순례자들을 위한 상급반 꾸르실료"를 요청한 첫 번째 교구였다.

최초의 꾸르실료는 1941년 4월 Nuestra Señora del Liuc(누에스트라 세뇨라 델 리욱)에서 열렸다. 그뿐만 아니라 같은 해에 마요르카 교구 청년연합회 젊은이들은 별도로 순례 지도자를 배출하기 위해 "순례 지도자"라는 이름으로 9번의 또 다른 꾸르실료를 그들 독자적으로 실시했다. 한편 상급자 꾸르실료(전국협의회)에 봉사했던 젊은이들중 에두아르노 보닌 형제와 몇몇 마요르카 젊은이들 사이에서는 순례가 시행되기 이전부터 순례만을 위한 꾸르실료보다는 교회의 운동으로 발전되어야 한다는 움직임이 일고 있었다.

꾸르실료의 과정은 침묵 피정 등 "이냐시오의 영신수련"의 주요 내용을 종합하여 7일간의 일정으로 실시되고 있었다. 그러나 이 7일간의 일정은 실제로 꾸르실료 주말에 참가하는 이들에게는 여러 가지 여건상 어렵다는 것을 알고 1943년부터 마요르카에서는 순례지도자 꾸르실료의 일정을 3박 4일로 조정하게 되었다. 산티아고 데 콤포스텔라로의 대장정의 순례 준비를 적극적으로 도와주었고, 마요르카 젊은이들의 자유와 창조력을 존중해 주었던 후안 에르바스 몬시뇰이 1947년에 마요르카의 부주교로 임명되었다. 그때부터 순례를 위한 꾸르실료의 준비는 더욱 활기를 띠었고 매주 금요일 사제관에서 준비위원들과 함께 미사와 준비모임을 가졌다.

1948년에 순례는 성공리에 끝났다. 순례가 끝난 후 에르바스 주교를 중심으로 봉사자들은 이제껏 실시했던 모든 꾸르실료를 통해 얻은 중요한 요소들을 더욱 훌륭하게 조화시켰다. 그리고 교회 운동으로 발전시켜 실시하기로 결정하고 "1949년 1월 7일에 산 호노라토 수도원"에서 실시한 꾸르실료를 현재의 그리스도인 생활의 꾸르실료로서 세계 제1차 꾸르실료라고 명명하게 된 것이다. 그 후 1954년까지 100차에 걸쳐 꾸르실료가 실시되었는데, 그때부터 14개 강의와 5개의 묵상으로 구성된 현재와 같은 꾸르실료가 정착되었으며 스페인 전국 각 교구로 확산되었다.

그러나 1956년에 후안 에르바스 주교가 마요르카 교구를 떠나면서 새로 취임한 교구장은 자신이 선종할 때까지 약 10년간 마요르카에서는 꾸르실료를 할 수 없도록 지시하였다. 결국 그러한 조치는 꾸르실료 운동이 스페인에서 남미로 더욱 빠르게 확산

산티아고 데 콤포스텔라 대성당

산티아고 데 콤포스텔라 대성당 중앙 광장

되는 계기가 되었을 뿐만 아니라 전 세계로 확산되는 동기가 되었다.

제2차 바티칸 공의회(1962~1965년)는 교계 제도 내의 성직자 주도의 경향이었던 꾸르실료 운동을 본래의 모습인 평신도 운동으로 활성화하게 하는 전환점을 만들었으며, 현재는 평신도 성직자 협력형 신심 운동으로 자리 잡게 되었다. 제2차 바티칸 공의회가 시작된 직후인 1963년에 교황 성(聖) 바오로 6세로부터 교회 내의 신심 운동으로 인정받았으며, 꾸르실료 주보 성인으로 사도 성 바오로를 정해 주셨다. 1966년에 로마에서 개최된 제1차 세계대회에 참석하신 교황 성(聖) 바오로 6세께서는 "그리스도와 교회와 교황은 여러분을 믿고 있습니다."라는 말씀을 남겨 주셨다.

제1차 꾸르실료 세계대회에는 세계 20여 개국 대표들이 참석했고 세계 울뜨레야도 함께 거행되었다. 멕시코에서는 제2차 세계대회가 개최(1970년)되었고, 그 후 2년 후에는 스페인 마요르카에서 3차 세계대회가 열렸는데 3차 세계대회까지는 세계 울뜨레야도 함께 열렸다. 1988년에는 베네수엘라 카라카스에서 제4차 세계대회가 열렸고, 한국 서울에서는 1997년 제5차 세계대회가 열린 바 있다.

현재 꾸르실료 운동이 전개되고 있는 나라는 세계 60여 개국이다.

제2장
한국 꾸르실료 운동의 도입과 전개

1) 제2차 바티칸 공의회와 1960년대의 한국교회

"평신도는 머리이신 그리스도와 자신의 결합에서 사도직에 대한 의무와 권리를 받는다." (평신도 사도직에 관한 교령3)

제2차 바티칸 공의회는 신자들에게 그 권한을 대폭적으로 이양한 바 있다. "신자는 세례성사로 그리스도 신비체의 지체가 되고, 견진성사로 성령의 힘을 받아 강해졌으며, 주님으로부터 사도직 수행의 사명을 받았다. 신자가 거룩한 백성으로 왕 다운 사제직에 참여하도록 축성된 것은 모든 활동으로 영적 제물을 봉헌하며, 세상 어디서나 그리스도의 증인이 되기 위해서이다." 라고 규정지었다. 물론 이러한 사명은 이미 성서 속에서 주어진 것이었지만 신심이 부족한 신자들에게는 큰 부담이 될 수밖에 없었다. 여기서 말하고 있는 '부담'이란 교회가 신자들에게 주는 큰 영광을 나타내기도 한 것이다.

한국교회는 제2차 바티칸 공의회 이전까지만 해도 많은 대화를 필요로 하는 안타까운 상태로서 일부에서는 신자 재교육론이 일고 있었다. 바로 이즈음에 꾸르실료가 한국에 상륙했다. 당시 한국교회는 타성에 젖어 있었고 아직도 전통적인 민족 신앙이 배어 있어서 피동적인 모습이 확연했다. 따라서 신자들의 자세도 매우 피동적이었다. 계명 중심의 신앙심과 자기중심적 기도만을 되풀이하는 사람이 좋은 신자로 지목되고 있었고, 게다가 당시 국가적으로는 어려운 시기를 맞고 있었다. 이에 신자 중에는 이 땅의 민주화를 위해 투쟁하는 이도 있었고, 또 본의 아니게 교회의 그늘 밑으로 몸을 숨

겨야 할 민주 투사들도 있었다. 이런 상황에서 신자들에게 사도직을 기대하기란 어려운 일이었다. 심지어 사회적 병리를 회피하기 위한 수단으로 입교하는 사람들조차 있어서 집에 성경도 한 권 없는 신자들이 얼마든지 있을 정도였다. 이런 지경에 교회의 혁신을 바라는 신선한 바람이 일고 있었다. 어떻게 하면 가장 짧은 시기에 큰 효과를 낼 수 있는 신자 재교육의 길이 무엇일까 하고 궁리하던 바로 그때 나타난 것이 그리스도인 생활의 꾸르실료였다.

꾸르실료는 분명히 하느님께서 "우리가 받은 성령을 통하여 하느님의 사랑이 우리 마음에 부어졌기 때문입니다."(로마 5,5)라고 생각하지 않을 수가 없다. 그리하여 우리 꾸르실료 운동 안에 성령께서 제2차 바티칸 공의회를 통해 특별한 모습으로 기적을 일으켜 쇄신의 물결을 한국교회에 불어 넣어 주신 것이다.

2) 꾸르실료 운동의 도입

오늘날 꾸르실료운동이 한국교회 전체에 활력을 불어넣는 교회 운동으로 자리 잡은 것은 사실이지만 그 출발은 아주 미미한 것으로 아주 작은 겨자씨가 싹을 내미는 것과 같았다.

1966년을 전후해서 '케빈 오도넬(Kevin O'Donnel)'이라는 미국인이 주한 평화봉사단 단장으로 서울에 머물게 되었다. 그는 이미 여러 차례 한국인의 신앙생활을 경험했고 또 한국인의 토속신앙에 대해서 깊은 관심을 가지고 있었다.

그 무렵, 필리핀에서는 꾸르실료 운동이 매우 열성적으로 불타오르고 있었다. 필리핀의 꾸르실료 운동에 깊이 참여하고 있던 '에드몬드 카이모(Edmundo F.Kaimo)'가 성령의 도움으로 서울에서 '케빈 오도넬(Kevin O'Donnel)'을 만나게 된다.

'에드몬드 카이모(Edmundo F.Kaimo)'는 "한국교회에는 아직도 꾸르실료 운동이 일어나지 않은 것으로 알고 있습니다. 나는 그동안 한국에서 꾸르실료 운동에 대해 알고 있는 교우를 만나본 일이 없습니다." 이런 대화가 오가면서 두 사람은 한국교회에 꾸르실료 운동을 전개시켜 보자는 합의를 하였다.

그 후 '케빈 오도넬(Kevin O'Donnel)'은 혜화동 본당 교우였던 한양대학교 이해남 교수와 문창준 등 몇 사람과 만나 꾸르실료운동의 참뜻을 전하였다. 이때가 1966년 9월이었다. 당시 혜화동 본당 유수철 주임신부와 청파동 본당 김정수 주임신부, 그리고 몇몇 신자들과 수차례 회합을 했지만, 한국 측 신자들은 꾸르실료 운동에 대해 전혀 아는 바가 없었고 다만 신선한 느낌과 기대감과 얼마간의 불안한 느낌이 있을 뿐이었다. 이 회합은 그 후로도 여러 차례 계속되어 드디어 한국에서도 꾸르실료 운동을 시도해 보기로 하였다. 그러나 그 결론 후, 필리핀 꾸르실료 임원이 봉사를 위해 한국에 와야 하는데 일행의 여비가 문제가 되었다. 이때 '에드몬드 카이모(Edmundo F.Kaimo)'가 나섰다.

"그분을 보내겠다"(요한 16,8)더니 마침내 필리핀에서 은인이 나타났다. 그는 꾸르실료를 경험한 후 꾸르실료의 진정한 발전을 위해서 무엇인가를 공헌해야겠다고 생각하고 있었는데 여비 문제가 떠오른 것이다. "기꺼이 제가 부담하겠습니다."라는 대답과 함께 두 차례의 걸친 필리핀 임원단의 여비가 마련되었다.

① 한국 최초의 꾸르실료

1967년 5월 4일, 그동안 유수철 신부와 이해남 교수는 당시 서울대교구장 서리였던 윤공희 주교에게 꾸르실료 실시를 승인받았고 윤공희 주교는 서울대교구장 명의로 필리핀 마닐라의 교구장에게 꾸르실료를 지도해 달라고 서신을 보냈다. 드디어 그날이 온 것이다. 한국 최초로 서울 성수동 본당에서 영어로 된 꾸르실료가 실시되었다. '에드몬드 카이모(Edmundo F.Kaimo)'를 비롯해 12명의 필리핀 신자들이 봉사했고, 윤공희 주교를 비롯해 메리놀회, 예수 고난회, 골롬반회, 과달루페회 소속 신부 6명이 지도신부와 강의를 맡았다.

이때의 지도신부는 메리놀회의 손 신부(Edward Richardson)였다. 회장으로는 에드몬드 카이모, 부회장에는 미국인 케빈 오도넬이 봉사했다. 참가자는 유수철 신부, 김정수 신부와 메리놀회 소속 신부 2명, 그리고 이해남, 문창준, 장진, 현석호, 김정진, 유석진, 김원경 형제 등 모두 21명이었다.

제1차 꾸르실료를 경험한 바 있는 현석호 회장은 이렇게 회고한 적이 있다.

"아주 생소했습니다. 처음엔 우리 모두 어리둥절했습니다. 독특한 피정 방법이라는 생각은 했지만 몹시 궁금한 것도 있었습니다. 그런데 시간이 흐를수록 재미가 있었습니다. 그리고 장소가 민가에 근접해 있었기 때문에 필리핀 봉사 악대(음악부)들의 신나는 가락에 주민들이 놀라기도 했을 겁니다. 한편 악대 소리에 이끌려서 몰래 구경 나온 사람들도 있었습니다. 나중에 안 일이지만 성당에서도 서양 굿을 한다고들 수군거렸다고 합니다. 이제서야 하는 말이지만 그때 한국 최초의 꾸르실료가 지금과 같은 상황이 되리라고는 아무도 상상하지 못했습니다. 간간이 통역도 있었지만, 영어 때문에 상당한 이질감을 느낀 가운데 필리핀 지도팀은 또 한 번의 봉사를 다짐해 주었습니다. 참으로 성령이 충만한 순간순간이었습니다.

② 제2차 꾸르실료 및 최초의 우리말 꾸르실료(제3차 꾸르실료. 1967.8.24.)

제1차 꾸르실료를 경험한 형제들은 우리나라에 본격적으로 꾸르실료를 도입하기 위해서 몇 차례 모임을 갖고 필리핀 임원단을 다시 초청해서 영어 꾸르실료를 실시하기로 뜻을 모았다. 그리하여 1967년 8월 17일 서울 정동 프란치스코 수도원 안에 있는 명도원에서 외국인을 위한 제2차 꾸르실료를 실시했다. 지도신부로는 미국에서 이미 꾸르실료를 경험한 예수 고난회의 박도세(Justin Bartoszek)신부가 맡았고, 회장은 도밍고(Melecio A. Domingo Jr)형제였다.

이때 한국인 형제들은 필리핀 임원들을 도우면서 일주일 후에 실시하게 될 한국어 꾸르실료를 위한 준비를 했다. 이해남 교수 등 10여 명의 한국어 꾸르실료 준비팀은 이미 3개월 전부터 우리말 꾸르실료를 준비하고 있었다. 인천교구 나 굴리엘모 주교도 제2차 꾸르실료에 참가함으로써 인천교구 꾸르실료 도입에 마중물이 되었다. 여름방학을 이용해 '길잡이'를 번역했고 담화 자료도 번역해서 참고해야 했으며 노래도 새롭게 편성하는 등 바쁜 나날을 보냈다. 수십 차례 회합도 계속되었다. 그야말로 혼신의 힘을 기울인 한여름이었다.

1967년 8월 24일, 서울 정동 프란치스코 수도원 안에 있는 명도원에서 한국어 꾸르실료가 최초로 실시되었다. 지도신부로는 유수철 신부가 맡았고, 회장에는 이해남 형제가 봉사했다. 사실 우리말 꾸르실료인 제3차 꾸르실료는 장차 한국에서 꾸르실료 운동이 뿌리를 내릴 수 있느냐 없느냐를 판가름하는 것이었기 때문에 매우 중요했다. 임원진은 그야말로 목숨을 다한다는 각오 아래 봉사했다. 그 모습은 "누가 나에게서 목숨을 빼앗아 가는 것이 아니라 내가 스스로 바치는 것"(요한 10,18)이었다. 마침내 "하느님께서 기쁜 마음으로(2고린 9,7) 우리말 꾸르실료를 축복해 주셨다." 예상외로 우리말 꾸르실료는 대성공이었다. 앞으로 이 땅에 꾸르실료 운동의 초석이 되어지는 그 어떤 순간이기도 했다.

제3차 꾸르실료를 통해 꾸르실리스따 33명이 새롭게 탄생했다. 이렇듯 우리나라에 꾸르실료가 도입되기까지는 필리핀 형제들의 아낌없는 사랑과 봉사가 씨를 뿌렸으며 그 씨앗을 받아 유수철 신부, 김정수 신부, 그리고 이해남 형제 등 초창기 꾸르실리스따들의 피나는 노력이 또 다른 열매가 되었다.

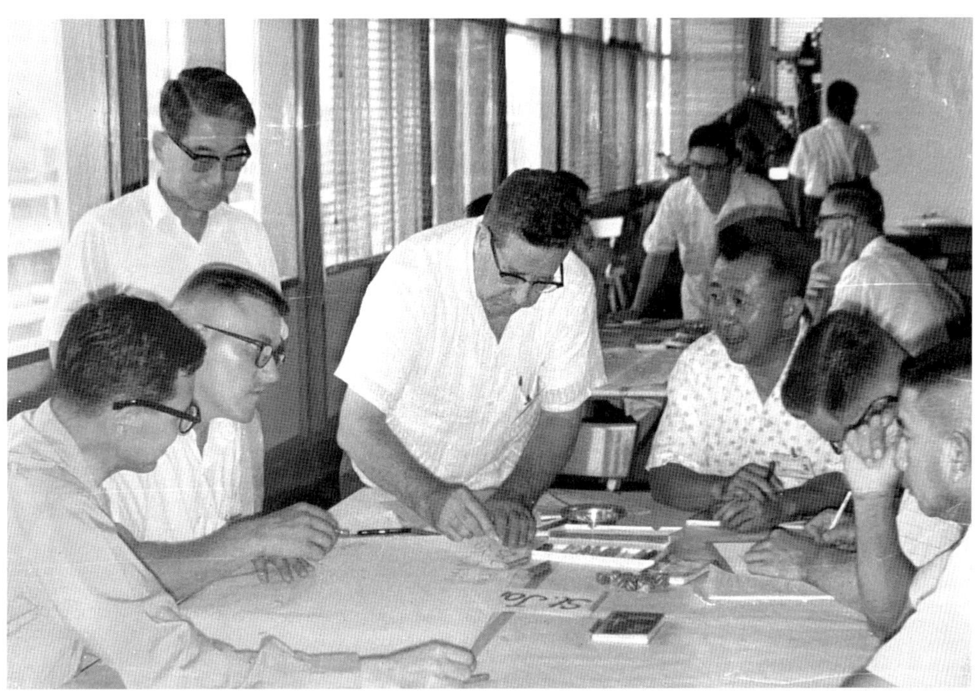

1967.8.17. 제2차 꾸르실료 분단토의 후 그림 요약, 서울 정동 명도원

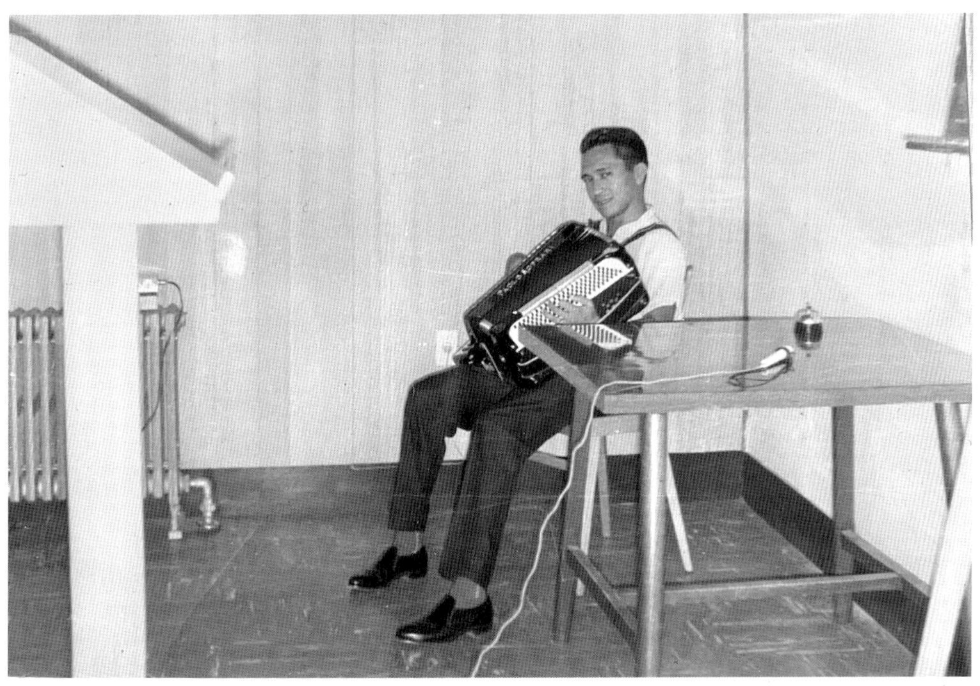

1967.8.17. 제2차 꾸르실료 필리핀 음악부 연주 봉사자, 서울 정동 명도원

1967.8.17. 제2차 꾸르실료 강의실 분단발표, 서울 정동 명도원

1967.8.17. 제2차 꾸르실료 강의 후 글 요약, 서울 정동 명도원

1967.8.17. 제2차 꾸르실료 강의실에서 음악부와 노래연습, 서울 정동 명도원

1967.8.17. 제2차 꾸르실료 강의실에서 롤료 강의, 서울 정동 명도원

1967.8.17. 제2차 꾸르실료 단체사진, 서울 정동 명도원
뒷줄 왼쪽부터 동그라미 표시: 나 굴리엘모 주교, 뒷줄 왼쪽 7번째:박도세 신부, 앞줄 오른쪽부터 4번째:이해남 형제. 6번째:에드몬드 카이모

1967.8.17. 제2차 꾸르실료 필리핀 봉사자, 서울 정동 명도원

1967.8.17. 제2차 꾸르실료 필리핀 봉사자

③ 전국으로 확산된 꾸르실료 운동

우리말 꾸르실료가 대성공을 거두자 초창기 주역 꾸르실리스따들은 자신감을 갖고 제4차 꾸르실료를 준비했다. 아울러 지방 교구에도 꾸르실료 운동을 전파하기 위해 나섰다.

처음 이해남 형제를 비롯해 서울 임원진은 1968년 1월 25일 인천교구에서 씨를 뿌린 것을 시작으로 해서, 같은 해 6월 6일에는 부산교구에, 1969년 1월에는 전주교구에 씨를 뿌렸다. 이어서 서울대교구 꾸르실료 임원진은 광주, 대구, 청주, 원주, 수원, 대전 교구에 차례로 꾸르실료의 씨앗을 뿌렸고, 이 씨를 받은 부산교구는 마산교구에, 대구교구는 안동교구에, 광주대교구는 제주교구에, 원주교구는 춘천교구에 꾸르실료를 전파했다. 그것은 "너희와 함께 계시도록"(요한 14, 15) 하겠다는 약속이었다. 1971년 8월 19일 마지막으로 안동교구에 꾸르실료가 전파됨으로써 꾸르실료 운동은 전국 14개 교구에 완전히 확산되었다.

윤공희 주교는 주교로서 수원교구에서 실시된 첫 번째 꾸르실료에 지도신부로 봉사했고, 인천교구 나 굴리엘모 주교도 인천에서 실시한 첫 번째 꾸르실료의 지도신부로 봉사함으로써 인천교구 꾸르실료에 지대한 영향을 끼쳤다. 황인국 신부는 부산, 광주, 대구교구의 꾸르실료를 지도했으며 이해남 형제는 인천, 부산, 전주, 광주, 대구대교구에서 실시된 바 있는 꾸르실료의 회장으로 봉사했다.

부산교구 제1차 꾸르실료에 임원으로 봉사했던 유석진 박사는 당시에 있었던 일을 이렇게 회상하고 있다.

"당시 부산 교구장이었던 최재선 주교님은 꾸르실료를 받으면서 상당히 심한 저항감을 느끼고 있었던 것 같았습니다. 가끔은 인상을 쓰시면서 괴로운 듯한 표정을 자주 보였습니다. 게다가 다 같이 하는 노래도 함께 하시지 않았습니다, 우리 임원진은 교구장님의 태도에 매우 신경을 곤두세우고 있었습니다. 그러니까 언제쯤에나 주교님의 마음이 열릴까 기다리고 있었습니다. 그런데 마냐니따 때였습니다. 내가 플루트를 불면서 방으로 뛰어 들어가니까 놀란 듯도 싶었지만, 그때부터 약간 감동의 빛이 엿보이기 시작하더니 그 후부터 주교님은 노래도 따라 부르시기 시작하셨습니다. 그런데 드디어 '뛰어라' 시간입니다. 주교님께서 불쑥 단상에 오르시더니 '우리 부산교구에도 꾸르실료를 도입해야겠다. 그런데 플루트가 있어야지!' 하시는 겁니다. 장내는 거침없이 박수와 웃음이 번져 갔습니다. 나는 그 순간 대단히 기뻤습니다. 나의 플루트연주가 주교님의 마음을 움직였구나 싶었던 겁니다. 정작 이렇게 부산 교구장님이 변하니까 그 열성을 모아 서울대교구보다 거의 2년이나 앞질러서 여성 꾸르실료를 과감하게 실시하였고 또 여운으로 오늘날에까지 이른 것입니다. 정말 하느님의 은총이었습니다."

각 교구에 꾸르실료 운동이 도입된 순서로 본 첫 꾸르실료 실시 상황은 〈표1〉과 같다.

꾸르실료 운동의 효과는 이루 형언할 수 없었으며, 꾸르실리스따들은 제2의 개종을 했다고 술회하고 있다. 진정 꾸르실료는 전투적인 주님의 사도를 만들고도 남았다. "나는 너에게 더욱 복을 주어 네 자손이 하늘의 별과 바닷가의 모래처럼 불어나게 하리라"(창세 22, 17) 던 말씀이 꾸르실료 운동에서 이루어졌다.

〈표1〉 각 교구의 첫 꾸르실료 실시 상황

순서	교구	기 간	장 소	지도신부	회 장	배출인원 성/평/(합)	지원 교구
1	서울	1967.5.4.~7	성수동 성당	E.리처드슨	에드몬드 카이모	4/7/(21)	필리핀
2	인천	1968.1.25.~28	대건중고교	나 굴리엘모	이해남	5/34/(39)	서울
3	부산	1968.6.6.~9	사랑의집	황인국	이해남	5/30/(35)	서울
4	전주	1969.1.7.~10	가톨릭 여학생회관	김성지	이해남	4/25/(29)	서울, 부산
5	마산	1969.3.13.~16	부산 사랑의집	조용길	박우순	(40)	부산
6	광주	1969.4.10.~13	예수 고난회 피정의 집	황인국	이해남	4/7/(21)	서울, 전주
7	대구	1969.6.26.~29	왜관 피정의집	황인국	이해남	5/30/(35)	서울, 부산
8	청주	1970.5.14.~17	증평성당	김병일	김정진	3/23/(26)	서울
9	원주	1970.8.1.~4	진광학교	지학순	김기철	6/22/(28)	서울
10	수원	1970.8.6.~9	경기평택 효명중고교	윤공희	김정진	7/27/(34)	서울
11	대전	1970.8.27.~30	대흥동 성당	김덕제	문창준	6/36/(42)	서울
12	춘천	1971.7.22.~25	춘천 죽림동 성당	박영구	장일순	3/26/(29)	원주
13	제주	1971.7.29.~8.1	성 이시돌 교육회관	백용수	이상래	(48)	광주
14	안동	1971.8.19.~22	안동 상지실업 전문대학	곽길우	임학권	5/40/(45)	대구

천주교인천교구
DIOCESE OF INCHEON

제2편

간추린 인천교구 꾸르실료 반세기

제1장
거룩한 열정을 심다 (60~70년대)

1) 꾸르실료운동의 도입

인천교구장 나 굴리엘모 주교

생년월일 : 1926.12.07
사제수품 : 1953.06.13.
주교수품 : 1961.08.24
인천교구장 착좌 : 1962.07.01
인천교구장 사임. 은퇴 : 2002.04.25
선종 : 2020.02. 03.(93세)
인천 교구장 재임 기간 : 1962.07.01.~2002.04.25

인천교구의 꾸르실료운동은 1967년 8월 당시 인천 교구장이었던 나 굴리엘모 주교가 1967년 8월 17일부터 20일에 걸쳐 실시된 서울대교구 남성 제2차 꾸르실료를 수료하면서부터 싹트기 시작했다. 나 굴리엘모 주교는 꾸르실료 운동에 지대한 관심을 갖게 되어 인천교구에 꾸르실료를 도입할 것을 결정하고, 우선적으로 1967년 8월 24일부터 27일에 걸쳐 실시된 서울대교구 남성 제3차 꾸르실료에 강의선(힐라리오) 신부와 오춘근(안셀모) 형제, 김규호(방지거) 형제 등을 참여시켰다. 이어 서울대교구 남성 제4차 꾸르실료에 조태진(요셉) 형제, 박영호 형제, 안정환(요셉) 형제들을 파견했다. 이들은 그 후 나 굴리엘모 주교를 중심으로 하여 꾸르실료를 인천에서 실시하기 위한 준비를 시작했다. 그 결실로 이듬해인 1968년 1월 25일부터 28일까지 인천교구 남성 제1차 꾸르실료가 나 굴리엘모 주교를 지도신부로, 서울대교구의 이해남(요셉) 형제를 회장으로 한 임원진의 지도로 실시되었다.

여성 꾸르실료는 이보다 훨씬 후인 1976년 7월 29일부터 8월1일까지 역시 서울대교구의 권홍자 자매를 회장으로 한 임원진과 송주석 안셀모 신부의 지도로 가정동 '동정 성모 기도의 집'에서 처음으로 실시되었다.

① 인천교구 남성 제1차 꾸르실료〈1968.1.25.(목)~28(일)〉

인천교구에서의 첫 꾸르실료는 1968년 1월 25일부터 28일까지 대건고등학교에서 나 굴리엘모 주교를 지도신부로, 차수 회장으로는 이해남 형제가 수고했고, 강의를 맡아주신 신부들은 유수철 신부, 선 로벨도 신부, 계 에드와드 신부, 장 요왕 신부, 박도세 신부, 김 레오 신부와 강의선 힐라리오 신부이다. 봉사 임원으로는 유석진, 문장준, 오춘근, 조태진, 박용호, 안정환, 김원경, 이태구, 이종성, 김정진, 현석호 형제들이 수고해 주었다. 수료자는 성직자 4명(강성욱 신부, 강용운 신부, 홍종학 신부, 박성규 신부)과 평신도 35명, 총 39명이다. 그리고 당시 꾸르실료 추진 위원회에서 서류화한 제1회 꾸르실료 사용 계획서에 의하면, 대건고등학교 전체 건물의 배치도에는 사용시설, 즉 침실 4개, 롤료실, 소성당, 세면장과 식당 및 취사장의 위치를 상세하게 그려놓고 있다. 제1차 꾸르실료의 수지 현황 보고서에는 수강생 1인 입회비가 약 2,000원이었다. 당시에는 봉사 임원들도 회비를 갹출하였던 것으로 나와 있다(200원에서 600원까지의 범

1968.01.25~28. 인천교구 남성 제1차 꾸르실료 기념. 인천 대건고등학교

위). 그리고 마지막 문구에 '이 외에도 눈에 보이지 않는 막대한 빨랑까로 이루어지다.'로 끝을 맺고 있다.

1968.01.25~28. 인천교구 남성 제1차 꾸르실료 성 바오로 분단.
아래 왼쪽에서 두 번째: 강성욱 신부. 인천 대건고등학교

1968.01.25~28. 인천교구 남성 제1차 꾸르실료 성 요한 분단.
아래 왼쪽에서 2번째: 홍종학 신부. 인천 대건고등학교

1968.01.25~28 인천교구 남성 제1차 꾸르실료 성 안드레아 분단.
위 왼쪽에서 두 번째: 원주교구 원동성당 노세현 신부. 인천 대건고등학교

1968.01.25~28 인천교구 남성 제1차 꾸르실료 성 베드로 분단.
아래 오른쪽에서 두 번째: 강용운 신부. 인천 대건고등학교

1968.01.25~28 인천교구 남성 제1차 꾸르실료 성 야고보 분단.
아래 왼쪽에서 첫 번째: 박성규 신부. 인천 대건고등학교

1968.01.25.~28 인천교구 남성 제1차 꾸르실료 봉사자.
인천 대건고등학교

크리스찬 생활의 꾸르실료
한국 서울 대교구
(마태오 18, 20)
크리스찬 생활의 꾸르실료
주 예수 그리스도여,
실 천 표
크리스찬 생활의 꾸르실료
한국 서울 대교구
그리스도는
당신만을
믿습니다
서 명 란
성 바오로 메꾸리아

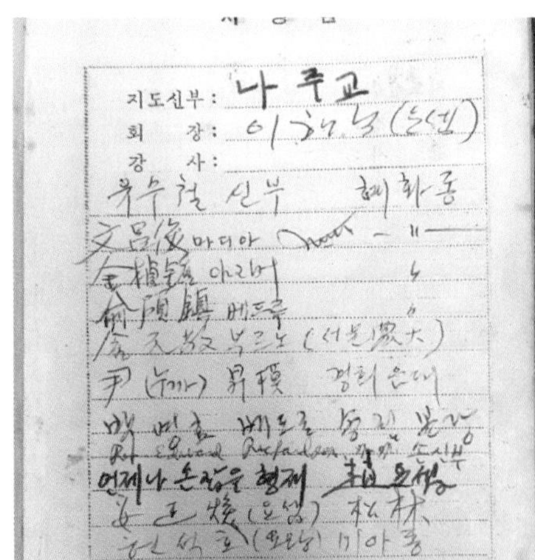
지도신부:
회 장:
강 사:

인천교구 남성 제1차 꾸르실료 길잡이, 실천표

② 꾸르실료 사무국 설치 (1969.11.23.)

인천교구의 남성 제1차 꾸르실료를 마침으로써 인천교구의 꾸르실리스따는 서울 2차 꾸르실료를 수료한 나 굴리엘모 주교를 비롯해 모두 46명(서울대교구 7명 체험)이 되었다. 11월 23일 인천교구 꾸르실료사무국이 발족하였으며, 교구 임원으로 선임된 형제들에게 임명장을 수여하였다. 이 임명장에는 주교의 친필로 지도신부와 교구 임원 형제들의 명단이 함께 기록되어 있다.

당시 사무국 초대 임원으로는 지도신부 강의선(힐라리오) 신부, 주간 오춘근 안셀모(답동), 총무 안 요셉(답동), 교수부장 노 바오로(답동), 신심부장 이 스테파노(도화동), 활동부장 조 요한(화수동), 음악부장 조 요셉(송림동) 형제 등이었다. 사무국 위치는 대건 중고등학교내에 있었다. 즉 총무의 직장 주소를 사무국 임시 주소로 사용하였다. 이 때부터 인천교구 꾸르실료는 본격적인 궤도에 오르게 되어 많은 성직자와 평신도 꾸르실리스따가 배출되기 시작하였다.

1968.06.27~30 인천교구 남성 제2차 꾸르실료. 만수동 복자수도원

인천교구 남성 제2차 꾸르실료는 1968년 6월 27일부터 30일까지 만수동 복자수도원에서 실시하였고 회비는 2,000원이었다. 3박 4일의 교육은 강의선 힐라리오 신부의 지도하에 오춘근 형제가 회장을 맡았고 강의는 홍종학 신부, 선의천 신부, 강용운 신부가 해주었다. 수료자는 성직자 3명(진시노트 신부, 김상용 신부, 최분도 신부)과 평신도 35명 총 38명이다.

1968.10.24~27 인천교구 남성 제3차 꾸르실료. 화수동 성당

1969.10.23~26 인천교구 남성 제4차 꾸르실료.
실시장소는 화수동 성당이지만 사진촬영장소는 대건고등학교이다.(1차 사진 참조)

1968년 10월 24일부터 27일까지 남성 제3차 꾸르실료가 실시되었다. 제3차 꾸르실료는 만수동 복자수도원에서 화수동 성당으로 변경되어 10월 19일 꾸르실료 개최장소 변경에 대한 참가안내서를 각 본당 신부에게 발송하였다. 3박 4일의 교육은 강의선 힐라리오 신부의 지도하에 오춘근 형제가 회장을 맡았고, 강의는 나 굴리엘모 주교, 홍종학 신부, 선의천 신부, 강용운 신부가 해주었다.

1969년 10월 23일(목)부터 26일(일)까지 남성 제4차 꾸르실료가 실시되었다. 회비는 2,500원(사진대 포함)으로 1968년에 비해 25% 인상하였다. 대상자의 자격요건이 1968년도와 비교하여 4)항 학력에 대한 요건이 빠지고 4)항 영세한지 5년 이상 된 자로 자격요건을 변경하였다. 실시장소는 화수동 성당이며 강용운 시몬 신부의 지도하에 노영택 형제가 회장을 맡았고 강의는 나 굴리엘모 주교, 설립안 신부, 홍종학 신부, 박성규 신부가 해주었다. 수료자는 평신도 27명이다.

2) 70년대의 꾸르실료 운동

1970년대 꾸르실료 교육은 남성 10회(제5차부터 제14차)를 실시했고, 1976년 여성 꾸르실료교육이 처음 시작되어 70년대에 7회(제1차부터 제7차)가 실시되었다. 소식지 「데꼴로레스」가 창간되었으며, 1974년 이후 꾸르실료사무국과 교육 장소가 가톨릭 회관으로 옮기는 등 인천교구의 꾸르실료 운동이 1960년대와는 달리 그 면모를 점차 쇄

1970.10.22~25 인천교구 남성 제5차 꾸르실료

1971. 4. 1.

그리스도는 당신만을 믿습니다

데꼴로레스

창간호

인천시 답동 3번지

꾸르실료월보창간에즈음하여

인천교구장··나주교

꾸르실료 통신을 내면서

지도신부 강 의 선 (힐라리오)

참된 사랑을 실천하자

오 춘 근 (안셀모)

「데꼴로레스」 창간호 전면

신하여 인천교구 내의 신부는 물론이고 평신도들에게는 꾸르실료의 인식도를 한 단계 올려놓는 계기가 되었다. 이 기간은 꾸르실리스따들의 사후관리를 목적으로 울뜨레야를 교구, 지구, 본당별로 장착시켜 활성화하려고 주력했으며 꾸르실리스따들의 피정 등에 치중했던 시기였다.

① 「데꼴로레스」 창간 (1971년)

1971년 4월 1일에 꾸르실리스따들의 소식지인 「데꼴로레스」 제1호가 처음으로 발간되어, 제16호까지는 월보로 발간되었으나, 제17호는 1973년에, 제18호는 1974년 4월 발행을 끝으로 휴간되었다. 그 이후 1982년 「빛과 함께」로 이름을 바꾸어 발행되었다.

「데꼴로레스」 창간호 축사 및 격려사를 나 굴리엘모 주교와 강의선 지도신부가 집필하였다.

② 울뜨레야

1971년 7월 17일 교구울뜨레야를 답동성당 회의실에서 개최하였다. 당시 교구 울뜨레야는 지금의 교구 울뜨레야와 다른 형식으로 일 년에 2~3회 열렸으며 그중 한 번은 총회를 겸해 실시하였다. 1978년 7월 9일 박문여고에서 열린 교구 울뜨레야는 10주년 기념행사로 치러졌다. 1971년 12월 19일부터 열리기 시작한 지구 울뜨레야는 초창기에는 시내지구, 부평지구, 도서지구로, 1979년에는 시내 지구, 부평지구, 기타지구, 주안지구로 나뉘어 연 1회~3회 지구 울뜨레야를 개최하였다. 본당 울뜨레야는 1971년도에 각 본당에서 시작하여 인천교구 꾸르실료 틀을 갖추기 시작하였다. 1971년 대구 효성여자대학교에서 열린 제2차 전국 울뜨레야에 참석하였다.

제2차 전국 울뜨레아는 꾸르실료 운동의 붐이 일고 있음을 확신시켜주는 계기가 되었으며 참석자만 해도 제1차 전국 울뜨레아 때의 194명에 비해 729명이나 되었고 교황대사 로톨리 대주교와 서정길 대주교 등 무려 9명의 주교가 자리를 같이하여 한국 교회의 관심이 어디에 있는가를 보여주었던 모임이기도 했다. 제2차 전국 울뜨레아에서는 결의문을 채택하여 일반의 관심을 불러일으키는데 중추적인 역할을 함으로써 각종 매스컴에 꾸르실료 운동이 소개되고 보도되기 시작하였다.

전국 울뜨레아는 1972년 10월 24일 제3차 전국 울뜨레아가 열릴 예정이었으나 이른바 '10월 유신'으로 개최하지 못하고 다음 해 10월 24일 열린 것을 제외하면 1970년부터 1980년까지 매년 1회 실시하였다.

1972년 1월 20일부터 23일까지 서울대교구 여성 2차 꾸르실료에 최용분 자매와 유제현 자매가 수강하였다. 1월 23일 교구 울뜨레아를 답동성당 회의실에서 개최하였으며, 2월 1일 사무국 제2대 임원이 선출되었다.

4월 5일 꾸르실리스따 피정을 송림동 성당에서 실시하였다. 사무국에서는 1972년 3월 1일을 기준으로 꾸르실리스따 명단을 정리하여 발간하였다.

크리스챤생활의꾸르실료

DE COLORES

인천교구 꾸르실리스타 명단

1972. 3. 1.

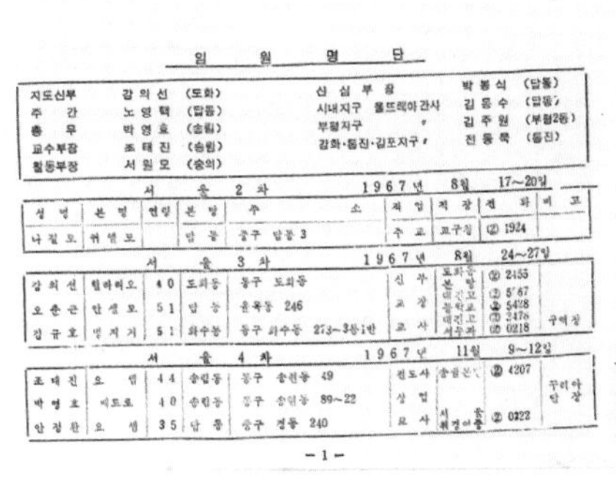

임 원 명 단

지도신부	강의선 (도화)	신심부장	박봉식 (답동)
주간	노영택 (답동)	시내지구 울뜨레아간사	김용수 (답동)
총무	박영효 (송림)	부평지구 〃	김주원 (부평2동)
교수부장	조태진 (송림)	강화·통진·김포지구 〃	전동혁 (통진)
활동부장	서원모 (숭의)		

성명	본명	연령	본당	주소	직업	직장	전화	비고
서울 2차				1967년 8월 17~20일				
나길모	[illegible]		답동	중구 답동 3	주교	교구청	② 1924	
서울 3차				1967년 8월 24~27일				
강의선	힐라리오	40	도화동	동구 도화동	신부	도화동 본당	② 2455	
오춘근	안셀모	51	답동	율목동 246	교장	대건고	② 5'67	
김규호	[illegible]	51	화수동	동구 화수동 273-3통1반	교사	[illegible] 대건고 서무과	② 5428 ③ 2478 [illegible] 0218	구역장
서울 4차				1967년 11월 9~12일				
조태진	요셉	44	송림동	동구 송현동 49	전도사	송림본당	② 4207	꾸리아 단장
박영효	베드로	40	송림동	동구 송림동 89~22	상업			
안정환	요셉	35	답동	중구 경동 240	교사	[illegible] 휘경여중	② 0222	

-1-

6월 7일 꾸르실료 제3대 지도신부로 강성욱 마태오 지도신부(1972.6.7~1975.12.31)가 부임하였으며 8월17일부터 20일까지 남성 제7차 꾸르실료가 실시되었다. 11월 26일 교구 울뜨레아를 답동 사무실에서 개최하였다.

1973년 8월 남성 8차 꾸르실료를 실시하였으며 10월 31일 데꼴로레스 제17호가 발행되었다. 10월 24일에는 서강대학교에서 열린 제3차 전국 울뜨레아에 참석하였다. 제3차 전국 울뜨레아는 1972년 10월 개최하지 못하고 이듬해에 열리게 되어 불행하게도 꾸르실료 운동 역시 역사의 흐름에 많은 지장을 받은 바도 있다. 이날은 제

2차 전국 울뜨레아 때보다 더 많은 꾸르실리스따들이 모여 일대 성황을 이루었다. 김수환 추기경은 미사 강론에서 꾸르실리스따들의 현대적인 소명 의식을 말함으로써 심금을 울렸고, 교황대사 도세나 대주교는 축사를 통해 꾸르실리스따들의 교회에 대한 공헌을 높이 치하했으며 대회 선언문도 채택되었다. 인천교구에서는 75명이 참석하였다.

③ 꾸르실료 가톨릭회관에서 최초 실시 (1974년)

1973년 제2차 바티칸 공의회 정신을 이어받아 평신도 운동을 심화시키기 위하여 가톨릭회관이 건립되었다.

1974년 2월 28부터 3월 3일까지 남성 제9차 꾸르실료가 가톨릭 회관에서 처음으로 실시되었다. 그동안 꾸르실료 교육 장소가 일정하지 않아서 기도의 집 또는 본당 및 학교 건물을 이용하였으나 1974년 사무국이 가톨릭 회관으로 옮기면서 인천교구 꾸르실료 안정화에 마중물이 되었다.

4월 15일「데꼴로레스」 제18호 발행을 끝으로 휴간하였으며 사무국 제3대 임원으로 지도신부에 강성욱 마태오 신부. (1972.6.7.~1975.12.31.) 주간 노영택 바오로 형제가 선임되었다. 4월 28일 교구 울뜨레야를 가톨릭 회관에서 실시하였다.

1976.07.29.~08.01 인천교구 여성 제1차 꾸르실료. 가정동 동정성모 기도의 집

10월 3일 대전 대흥동 성당에서 개최된 제5차 전국 울뜨레야에 참석하였으며 황민성 주교의 환영사와 선언문이 채택되었다.

1975년 2월 27일~3월 2일까지 남성 제10차 꾸르실료가 실시되었다.

④ 인천교구 여성 제1차 꾸르실료(1976년)

1971년 8월 12일부터 15일까지 서울대교구 여성 제1차 꾸르실료에 로즈마리 수녀, 최지선 자매가 수강하였고, 1972년 1월 20일부터 23일까지 서울대교구 여성 제2차 꾸르실료에 최용분 자매, 유제현 자매가 수강하여 인천교구 여성 꾸르실료가 실시될 수 있는 기초를 마련하였다.

인천교구 여성 제1차 꾸르실료는 1976년 7월 29일부터 8월 1일까지 가정동 동정성모 기도의 집에서 실시되었다. 3박 4일의 교육은 송주석 안셀모 신부의 지도하에 권홍자 자매가 회장을 맡았으며 서울대교구 봉사자들이 차수 봉사를 하였다. 강의와 묵상은 나 굴리엘모 주교, 최기복 신부, 김병상 신부, 강용운 신부가 해주었다. 수료자는 수도자 1명과 평신도 40명으로 총 41명이다.

인천교구는 여성 제2차 꾸르실료까지 서울대교구의 도움을 받았지만, 제3차 꾸르실료부터는 인천교구 임원진 단독으로 실시했다.

1977.02.24.~27 인천교구 여성 제2차 꾸르실료

1976년 4월 28일, 11월 14일 교구 울뜨레야를 가톨릭 회관에서 실시하였으며, 10월 9일 광주 살레시오 여고에서 열린 제5차 전국 울뜨레야에 참석하였다. 전국 울뜨레야 참석인원은 2,100명이었으며 윤공희 대주교가 환영사를 해주었다. 인천교구에서는 10월 8일 오전 9시 답동성당을 출발하여 내장사에서 1박을 하고 9일 광주로 가서 울뜨레야에 참석하였다. 인천교구 참석인원은 43명이다.

11월 17일 사무국 제4대 임원이 선임되었다. 4대 임원 개편에서는 출판부가 없어지고 여성부장이 추가되었다. 지도신부에는 송주석 안셀모 신부, 주간에 전희창 토마스 형제가 선임되었다. 1979년 초에 사무국 5대 임원이 개편되었으며 개편에서는 부주간 제도와 차장제도를 도입하여 사무국 임원이 확충되었다. 12월 24일 저녁 7시부터 25일 오전 7시까지 가톨릭 회관에서 "꾸르실료 발전을 위한 요소"에 대한 주제로 동계 피정이 있었다. 참가인원은 남성 꾸르실리스따만 28명이었다.

1977년 1월 16일 교구 울뜨레야를 가톨릭 회관에서 개최하였다. 1월 20일~23일까지 남성 제11차 꾸르실료가 실시되었으며, 당시 수강료는 8,000원이었다. 2월24일부터 27일까지 인천교구 여성 제2차 꾸르실료가 가톨릭 회관에서 실시되었다. 인천교구 제2차 꾸르실료는 수강 후보 자매들이 70명이나 되어 부득이 46명만을 선발하였다.

1977.07.14~17 인천교구 여성 제3차 꾸르실료

수료자는 평신도 44명이다. 5월 5일 꾸르실료 전국 협의회에 참석하였다.

6월 26일 교구 울뜨레야를 박문여고 운동장에서 체육대회로 개최하였다. 7월14일부터 17일까지 인천교구 여성 제3차 꾸르실료가 실시되었다. 당시 수강료는 9,000원이었다. 강의와 묵상은 황상근 신부, 나 굴리엘모 주교, 김병상 신부, 강의선 신부, 강용운 신부가 해주었다. 수료자는 평신도 36명이다.

10월 1일 부산 시민회관에서 개최된 제6차 전국 울뜨레야에 참석하였다. 전국 울뜨레야 참석인원은 2,600명이었으며 김수환 추기경의 미사 강론과 이갑수 주교의 환영사가 있었으며 김수창 신부의 '교회쇄신과 복음화 운동'에 대한 강론이 있었다. 함세웅 신부와 김대중 형제의 가족을 위한 2차 헌금도 있었으며 선언문을 채택하였다. 인천교구에서는 성직자 1명과 수도자 3명, 평신도 45명 총 49명이 참석하였다.

1978년 3월 1일 전국 지도신부, 주간 회의에 참석하였으며, 1월 5일부터 8일까지 인천교구 여성 제4차 꾸르실료가 실시되었다.

1월 12일부터 15일까지 인천교구 남성 제12차 꾸르실료가 실시되었고, 8월 17일부터 20일까지 인천교구 여성 제5차 꾸르실료가 실시되었다,

10월 9일 서울 잠실 학생체육관에서 열린 제7차 전국 울뜨레야에 참석하였다. 전국

1978.01.05~08 인천교구 여성 제4차 꾸르실료

울뜨레아 참석인원은 4,000명이었으며 지학순 주교의 '교회의 지도자들에게'라는 격려사가 있었으며 '우정의 모임'은 생략되었다. 인천교구에서는 성직자 3명, 수도자 4명, 평신도 206명이 참석하였다. 1978년도 교구 울뜨레야는 총 3회 개최되었다. 1차 교구 울뜨레야는 2월 5일 가톨릭회관에서 있었다. 진행은 총회 형식으로 이루어지고 참석인원은 140명이었다. 2차 교구 울뜨레야는 7월 9일 박문여고에서 개최되었다. 참석인원은 135명이고 10주년 기념행사가 있었다. 3차 교구 울뜨레야는 제물포 성당에서 이루어졌는데 참석인원은 110명이고 지도신부의 입국 소감 발표가 있었다.

⑤ 제8차 전국 울뜨레야 개최 (1979년)

1979년 1월 1일 사무국 제5대 임원이 선임되었으며, 1월 11일부터 14일까지 남성 제13차 꾸르실료가 실시되었고, 1월 18일부터 21일까지 여성 제6차 꾸르실료가 실시

1979.10.09 제8차 전국 울뜨레야. 인천 실내 체육관

되었다. 3월 1일 전국 협의회를 인천 가톨릭회관에서 개최하였으며, 7월 26일부터 29일까지 여성 제7차 꾸르실료, 8월 16일부터 19일까지 남성 제14차 꾸르실료를 실시하였다. 1979년 10월 9일에는 제8차 전국 울뜨레야를 인천교구 꾸르실료사무국 주관으로 인천 실내체육관에서 개최하였다. "생동하는 교회"를 주제로 열린 이 울뜨레야는 전국에서 3,500여명의 꾸르실리스따가 참석했다.

이 자리에서 김수환 추기경은 꾸르실료 운동에 대해 다음과 같은 말을 남겼다.

"꾸르실료가 한국에 도입된지 12년 길다면 길지만 그렇게 길지도 않은 세월 동안에 꾸르실료 운동이 우리나라에서 참으로 크게 발전하였습니다. 꾸르실료가 이처럼 전국적으로 회원을 가지고 발전한 것은 전 세계에서도 드믄 경우가 아닌가 생각됩니다. 또한 꾸르실료만 발전해 온 것이 아니라 꾸르실료가 발전하면서 한국 교회가 꾸르실료를 통해서 크게 발전해왔습니다. 꾸르실료를 통해 모든분들의 신앙심이 깊어졌고, 이 꾸

1979.10.09 제8차 전국 울뜨레아. 인천 실내 체육관

1979.10.09 제8차 전국 울뜨레아. 인천 실내 체육관

르실료 운동이 우리나라 신자들의 신앙교육에 크게 이바지했고, 우리의 생활 전체를 새롭게 쇄신하는 활력소를 가져왔다고 봅니다. 또한 꾸르실료 도입은 평신도 사도직 활동 자체에 활력을 불어넣어 참으로 생동하는 교회를 이룩해 주었습니다. 진정 지난 12년 동안에 꾸르실료가 우리 교회 발전에 지대한 공헌을 남겼음을 아무도 부정할 수 없을 것입니다."

제8차 전국 울뜨레야를 위해 송주석 지도신부와 박영철 주간, 서 마리아 수녀를 비롯한 임원들은 6개월 전부터 준비를 했다. 특히 점심을 맛있게 마련하기 위해 업자에게 주문하지 않고 각본당 별로 밤을 지새우며 정성껏 도시락을 준비했다.

이 울뜨레야를 통해 꾸르실료 형제자매들은 내적으로 자신을 쇄신하고 외적으로 이 땅의 빛과 소금이 되어 정의로운 사회를 이룩할 것을 다짐했다.

제2장
뜨거운 열정으로 불타오르다 (80~90년대)

1) 80년대 꾸르실료운동

80년대 꾸르실료 교육은 남성 제15차부터 제54차까지 40회, 여성은 제8차부터 제48차까지 41회가 실시되었다. 70년대는 교육 자체보다는 교육 후 꾸르실리스따들의 사후 관리에 치중했던 것에 비해 80년대는 교육 그 자체에 치중하여 꾸르실료의 목적 그대로 지도자 양성에 주력했다. 처음 꾸르실리스따들의 소식지로 매월 발행되었던 「데꼴로레스」지는 휴간된 이후 마냐니따 미사 주보용으로 바뀌었고 영성 자료집으로 1982년도에 「빛과 함께」로 개칭하여 복간되었다. 그리고 각 본당 간사와 사무국 임원과의 연계 모임은 연수회 또는 피정 형식으로 활성화되어 꾸르실료 운동의 확산기반을 확고히 다졌다.

1980년에는 남성 4회(15차~18차), 여성 3회(8차~10차) 꾸르실료가 실시되었다.

6월 15일 답동성당에서 교구 울뜨레아를 실시하였으며, 10월 9일 대전 충무체육관에서 개최된 제9차 전국 울뜨레아에 참석하였다. 전국 울뜨레아 참석인원은 5,000명이 참석하였으며, '봉사하는 교회'를 주제로 개최되었다. 전국 울뜨레아에 참석하는 꾸르실리스따들은 해를 거듭할수록 숫자가 많아졌고, 외부에서 보면 어떤 정치 세력 집단의 모임으로까지 보였다. 그리하여 정보기관에서는 꾸르실료 운동을 내사하기 시작했고, 주의 깊게 꾸르실료 운동의 방향을 지켜보기도 하였다. 바로 이 무렵, 매년 전국 울뜨레아를 개최하는 것은 어쩌면 성과에 비교해 낭비적인 요소가 크고 나아가 교구 간에 조화를 깨뜨릴 수 있다는 의견이 조심스럽게 대두되었다. 그래서 한국 천주교회 200주년을 맞는 1984년까지 전국 울뜨레아 개최를 잠정적으로 보류해야만 했다. 이러한 우여곡절 끝에 드디어 1987년 5월 5일 한국 꾸르실료 20주년을 기념하는 제10차 전국 울뜨레아야가 대구 실내체육관에서 '성체와 교회 '를 주제로 개최되었다.

1981년에는 남성 4회(19차~22차), 여성 4회(11차~14차)의 꾸르실료를 실시하였으며 1월 8일부터 11일까지 남성 제19차 꾸르실료가 실시되었다. 1월15일부터 18일까지 여성 제11차 꾸르실료를 실시하였으며, 사무국 제6대 임원이 선임되었다. 3월 12일, 13일 전국 지도신부, 주간 회의에 참석하였으며, 4월 2일부터 5일까지 남성 제20차 꾸르실료, 4월 30일부터 5월 3일까지 여성 제12차 꾸르실료가 실시되었다. 5월 23일 교구 울뜨레아야를 답동성당에서 개최하였으며, 7월 19일 사무국 임원 및 각 본당 간사 피정을 실시했다. 송주석 신부가 「꾸르실료와 임원의 자세」에 대해 강의를 해주었고 분과별 토의가 있었다. 참석인원은 59명이었다.

10월 3일 순교자 자료 전시회를 개최하였으며, 11월 1일 제17차 교구 울뜨레아야를 박문여고에서 개최하였다.

① 『빛과 함께』 발간

1982년에도 남성 4회(23차~26차), 여성 4회(15차~18차) 꾸르실료를 실시하였다.

1971년 4월 1일에 창간된 「데꼴로레스」가 처음에는 월보로 간행되었으나 제17호는 1973년 10월 31일에, 제18호는 1974년 4월 15일자 발행을 끝으로 휴간했다. 인

1996~1998 빛과 함께, 통권 34호

1999~2002 빛과 함께, 통권 35호

1981.11.01 제17차 교구 울뜨레아 모음. 박문여고

천교구 꾸르실료 사무국에서는 1982년도의 중요한 사업계획으로 교구 울뜨레아지를 「빛과 함께」 명칭으로 바꾸어 「데꼴로레스」에 이어 제19호로 계간으로 다시 간행하기로 계획하고 1월 15일 꾸르실리스따 영성지인 「빛과 함께」를 발간하였다. 그러나 「빛과 함께」는 출발 당시에는 사무국에서 연 4회 발행하고자 했으나 연 2회씩 1982년도에 제19호(1/15), 제20호(8/7), 1983년도에 제23호(1/22), 제24호(10/14), 1985년도 제25호(1/27), 제26호(10/13)까지 발행되고, 1986년 7월 31일 제27호가 발행되었다. 이후에는 연 1회씩 교구 울뜨레아시 간행되었다가 아쉽게도 2002년 35호를 마지막으로 발행되지 않고 있다.

3월 1일 꾸르실료 한국 협의회에 참석하였으며, 9월 27일부터 28일까지 사무국 임원 및 각 본당간사 피정을 가톨릭 회관에서 실시하였다. 교구 울뜨레아 준비모임(임원, 본당 간사, 해당 임원)을 시작으로 김용환 신부가 「꾸르실리스따의 사명」에 대하여 강의를 하였다. 10월 3일에는 제18차 교구 울뜨레아를 소명여고 야외 음악당에서 개최되었다. 김병상 총대리 신부의 격려사에 이어 강의1을 듣고, 사도의 시간과 본당 친교의 시간, 묵주기도를 마친 후 미사 봉헌을 끝으로 교구 울뜨레아를 마쳤다.

1982.10.03 제18차 교구 울뜨레아. 소명여고

1982.10.03 제18차 교구 울뜨레야. 소명여고

1983년에는 남성 4회(27차~30차), 여성 4회(19차~22차) 꾸르실료를 실시하였으며, 3월 19일 사무국 제7대 임원을 선임하였다.

제19차 추계 교구 울뜨레아는 꾸르실료 15주년 기념행사로 10월 1일 화수동 복자성당에서 개최하였다. 이찬우 신부가 「밖에서 본 꾸르실료」란 주제로 강의를 하였다. 이날 본당별 및 개인 장기자랑이 있었는데, 이 중 이산가족 찾기를 극으로 꾸민 송현동 팀이 가장 뜨거운 호응을 받아 1등을 차지하여 이학노 신부가 상품을 수여하였다. 이 밖에도 자료 전시회와 신앙대회 및 꾸르실료 소개를 하였다. 참석인원은 37개 본당에 685명이었다.

1983.10.01 인천교구 꾸르실료 15주년 기념 제19차 교구 울뜨레아. 화수동 성당

1984.10.14 제20차 교구 울뜨레야. 소명여고

1984년에는 남성 4회(31차~34차), 여성 4회(23차~26차) 꾸르실료를 실시하였다.

9월29일부터 30일까지 사무국 임원 및 각 성당 간사 피정을 가톨릭회관 6층에서 실시하였으며 이학노 신부가 '200주년과 꾸르실리스따'에 대한 강의를 해주었다. 10월 14일 제20차 교구 울뜨레야를 소명여고 야외강당에서 개최되었으며 울뜨레야는 1,2,3,4부로 나누어 진행되었다. 최기복 신부의 '꾸르실리스따의 사명'에 관한 강의가 있었으며. 제2부에서는 각 본당별, 개인별 장기자랑대회가 있었다, 참석인원은 약 690명이었다.

1984.10.14 제20차 교구 울뜨레야. 소명여고

1985년에는 남성 4회(35차~38차), 여성 4회(27차~30차) 꾸르실료를 실시하였다.

3월 1일부터 2일까지 꾸르실료 한국 협의회에 참석하였다. 5월 18일부터 19일까지 사무국 임원 및 본당 간사 피정이 가톨릭회관에서 있었다. 이찬우 신부가 강의를 해주었으며 분과별 그룹 토의와 임원, 봉사자, 간사의 합동 그룹 토의가 있었다.

1986년에도 남성 4회(39차~42차), 여성 4회(31차~34차) 꾸르실료를 실시하였다.

3월 1일부터 2일까지 한국 협의회 회장 봉사자를 위한 연수에 참석하였으며, 3월 15일부터 16일까지 한국 협의회 봉사 임원을 위한 연수회에 참석하였다. 3월에 사무국 제8대 임원을 선임하였다. 4월 5일~6일까지 꾸르실료 한국 협의회에 참석하였으며, 6월 22일 사무국 임원 및 차수 봉사자 야유회를 송도유원지에서 실시되었다.

1986.10.09 제21차 교구 울뜨레야. 주안1동 성당

8월 30일부터 31일까지 꾸르실료 발전을 위한 전국 간담회에 참석하였으며, 10월 9일 제21차 교구 울뜨레야를 주안1동 성당에서 개최하였다. 수원교구 박찬웅 신부의 강의와 이인복 교수의 신앙체험을 듣고 사도의 시간을 가진 후 파견 미사로 마쳤다.

1987년에는 남성 4회(43차~46차), 여성 5회(35차~39차) 꾸르실료가 실시되었다.

1월 24일~25일 꾸르실료 전국 협의회에 참석하였으며, 3월 24일에는 사무국 임원 및 성당간사 피정이 실시되었다. 5월 5일에는 대구 실내체육관에서 개최된 제10차 전국 울뜨레야에 참석하였다. 3월에 사무국 제9대 임원이 선임 되었다.

② 한국 꾸르실료 운동 20주년을 기념하는 제10차 전국 울뜨레야 (1987년)

1980년 대전 충무체육관에서 개최된 제9차 전국 울뜨레야가 열린 이후 우여곡절 끝에 드디어 1987년 5월 5일 한국 꾸르실료 운동 20주년을 기념하는 제10차 전국 울뜨레야가 대구 실내체육관에서 "성체와 교회"를 주제로 개최되었다. 당시 전국 3만 8천여 명의 꾸르실리스따중 1만 2천여 명이란 엄청난 숫자의 꾸르실리스따들이 구름처럼 몰려와 제9차 이후 7년 만의 감격의 재회를 하였으며, 성체 안에서 하나 되어 하느님 나라를 향해 힘차게 전진하는 사도가 되자는 다짐을 새롭게 했다.

1987.05.05 제10차 전국 울뜨레야. 대구실내체육관

1987.05.05 제10차 전국 울뜨레야. 대구실내체육관

이날 전국 울뜨레아는 윤공희 대주교, 이문희 대주교, 장병화 주교, 두봉 주교, 이갑수 주교, 박정일 주교, 김옥균 주교를 비롯하여 100여 명의 사제, 한인 꾸르실리스따들도 참석하여 성황을 이루었다. 김옥균 주교는 강론을 통해 불의, 부정, 부패, 불균형, 타락이 만연한 이 나라는 소돔과 고모라를 뺨칠 정도라면서 "성직자들이 단식기도하는 가슴 아픈 현실이 전개되는 현재의 이 나라에서 꾸르실료 형제자매들은 참 그리스도인의 길을 벗어났다고 생각되면 회개하고 십자가를 져야 한다"고 지적했다.

이러한 현실 속에서 그래도 이 사회의 타락을 막고, 사람들을 하느님께로 인도하는 역할은 우리 꾸르실리스따들이 해야 할 역할임을 강조하고 신앙선언문과 결의를 다지는 결의문을 발표하며 이 대회는 막을 내렸다.

1988년에는 남성 4회(47차~50차), 여성 5회(40차~44차) 꾸르실료가 실시되었다.

2월 29일부터 3월 1일까지 전국 협의회 참석을 하였으며, 7월 17일 사무국 임원, 각 본당 간사 야외 연수를 실시하였다. 11월 5일부터 6일까지 꾸르실리스따 영성을 강화하기 위한 제1차 영성강화교육을 최기산 신부의 지도 아래 샤미나드 피정의 집에서 실시하였다. 강의 후 분단 토론, 성체 강복,사도의 시간을 가진 후 교육을 마쳤다. 참석인원은 47명이었다.

1988. 11.05~06 제1차 인천교구 꾸르실리스따 영성강화교육. 샤미나드 피정의 집

③ 교구 울뜨레아 꾸르실료 100차(남성53차/여성47차) 기념행사 및 사무국 독립 (1989년)

1989년에는 남성 4회(51차~54차), 여성 4회(45차~48차) 꾸르실료를 실시하였다.

5월에는 사무국 10대 임원이 선임 되었으며, 7월 22일부터 23일까지 섭리회 피정의 집에서 제1차 사무국 임원, 본당 간사 피정이 있었다. 참석인원은 37개 본당에서 50명이었다. 9월23일부터 24일까지 제2차 사무국 임원, 본당 간사 피정이 가톨릭회관에

1989.11.05. 제22차 인천교구 꾸르실료 100차 기념 울뜨레아. 인천대학교

서 있었다. 이 피정에서는 영성적으로 깊이 있는 시간을 갖고 일치의 화합을 이루기 위하여 팀회합의 중요성을 강조하고 실천표를 상기시켜 신심을 쇄신할 수 있는 프로그램 개발을 요망하였다. 참석인원은 60명이었다.

6월 13일에는 꾸르실료사무국이 가톨릭 회관으로 독립되어 꾸르실료만의 사무실을 갖게 되었다. 1974년에 가톨릭회관으로 들어오기는 했지만 독립된 사무실이 없어 창고형식으로 여러 단체가 함께 사용하는 불편을 감수해야 했었다. 바야흐로 꾸르실료 교육의 사무적 내실화를 기할 수 있는 전기가 마련된 것이다.

11월 5일 제22차 교구 울뜨레야를 꾸르실료 100차(남성 53차, 여성 47차) 기념행사로 "이상, 순종, 사랑, 그리고 그리스도는 당신만을 믿습니다."란 주제로 인천대학교 강당에서 개최하였다. 참석인원은 1,338명이었다. 특히 교구 울뜨레야는 냉담하기 쉬운 꾸르실리스따에게 자극을 주어 각 본당 울뜨레야에서 잘 활동할 수 있도록 하는 계기도 만들어 주었으며, 각 본당 꾸르실리스따의 화합을 유지하는 데 많은 도움이 되었다.

80년대 들어서면서 꾸르실료가 활성화되어 각 본당으로 많이 전파가 되었고, 꾸르실료 교육을 안정적으로 매년 일정한 횟수로 실시하였으며, 점차 꾸르실료를 받으려는 신자들이 계속 늘어났다. 이에 사무국에서는 더 많은 봉사자 필요하게 되었고, 봉사자를 확보하기 위해 꾸르실료 교육 이후 꾸르실료 체험자들 가운데 당해 차수 봉사자에게 추천을 받아 예비 봉사자를 선발하여 이후 일정 기간 봉사자 교육을 거쳐 꾸르실료 차수 봉사를 할 수 있게 하였다.

2) 90년대 꾸르실료 운동

1990년대에 접어들어서는 인천교구 꾸르실료 운동이 그 어느 시기보다도 활기차고 다양하게 펼쳐지고 있다. 꾸르실료 교육은 1990년 1월부터 1999년 11월 사이에 남성 49회(남성 55차부터 남성 103차), 여성 49회(여성 49차부터 여성 97차)가 실시되어 인천교구에서는 1968년 1월부터 1999년까지 총 200회의 꾸르실료 교육이 이루어졌다. 그리고 중요한 것은 꾸르실료 교육을 보다 효과적으로 실시하기 위한 듀링 꾸르실료의 봉사자 양성을 위해 상설 지도자 학교를 1990년 12월에 개설했으며, 또한 1991년도부터는 분단 성체조배를 두 곳에서 실시하고 교육의 효율성을 기하기 위해 가톨릭회관의 시설 중 꾸르실료 교육 시 사용되는 각종 시설의 대대적인 보완과 비품 구비에 게을리하지 않았다.

① 지도자 학교 (1990년)

1990년 남성 4회(55차~58차), 여성 4회(49차~52차) 꾸르실료를 실시하였다.

2월에 꾸르실료 지도신부로 박찬용 신부가 부임하였으며, 8월 사무국 임원 일부를 개편하였다. 9월 22일 교구 울뜨레야를 위한 간사 피정을 실시하였고, 9월 30일 제23차 교구 울뜨레야를 "은총 안에 우리의 평화"라는 주제로 문성여상에서 개최하였다. 51개 본당에서 약 850명이 참석하였다. 또한 『빛과 함께』 제29호를 발행하였다.

교구 꾸르실료사무국에서는 1990년 임원 회의에서 상설 지도지 학교를 개최하기로 하고 첫 준비모임을 10월 6일에 가졌다. 이날 각 롤료 담당 팀장을 선정했는데, 남성은 신현대, 김효풍, 태민웅, 이명지, 임종택, 백종범, 황종욱, 이정희로 결정되었으며, 여성은 유영자, 이연숙, 방희자, 권인숙, 박영자, 오명자, 박호숙, 정경애로 결정했다. 롤료 팀장들은 11월 18일, 21일, 27일, 29일과 12월 5일, 6일에 준

1990.09.03. 제23차 교구 울뜨레야. 문성여상

비모임을 가졌으며, 이 준비모임에서 팀장들은 모범강의를 발표한 후 강의내용을 분석하고 수정 보완했으며, 수정된 강의안을 20부씩 복사하여 사무국에 제출했다. 그리고 각 강의 팀장들은 상설 지도자 학교에서 팀원들의 강의를 개별적으로 지도하기로 했다.

12월 15일부터 16일까지 상설지도자학교가 가톨릭회관 6층에서 실시되었다. 수강자들은 1991년 1월 20일까지 자신이 담당할 롤료의 강의록을 작성하여 팀장에게 제출하기로 했으며, 강의록을 제출한 봉사자에게는 교구장 주교 명의로 수료증과 자격증을 수여하고, '91년부터 봉사자로 활동할 수 있도록 했다. 그 뒤로 계속 이어져 매년 1~2회 정기적으로 실시함으로써 본격적으로 봉사자 양성 교육이 시작되었다.

② 회장 후보교육 (1991년)

1991년 남성 4회(59차~62차), 여성 4회(53차~56차) 꾸르실료를 실시하였다.

2월 26일 사무국 제11대 임원을 선임하였으며, 3월 9일 상설지도자학교 수료식을 실시하였으며. 3월 27일부터 28일까지 꾸르실료 한국 협의회에 참석하였다. 6월 13일 사무국 임원 일부를 개편하였으며, 7월 14일 각 본당간사, 사무국 임원 야외연수를 실시하였다. 8월 24일부터 25일, 9월 1일 상설 지도자 학교를 실시하였으며, 8월 월례회의에서 회장후보 교육의 주요 내용을 결정했다. 9월 8일 회장후보 교육을 실시하였으며 교육 내용은 다음과 같다.

㉠ 차수 회장의 역할을 정해 주고, 각 봉사자들이 이에 순종할 것을 주지.

㉡ 꾸르실료(Cursillo) 운동의 목적과 전략, 각 봉사 임원들의 역할과 분담 업무를 설명.

㉢ 듀링 꾸르실료(During Cursillo)는 반드시 일정표대로 진행하도록 주지.

㉣ 강의 노트는 전국 협의회에서 준비하기로 했으나 아직 도착하지 않았으므로, 당분간 이 전 강의 노트로 하기로 한다는 것 등이었다.

교육 대상자로 남성 11명과 여성 13명을 선정하여 주간과 부주간이 대상자들에게 직접 연락을 취해 교육에 임하도록 했다.

또한 1994년도 차수 회장 및 회장 후보자 교육이 2월 9일 가톨릭회관 6층 강의실에서 있었으며 참가자는 신민자, 오봉순, 공봉길 외 사무국 임원 14명이었다.

10월 20일 제24차 교구 울뜨레야를 "우리는 그리스도의 빛, 온 누리에"란 주제로 강화 청소년 캠프장에서 실시하였으며, 57개 본당에서 약 1,000명이 참석하였다. 『빛과 함께』 30호를 발행하였으며 12월 19일 사무국 임원 일부를 개편하였다.

1991.10.20. 제24차 교구 울뜨레야. 강화 청소년 캠프장

③ 꾸르실리스따 전체 재교육(1992년)

1992년에는 남성 6회(63차~68차), 여성 6회(57차~62차) 총 12회 꾸르실료를 실시하였으며. 사무국 제12대 임원을 선임하였다. 2월 22일 각 본당 간사, 사무국 임원 피정을 하였다. 2월 29일부터 3월 1일까지 꾸르실료 한국 협의회에 참석하였다.

1991년 7월 본당 간사, 사무국 임원의 야외 연수에서 꾸르실리스따 재교육을 위한 월례 강좌가 있었으면 좋겠다는 제안에 따라 사무국에서 1992년부터 꾸르실리스따 전체를 대상으로 재교육을 하기로 했다. 꾸르실리스따 전체를 위한 재교육은 3월 7일부터 28일까지 가톨릭회관 지하 강당에서 4회 실시되었으며, 제1강의부터 제14강의까지를 박찬용 신부가 요약 정리해 주었다. 재교육 참석인원은 34개 본당에서 128명이었으며 이들 중에서 차수 봉사 임원으로 차출하기로 했다. 9월 18일 전국 울뜨레아 참가를 위한 성당 간사 피정을 실시하였으며, 8월 24일 사무국 임원 일부를 개편하였다. 9월 19일 봉사자 양성교육을 실시하였으며, 9월 27일 제11차 전국 울뜨레야에 참석하였다. 서울대교구에서 개최한 제11차 전국 울뜨레야에는 인천교구의 박희동 형제가 평신도 롤료를 하였다.

1992.09.27 제11차 전국 울뜨레야. 서울 올림픽공원 제1체육관. 인천교구 박희동 형제 평신도 롤료

④ 제11차 전국 울뜨레야 (1992년)

제11차 전국 울뜨레야는 1982년에 열린 꾸르실료 한국 협의회 제13차 총회에서 4~5년에 한 번씩 전국 울뜨레야를 열자고 논의한 대로 5년 뒤인 1992년 9월 27일 열

1992.09.27 제11차 전국 울뜨레야. 서울 올림픽공원 제1체육관

렸다. 한국 꾸르실료 도입 25주년을 기념하는 이 자리에는 김수환 추기경, 교황대사 조반니 블라이티스 대주교, 이병호 주교, 이갑수 주교 등 고위 성직자와 50여 명의 사제, 1만 5천여 명의 꾸르실리스따가 참석하였다. 25주년 기념 미사 강론을 통해 김수환 추기경은 꾸르실료 운동이 6만 6천여 명으로 늘어난 꾸르실리스따 한 사람 한 사람에게 준 신앙쇄신과 은혜를 베풀어 주신 하느님께 감사드리며 25년간 꾸르실료 운동의 발전을 위하여 헌신 봉사해온 모든 이들에게 감사와 격려를 전하였다. 이어 대회의 주제인 "너 어디 있느냐?"고 물으시는 하느님의 질문을 상기시키며 지금 우리기 어디에 서 있는지 생각해 보자고 강조하였으며, 순교 선열들의 믿음을 본받아 하느님의 사랑을 깨닫고 이웃을 사랑하며 기도하는 꾸르실리스따가 되기를 당부하였다.

이 울뜨레야에서 채택한 신앙선언문은 꾸르실료 25주년을 맞아 전국의 모든 꾸르실리스따들이 "너 어디 있느냐?"는 주제의 말씀으로 자신의 삶을 깊이 성찰하고 새 시대에 부응하며 새 시대를 복음화하기 위한 신앙생활의 지표를 다짐으로 담아낸 것이었다.

평신도 담화를 한 인천교구 박희동 형제는 "너 어디 있느냐?", 물음이시며 대답이신 하느님 앞에 꾸르실리스따로서 지난날의 나의 처신은 어떠했고 또 앞으로의 나의 삶은 어떠해야만 하는지 겸허하게 살펴보자고 하였다.

1992.09.27 제11차 전국 울뜨레야. 서울 올림픽공원 제1체육관

1993년 남성 4회(69차~73차), 여성 4회(63차~66차) 꾸르실료를 실시하였다.

1월 15일에 전국 울뜨레야 주간단 회의에 참석하였으며 2월 9일 차수 회장, 후보교육을 실시하였다. 2월 13일 꾸르실료 지도신부로 김용환 신부가 부임하였다. 6월에 본당 간사 모임과 봉사자 재교육을 실시하였다. 9월 26일 "일어나 비추어라"를 주제로 제25차 교구 울뜨레야를 인천대학교에서 개최하였으며 53개 본당에서 약1,000여명이 참석하였다. 11월에 사무국 제13대 임원이 선임되었고 주간에 이재문 사도요한이 선임되었다.

1993.09.26. 제25차 인천교구 울뜨레야. 인천대학교

1993.09.26. 제25차 인천교구 울뜨레야. 인천대학교

1994년 남성 5회(74차~78차), 여성 5회(67차~71차) 꾸르실료를 실시하였다.

1994부터는 지구 울뜨레아가 활성화되기 시작하였다. 7월 3일에 6, 7지구 통합 지구 울뜨레아를 대부도 방아머리 야영장에서 개최하였으며, 7월 10일에 5, 8지구 통합 지구 울뜨레아를 노틀담 수녀원에서 개최하였다. 8월 21일 제3지구 울뜨레아를 도화동 성당 교육관에서 개최하였고 11월 6일에는 2, 4지구 통합 울뜨레아를 인천고등학교 실내체육관에서 개최하였다.

1994.07.03. 6,7지구 통합 지구 울뜨레아. 대부도 방아머리 야영장

1994.07.03. 6,7지구 통합 지구 울뜨레야. 대부도 방아머리 야영장

1994.07.10 5, 8지구 통합 지구 울뜨레야. 계산동 노틀담 수녀원

1994.07.10. 5, 8지구 통합 지구 울뜨레야. 계산동 노틀담 수녀원

1994.07.10. 3지구 울뜨레야. 도화동 성당 교육관

1994.07.10. 3지구 울뜨레아. 도화동 성당 교육관

1995년 남성 5회(79차~83차), 여성 6회(72차~77차) 꾸르실료가 실시되었다.

2월 25일에는 각 성당 간사 연수가 실시되었으며, 10월 3일 가톨릭 대학 성심교정에서 교구 울뜨레야가 실시되었다.

1995년 5월 8일 인천교구 꾸르실료 25주년을 맞아 나 굴리엘모 주교와 김용환 신부 그리고 사무국 임원이 모인 가운데 인천교구 꾸르실료 25년사 출판 기념회를 가졌다.

1995.02.25 본당 간사연수

1995.02.25 본당 간사연수

1995.05.08 꾸르실료 25년사 출판 기념회

1995.05.08 꾸르실료 25년사 출판 기념회

1996년 남성 5회(84차~88차), 여성 5회(78차~82차) 꾸르실료가 실시되었다.

2월 24일 가톨릭 회관에서 회장단 연수가 이루어졌으며, 2월 29일부터 3월 1일까지 광주대교구 명상의 집에서 제27차 한국 협의회 총회가 열려 참석하였다. 토의사항으로는 제12차 OMCC Meeting 결과 보고와 필리핀에서 열린 A/P회의 참가 보고, 각 교구 꾸르실료 교류 현황보고, 본 협의회 감사인 수원교구 주간의 95년도 협의회 사업과 회계에 대한 감사보고가 토의되었다.

10월 3일 인천 제3지구 울뜨레야가 인천대학교 학생관에서 지도신부도 참석한 가운데 열렸으며, 10월 27일에는 부평, 김포 강화지구 울뜨레야를 계양구 문화회관에서 실시하였다.

1997년 남성 5회(89차~93차), 여성 5회(83차~87차) 꾸르실료가 실시되었다.

3월 1일 꾸르실료 지도신부로 정윤화 베드로 신부가 부임하였다.

10월 5일 서울 올림픽공원 제1체육관에서 열린 제12차 전국 울뜨레야에 지도신부를 포함한 인천교구 꾸르실리스따들이 참석하였다. 11월에 제14대 임원을 조직하였으며 지도신부에 정윤화 베드로 신부, 주간에 이재문 사도 요한이 선출되었다.

제12차 전국 울뜨레야는 "자, 일어나 바로 서라"라는 주제로 꾸르실리스따들의 사귐과 섬김과 나눔의 한마당 잔치로 성대히 개최되었다.

전국 14개 교구와 한인교회 꾸르실리스따들을 비롯하여 꾸르실료 세계대회에 참가하였던 200여 명의 각국 대표 등 총 1만 5천여 명이 참석한 제12차 전국 울뜨레야는 한국 꾸르실료 도입 30주년을 경축하기 위한 행사로 마련한 것이다. "자, 일어나 바로 서라" 라는 주제로 개최된 울뜨레야는 김수환 추기경과 교황대사 모란다니 대주교를 비롯하여 김옥균 주교, 대만의 류첸충 주교, 아르헨티나의 레알레 주교 등과 70여 명의 사제 등이 참석하여 지난 30년간 한국 교회 성장에 견인차 역할을 해왔던 꾸르실료 운동을 되돌아보고 꾸르실료 형제자매로 삶을 다시 한번 점검해보는 기회를 가졌다.

1998년 남성 5회(94차~98차), 여성 5회(88차~92차) 꾸르실료가 실시되었다.

2월 28일~3월 1일 청주교구 신용협동조합 충청북도 연합회에서 열린 꾸르실료 한국 협의회에 참석하였다. 97년도 2박 3일의 워크숍에 이어 꾸르실료의 현안들에 대하여 "꾸르실료 운동의 통일성과 정체성 성찰"이라는 주제로 이루어진 이번 총회는 제1토의 "꾸르실료 이전", 제2토의 "3박 4일의 꾸르실료", 제3토의 "꾸르실료 이후"

1997.10.05 제12차 전국 울뜨레아. 서울올림픽공원 제1체육관

에 대한 제안과 열띤 토의가 있었다. 6월 14일 가톨릭대학 성심교정에서 “모든 이가 하나이 되기를… ”(요한17,21)이란 주제로 교구 울뜨레야를 실시하였다.

⑤ 꾸르실료교육 교포사회에 전파(싱가포르.1999년)

1999년 남성 5회(99차~103차), 여성 5회(93차~97차) 꾸르실료가 실시되었다.

3월 13일에 가톨릭 회관에서 성당 간사연수가 실시되었으며, 3월 19일 가톨릭 회관에서 회장단 연수가 실시되었다. 이 해에는 특히 해외 한인 꾸르실료 봉사 및 지구 울뜨레야가 개최되었다.

1968년 서울대교구의 도움으로 실시하였던 인천교구 꾸르실료가 어느덧 성장하여 1999년 10월 14일부터 17일까지 싱가포르교구 한인공동체 남성 제1차 꾸르실료를 실시함으로써 한인교포사회에 꾸르실료를 전파하기에 이르렀다. 명실공히 도움을 줄 수 있는 인천교구 꾸르실료가 된 것이다.

11월에는 꾸르실료사무국 제15대 임원이 조직되었으며 지도신부에 조호동 바오로 신부, 주간에 이종갑 바오로 형제가 선출되었다.

9월 12일 부평 제1지구 울뜨레야가 부천 제17사단 공원에서 실시되었으며, 11월 14일 부천 제1, 2지구, 시흥지구 울뜨레야가 부천시청 대강당에서 실시되었다. 11월 28일에는 인천 제3지구 울뜨레야가 박문여고 강당에서 실시되었다.

1998.06.14. 교구 울뜨레야. 가톨릭 성심교정

제3장
나가자, 전진하자! (2000년대)

2000년대 꾸르실료(Cursillo) 운동

2000년대 꾸르실료운동은 매우 역동적이었다. 본당별로 꾸르실료 참가 지원자 수가 넘쳐 인원을 제한해야 했으며, 3박 4일간 봉사하게 될 봉사자 양성도 꾸준히 함으로써 90년대 꾸르실료 운동이 다양한 모습으로 변모한 것에 기초 삼아 질적, 양적 성장을 했다고 볼 수 있다. 그러나 꾸르실료 교육 장소인 가톨릭 회관의 교육 시설이 뜨거운 열정과는 반대로 매우 열악한 환경이었다. 가톨릭회관의 6층에서 실시하였는데 건물 구조들이 꾸르실료에 적합하지 못했고 규모도 너무 적었다. 특히 침실은 2개뿐이어서 한 침실에서 20명 이상 많게는 28명이 잠을 자야만 했기에 참가자들은 코골이로 잠을 설치는 등 많은 어려움이 발생하였다. 화장실도 부족하여 교대로 세수할 수밖에 없는데 어쩌다 시간이 오래 걸리게 되면 예기치 않은 언쟁이 있기도 하였다. 또한 여름에는 시간도 부족하고 샤워 시설이 부족해 불편한 점은 이루 말할 수 없었다. 임원들은 다른 강의실을 사용하였는데 임원실과 침실을 함께 사용하였다. 겨울에는 난방이 안되어 추운 강의실에서 메트리스 한 개를 깔고 잠을 자야만 했다. 이러한 열악한 환경은 꾸르실리스따로 하여금 꾸르실료 회관을 새로 건립하자는 열망으로 가득차게 되었으며 건축기금을 신립하여 기금을 모으게 되었다. 또한 회관 건립을 위한 합창단을 조직하여 부천 문화회관에서 꾸르실료 음악회를 개최하기도 했다. 1,400여 명이 참석하여 대성황을 이루었고 의정부교구와 서울대교구에서 찬조 출연을 하였다. 꾸르실료 회관 건립을 위해 수 차례 예정 부지가 선정되기도 하였고, 조감도도 만들어 보이는 등 열성을 보였지만 비용 등의 문제로 결국 이루어지지 못하였다.

또한 시대적 환경에 맞추어 사무국도 변해야 했기 때문에 사무기기의 디지털화가 이루어졌다. 컴퓨터, 디지털 카메라, 빔 프로젝트등을 구매하여 사무 능률화에 기여했고, 꾸르실료 관리 프로그램을 별도로 외주 의뢰 제작해서 사용하였다. 이 프로그램은 그동안 제대로 이루어지지 못했던 꾸르실료의 자료화가 서서히 이루어지면서 꾸르실리스따를 효율적으로 관리하고 꾸르실료 자료들을 체계적으로 정리하였다.

차수 봉사의 특징 중 하나가 바로 각 성당의 주방 봉사였다. 매년 꾸르실료 차수에 맞추어 각 성당 주방 봉사 일정을 정해 놓고 주방 봉사를 하였으며 3~4년에 한 번씩 봉사하였다. 이로 인하여 꾸르실료 차수를 하는 동안 교육생들에게 양질의 음식을 제공하게 되었으며, 주방 봉사를 하는 성당은 이를 계기로 울뜨레야 단합을 공고히 하였고 침체된 본당 울뜨레야의 활성화에 한몫하기도 하였다.

꾸르실료 이후의 그리스도인 생활의 꾸르실료를 실천하는 꾸르실리스따를 위한 팀 회합을 독려하고 본당 팀 회합을 위한 팀 인준 피정을 실시하였다. 또한 팀 회합 시범 영상을 만들어 각 본당에 배포하기도 하였다.

차수 봉사자 양성을 위해 꾸르실료 이후 선정된 사람들을 대상으로 매년 2회 8~10주간씩 예비 봉사자학교를 실시하여 꾸르실료 차수 봉사자를 배출하였다.

정들었던 가톨릭 회관이 답동 성당 문화재 보호 및 관광개발로 철거되면서 2016년 11월 여성 제185차를 마지막으로 40여년 동안 가톨릭회관에서 실시하였던 꾸르실료 교육이 마감되었다.

2017년 4월 여성 186차 꾸르실료부터 송림동으로 새로 이전한 인천교구청 내 심조이 바르바라 피정의 집에서 실시하였으며, 그 이후 계속해서 실시해오고 있다.

가톨릭회관6층 교육생 침실

가톨릭회관6층 교육생 침실

가톨릭회관6층 교육생 화장실. 샤워실

가톨릭회관6층 교육생 강의실

가톨릭회관 꾸르실료 성체조배실

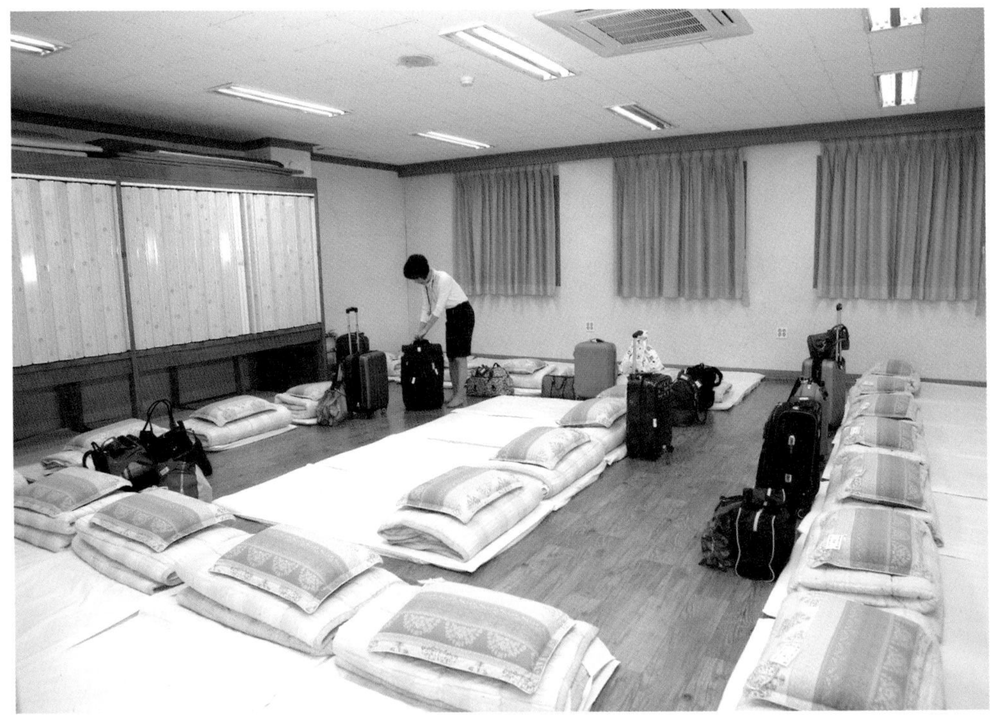
가톨릭회관6층 교육생 침실

가톨릭회관 입구

꾸르실료 교육을 마치고 각 본당으로 가기 위해 5층에서 내려오는 철제 계단

가톨릭회관 꾸르실료 봉사자 침실. 맨바닥에 메트리스 1개만 깔고 잠을 잤다. 커튼 뒤로는 봉사자 임원실이 있다.

2000년 남성 5회(104차~108차), 여성 6회(98차~103차) 꾸르실료가 실시되었다.

2월 28일~3월 1일 제31차 꾸르실료 한국 협의회가 춘천교구에서 열려 참석하였다.

3월 18일~19일 가정동 기도의 집에서 성당 간사연수가 실시되었다. 10월 3일 수원교구에서 열린 제13차 전국 울뜨레야에 참석하였다.

2001년 남성 5회(109차~113차), 여성 5회(104차~108차) 꾸르실료가 실시되었다.

2월 9일에 꾸르실료 지도신부로 현명수 바오로 신부가 부임하였으며, 2월 10일에 회장단 연수를 실시하였다. 2월 28일~3월 1일 부산교구에서 꾸르실료 한국 협의회가 열려 참석하였다. 7월 17일 성심교정에서 교구 울뜨레야가 열렸으며, 9월 1일 제16대 꾸르실료사무국 임원 조직을 하였고 주간에는 이종갑 바오로 형제가 선출되었다. 11월 10일~11일 만수동 안드레아 피정의 집에서 꾸르실료 연수를 실시하였다.

① 유럽 한인 여성 꾸르실료 지원 (2002년, 2003년)

2002년 남성 5회(114차~118차), 여성 4회(109차~112차) 꾸르실료가 실시되었다. 특히 2월 7일~10일 유럽 한인 여성 제7차 꾸르실료가 독일 본에서 실시되었는데 독일 한인꾸르실료 사무국의 요청에 의한 것으로 현명수 신부를 포함, 인천 꾸르실료 사무국에서 12명의 봉사자가 봉사를 하였다.

2월 28일~3월 1일 제33차 꾸르실료 한국 협의회가 원주교구에서 열려 참석하였으며, 3월 16일~17일 가정동 기도의 집에서 꾸르실료 총회 및 본당 간사연수가 실시되었다.

6월 2일 부천 시흥지구 지구 울뜨레야가 가톨릭 대학교 성심교정에서 실시되었으며, 6월 23일 서구, 김포, 강화지구 울뜨레야가 육군 제7325부대 연병장에서 실시되었다.

7월 17일 남동, 연수지구 울뜨레야가 해안고등학교에서 실시되었으며, 9월 29일 부평, 계양지구 울뜨레야가 부천 기능대학에서 실시되었다. 또한 10월 3일에는 중·동, 남구 지구 울뜨레야가 해사고등학교 강당에서 실시되었다.

2003년 남성 5회(119차~123차), 여성 5회(113차~117차) 꾸르실료가 실시되었다.

2월 20일~23일 유럽 한인 여성 제8차 꾸르실료에 조성교 요한 크리소스토모 신부를 지도 신부로 하여 독일 뮌헨에서 개최되었고 인천교구에서 봉사하였다.

2월 28일~3월 1일 제34차 꾸르실료 한국 협의회가 전주교구에서 열려 참석하였으며, 3월 15일 사무국 임원연수를 가톨릭대학교에서 실시하였다. 3월 29일 꾸르실료 총회 및 성당 간사연수를 가톨릭대학교에서 실시하였다. 7월 17일 교구 울뜨레야를 부천

2002.2.7~10. 유럽 한인 제7차 여성 꾸르실료. 독일 본

2003.2.20~23. 유럽 한인 제8차 여성 꾸르실료. 독일 뮌헨

실내체육관에서 실시하였으며, 11월 22일~23일 사무국 임원 연수를 실시하였다.

② 제14차 전국 울뜨레야 주관 (2004년)

2004년 남성 5회(124차~128차), 여성 5회(118차~123차) 꾸르실료가 실시되었다.

1월에는 꾸르실료 사무국 제17대 임원이 조직되었다. 지도신부에 현명수 바오로 신부, 주간 에 이종갑 바오로 형제가 임명되었다. 2월 29일~3월 1일 대전교구에서 열린 꾸르실료 한국 협의회에 참석하였다. 3월 6일~7일 강화도 바다의 별 청소년 수련원에서 임원연수가 실시되었으며, 3월 27일~28일 강화 바다의 별 청소년 수련원에서 꾸르실료 간사총회가 실시되었다.

5월 26일 제14차 전국 울뜨레야가 "하늘을 비추는 별처럼"(필립 2,15) 주제로 인천교구 부천 실내체육관에서 열렸으며 전국 교구에서 약 1만 2천여명의 꾸르실리스따가 참석하여 대성황을 이루었다. 최기산 주교는 격려사에서 "꾸르실료가 한국에 소개된 것은 주님의 크신 은총이며 여기 모인 우리 모두는 꾸르실료를 통해 주님을 만나는 기쁜 체험과 감명을 받았다"라며 "오늘은 우리가 주님을 체험한 그 날의 감동으로 돌아가 잃었던 주님을 다시 만나고 그 체험을 일상으로 변모시키길 다짐하는 뜻깊은 자리"라고 말했다. 이학노 몬시뇰이 성직자 롤료를, 대전교구 이점순 자매, 권진용 형제가 평신도 롤료를 발표하였다.

1979년 8차에 이어 제14차 전국 울뜨레야를 주관하면서 명실공히 한국 꾸르실료의 중추적 역할을 담당하는 인천교구 꾸르실료가 되었다.

2004.05.26 제14차 전국 울뜨레야. 부천 실내체육관

2004.05.26 제14차 전국 울뜨레아. 부천 실내체육관

본당 간사 성지순례가 9월 12일 천안 성거산에서 실시되었으며, 12월에 꾸르실료 사무국 지도신부에 최상진 야고보 신부가 취임하였고 사무국 제18대 임원이 조직되었다. 특히 8월 19일~22일 열린 남성 제127차 꾸르실료는 가톨릭 회관이 아닌 강화도 인천 가톨릭 대학교에서 처음으로 실시되었다. 신학생들의 방학 기간을 이용해서 꾸르실료가 실시되었으며 각 본당 꾸르실리스따들도 함께 하는 꾸르실료가 되었다. 남성 제127차 꾸르실료는 특히 각 본당의 적극적인 도움으로 성공적으로 마칠 수 있었다. 10월 23일~24일까지 무의도에서 사무국 임원연수가 실시되었다.

③ 팀 인준 피정, 예비 봉사자학교 활성화 (2005년)

2005년 남성 5회(129차~133차), 여성 5회(124차~128차) 꾸르실료가 실시되었다.

2월 28일~3월 1일 꾸르실료 한국 협의회가 제주교구에서 열려 사무국 임원들이 참석하였다.

2005년부터 팀 회합을 보다 강조하기 위하여 사무국에서 팀 인준 피정을 연 2회 실시하였으며, 꾸르실료 봉사자를 양성하기 위해 예비 봉사자학교를 2개월 기간으로 연 2회 실시하였다. 3월 13일, 9월 25일 두 차례 팀 인준 피정이 실시되었으며, 4월 11일~5월 30일, 9월 12일~11월 14일 두 차례 교구 사무국 교수부 주관으로 예비 봉사자학교가 실시되었다.

2005년에는 교구 울뜨레야가 없는 대신에 각 지구별로 지구 울뜨레야가 실시되었다.

5월 5일 시흥 안산지구 지구 울뜨레야를 시작으로, 6월 6일 중 동구, 남구 지구가 해사고에서, 서구 김포 강화지구 울뜨레야가 동인천여중에서 열렸으며, 부천 1.2지구, 부평 계양지구 울뜨레야가 부천대학교에서, 연수지구가 아암도에서 지구 울뜨레야를 실시하였고, 10월 3일에는 남동지구가 지구 울뜨레야를 실시하였다. 5월 24일 교구 성체현양대회에 참석하였다.

④ 꾸르실료 회관 건립 본격화 (2006년)

2006년 남성 6회(134차~139차), 여성 6회(129차~134차) 꾸르실료가 실시되었다.

2월 28일~3월 1일 꾸르실료 한국 협의회가 수원교구에서 열려 참석하였으며, 3월 4일~3월 5일 사무국 임원 피정이 만수동 안드레아 피정의 집에서 실시되었다. 5월 1일, 9월 11일 각 8주간 일정으로 예비 봉사자학교가 두 차례 실시되었으며, 5월 14일, 9월 17일 제3차, 4차 팀 인준 피정이 두 차례 실시되었다. 4월 1일~4월 2일 꾸르실료 간사 총회가 강화 바다의 별 청소년 수련원에서 실시되었다.

2006년 1월부터는 꾸르실료 차수마다 각 본당에서 주방 봉사를 시작하였다. 특히 인천교구 꾸르실료 회관 건립을 해야 한다는 목소리가 높은 가운데 11월 5일 부천 문화회관에서 꾸르실료 회관 건립을 위한 음악회가 성대하게 열렸다. 의정부교구와 서울대교구에서 찬조 출연도 해주었다. 12월 꾸르실료 사무국 제19대 임원이 조직되었다. 지도신부에 최상진 야고보 신부, 주간에 홍성환 돈보스코 형제가 선출되었다. 제30차 교구 울뜨레야가 "물이 솟는 샘이 되어"(요한 4,14) 주제로 6월 6일 도원 실내체육관에서 실시되었다.

2006. 4.1~2 꾸르실료 간사총회. 강화 바다의별 청소년 수련원

2006.6.6. 제30차 교구 울뜨레야. 도원실내체육관

2006.6.6. 제30차 교구 울뜨레야. 도원실내체육관

2006.6.6. 제30차 교구 울뜨레야. 도원실내체육관

2006.6.6. 제30차 교구 울뜨레야. 도원실내체육관

⑤ 한국 꾸르실료 도입 40주년 (2007년)

2007년 남성 6회(140차~145차), 여성 6회(135차~140차) 꾸르실료가 실시 되었다.

2월 5일, 7월 23일 두 차례 예비 봉사자 교육이 실시되었고, 3월 17일~18일 강화 바다의 별 청소년 수련원에서 각 본당 간사, 울뜨레야 간부등 180여명이 참석하여 총회 및 간사 연수가 실시되었으며 바오로 딸 수녀원에서 특별히 피정 지도를 해주었다.

11월 4일에는 인천교구 꾸르실료 도입 40주년 준비 도보 성지순례가 818명이 참석한 가운데 '광성보에서 갑곶 성지'까지 이루어졌다.

특히 2007년은 한국 꾸르실료 도입 40주년이 되는 해로 꾸르실료 한국 협의회 서유석 사도요한 신부와 각 교구 주간들의 협의에 의하여 여러 가지 행사를 기획하고 실시하였다.

먼저 40일간의 도보 순례였다. 40일간의 도보 순례 희망자들과 함께 제주도에서 시작하여 3개 코스로 40일간 도보 순례를 하여 10월 5일 서울 올림픽공원 제1체육관에 도착하여 전국 울뜨레야 행사를 치르는 것이었다. 서울 대교구 한국 협의회 서유석 사도요한 신부를 단장으로 많은 형제자매들이 참가하여 40일 동안 함께 숙식하며 도보

순례하는 힘겨운 여정이었지만 한 명의 낙오자도 없이 모두 완주 하였다. 도보 순례하면서 각 교구를 거쳐 교구 방문을 하였으며 인천교구도 강화도까지 순례하며 답동 인천 교구청을 방문하여 최기산 주교에게 인사하였다. 또한 대구대교구에서는 전국 설문조사지를 작성하여 교구별로 배포하여 각 교구 꾸르실리스따들의 꾸르실료에 대한 설문 조사를 받고 책으로 펴냈다.

이 외에도 교구별로 간담회를 개최하고, 도보 순례에 참석하지 못한 꾸르실리스따들이 각 교구 순례때 함께 참여하여 40일간 도보 순례를 하는 형제자매들을 격려하였다. 또한 교구별로 40일간 고리 기도를 이어갔으며 인천교구도 본당별로 고리기도를 실시하였다.

도보 순례를 40일간 하는 동안 자매들이 체력적으로 많은 고생을 하셨지만 각 교구에 가는 곳마다 많은 지원과 협조를 해주어 큰 용기를 얻으며 견딜 수 있었다고 말씀해 주었다.

2007. 한국 꾸르실료 도입 40주년 기념 전국 도보순례. 인천 강화

2007. 한국 꾸르실료 도입 40주년 기념 전국 도보순례

2007. 꾸르실료 도입40주년 기념 도보순례 인천교구 참석 형제자매

2007. 꾸르실료 도입40주년 기념 도보순례 의정부교구-인천교구 인계식

2007. 한국 꾸르실료 도입 40주년 기념 제15차 전국 울뜨레아

2007. 한국 꾸르실료 도입 40주년 기념 제15차 전국 울뜨레아

2008.3.29.~30. 인천교구 꾸르실료 총회 및 간사연수

⑥ 인천교구 꾸르실료 도입 40주년 (2008년)

2008년 남성 6회(146차~151차), 여성 6회(141차~146차) 꾸르실료가 실시되었다.

1월 14일 꾸르실료 지도신부로 안규태 베네딕토 신부가 부임하였다. 1월 26일~27일 꾸르실료 각 교구 음악부원 25명이 가톨릭 회관에서 모임을 갖고 각 교구 간 협조체제를 유지하기로 하였다.

2월 23일부터 24일까지 꾸르실료 한국 협의회 총회가 인천교구 강화 바다의 별 청소년 수련원에서 전국 주간단 및 임원 135명이 참석한 가운데 열렸다. 전국의 주간단들은 강화 바다의 별 청소년 수련원이 매우 훌륭하다고 하며 꾸르실료를 하기에 좋은 시설이라고 하였다. 3월 3일(수료 남성9명, 여성8명), 8월 25일(수료 남성17명, 여성10명) 예비 봉사자학교가 실시되었다.

2008년 3월 29일~30일 꾸르실료 총회 및 간사연수가 강화 바다의 별 청소년 수련원에서 간사와 부 간사를 포함한 187명이 참석한 가운데 실시되었다.

제8차 팀 인준 피정이 4월 27일 교구 신청사 401호에서 128명이 참석하여 팀 인준 피정을 받았으며, 4월 28일, 10월 27일 예비 봉사자학교 수료식을 실시하였다. (남성 26명, 여성 18명 수료)

10월 3일 인천교구 꾸르실료 도입 40주년 기념 제31차 교구 울뜨레아가 삼산 월드 체육관에서 인천교구 꾸르실리스따 3,000명이 참석한 가운데 열렸다. "와서 보아라(요한 1,39)"라는 주제로 열린 행사는 제1부 울뜨레아, 제2부 우정의 시간, 이어서 인천 교구장 최기산 보니파시오 주교의 주례로 제3부 파견 미사를 끝으로 하루의 일정을 마쳤다. 이날 "인천교구 꾸르실료 도입 40주년을 진심으로 축하하며 그동안 꾸르실료 발전을 위해 수고한 모든 지도신부님과 봉사자 여러분들에게 감사를 드린다."는 최기산 주교의 격려사가 있었다. 그리고 안규태 지도신부는 인사말을 통하여 "이 뜻깊은 해를 맞이하여 평신도 사도직의 일꾼들을 양성하고 교회발전에 기여 할 수 있도록 꾸르실료 운동을 자비로이 이끌어주신 하느님께 찬미드리며 꾸르실료 도입 40주년을 맞이하여 본질적인 것은 고수하되 방법이나 운영 면에서 좋은 점은 더욱 발전시키고 개선할 점은 과감히 쇄신하려는 열린 자세를 가져야 한다."고 말씀하셨다.

'손에 손잡고'를 다 함께 부르며 행사장을 빠져나가는 모든 꾸르실리스따의 가슴에는 '하늘처럼 빛나는 별'이 되기 위해 진정한 꾸르실리스따의 삶을 살기로 다짐하며 얼굴은 밝고 환한 모습으로 빛났다.

2008.10.3. 인천교구 꾸르실료 도입 40주년 기념 제31차 교구 울뜨레야

2009년 남성 5회(152차~156차), 여성 5회(147차~151차) 꾸르실료가 실시되었다.

1월 17일 회장단 연수를 실시하였으며 2월 5일 꾸르실료 지도신부로 정윤섭 요셉 신부가 부임하였다. 4월 26일, 10월 26일 팀 인준 피정이 답동 교구 신청사 401호에서 실시되었으며, 3월 30일, 10월 26일 가톨릭 회관에서 예비 봉사자 수료식이 진행되었다. 5월 10일 교구 신청사에서 사무국 임원, 본당 간사 및 부 간사가 참석한 가운데 꾸르실료 총회 및 간사연수가 실시되었다.

2010년 남성 5회(157차~161차), 여성 5회(152차~156차) 꾸르실료가 실시되었다.

1월 17일 지구 대표간사 워크샵, 1월 23일 사무국 임원 워크샵이 가톨릭회관에서 실시되었으며, 2월 27~28일 꾸르실료 한국 협의회 총회가 대구대교구에서 열려 지도신부 및 주간단이 참석하였다.

3월 28일 꾸르실료 총회 및 간사연수가 교구 신청사에서 진행되었으며, 3월 29일,

11월 1일 예비 봉사자 수료식(남성 28명, 여성 28명)이 가톨릭 회관에서 실시되었다. 5월 29일 차수 봉사자 150명이 워크샵을 가톨릭 회관에서 실시하였으며 봉사자의 자세 강의, 설문지 조사, 소그룹 모임 주제 토론 및 발표, 파견 미사로 진행하였다.

10월 31일 제13차 팀 인준 피정이 실시되었으며 105명이 팀 인준 피정을 받았다.

11월 14일 서구문화회관에서 인천교구 정신철 요한 세례자 주교와 1,080명의 꾸르실리스따가 참석한 가운데 "제가 있지 않습니까? 저를 보내십시오"(이사야 6,8) 주제로 꾸르실료 한마음 대축제 음악회가 열렸다.

한마음 대축제에는 각 지구에서 지구별로 발표를 하였으며 음악부의 연주도 있었다. 각각 특색있는 발표에 많은 꾸르실리스따들이 아낌없는 박수로 화답하였다.

2010.11.14. 꾸르실료 한마음 축제. 서구 문화회관

2010.11.14. 꾸르실료 한마음 축제. 서구 문화회관

2010.9.26. 부평지구 지구 울뜨레야

2010.6.6. 남동지구 지구 울뜨레야

2010.6.24. 부천1지구 지구 울뜨레야

2011년 남성 5회(162차~166차), 여성 5회(157차~161차) 꾸르실료가 실시되었다.

1월 22일 지구 대표간사 워크샵이 가톨릭회관에서 열렸으며, 2월 12일 가톨릭 회관 504호에서 봉사자학교가 실시되었다. 2월 26일~27일 청주교구에서 꾸르실료 한국 협의회가 열려 주간단과 사무국 임원이 참석하였다. 그동안 팀 인준 피정을 교구 신청사에서 하던 것을 3월 6일 제14차 팀 인준 피정은 사무국에서 서구, 김포, 강화지구를 방문하여 팀 인준 피정을 실시하였다. 처음으로 사무국에서 지구별로 찾아가서 팀 인준 피정을 실시하였다. 3월 27일 총회 및 간사연수가 교구 신청사에서 실시되었다. 5월 15일에는 중동 옹진, 남구, 시흥/안산지구 팀 인준 피정을 지구 방문하여 실시하였으며, 6월 6일 인천교구 설정 50주년 감사미사에 참석하였다. 9월 4일 제17차 남동, 연수지구 팀 인준 피정을 지구 방문하여 실시하였으며, 9월 5일 제18차 부천 1지구, 부천 2지구 팀 인준 피정을 지구 방문하여 실시하였다.

10월 22일 광주대교구에서 전국 울뜨레야가 개최되었으며 인천교구에서는 관광버스 5대를 동원해 참석하였다. 11월 26일 꾸르실료 발전 위원회 연구결과 보고회가 가톨릭회관 504호에서 열렸다. 연구 내용으로는 봉사자들로 하여금 어떻게 하면 롤료를 더 잘 할 수 있을것인가? 및 꾸르실료 이전, 꾸르실료 3박 4일, 꾸르실료 이후에 대한 결과를 발표하였다. 11월 7일 예비 봉사자학교 수료식을 하였으며 46명의 예비 봉사자가 탄생하였다.

12월 17일 지구대표 워크샵을 가톨릭 회관 411호에서 실시하였다.

⑦ 에스꾸엘라 실시(2012년 1기, 2013년 2기) 호주 대양주 남성, 여성 제5차 꾸르실료 지원

2012년 남성 5회(167차~171차), 여성 5회(162차~166차) 꾸르실료가 실시되었다.

1월 14일~15일 장봉도에서 사무국 임원연수를 실시하였으며, 1월 28일 지구대표간사 워크샵을 가톨릭 회관에서 실시하였다.

2월 25일부터 26일까지 꾸르실료 한국 협의회가 부산교구 정하상 바오로 영성관에서 개최되어 12명이 참석하였다.

꾸르실료 이후 꾸르실리스따들의 영성교육을 목적으로 꾸르실료 '에스꾸엘라'가 4월 14일부터 7월 14일까지 매주 토요일 12주간 열렸다. 이를 위해 서울대교구의 '리더스쿨'에 인천교구 사무국 임원을 파견하여 수료하게 하였다. 당시 인천교구에서 '리더스쿨'을 수료한 사람은 3명으로 '리더스쿨'을 벤치마킹해서 인천교구의 꾸르실료 이후의 영성 교육으로 "에스꾸엘라"를 실시하였다. 교육 방법은 매월 1회씩 1년 과정이었고, 팀으로 나누어져 팀원 전체 일일 봉사와 피정도 교육 내용에 포함되었다.

특히 영성 교육 명칭으로 고민을 하였는데 '학교'라는 의미를 가진 스페인어인 '에스꾸엘라(ESCUELLA)'로 지도신부인 정윤섭 요셉 신부가 정해 주었다. 교육 내용과 참 잘 어울리는 명칭이라며 준비위원들이 좋아했다. 정윤섭 신부는 교육을 위해 각 주제별 강의 신부를 섭외해 주었고, 개강 전에 모든 강의 신부로부터 강의 원고를 받아 책자를 만들어 교육생들에게 교재로 주었다. 교육 방법은 각 주제에 따른 2시간 강의 후 팀으로 나누어져 토론과 팀별 발표로 이루어졌으며 팀원 전체 일일 봉사와 피정도 교육 내용에 포함되었다. 차수 봉사자 교육을 겸한 프로그램으로 매우 반응이 좋아 2013년부터 본격적으로 실시하기로 하였으며 수료 인원은 128명이었다. 2013년 2기는 매월 1회씩 1년 과정으로 실시되었고 졸업 시에 졸업 논문을 제출하도록 하였다. 매우 좋은 내용이 많았으며, 시상도 하였다.

6월 2일~3일 본당 울뜨레야 간부 교육이 강화 청소년 수련원에서 바오로 딸 수녀원의 협조를 받아 실시되었다.

12월 6일부터 9일까지, 12월 13일부터 16일까지 호주에서 열린 대양주 5차 꾸르실료에 여성과 남성꾸르실료를 호주 시드니에서 인천교구에서 봉사하였다. 여성은 57명, 남성은 34명이 수료하였다. 호주 꾸르실료를 위해 멀리 뉴질랜드에서 온 분도 있었고 멀리서 온 분들이 많았으며, 호주 한인 성당 형제자매님들의 헌신적인 도움이 크나큰 힘이 되었다.

꾸르실료 에스꾸엘라 제1기 강의 교재 표지 사진

2012.04 꾸르실료 에스꾸엘라 제1기 졸업미사

2012.04 제1기 꾸르실료 에스꾸엘라 사진모음

2012.6.2.~3. 인천교구 본당 울뜨레야 간부교육. 강화 청소년 수련원

2012.12.13.~16. 호주 꾸르실료 대양주 남성5차

2012.12.13.~16. 호주 꾸르실료 대양주 남성5차

2013년 남성 6회(172차~177차), 여성 5회(167차~171차) 꾸르실료가 실시되었다.

1월 22일 꾸르실료 지도신부에 김현수 도마 신부가 부임하였다. 1월 27일 사무국 임원연수가 가톨릭 회관에서 실시되었으며, 1월 26일 지구대표 간사 워크샵이 가톨릭회관에서 실시되었다.

3월 2일~12월 7일까지 꾸르실료 '에스꾸엘라' 2기가 시작되었다. 수료 인원은 90명이고 총 10회 실시되어 논문 제출, 주제 토론, 봉사, 피정 등이 주요 과제로 되어 있다. 2월 24일 꾸르실료 총회(간사연수)가 실시되었으며, 3월 17일~17일 마산교구에서 꾸르실료 한국 협의회가 열려 주간단이 참석하였다.

4월 15일~6월 10일까지 예비 봉사자학교가 실시되었으며 6월 29일 지구대표 간사 야유회가 계양산에서 실시되었다. 8월 24일~35일 사무국 임원연수가 선재공소에서 실시되었다.

10월 3일 32차 교구 울뜨레야가 "내가 너를 지명하여 불렀으니 너는 나의 것이다."(이사야 43,1)라는 주제로 부천 실내체육관에서 교구 꾸르실리스따 2,500여명이 참석한 가운데 열렸다. 11월 30일 '제물진두 성역화를 위한 도보 순례'가 답동 성당에서 해안성당까지 실시되었다.

10월 27일 각 본당 간사와 사무국 임원 78명이 청남대 야외 행사를 하였다.

11월 3일 교구 신청사에서 184명이 참석한 가운데 팀 인준 피정이 실시되었다.

2013.10.3. 제32차 교구 울뜨레야. 부천 실내체육관

2013.10.3. 제32차 교구 울뜨레야. 부천 실내체육관

2013.3.2. 제2기 꾸르실료 에스꾸엘라

2013.11.30. 제물진두 성역화를 위한 도보순례

2014년 남성 5회(178차~182차), 여성 5회(172차~176차) 꾸르실료가 실시되었다.

1월 11일 사무국 임원연수가 가톨릭 회관에서 실시되었다. 1월 13일 꾸르실료 전담 사제로 김성만 파트리치오 신부가 부임하였으며, 1월 25일 지구대표 간사 워크샵이 가톨릭 회관에서 실시되었다. 2월 22일~23일 서울대교구에서 꾸르실료 한국 협의회가 열려 9명이 참석하였다. 3월 23일 꾸르실료 총회가 교구 신청사에서 실시되었으며 각 본당간사와 부간사 92명이 참석하였다.

4월 6일 가톨릭 회관에서 차수 봉사자 연수가 실시되었으며, 4월 14일 예비 봉사자 학교가 개강하였다. 5월 31일 '제물진두 성역화를 위한 도보 순례'가 답동 성당에서 해안성당까지 실시되었으며 6월 4일 꾸르실료 회관 건립부지 현장 답사를 사무국 임원과 전담 사제가 방문하고 미사를 봉헌하였다.

6월 21일 꾸르실료 발전 방향 모색을 위한 한국 협의회 임원 간담회가 서울대교구 꾸르실료 회관에서 개최되었다. 6월 23일 예비 봉사자 수료식을 하였으며 여성 20명, 남성 4명의 봉사자가 탄생하였다.

8월 23일~23일 사무국 임원 워크샵을 갑곶 성지에서 실시하였다. 9월 27일 부천 2지구가, 10월 29일 부천 1지구에서 지구 울뜨레야가 열렸으며, 9월 28일 연수지구 지구 울뜨레야가 열렸다.

10월 12일 교구 신청사에서 195명이 참석하여 팀인준 피정을 실시하였다.

11월 22일 차수 회장 연수가 가톨릭회관에서 실시되었으며 꾸르실료 차수에 관한 의견을 나누었다. 11월 29일 검암동 성당에서 전담 신부와 서구지구 본당 꾸르실리스따들이 참석한 가운데 서구지구 울뜨레야를 개최하였다.

2014.9.28.. 연수지구 지구 울뜨레야

2014.10.12 팀인준피정

2014.10.29.. 부천2지구 지구 울뜨레야

2014.11.29. 서구지구, 지구 울뜨레야

2015.4.13 봉사자학교

2015.5.23 팀인준피정

2015.9.5. 제17차 전국 울뜨레야. 대전 유관순 체육관

2015년 남성 4회(183차~186차), 여성 4회(177차~180차) 꾸르실료가 실시되었다.

특히 6월 여성 179차와 7월 남성 185차는 '메르스'로 연기하여 각각 9월과 10월에 꾸르실료가 실시되었다. 1월 7일 사무국 임원연수, 1월 17일 지구대표 간사연수가 가톨릭 회관에서 실시되었으며, 1월 24일 꾸르실료 총회가 가톨릭 회관에서 실시되었다.

2월 28일~3월 1일 꾸르실료 한국 협의회가 안동교구에서 개최되어 주간단이 참석하였다. 3월 21일 신임 간사교육이 가톨릭 회관에서 실시되었으며, 팀인준 피정이 5월 23일 가톨릭 회관에서 실시되었다. 4월 13일 예비 봉사자학교가 개강하여 6월 6일 수료식을 실시하였다. 9월 5일 대전교구 유관순 체육관에서 한국 꾸르실료도입 48주년 제17차 전국 울뜨레야가 "너희는 내 사랑 안에 머물러라"(요한15,9)라는 주제로 열려 인천교구에서 700여 명이 참석하였다.

10월 31일 가톨릭회관에서 132명이 참석한 가운데 팀인준 피정이 실시되었으며, 11월 21일 차수 회장단 연수가 가톨릭 회관에서 25명이 참석한 가운데 실시되었다.

⑧ 실버 꾸르실료 실시 (2016년 남성 제188차)

2016년 남성 4회(187차~190차), 여성 5회(181차~185차) 꾸르실료가 실시되었다.

특히 5월19일부터 22일까지 실시된 남성 188차 꾸르실료는 실버 꾸르실료로 실시되어 평신도 24명이 참석하였다.

1월 6일 가톨릭 회관에서 사무국 임원연수를 하였으며, 1월 9일 지구대표 간사연수를 가톨릭 회관에서 실시하였다. 1월 30일 제23대 사무국 임원을 구성하였다. 전담사제 김성만 파트리치오, 주간 이인숙 마리아가 선임되었다. 1월 30일 가톨릭 회관에서 꾸르실료 총회가 열렸으며, 2월 13일부터 14일까지 갑곶 순교성지에서 새로 구성된 사무국임원 피정을 실시하였다. 2월 29일부터 3월 1일까지 광주대교구에서 꾸르실료 한국 협의회가 열려 11명이 참석하였다.

2016년에는 지구 울뜨레야와 팀 인준 교육을 병행하여 지구별로 실시하였다. 신임 본당 간사연수가 4월 9일 가톨릭 회관에서 하였으며 5월 30일 예비봉사자학교 23명 수료식을 하였다. 6월 25일 중 동구 지구 울뜨레야 및 팀 인준 교육을 실시하여 183명이 참석하였다. 이어서 9월 3일 부천 2지구 약대초등학교 체육관에서 265명, 9월 11

2016.5.19. 남성 제188차 실버 꾸르실료

2016.12.10. 봉사자들을 위한 감사 송년의 밤. 인천 교구청 신청사

일 계양지구 장기동 성당에서 252명, 10월 2일 만수1동 성당에서 남동지구가, 10월 15일 김포지구가 성체 성지에서 171명, 10월 29일 서구지구가 서구 인재 개발원에서 270명, 10월 30일 부천 1지구가 춘덕산 복숭아꽃 축제장에서 270명, 11월 6일 남구청 대강당에서 남구 지구가, 11월 12일 갈산동 성당에서 부평지구가 220명, 11월 26일 시흥 안산지구 울뜨레야가 대야동 대교 HRD센터에서 170명, 12월 3일 연수지구가 박문여고 체육관에서 140명이 실시되었다.

11월 5일 197명이 참석하여 일만위 순교자 현양 동산에서 본당 임원 성지순례를 하였다. 12월 10일 봉사자들을 위한 감사 송년의 밤이 교구청 401호에서 실시되어 모범 봉사자 3명을 선발하여 조각 초를 선물하였다.

⑨ 꾸르실료를 사랑한 최기산 보니파시오 주교 선종 (2016년)

인천교구 제2대 교구장 최기산 보니파시오 주교께서 5월 30일 오전 11시 40분에 향년 68세로 선종하였다. 고(故) 최기산 주교의 빈소는 인천 답동 주교좌 성당에 마련되었고 장례미사는 6월 2일 오전 10시 30분 답동 주교좌 성당에서 봉헌되었다. 장지는 하늘의 문 묘원 성직자 묘역이다. 최기산 주교는 "나는 길이요 진리요 생명이다."라는 성경 구절처럼 평생을 "오직 예수그리스도만을 방패로 삼아 그분의 뜻이 이루어지는 삶을 살겠다." 란 사목 의지를 실천, 교인들의 추앙을 받았다.

특히 1987년 2월 18일부터 1990년 2월 13일까지 꾸르실료 제10대 지도신부로 부임하여 인천교구 꾸르실료와 함께 하였다. 그후에도 꾸르실료 행사에 적극 참여해 주었고

고(故) 최기산 보니파시오 주교

꾸르실료 폐회식에 참석한 최기산 주교

교구 울뜨레야에 입장하는 최기산 주교

차수가 있는 날이면 수시로 방문하여 격려해 주었다. 인천교구 꾸르실리스따의 염원인 꾸르실료 회관건립에도 많은 관심을 가지고 응원해 주었다. 많은 꾸르실리스따는 꾸르실료를 사랑한 최기산 보니파시오 주교와의 추억을 회상하며 많은 슬픔에 빠졌다.

⑩ 꾸르실료 교육 장소 변경(가톨릭회관에서 심조이 바르바라 피정의 집)

2017년 남성 2회(191차~192차), 여성 3회(186차~188차) 꾸르실료를 실시하였다.

2월 가톨릭 회관 철거로 인해 꾸르실료 사무국이 가톨릭회관 412호에서 사회사목센터 109호로 이전하였다. 2월부터 3월까지 각 지구 본당 울뜨레야 활성화를 위한 워크샵이 각 지구별로 개최되었다. 3월 4일 사무국 임원연수가 앞으로 있을 꾸르실료 교육 준비를 위해 심조이 바라바라 피정의 집에서 실시되었다. 4월 20일부터 24일까지 여성 제186차 꾸르실료가 가톨릭 회관에서 송림동으로 이전한 인천교구청 내 심조이 바르바라 피정의 집에서 처음 실시하였다. 그동안 각 본당에서 해왔던 주방 봉사가 없어지게 되었으며, 교구 전체 단체가 사용하게 되어 꾸르실료 차수 횟수가 줄어들게 되었고 교구 각 단체들과 일정을 조정해야 했다.

5월 27일 최기산 보니파시오 주교의 1주기 추모 미사를 하늘의 문 묘역에서 실시하였다. 본당 임원 피정이 9월 30일 이 안나홀에서 222명이 참석한 가운데 실시되었다.

12월 2일 봉사자들을 위한 감사 송년의 밤이 답동 문화관 마리아홀에서 열렸다.

2017.4.20~24 심조이 비르바라 피정의집에서 처음열린 여성 제 186차 꾸르실료

2017.05.27. 최기산 보니파시오 주교 1주기 추모미사(하늘의 문 묘역)

2018년 김성만 파트리치오 신부가 임기를 마치고 전대희 바울로 신부가 부임하였다. 인천교구 꾸르실료 도입 50주년을 맞이한 2018년에는 여러 가지 행사를 준비하였다. 성경 필사, 원년미사, 본당 순회 고리기도, 꾸르실료 발상지 순례, 50주년 감사미사 및 33차 교구 울뜨레야 였다. 성경 필사는 본당별로 쓴 필사본을 합하여 50주년 감사미사에서 주님께 봉헌하였다.

2018.1.25. 꾸르실료 도입50주년 기념 원년 미사. 교구청 보니파시오 대강당

1월 25일 인천 교구청 보니파시오 대강당에서 50년 전 제1차를 체험했던 그날, 405명의 꾸르실리스따들이 모여 감사와 희망을 담은 '인천교구 꾸르실료 도입 50주년 원년 미사'를 봉헌하였다. 이 자리에서 지도신부 전대희 바울로 신부는 강론을 통해 "50년 동안 인천교구 꾸르실료를 있게한 선배님에게 감사해하고 앞으로 100년을 향해가는 우리의 자세도 처음 시작한 선배들의 마음처럼 초심을 잃지 않고 나아가자!".고 힘주어 강조하였다. 앞으로의 100년을 준비하는 첫발을 내딛는 이날 꾸르실리스따의 정성으로 본당별 고리기도를 시작하였다. 7개월간(1월부터 8월까지) 102개 본당 4,625명이 참여하여 뜨거운 열정을 보여주었으며 고리기도를 통하여 본당 울뜨레야 활성화에 많은 도움을 주었다.

2018.5.17.~29 꾸르실료 발상지 성지순례. 호노라토 수도원 성당에서

2018.5.17.~29 꾸르실료 발상지 성지순례. 1949년1월 7일~10일. 꾸르실료 4차 회의 장소

2018.5.17.~29 꾸르실료 발상지 성지순례.
호노라토 성당 수도원

2018.10.3. 인천교구 꾸르실료 도입50주년 제33차 교구 울뜨레야. 강화 인천 신학교

2018.10.3. 인천교구 꾸르실료 도입50주년 제33차 교구 울뜨레야.
인천교구 꾸르실료 1차부터 선배차수에 대해 기념품증정 및 기념사진. 강화 인천신학교

2018.10.3. 인천교구 꾸르실료 도입50주년 제33차 교구 울뜨레야. 강화 인천신학교

꾸르실료 발상지 순례는 5월 17일부터 29일까지 33명이 참여하여 꾸르실료 발상지 마요르카 호노라토 수도원을 방문하였다. 꾸르실료가 시작된 장소에서 고리기도를 바치면서 물질주의로 무너진 정신세계를 신심운동과 회심을 통해 일으키려는 꾸르실료 창시자 에두와르도 보닌의 결의와 꾸르실료의 정신인 이상, 순종, 사랑의 정신으로 인천교구 꾸르실료가 100년을 향해 나아갈 수 있는 힘을 얻는 시간이었다.

⑪꾸르실료 도입 50주년 기념 교구 울뜨레야 (2018년)

2018년 10월 3일 인천교구 꾸르실료 도입 50주년 제33차 교구 울뜨레야가 인천가톨릭대학교에서 1,371명의 꾸르실리스따가 참석한 가운데 열렸다.

교구 사무국은 2016년부터 "자성의 해"를 시작으로 "회심의 해", "파견의 해"로 정하고 성서쓰기, 감사일기쓰기 등, 꾸르실료 이후의 '그리스도인 생활의 꾸르실료'를 점검하는 시간을 가짐으로써 꾸르실료 도입 50주년 행사를 준비해 왔다. "너희는 내 사랑 안에 머물러라."라는 주제로 열린 이 날 행사에는 남녀 제1차를 체험한 서재송, 문정자 형제자매가 당시의 경험을 생생히 들려주었다. 식후 신학교 운동장에서 1,300여 명이 함께한 '뛰어라' 모습은 장관이었다.

이 날 행사를 통해 모인 봉헌금은 신학생 양성기금으로 신학교에 봉헌하였고 '인천교구 꾸르실료 도임 50주년 행사'의 의미는 한층 빛났다.

"과연 우리는 그리스도인인가?"라는 질문에서 시작된 꾸르실료운동은 오늘날 우리가 처해 있는 현실에서 영적쇄신을 위해 끊임없이 물어야 할 질문임이 틀림없다. 지속적인 회심을 통해 그리스도인으로 다시금 태어나게 한 꾸르실료 체험은 하느님의 선물이다.

'우리는 하느님께 받은 사랑에 감사드리는 삶을 살고 있는지?', '이웃, 동료, 교우들에게 받았던 도움의 손길에 보답하고 있는지?', '그리스도인의 기본을 살기위해 주님과 한 약속을 실천하고 있는지?'. 인천교구 꾸르실료 50년 과정을 돌아보며 꾸르실료의 정신인 '이상' '순종' '사랑'의 정신으로 '나의 삶 안에 신앙이 있는 것이 아니라, 신앙 안에 나의 삶이 있어야 함'을 생각하며 살아가는 인천교구 꾸르실료가 되기를 바란다.

제3편

꾸르실료의 영성을 일깨우다

하느님은 사랑이십니다.

남성 제175차 **김성환 프란치스코**

나의 세례명은 프란치스코이며 나의 배후자는 마리아이다.

5월 어느 날 우리부부는 여느 때 와 같이 미사참례하고 나오던 중 로사 자매님 (간사님) 으로부터 마리아에게 꾸르실료 교육을 받는 것이 어떻겠냐는 말씀을 듣고 의논 끝에 쾌히 받아들였다. 이후 마리아가 먼저 인천교구 여성제169차로 교육을 수료하고 나는 한달 후 남성 제175차 교육을 받게 되었다. 마리아는 교육 수료 후 비밀의 여인으로 변해 버렸다. 왠지 궁금하였지만 부담스러워 할까봐 물어 보지 않고 지냈다.

신부님과 주위의 신자분들이 교육준비를 잘하고 있는지 염려해 주심에 감사하면서도 마음속으로는 성당교육이 다~ 거기서 거기겠지 뭐!, 또 마리아까지 교육을 수료했음에 별로 마음에 부담은 없었다.

교육 입소

성당 성체조배실에서 조배드리고 스따선배님들과 준비기도와 십자가의 길을 마치고 나오니 신부님께서 안수를 해 주셨다,

출발 전 선배스따로부터 "준비물 (수영복, 축구화, 양주, 기타등등...을 잘 준비했지요?" 하는 말에 무슨 뜻일까 ? 농담일까 ? ~

그렇게~그렇게~ 답동 가톨릭회관에 도착 !

인천교구 남성 제 175차 44명의 일원으로 입소하여 개인소개와 반 편성이 이루어지고 숙소가 정해졌다. 그리고 이후 대침묵... 어 ~ 어 !

강당으로 이동 중 계단좌우로 양팔 묵주 기도하는 형제님...

멀리서부터 점차 들려오는 음악소리에 마음이 벅차온다.

강당에 도착 자리에 앉아 선배스따들의 환영식이 이어진다.

.....감동....감동....어리둥절......

아까 나를 배웅해주던 마리아와 형제 자매님들이 눈에 띈다.

갔는줄 알았는데... 시작부터 다른 느낌....!

그렇게 어리버리 하루가 갔다.

자성의 날

44명의 교육생들이 4분단으로 나뉘고 나는 성요한 분단의 분원이 되었다. 우리분단에는 유일하게 신부님과 교육생중 연세가 제일 많이드신 형제님이 속한 분단이다.

"그리고 교육 시작"

아마도 모두들 처음 겪어보는 롤료교육, 그림 작업 등은 교육생 모두를 당혹하게 혹은 황당하게, 부끄럽게 만들었고 또한 한바탕 큰 웃음바다! 입소 전 각자가 갖고 있던 세상 스트레스마저 날려 보냈다.

혹시 내 차례 (내가 왜이래 ~ 새 가슴~!) 그리고 집중력, 분원이 하나로 일치, 정신없이 하루가 어떻게 갔는지 모르게 지나갔다.

회심의 날

계속 이어지는 롤료는 언제 그칠지....

사실 우리 모두는 선단에서 예기치 않게 지명되어 발표해야 하는 것을 꽤 부담스러워 하였다.

이후, 소성당 감실 앞에서의 양팔묵주기도 와 침묵 중 묵상, 자기성찰과 고백성사(눈물, 콧물, 한없는 후회, 뉘우침, 반성, 통곡)

하느님의 무한한 용서와 사랑에 감사 드립니다,

이후 주의가 보이기 시작한다. 봉사활동 하시는 분들의 모습이 말이다. 말하자면 인솔 하는 분, 가르치는 분, 식단준비 하는 분, 보이지 않게 영적, 물적 예물의 도움(빨랑까) 의 손길들이... 모든 이에게 감사!

마지막 파견의 날이다

다시금 대침묵 , 내일이면 파견의 날을 맞는다. 잠자리에 들었지만 잠이 안 온다.

묵주기도를 하기시작… 얼마나 시간이 흘렀을까 여기저기서 코고는 소리가 난다,

별안간 문이 열리고 "기상" "기상" 갑작스런 예수님의 등장에 모두들 "비몽사몽" "허둥지둥" 예수님을 맞이하며 예수님 발에 침구한다. 지금이 몇 시? 알 수 없는 시간! 새벽인가 보다!

우리 모두는 줄지어 침묵 속에 계단을 내려가며 어디론가 간다. 그런데 아름다운 노랫소리가 들려온다 … 들려온다 …

먼동틉니다 (마냐니따) …

깜깜한 밤중같은데 수많은 촛불행렬이 우리들을 반겨준다. "감동"

도착한 곳은 답동성당이다. 경건한 가운데 하느님께 감사미사 드리면 꼭두새벽부터 우리를 위해 미사에 함께 하러온 수많은 스따들을 보며 가슴 뭉클해진다. 그 가운데 마리아 그리고 주안 8동 스따들. 친구와 대부님도 보인다 고마움과 감사를 드린다. 그리고 그칠 줄 모르던 롤료교육도 어느덧 끝나고 대강당에서의 수료식으로 3박 4일의 여정을 모두 마쳤다.

본당스따선배의 도움으로 본당으로 돌아오니 주임 신부님의 강복과 수녀님, 선배스따들의 환영식이 있었다.

모든 분들께 감사드린다.

돌이켜 보면 비록 3박 4일의 기간이었지만 세례 후 (99년 10월) 이처럼 하느님의 무한한 사랑과 자비의 손길을 깊이 느껴 본적은 없었던 듯 싶다. 또한 이 교육이 우리 부부의 삶의 방향을 지시해 주는 나침반 역할이 될 것이다.

"착하게 살자" (착한 사마리아 사람처럼, 루가복음 10장 29절~37절)

이 글을 마치면서 인천교구 남성 제 175차 지도신부님(이재규 베드로) 회장(윤석만 요한) 여러분야의 봉사자님(특히 우리들의 일용할 양식을 맛있게 만들어 주신 스따 선배님) 들게 감사드립니다. 이 모든 것이 하느님의 사랑, 사랑, 사랑이었습니다.

"하느님 감사합니다."

오소서 성령님

남성 제 164차 **남영우 대건안드레아**

"오소서, 성령님. 저희 마음을 성령으로 가득 채우시어 저희 안에 사랑의 불이 타오르게 하소서."

'꾸르실료 스따'라면 누구나 알고 있는 성령님께 바치는 신앙고백이며 간절한 소망이 담겨있는 시작기도이다.

성령님은 예수님께서 승천하신 후 이 땅에 남아있는 우리를 위한 협조자로 강림하셨으며 영원히 존재하시는 삼위일체 중에 한 위격이시다. 그리고 하느님의 구원 계획, 예수님의 구원 완수, 성령님의 은총으로 끝없이 사랑을 베풀어 주시는 우리의 구원자이시다. 이러한 성령님과 함께하는 우리 스따들은 그 분의 인도에 따라 살아가야 하지만, 세상의 유혹이 늘 가까이 있기에 결코 쉬운 일이 아니다. 더군다나 코로나19로 인하여 더 많은 세상의 변화를 가져왔다, 일상의 작은 변화에서부터 세상 모든 관계와의 어려움에 처해있다.

특히, 미사참례가 어렵게 되면서 마음의 평화마저 흔들리기도 한다. 왜 미사가 중요하다고 하는지 깨닫게 한다. 물론 대부분의 교우들은 굳건한 신앙으로 전혀 문제가 되지 않겠지만 나의 경우는 그러하였다. 내 안에서는 늘 세상의 육과 성령이 늘 자리 전쟁을 하고 있으며, 스스로 세상의 편에 서기도하니까 말이다.

처음 꾸르실료 체험을 기억해 보면, 그저 무덤덤한 신앙생활을 이어가던 중에 본당 간사로부터 3박4일 제안을 받았고 별다른 망설임 없이 지원하였다.

그 당시 나의 고민은 변화를 필요로 했고, 그 실천으로 어떤 봉사든지 하려는 생각을 가지고 있었다. 지금도 그렇지만 중요한 것은 꾸르실료 체험이 아니고 무엇으로 부르시든 하겠다는 응답이라고 생각한다. 다른 누구와 무엇과도 결부되지 않은 오로지 주님과 나만의 관계를 맺고 싶었고, 3박4일 동안 답동으로 나를 초대해주신 이유를 설렘으로 느껴보고 찾아보고 싶었다.

체험은 각자의 본당에서 온 교우들과 서툰 공동체를 만들어가면서 친교를 나누고 벽을 허물어가는 과정을 통하여 내 안에 성령님을 받아들이는 체험과 회심의 신앙고백 과정이었다. 여러 교우들과 통제된 공간에서 생활하면 신앙공동체라고 할지라도 모든 것이 좋을 수는 없을 것이다. 나름대로의 불편함과 관계를 잘 소화시켜야 할 경우도 종종 발생하기도 한다. 이렇게 또 하나의 울뜨레아를 만들어 지는 것이다. 또한, 체험에 대한 감사로 한번정도 하려던 기수봉사를 어쩌다 보니 몇 번을 더 하게 되었고, 이후 스따로서 본당과 세상에서 변화되고 있는 내 자신의 모습을 바라보며 이끌어주시는 성령님께 감사했다.

예전에는 예수님을 통해 드리는 주님을 향한 청원기도가 전부였다. 기도 이전에 성령님을 모시고 내적변화를 위한 노력은 생각조차 못한 것 같다. 예수님 승천이후 줄곧 우리와 함께 계시는 성령님의 존재를 놓치고 살고 있었다고 말할 수 있다. 내 마음이 주님을 바라보려면 성령님의 역할이 중요하다는 것을 알게 되었다. 성령님을 받아들여야 하고 스스로 변하고자하는 회심도 성령님의 도움이 없이는 불가능 한 것이다.

좋아하는 성경말씀이 생겼는데, '나는 포도나무요 너희는 가지다. 내 안에 머무르고 나도 그 안에 머무르는 사람은 많은 열매를 맺는다. 너희는 나 없이 아무것도 하지 못한다.'(요한 15,15) 이다. 나무와 가지는 서로 떨어져 있을 수 없으며 공동운명체 관계이다. 이미 예수님께서는 우리를 위하여 십자가 죽음을 당하셨고, 그로서 우리는 회심과 죄의 용서와 함께 그 분 안에 머무를 수 있게 되었다.

예수님은 목수이셨다. 목수의 손에는 잘 맞는 도구가 필요하다. 목수의 도구는 손에 맞추려 잘 다듬을 것이고 그래도 안 맞을 경우에는 다른 도구를 찾을 것이다. 도구 스스로 아무것도 할 수 없다. 목수의 손에서 좋은 역할을 할 때 비로소 쓸모가 있는 것이다. 스따는 예수님께서 쓰시기에 도구이어야 한다.

참된 봉사자는 때가 되면 내려놓고 물러서는 지혜를 알아야 한다고 생각한다. 가끔 들어보면 제때에 봉사를 내려놓지 못해 문제와 갈등을 겪고 냉담으로 이어지는 일이 의외로 많다고 한다. 봉사에 대한 열정은 알겠지만 나 이어야 한다는 과도한 집착은 그저 욕심일 뿐이다. 예수님께서 우리를 쓰기 좋은 도구로 만들어 주셨듯이, 다른 이들도 좋은 도구로써 그렇게 다듬고 만들어 주실 것이다. 또한, 목수는 쓰던 도구를 버리는 일이 없다. 잘 보관하고 있다가 때가 되면 알맞은 쓰임으로 다시 이용한다. 그저 기다리기면 하면 된다. 교회공동체 안에서 부르심에 따라 나누는 삶이야말로 스따들이 몸소 실천해야 할 일이 아닐까 생각한다.

코로나19로 일상의 소중함이 그리울 때이다. 예전으로 다시 돌아갈 수 없다는 말에는 안타까움이 더해간다. 선으로 천지를 창조하시고 만물에 생명을 주시고 자연과 조화를 이루면서 다스리라고 우리에게 명하신 하느님의 뜻을 우리는 얼마나 잘 지키고 있는지?

우리가 자행하고 있는 세상의 불투명 속에서 이상, 사랑, 순명에 뜻에 따르는 우리 스따의 역할은 무엇인지 성령의 도우심으로 회심을 통하여 주님께 다시 다가가고자 해야 할 것이다.

마냐니따

수원교구 여성 제 107차 **문정숙 아가다**

몇 해 전 낯선 중국에서 잠시 생활을 하게 되었습니다.

처음 몇 달간 낯선 이국에서 적응하기 힘든 시기에 찾은 곳이 중국 대련성당 조배실 이었습니다. 몇 마디 배운 짧은 중국어 실력으로 기도하겠다는 말로 승낙을 받고 본당 신부님께서 꾸르실료 교육을 청하시기에 홀로 비행기 타고 교육에 참가하였습니다. 처음에는 흡사 공산당 당원대회도 아니고 박수와 노래에 어리둥절하며 시작한 교육은 이제 60에 선 나이에 20년전 그때가 아직도 생생한 기억으로 남아있습니다.

잠시 눈을 붙이고 꿈결같이 속삭이던 '주님이 오셨습니다.'라는 말씀이 천상의 소리로 다가와 저도 모르게 '예, 저 여기 있습니다.'라 응답하였습니다. 두 눈가에 맺은 눈물이 마르기도 전에 방문 앞에서 곱게 한복을 차려입고 촛불을 든 분을 보고 놀랐습니다. 계단을 따라 내려가면서 촛불의 행렬과 묵주 기도하시는 많은 분을 만나고는 주체할 수 없이 눈물이 흘러나왔습니다. 도대체 처음 보고 또 안면도 없는 저 분들이 미약한 나를 위하여 잠도 잊은 채 이렇게 기도하시나 하는 생각에 더 이상 발걸음을 내딛지 못하였습니다. 어느 봉사자 분께서 저를 이끌어 겨우 발걸음을 떼고 내려가 성당으로 들어서니 생전에 느끼지 못했던 향기가 넘쳐났고 지금도 제 앞에 어른거리는 듯합니다.

아무런 준비도 없이 맞이한 주님.

'항상 깨어 기도하라'라고 말씀하셨는데 당신은 지금 저를 품에 안아 주시며 모든 걸 용서해 주셨고, 저는 '제 모든 것이 당신의 것입니다'라고 제 마음의 고백을 드렸습니다.

미사 시작을 알리는 소리에 고개를 들어 내 앞사람의 모습에 놀라고 내 모습도 이와 다르지 않겠다 싶어 부끄러움이 밀려 왔습니다. '그 날과 그 시간은 아무도 모르니

항상 깨어 있어라'는 그 한마디가 다시 머리에 스치며 '주님께서 진정 나를 사랑하고 계시는 구나'하며 나의 새로운 삶을 기도하고 축복의 시간을 허락하신 주님을 찬미하였습니다.

항상 수없이 낮아지고 내려놓고자 노력하지만 욕심이 먼저 앞선 세상살이가 더 좋은 나. 고집과 아집 그리고 융통성이 부족한 이기적인 나. 입으로만 겸손하려 했던 순간을 반성하며 과거의 나를 버리고 새사람이 되고자 노력하겠습니다.

선배님들의 힘찬 박수와 노래는 저에게 무한한 신앙의 원동력이 됩니다. 항상 어려울 때 당신께 의지하고 매달리는 저이지만 당신은 저의 아빠, 아버지이심을 고백합니다.

마냐니따의 감격

남성 제 187차 **황병하 스테파노**

사람은 가고 말씀은 남듯이 그 날 그 시간은 흘러갔지만, 그날의 감격과 사랑의 불꽃은 아직도 우리 모두의 가슴에 아름답게 남아 있으리라고 믿습니다. 잠결에 맞이했던 예수님, “주님이 오셨습니다.”라는 말씀을 들으며 여기가 어딘데 예까지 오셨습니까? 제가 누군데 보잘것없는 저까지 찾아 오셨습니까? 울먹이며 감사드렸던 그 감격의 새벽, 길게 늘어선 촛불로 꾸며진 거룩한 성. 준비되지 않았고 결점 투성이기에 차마 나설 수 없어 주춤거렸고, 부끄러움에 망설이다가 멈칫거리던 순간, 어서 나서라는 봉사자들의 손짓을 따라 촛불 꽃밭으로 뛰어들었을 때의 그 포근함. 그토록 많은 선배들의 노래 소리와 밝혀준 촛불의 잔상이 지금도 가슴을 뭉클하게 합니다. 진정 오랜 나날, 기도가 아닌 절규였던 ‘왜 저에게 이토록 힘든 고통을 허락하시나이까?

대답해주소서’라고 기도하며 방황했던 그 당시의 저에게 주님께서는 “내가 널 사랑한다.”고 또렷하게 들려주셨습니다. 그토록 이른 새벽에 먼 길을 달려와 촛불을 밝혀주던 그 새벽의 선배들 가슴만큼이나 따스하고 포근하게 들려주셨습니다. 그래서 이제는 그 긴 고통도 집착도 버려야함을, 그리고 오직 당신밖에는 어느 것도 의미가 없음을 고백했습니다.

촛불로 그려진 천국 같던 그 길을 걸어서 성당에 왔을 땐 “감사, 감사합니다.” 이외의 아무런 단어조차 생각나지 않아서 그냥 실컷 울었습니다. 조금 지나 정신이 맑아진 뒤 제 모습을 보니, 맨발에 헝클어진 머리로 있음을 알았습니다. 이럴 줄 알았더라면 조금 일찍 일어나 준비를 할 걸, 그랬더라면 이토록 부끄러운 모습은 아니었을 텐데 하는 염치없는 후회가 왈칵 밀려왔습니다.

나중에야 알게 된 진리……

"그 날 그 시간은 이렇듯이 갑자기 온다. 그러니 깨어 있어라.” 등불을 켜들고, 나그네인 이 세상의 광야처럼 느껴지는 그 어느 곳에서도 깨어 있어 님을 맞이하는 게 축복임을 알아 "항상 깨어 있어라." 정말로 실감나는 체험 속에서 저는 열심히 “그날”

을 준비하는 하루하루를 살아가는 작은 성인이 되겠다고 다짐했습니다. 기쁨과 감사와 감격이 어우러진 수수께끼 같던 마냐니따! 우리 모두가 그 감격을 잊을 수 없으리라 생각합니다. 저는 지금도 그 새벽에 선배들이 불러주던 노래 소리를 듣습니다. 사노라니 힘들어 휘청거릴 땐 그 노래 소리, 그 촛불을 다시 생각하며 힘 있게 일어서겠습니다.

다시 한 번, 우리 영혼을 다듬고 가꾸시는, 또 우리의 원함이 아니라 필요함으로 풍성한 축복을 내리시는 사랑의 하느님께 오늘도 감사드립니다.

꾸르실료 발상지 성지순례를 마치고

남성 제 187차 **고동구 힐라리오**

우리 인천교구 꾸르실료에서는 2018년에 꾸르실료 도입 50주년을 맞이하면서 기념사업의 일환으로 꾸르실료 발상지를 순례하기로 결정하였다.

2017년부터 약 1년을 준비하여서 마침내 2018년 5월17일부터 29일까지 13일간의 순례의 길에 오르게 되었다. 전대희(바울로) 지도신부님께서 인도하셨고 각조에 8명씩 4개조로 편성하여 총33명이 성서 안에서, 전례 안에서, 가르침 안에서 만났던 예수님을 성지에서 새롭게 뵙고자 순례의 길을 나선 것이다. 개인적으로는 오랜만에 아내와 함께하는 이번의 순례의 길에서 좋으신 하느님아버지께서는 우리부부에게 어떻게 새로운 모습을 보여주실까 하는 묵상을 자주함으로써 순례자의 기도를 대신하였다.

5월17일 11시30분에 인천공항을 이륙한 비행기는 13시간 후에 스페인의 시간으로 당일 18시에 우리순례 단을 스페인의 마드리드공항에 내려주었다.

순례의 사전적 의미는 “종교적인 전승에 따라 성화된 땅이나 본산이 있는 곳을 차례로 찾아가 참례하며 신앙을 두텁게 하는 일” 이라고 하였다. 따라서 우리순례 단이 1949년 1월7일에 처음으로 꾸르실료가 개최된 마요르카의 오노라또 수도원을 먼저 찾아가는 것은 마땅한 일이었다.

둘째 날의 이른 아침 스페인에서 가장 큰 섬 마요르카로 이동하였다. 우리나라 제주도의 약 두 배정도의 면적인 마요르카 섬의 서편에 위치한 오노라또 수도원 인근은 조용하고 평화로웠다.

우리가 오노라또 수도원에 도착하니 수도원의 신부님과 수사님들께서 반갑게 맞이해 주셨다. 그러나 나를 당황하게 한 것은 수도원에 달린 조그만 공소정도의 성당이었다. 기대하였던 유럽의 화려하고 웅장한 수도원의 모습은 찾아볼 수가 없었다.

아! 이곳에서 첫 번째 꾸르실료가 시작되었구나!

하느님께서는 소박한 이곳에서 새로운 역사를 계획하셨구나! 하는 묵상 중에 예수님의 요람이었던 구유와 열두 사도를 뽑으시는 예수님의 구원계획이 연상되었다.

1936~1939년 까지 스페인의 내전은 꾸르실료가 태동하는데 지대한 영향을 끼쳤다. 정치적, 사회적 혼란 속에서 자유주의와 전통주의 세력 간에 발발한 내전이며 전쟁이었다. 약 오십만 명의 희생자가 생겨난 역사였다고 한다. 우리도 동학혁명과 민족의 비극인 6.25전쟁, 제주4.3사건 등의 참혹한 대립의 역사를 갖고 있기에 꾸르실료의 창시자 에두와르도 보닌의 결의가 짐작되었다.

우리는 오늘의 삶에서 창시자의 슬픔과 고민과 희망을 공유하고 있는가? 하는 무거운 마음으로 여정이 시작되었다.

크리스천 생활의 꾸르실료는 나에게 어떠한 모습을 희망하는가?

나는 꾸르실료운동의 영성을 살고 있는가?

나의 환경을 복음적으로 변화시키려고 기쁨에 찬 증언을 하고 있는가?

때로는 달콤하게 느껴져서 분열을 꾀하였던 내 생각과 행동에 대하여 고백하였고 성찰하였다.

다소 가벼워진 마음으로 5월21일 오전에는 스페인 카톨릭의 본산지인 똘레도 대성당과 아빌라의 대 데레사 성녀의 생가, 강생 수도원을 순례하면서 성녀의 강인함과 의지를 느낄 수 있었다. 특히 성녀의 기념관에 있는 만남의 층계에서 소년 예수를 만난 성녀가 "난 데레사야! 너는 누구니?" 하였더니 소년예수가 "응! 난 데레사의 예수야" 하였다는 일화로 살짝 미소지우며 마음이 푸근해졌다.

다음 날에는 산티아고 데 콤포스텔라 순례 길 중에서 가장 아름답다는 오뻬드로우소에서 아메날까지의 순례 길을 걸었다. 순례의 길을 걷는 많은 이들의 모습은 숙연하였다. 장시간의 순례 길에서 남루해진 겉모습과는 달리 그들의 몸에서는 정결하고 평온한 기운이 풍겨졌다. 순례의 길에서 정화된 인간의 순수한 모습일 것이다. 그저 무덤덤하게 걷던 나에게도 조금씩 시간이 지나면서 살며시 순례 길 양쪽에 자리한 아름다운 피조물들이 시야에 들어오기 시작하였다. 마침내 개울물소리도 마음속의 한 모퉁이에 자리를 잡는 것이 아닌가.

아!

천지의 창조주이시여! 나의 주님! 나의 하느님이시여!

그저 묵묵히 그러나 딱히 표현할 수 없는 흥분된 마음으로 한참을 걸었다. 분명 이곳의 많은 나무들과 꽃은 우리나라에도 있었건만 그만한 아름다운 경치쯤은 내가 사는 곳에도 찾으면 있으련마는 마침내 이곳에서 평온한 마음이 찾아온 것이다.

아! 주님께서는 나를 이리로 초대하시었고, 그리고 기다리고 계셨구나! 하는 생각에 갑자기 가슴이 뜨거워지고 시야가 흐려졌다. 민망스러운 마음에 약간의 샛길로 들어서서 마음을 진정시킨 뒤에 작게 핀 이름도 모르는 들꽃에게 물었다.

"난 고동구 힐라리오야! 너는 누구니?" "응! 난 하느님의 피조물이야"라고 말하였다.

그곳에서 그렇게 하느님을 뵈었다. 한참을 그 자리에서 머물러 혼자서 울다가 웃다가 일행 중 제일 마지막으로 산티아고데 콤포스텔라 대성당에 도착하였다.

산티아고데 콤포스텔라 대성당에서는 매일 12시에 산티아고 순례 길을 완주 한 순례자들을 위한 미사가 봉헌된다. 미사참례 인원은 500명으로 한정하고 산티아고 순례 길을 완주한 이들에게 우선적으로 입장이 허락된다. 나머지는 선착순으로 각국에서 모인 이들이 함께 국제미사에 참례할 수가 있다. 우리 순례 단은 모두 미사에 참례할 수가 있었고 영광스럽게도 전대희(바울로)신부님께서는 주례사제로서 여러 나라의 사제들과 함께 국제미사를 집전하셨다.

미사 후에 굵은 밧줄에 묶인 대형향로가 공중에서 춤추는 것 같은 보타후메이로 분향예절은 장관이었다. 이처럼 굉장한 분향의 의미는 인간의 감사한 마음을 하느님께 표하여 드리는 성의일 것이다. 그러나 정녕 대형향로가 마련된 이유는 순례를 마치고 미사에 참례한 순례자들의 찌든 냄새를 절감시키려고 고안된 수단 이였다고 하니 피식 웃음이 난다.

마침내 우리 33명의 순례 단은 대성당의 광장으로 나와서 서로서로 어깨동무를 하고 데꼴로레스 노래를 몇 번이고 반복하여 힘차게 불렀다.

인천교구 꾸르실료는 계속 전진할 것이라고 우리 모두는 다짐하였다.

제4편

그리스도는 당신만을 믿습니다

제1장

남성지수명단

1968. 1 ~ 2018. 7

서울 남성 제 2 차

1967. 8. 17~20

나길모 굴리엘모 주교(답동)

서울 남성 제 3 차

1967. 8. 24~27

강의선 힐라리오 신부(도화동), 오춘근 안셀모(답동), 김규호 방지거(화수동)

서울 남성 제 4 차

1967. 11. 9~12

조태진 요셉(송림동), 박영호 베드로(송림동), 안정환 요셉(답동)

남성 제 1 차

1968. 1. 25 ~ 28

봉 사 자	• **지도신부** | 나길모 굴리엘모 주교 • **회장** | 이해남 요셉 • **강 사** | 유석진 베드고, 문창춘 마티아, 김정진 야고버, 유수철 도밍고, 현석호 베드로
성 바오로 분단	강성욱 마태오 신부(김포), 노병건(도화동), 정권종(용현동), 성춘오(화수동), 서재송(덕적), 박의석(김포), 나춘식(송림동), 이태호(부평1동)
성 요한 분단	홍종학 요사팟 신부(화수동), 이병선(김포), 노영택(답동), 서동석(덕적), 노창환(부평2동), 박관철(송림동), 이동창(도화동), 양태석(부평2동)
성 안드레아 분단	노세현 신부(원동), 강휘성(부평2동), 정기섭(부평1동), 김항식(용현동), 김영신(답동), 김봉우(도화동), 채준희(통진)
성 야고보 분단	박성규 베네딕도 신부(부평1동), 김일환(통진), 김상련(부평2동), 조성근(화수동), 한기표(도화동), 서원모(송림동), 박병호(부평1동), 장석윤(덕적)
성 베드로 분단	강용운 시몬 신부(송림동), 김여수(도화동), 현광수(송림동), 이철, 이병기(용현동), 김영진(김포), 박용귀(김포), 최윤선

남성 제 2 차

1968. 6. 27 ~ 30

봉 사 자	• **지도신부** | 강의선 힐라리오 • **회장** | 오춘근 베드로 • **신심부장** | 조태진 베드로 • **활동부장** | 박영효 야고보 • **교수부장** | 노영택 요한 • **총무부장** | 안정환 요한
성 바오로 분단	조용걸 신부(중앙), 박경복(답동), 박봉수(덕적), 김상옥(부1평), 이한주(영종), 박춘기(부1평), 김준기(통진)
성 요한 분단	진 신부(영종), 박홍규(송림동), 송태운(주안동), 김익수(부평2동), 박만수(덕적), 전동묵(통진), 최일(답동), 김헌수(화수동)
성 안드레아 분단	최분도 신부(강화), 백창섭(부평1동), 서명석(덕적), 유만중(김포), 박릴웅(동두천), 송석영(영종), 윤택선(도화), 엄주열(통진)
성 야고보 분단	김상용 힐라리오 신부(강화), 김병식(영종), 김영환(통진), 조성휘(덕적), 진형섭(복자수도회), 문직식(용현), 이기세(동두천), 박봉식(답동)
성 베드로 분단	민동기(송림), 유기룡(부평2동), 양길석(수도회), 홍성찬(통진), 배도형(덕적), 강서호(도화동), 안창석(답동)

남성 제 3 차

1968. 10. 24 ~ 27

봉 사 자
- **지도신부** | 강의선 힐라리오
- **회 장** | 오춘근 안셀모
- **총무부장** | 이동창 스테파노 • **교수부장** | 정춘호 베드로 • **신심부장** | 조성근 요한
- **활동부장** | 이한주 도밍도

성 바오로 분단
오순환 요셉(화수동), 이계열 아오스딩(원주), 전희창 도마스(승의동), 황만주 바오로(통진), 신경섭 요안(화수동), 김봉진 시몬(산곡동)

성 요한 분단
설헨리고 신부(도화동), 추석민 요셉(화수동), 전형종 베드로(산곡동), 오인영 시몬(송림동), 김진용 마디아(부평2동), 이창복 요셉(답동), 권학천 미카엘(통진)

성 안드레아 분단
김일남 요안(송림동), 김영일 돈보스코(화수동), 최석환 말구(부평1동), 박재전 베드로(통진), 최재훈 시몬(숭의동), 윤달현 야고보(답동), 김귀환 요셉(영종)

성 야고보 분단
김주원 아오스딩(부평2동), 문인대 안드레아(답동), 박홍규 안드레아(덕적), 이진학 요셉(화수동), 박문규 누까(영종), 김용일 아마또(송림동), 김근만 요안(덕적)

성 베드로 분단
오선재 도마(답동), 최충량 안셀모(송림동), 서익길 베드로(통진), 배항식 귀엘모(덕적), 조만금 베드로, 김기성 야고보(영종)

남성 제 4 차

1969. 10. 23 ~ 26

봉 사 자
- **지도신부** | 강용운 시몬
- **회 장** | 노영택 바오로
- **총무부장** | 이동창 스테파노 • **교수부장** | 오춘근 안셀모 • **신심부장** | 정춘호 베드로
- **활동부장** | 조성근 요한

성 바오로 분단
이호영 요한(송림동), 김남진 요왕(답동), 이용석 미카엘(화수동), 김부현 사베리오(덕적), 서영배 분도(산곡동), 이상만 요셉(부평2동), 이은곤 도마(도화동)

성 요한 분단
유복길 요한(송림동), 이한수 바오로(부평2동), 김갑성 바오로(답동), 백군식 스더왕(덕적), 김상학 토이스(부평1동), 심용섭 요한(통진), 김도섭 요셉(도화동)

성 야고보 분단
김진옥 요한(화수동), 정종심 바오로(주안동), 안종길 야고보(답동), 나근길 이레네오(숭의동), 용세일 요아킴(덕적), 배정연 안셀모(송림동)

성 베드로 분단
김동수 그리스도(답동), 심혁진 바오로(도화동), 임헌춘 베드로(통진), 유은득 요셉(영종동), 서문석 미카엘(덕적), 홍종기 요셉(산곡동), 정동건 요버(부평2동)

남성 제 5 차

1970. 10. 22 ~ 25

봉 사 자
- **지도신부** | 나길모 굴리엘모 주교
- **회 장** | 노영택 바오로
- **총무부장** | 안정환 요셉 • **교수부장** | 오춘근 안셀모 • **활동부장** | 박영효 베드로
- **신심부장** | 나근길 이레네오

성 바오로 분단 김병상 필립보 신부(답동), 장운용 비오(송림동), 서윤석 아오스딩(덕적), 유사혁 말구(통진), 정기춘 베드로(답동), 김정용 안드레아(부평2동), 하대순 가빌(백령도), 정창희 베드로(숭의동)

성 요한 분단 이순우 아오스딩(답동), 이준희 스테파노(강화), 정영수 벨라도(통진), 조호갑 베드로(영종), 이정웅 제랄도(덕적), 송순호 요셉(부평1동), 박원규 치릴로(송림동), 홍인강 요셉(백령도)

성 안드레아 분단 황상근 베드로 신부(강화), 이호연 바오로(백령도), 민태국 다두(숭의동), 추이홍 바스칼(영종), 서정선 예몬(덕적), 백강렬 요왕(송림동), 심명보 바오로(통진), 최병윤 안당(답동)

성 베드로 분단 주재효 요셉 신부(도화동), 김용직 요왕(도화동), 이영호 요안(부평2동), 장석봉 힐라리오(덕적), 유재권 베드로(강화), 박순희 베네딕도(숭의동), 김봉용 야고버(통진), 최태종 마태오(송림동)

남성 제 6 차

1971. 8. 19 ~ 22

봉 사 자
- **지도신부** | 김병상 필립보
- **회 장** | 노영택 바오로
- **임 원** | 조태진 요셉, 채인국 다니엘, 박영효 베드로, 서원모 도마, 정기춘 베드로, 추석무 예로니모

성 바오로 분단 김수희 안드레아(소사), 김수용 빠치피코(도화동), 김형곤 바오로(숭의동), 김창원 토마스아퀴나스(송림동), 이윤섭 베드로(부평2동), 신현국 말구(산곡동)

성 요한 분단 전영흡 다니엘(송림동), 김태정 안드레아(숭의동), 송병우 바오로(산곡동), 고웅종 치릴로(부평1동), 박재동 베드로(화수동), 배영연 귤레도(도화동), 조백현 배드로(통진)

성 안드레아 분단 김병호 알퐁소(산곡동), 표한규 베드로(화수동), 이웅규 베드로(부평2동), 홍익서 바오로(부평1동), 김희수 안당(숭의동), 박태준 야고버(통진), 추석무 에로니모(송림동)

성 베드로 분단 채인국 다니엘(답동), 조춘호 요한(강화), 김해석 프란치스코(부평1동), 황만주 요안(통진), 이용우 예로니모(송림동), 최치복 베드로(숭의동)

남성 제 7 차

1972. 8. 17~ 20

봉 사 자

- **지도신부** | 강성욱 마태오
- **회 장** | 노영택 바오로
- **총 무** | 박영효 베드로 • **교수부장** | 이순우 아오스딩 • **활동부장** | 채인국 다니엘
- **신심부장** | 조태진 요셉 • **임원** | 정기춘 베드로, 안종길 야고버, 추석무 예로니모, 박재동 베드로, 조성근 요한, 이용석 미카엘

성 바오로 분단 윤상직 요아킴(주안), 허린 알로이시오(소사), 박의근 셀지오(답동), 최항준 분도(강화), 문영원 베드로(송림대부), 문완수 레오(화수), 서광선 요한(부평2동)

성 요한 분단 최기복 마티아 신부(주안), 신창군 다니엘(부평1동), 박상철 아담(답동), 김용봉 노엘(영종), 윤근호 에우세비오(소사), 오응모 요한(강화), 이송성 바오로(송림)

성 안드레아 분단 안덕규 마태오(화수), 유창선 베드로(송림), 김기택 베드로(영종), 한구성 도마(주안), 박심원 아시의(산곡), 오진호 아오스딩(소사), 임규덕 베드로(송림대부)

성 야고보 분단 김진원 바오로(산곡), 박효근 시몬(답동), 손증호 보티노(주안), 김종구 바오로(영종), 조경흥 레문노(부평1동), 황종욱 안토니오(송림), 오도영 미카엘(강화)

성 베드로 분단 주에레미아 신부(소사), 임후규 요왕(숭의), 한형식 요셉(부평2동), 유석열 다두(심곡), 양세민 도마스(송림), 김광덕 바오로(강화), 김영섭 야고보(산곡)

남성 제 8 차

1973. 8. 23 ~ 26

봉 사 자

- **지도신부** | 강성욱 마태오
- **회 장** | 이순우 아오스딩
- **총 무** | 서원모 도마 • **교수부장** | 심혁진 바오로 • **활동부장** | 추석무 예로니모
- **신심부장** | 정기춘 베드로 • **음악부장** | 황종옥 안토니오

성 바오로 분단 박영철 첼레스티노(화수), 김지현 요셉(송림), 박능호 다미아노(덕적), 이재풍 베드로(강화), 김창호 바오로(산곡), 이덕학 알렉산델(숭의)

성 요한 분단 임정균 안토니오(소사), 황동환 원선시오(부평2동), 송윤근 원선시오(송림), 조평식 안토니오(산곡), 신봉환 비오(송림대부), 남규태 요한(부평1동), 김한수 가별(강화)

성 안드레아 분단 고충진 그리스오폴(답동), 최광섭 펠리노(부평1동), 배종화 요왕(송림), 정원순 야고버(주안), 박상원 데렌시오(송림대부), 김만호 예로니모(도화), 황찬도 야고버(산곡)

성 야고보 분단 김홍련 요셉(부평1동), 장원준 시몬(소사), 황중희 요한(주안), 장순산 미카엘(화수), 서천석 가비노(덕적), 정정길 마지아(김포), 김인경 베드로(송림대부)

성 베드로 분단 김성환 방지거(김포), 김인동 도미니고(소사), 김명식 에로니모(화수), 박희영 요한(강화), 정호경 멜키올(부평1동), 김진구 아오스딩(송림대부)

남성 제 9 차

1974. 2. 28 ~ 3. 3

봉 사 자	• **지도신부** | 나길모 굴리엘모 주교 • **회 장** | 이순우 아오스딩 • **교수부장** | 한형식 요셉 • **활동부장** | 추석무 예로니모 • **신심부장** | 남규태 요한
성 바오로 분단	김영덕 요셉(부평1동), 정해덕 스테파노(주안동), 이상봉 바오로(답동), 나근정 비오(강화), 최정범 마태오(송림), 이태호 요셉(김포), 김규영 도마(해안), 이춘길 헨리고(부평2동), 여석구 안드레아(산곡동)
성 요한 분단	한상철 베드로(화수), 김유신 미카엘(용현), 허덕환 베드로(덕적), 이연홍 요셉(숭의), 윤근세 요안(송림), 유범종 바오로(김포), 김용근 모이세(통진), 양인용 헨리고(답동), 김영갑 글레멘스(부평1동)
성 안드레아 분단	기노영 시메온(주안), 김영팔 빌립보(답동), 강신옥 노렌조(소사), 이동순 안드레아(용현), 방상인 방지거(김포), 이병교 요왕(화수), 이광현 바오로(부평1동), 김대식 바오로(덕적)
성 야고보 분단	이승구 방지거(강화), 원민구 라파엘(산곡), 임규호 노렌조(주안), 서명복 야고보(소사), 박해준 요셉(통진), 윤구식 분도(김포), 이재홍 방지거(김포), 박상득 요왕(송림), 김기서 분도(덕적)
성 베드로 분단	이봉준 아오스딩(용현), 윤성순 베드로(부평1동), 김규희 토마스(답동), 오재현 마태오(덕적), 한태연 모이세(강화), 박의영 요안(김포), 서정현 제리노(송림), 여세구 방지거(산곡동), 김인곤 안드레아(송림)

남성 제 10 차

1975. 2. 27 ~ 3. 2

봉 사 자	• **지도신부** | 강성욱 마태오 • **회 장** | 노영택 바오로 • **총 무** | 박상철 아담 • **교수부장** | 태정 안드레아 • **활동부장** | 양인용 헨리고 • **신심부장** | 정기춘 베드로 • **음악부장** | 황종욱 안토니오 • **섭외·통계부장** | 이용석 미카엘 • **활 동 부** | 박영효 베드로, 이봉준 아오스딩, 이상봉 바오로, 서원모 도마, 추석무 예로니모, 박재동 베드로, 조성근 요한
성 바오로 분단	송주석 안셀모 신부(숭의), 성락필 안토니오(부평2동), 윤창진 토마스(고잔), 장익순 요한(답동), 김창진 요한(소사), 임영수 이냐시오(송림대부공소), 김순옥 요셉(김포), 송영식 베드로(김포), 윤만헌 글레멘스(화수), 최일환 마태오(해안)
성 요한 분단	이학노 요셉 신부(부평1동), 정종원 다미아노(주안), 김동명 모이세(용현), 이성갑 다마소(해안), 최병설 요셉(고잔), 박승석 베드로(소사), 강석구 스테파노(김포), 곽달호 바오로(산곡동), 권기순 분도(부평2동), 신유수 요한금구(덕적)
성 안드레아 분단	이근창 프란치스코 신부(답동), 고영한 바오로(숭의동), 최홍구 요한(강화), 김상길 요한(고잔), 김창희 아오스딩(김포), 박제근 야고버(용현), 김상근 레문도(해안), 한기영 시몬(산곡동), 김정연 아오스딩(부평2동)
성 야고보 분단	차가롤로 신부(송림), 이태현 바오로(답동), 김상규 라파엘(화수), 장석용 알벨도(숭의), 유길성 미카엘(송림대부공소), 김상율 바가비도(고잔), 이병주 요아킴(강화), 윤중영 니고나오(해안), 박해준 마태오(김포)
성 베드로 분단	이병철 암브로시오(도화동), 김지아 발라바(산곡동), 유형산 요한금구(답동), 우재순 미카엘(고잔), 한상식 도밍고(화수), 김정완 요왕(김포), 강본순 요셉(주안), 백융일 바오로(김포), 안정훈 분도(부평1동)

남성 제 11 차

1977. 1. 20 ~ 23

봉 사 자
- **지도신부** | 송주석 안셀모 • **회 장** | 오춘근 안셀모
- **총 무** | 박상철 아담 • **교수부장** | 심혁진 바오로 • **활동부장** | 양인용 헨리고
- **신심부장** | 정기춘 베드로 • **음악부장** | 황종옥 안토니오
- **임 원** | 박영효 베드로, 이봉준 아오스딩, 박경복 루도비꼬, 장익순 요한

성 바오로 분단 권제랄드 신부(화수), 장동환 사무엘(답동), 이진엽 요셉(주안), 최윤식 베드로(부평1동), 김상준 야고버(부평1동), 정현오 루이스(덕적), 임관용 바오로(도화), 현정근 요한(산곡동), 정효영 베다(도화)

성 요한 분단 김진철 요셉(도화), 함재수 빅돌(송림), 손석만 노렌조(간석동), 이병선 레오비노(도화), 원용신 누시아노(송림4동), 공문걸 베드로(답동), 신하균 베드로(김포), 서병송 도밍고(덕적), 최정길 아오시딩(부평2동)

성 안드레아 분단 홍윤표 시몬(산곡동), 유명화 바오로(간석동), 김창욱 요안(용현동), 노부기 바오로(도화), 채환 이냐시오(화수), 장익상 요셉(간석동), 이광화 알렉스(제물포), 김태봉 요셉(부평2동), 신재철 토마스(김포)

성 야고보 분단 최재하 다두(부평2동), 이삼영 라파엘(도화), 조병국 베드로(송림), 김기철 페렉스(산곡동), 김성국 미카엘(도화), 이찬우 토마스(부평1동), 이봉열 안드레아(제물포), 이명열 분도(김포), 장건순 체리스티노(화수)

성 베드로 분단 송학진 프란치스꼬(용현), 김학권 야고버(송림4동), 오복용 토마스(주원), 박영환 필립보(덕적), 김영옥 데모티오(화수), 전선항 시몬(송현), 장덕용 베드로(답동), 태민웅 바오로(간석동)

남성 제 12차

1978. 1. 12 ~ 15

봉 사 자
- **지도신부** | 황상근 베드로 • **회 장** | 전희창 토마스
- **총 무** | 이한수 바오로 • **신심부장** | 이길우 마태오 • **활동부장** | 김동명 모이세
- **교수부장** | 함재수 빅돌 • **음악부장** | 서원모 도마
- **임 원** | 박재근 야고버, 박영효 베드로, 추석무 엘노니모

성 바오로 분단 정윤화 베드로 신부(송림), 라창환 바오로(답동), 박인원 야고버(주안1동), 김동현 도밍고(대부), 이영환 헤르만(부평1동), 구자용 토마스(영종), 윤은중 베드로(강화), 최호연 라파엘(강화), 맹헌 메달도(덕적), 권병기 미카엘(부평2동)

성 요한 분단 유연벽 베드로(송림), 심용섭 베드로(답동), 백승노 안당(대부), 김명기 에드먼드(제물포), 이유용 바오로(부평1동), 노병설 바오로(도화), 윤영기 바오로(산곡), 김현영 헨리고(덕적), 김용민 아나다시오(영종)

성 안드레아 분단 김재영 로벨도 신부(주안1동), 성상신 바오로(부평2동), 이병돈 안드레아(산곡), 문형식 바오로(대부), 이종영 스테파노(김포), 인황덕 안드레아(석남), 김순천 베드로(덕적), 김용일 힐라리오(도화), 이동섭 베드로(송림)

성 야고보 분단 홍범기 베드로 신부(답동), 염재형 방지거(영종), 이종만 알퐁소(부평1동), 최철 바오로(용현), 이형진 분도(김포), 오용선 야고버(송림), 이병구 스테파노(주안1동), 김광복 마태오(강화), 이종춘 말딩(도화)

성 베드로 분단 허정인 베드로(도화), 박상훈 시몬(부평1동), 고명신 루까(용현), 김학인 루까(대부), 김승희 바오로(김포), 김종경 도미니고사비오(석남), 여선구 시몬(산곡), 이상석 야고버(강화), 김규운 시몬(답동), 강신형 야고버(영종)

남성 제 13 차

1979. 1. 11 ~ 14

봉 사 자
- **지도신부** | 송주석 안셀모 • **회 장** | 박영철 첼리스티노
- **총무부장** | 이한수 바오로 • **교수부장** | 함재수 빅톨 • **활동부장** | 김정대 마르꼬
- **신심부장** | 정기춘 베드로 • **음악부장** | 백강렬 요한
- **임 원** | 심혁진 바오로, 이길우 마태오, 한형식 요셉, 김창욱 요한, 태민웅 바오로

성 바오로 분단 허문영 바오로(주안1동), 유해남 요한(용현동), 고부영 바오로(강화, 최항선 프란치스꼬(숭의동), 서정화 요셉(서울목동), 이봉석 알벨도(도화동), 정재헌 시몬(주안1동), 허진 바오로(부평2동), 정경선 바오로(만수동)

성 요한 분단 우석주 스테파노(석남동), 정진우 요셉(답동), 변종윤 요한(도화동), 유영수 분도(강화), 정대천 바오로(용현동), 함종선 마태오(산곡동), 최명용 베드로(영종), 윤용산 아릭스(간석동), 이운영 요셉(주안1동), 이완세 야고버(만수동)

성 안드레아 분단 이광수 그레고리오(소사), 이성진 로마노(부평1동), 박계철 노렌조(강황), 황종국 바오로(송림4동), 오남용 아오스딩(부평2동), 김화성 라파엘(용현동), 고종민 베드로(화수동), 이은삼 베드로(답동), 공태호 바오로(만수동)

성 야고보 분단 송귀옥 요셉(산곡동), 심필섭 다두(소사), 이경호 돈보스코(송현동), 김희준 안셀모(숭의동), 서재윤 토마스(덕적), 유병권 요셉(김포), 전상주 바오로(부평1동), 백보현 벨띠노(부평2동), 홍창기 요한(답동)

성 베드로 분단 김동원 요셉(화수동), 김도선 디모레오(석남동), 안용한 안드레아(송현동), 남기욱 베드로(도화동), 민형식 가시오(소사), 권재현 스테파노(석남동), 강경식 가브리엘(도화동), 정덕윤 말딩(제물포), 윤서수 바오로(산곡동)

남성 제 14 차

1979. 8. 16 ~ 19

봉 사 자
- **지도신부** | 강의선 힐라리오 • **회 장** | 박영철 첼리스티노
- **총무부장** | 이한수 바오로 • 차장 | 성상신 바오로 • **교수부장** | 함재수 빅톨 • 차장 | 한형식 요셉 • **활동부장** | 김정대 마르꼬 • 차장 | 태민웅 바오로 • **신심부장** | 정기춘 베드로 • 차장 | 홍윤표 시몬 • **음악부장** | 황종옥 안토니오 • 차장 | 서원모 도마 • **임원** | 심혁진 바오로, 이길우 마태오, 송귀옥 요셉, 장순산 미카엘, 서영배 분도, 문완수 레오

성 바오로 분단 황준수 바오로(도화동), 최종국 피델리스(석남동), 장기봉 알벨도(도화동), 윤각준 안드레아(송림동), 이헌치 베드로(만수동), 강하순 안드레아(만수동), 김경무 요왕(송림4동), 최정호 벨라도(갈산동), 박호정 다니엘(부평1동)

성 요한 분단 김동준 시몬(산곡동), 홍석근 바오로(답동), 우희탁 안드레아(부평2동), 김양명 가별(용현동), 박광남 이냐시오(석남동), 김낙형 베드로(주안1동), 김영철 바오로(제물포), 박승대 베네딕도(간석동), 최기창 요셉(석암)

성 안드레아 분단 한광남 비오(송림동), 정진철 베드로(부평1동), 김경수 요셉(부평2동), 황광남 방지거(송현동), 박명찬 베드로(화수동), 김수봉 요셉(송현동), 김명규 요셉(제물포), 정병천 누가(간석동), 이정배 밸티노(석암)

성 야고보 분단 김용택 그레고리오(주안1동), 김수연 미카엘(송림동), 김남한 요한(만수동), 양광일 아오스딩(화수동), 최원길 그레고리오(송현동), 김진돈 제랄드(갈산동), 이명길 보스코(간석동)

성 베드로 분단 김기환 베드로(화수동), 김민창 토마스 아퀴나스(답동), 홍서오 라파엘(도화동), 정근양 스테파노(용현동), 강우찬 바오로(답동), 이장식 마태오(주안1동), 이대성 마티아(송림4동), 김준식 바오로(산곡동), 전춘경 아오스딩(부평1동)

남성 제 15 차

1980. 1. 3 ~ 6

봉 사 자
• **지도신부** | 송주석 안셀모 • **회장** | 심혁진 바오로
• **총무부** | 인한수 바오로, 성산신 바오로 • **교수부** | 한형식 요셉, 함재수 빅톨 • **활동부** | 태민웅 바오로, 김동명 모이세 • **신심부** | 홍윤표 시몬, 정기춘 베드로 • **음악부** | 황종욱 안토니오
• **임원** | 이길우 마태오, 박재동 베드로, 오용선 야고보, 이성진 로마노

성 바오로 분단
김용환 세자요한 신부(답동), 김필구 바오로(김포), 박승식 로사리오(도화동), 이형세 야고보(강화), 정창화 안셀모(송림동), 남성우 로렌조(석암), 김동만 예로니모(도화동), 최이태 분도(부평2동)

성 요한 분단
신교선 가브리엘 신부(부평1동), 조동희 레오(강화), 홍성진 요한(화수동), 정순철 말구(부평1동), 채수연 바오로(영종), 김만섭 바오로(산곡동), 양종구 요셉(용현동), 마수정 아오스딩(만수동), 윤근 요셉(김포)

성 안드레아 분단
장대섭 비오(부평2동), 신영식 베드로(제물포), 오세근 다니엘(석암), 김응태 요한(강화), 장성환 도밍고(영종), 서영남 베드로(간석동), 심강섭 누까(김포), 박용호 안셀모(화수동), 이충웅 바실리오(송림동)

성 야고보 분단
방경석 요한(간석동), 최효선 스테파노(석암), 김창경 아오스딩(송림동), 최경로 그레고리오(영종), 김학순 요셉(송림4동), 김영태 바실리오(강화), 이초부 도마(주안1동), 고인섭 가스발(만수동), 서병철 안드레아(산곡동)

성 베드로 분단
이석재 토마스아퀴나스 신부(도화동), 소상길 살레시오(용현동), 김상국 돈보스꼬(답동), 이창희 시메온(강화), 박광수 말딩(석암), 한정남 요한(석남동), 김재영 요셉(송림동), 강근영 미카엘(부평1동)

남성 제 16차

1980. 4. 10 ~ 13

봉 사 자
• **지도신부** | 최기복 마티아 • **회장** | 박영철 • **회장후보** | 이길우 • **총무부장** | 박상철, 김정대 • **활동부** | 태민웅, 박용호,이성진, 이헌치, 오용선, 이형세 • **교수부** | 한형식, 최인태 • **신심부** | 홍윤표, 정기춘 • **음악부** | 황종옥, 우희탁

성 바오로 분단
김용구 베드로(도화동), 심인섭 요셉(답동), 박영수 레오(숭의동), 안호범 안드레아(화수동), 김경진 바오로(용현동), 서정암 요한(송현동), 이재철 베드로(간석동), 최신권 도마(만수동)

성 요한 분단
김근태 마티아(제물포), 유병년 바오로(화수동), 이병욱 요한(답동), 임원배 요한(송림동), 방안길 바오로(염전), 김두식 마티아(용현동) 김균태 바오로(구월동), 최한영 베드로(부평2동)

성 안드레아 분단
이덕수 루까(주안1동), 방재준 시몬(간석동), 김형록 알비노(도화동), 차재영 에지도(송림동), 조건장 요셉(송림4동), 강용식 실베스텔(소시), 조욱동 안드레아(부평2동), 황영하 루도비꼬(만수동)

성 야고보 분단
홍순기 요한(해안동), 장한준 스테파노(부평2동), 조병직 요사팟(도화동), 최병관 안띠바스(송림동), 박용운 레오(송현동), 김종옥 베드로(소사), 정인돈 귀리노(산곡동), 정해남 바오로(부평1동)

성 베드로 분단
이덕우 요셉(숭의동), 송병국 마티아(송림4동), 문병진 로렌조(화수동), 송준호 마티아(용현동), 이명수 바오로(산곡동), 이한운 요셉(부평2동), 김광숙 안토니오(통진), 남상운 마태오(부평1동)

남성 제 17 차

1980. 8. 14 ~ 17

봉 사 자 • **지도신부** | 최기복 마티아 • **회장** | 심현진 • **회장후보** | 정종원, 이길우 • **총무부** | 성상신, 이한수 • **활동부** | 태민웅, 배영연 • **교수부** | 함재수, 방경석 • **신심부** | 홍윤표, 한형식 • **음악부** | 우희탁, 고인섭

성 바오로 분단 김연욱 태오파노(숭의동), 오덕영 유수티노(서울 화양동), 김만식 바오로(답동), 김제영 요셉(도화동), 장세용 베드로(강화), 황옥균 아오스딩(송림동), 정세진 마태오(통진), 이석운 도마(부평2), 신승철 마태오(갈산동), 심광택 누가(간석동), 안희남 빌딩(화수동)

성 요한 분단 문재홍 바오로(화수동), 김두식 요아킴(부평1), 박정덕 아오스딩(김포), 이철주 알비노(서울 화양동), 유종훈 호모라노(송림동), 이상선 요한(용현동), 정정화 베드로(통진), 김영태 요셉(부평1), 정원철 말세리노(석암), 김관식 말구(석남동), 황덕진 스테파노(숭의동)

성 안드레아 분단 이정영 요셉(간석동), 권명기 이냐시오(소사), 전홍중 스테파노(화수동), 이용준 제드로(서울 화양동), 송명선 미카엘(송림동), 곽수길 도밍고(송현동), 최광명 베드로(통진), 김윤재 바오로(산곡동), 신윤택 분도(석암), 노정규 요한(용현동), 박시열 라파엘(강화)

성 야고보 분단 이벽 바오로(용현), 홍사슬 스테파노(용현동), 지종걸 안드레아(답동), 강창신 마태오(숭의동), 이승주 바오로(송림동), 김철부 로벨도(통진), 한종오 베드로(제물포), 서호봉 율리오(산곡동), 정시진 요셉(간석동), 이명지 라파엘(만수동), 김종구 로렌조(부평2)

성 베드로 분단 안규도 도미니꼬 신부(제물포), 홍태건 바오로(답동), 이규달 안드레아(주안1), 박상용 스테파노(만수동), 송효식 로렌조(숭의동), 김태웅 바오로(소사), 박광서 비오(통진), 손용학 분도(부평2), 최상욱 바실리오(석암), 윤성인 발도로메오(간석동), 임기환 시몬(주안1)

남성 제 18 차

1980. 10. 16 ~ 19

봉 사 자 • **지도신부** | 김용환 세례자요한 • **회장** | 박영철 • **회장후보** | 노병건 • **총무부** | 박상철 • **교수부** | 한형식 • **신심부** | 홍윤표, 정베드로 • **활동부** | 문병진, 태민웅, 박용호, 이헌치, 오용선 • **음악부** | 황종옥, 우희탁, 고인섭

성 바오로 분단 이준희 마르꼬 신부(교구청), 임경수 바오로(화수동), 김건일 요한(숭의), 김진성 바오로(석암), 배복동 아오스딩(부평1동), 이성의 모이세(용현동), 엄익수 아오스딩(제물포)

성 요한 분단 곽사해 요셉(부평2동), 최선광 마론(간석동), 이광형 알퐁소(숭의동), 강희춘 바오로(산곡동), 김정남 안드레아(용현동), 류기성 방지거(도화동), 정양식 아브라함(석암), 유봉인 베드로(제물포)

성 안드레아 분단 유성순 바오로(석남동), 채수선 요왕(만수동), 우상진 야고보(부평2동), 민경구 베드로(부평1동), 김남석 프란치스코세베리오(숭의동), 황종남 다두(송림동), 유재영 다두(주원)

성 야고보 분단 김종학 바오로 신부(소사), 박영복 토마스(산곡동), 음승인 니고나오(답동), 최기섭 요셉(주안1동), 한계학 레오(송림동), 윤영진 안드레아(송림4동), 신동윤 시몬(석남)

성 베드로 분단 박복남 요셉 신부(숭의동), 오종탁 안토니오(부평1동), 임배정 이냐시오(갈산동), 조복행 방지거살레시오(화수동), 최상원 요셉(간석동), 안용선 요셉(산곡동), 김우철 이냐시오(부평2동)

남성 제 19 차

1981. 1. 8 ~ 11

봉 사 자 • **지도신부** | 김병상 필립보 • **회장** | 이길우 마태오 • **회장후보** | 노병건 스테파노, 최일 요한 • **총무부** | 이한수 바오로, 성상신 바오로 • **교수부** | 함재수 빅톨, 허문영 바오로, 김연욱 테오파노 • **신심부** | 홍윤표 시몬, 이규달 안드레아 • **활동부** | 태민웅 바오로, 박용호 안셀모, 오용선 야고버, 홍사술 스테파노, 서영배 분도 • **음악부** | 황종옥 안토니오, 우희탁 안드레아, 고인섭 가스발, 차재영 에지도

성 바오로 분단 채준환 바오로(도화동), 한상렬 요셉(제물포), 오명균 마태오(답동), 전종식 야고보(송림동), 명재옥 베드로(화수동), 민병기 안드레아(송현동), 유명성 바오로(간석동), 여종구 도밍고(산곡동), 이연호 베드로(통진)

성 요한 분단 천인수 암브르시오(주안1동), 전희정 안드레아(간석동), 하광임(부평2동), 오일성(용현동), 김동표 요한(주원), 조출휘 시몬(갈산동), 송창규 로마노(소사), 이채욱 루까(강화), 최승원 요한(송림동)

성 안드레아 분단 조준묵 아오스딩(주원), 박호섭 미카엘(석남동), 방종섭 비오(원미), 우윤명 마태오(도화동), 김구식 토마스(용현동), 윤용식 요셉(만수동), 박용규 요한(부평1), 이정만 요셉(통진), 임두선 시몬(송림동)

성 야고보 분단 박희동 미카엘(부평2), 송석찬 우발도(숭의동), 이익수 바오로(산곡동), 임근영 루스(화수동), 장기선 월드간고(송현동), 박대수 니고나오(만수동), 현달섭 야고버(부평1), 권오철 바오로(석남동), 서병길 바오로(성남시)

성 베드로 분단 임준상 베드로(숭의동), 정신건 요한(석암), 권홍로 로렌조(주안1), 최영웅 안드레아(송림동), 안건수 비오(용현동), 정치모 베드로(석암), 심상덕 아오스딩(갈산동), 이순원 요셉(소사), 지면근 다니엘(강화)

남성 제 20차

1981. 4. 2 ~ 5

봉 사 자 • **지도신부** | 최기복 마티아 • **회장** | 노병건 스테파노 • **회장후보** | 김정대 말구 • **총무부** | 박상철 아담 • **교수부** | 한형식 요셉, 한종오 베드로, 정성국 요아킴, 태민웅 바오로, 박대수 니고나오, 이명지 라파엘 • **음악부** | 황종옥 안토니오, 우희탁 안드레아, 차재영 에지도, 고인섭 가스발

성 바오로 분단 윤상로 베드로(숭의동), 유명호 야고버(해안동), 공승렬 힐라리오(송림4동), 정용선 안드레아(김포), 윤성철 바오로(화수동), 오광석 우발도(송도), 염성복 바오로(통진), 곽규언(용현동), 이용의 바르니바(간석동)

성 요한 분단 박형선 안드레아(부평2동), 전완길 돈보스코(석암), 한상돈 베드로(송도), 김진훈 바오로(역곡), 조태일 알로이시오(해안), 김길수 요한(용현), 현용순 요셉(제물포), 이성우 요한(주원), 김영운 시릴로(계산)

성 안드레아 분단 이영재 라파엘(원미동), 오세태 시몬(송도), 송명환 벨라디노(소사), 최정헌 안드레아(역곡), 이정주 베드로(계산동), 김무동 포카스(산곡동), 징영모 미카엘(부평1동), 김병철 베드로(송현동), 염기형 요한(갈산동)

성 야고보 분단 최기영 발도로메오(석남동), 공선기 베다(역곡), 황응주 베드로(만수동), 황성일 요한(송림동), 전주원 레오나르오(오정), 임일웅 요셉(효성), 이승주 바오로(화수동), 신운철 베드로(고잔), 송두원 셀티모(송도)

성 베드로 분단 박찬용 사도요한 신부(송도), 노희원 요왕(소사), 신명호 안드레아(답동), 조일제 도밍고(부평1동), 홍순인 분도(도화), 황규화 바오로(오정), 윤국진 루까(역곡), 강대웅 알벨도(효성), 송병현 레오(만수동)

남성 제21차

1981. 7. 30 ~ 8. 2

봉 사 자
• **지도신부** | 최기산 보니파시오 • **회장** | 이길우 마태오 • **총무부** | 성상신 바오로, 이한수 바오로 • **교수부** | 허문영 바오로, 유성순 바오로, 이삼영 라파엘 • **신심부** | 이규달 안드레아, 권흥로 노렌조 • **활동부** | 홍사술 스테파노, 정신건 요한, 송석찬 우발도, 홍성진 요한 • 음악부 | 박호섭 미카엘, 고인섭 가스발, 차재영 에지도, 황종옥 안토니오

성 바오로 분단
김상익 요셉(용현동), 양정석 요한(주안1동), 한상황 요셉(부평1동), 박관식 베드로(도화동), 이성춘 요한(갈산동), 김승해 글레도(소사), 나흥섭 가밀로(원미동), 한세열 베드로(통진), 박동규 마리엘미안네(역곡), 구자룡 시몬(소사)

성 요한 분단
최종만 그레고리오(주안5동), 황국선 디모데오(간석), 안철삼 보나벤뚜라(역곡), 김기영 시릴로(효성동), 윤완의 도미니꼬사비오(오정동), 김지호 야고버(숭의동), 김광수 야고버(고잔), 김수용 안셀모(송림4동), 서순학 모리시오(석남동), 이문수 베드로(역곡)

성 안드레아 분단
유흥수 요한(해안동), 신선호 바오로(계산동), 전명진 요셉(송도), 오중림(화수동), 김정태 누스(용현동) 문용호 바오로(주안3동), 박재국 헤로(주원), 김종건 프란치스코(효성동), 김훈 사베리오(부평2동)

성 야고보 분단
김준일 아벨(심곡동), 최무경 나지아(도화동), 박태복 가별(부평1동), 김은배 그레고리오(고잔), 이용구 바로오(답동), 문언삼 스테파노(산곡동), 이성무 바비아노(송현동), 최완진 다두(김포), 김광호 발다살(석남동)

성 베드로 분단
윤경구 야고버(송도), 박성호 안드레아(주안1동), 구경수 로마노(오정), 최학근 요왕(계산동), 이종휘 마태오(김포), 방춘옥 야고버(만수동), 이종선 요셉(송림동), 박창준 요아킴(답동), 고창서 토마스(역곡)

남성 제22차

1981. 11. 5 ~ 8

봉 사 자
• **지도신부** | 노동한 베네딕도 • **회장** | 노병건 스테파노 • **회장후보** | 김정대 말구 • **총무부** | 이명지 라파엘, 박상철 아담 • **교수부** | 김창욱 요한, 한형식 요셉 • **신심부** | 서영배 분도, 홍윤표 시몬 • **활동부** | 태민웅 바오로, 박대수 니고나오, 양광일 아오스딩, 문병진 노렌조 • **음악부** | 차재영 에지도, 고인섭 가스발, 황종옥 안토니오

성 바오로 분단
배만식 안셀모(숭의동), 정진모 프란치스코(만수동), 황인국 암브로시오(송도), 이무원 바오로(주안5), 조경제 분도(석남동), 이선규 스테파노(답동), 조성희 자카리아(해안동), 이선증 방지거(오정), 최문식 비오(제물포)

성 요한 분단
이한수 힐라리오(주안1), 신현직 바오로(석암), 김광철 디베리오(부평1), 서석범 히지노(역곡), 김칠성 스테파노(용현동), 배덕길 도밍고(화수동), 박신준 루까(소사), 정세봉 요셉(산곡동)

성 안드레아 분단
황관옥 알렉스(용현동), 이극렬 보니파시오(성산동), 김수만 베다(갈산동), 최상인 마태오(역곡), 김동수 노렌조(간석동), 최윤보 치쁘리아노(숭의동), 김병환 요셉(송도), 최병화 레오(부평2)

성 야고보 분단
강희택 바오로(소사), 한양일 스테파노(간석동), 박승균 암브로시오(숭의동), 김순범 요왕(계산동), 이상열 베드로(주원), 박선규 벨라도(부평1), 김명남 요아킴(원미동), 강해원 베네딕도(도화동)

성 베드로 분단
안인배 바오로(석남동), 한기수 마태오(역곡), 강정국 요셉(부평1), 이종각 안드레아(계산동), 최충석 그레고리오(고잔동), 김원태 요한(등춘동), 박홍식 노렌조(송도), 하철호 마지아(오정), 고창훈 미카엘(용현동)

남성 제 23 차

1982. 1. 14 ~ 17

봉 사 자 • **지도신부** | 최기복 마티아 • **회장** | 심현진 바오로 • **총무부** | 홍사술 스테파노, 구자룡 시몬, 박상철 아담 • **교수부** | 함재수 빅돌, 허문영 바오로 • **신심부** | 이규달 안드레아, 권홍로 노렌조 • **활동부** | 정신건 요한, 송석찬 우발도, 최종만 그레고리오, 유흥수 요한, 박희동 미카엘 • **음악부** | 박호섭 미카엘, 차재영 에지도, 황종옥 안토니오 • **주방봉사** | 부평1동

성 바오로 분단 이동한 스테파노(소사), 손영호 바오로(답동), 최정언 요왕(송림동), 김성익 베드로(석남동), 이종석 요셉(원미동), 나명헌 요왕(답동), 김영길 프란치스코(용현동), 윤원희 방지거(주안3동), 이복선 요셉(송도), 조준호 스테파노(통진)

성 요한 분단 정준헌 요한(주안1동), 장요근 안드레아(주안3동), 김종진 안드레아(용현동), 이필재 마태오(석남동), 이종북 금구(송림4동), 장도수 바오로(오정), 한웅일 돈보스코(부평2동), 오기휘 바오로(숭의동), 우광종 미카엘(화수동)

성 안드레아 분단 박범식 요한(역곡), 최병남 야고버(고잔동), 장철순 방지거(주안1동), 정지원 마지아(원미동), 김광희 필립보(답동), 홍준석 베드로(주안3동), 김기관 바오로(주원), 윤보일 마태오(산곡동), 김용인 니고나오(소사)

성 야고보 분단 전창석 베드로(간석동), 박장수 스테파노(화수동), 이근세 미카엘(용현동), 민병철 토마스(소사), 김홍근 요한(송도), 최태성 안드레아(공능동), 이재현 에지도(만수동), 이징남 루까(주안3동), 송내준 요한(서울 수유동)

성 베드로 분단 최병학 바오로 신부(용현동), 류만호 에드워드(주안1동), 전정수 가브리엘(송도), 노우범 시몬(소사), 안양모 시몬(주안3동), 방재용 토마스(도화동), 이현주 가밀로(계산동), 최두식 시몬(부평1동), 김남복 베드로(역곡), 임채주 요한(송림동)

남성 제 24 차

1982. 3. 11 ~ 14

봉 사 자 • **지도신부** | 김용환 세례자요한 • **회장** | 박영철 첼리스티노 • **회장후보** | 한형식 요셉 • **총무부** | 박상철 아담, 오용선 야고버, 태민웅 바오로 • **교수부** | 홍윤표 시몬, 박희동 미카엘, 황종욱 안토니오 • **활동부** | 박용호 안셀모, 문병진 노렌조, 신명호 안드레아, 이필재 마태오, 조건상 요셉 • **신심부** | 서영배 분도, 이병지 라파엘, 김창욱 요한 • **음악부** | 차재영 에지도, 고인섭 가스발 • **주방봉사** | 부평2동

성 바오로 분단 박성기 바오로(산곡동), 김영상 실베스텔(역곡), 정무영 스테파노(계산동), 유용철 고스마(송림동), 문석현 베드로(용현동), 박상철 마태오(주안3), 송영식 글레멘사(송림4동), 황내빈 후고(간석동)

성 요한 분단 최창림 요한(소사), 이관익 분도(석암), 박래천 요셉(오정), 최금식 바오로(간석동), 김순민 사베리오(서울 발산동), 오명철 이냐시오(화수동), 신주원 요셉(만수동)

성 안드레아 분단 임종택 요셉(주안3동), 박영신 프란치스코(오정), 김운식 요셉(송립4동), 이의재 마태오(부평1동), 이용섭 니고나오(만수동), 최영길 시몬(화수동), 이용상 스테파노(용현동), 이영종 요셉(부평2동)

성 야고보 분단 구본기 토마스아퀴나스(주원), 김영성 베드로(부평1동), 이재우 요셉(고잔동), 신영수 알벨도(부평3동), 홍일표 요한(도화동), 이인의 말구(김포), 신효철 요왕(통진)

성 베드로 분단 김진환 베드로(역곡), 박영선 베드로(부평2동), 최광희 아오스딩(부평1동), 나득현 요한(원미동), 김창운 아오스딩(답동), 이광세 발따살(주원), 유충희 안드레아(용현동), 사장기 펠릭스(소사)

남성 제 25 차

1982. 7. 29 ~ 8. 1

봉 사 자 • **지도신부** | 김종학 바오로 • **회장** | 이길우 마태오 • **회장후보** | 한형식 요셉 • **총무부** | 태민웅 바오로, 이규달 안드레아, 송석찬 우발도 • **교수부** | 홍윤표 시몬, 구자룡 시몬 • **신심부** | 박희동 미카엘, 문병진 노렌조 • **활동부** | 홍사슬 스테파노, 정신건 요한, 신명호 안드레아, 최종만 그레고리오 • **음악부** | 황종옥 안또니오, 차재영 에지도, 고인섭 가스발 • **주방봉사** | 간석동

성 바오로 분단 최복현 베드로(심곡1동), 구각회 토마스아퀴나스(화수동), 송기무 토마스아퀴나스(역곡), 조철희 미카엘(주원), 장건수 미카엘(주안3동), 염부용 요한(송도), 김한영 아오스딩(구월동), 김학서 야고버(주안5동), 최창혁 요셉(숭의동)

성 요한 분단 손두수 안토니오(송림4동), 남기충 루까(숭의동),권규식 토마스모어(원미동), 허광남 아오스딩(부평1동), 이근상 아오스딩(용현동), 정호준 안드레아(송현동), 김명환 로렌조유스티아노(심곡1동), 박용인 라자로(도화동), 오상준 모이세(답동)

성 안드레아 분단 공봉길 루까(석암), 김유길 라우렌시오(역곡), 이태영 스테파노(심곡1동), 서대범 바오로(소사), 이성범 요셉(요현동), 조운호 라자로(부평3동), 이양범 바오로(산곡동), 박갑수 바오로(도화동), 이한용 요셉(고잔)

성 야고보 분단 최효식 프란치스꼬(원미동), 이수진 브렌다노(부평1동), 강창렬 베네딕도(부평2동), 박두우 마르꼬(송현동), 이재순 미카엘(심곡1동), 조덕호 니고나오(통진), 이명호 베드로(간석동), 문동인 마태오(구월동), 이상직 마태오(주안1동)

성 베드로 분단 박경수 다미아노(용현동), 조재근 베드로(갈산동), 김효풍 안토니오(송림동), 김경연 스테파노(역곡), 윤희남 마티아(주안3동), 전영복 제노(후암동), 조태행 안젤모(부평3동), 안기준 요셉(숭의동), 이길상 안드레아(구월동)

남성 제 26 차

1982. 9. 16 ~ 19

봉 사 자 • **지도신부** | 강의선 힐라리오 • **회장** | 김정대 마르꼬 • **회장후보** | 박상철 아담 • **총무부** | 문병진 노렌조, 태민웅 바오로 • **교수부** | 홍윤표 시몬, 김연욱 데오파노, 박희동 미카엘 • **신심부** | 이명지 라파엘, 서영배 분도 • **활동부** | 박용호 안셀모, 김창욱 요한, 양광일 아오스딩, 구본기 토마스아퀴나스, 이영종 요셉 • **음악부** | 고인섭 가스발, 차재영 에지도, 황종옥 안토니오 • **주방봉사** | 숭의동

성 바오로 분단 손재열 힐라리오(용현동), 주귀훈 루도비꼬(답동), 한우규 베드로(갈산동), 윤광의 바오로(심곡1동), 고인환 요셉(화수동), 임태복 베드로(소사), 김광호 요셉(철산동), 김형식 베드로(송현동), 이인복 요셉(숭의동)

성 요한 분단 이중근 심프로치오(석남동), 백청 도밍고(구월동), 유양수 요셉(반포동), 이신앙 요셉(답동), 빙판영 마태오(원미동), 배효정 이냐시오(송림4동), 강학구 바오로(부평1동), 한이석 요셉(도화동), 전승준 아브라함(삼정동)

성 안드레아 분단 전동한 다니엘(간석동), 한용해 시메온(부평2동), 남기부 마지아(용현동), 황용만 요셉(심곡1동), 김상균 베드로(화수동), 김윤효 베드로(주안1동), 이재호 요한(만수동), 김완욱 분도(부평1동)

성 야고보 분단 마종훈 요셉(주안1동), 이휘양 세자요한(심곡1동), 한원석 바오로(역곡), 오성환 바오로(송현동), 윤도웅 베드로(송림동), 김창렬 안드레아(구월동), 김석도 분도(만수동), 하덕성 미카엘(부평2동)

성 베드로 분단 최태길 요한(만수동), 김중광 요한(역곡), 정영호 미카엘(용현동), 이성호 요셉(석암), 박영민 바오로(원미동), 최형배 요셉(염전), 한종문 알벨도(통진), 이성하 스테파노(부평3동), 신현덕 바오로(심곡1동)

남성 제 27 차

1983. 1. 20 ~ 23

봉 사 자 • **지도신부** | 이준희 마르코 • **회장** | 노병건 스테파노 • **회장후보** | 한형식 요셉 • **총무부** | 홍사슬 스테파노, 구본기 토마스아퀴나스 • **교수부** | 박희동 미카엘, 최종만 그레고리오 • **활동부** | 송석찬 우발도, 정신건 세자요한, 신선호 바오로, 남기충 루까, 김유길 라우렌시오 • **신심부** | 권홍로 라우렌시오, 우흥수 요한 • **음악부** | 차재영 에지도, 황종욱 안토니오, 고인섭 가스발 • **주방봉사** | 주안1동

성 바오로 분단 배재완 안드레아(고잔), 윤기문 스테파노(제물포), 유인수 아고버(소사), 소인규 요한(부평1동), 전용문 미카엘(심곡2동), 안성웅 요한(산곡동), 유종명 베드로(주원), 최욱철 베드로(주안3동),공정열 돈보스코(송림동), 정주화 방지거(통진)

성 요한 분단 이정태 요한(용현동), 오경진 요셉(석암), 이파랑 토마스아퀴나스(주안5동), 김중실 알벨토(역곡), 장춘복 스테파노(부평3동), 이종갑 바로오(심곡1동), 심재범 알렉산델(산곡동), 김춘식 요한(송림동), 유정완 요셉(송도)

성 안드레아 분단 황선용 암브로시오(주안1동), 유상철 그레고리오(간석동), 송기철 루까(구월동), 소효석 요한(심곡1동), 배규선 유스티노(송림동), 리명재 요셉(답동), 홍성원 그레고리오(만수동), 박기수 바오로(주안3) 윤창현 마태오(효성동), 김수복 고스마(부평3동)

성 야고보 분단 이호겸 디테오(송도), 최인섭 요셉(구월동), 이석영 그레고리오(용현동), 박승태 아가비도(화곡2동), 김옥기 요한(주안1동), 안성원 요한(도화동),이태봉 요한(답동), 유성수 안토니오(심곡2동), 최병용 빈첸시오(갈산동)

성 베드로 분단 김상용 레오날도(송림동), 백문희 보나밴뚜나(심곡2동), 김용성 디베리오(부평1동), 박향선 호노라도(해안동), 장광남 아오스딩(부평2동), 김인환 프란치스코(원미동), 오재휘 요셉(고잔), 김영조 플로니아노(송림4동), 김선옥 토마스(계산동), 공준식 세바쓰티아노(송링동대부공소)

남성 제 28 차

1983. 4. 14 ~ 17

봉 사 자 • **지도신부** | 이학노 요셉 • **회장** | 김정대 마르코 • **회장후보** | 박상철 아담 • **총무부** | 태민웅 바오로, 한형식 요셉 • **활동부** | 오용선 야고보, 김효풍 안토니오, 이영종 요셉, 박영선 베드로 • **신심부** | 서영배 분도, 홍윤표 시몬, 문병진 노렌조 • **교수부** | 박희동 미카엘, 김연욱 데오파노 • **음악부** | 차재영 에지도, 고인섭 가스발, 황종옥 안토니오 • **주방봉사** | 부평1동

성 바오로 분단 황선익 마태오(소사), 유영주 가브리엘(용현동). 성낙신 헨리코(부평1동), 안병찬 루까(송현동), 이영식 루까(도화동), 민태호 요셉(원미동), 황우진 요한(송림4동), 박용림 미카엘(석암), 김광선 요한(만수동), 이명재 스테파노(역곡)

성 요한 분단 손유진 토마스모어(주안1동), 강용환 토마스아퀴나스(구월동), 강근길 다두(주안3동), 박신준 요셉(용현동), 홍성민 시몬(간석동), 오순석 베드로(산곡동), 고봉길 부르노(개봉동), 최승철 로마노(부평2동), 강기선 프란치스코(화수동)

성 안드레아 분단 김필수 엠마누엘(송림동), 이진성 스테파노(답동),최기하 토마스(부평3동), 김종수 분도(용현동), 장리언 비오(송도), 김경수 원선시오(구월동), 황효영 베드로(답동), 이보형 미카엘(통진), 방형재 베드로(심곡1동)

성 야고보 분단 함종호 베드로(부평1동), 곽호은 미카엘(심곡1동), 권돈구 바오로(부평2동), 오경환 마지아(용현동), 섭영태 베드로(일신동), 이태립 아드리안(화수동), 이호열 알로이시오(소사), 김형균 안드레아(역곡), 황준근 요셉(부평5동)

성 베드로 분단 박상국 아브라함(부평2동), 최병열 베드로(부평3동), 박정효 스테파노(주안1동), 권영찬 안토니오(간석동), 최광수 요한(부평5동), 박덕순 요한(주안3동), 이철호 보나벤뚜라(갈산동), 장한섭 토마스아퀴나스(심곡2동), 이종국 실베스텔(주안5동), 박인원 요한(효성동)

남성 제 29 차

1983. 7. 27 ~ 31

봉 사 자 • **지도신부** | 송주석 안셀모 • **회장** | 한형식 요셉 • **회장후보** | 김연옥 데오파노 • **총무부** | 구본기 토마스아퀴나스, 문병진 노렌조 • **교수부** | 최종만 그레고리오, 홍윤표 시몬 • **신심부** | 유흥수 요한, 정신건 세자요한 • **활동부** | 송석찬 우발도, 태민웅 바오로, 서영배 분도, 양광일 아오스딩, 공봉길 루까 • **음악부** | 고인섭 가스발, 황춘근 요셉, 차재영 에지도 • **주방봉사** | 주원

성 바오로 분단 김철수 발도로메오(계산동), 김수길 요셉(답동), 박인환 시몬(기타), 강세원 리노(심곡1동), 윤병훈 엠마누엘(주안5동), 이성우 안드레아(심곡2동), 이개용 레오(강화), 윤을병 요셉(석암), 신현근 바오로(갈산동), 이관성 안드레아(백령도)

성 요한 분단 이충순 토마스아퀴나스(주안1동), 박준범 시몬(효성동), 박용하 요아킴(구월동), 허준 요한(주안3동), 장영기 암브로시오(역곡), 유영혁 베드로(통진), 백군호 마르코(송림동), 방성현 스테파노(부평2동),최형만 요한(백령도), 김종수 안드레아(부평3동)

성 안드레아 분단 김자인 토마스(역곡), 남영우 요셉(석암), 허기옥 벨라도(해안동), 박경립 바오로(주안3동), 이성길 베드로(송현동), 서창석 요셉(부평1동), 박사군 도마(송림동), 여필구 마지아(심곡1동), 이재석 요셉(석남동), 서문식 바오로(백령도)

성 야고보 분단 조상환 마티아(심곡1동), 김승관 요한(간석동), 유원봉 안드레아(백령도), 유현덕 가리노(원미동), 김태선 말구(주원), 유해철 베드로(부평5동), 윤태환 레오(송현동), 정정훈 요왕(부평1동), 박찬영 레어(용현동), 최영조 보니파시오(소사)

성 베드로 분단 이덕진 가브리엘신부(백령도), 신중욱 마태오(주안5동), 손영호 미카레(해안동), 송황호 아오스딩(역곡동), 이기훈 방지거(간석동), 서재풍 도마(부평5동), 김용광 안셀모(용현동), 윤병일 요셉(소사), 고개욱 바오로(석암), 김최훈 스테파노(백령도), 정규봉 마태오(도화동)

남성 제 30 차

1983. 11. 10 ~ 13

봉 사 자 • **지도신부** | 이학노 요셉 • **회장** | 노병건 스테파노 • **회장후보** | 박상철 아담 • **총무부** | 태민웅 바오로, 문병진 노렌조 • **교수부** | 박희동 미카엘, 김창욱 요한, 황종욱 안토니오 • **활동부** | 이명지 라파엘, 김남석 프란치스꼬, 강창신 마태오, 이수진 브렌다노 • **신심부** | 홍윤표 시몬, 양광일 아오스딩, 김연욱 데오파노 • **음악부** | 고인섭 가스발, 차재영 에지도, 황준근 요셉 • **주방봉사** | 화수동

성 바오로 분단 서인석 요한(소사), 하광섭 미카엘(백령도), 김영철 바오로(주안3동), 하명원 암브로시오(주안1동), 심영흠 토마스(도화동), 김종길 발라바(갈산동), 박상현 베드로(강화)

성 요한 분단 유학선 마티아(도화동), 이기행 베드로(송현동), 양충석 라파엘(답동), 박종남 첼리스티노(산곡동), 김상대 바오로(심곡1동), 이해경 미카엘(심곡2동), 변동준 요한(용현동)

성 안드레아 분단 김충남 돈보스코(답동), 김갑영 요셉(원미동), 이기원 안드레아(명동), 김만흥 요아킴(송림동), 최정일 가밀로(역곡), 이정욱 요셉(산곡동), 이철수 그레고리오(구월동)

성 야고보 분단 오일영 모세(용현동), 최명기 사베리오(고잔), 이용혁 요셉(부평1동), 박원만 아브라함(부평2동), 김대진 안토니오(계산동), 박창규 스테파노(도화동)

성 베드로 분단 이종석 말띠노(심곡1동), 김상호 실베리오(부평5동), 김용두 야고버(효성동), 조명환 바오로(만수동), 이중열 요셉(역곡), 서금동 베드로(석암), 박용운 요한(백령도)

남성 제 31 차

1984. 1. 12 ~ 15

봉 사 자 • **지도신부** | 이학노 요셉 • **회장** | 이길우 마테오 • **회장후보** | 이규달 안드레아 • **총무부** | 정신건 요한, 홍성진 요한 • **교수부** | 허문영 바오로, 구본기 토마스아퀴나스, 권홍로 라우렌시오 • **활동부** | 송석찬 우발도, 공봉길 루까, 천인수 암브로시오, 윤기문 스테파노, 신선호 바오로 • **신심부** | 유흥수 요한, 홍사슬 스테파노, 박희동 미카엘 • **음악부** | 고인섭 가스발, 차재영 에지도 • **주방봉사** | 간석동

성 바오로 분단 이민주 요한 신부(답동), 문희원 베드로(심곡2동), 배인식 비오(석암), 변정현 바울리노(백령), 고한근 야고버(부평5동), 김광수 요한(부평3동), 김현도 바오로(용현동), 홍현표 신덕(갈산동), 김세영(고잔), 이순종 암브로시오(산곡동), 박순서 바오로(구월동), 김정일 빅또리노(백령)

성 요한 분단 박장훈 분도(도화동), 김정하 베드로(주안1동), 김진명 마태오(백령), 원근식 베드로(용현동), 최상현 미카엘(주안3동), 김춘영 요셉(화수동), 정봉규 배드로(효성동), 김인준 바오로(백령), 지일광 계명(구월동), 김현수 이냐시오(심곡1동), 신상범 미카엘(역곡), 방용석 요한(원미동)

성 안드레아 분단 김광현 요셉(제물포), 김형율 분도(백령), 박진항 골롬바노(백령), 배규식 그레고리오(십정동), 이보득 요한(백령), 이강업 야고버(송림동), 이홍일 암브로시오(부평1동), 장태선 나자로(백령), 서춘석 사베리오(여월동), 이광재 요셉(구월동), 김창근 시몬(통진), 안중한 베다수사(마리아회)

성 야고보 분단 이동윤 아오스딩(소사), 김한경 스테파노(구월동), 조만영 미카엘(백령), 이광태 모이세(석남동), 이상호 니고나오(백령), 박진호 미카엘(송림4동), 송태복 요한(용현동), 정연희 토마스(주안1동), 이정목 스테파노(해안동), 김용석 프란치스코(효성), 김관도 벨라도(백령), 권병국 아오스딩(답동)

성 베드로 분단 주규련 그레고리오(역곡), 정동수 알퐁소(주원), 김상연 베드로(답동), 유재형 안드레아(간석동), 이태근 요셉(계산동), 유호인 베드로(도화동), 변창록 요한(백령), 장겨태 야고버(만수동), 고명암 요셉(부평1동), 조삼복 테오도로(석남동), 남경희 시몬(송림4)

남성 제 32 차

1984. 4. 5 ~ 8

봉 사 자 • **지도신부** | 김병상 필립보 • **회장** | 박상철 아담 • **회장후보** | 황종옥 안토니오 • **총무부** | 문병진 노렌조 • **교수부** | 홍윤표 시몬, 신명호 안드레아 • **신심부** | 이명기 라파엘, 김효풍 안토니오 • **활동부** | 태민웅, 권영창 안토니오, 유재형 안드레아, 최명기 사베리오, 백군호 마르코 • **음악부** | 고인섭 가스발, 차재영 에지도 • **주방봉사** | 역곡

성 바오로 분단 이성노 요셉(주안1동), 최영곤 칼리스토(부평1동), 배영동 요한(원미동), 김재식 마티아(만수동), 송계영 안드레아(석남동), 안창모 실베스텔(심곡1동), 조재형 루까(역곡), 김인서 로벨도(백령)

성 요한 분단 이규창 바오로(도화동), 송기철 임마누엘(제물포), 유형모 베드로(산곡동), 김무웅 시몬(석남동), 김강일 프란치스코(주안5동), 류혼곤 바오로(구월동), 최호석 요셉(심곡1동), 김응균 라파엘(백령)

성 안드레아 분단 나경찬 스테파노(간석동), 김영주 베드루(부평1동), 정칠환 바오로(부평5동), 김기원 요한세자(만수동), 김형준 아브라함(송림동), 윤광호 사무엘(대부도), 김태석 루비치노(용현동), 구용희 토마스(십정동)

성 야고보 분단 김병섭 안드레아(제물포), 정용기 마텔루(효성동), 황종일 에비마꼬(답동), 홍강표 요한(주안5), 이성진 마태오(해안동), 박광일 마르티너(석암), 신영목 베드로(대부도), 장용범 요셉(송림4)

성 베드로 분단 김창재 다미아노 신부(석남동), 서용득 프란치스코(갈산동), 유양근 베드로(역곡), 이달균 시메온(부평3동), 박용만 요한금구(삼정동), 주윤상 베드로(용현동), 우광성 아오스딩(백령), 이상노 바오로(화수동), 박태욱 바오로(소사)

남성 제 33 차

1984. 8. 2 ~ 5

봉 사 자 • **지도신부** | 이학노 요셉 • **회장** | 한형식 요셉 • **회장후보** | 이규달 안드레아 • **총무부** | 박희동 미카엘, 문병진 노렌조 • **신심부** | 유흥수 요한, 구본기 토마스아퀴나스 • **교수부** | 김연욱 데오파노, 홍윤표 시몬 • **활동부** | 정신건 요한, 정동수 알퐁소, 구각회 토마스아퀴나스, 공봉길 루까, 김종진 안드레아 • **주방봉사** | 원미동

성 바오로 분단 안종선 베드로(석암), 유경일 요한(산곡동), 기광능 실베스텔(석남동), 유은두 스테파노(제물포), 오윤영 베드로(용현동), 김순재 베드로(주안5동), 서의선 요한(고잔), 최정식 요삿팟(부평1동), 이병을 요셉(삼정동), 조재흥 베드로(백령)

성 요한 분단 남세종 토마스(용현동), 박파영 바오로(연안), 최의식 바오로(제물포), 조대종 안드레아(만수동), 조세환 글레멘스(주안3동), 선남준 요셉(송림동), 최공 도마(십정동), 조재식 시릴로(해안동), 안동진 치릴로(구월동), 박용한 아오스딩(백령)

성 안드레아 분단 서재석 요아킴(심곡1동), 정영환 다두(주안5동), 최정문 프란치스코(김포), 이강석 베드로(강화), 구용회 아오스딩(제물포), 안종열 루까(부평2), 강태춘 분도(원미동), 김경중 미카엘(주안1동), 김성희 안드레아(부평3동), 이종원 요한(용현2동)

성 야고보 분단 신사영 로벨또(해안동), 정연백 시몬(송림4동), 이문원 미카엘(연희동), 이신 토마스모어(간석동), 현순경 베드로(용현2), 고함구 바오로(계산동), 최운학 프란치스코(도화동), 김병주 아오스딩(산곡동), 김복희 비리버(갈산동), 이기정 이시도로(구월동)

성 베드로 분단 김응두 레오(부평5동), 이종순 분도(송림동), 김주영 시몬(역곡), 정호권 안드레아(효성동), 두의언 마태오(통진), 서해석 안당(석남동), 장성학 마르꼬(답동), 이석호 요셉(부평2동), 이천우 바울로(소사), 한기범 벨라도(백령)

남성 제 34 차

1984. 10. 18 ~ 21

봉 사 자 • **지도신부** | 이학노 요셉 • **회장** | 박영철 첼리스티노 • **회장후보** | 황종욱 안토니오 • **총무부** | 문병진 노렌조, 태민웅 바오로 • **교수부** | 홍윤표 시몬, 박희동 미카엘, 김연욱 데오파노 • **활동부** | 양광일 아오스딩, 권영찬 안토니오, 김효풍 안토니오, 장용범 요셉 • **신심부** | 김창욱 요한 , 이명지 라파엘 • **주방봉사** | 제물포

성 바오로 분단 박정규 마태오(일신동), 김종진 로마오(제물포), 문주종 스테파노(백령), 이갑수 요황(용현동), 이창연 미카엘(주안1동), 백군칠 발라바(화수동), 김종성 미카엘(십정동), 조은호 이냐시오(석남동)

성 요한 분단 송덕윤 베드로(구월동), 김종식 스테파노(계산동), 김문철 말구(백령), 황관일 이레네오(석남동), 공원식 프란치스꼬(삼정동), 김동빈 빈첸시오(간석동), 김의남 도미니꼬(제물포), 최상돈 야고버(송림동)

성 안드레아 분단 이병석 사도요한(갈산동), 허백 베드로(주안1동), 이광순 말구(부평2동), 김낙일 파스칼(부평3동), 김우춘 바오로(부평1동), 박영서 안드레아(숭의동), 복중근 모이세(용현2동), 김용우(부평5동)

성 야고보 분단 이재문 요한(용현5동), 손희준 헨리꼬(가좌동), 심청기 시메온(주원), 최봉락 띠도(역곡동), 오광조 시몬(용현동), 권상택 그레고리오(석암), 강영호 아오스딩(구월동)

성 베드로 분단 이덕상 비오 신부(주안1동), 최종선 미카엘(제물포), 박춘광 바오로(고잔), 정지성 야고버(원미동), 주태용 라파엘(주안3동), 최봉학 바오로(화수동), 기장호 시몬(심곡1), 정태랑 마지아(송림동)

남성 제 35 차

1985. 1. 17 ~ 20

봉사자	• **지도신부** | 이학노 요셉 • **회장** | 이규달 안드레아 • **회장후보** | 권홍로 라우렌시오 • **총무부** | 송석찬 우발도, 김종진 안드레아 • **교수부** | 홍성진 요한, 강한영 요셉 • **활동부** | 정신건 요한, 구각회 토마스아퀴나스, 정동수 알퐁소, 장용범 요셉, 배인식 비오 • **신심부** | 홍사슬 스테파노, 김효풍 안토니오, 김창욱 요한 • **음악부** | 차재영 에지도, 황준근 요셉 • **주방봉사** | 소사
성 바오로 분단	이정엽 요셉(송림동), 신배곤 바오로(답동), 고종만 베드로(용현동), 심건섭 요셉(제물포), 노창열 바오로(석암), 김정남 미카엘(석남동), 황상조 보니파시오(부평2동), 최달웅 아가비도(원미동), 이창헌 요한(용현2), 오명식 노렌조(갈산동)
성 요한 분단	이윤하 놀벨도 신부(용현동), 김정호 다두(효성동), 김영회 스테파노(답동), 이영구 미카엘(숭의동), 이대복 야고보(송리4동), 김갑철 바오로(간석동), 이상열(알레쿨레도(석남동), 김재설 마태오(역곡), 한정갑 스테파노(소사)
성 안드레아 분단	백준기 요셉(역곡), 민병태 빅토리노(송림동), 김광해 요셉(해안동), 유하영 스테파노(주안1동), 심장운 라파엘(구월동), 백종현 안드레아(고잔), 신중관 요한(계산동), 이대호 방지거(일신동), 장태헌 이냐시오(백령)
성 야고보 분단	구은회 야고버(주안3동), 지철수 요셉(도화동), 조성구 베드로(제물포), 오석환 안드레아(계산동), 고홍영 힐라리오(구월동), 손경배 요한(부평1동), 박영규 루수(심곡1동), 강건일 리카르도(용현2동), 홍복남 도마(백령)
성 베드로 분단	임선일 요한(제물포), 최범성 바코미오(답동), 김성우 비리버(용현동), 장석제 비오(송림4동), 유창묵 토마스(주원), 황명상 요셉(석남동), 정재학 베드로(부평동), 윤석재 요한 (원미동), 이민경 베드로(십정동), 신상직 엘리조(강화)

남성 제 36 차

1985. 4. 25 ~ 28

봉사자	• **지도신부** | 이학노 요셉 • **회장** | 황종욱 안토니오 • **회장후보** | 김연욱 데오파노 • **총무부** | 태민웅 바오로, 김효풍 안토니오 • **신심부** | 이명지 라파엘, 홍윤표 시몬 • **교수부** | 박상철 아담, 박희동 미카엘, 권영찬 안토니오 • **활동부** | 문병진 노렌조, 신명호 안드레아, 장용범 요셉, 김명남 요아킴, 이석호 요셉 • **음악부** | 고인섭 가스발, 차재영 에지도, 황준근 요셉 • **주방봉사** | 부평2동
성 바오로 분단	홍순명 스테파노(만수동), 구대현 야고버(부평2동), 이홍구 요셉(제물포), 이정희 아브라함(심곡1동), 서영준 바오로(가좌동), 오세웅 토마스아퀴나스(송도), 이승서 이시도로(영종), 강동원 프란치스꼬사베리오(송현동), 전종성 요셉(송림동), 이건호 가브리엘(석남동)
성 요한 분단	한상희 비라버(삼정동), 이문기 루이스(주안3동), 이종선 요한(주안1동), 김흥균 요한(역곡), 최태운 요한(용현2동), 정상국 마태오(용현동), 민춘배 야고버(송림동), 김시원 바오로(석남동), 박경호 요셉(제물포)
성 안드레아 분단	박용기 요한(송현동). 신봉균 바실리오(수유동), 김정우 바오로(숭의동), 김흥수 가브리엘(구월동), 박징근 요한(주안1동), 박례남 빈센시오(부평1동), 박건창 요한(용현동), 김연중 요한금구(제물포), 김재형 요한(강화), 이경화 마태오(부평2동)
성 야고보 분단	신건철 스테파노(간석동), 황홍구 요한(고잔동), 김윤복 가밀로(십정동), 김효성 베드로(송도), 김태준 고스마(만수동), 한동주 토마스아퀴나스(백령), 신상윤 요셉(송림동), 손재웅 안토니오(석남동), 이원재 베드로(부평5동)
성 베드로 분단	이종목 아오스딩(답동), 하상훈 안드레아(숭의동), 조재관 안셀모(심곡1동), 박수학 베드로(석암), 박인배 시몬(주원), 김성덕 요셉(용현동), 김종현 도밍고(송현동), 이상억 마태오(원미동), 최석기 아오스딩(부평5동), 장만식 베드로(석남동)

남성 제 37 차

1985. 8. 8 ~ 11

봉 사 자	• **지도신부** | 이학노 요셉 • **회장** | 김연욱 데오파노 • **회장후보** | 권홍로 라우렌시오 • **총무부** | 정신건 요한, 김유길 라우렌지오, 박희동 미카엘 교수부, 홍윤표 시몬, 장용범 요셉 • **신심부** | 이명지 라파엘, 강한영 요셉, 공봉길 루까 • **활동부** | 송석찬 우발도, 조삼복 데오도로, 한상희 비라버, 박인배 시몬, 곽호은 미카엘 • **음악부** | 고인섭 가스발, 황준근 요셉, 차재영 에지도 • **주방봉사** | 심곡1동
성 바오로 분단	전홍식 아브라함(송도), 이원근 요셉(도화동), 김두봉 안드레아(석남동), 이정남 고스마(소사), 김신정 필로메노(송림4동), 김천덕 베드로(부평1동), 박정운 파비아노(대부공소), 백운장 바오로(용현동), 김용학 베드로(갈산동)
성 요한 분단	강춘섭 요셉(연안), 홍정식 방지거(석암), 임기석 토마스(제물포), 김광순 빅토리노(용현1동), 김장길 안드레아(만수동), 이세영 필립보(간석동), 이해완 시몬(소사1동), 이정용 베드로(석남동)
성 안드레아 분단	시호준 시몬(용현2동), 기기열 방지거(부평3동), 이재구 마태오(주안1동), 염태수 다니엘(제물포), 송문식 요한(주안3동), 김영환 토마스아퀴나스(답동), 한상웅 야고버(부평5동), 신상길 요한(효성동), 심근기 시메온(석남동)
성 야고보 분단	박득수 세군디노(가좌동), 임영호 마태오(부평1동), 이우태 그레고리로(일신동), 구만회 마르띠노(제물포), 박상욱 베드로(삼정동), 오대근 마태오(주원), 김종훈 요셉(역곡동), 김찬석 안드레아(십정동)
성 베드로 분단	김덕용 이냐시오(소사1동), 이용환 임마누엘(심곡1동), 이동구 에로니모(부평2동), 양세국 베드로(구월동), 방성운 노렌조(강화), 김광수 시몬(용현1동), 전택순 시메온(송림동), 심상철 안드레아(석남동), 홍석만 도마(대부도)

남성 제 38 차

1985. 10. 31 ~ 11. 3

봉 사 자	• **지도신부** | 이학노 요셉 • **회장** | 권홍로 라우렌시오 • **회장후보** | 김태정 안드레아 • **총무부** | 태민웅 바오로, 김효풍 안토니오 • **활동부** | 문병진 라우렌시오, 장용범 요셉, 황종욱 안토니오, 강영호 아오스딩, 김용석 프란치스코, 김승광 요한 • **교수부** | 박상철 아담, 권영찬 안토니오 • **신심부** | 홍윤표 시몬, 이명지 라파엘, 박희동 미카엘 • **음악부** | 차재영 에지도, 황준근 요셉, 고인섭 가스발 • **주방봉사** | 주안1동
성 바오로 분단	이병작 요한(원미동), 김태영 마르티노(구월동), 조규환 마태오(계산동), 엄세환 요셉(소사), 최병영 베드로(송리동), 이종묵 알렉시오(역곡동), 김삼득 바오로(소래), 이창영 베드로(주원), 장태주 요셉(만수동)
성 요한 분단	엄기숙 라파엘(주안3동), 심재혁 요한(소사), 오이균 라디슬라오(송도), 김영기 도마(소래), 장복필 그레고리오(삼정동), 김상광 요셉(간석동), 이관섭 요셉(주안1동), 김광종 요한(효성동)
성 안드레아 분단	최인식 토마스아퀴나스(답동), 차명철 바오로(심곡1동), 조성구 바오로(연안), 박희문 바오로(주원), 이병권 미카엘(부평2동), 설재범 안드레아(소래), 이호전 토마스아퀴나스(만수동), 유덕종 분도(석남동)
성 야고보 분단	문창현 요한(도화동), 문명호 알렉산드로(해안동),임수호 베드로(부평5동), 전영호 도밍고(송림동), 양효석 세자요한(간석동), 김성태 베드로(용현동), 황수원 디모데오(부평1동), 김형성 안드레아(부평3동)
성 베드로 분단	김성주 베드로(연안), 최원섭 바로오(효성동), 이용식 요셉(용현동), 박종세 다피아노(부평3동), 엄길준 시몬(여월동), 오규복 파스칼(석암), 박기영 요셉(소래), 이준철 브르노(송림4동)

남성 제 39 차

1986. 1. 16 ~ 19

봉사자 • **지도신부** | 송주석 안셀모 • **회장** | 이규달 안드레아 • **회장후보** | 김태정 안드레아 • **총무부** | 정신건 세자요한, 송석찬 우발도 • **활동부** | 장용범 요셉, 김승광 요한, 한상희 비리버, 곽호은 미카엘, 김유길 라우렌시오, 공봉길 루까 • **교수부** | 문병진 라우렌시오, 박인배 시몬 • **신심부** | 강한영 요셉, 김효풍 안토니오, 황종옥 안토니오 • **음악부** | 차재영 에지도, 황준근 요셉, 고인섭 가스발 • **주방봉사** | 용현2동

성 바오로 분단 위은복 요셉(해안동), 박호식 안드레아(석암), 조종학 시몬(주안3동), 이무근 요셉(송림4동), 김대환 스테파노(원미동), 송명석 요셉(심곡1동), 노만용 스테파노(도화동), 김용태 가브리엘(주안1동),김준영 아오스딩(백령), 최병수 다두(소사1동), 김일호 돈보스코(용현2동)

성 요한 분단 김정일 로마노(답동), 최일화 마지아(주안5동), 김지철 방지거(주원), 최덕인 아릭수(용현동), 이희성 그레고리오(송도), 이은영 보니파시오(소사1동), 오재석 요한세자(만수동), 허집 비오(부평1동), 장신호 빠스칼(백령), 박계훈 멜키올(여월동)

성 안드레아 분단 허원 미카엘(소래), 김성주 니콜라오(제물포), 박송우 임마누엘(계산동), 기경호(석남동), 백종범 아오스딩(주안1동), 심진택 요셉(여월동), 홍순근 아오스딩(용현동), 예성섭 글라도(송림동), 고주은 루수(김포), 최찬모 요한(부평5동), 황성호 안드레아(만수동)

성 야고보 분단 김형만 요한(송도), 양학규 베드로(삼정동), 최석준 야고버(부평3동), 신상호 희야친또(송림동), 박상만 힐라리오(간석동), 이형수 시몬(소래), 안동선 마태오(소사), 양인선 그레고리오(제물포), 심규재 실베스뗄수사(석남동), 허경배 시몬(용현동)

성 베드로 분단 김완형 다두(용현동), 류홍철 베드로(용현2동), 고춘호 분도(부평2동), 구자문 베드로(구월동), 한상혁 안드레아(송림동), 신덕근 비오(역곡), 임병찬 야고버(석남동), 인문종 베드로(계산동), 한상호 요한(소사), 유병열 안셀모(부평5동), 박용석 요한(김포)

남성 제 40 차

1986. 4. 24 ~ 27

봉사자 • **지도신부** | 최기산 보니파시오 • **회장** | 김태정 안드레아 • **회장 후보** | 박상철 아담 • **총무부** | 김효풍 안토니오, 문병진 라우렌시오 • **교수부** | 황종옥 안토니오, 권영찬 안토니오, 홍윤표 시몬 • **신심부** | 이명지 라파엘, 김용석 프란치스꼬 • **활동부** | 태민웅 바오로, 민춘배 야고보, 곽호은 미카엘, 이정희 아브라함, 장용범 요셉, 유명성 바오로, 이석호 요셉, 신명호 안드레아 • **음악부** | 고인섭 가스발, 황준근 요셉, 차재영 에지도 • **주방봉사** | 답동

성 바오로 분단 김승우 시몬(주안5동), 오원근 마누엘(송림4동), 황우철 도마(송림동), 박성돈 까밀로(소사),정한영 바오로(용현동), 김해수 디모테오(부평1동), 오석길 발라바(도화동), 김진방 그레고리오(십정동), 박종현 요한(제물포)

성 요한 분단 조준균 쁘리모스(간석동), 안일창 마르띠노(계산동), 김준목 요셉(삼정동), 문도원 마티아(역곡), 오순옥 요셉(만수동), 이영길 베드로(주안5동), 고용주 귀엘모(연안), 최순식 베드로(부평5동), 김종근 힐라리오(송림동)

성 안드레아 분단 윤운영 마티아(효성동), 한윤하 히지노(주원), 신완순 파스칼(제물포), 곽하형 야고버(가좌동), 김태운 리노(석남동), 남길현 베드로(도화동), 조종현 안드레아(갈산동), 박영보 노엘(주안3동), 박세철 요셉(만수동)

성 야고보 분단 채준용 요셉(소사), 조광규 요한(주안3동), 최종덕 라우렌시오(소사1동), 신현대 라자로(주안1동), 남강우 요셉(석남동), 정원삼 이시도로(답동), 이상관 원선시오(소래), 김종관 요셉(송도), 김창규 바오로(삼정동)

성 베드로 분단 박관순 베드로(용현5동), 안동훈 요셉(상도동), 이한구 사베리오(부평2동), 강태소 스테파노(해안동), 최정원 시몬(구월동), 정만종 야고보(소래), 차선화 요셉(석남동), 이원세 모이세(심곡1동), 임계상 디모테오(역곡)

남성 제 41 차

1986. 8. 7 ~ 10

봉 사 자
• **지도신부** | 정윤화 베드로 • **회장** | 김연욱 데오파노 • **회장후보** | 태만웅 바오로 • **총무부** | 박상철 아담, 황종옥 안토니오, 김효풍 안토니오 • **교수부** | 홍윤표 시몬, 문병진 라우렌시오, 공봉길 루까 • **신심부** | 김용석 프란치스꼬, 강한영 요셉 • **활동부** | 곽호은 미카엘, 장용범 요셉, 조삼복 데오도로, 신현대 라자로 • **음악부** | 고인섭 가스발, 황준근 요셉, 차재영 에지도 • **주방봉사** | 송림4동

성 바오로 분단
김기태 바오로(부평3동), 김선교 바오로(부평5동), 이만근 요한세자(역곡), 이동수 요한(화수동), 서원화 세피리노(효성동), 오재덕 아오스딩(부평2동), 양승완 비오(가좌동), 신윤기 루까(송림대부), 봉선근 실바노(송림4동)

성 요한 분단
최승현 마티아(역곡), 심상은 베드로(답동), 최운영 베드로(도화동), 이양식 요셉(제물포), 김용호 유수티노(간석동), 강동윤 보니파시오(삼정동), 김승철 아벨(주안1동), 백영성 그리산도(송림동)

성 안드레아 분단
오명환 비오(부평1동), 손선용 도밍고(부평3동), 오동근 바오로(십정동), 박용화 가별(송림대부), 이귀연 갈리스도(석남동), 김유길 안토니오(주원), 김상철 요셉(해안동), 서귀영 이시돌(연안자월)

성 야고보 분단
이영우 로베르또(주안1동), 심병현 안셀모(소래), 조정웅 프란치스꼬(석남동), 염종열 야고버(계산동), 유재관 아드리안(심곡1동), 박상환 베네딕도(만수동), 추경수 베드로(석암), 이한익 안드레아(가좌동)

성 베드로 분단
한성식 디모테오(소사1동), 송수웅 바오로(용현동), 강철수 그레고리오(용현5동), 조병일 요셉(통진), 박윤덕 요셉(송림동), 김완수 요한(송도), 한명환 시몬(부평1동), 김영섭 에파프라(해안동), 신윤구 미카엘(송림대부)

남성 제 42 차

1986. 11. 13 ~ 16

봉 사 자
• **지도신부** | 김병상 필립보 • **회장** | 박상철 아담 • **회장후보** | 문병진 라우렌시오 • **총무부** | 홍윤표 시몬, 황종옥 안토니오 • **교수부** | 김용석 프란치스코, 이정희 아브라함 • **활동부** | 이명지 라파엘, 곽하영 야고보, 이석호 요셉, 박상환 베네딕도, 한상희 필립보 • **신심부** | 김효풍 안토니오, 신현대 라자로 • **음악부** | 차재영 에지도, 고인섭 가스발, 황준근 요셉 • **주방봉사** | 간석동

성 바오로 분단
윤광조 알로시오(원미동), 조병두 도마(가좌동), 이광일 시몬(주안1동), 조성경 레오(심곡1동), 양재근 요셉(부평5동), 강종수 분도(간석동), 유태인 마르첼로(역곡동), 기두호 실베리오(소사), 원세영 베드로(역곡)

성 요한 분단
장순복 비오(송림동), 이강연 베드로(가좌동), 용기련 토마스아퀴나스(용현5동), 유태원 요셉(가정동), 어수현 마이클(캐나다토론토), 손용재 안드레아(부평2동), 김석희 노렌조(제물포), 한학 레오(계산동)

성 안드레아 분단
김명국 사베리오(주안3동), 송태완 토마(봉천동), 김창순 빅토리아(도화동), 김철수 에우세비오(만수동), 김유식 야고버(주원), 김동훈 베드로(소사), 김동제 가누도(구월동), 서승남 요한(해안동), 박진우 마르꼬(답동)

성 야고보 분단
장문희 요한(부평1동), 이상권 바오로(가좌동), 김용태 아오스딩(효성동), 최양호 바오로(부평5동), 권대석 요셉(송도), 황철호 미카엘(제물포), 차상환 요셉(역곡), 최종철 요셉(소사1동)

성 베드로 분단
신영현 아폴로니오(주안5동), 윤하원 안드레아(만수동), 이유용 루까(소래), 이충구 안토니오(부평2동), 서영명 안젤로(주안3동), 오천근 율리아노(송림동), 이권익 분도(용현동), 박찬탁 바오로(간석동), 송성린 아본디오(석남동)

남성 제 43 차

1987. 1. 15 ~ 18

봉 사 자	• **지도신부** | 강용운 시몬 • **회장** | 권홍로 라우렌시오 • **회장후보** | 정신건 요한 • **총무부** | 김유길 라우렌시오, 송석찬 우발도 • **교수부** | 홍사슬 스테파노, 이규달 안드레아, 박송우 임마누엘 • **활동부** | 공봉길 루까, 박장수 스테파노, 이명지 라파엘, 임채주 사도요한, 양승환 비오 • **신심부** | 강한영 요셉, 정동수 알퐁소 • **음악부** | 고인섭 가스발, 차재영 에지도, 황준근 요셉, 장용범 요셉 • **주방봉사** | 주안1동
성 바오로 분 단	현명수 바오로 신부(도화동), 이원용 안젤로(원미동), 서정진 빅토리노(주안3동), 손영욱 토마스아퀴나스(부평5동), 정기정 요한(역곡), 길창남 이시도로(용현5동), 신현영 베드로(주안1동), 이무길 베드로(만수동), 강태영 요셉(산곡2동), 고진수 안드레아(주원), 이훈구 가브리엘(답동)
성 요한 분 단	김선식 요한(가좌동), 임태성 스테파노(부평2동), 김수명 베네딕도(도화동), 정한수 다마소(부평5동), 김종대 제노(부평3동), 장성식 시몬(삼정동), 염광빈 알베르또(일신동), 이호진 베네딕도(주안5동), 장재필 요아킴(소사), 성기정 베드로(십정동)
성 안드레아 분 단	장무웅 바오로(주안5동), 양창민 바오로(원미동), 이득수 바오로(부평3동), 이순통 요셉(만수동), 우준환 요한(부평2동), 유규식 빠데르노(가좌동), 김홍국 안드레아(송림동), 홍훈 야고버(역곡), 고환석 아오스딩(산곡2동), 박병찬 바오로(용현동), 권석준 이냐시오(도화동)
성 야고보 분 단	류상철 바오로(심곡1동), 강병현 라파엘(제물포), 홍인선 프란치스코(간석동), 김영배 토마스아퀴나스(제물포), 김진도 데오도로(소래), 장세용 안드레아(소사1), 이영주 요한(부평2동), 민철식 미몬(송림동), 나기완 대건안드레아(소사), 전부길 요셉(송림4동)
성 베드로 분 단	서상범 도마 신부(원미동), 조상원 대모테오(용현동), 이정근 요셉(석암), 연태철 바오로(연안), 최손하 아나스타시오(계산동), 김청철 토마스아퀴나스(송도), 정태우 돈보스코(효성동), 윤석조 마태오(석남동), 전영일 안드레아(소래), 하재덕 자카리아(만수동), 채태운 힐라리오(부평1동)

남성 제 44 차

1987. 4. 9 ~ 12

봉 사 자	• **지도신부** | 최기산 보니파시오 • **회장** | 황종욱 안토니오 • **회장 후보** | 태민웅 바오로 • **총무부** | 양광일 아오스딩, 한형식 요셉 • **신심부** | 김효풍 안토니오, 이정희 아브라함 • **교수부** | 문병진 라우렌시오, 신현대 라자오, 박희동 미카엘 • **활동부** | 곽호은 미카엘, 장순복 비오, 민춘배 야고버, 오영환 비오, 임영호 마태오, 임종택 요셉, 송명석 요셉 • **음악부** | 황준근 요셉, 고인섭 가스발, 차재영 에지도 • **주방봉사** | 송림동
성 바오로 분 단	김용문 바오로(일신동), 여봉현 레오(만수동), 최봉관 마태오(도화동), 이병선 안드레아(석남동), 신상호 요한(산곡2동), 김홍 비안네(부평1동), 박경삼 베드로(부평2동), 이창용 유스티노(용현동), 이진형 바오로(답동), 김정호 끌레멘스(송림동)
성 요한 분 단	전태성 스테파노(용현5동), 이재원 요한(강화), 문배석 안당(도화동), 김준식 스테파노(삼정동), 이종면 프란치스코(연안), 안광옥 프란치스코(송림동), 최관철 노렌조(도화동), 신태영 보니파시오(해안동), 김귀일 베다(용현동)
성 안드레아 분 단	김진환 이냐시오(제물포), 이기준 요한금구(송림동), 이현승 노엘(주안1동), 조수상 요아킴(주안1동), 김일유 그레고리오(소사1동), 이주영 엠마누엘(간석동), 장성선 라파엘(도화동), 윤여형 분도(가좌동), 김병길 베드로(원미동), 박현기 안드레아(도화동)
성 야고보 분 단	정구홍 토마스아퀴나스(송도), 고윤중 바오로(주안5동), 이삼호 돈보스코(역곡), 김정환 노엘(가좌동), 이병언 글레멘스(주원), 안승기 요한(도화동), 박정길 다니엘(송림동), 이강섭 스테파노(여월동), 유명복 방지거(도화동)
성 베드로 분 단	백양흠 요셉(역곡), 장석기 시메온(제물포), 장정남 벨라도(도화동), 노명준 바오로(도화동), 한정원 바오로(주안3동), 조종화 라파엘(부평2동), 이정운 바오로(소사), 노준부 프란치스코(원미동), 윤석화 시메온(주안5동), 김택 아퀼리노(산곡2동)

남성 제 45 차

1987. 8. 6 ~ 9

봉 사 자	• **지도신부** | 김종학 바오로 • **회장** | 이규달 안드레아 • **회장후보** | 강한영 요셉 • **총무부** | 공봉길 루까, 박송우 임마누엘, 박희동 미카엘 • **교수부** | 이명지 라파엘, 구각회 토마스아퀴나스 • **신심부** | 홍사슬 스테파노, 임채주 사도요한 • **활동부** | 조삼복 테오도로, 신현대 라자로, 백종범 아오스딩, 김선식 요한, 고환석 아오스딩, 구자문 베드로 • **음악부** | 차재영 에지도, 고인섭 가스발 • **주방봉사** | 구월동
성 바오로 분단	백두만 바오로(역곡), 김기석(부평5동), 김충국 요한(부안1동), 한명수 야고버(계산동), 유희진 루가노(산곡2동), 김성의 토마(도화동), 이하원 요셉(부평2동), 이춘근 프란치스코(소래), 이춘식 세자요한(구월동), 홍용관 안드레아(송림동), 경복만 비오수사(갈산동)
성 요한 분단	고영현 바오로(주안1동), 오광진 파스칼(가좌동), 손대수 라파엘(연안), 오용기 프란치스코(주안5동), 김종옥 바오로(부평2동), 백금만 프란치스코(해안), 홍순용 이냐시오(도화동), 유근원 다윗(강화), 김창식 요셉(삼정동), 신완희 비레오(제물포)
성 안드레아 분단	함효은 요셉(주안3동), 문식종 레오(효성동), 양문화 요한(용현동), 이광호 안드레아(도화동), 김주환 에드월드(송도), 허세욱 마태오(가정동), 김창수 아오스딩(삼정동), 이홍구 안드레아(부평1동), 전동석 요한(소사), 이형진 요셉(답동), 이명수 방지거(제물포)
성 야고보 분단	박정식 빅토리노(가좌동), 박찬홍 임마누엘(원미동), 김무 알베르또(간석동), 손두형 니고나오(주안3동), 김진년 안드레아(소사), 박문석 시메온(부평1동), 김종용 마르셀리노(주원), 김명윤 그리스도폴(답동), 김훈 미카엘(부평3동), 차순환 이냐시오(석암)
성 베드로 분단	정귀남 미카엘(용현5동), 박종석 글레멘스(산곡2동), 김만호 요셉(소래), 이봉조 요셉(여월동), 장승달 마르꼬(도화동), 조덕재 야고버(도화동), 윤영순 시메온(부평5동), 황동진 스테파노(송도), 심연택 요셉(석남동), 양재슬 안토니오(원미동), 백태복 다니엘(만수동)

남성 제 46 차

1987. 10. 15 ~ 18

봉 사 자	• **지도신부** | 최병학 바오로 • **회장** | 박상철 아담 • **회장후보** | 태민웅 바오로 • **총무부** | 임종택 요셉, 김효풍 안토니오 • **교수부** | 신현대 라자로, 곽호은 미카엘 • **신심부** | 양광일 아오스딩, 이정희 아브라함, 이재은 토마스 • **활동부** | 한상희 필립보, 김진방 그레고리오, 박상환 베네딕도, 손영욱 토마스아퀴나스, 정영희 토마스 • **음악부** | 고인섭 가스발, 차재영 에지도 • **주방봉사** | 용현동
성 바오로 분단	심상길 프란치스코(송림4동), 권택화 가브리엘(효성동), 안형헌 스테파노(부평5동), 김정석 모이세(송림동), 최덕영 루도비꼬(구월동), 장태열 요한(제물포), 방경일 요한(가좌동), 김진태 요한(부평2동)
성 요한 분단	김영환 시실로(용현동), 공정배 울프란노(해안동), 김동철 요한(주안1동), 이승일 알가디오(역곡), 예용주 다두(영종), 김용수 토마스아퀴나스(소사1동), 김종혁 에드몬드(부평1동)
성 안드레아 분단	고영식 베드로(주안1동), 염광태 요한 (삼정동), 이현주 요한(십정동), 박종열 요셉(소사), 김성구 바오로(주안3동), 최광길 요아킴(연안), 강성호 요셉(역곡), 백재훈 요셉(석암)
성 야고보 분단	김병묵 마태오(도화동), 임종인 요셉(주안1동), 임영균 안당(답동), 장화준 요셉(송림동), 이상민 말구(소래), 오건환 스테파노(산곡2동), 김성하 미카엘(원미동), 노일구 바오로(여월동)
성 베드로 분단	문태원 아오스딩 신부(주안1동), 손수웅 마르꼬(송림동), 남기현 라파엘(답동), 전용이 요나(소사), 공원관 다두(간석동), 오세준 모세(송도), 배태흥 로랄드(연안)

남성 제 47 차

1988. 1. 14 ~ 17

봉 사 자 • **지도신부** | 이준희 마르꼬 • **회장** | 강한영 요셉 • **회장후보** | 신현대 라자로 • **총무부** | 공봉길 루까, 구자문 베드로 • **교수부** | 구각회 토마스아퀴나스, 박송우 임마누엘, 박희동 미카엘 • **신심부** | 백종범 아오스딩, 홍사슬 스테파노 • **활동부** | 장용범 요셉, 박신준 루까, 김충국 요한, 한상희 필립보, 임태성 스테파노 • **음악부** | 황준근 요셉, 차재영 에지도, 고인섭 가스발 • **주방봉사** | 송도

성 바오로 분단 안현철 안토니오 신부(갈산동), 민용규 라이문도(주안5동) 기인명 시몬(제물포), 이종대 대건안드레아(강화), 이준희 돈보스코(석암), 김선옥 요셉(소사), 윤선기 베드로(부평2동), 정출남 보나뻰뚜라(가정동), 양승하 스테파노(송림4동), 홍석영 비오(원미동)

성 요한 분단 김재환 토마스아퀴나스(주안3동), 임화묵 미카엘(제물포), 이강주 요한돈보스코(주안1동), 서문석 로베르또(효성동), 홍창식 니콜라스(여월동), 이강헌 아오스딩(부평1동), 최관식 디모테오(가좌동), 이순식 베드로(만수동), 이복희 요셉(역곡), 노병하 스테파노(부평5동), 지성준 아오스딩(송도)

성 안드레아 분단 황일종 리카르도 신부(산곡2동), 오영환 요한(연안), 오인남 라파엘(석남동), 김동배 도미니코(송림동), 김덕호 요셉(일신동), 김진각 디오나시오(구월동), 이두영 루도비꼬(가정동), 김수일 야고버(부평2동), 민천웅 요한(강화), 이대용 다니엘(해안동)

성 야고보 분단 박재빈 안드레아(십정동), 정해진 가브리엘(주안1동), 김광수 요셉(간석동), 김영휘 그레고리오(제물포), 하철호 스테파노(계산동), 안승철 요셉(소래), 이수현 안드레아(송림4동), 채효석 아오스딩(역곡), 강춘기 레오(답동), 박인태 바오로(부평3동), 박경동 프란치스코(도화동)

성 베드로 분단 오용호 세베리노 신부(답동), 최대복 라파엘(주원), 장현호 요한(소사), 명하정 아브라함(산곡2동), 한영수 아오스딩(삼정동), 송상섭 시메온(계산동), 김성균 토마(가좌동), 정호천 안드레아(부평5), 김영곤 시몬(용현5동), 장홍수 요한보스코(심곡1동)

남성 제 48 차

1988. 4. 14 ~ 17

봉 사 자 • **지도신부** | 서상범 토마스 • **회장** | 태민웅 바오로 • **회장 후보** | 신현대 라자로 • **총무부** | 김효풍 안토니오, 심재혁 요한 • **교수부** | 문병진 라우렌시오, 장용범 요셉 • **신심부** | 이명지 라파엘, 박희동 미카엘, 임종택 요셉 • **활동부** | 이석호 요셉, 최영길 시몬, 박상환 베네딕도, 이광일 시몬, 장정식 시몬 • **음악부** | 황준근 요셉, 차재영 에지도, 고인섭 가스발 • **주방봉사** | 가정동

성 바오로 분단 이초영 토마(원미동), 강원선 요셉(십정동), 이영선 다두(답동), 노광식 요한세자(주안5동), 김수영 에우제니오(주안1동), 김필중 요한(소사), 박성진 분도(송림4동), 노태엽 방지거(용현), 박준의 마지아(부평1동), 박영만 사도요한(산곡2동)

성 요한 분단 두현풍 사무엘(제물포), 권순찬 즈가리아(계산동), 이환호 토마스아퀴나스(가좌동), 김강래 요한(도화동), 이상기 라자로(주안1동), 이은규 바오로(만수동), 이배근 필릭스(심곡1동), 김운구 안드레아(주원), 신경욱 분도(소사), 곽순옥 예로니모(용현5동)

성 안드레아 분단 최중원 시몬(부평5), 김경석 사무엘(원미동), 임항순 빅토리노(가좌동), 정병기 요한(용현), 이용익 율리아노(송림4동), 박완식 안토니오(소래), 신창섭 바오로(송림동), 최대규 블라시오(역곡), 박종철 그리산도(삼정동), 황필하 아놀드(주안3동)

성 야고보 분단 이성득 요셉 신부(삼정동), 김청수 도마(석암), 이병해 다두(주안1동), 김성원 루까(부평2동), 주원국 요셉(도화동), 한동욱 요아킴(제물포), 강정식 비오(석남동), 남성우 오딜론(삼정동), 유병조 도밈고(연안), 박고원 도미니꼬(여월동)

성 베드로 분단 정영호 다니엘(여월동), 김인섭 안드레아(역곡), 방준일 안드레아(주원), 서인수 미카엘(송도), 유해천 필립보(주안3동), 조원숙 대철베드로(간석동), 김대일 레오(가좌동), 이은일 필레몬(송림4동), 정춘근 요셉(부평2동), 박순의 바오로(답동)

남성 제 49 차

1988. 7. 28 ~ 31

봉 사 자	• **지도신부** | 김용환 요한 • **회장** | 강한영 요셉 • **회장후보** | 공봉길 루까 • **총무부** | 박송우 임마누엘, 구자문 베드로 • **교수부** | 구각회 토마스아퀴나스, 황종욱 안토니오 • **신심부** | 백종범 아오스딩, 정동수 알퐁소 • **활동부** | 조삼복 레오도로. 이재문 요한, 김진방 그레고리오, 양승완 비오, 김준식 스테파노, 박문석 시메온 • **음악부** | 황준근 요셉, 차재영 에지도, 고인섭 가스발 • **주방봉사** | 부평5동
성 바오로 분단	박대식 리노(원미동), 이형남 프란치스꼬사베리오(산곡2동), 이재근 루까(남동), 박재욱 프란치스코(가정동), 이경수 요셉(역곡), 오근황 요셉(부평2동), 조길용 베르나르로(효성동), 서상철 바오로(부평1동), 김동수 마태오(용현5동)
성 요한 분단	박용준 요한(산곡2동), 정의성 스테파노(주안1동), 김영일 시몬(구월동), 김장수 안드레아(신천), 주희연 벨라시오(가좌동), 강기만 루치아노(주안5동), 박사훈 토마스(송림동), 민봉근 미카엘(양곡), 윤태환 빈첸시오(여월동), 곽상태 사도요한(간석동)
성 안드레아 분단	홍승백 요한(가정동), 강춘업 곤라도(남동), 정동익 마태오(삼정동), 이광빈 프란치스코(산곡2동), 서상만 바오로(부평2동), 연규생 요사팟(역곡), 최장용 제올지오(계산동), 윤길열 베드로(부평1동), 이현택 프란치스코(답동), 박덕기 요한(주안3동)
성 야고보 분단	전의식 프란치스코사베리오(삼정동), 김옥종 레오(도화동), 최희창 요한(심곡1동), 유근현 스테파노(갈산동), 태양섭 미카엘(원미동), 안성규 안드레아(석남동), 홍학재 프란치스코(만수동), 안인 알베르또(제물포), 이교혁 요한(용현동), 임현춘 로마노(간석동)
성 베드로 분단	박정석 바오로(송림4동), 임유순 사도요한(십정동), 이근수 레오(여월동), 강재오 가브리엘(부평5동), 한치영 마태오(소사1동), 심진섭 요셉(주안1동), 김용진 베드로(주원), 서상석 바오로(주안3동), 이종서 요셉(연안), 최세평 프란치스코(송림동)

남성 제 50 차

1988. 10. 20 ~ 23

봉 사 자	• **지도신부** | 최기산 보니파시오 • **회장** | 신현대 라자오 • **회장후보** | 이명지 라파엘 • **총무부** | 임종택 요셉, 이정희 아브라함, 양광일 아오스딩 • **신심부** | 장용범 요셉, 김진방 그레고리오 • **교수부** | 김효풍 안토니오, 심재혁 요한 • **활동부** | 곽호은 미카엘, 이재문 요한, 두현풍 사무엘, 고환석 아오스딩, 홍응관 안드레아 • **음악부** | 황준근 요셉, 차재영 에지도, 고인섭 가스발 • **주방봉사** | 효성동
성 바오로 분단	서풍석 그레고리오(남동), 김응서 그레고리오(부평2동), 김상호 바오로(계산), 박길복 시몬(화수동), 임병흥 바오로(효성동), 김학용 베다(역곡), 유승광 스테파노(삼정동), 남동진 야고보(부평1동)
성 요한 분단	임용택 그레고리오(도화동), 송형수 이냐시오(주안1동), 황현국 힐라리오(답동), 유근호 다니엘(역곡), 손정신 그레고리오(용현동), 조희환 알베르또(산곡2동), 이종근 마르띠노(제물포), 송진호 베드로 다미아노(송림4동)
성 안드레아 분단	양희길 미카엘(주원), 박길홍 안드레아(용현5동), 박주진 요셉(해안), 이영길 요왕(여월동), 김수현 돈보스코(답동), 장정삼 사도요한(부평1동), 이창수 안토니오(송림동), 유만호 시몬(가좌동), 김순호 율리아노(원미동)
성 야고보 분단	김인걸 스테파노(주안5동), 정성조 바오로(부평2동), 홍완표 미카엘(용현5동), 구본환 쎄바스티아노(십정동), 정호석 스테파노(연안동), 박희찬 바오로(주원), 김국중 글레멘스(주안3동), 박제환 요셉(송림동)
성 베드로 분단	정귀호 다니엘 신부(답동), 노승혁 프란치스코(부평5동), 윤형식 안드레아(삼정동), 김용수 힐라리오(만수동), 양철호 아오스딩(도화동), 이만순 루치아노(석남동), 장성수 마지아(산곡2동), 홍성의 요한(심곡1동)

남성 제 51 차

1989. 1. 19 ~ 22

봉사자 • **지도신부** | 나굴리엘모주교 • **회장** | 강한영 요셉 • **회장후보** | 공봉길 루까 • **총무부** | 박송우 임마누엘, 신현대 라자로, 박희동 미카엘 • **교수부** | 구각회 토마스아퀴나스, 민용규 라이문도 • **신심부** | 백종범 아오스딩, 구자문 베드로 • **활동부** | 홍사슬 스테파노, 김준식 스테파노, 이석호 요셉, 신창섭 바오로, 한동욱 요아킴 • **음악부** | 고인섭 가스발, 차재영 에지도, 황준근 요셉 • **주방봉사** | 연안

성바오로 분단 윤성근 가브리엘 신부(현리), 민승기 베드로(해안), 박문규 그레고이로(도화동), 이정복 프란치스코(심곡동), 김영욱 암브로시오(연안), 민봉식 요한(십정동), 전인국 베드로(제물포), 장국현 아타나시오(화수동), 서원태 빈첸시오(송림동)

성요한 분단 서석열 안드레아(부평3동), 안봉주 베난시오(주안1동), 강태석 로젤로(석암), 홍형의 루까(송림동), 정용철 가브리엘(역곡2동), 황홍주 바오로(신천), 남기완 베드로(부평2동). 이태용 요셉(삼정동), 이종문 요왕(답동), 김경래 마르띠노(용현동)

성안드레아 분단 안철호 요한 돈보스코(답동), 김윤식 스테파노(송도), 조창동 스테파노(상동), 방법석 바오로(부평1동), 강테평 암브로시오(산곡2동), 김진섭 제준이냐시오(계산동), 정학순 대건안드레아(간석동), 서광남 프란치스코(송림4동), 이두원 라우렌시오(주안5동)

성야고보 분단 김영배 유수티노(일신동), 김병호 베드로(효성동), 이광구 보나벤뚜라(소사), 박상봉 미카엘(만수동), 정영기 안드레아(양곡), 양운석 안토니오(석남동), 조영태 시몬(부평5동), 김민기 스테파노(구월동), 김영철 바오로(강화)

성베드로 분단 제정원 베드로 신부(간석동), 이충희 이시도로(주안3동), 김진철 레오(가좌동), 성기봉 시몬(원미동), 심태섭 마르티노(소성), 소진섭 요한(여월동), 맹영환 요한(송현동), 이석주 다니엘(송림동), 류만웅 요셉(주원)

남성 제 52 차

1989. 4. 13 ~ 16

봉사자 • **지도신부** | 최기산 보니파시오 • **회장** | 신현대 라자로 • **회장 후보** | 이명지 라파엘 • **총무부** | 이정희아브라함, 최복현 베드로 • **교수부** | 김효풍 안토니오, 임종택 요셉, 심재혁 요한 • **신심부** | 백종범 아오스딩, 김진방 그레고리오 • **활동부** | 장용범 요셉, 홍용관 안드레아, 한동욱 요아킴, 이은일 필레몬 • **음악부** | 고인섭 가스발, 차재영 에지도 • **주방봉사** | 소사

성바오로 분단 김창수 글레멘스(만수동), 이덕기 디도(석암), 최용남 요한마라아비안네(심곡동), 정철현 요한(계산동), 최경균 안드레아(주안3동), 이종국 마르코(산곡2동), 구본무 안토니오(부평2동), 유재호 안당(부평1동), 이관석 베드로(양곡)

성요한 분단 이근세 스테파노(제물포), 유병태 베드로(소사), 김수인 이냐시오(고강동), 김기영 요한(역곡2동), 김동구 시메온(가정동), 김인배 프란치스코(송림동), 이재호 베드로(강화), 안재철 요한(상동), 정정부 가롤로(용현5동)

성안드레아 분단 조수원 바오로(송도), 류광현 실레리오(주안1동), 이봉복 아우구스띠노(역곡), 배관식 요셉(원미동), 이문표 실베스텔(상동), 박광현 말르띠노(용현동), 하금열 도미니꼬(해안동), 최기성 바오로(여월동), 신성민 요셉(소사3동), 설종대 안토니오(고강동)

성야고보 분단 양선승 마르첼리노(일신동), 최창학 셀키우스(남동), 정지용 요한돈보스코(도화동), 윤헌영 안드레아(석남동), 강수진 토마스(주원), 전병욱 루까(삼정동), 조일동 라파엘(화수동), 여운채 브루노(고강동), 변용주 에드와르도(고강동)

성베드로 분단 한의열 요셉 신부(계산동), 전용산 안드레아(답동), 김상수 디모테오(연안), 김강빈 아오스딩(송현동), 김영일 안젤로(효성동), 송우영 프란치스코(구월동), 이상원 야고보(주안5동), 정연오 야고버(도화동), 김정기 안토니오(가좌동)

남성 제 53 차

1989. 7. 26 ~ 29

봉 사 자 • **지도신부** | 최기산 보니파시오 • **회장** | 강한영 요셉 • **회장후보** | 공봉길 루까 • **총무부** | 박송우 임마누엘, 송석찬 우발도, 정신건 요한 • **교수부** | 김효풍 안토니오, 민용규 라이문도 • **신심부** | 박희동 미카엘, 심진섭 요셉 • **활동부** | 이재문 요한, 임화묵 미카엘, 한상희 필립보, 이정근 요셉 • **음악부** | 장용범 요셉, 차재영 에지도 • **주방봉사** | 용현5동

성 바오로 분단 이성구 요셉(주안1동), 박상도 스테파노(계산동), 한동익 요한(간석동), 차성국 보나벤뚜라(고강동), 윤호규 요한(심곡3), 백승원 안토니오(도화동), 김창근 스테파노(가정동), 최능진 토마(여월동), 이종열 이냐시오(해군월미), 차용하 요셉(주안3동)

성 요한 분단 안대훈 루까(송림4동), 김영조 베다(남동), 이군성 안드레아(부평1동), 이계철 바실리오(화수동), 이종필 바오로(용현5동), 손영범 레오(부평2동), 최경식 요셉(역곡2동), 허성욱 마르꼬(고강동), 김용진 마르꼬(만수동)

성 안드레아 분단 권해혁 바오로(용현동), 문기호 미카엘(십정동), 민준홍 이냐시오(원미동), 유춘근 베드로(소사3동), 송병준 요셉(산곡2동), 장홍기 스테파노(가좌동), 손문종 치릴로알렉산드리아(상동), 김판길 요아킴(갈산동), 이환우 아가비또(양곡), 송국헌 베드로(제물포)

성 야고보 분단 김수조 안당(상동), 김경배 돈보스꼬(답동), 이영석 요셉(석암), 공용성 토마스아퀴나스(역곡), 서윤석 안셀모(효성동), 노강용 베드로(주안5동), 고봉근 야고보(역곡2동), 노재홍 대건안드레아(소사), 김진철 토마스(심곡1동), 권흥수 스테파노(가좌동)

성 베드로 분단 석정남 알베르또(해안), 장한진 요셉(송림동), 김지남 요셉(삼정동), 임기복 요셉(고강동), 이승효 프란치스꼬(송도), 박용하 야고보(송현동), 고광화 아오스딩(부평5동), 조영호 아브라함(연안), 황제연 미카엘(여월동), 남호원 바오로(석남동)

남성 제 54 차

1989. 10. 12 ~ 15

봉 사 자 • **지도신부** | 최기산 보니파시오 • **회장** | 이명지 라파엘 • **회장후보** | 김효풍 안토니오 • **총무부** | 이정희 아브라함, 고환석 아오스딩 • **교수부** | 임종택 요셉, 두현풍 사무엘 • **신심부** | 백종범 아오스딩, 김진방 그레고리오 • **활동부** | 태민웅 바오로, 박상환 베네딕도, 이근세 스테파노, 한치영 마태오, 신창섭 바오로 • **음악부** | 장용범 요셉 • **주방봉사** | 간석동

성 바오로 분단 김유천 보니파시오(심곡1동), 양윤모 노벨도(김포), 간학희 나블(송림4동), 이광진 라파엘(연안), 이현우 베드로(소사), 구태서 라파엘(숭의동), 김학수 다니엘(주안1동), 이용우 베드로(신천), 김진구 바오로(도화동)

성 요한 분단 이용훈 아우구스띠노(제물포), 이광복 파스칼(역곡2동), 최창준 다미아노(소사3동), 김만수 프란치스코(일신동), 김두병 요셉(서곶), 정은영 아오스딩(삼정동), 최창식 마르꼬(송림동), 박용대 마태오(효성동), 민일규 안셀모(주원)

성 안드레아 분단 한내석 아브라함(주안5동), 유가량 루까(소사), 박노열 안토니오(고강동), 박희태 아우구스티노(산곡2동), 최정원 스테파노(간석동), 박수원 시몬(가정동), 김영창 바오로(부평2동), 최종근 분도(해안), 김효식 미카엘(석남동), 유정석 세자요한(숭의동)

성 야고보 분단 유영훈 토마스아퀴나스 신부(부평1동), 최연산 베드로(용현동), 박찬호 마태오(남동), 김석중 노엘(화수동), 신용준 프란치스코(산곡2동), 기희준 베다(역곡), 이성일 요한(답동), 김영환 시메온(부평2동), 조동성 미카엘(십정동), 조성팔 이냐시오(상동)

성 베드로 분단 신정암 이냐시오(심곡3동), 임용기 베드로(만수동), 반기운 마르꼬(강화), 강충국 스더왕(석암), 서철규 모세(주안1동), 윤철환 베드로(원미동), 오동현 말구(소사3동), 정흥식 요한(주안3동), 경윤호 바오로(역곡2동)

남성 제 55 차

1990. 1. 11 ~ 14

봉사자 • **지도신부** | 나굴리엘모주교 • **회장** | 공봉길 루까 • **회장후보** | 홍사슬 스테파노 • **총무부** | 박송우 임마누엘, 송석찬 우발도 • **교수부** | 정신건 요한, 민용규 라이문도 • **신심부** | 정동수 알퐁소, 강한영 요셉, 심진섭 요셉 • **활동부** | 한동욱 요아킴, 이정근 요셉, 임화묵 미카엘, 안봉주 베난시오, 강창열 베네딕도 • **음악부** | 장용범 요셉, 고인섭 가스발, 차재영 에지도 • **주방봉사** | 삼정동

성 바오로 분단 인만희 마누엘 신부(서곶), 김기태 베드로(주안1동), 최효선 안드레아(심곡1동), 김관영 마태오(제물포), 송재용 필립보(삼정동), 박범성 대건안드레아(역곡), 김주희 베드로(구월동), 김일랑 알벨도(도화동), 이상욱 베네딕도(해군월미), 김일수 세자요한(만수)

성 요한 분단 노승철 시몬(숭의동), 정제철 베드로(연안), 최성봉 레미지오(가좌동), 김광희 베드로(가정동), 박종식 안드레아(고강동), 오일환 라우렌시오(상동), 김문헌 바오로(역곡), 정규태 가밀로(산곡2동), 김성일 사도요한(송도), 김관식 마르꼬(화수)

성 안드레아 분단 남기후 미카엘(십정동), 유성종 요한(심곡3동), 송종길 모세(제물포), 곽헌근 안드레아(간석동), 정호제 안드레아(가정동), 우봉주 베드로(양곡), 최영기 요셉(석암), 백영원 임마누엘(부평5동), 송창섭 요셉(용현1동), 장동국 베네딕도(김포), 우상선 마태오수사(마리아 수도회)

성 야고보 분단 박경남 힐라이오(남동), 권만근 다니엘(주안3동), 박건 다미아노(주안5동), 권영호 요셉(계산동), 김광수 아우스딩(소사), 김충식 마태오(부평1동), 서강진 토마스(소사3동), 박종관 하상바오로(주원), 박철병 그레고리오(부평2동), 서정남 야고보(서곶)

성 베드로 분단 박창목 바르톨로메오 신부(소사), 최원웅 다미아노(답동), 최범진 라이문도(일신), 장대석 토마스(원미동), 박종덕 그레고리오(여월), 박용운 베드로(강화), 채철석 바오로(해안), 김정구 안토니오(송림), 박종복 루시오(효성동), 박경철 요한(석남동)

남성 제 56 차

1990. 4. 26 ~ 29

봉사자 • **지도신부** | 안규도 사도요한 • **회장** | 이명지 라파엘 • **회장 후보** | 김효풍 안토니오 • **총무부** | 이정희 아브라함, 고환석 아오스딩, 장요범 요셉 • **교수부** | 임종택 요셉, 심재혁 요한 • **신심부** | 백종범 아오스딩, 김진방 그레고리오 • **활동부** | 한상희 필립보, 한치영 마태오, 유병조 도밍고, 이석호 요셉 • **음악부** | 황종욱 안토니오 • **주방봉사** | 원미동

성 바오로 분단 윤석조 야고버(가좌동), 이현배 미카엘(부평2동), 정성현 베드로(역곡), 김주옥 야고보(역곡2동), 배효수 베드로(양곡), 신현재 요셉(숭의동), 이종일 이율리오(서곶공소), 김재철 루까(소사3동), 정우태 토마스 아퀴나스(남동), 박상호 안드레아(원미동)

성 요한 분단 김영일 아오스딩(주안3동), 김영배 대건안드레아(심곡1동), 함원봉 시몬(답동), 이원식 요셉(계산동), 류승간 요한(여월동), 이세훈 베드로(용현동), 김종우 베드로(송림동), 이용경 요셉(주원), 최종설 요셉(간석동), 고창근 안토니오(효성동)

성 안드레아 분단 김현주 안토니오(부평3동), 김기수 원선시오(고강동), 임성규 대건안드레아(가좌동), 하정호 도마(연안), 김은수 포띠노(도화동), 유병수 멜키올(송림4동), 하창식 필립보(화수동), 조남용 루까(김포), 이광웅 요셉(주안1동), 강대규 안드레아(심곡3동), 김상환 시몬(소사동)

성 야고보 분단 장태식 사도요한 신부(여월동), 박병철 방지거(제물포), 차귀환 세바스티아노(주안5동), 이호영 바오로(주안3동), 진광열 즈가리아(만수동), 고종해 요아킴(가정동), 김기득 요한(일신동), 이광태 율리아노(해안동), 차준환 로마노(부평1동), 배흥남 에드워드(석암), 이사헌 도마(신천)

성 베드로 분단 홍용민 스테파노(십정동), 허준환 안드레아(상동), 최봉중 요한(여월동), 조태진 스테파노(산곡2동), 한상은 끌레멘스(삼정동), 이영길 요셉(석남동), 서명수 다미아노(양곡), 이도수 요셉(부평5동), 정태민 요셉(송도), 박광옥 비오(강화공소), 김원택 베드로(역곡2동)

남성 제 57 차

1990. 7. 26 ~ 29

봉 사 자 • **지도신부** | 제정원 베드로 • **회장** | 신현대 라자로 • **회장후보** | 이정희 아브라함 • **총무부** | 임종택 요셉, 이재문 요한 • **교수부** | 민용규 라이몬드, 구각회 토마스아퀴나스 • **활동부** | 한동욱 요아킴, 김관영 마태오. 신창섭 바오로, 운석조 야고버 • **신심부** | 태민웅 바오로, 임화묵 미카엘 • **음악부** | 장용범 요셉, 차재영 에지도 • **주방봉사** | 도화동

성 바오로 분단 채이형 임마누엘(간석동), 이완구 실베스테르(계산동), 허웅 필립보(상동), 조대현 벨라도(용현동), 강현구 분도(양곡), 박대원 베다(갈산동), 정재선 요셉(서곶), 배정호 요셉(가좌동), 신정순 안드레아(송림4동)

성 요한 분단 남승호 마티아(소성), 윤중순 요셉(부평5동), 신현원 안드레아(산곡2동), 강건택 안토니오(원미동), 유영철 야고버(주안1동), 박흥배 바오로(고강동), 이갑만 미카엘(여월동), 박제학 요셉(심곡1동), 남면선 베드로(숭의동)

성 안드레아 분단 신인철 알렉산더(연안), 양진만 임마누엘(역곡), 강주원 스테파노(석암), 김주섭 라우렌시오(제물포), 봉병선 스테파노(만수동), 이인보 안드레아(남동), 차도상 스테파노(석남동), 김철현 베드로(십정동)

성 야고보 분단 장천기 요셉(주안3동), 임광웅 루치오(부평1동), 이정수 마태오(도화동), 한영남 미카엘(답동), 최철호 다두(화수동), 권이풍 라이몬드(소사3동), 박기철 마지아(해안), 이규열 스테파노(역곡2동), 김규선 아오스딩(부평2동)

성 베드로 분단 이순기 요한(주안5동), 김병기 안드레아(삼정동), 이규환 안드레아(심곡3동), 김휘경 스테파노(송림동), 김기주 호르미스다(가정동), 오필구 스테파노(도화동 연평공소), 이정수 요셉(송도), 박영남 요한(소사), 정훈조 장운요한(김포)

남성 제 58 차

1990. 10. 11 ~ 14

봉 사 자 • **지도신부** | 박창목 바르톨로메오 • **회장** | 태민웅 바오로 • **회장후보** | 김효풍 안토니오 • **총무부** | 고환석 아오스딩, 박상철 아담 • **교수부** | 박상환 베네딕또, 김연욱 데오파노 • **신심부** | 황종옥 안토니오, 정영희 토마스 • **활동부** | 한치영 마태오, 이석호 요셉, 한상희 필립보 • **음악부** | 장용범 요셉, 유병조 도밍고 • **주방봉사** | 만수동

성 바오로 분단 홍성걸 미카엘(십정동), 박금구 금구(일신동), 손태연 바오로(답동), 이정석 마티아(소사), 차성우 노렌조(원미동), 안재선 펠릭스(역곡), 이광식 파스칼(부평2동), 강석길 바오로(양곡), 강호준 베드로(가정동)

성 요한 분단 석진국 안토니오(주안1동), 현종훈 다니엘(송도), 김진식 요한(고강동), 신상철 분도(부평5동), 한명수 베드로(소사3동), 표기준 프란티스코(남동), 김덕호 스테파노(간석동), 최성욱 레오(송현동), 주성용 베드로(주안5동), 홍주표 요한보스꼬(화수동)

성 안드레아 분단 이영식 스테파노(숭의동), 윤구현 베드로(연안), 이재현 엠마누엘(석암), 정남섭 안드레아(해안), 윤군성 안드레아(용현동), 윤종갑 도미니꼬(가좌동), 정순열 프란치스꼬(강화), 이문춘 루도비꼬(심곡1동), 이문형 베드로(도화동)

성 야고보 분단 오경환 프란치스코 신부(간석동), 박영배 요한(송림동), 이익래 아오스딩(만수동), 김익태 알배르토(연안), 백동철 아우구스띠노(삼정동), 조윤재 바오로(제물포), 김영전 요셉(심곡3동), 조성복 베드로(부평1동), 민병선 요왕(효성동), 성약기 베드로(주원)

성 베드로 분단 지명성 요한(김포), 전평석 토마스아퀴나스(상동), 이영수 오스문도(역곡2동), 박종문 빅토리오(송림4동), 한창화 베드로(산곡2동), 정택근 야고버(주안3동), 양지기 도나또(석남동), 신우순 루수(서곶), 공재능 미카엘(여월동)

남성 제 59 차

1991. 2. 21 ~ 24

봉 사 자 • **지도신부** | 박찬용 사도요한 • **회장** | 김효풍 안토니오 • **회장후보** | 이정희 아브라함 • **총무부** | 신현대 라자로, 임종택 요셉 • **교수부** | 백종범 아오스딩, 장용범 요셉 • **활동부** | 태민웅 바오로, 한치영 마태오, 유병조 도밍고, 안창모 실베스텔 • **신심부** | 이명지 라파엘, 한상희 필립보 • **음악부** | 황종옥 안토니오, 차재영 에지도 • **주방봉사** | 삼정동

성 바오로 분단 최광하 아만도(산곡2동), 정재룡 바오로(가정동), 김진수 보니파시오(십정동), 김상교 가브리엘(효성동), 방동석 방지거(여월동), 함종식 제노(주원), 유원영 바오로(부평1동), 신장호 요한(송현동), 김의종 율리아노(송림4동)

성 요한 분단 정영인 비오(주안3동), 한덕환 베드로(석암), 박호균 미카엘(에루살렘), 한승수 라파엘(숭의동), 이종석 프란치스코(가좌동), 황관준 바오로(용현동), 신근식 마지아(서곶), 강금식 아브라함(간석동), 우재홍 프란치스코(계산동), 이희옥 안토니오(답동)

성 안드레아 분단 조찬석 바오로(연안), 김기호 요한(소사3동), 조규양 예로니모(소사), 김용환 베드로(화수동), 이용호 요셉(주안1동), 김현환 베드로(역곡2동), 이철 라우렌시오(해안), 최기운 루까(양곡), 이창성 베드로(신천)

성 야고보 분단 장영호 베드로(원미동), 황윤중 베드로(삼정동), 오수범 그레고리오(제물포), 최진구 알베르또(역곡), 홍재수 유스티노(김포), 서치오 안당(석남동), 박철수 요셉(송림동), 정상섭 라파엘(남동), 정봉주 멜라니오(만수동), 김풍환 필립보(부평5동)

성 베드로 분단 도재원 요셉(부평2동), 박정화 요셉(도화동), 민충기 골롬바노(강화), 황영철 안드레아(연안), 김용부 이냐시오(고강동), 현기창 요셉갈라상시오(상동), 노승환 희지노(심곡1동), 주성만 미카엘(심곡3동), 성기번 대건안드레아(주안5동)

남성 제60 차

1991. 4. 11 ~ 14

봉 사 자 • **지도신부** | 이학노 요셉 • **회장** | 이정희 아브라함 • **회장 후보** | 임종택 요셉 • **총무부** | 이재문 요한, 고환석 아오스딩 • **신심부** | 태민웅 바오로, 한치영 마태오 • **교수부** | 민용규 라이문도, 한동욱 요아킴 • **활동부** | 박상환 베네딕또, 강창렬 베네딕또, 안창모 실베스텔, 신창섭 바오로, 서인수 미카엘, 이석호 요셉 • **음악부** | 장용범 요셉 • **주방봉사** | 부평1동

성 바오로 분단 박영수 바오로(상동), 류근익 바오로(도화동), 고정봉 제노(석남동), 진용균 원선시오(심곡1동), 김우택 베드로(고강동), 위정찬 아브라함(역곡2동), 김홍식 스테파노(강화), 김동윤 프란치스코(주원)

성 요한 분단 김혁주 스테파노(답동), 나승관 요셉(심곡3동), 임갑선 노엘(부평1동), 김상용 아브라함(김호), 고영일 안드레아(가좌동), 우준형 미카엘(주안3동), 나병삼 안토니오(주안1동), 유영정 프란치스코(제물포)

성 안드레아 분단 김용필 요한(역곡), 오득용 마지아(십정동), 황운경 마지아(석암), 허동 요셉(여월동), 박교준 모세(가정동), 박봉구 베드로(소성), 홍기섭 웬델리노(양곡), 권혁봉 클레멘스(신천), 조희봉 테오필로(소사)

성 야고보 분단 이제호 토마스아퀴나스(원미동), 임병택 요셉(부평2동), 황광수 야고버(연안), 김인섭 야고버(숭의동), 이강헌 블라시오(화수동), 김명근 에라스또(만수동), 심재봉 베드로(남동), 김주천 요한(소사3동)

성 베드로 분단 정인상 베드로 신부(성소국), 김남국 바오로(산곡2동), 천융 디모테오(송림동), 정병준 시몬(주안5동), 남시종 베드로(삼정동), 박우석 다두(용현동), 김만기 바오로(구월동), 천홍승 안셀모(송림4동)

남성 제 61 차

1991. 6. 14 ~ 16

봉 사 자 • **지도신부** | 제정원 베드로 • **회장** | 임종택 요셉 • **회장후보** | 이재문 요한 • **총무부** | 고환석 아오스딩, 안창모 실베스텔 • **교수부** | 심재혁 요하느 김효풍 안토니오 • **신심부** | 백종범 아오스딩, 유병조 도미니꼬 • **활동부** | 이명지 라파엘, 남승호 마티아, 한일학 분도, 김용태 아오스딩, 곽상태 요한 • **음악부** | 황종옥 안토니오, 장용범 요셉 • **주방봉사** | 제물포

성 바오로 분단 성열민 안토니오(상동), 오재섭 베드로(고강동), 송석길 스테파노(송림동), 이선노 베드로(숭의동), 최윤호 바오로(주안5동), 조유현 엠마누엘(갈산동), 김의철 요셉(소성), 조영상 베드로(제물포), 김용환 요셉(역곡)

성 요한 분단 장성규 펠릭스(주안3동), 계응석 파스칼(오정동), 박기순 제노(역곡2동), 김운영 미카엘(소사), 김성수 마르고(만수동), 한직수 헨리꼬(구월동), 정동균 필립보(양곡), 김태선 대건안드레아(가정동), 이만복 베드로(화수동)

성 안드레아 분단 이문상 비오(연안), 김재희 미카엘(작전동), 권서명 요왕(도화동), 이수일 안티모(신천), 현문조 요셉(송도), 손기덕 요셉(산곡2동), 최상규 요셉(일신동), 이상천 베드로(용현동), 김철용 다니엘(여월동)

성 야고보 분단 장순인 토마(심곡1동), 강성훈 루까(남동), 류근일 그레고리오(삼정동), 김석곤 안토니오(가좌동), 이진구 도밍고(송현동), 박성식 베드로(부평5동), 강찬규 크리스토퍼(석암), 정순환 모이세(산곡2동), 서정호 대건안드레아(효성동)

성 베드로 분단 정인준 바드리시오 신부(단구동), 문동수 스테파노(십정동), 이윤하 가부리엘(심곡3동), 최경열 사도요한(주안1동), 최병근 요한(계산동), 김성묵 요셉(소사3동), 나원섭 벨나도(해안), 김종득 요한(간석동), 임무섭 베드로(답동)

남성 제 62 차

1991. 10. 31 ~ 11. 3

봉 사 자 • **지도신부** | 박찬용 사도요한 • **회장** | 이재문 요한 • **회장후보** | 고환석 아오스딩 • **총무부** | 한동욱 요아킴, 유병조 도밍고, 이정희 아브라함 • **교수부** | 장용범 요셉, 곽상태 요한 • **신심부** | 태민웅 바오로, 한치영 마태오 • **활동부** | 박상환 베네딕또, 차귀한 세바스띠아노, 유원영 바오로 • **음악부** | 차재영 에지도 • **주방봉사** | 연안

성 바오로 분단 이재한 분도(작전동), 이국섭 아브라함(서곶), 변동영 요셉(심곡1동), 윤인병 요한(주안1동), 박남순 요한(주원), 원창식 스테파노(효성동), 정동수 요아킴(십정동), 백승철 요셉(삼정동), 김세중 바오로(통진), 김재일 안토니오(오정동)

성 요한 분단 조병욱 요셉(남동), 신재근 야고버(양곡), 오현진 요셉(일신동), 공관영 유수티노(강화), 추한선 요셉(도화동), 유석원 로벨또(용현동), 이재림 요한(만수동), 이용표 요셉(가좌동), 고준수 베드로(소사), 이희보 사도요한(부평1동)

성 안드레아 분단 유환준 남종삼요한(주안3동), 전영기 안드레아(해군월미), 김영민 대건안드레아(원미동), 김광용 미카엘(계산동), 김영태 가밀로(역곡), 허성인 미카엘(답동), 권용주 마태오(작전동), 채규흠 프란치스코(소사3동), 이계윤 요셉(여월동), 김철호 스테파노(석암)

성 야고보 분단 박준철 비오(간석동), 이기희 시몬(고강동), 최선묵 아오스딩(주안1동), 김창배 요셉(가좌동), 황화성 아타나시오(상동), 이성 안드레아(제물포), 조진원 사무엘(심곡3동), 안중남 가브리엘(송도), 조덕환 요한(송현동), 장승남 베드로(산곡2동), 김일영 아르도(구월동)

성 베드로 분단 김기준 프란치스코(여월동), 조동일 베드로(석남동), 유인옥 안토니오(역곡2동), 윤영풍 바오로(신천), 한만영 요아킴(구월동), 조용국 베드로(송림동), 김낙환 바오로(부평2동), 김윤복 요한(연안), 김재헌 발렌티노(숭의동), 이호선 안셀모(부평5동)

남성 제 63 차

1992. 2. 6 ~ 9

봉사자 • **지도신부** | 박찬용 사도요한 • **회장** | 태민웅 바오로 • **회장후보** | 장용범 요셉 • **총무부** | 유병조 도밍고, 강태소 스테파노 • **교수부** | 임종택 요셉, 고환석 아오스딩 • **신심부** | 안창모 실베스텔, 박상환 베네딕또 • **활동부** | 곽호은 미카엘, 한일학 분도, 유원영 바오로, 조대현 벨라도, 조대증 안드레아 • **음악부** | 차재영 에지도 • **주방봉사** | 용현동

성 바오로 분단 김민태 토마스(간석동), 이대형 요왕(십정동), 김대봉 프란치스코(효성동), 김영임 그레고리오(제물포), 공병성 바오로(상동), 최성호 바오로(양곡), 최장신 토마스아퀴나스(주안5동), 이명복 베드로(용현동), 전재홍 스테파노(주안3동), 황성복 라우렌시오(소사3동)

성 요한 분단 박원석 안셀모(오정동), 박원근 사도요한(석남동), 김성민 베드로(원미동), 김용섭 마르셀로(가정동), 이춘배 미카엘(화수동), 김보곤 요한(역곡), 정용권 미카엘(부평1동), 김교석 사도요한(삼정동), 이정석 바오로(남동), 정성만 마지아(앵커래지)

성 안드레아 분단 김두배 시몬(김포), 문이만 요셉(송현동), 김병하 요셉(통진), 김재수 사무엘(오정동), 조한국 사도요한(송도), 장광섭 노엘(부평5동), 김광석 베드로꼴라베르(신천), 김갑보 베다(만수동), 전영수 사도요한(산곡2동), 김진홍 말체리노(석암)

성 야고보 분단 김유성 요셉(송리동), 최덕기 시몬(도화동), 김세웅 마르꼬(여월동), 임기홍 스테파노(송림대부), 최영진 안드레아(작전동), 이창래 안드레아(부평2동), 김광국 요한(숭의동), 이형철 룩크(답동), 김수창 안드레아(계산동), 최경 스테파노(심곡1동)

성 베드로 분단 이용권 베드로 신부(십정동), 김정호 스테파노(구월동), 박희평 폰시아노(역곡2동), 김광백 비오(심곡3동), 정성희 원선시오(송림4동), 유길주 바오로(송림대부), 탁영식 안드레아(부평3동), 조풍길 바오로(주안1동), 김정찬 요한(용현5동), 이정균 시몬(고강동),박규선 시몬(소성)

남성 제 64 차

1992. 4. 2 ~ 5

봉사자 • **지도신부** | 제정원 베드로 • **회장** | 임종택 요셉 • **회장 후보** | 민용규 라이문도 • **총무부** | 김효풍 안토니오, 한동욱 요아킴 • **교수부** | 이재문 요한, 곽상태 요한 • **신심부** | 박희동 미카엘, 한치영 마태오 • **활동부** | 한상희 필립보, 고환석 아오스딩, 이석호 요셉, 강창렬 베네딕도, 김요태 아오스딩 • **음악부** | 장용범 요셉, 차재영 에지도 • **주방봉사** | 부평2동

성 바오로 분단 정활균 스테파노(계산동), 김양기 율리오(역곡2동), 김두병 프란치스코(부평3동), 양승준 요한(여월동), 황유성 안드레아(용현동), 양선중 야고버(영흥공소), 이충호 요셉(삼정동), 강창규 암브로시오(양곡), 신강재 알베르또(간석동), 이병석 안토니오(송현동), 안성용 안토니오(소성)

성 요한 분단 권영화 세바스티아노(십정동), 이봉구 베르나르로(답동), 강흥복 에드몬드(만수동), 나도근 레오나르도(주안1동), 정승희 요한(신천), 정봉삼 베드로(남동), 이항섭 베드로(소사), 노재덕 요왕(구월동), 유창수 벨라도(통진), 인희부 요한(서곶), 전병기 미카엘(부평2동)

성 안드레아 분단 김종천 대건안드레아(주안5동), 박진석 피델리스(부평1동), 윤광복 안드레아(고강동), 이장필 스테파노(대부공소), 조인석 안드레아(소사3동), 강태복 스테파노(부평5동), 김건태 김재준이냐시오(김포), 이범수 요셉(오정동), 함재승 마르띠노(송도), 고우철 프란치스코(석암), 이영만 미카엘(심곡3동)

성 야고보 분단 설요한 신부(송현동), 임문규 요셉(연안), 김경철 프란치스코(효성동), 지창원 그레고리오(해안), 소선호 메토니오(산곡2동), 이병돈 베드로(송림동), 권영조 예로니모(가좌동), 김영태 프란치스코(심곡1동), 박평순 마프코(신천), 박종인 안드레아(오정동), 김주한 베다(역곡)

성 베드로 분단 최상진 야고보 신부(송림동), 홍충옥 발렌티노(제물포), 문태길 스테파노(원미동), 차주호 베드로(상동), 우경동 안토니오(작전동), 임한태 마르코(주원), 양희철 프란치스코(소성), 김재경 바오로(도화동), 이기석 요셉(화수동), 오면근 야고보(송림4동), 정영대 로벨또(주안3동)

남성 제 65 차

1992. 6. 11 ~ 14

봉 사 자 • **지도신부** | 박찬용 사도요한 • **회장** | 이재문 요한 • **회장후보** | 장용범 요셉 • **총무부** | 이정희 아브라함, 차귀한 세바스띠아노 • **교수부** | 박상환 베네딕또, 서인수 미카엘 • **신심부** | 태민웅 바오로, 한치영 마태오 • **활동부** | 유병조 도밍고, 유원영 바오로, 김동언 스테파노, 김용태 아오스딩 • **음악부** | 차재영 에지도 • **주방봉사** | 계산동

성 바오로 분단 이헌택 요셉(역곡1동), 하원명 파스칼(주안3동), 이청노 굴리엘모(용현동), 김학도 다두(작전동), 이연구 요셉(도화동), 김상완 이냐시오(부평2동), 권혁구 스테파노(부평3동), 나기찬 요셉(해군월미), 최진하 베드로(석남동), 황태식 스테파노(김포), 윤창호 아오스딩(계산동)

성 요한 분단 손충열 아오스딩(연안), 윤홍열 안토니오(가정동), 이용학 베드로(답동), 고종욱 베드로(주안1동), 박경동 파비아노(여월동), 임정웅 바오로(송림대부), 고영대 베드로(신천), 조충호 사무엘(숭의동), 박교양 사도요한(고강동), 유경수 베드로(소성), 조성구 도마(부평5동), 정재익 알벨도(송림동)

성 안드레아 분단 한건모 유스티노(간석동), 서석교 마티아(석암), 송기홍 아브라함(상동), 이석환 스테파노(주원), 인진기 도마(해안), 최무송 안드레아(송림대부), 송용수 아부라함(소사), 안종학 시몬(화수동), 손일룡 에데시오(강화), 김광화 요한(부평1동), 이하도 알벨도(통진)

성 야고보 분단 심재형 세자요한 신부(화수동), 이갑용 사도요한(효성동), 방창용 안셀모(삼정동), 심보현 도밍고(구월동), 오동국 마리노(제물포), 김우열 에드몬드(양곡), 이윤곤 요셉(소사3동), 김식철 스테파노(산곡동), 안세진 안셀모(용현5동), 신동성 벨라도(소성), 최재현 베드로(남동)

성 베드로 분단 심건섭 요왕(만수동), 김재선 하상바오로(원미동), 김완배 요셉(십정동), 이명동 베드로(소성), 김광우 야고버(숭의동), 윤화중 요셉(심곡1동), 천선준 요셉(역곡), 김한국 요셉(갈산동), 정택한 베드로(가좌동), 박삼교 요셉(산곡동), 이규환 오토(송림4동)

남성 제 66 차

1992. 7. 23 ~ 26

봉 사 자 • **지도신부** | 이윤하 노르베르토 • **회장** | 신현대 라자로 • **회장후보** | 민용규 라이문도 • **총무부** | 고환석 아오스딩 • **교수부** | 한동욱 요아킴, 박원영 요한 • **신심부** | 이석호 요셉, 박문석 시메온 • **활동부** | 장용범 요셉, 안창모 실베스텔, 김동언 스테파노, 유영주 가브리엘, 조종현 안드레아 • **주방봉사** | 석남동

성 바오로 분단 김대륙 베네딕도(용현동), 김유기 파비아노(주원), 진용호 다니엘(소성), 이영세 프란치스코(답동), 김선수 안토니오(용현5동), 최재봉 요한(역고2동), 윤혜원 베드로(양곡), 송영진 안셀모(숭의동), 정명근 요한(송도), 서천옥 보나벤뚜라(작전동)

성 요한 분단 윤기덕 베드로(가좌동), 이인수 요한(연안), 손인환 손선지베드로(상동), 오선수 안젤로(산곡2동), 김명석 바오로(송현동), 윤경구 요셉(도화동), 김용주 아오스딩(부평1동), 단만근 예로니모(답동(선제공소)), 최인 요셉(십정동), 홍인열 이사악(해안)

성 안드레아 분단 김창식 벨라도(남동), 이재현 마르띠노(소성), 이봉재 사무엘(심곡3동), 장성환 시메온(김포), 김영교 치쁘리아노(만수동), 이성근 프란치스코(구월동), 현희석 시메온(가좌동), 조한종 암브로시오(석남동), 안재천 요한(부평5동), 송기칠 안드레아(고강동)

성 야고보 분단 강억만 사무엘(오정동), 이승진 미카엘(석암), 김영의 요한(소사), 김종림 베드로(서곳), 최종출 바오로(원미동), 박문봉 베드로(여월동), 이상일 베드로(주안3동), 서현석 아브라함(강화), 손경문 야고버(부평2동), 김종복 루까(소사3동)

성 베드로 분단 최용진 베드로(주안5동), 이재성 파비아노(송림4동), 박인호 디오니시오(가정동), 노동호 바오로(석암), 박인환 야고버(간석동), 고존 안토니오아빠스(효성동), 국승용 프란치스코(신천), 정규환 대건안드레아(주안1동), 김기만 스테파노(구월동), 윤용중 요셉(송림동)

남성 제 67 차

1992. 10. 8 ~ 11

봉 사 자	• **지도신부** | 박찬용 사도요한 • **회장** | 이정희 아브라함 • **회장후보** | 장용범 요셉 • **총무부** | 차귀환 세바스띠아노, 유원영 바오로 • **교수부** | 서인수 미카엘, 곽상태 요한 • **신심부** | 태민웅 바오로, 한치영 마태오 • **활동부** | 유병조 도미니꼬, 강창열 베네딕또, 한일학 베제딕또, 황종일 에피마꼬 • **음악부** | 박상환 베네딕또 • **주방봉사** | 송현동
성 바오로 분단	최중길 힐라리오(석암), 황경무 베드로(용현5동), 김홍식 베드로(제물포), 이호근 마티아(간석동), 오재철 야고버(부평3동), 심재열 베드로(여월동), 심원태 안드레아(작전동), 제갈영수 바오로(심곡3동), 이운선 안토니오(주안3동), 백종재 베드로(산곡2동), 조흥준 메달도(도화연평)
성 요한 분단	강신영 사도요한(구월동), 황규학 바오로(소사), 오화용 스테파노(통진), 이상훈 라파엘(소성), 박관호 보니파시오(송현동), 심한섭 이냐시오(용현동), 한기선 아오스딩(김포), 홍수웅 안셀모(화수동), 박향원 임마누엘(효성동), 윤종준 스테파노(주안1동)
성 안드레아 분단	김홍기 대건안드레아(부평1동), 박성찬 바오로(양곡), 임재만 로마노(산곡동), 장영복 후벨도(소사3동), 성기환 프란치스꼬(주원), 홍기준 미카엘(구월동), 김성국 스테파노(삼정동), 정명희 필립보(만수동), 임종화 사도요한(계산동), 성현주 프란치스꼬(주안5동)
성 야고보 분단	명기덕 요셉(산곡1동), 이해광 라파엘(원미동), 서창석 시몬(역곡), 사재길 요왕(가정동), 한용운 세자요한(송림4동), 윤광희 마리노(송림동), 한진규 이시도로(십정동), 장종철 안드레아(부평2동), 천관욱 아오스딩(역곡2동), 김종훈 계명(상동), 심용선 비오(도화연평)
성 베드로 분단	정유훈 스테파노(신천), 유석희 미카엘(연안), 최완문 요한(해안동), 정용택(베드로(오정동), 이근철 노렌조(강화), 한성주 사도요한(답동), 안상남 욥(석남동), 김정수 미카엘(가좌동), 이필욱 베제딕또(남동), 박영유 바오로(도화동), 조성효 바오로(답동영흥)

남성 제 68 차

1992. 11. 26 ~ 29

봉 사 자	• **지도신부** | 장태식 사도요한 • **회장** | 김효풍 안토니오 • **회장 후보** | 고환석 아오스딩 • **총무부** | 이재문 요한, 유병조 도밍고 • **교수부** | 한동욱 요아킴, 박인원 요한 • **신심부** | 곽호은 미카엘, 정영희 토마스 • **활동부** | 태민웅 바오로, 손충열 아오스딩, 김용태 아오스팅, 신창섭 바오로 • **음악부** | 차재영 에지도, 박상환 베네딕또 • **주방봉사** | 송림4동
성 바오로 분단	고광철 모이세(화수동), 최영식 시메온(작전동), 전진환 안드레아(주안5동), 장성민 펠리스(만수동), 김용순 요한(양곡), 곽병두 요셉(효성동), 강규용 시몬(숭의동), 강희복 아오스딩(여월동), 전정평 안토니오(도화동), 나채섭 베드로(역곡)
성 요한 분단	김영수 베드로(석암), 김현식 요셉(산곡동), 이재호 제르바시오(송림동), 김원국 안토니오(용현동), 현완근 베네딕또(부평2동), 오창석 벤첸슬라오(오정동), 이완영 안셀모(부평1동), 장근호 아브라함(여월동), 한용 요셉(간석동), 서영국 밤필로(서곶)
성 안드레아 분단	박은호 방지거(십정동), 신하영 레오(소성), 김수남 미카엘(계산동), 민동근 힐라리오(통진), 이진우 요한마리아비안네(구월동), 최창진 루치오(석남동), 안종혁 리고리오(원미동), 조송현 유수티노(제물포), 남기출 바오로(소사3동), 김기정 프란치스꼬(송도)
성 야고보 분단	조호동 바오로 신부(삼정동), 방진환 안드레아(주안3동), 윤영호 프란치스꼬(소성), 김영송 베드로(소사), 김광훈 요셉(해안), 박중헌 실베리오(송림4동), 임복철 야고보(부평5동), 장재호 가브리엘(가좌동), 김태경 베드로(용현5동),김윤경 알비노(역곡2동)
성 베드로 분단	서정용 야고보(산곡2동), 신충철 베네딕또(연안동), 김민영 베드로(남동), 김득열 스테파노(가정동), 김성회 베드로(주안5동), 김광수 베드로(주안1동), 황광석 아오스딩(심곡3동), 전광국 베드로(답동), 이계성 스테파노(대야동), 양정석 요한(고강동)

남성 제 69 차

1993. 3. 4 ~ 7

봉사자 • **지도신부** | 박찬용 사도요한 • **회장** | 이재문 사도요한 • **회장후보** | 차귀한 세바스띠아노 • **총무부** | 유병조 도밍고 • **교수부** | 한동욱 요아킴 • **신심부** | 서인수 미카엘, 유원영 바오로 • **활동부** | 고환석 아오스딩, 곽상태 요한, 조종현 안드레아, 이현배 미카엘 • **음악부** | 박상환 베네딕또 • **주방봉사** | 가정동

성바오로분단 염재익 바울리노(만수1동), 신현서 베네딕또(주안3동), 김용훈 요셉(고강동), 김성길 루치아노(화수동), 고수영 마태오(부평2동), 황성주 대건안드레아(구월1동), 유관찬 라파엘(대부도), 노재훈 이냐시오(소사), 이강만 안드레아(오정동), 곽우동 베드로(심곡3동), 고중섭 요셉(주안1동)

성요한분단 권일택 요사팟(십정동), 양수문 미카엘(연안), 송기준 미카엘(가좌동), 인부현 베네딕또(산곡3동), 김종관 라파엘(가정동), 강석봉 요셉(계산동), 이재록 바오로(심곡1동), 황기수 베드로(양곡), 이종원 바오로(신천), 심강섭 벨라도(부평4동)

성안드레아분단 김계순 모이세(송림동), 고영진 요셉(부평4동), 최종식 베드로(신천), 조영래 미카엘(역곡), 김영석 야고보(대부도), 조경규 시몬(송도), 박문식 발렌티노(답동), 이명남 비오(숭의동), 이춘길 스테파노(삼정동), 방용호 세례자요한(양곡), 김영동 요셉(주안8동)

성야고보분단 조성교 요한금구 신부(가좌동), 김안수 다두(석남동), 김창환 스테파노(계산동), 박용원 요셉(여월동), 이윤형 요셉(원미동), 이건호 요한(대야동), 허창섭 즈가리아(송림4동), 신덕철 아오스딩(산곡동), 정취정 다윗(신천), 임삼 요셉(소성), 김승균 비오(소사3동)

성베드로분단 윤재우 다니엘(부평5동), 김장원 후베르토(역곡2동), 김인철 요셉(간석2동), 김형래 바오로(상동), 이상국 시몬(대야동), 엄흥종 베드로(제물포), 신관호 발레리오(용현동), 김재광 요셉(작전동), 정명선 힐라리오(해안), 김인식 프란치스꼬(강화), 최원홍 바오로(효성동)

남성 제 70 차

1993. 4. 15 ~ 18

봉사자 • **지도신부** | 김용환 세례자요한 • **회장** | 임종택 요셉 • **회장후보** | 고환석 아오스딩 • **총무부** | 태민웅 바오로, 이석호 요셉 • **교수부** | 김동언 스테파노, 김용태 아오스딩 • **신심부** | 한치영 마태오, 박문석 시메온 • **활동부** | 신창섭 바오로, 송석길 스테파노, 한일학 분도, 이용표 요셉 • **음악부** | 장용범 요셉 • **주방봉사** | 주안5동

성바오로분단 김효식 요셉(제물포), 이기만 베네딕도(주안3동), 정윤기 세례자요한(만수3동), 이병우 요셉(심곡1동), 노석근 요한(대야동), 조재서 에비파니오(용현동), 이동웅 그레고리오(주안1동), 신광철 프란치스코(양곡), 신인순 대건안드레아(원미동), 김철호 바오로(송도), 김인호 바실리오(여월동)

성요한분단 황세현 레오나르도(주안8동), 윤찬호 알로이시오(효성동), 윤병철 요셉(부평3동), 이형식 루까(역곡), 박병헌 요셉(답동), 우종열 나자로(산곡동), 김은규 제준이냐시오(간석4동), 이병국 요한(숭의동), 이덕종 임마느엘(부평2동), 장상언 프란치스코(신천), 권영준 세바스띠아노(소사)

성안드레아분단 최중수 안토니오(연안), 안수관 스테파노(석남동), 고화석 바오로(작전동), 신상태 바오로(소사3동), 신영진 발도로메오(부평4동), 유영식 바오로(송현동), 박민부 시몬(가정2동), 한종원 베드로(오정동), 이해우 밴자민(계산동), 이선우 요셉(신천), 고원표 요셉(구월1동)

성야고보분단 김영욱 요셉 신부(양곡), 노재균 토마스(부평1동), 송명희 마르띠노(삼정동), 김준영 요셉(역곡2동), 강범춘 프란치스코(일신동), 허삼만 세베로(상동), 이충일 시몬(김포), 조선근 레오(가정동), 김성영 아우구스띠누스(주안3동), 최영윤 사도요한(만수1동), 백창현 토마(심곡3동)

성베드로분단 신성만 바오로(부평5동), 김종호 고스마(십정동), 김영철 빈첸시오(가좌동), 박호면 스테파노(송림동), 금화실 예로니모(간석2동), 이구현 베드로(송림4동), 최원창 베드로(소성), 김근만 요아킴(도화동), 양용남 요셉(대야동), 한두현 마지아(화수동), 유재석 스테파노(고강동)

남성 제 71 차

1993. 9. 2 ~ 5

봉 사 자	• **지도신부** | 현명수 바오로 • **회장** | 태민웅 바오로 • **회장후보** | 한동욱 요아킴 • **총무부** | 고환석 아오스딩, 이현배 미카엘 • **신심부** | 유병조 도밍고, 유원영 바오로 • **교수부** | 박문석 시메온, 정영희 토마스 • **활동부** | 신창섭 바오로, 조종현 안드레아, 심태섭 마르띠노, 방진환 안드레아, 김효식 요셉 • **음악부** | 장용범 요셉 • **외부강사** | 박희동 미카엘 • **주방봉사** | 십정동
성 바오로 분단	단형배 스테파노(제물포), 홍택일 안또니오(주안8동), 김형원 바오로(주안3동), 윤명길 마티아(답동), 조병세 요한(도화동), 김수만 보니파시오(송림동), 양승남 바오로(송현동), 이종범 대건안드레아(주안5동), 최병년 필레몬(해안동), 유해심 비오(연안), 박찬구 가브리엘(주안1동)
성 요한 분단	윤형희 프란치스꼬(부평3동), 조극동 베드로(부평2동), 이상열 시메온(상동), 박치훈 라파엘(산곡동), 정석조 바오로(산곡3동), 김행종 안토니오(십정동), 김유환 다니엘(부평4동), 장화진 안토니오(간석2동), 민재홍 히야친또(부평5동), 오흥범 스테파노(통진), 김찬경 미카엘(부평1동)
성 안드레아 분단	이성광 스테파노(구월1동), 권영식 에드월드(송도), 권상집 바오로(만수1동), 김종택 베드로(대야동), 정광수 바오로(신천), 심창용 보니파시오(송림4동), 김배영 가브리엘(용현5동), 류춘근 스테파노(용현동), 김건호 요셉(만수3동), 박문수 요한(대부도), 장기웅 토마스모어(숭의동)
성 야고보 분단	김중훈 멜키올 신부(김포), 석영섭 스테파노(가좌동), 전종대 안토니오(석남동), 송재권 토마(계산동), 천진수 마티아(가정동), 장순웅 아오스팅(가정2동), 이진범 베드로(소성), 김기수 율리아노(서곶), 김은경 요셉(강화), 여동춘 프란치스코사베리오(역곡2동), 심인보 마르띠노(양곡)
성 베드로 분단	김도풍 방지거(심곡3동), 방승구 대건안드레아(심곡1동), 이재구 요셉(고강동), 강우길 시몬(소사3동), 이규용 바올(삼정동), 김영두 베으로(역곡), 방인종 안토니오(오정동), 강춘성 비오(소사), 윤철수 요한(김포), 김관수 대건안드레아(여월동), 방승 토마(원미동)

남성 제 72 차

1993. 10 ~ 10

봉 사 자	• **지도신부** | 임기선 요셉 • **회장** | 신현대 라자로 • **회장 후보** | 민용규 라이문도 • **총무부** | 차귀환 세바스띠아노, 이순신 베드로 • **교수부** | 김효풍 안토니오, 박상환 베네딕또 • **신심부** | 서인수 미카엘, 이석호 요셉 • **활동부** | 김용태 아오스딩, 한일학 베네딕또, 고영대 베드로, 김광백 비오, 성기환 프란치스꼬 • **음악부** | 차재영 에지도 • **주방봉사** | 여월동
성 바오로 분단	안청호 프란치스꼬(주안3동), 박재을 토마스모어(답동), 박영일 프란치스꼬(송림동), 김용연 요한(송현동), 고종상 안젤로(송도), 김석영 베드로(숭의동), 김원중 요한(제물포), 송상근 베드로(송림4동), 이영구 프란치스꼬(용현동)
성 요한 분단	조병운 요셉(가좌동), 박희철 요아킴(석남동), 이종선 라우렌시오(간석2동), 손진찬 시메온(구월1동), 옥창기 바오로(만수1동), 정태식 그레고리오(만수1동), 홍기석 요왕(만수3동), 황규환 베드로(주안8동), 이상팔 마태오(대야동)
성 안드레아 분단	신동균 마르첼리노(산곡3동), 임영규 발렌띠노(계산동), 박성범 세례자요한(부평1동), 기한종 시몬(부평2동), 정성문 플로리아노(부평3동), 권동수 안셀모(부평4동), 염호남 아오스딩(부평5동), 이상섭 안드레아(산곡동), 김병옥 베드로(효성동), 박광래 로마노(가정동)
성 야고보 분단	이신석 레오(소성), 권종국 안셀모(심곡1동), 임용빈 치백요셉(소사), 이창호 바오로(소사3동), 이원덕 요셉(신천), 한기육 야고보(심곡3동), 노배영 베드로(역곡), 권병기 필립보(역곡2동),손용길 세례자요한(상동), 이종국 세바스띠아노(일신동)
성 베드로 분단	이관석 스테파노(삼정동), 이재욱 빠뜨리시오(여월동), 서윤석 바오로(오정동), 백차현 바오로(고강동), 정승모 프란치스꼬(김포), 박정열 임마누엘(양곡), 이홍근 베드로(통진), 김수용 바오로(해군청룡), 심공섭 요한(강화)

남성 제 73 차

1993. 11. 11 ~ 14

봉사자	• **지도신부** | 장태식 사도요한 • **회장** | 이재문 사도요한 • **회장후보** | 고환석 아오스딩 • **총무부** | 김동언 스테파노, 이용표 요셉 • **신심부** | 한동욱 요아킴, 강창열 베네딕또 • **교수부** | 장용범 요셉, 박인원 요한 • **활동부** | 신창섭 바오로, 곽상태 요한, 라기찬 요셉, 장재호 가브리엘 • **음악부** | 이덕종 임마누엘 • **주방봉사** | 산곡3동
성 바오로 분단	이복진 바오로(주안1동), 장덕길 예로니모(만수3동), 전광일 바오로(주안8동), 김명선 돈보스꼬(주안5동), 장태성 베드로(숭의동), 한동수 가브리엘(주안3동), 장기덕 루가(제물포), 홍광표 프란치스꼬(만수1동), 인익태 안드레아(구월1동), 김은현 요한(답동)
성 요한 분단	박유진 바오로 신부(주안1동), 심평택 아우구스티노(답동), 엄익서 아오스딩(용현5동), 최진덕 요셉(송도), 송진석 에제키엘(송림동), 박영택 베네딕또(해안동), 두세균 바오로(연안), 가준노 바오로(송림4동), 김수일 안드레아(용현동)
성 안드레아 분단	최재경 다니엘(부평5동), 황성락 프란치스고(가정2동), 윤광수 시몬(부평1동), 박상기 베드로(부평2동), 이병훈 베드로(계산동), 전월형 대건안드레아(산곡동), 김용균 안토니오(갈산동), 김태환 시메온(산곡3동), 윤춘식 미카엘(주안5동), 조완지 토마스아퀴나스(답동)
성 야고보 분단	정인화 야고보 신부(소사), 안효승 그레고리오(일신동), 장용선 베드로(대야동), 박형서 마지아(삼정동), 전기운 그레고리오(심곡3동), 최병은 돈보스꼬(여월동), 김신길 안드레아(소사), 이석훈 바오로(심곡1동), 이차독 요셉(소사3동)
성 베드로 분단	김재섭 J.M.비안네 신부(석남동), 김종철 성우안또니오(간석4동), 이상용 바오로(석남동), 조성희 프란치스꼬(가정동), 황철수 스테파노(간석2동), 김철호 아벨(부평4동), 홍일표 베드로(양곡), 정기철 다니엘(가좌동), 곽재근 사도안드레아(십정동)

남성 제 74 차

1994. 2. 24 ~ 27

봉사자	• **지도신부** | 조호동 바오로 • **회장** | 강한영 요셉 • **회장후보** | 한동욱 요아킴 • **총무부** | 고환석 아오스딩, 정신건 세자요한 • **신심부** | 공봉길 루까, 정의성 스테파노 • **교수부** | 박송우 임마누엘, 정동수 알퐁소 • **활동부** | 신창섭 바오로, 곽상태 요한, 방진환 안드레아, 라기찬 요셉, 임화묵 미카엘 • **음악부** | 장용범 요셉 • **주방봉사** | 가정동
성 바오로 분단	정정섭 아브라한(화수동), 이정기 돈보스꼬(가정2동), 이재호 미카엘(도화동), 이종욱 제노(송림동), 김종환 대건아드레아(송림4동), 이평우 아타나시오(송현동), 유태현 마르코(도화동), 강정구 모세(석남동), 이정희 스테파노(가좌동), 장용환 요한(가정2동), 이승주 요세(가정동)
성 요한 분단	이창남 아오스딩(주안3동), 김상용 요셉(해안), 오영기 펠릭스(주안8동), 송영근 사도요한(주안5동), 조한철 시몬(주안1동), 김현원 시몬(제물포), 권태륜 바오로(용현5동), 이공진 요셉(송도), 김성근 후고(숭의동), 정동준 요한(답동)
성 안드레아 분단	고근제 베드로(만수3동), 민영득 대건안드레아(간석2동), 이성춘 요셉(대부도), 백종빈 시몬(대부도), 천성진 비오(대부도), 조용제 안드레아(대야동), 박성재 안드레아(신천), 설재욱 미카엘(선학동), 승준표 베드로(만수1동), 이형희 요셉(구월1동), 이무용 요셉(간석4동)
성 야고보 분단	이상길 로무알도(산곡동), 이원우 바오로(부평5동), 김상규 스테파노(상동), 전수희 베르만스(양곡), 한상윤 가브리엘(양곡), 이남호 스테파노(소성), 김유인 대건안드레아(산곡3동), 황기연 요한(부평4동), 김용수 바오로(부평2동), 이기용 사도요한(부평1동), 신종식 빈첸시오(계산동)
성 베드로 분단	조연수 바오로(소사3동), 김형호 스테파노(여월동), 장철 라우렌시오(원미동), 심영식 베드로(오정동), 임완영 요한(역곡2동), 윤명식 안토니오(역곡), 윤영배 토마스(심곡3동), 한종석 다니엘(심곡1동), 심재인 프란치스코(소사), 심홍섭 안드레아(삼정동), 장창순 요셉(고강동)

남성 제 75 차

1994. 4. 7 ~ 10

봉사자	• **지도신부** | 임기선 요셉 • **회장** | 태민웅 바오로 • **회장후보** | 곽호은 미카엘 • **총무부** | 김효풍 안토니오, 정영희 토마스 • **신심부** | 이석호 요셉, 유병조 도밍고 • **교수부** | 김동언 스테파노, 이현배 미카엘 • **활동부** | 유원영 바오로, 심태섭 마르띠노, 장재호 가브리엘, 김영철 바오로, 김효식 요셉 • **음악부** | 박상환 베네딕또 • **주방봉사** | 소사3동
성 바오로 분단	채규언 안드레아(가좌동), 이장성 바오로(부평2동), 정순복 베드로(효성동), 임명기 안드레아(부평4동), 문홍식 프란치스코(산곡동), 송병안 아브라함(산곡3동). 유인호 베드로(소성), 조성찬 니콜라오(가정동), 서창동 아놀드(가정2동), 정용기 마티아(부평1동)
성 요한 분단	홍운표 마태오(동춘동), 윤재성 원선시오(송현동), 박덕진 안드레아(답동), 이보덕 요셉(석남동), 최용신 요셉(송림4동), 이경남 레오(송림동), 김용세 아우구스티노(선학동),서경석 치릴로(해안동), 서재홍 요셉(송도), 양동식 프란치스코(부평5동)
성 안드레아 분단	원봉덕 프란치스코(주안5동), 이홍영 스테파노(만수1동), 지후준 요셉(구월1동), 정순지 미카엘(간석2동), 김진구 요한(만수3동), 장이석 요셉(제물포), 차재전 리노(주안1동), 송부국 레미지오(간석4동), 김남선 라파엘(주안3동), 장선진 도미니꼬(용현5동)
성 야고보 분단	황문상 치릴로(역곡), 김준길 베드로(원미동), 이귀남 가스미로(갈산동), 배순식 안드레아(일신동), 이승국 도나도(삼정동), 김종길 알렉스(소사), 김선홍 아오스딩(심곡1동), 김종호 도미니코(오정동), 김길원 프란치스코(상동), 배동환 대건안드레아(소사3동)
성 베드로 분단	김기태 대건아드레아(김포), 손상욱 루까(부평3동), 안두현 돈보스꼬(부평1동), 이갑진 필립보(십정동), 이보영 베드로(가정2동), 전시준 요한(대야동), 김종진 요셉(신천), 이응준 바오로(계산동), 이은배 아우구스띠노(도화동), 이기영 토마스(송현동), 조병천 요셉(여월동)

남성 제 76 차

1994. 6. 9 ~ 12

봉사자	• **지도신부** | 정윤화 베드로 • **회장** | 임종택 요셉 • **회장 후보** | 고환석 아오스딩 • **총무부** | 차귀한 세바스띠아노, 이용표 요셉 • **신심부** | 신창섭 바오로, 이관순 미카엘 • **교수부** | 한동욱 요아킴, 김상규 스테파노 • **활동부** | 김용태 아오스딩, 조종현 안드레아, 이상용 바오로, 김현원 시몬 • **음악부** | 장용범 요셉 • **외부강사** | 홍광덕 바르나바 • **주방봉사** | 만수1동
성 바오로 분단	이경상 요셉(주안8동), 김평순 토마스(주안1동), 박정도 안토니오(용현동), 김영길 요셉(제물포), 박광엽 요셉(송현동), 서병철 요아킴(송림동), 김효철 그레고리오(서울당산), 김양서 루까(답동), 한남식 베드로(화수동), 우상석 바오로(주안3동)
성 요한 분단	이병달 바오로(만수1동), 이종수 베드로(선학동), 한관수 다니엘(주안3동), 최기두 베드로(송도), 김형일 미카엘(만수3동), 이운용 글레멘스(간석4동), 노만종 아벨(동춘동), 곽동학 아브라함(구월1동), 박용구 스테파노(간석2동), 김승호 세자요한(가정2동)
성 안드레아 분단	최병윤 바오로(부평1동), 이정훈 마티아(역곡), 오대흥 프란치스꼬(소사3동), 정창섭 마르띠노(산곡3동), 안성영 가누도(산곡동), 정문화 베드로(심곡본동), 송재두 파비아노(부평4동), 박근수 요셉(역곡2동), 신의수 안드레아(부평2동), 문용식 그레고리오(계산동)
성 야고보 분단	방대근 세례자요한(가좌동), 이한규 요왕(가정2동), 정상준 아브라함(도화동), 유재관 마지아(가정동), 원기연 루까(송림4동), 장지호 바오로(석남동), 김길웅 미카엘(서곶), 천대수 바오로(주안5동), 한광철 안드레아(부평1동), 오문길 세바스띠아노(만수1동)
성 베드로 분단	김광철 이냐시오(소성), 송성근 빅토리노(통진), 이인성 야고보(김포), 이태복 가브리엘(오정동), 장세훈 세자요한(삼정동), 김상철 요셉(대야동), 임호준 마르꼬(대부도), 김광연 바오로(고강동), 최시학 라우렌시오(심곡3동), 류혜돈 루비노(여월동)

남성 제 77 차

1994. 8. 25 ~ 28

봉 사 자	• **지도신부** | 박유진 바오로 • **회장** | 고환석 아오스딩 • **회장후보** | 김동언 스테파노 • **총무부** | 이현배 미카엘, 방진환 안드레아 • **신심부** | 박문석 시메온, 정영희 토마스 • **교수부** | 이재문 사도요한, 박인원 요한 • **활동부** | 유병조 도밍고. 조종현 안드레아, 오동국 마리노, 민재홍 히야친토, 조한철 시몬 • **음악부** | 장용범 요셉 • **외부강사** | 태민웅 바오로 • **주방봉사** | 부평4동
성 바오로 분단	이복성 루까(용현5동), 여정기 안토니오(화수동), 김진섭 사비노(제물포), 이철우 미카엘(대부도), 이성구 요셉(숭의동), 김영효 레오(용현동), 라운옥 말구(송도), 배석재 그레고리오(동춘동), 안수영 아텔레(선학동), 유봉춘 요한(답동)
성 요한 분단	전봉식 펠릭스(역곡), 서재홍 세자요한(원미동), 이규삼 안토니오(역곡2동), 안광재 도미니꼬(여월동), 하기춘 마티아(심곡3동), 김진식 안토니오(심곡본동), 정동구 베드로(소사3동), 장재익 요셉(소사), 조재현 바오로(삼정동), 김석기 스테파노(고강동)
성 안드레아 분단	이기영 다니엘(주안8동), 최명학 베네딕도(주안3동), 안성근 베드로(주안5동), 김종한 후고(소성), 박상열 나자로(해병청룡), 박호순 프란치스코(송림4동), 신중균 임마누엘(양곡), 김기억 바오로(석남동), 심재수 세바스띠아노(서곶), 박홍규 요한(가정2동)
성 야고보 분단	정진근 안드레아(대야동), 이실복 말구(주안1동), 김봉수 세자요한(부평1동), 이기봉 스테파노(만수1동), 송기용 안드레아(신천), 전희권 다미아노(십정동), 심영민 안토니오(만수3동), 박용수 바오로(대야동), 이갑시 베드로(구월1동), 최요권 바오로(일신동)
성 베드로 분단	염영만 안셀모(부평5동), 유지영 씨스또(산곡3동), 유동열 토마스아퀴나스(효성동), 고영기 마멜도(산곡동), 최병욱 엠마누엘(부평4동), 오성준 방지거(부평2동), 허민희 원선시오(부평1동), 오동근 요아킴(상동), 이영철 발바라(오정동)

남성 제 78 차

1994. 11. 10 ~ 13

봉 사 자	• **지도신부** | 조성교 요한금구 • **회장** | 이재문 사도요한 • **회장후보** | 한동욱 요아킴 • **총무부** | 곽상태 요한, 나기찬 요셉 • **신심부** | 서인수 미카엘, 심태섭 마르띠노 • **교수부** | 김용태 아오스딩, 김효식 요셉 • **활동부** | 유원영 바오로, 장재호 가브리엘, 권혁봉 클레멘스, 김남국 바오로, 이운용 클레멘스 • **음악부** | 이덕종 임마누엘 • **외부강사** | 박희동 미카엘 • **주방봉사** | 송도
성 바오로 분단	박동근 하상바오로(부평1동), 홍기주 비오(삼정동), 이광호 대건안드레아(원미동), 엄인섭 토마(상동), 양기섭 스테파노(오정동), 이종찬 베드로(여월동), 한덕만 스테파노(양곡), 김재진 스테파노(김포), 윤용덕 요한(고강동), 김원광 가브리엘(대부영흥), 유종죽 노렌조(계산동)
성 요한 분단	김종기 요셉 신부(연안), 고동진 삼손(가좌동), 장동윤 스테파노(심곡본동), 김인수 안토니오(소성), 천성배 요셉(가정동), 김중석 스테파노(서곶), 김현식 보니파시오(동춘동), 조성기 요셉(심곡동), 김용기 로제리오(역곡2동), 최현우 파비아노(소사), 양기봉 스테파노(갈산동)
성 안드레아 분단	홍승모 미카엘 신부(답동), 송재만 돈보스꼬(소사), 박의주 도미니꼬(산곡3동), 공영주 요한(효성동), 박종호 안드레아(산곡동), 공영덕 바오로(동춘동), 강환걸 스테파노(부평1동), 신성복 암브로시오(부평4동), 최기선 아오스딩(만수1동), 최장식 가브리엘(송도), 박순구 사도요한(부평5동)
성 야고보 분단	최경일 빈첸시오 신부(소성), 김종수 바오로(주안1동), 김광일 레오(숭의동), 김동원 요셉(제물포), 김동명 알비오(주안3동), 이종설 안토니오(도화동), 이승재 베.다미아노(화수동), 김대근 프란치스코(주안5동), 이재선 비오(송림4동), 유병력 안젤로(용현5동), 홍순영 스테파노(답동)
성 베드로 분단	이원구 요셉(간석4동), 나승환 라우렌시오(제물포), 최재형 실바노(동춘동), 이상노 요셉(선학동), 최종만 세자요한(간석2동), 김당열 대건안드레아(주안8동), 차승남 바오로(구월1동), 최재경 도미니꼬(대야동), 김광훈 요한(신천동), 이종철 필립보(만수3동), 이철구 안드레아(만수1동)

남성 제 79 차

1995. 2. 16 ~ 19

봉 사 자	• **지도신부** | 김영욱 요셉 • **회장** | 고환석 아오스딩 • **회장후보** | 장용범 요셉 • **총무부** | 이용표 요셉, 나기찬 요셉 • **신심부** | 태민웅 바오로, 방진환 안드레아 • **교수부** | 박인원 요한, 유병조 도밍고 • **활동부** | 신창섭 바오로, 민재홍 히야친토, 이상용 바오로, 신재근 야고보, 김태환 시메온 • **음악부** | 박상환 베네딕도 • **주방봉사** | 대부도
성 바오로 분단	김의남 가브리엘(주안1동), 왕인모 안드레아(강화), 송한수 하상바오로(김포), 허재연 레미지오(숭의동), 강태준 베드로(포천진군), 이상일 보니파시오(서곶), 김보근 요셉(화수동), 김춘식 요한(송현동), 전성만 아오스딩(가좌동), 장석봉 울바노(가정3동), 이재왕 안토니오(가정동)
성 요한 분단	임규식 대건안드레아(구월1동), 양기원 진길아오스딩(간석4동), 안병선 요셉(대야동), 박길용 요한(신천), 황이선 마르코(간석2동), 윤영 요셉(주안8동), 윤태평 제멜로(주안5동), 심외태 사도요한(부평1동), 정교상 가브리엘(만수3동), 박형준 요셉(만수1동)
성 안드레아 분단	김태영 라파엘(부평4동), 전봉훈 달치시오(소성), 서병각 바오로(효성동), 우호명 안드레아(산곡3동), 최영철 미카엘(산곡동), 최승열 시메온(부평5동), 유범준 바오로(부평2동), 이상력 베드로(부평1동), 박광수 사도요한(계산동), 송병상 요한보스코(갈산동), 강창수 베드로(답동)
성 야고보 분단	강윤희 토마스아퀴나스 신부(가좌동), 문용삼 마태오(여월동), 오명철 토마(주안3동), 박참모 분도(용현5동), 전대열 스테파노(효성동), 남기성 그레고리오(용현동), 오승환 안드레아(선학동), 서정훈 미카엘(동춘동), 김창영 바오로(소사), 이대룡 베드로(송도), 송광옥 바로오(연안)
성 베드로 분단	송점동 베드로(상동), 문태희 토마스(대부선감), 이진영 안드레아(삼정동), 노해천 요한(고강동), 김용건 베드로(소사), 나명진 마르띠노(소사3동), 이재룡 알렉산델(심곡본동), 박춘주 포카스(원미동), 권병학 바오로(여월동), 강기성 베드로(역곡2동), 서정윤 바오로(오정동)

남성 제 80 차

1995. 3. 30 ~ 4. 2

봉 사 자	• **지도신부** | 오용호 제베리노 • **회장** | 태민웅 바오로 • **회장 후보** | 한동욱 요아킴 • **총무부** | 차귀환 세바스띠아노, 곽상태 요한 • **교수부** | 유병조 도밍고, 김홍식 베드로 • **활동부** | 신창섭 바오로, 장재호 가브리엘, 장이석 요셉, 이장필 스테파노, 이재욱 • **신심부** | 서인수 미카엘, 정영희 토마스 • **음악부** | 장용범 요셉
성 바오로 분단	양규석 빠뜨리시오(여월동), 김낙흥 요한(포천진군), 이상행 토마스(오정동), 이승수 베드로(고강동), 홍경열 안토니오(원미동), 이흥재 도비아(양곡), 김규성 베드로(계산동), 김인학 스테파노(김포), 송현식 요셉(강화), 성재영 프란치스코(포천진군)
성 요한 분단	황종현 루까(연안동), 모청왕 요하킴(송림4동), 김억수 세자요한(용현동), 김영남 바오로(용현5동), 이기덕 베드로(주안1동), 송원봉 프란치스코(주안3동), 이세규 바오로(선학동), 서공열 사도요한(숭의동), 정기회 요셉(답동), 김원식 헨리꼬(만수3동), 이인호 스테파노(간석4동)
성 안드레아 분단	장세윤 말구(동춘동), 김재율 토마(대야동), 배만호 필립보(신천), 박원호 토마스모어(송도), 홍진표 요한(주안8동), 김경규 토마스아퀴나스(선학동), 김명식 힐라리오(구월1동), 구자국 힐라리오(만수1동), 이혁 디오시오(간석2동), 서성진 루치아오(주안3동), 윤복위 베드로(주안1동)
성 야고보 분단	정한욱 시몬(가정3동), 박순남 요셉(소성), 박순일 안드레아(부평5동), 박선용 방지거(효성동), 최태준 베드로(갈산동), 양경철 빈첸시오(가정동), 박철봉 요셉(산곡3동), 이상호 스테파노(산곡동), 우영하 야고보(부평2동), 이상경 요한(부평1동), 임우영 멜라지오(가좌동)
성 베드로 분단	이병욱 바오로(심곡3동), 구영상 사도요한(부평4동), 홍경렬 안토니오(원미동), 안형길 바오로(소사3동). 전춘근 요한(심곡동), 오창근 베드로(상동), 장유권 베드로(삼정동), 김동수 디모데오(여월동), 정봉혁 요한(역곡2동), 김정안 마태오(소사), 전동환 요한(고강동)

남성 제 81 차

1995. 6. 8 ~ 11

봉 사 자	• **지도신부** | 김중훈 멜키올 • **회장** | 이재문 사도요한 • **총무부장** | 차귀환 세바스티아노 • **총무부차장** | 김남국 바오로 • **활동부장** | 김용태 아오스딩 • **활동부차장** | 권혁봉 클레멘스, 고중섭 요셉, 김현원 시몬 • **전례부장** | 심태섭 마르띠노 • **음악부장**/박상환 분도 • **교수부장** | 박인원 사도요한 • **외부강사** | 나길모 굴리엘모, 김용환 세례자요한, 이학노 요셉 • **주방봉사** | 심곡본동
성 바오로 분단	김만복 이냐시오(간석2동), 박창석 아드리아노(신천), 윤원영 세자요한(주안1동), 윤홍수미카엘(구월1동), 이창식 다두(학익동), 이창식 리카르도(대야동), 임홍빈 아오스딩(연수), 최관일 벨라도 (옥련동), 허순철 안셀모(간석4동), 김봉수 안드레아(만수3동), 이순재 파스칼(만수1동)
성 요한 분단	오상성 가밀로(주안3동), 고장희 스테파노(석남동), 김종기 요한(송림동), 김진경 바오로(송림4동), 이한식 알렉산더(가정3동), 정종대 안드레아(송현동), 김능문 야고버(숭의동), 강경원 다미아나(연안), 이기붕 야고버(용현5동)
성 안드레아 분단	고영재 말구(부평2동), 김규태 아우구스틴(부평1동), 김병율 블라시오(부평4동), 김재권 유스띠노(산곡3동), 서영승 미카엘(효성동), 송택금 세베로(소사), 윤의학 라우렌시오(가좌동), 이수복 안드레아(중2동), 정병우 미카엘(소성), 이동근 아오스딩(부평5동)
성 야고보 분단	김동환 요한(중3동), 강상구 라파엘(고강동), 김종옥 비오(계산동), 박공호 토마(중2동), 송현석 라우렌시오(양곡), 유왕희 마태오(김포), 이창규 시몬(중2동), 초종소 베드로(효성동), 조훈기 미카엘(상동), 방노준 베드로(오정동), 김창봉 야고보(포천진군), 이달호 스테파노(포천진군)
성 베드로 분단	김용 바오로(소사본3동), 김정호 요셉(소사), 배평환 요셉(삼정동), 서규범 다니엘(작전동), 이갑구 그레고리오(심곡본동), 이경호 바오로(중3동), 정순희 사비노(원미동), 박상순 아오스딩(심곡본동) 김종은 베드로(역곡2동), 노재윤 발렌티노(여월동), 윤석만 요한(중2동)
미 지 정	김용진 스테파노(답동)

남성 제 82 차

1995. 8. 17 ~ 20

봉 사 자	• **회장** | 임종택 요셉 • **회장후보** | 민용규 라이문도 • **총무부** | 박송우 임마누엘 • **활동부장** | 신창섭 바오로 • **활동부차장** | 이관순 미카엘, 강창열 베네딕또, 임화묵 미카엘 • **전례부장** | 정영희 토마스 • **전례부차장** | 성현주 프란치스코 • **외부강사** | 정윤화 베드로, 임기선 요셉, 안규도 도미니코 • **주방봉사** | 만수3동
성 바오로 분단	김기태 대건안드레아(대부), 김용국 베드로(용현5동), 김용철 요한 (옥련동), 마종대 사비노(연수), 송영대 니콜라오(주안3동), 정영일 사베리오(간석4동), 조명환 헤론(학익동),한상욱 파비아노(주안8동), 유병렬 굴리엘모(용현5동), 류재삼 블라시오(주안3동), 양기성 베네딕도(주안8동)
성 요한 분단	김영민 가시미로(만수3동), 박사훈 스테파노(중3동), 신현익 베드로(부평5동), 안승선 (심곡본동), 안일영 노엘소성, 장명환 프란치스코(만수1동), 정정국 파스칼(십정동),최옥식 대건안드레아(소성) 하대호 베네딕도(간석2동), 김두회 프란치스코(상동), 김광석 비오(중2동)
성 안드레아 분단	김인철 요셉(산곡3동), 김형식 시몬(부평1동), 양경목 베드로(효성동), 이광재 가브리엘(부평2동), 최원국이냐시오(연수), 하명렬 요한(김포), 한기승 안셀모(부평1동), 오영순 스테파노(계산동) 김영상 모세(강화), 임승종 대건안드레아(작전동)
성 야고보 분단	권오현 힐라리오(역곡2동), 김종수 안토니오(여월동), 박태순 보니파시오(삼정동), 배종호 요한(고강동), 정진택 요셉(소사), 이영환 실베리오(원미동), 전제흥 제리노(소사), 김봉경 프란치스코(소사본3동), 남병태 대건안드레아(대야동), 곽대순 요셉(포천진군)
성 베드로 분단	고용수 요셉(숭의동), 김교신 브르노(송림동), 김복영 알베르또(연안), 김상용 다니엘(가좌동), 김순도 바오로(화수동), 김재인 (답동), 유재종 요셉(송림4동), 이종인 안토니오(가정3동), 채규병 필립보(가정3동), 최낙규 알렉시오(석남동), 오순화 헬레나(대야동), 이상구베드로(주안1동)

남성 제 83 차

1995. 11. 9 ~ 12

봉 사 자 • **지도신부** | 정귀호 다니엘 • **회장** | 이재문 사도요한 • **회장후보** | 신창섭 바오로 • **총무부장** | 이용표 요셉 • **총무부차장** | 고중섭 요셉 • **활동부장** | 이상용 바오로 • **활동부차장** | 장재호 가브리엘, 이석훈 바오로, 유병력 안젤로, 이종수 베드로 • **교수부장** | 곽상태 사도요한 • **교수부차장** | 함효은 요셉 • **외부강사** | 나길모 굴리엘모, 김용환 세례자요한, 박찬용 사도요 • **주방봉사** | 갈산동

성 바오로 분단 김광호 베난시오(연안), 김재헌 안드레아(가정동), 김한성 요한(화수동), 문기득 레오(김포), 박래연 요한(도화동), 우제문 바오로(송림동), 윤정식 미카엘(양곡),이영택 요셉(가좌동), 최병석 베드로(석남동), 백영조 가밀로(송림4동), 성연호 빈센시오(포천진군)

성 요한 분단 고재일 스테파노(학익동), 김영근 프란치스코(간석2동), 김영준 요셉(간석4동), 김용택 다미아노(용현5동), 도회준 (주안3동), 두정언 요셉(송현동), 서학철 미카엘(연수), 이덕규 마태오(주안1동), 이종민 요엘(용현동), 최완석 요아킴(옥련동)

성 안드레아 분단 정병오 대건안드레아(계산동), 김상배 비오(소사본3동), 문기중 요한(부평5동), 민봉근 요한(대야동), 배길수 요셉(산곡동), 오덕일 요한(부평1동), 유봉철 베드로(갈산동), 정창열 파스칼(답동), 진병권 스테파노(고강동), 여학수 가브리엘(부평4동), 이병우 대건안드레아(효성동)

성 야고보 분단 김진 미카엘(여월동), 류성수 보스꼬(소사), 민세원 (역곡2동), 이종우 도마(삼정동), 이현규 분도(중2동), 장정수 사도요한(심곡본동), 정채구 (상동), 이경복 아브라함(소사) , 문규성 치릴로(오정동), 최판식 (원미동)

성 베드로 분단 김광식 스테파노(만수1동), 김동철 다니엘(만수3동), 김종수 베드로(석남동), 배창권 요셉(중2동), 신두섭 스테파노(주안8동), 양룡 보나벤뚜라(연수), 이효순 마태오(구월1동), 안상론 히야친토(부평1동), 박종술 안드레아(부평2동), 이용기 임마누엘(포천진군)

남성 제 84 차

1996. 2. 8 ~ 11

봉 사 자 • **지도신부** | 박유진 바오로 • **회장** | 태민웅 바오로 • **회장 후보** | 한동욱 요아킴 • **총무부장** | 정영희 토마스 • **총무부차장** | 이장필 스테파노 • **활동부차장** | 김현원 시몬, 김영철 바오로, 최관일 벨라도 • **전례부장**/심태섭 마르띠노 • **전례부차장**/최승열 시메온 • **교수부장**/박인원 사도요한 • **교수부차장** | 안두현 • **외부강사** | 나길모 굴리엘모, 오용호 세베리노, 제정원 베드로 • **주방봉사** | 강화

성 바오로 분단 김원배 루카(해안), 박종선 베드로(주안1동), 양희정 스테파노(도화동), 윤은로 스테파노(옥련동), 이성용 바오로(숭의동), 이흥구(연수), 진대영 요한(답동), 최현대 비오(연안), 배인석 사도요한(학익동), 임규정 루치오(송현동)

성 요한 분단 이상운 요셉(가정동), 윤순경(김포), 고창환 아브라함(효성동), 김윤곤 토마스(소사본3동), 김장수 베드로(가좌동), 김진웅 도마(송림4동), 박상철 루치아노(가정3동), 오세현 프란치스코(강화), 한윤열 바오로(양곡), 허윤 스테파노(석남동)

성 안드레아 분단 김세원 바르톨로메오(간석4동), 민준봉 안드레아(주안8동), 장창성 시메온(간석2동), 정찬용 요셉(주안1동), 정철수 미카엘(십정동), 조성증 세자요한(주안5동), 한호 토마스아퀴나스(주안3동), 김선용 라우렌시오(만수1동), 이명수 요셉(대야동), 오광진 그레고리오(용현5동)

성 야고보 분단 곽노경 미카엘(소성), 배형조 바오로(중2동), 연재흠 사도요한(부평1동), 이종승 빈첸시오(가정3동), 이태형 미카엘(계산동), 이형석 안셀모(소사), 전경삼 프란치스코(중2동), 한재남 보니파시오(부평4동), 정길용 비오(부평5동), 김용환 요셉(부평2동)

성 베드로 분단 강창석 안토니오(오정동), 김병연 안드레아(심곡), 김영철 요셉(고강동), 김웅진 토마스아퀴나스(중2동), 이만식 요셉(심곡본동), 이은창 클레멘스(상동), 이이승 레미지오(소사), 정명호 스테파노(원미동), 최영수 아오스딩(여월동), 조기주 라우렌시오(역곡2동)

남성 제 85 차

1996. 4. 18 ~ 21

봉 사 자 • **지도신부** | 김종기 요셉 • **회장** | 이재문 사도요한 • **총무부장** | 고중섭 요셉 • **총무부차장**/김만수 프란치스코 • **활동부장** | 이상용 바오로 • **활동부차장** | 장이석 요셉, 이석훈 바오로, 이한규 요왕, 한용운 세자요한 • **전례부차장** | 최윤호 바오로 • **음악부장** | 이덕종 임마누엘 • **교수부장** | 김용태 아오스딩 • **외부강사** | 오경환 프란치스코, 이학노 요셉, 이민주 요한 • **주방봉사** | 작전동

성 바오로 분 단 노명수 베네딕도(구월1동), 라갑인 요왕(간석4동), 박종노(만수1동), 박찬홍 안토니오(만수3동), 이문영 베드로(학익동), 지일용 가밀로(주안3동), 최용선 라파엘(연수), 정용규 분도(대야동), 서정근 요한(동춘동), 조창일 알렉시오(주안1동), 박영기 미카엘(주안8동)

성 요한 분 단 김용국(화수동), 김태조 베드로(송림동), 심문기 프란치스코(옥련동), 윤인근 후고(숭의동), 이봉현 안젤로(해안), 이희찬 안드레아(답동), 정원배 요셉(용현5동), 이명산 마태오(백령도), 이동엽 루카(도화동), 윤재고 베드로(연안), 박용산 스테파노(제물포)

성 안드레아 분 단 김봉수 데오필로(산곡3동), 김흥식 돈보스꼬(효성동), 문희수 마태오(부평1동), 유기열 안토니오(작전동), 유영근 바오로(김포), 이재수 베드로(소성), 한성우 바오로(부평4동), 이상윤 바드리시오(부평2동), 조남웅 마르띠노(소사), 이민우 유스티노(포동), 제철무 사베리오(계산동)

성 야고보 분 단 김광덕 베네딕도(소사본3동), 김정호 바오로(심곡본동), 나상연 대건안드레아(오정동), 박순승 아오스딩(여월동), 배재용 리카르도(여월동), 최영덕 시몬(심곡), 한호숙 요아킴(중2동), 이홍규 라파엘(삼정동), 지상철 클라우디오(원미동), 박경석 다니엘(역곡2동)

성 베드로 분 단 노용상 대건안드레아(검암동), 문병진 이냐시오(송림4동), 이근수 데오필로(십정동), 이만진 베드로(주안5동), 이춘택 가롤로(가좌동), 최순복 스테파노(산곡동), 이정화 루치아노(양곡), 조정신 방지거(대청도), 박영래 베드로(부평5동), 김연태 대건안드레아(가정3동), 고성희 마태오(석남동)

남성 제 86 차

1996. 6. 13 ~ 16

봉 사 자 • **지도신부** | 이덕상 비오 • **회장** | 한동욱 요아킴 • **회장후보** | 신창섭 바오로 • **총무부장** | 라기찬 요셉 • **총무부차장** | 박인원 사도요한 • **활동부장** | 곽상태 사도요한 • **활동부차장** | 성현주 프란치스코, 김홍식 베드로, 허대운 라파엘 • **전례부차장** | 김태환 시메온 • **음악부장** | 이덕종 임마누 • **교수부장** | 차귀환 세바스티아노 • **교수부차장** | 함효은 요셉 • **외부강사** | 나길모 굴리엘모, 정귀호 다니엘, 안규도 도미니코 • **주방봉사** | 가좌동

성 바오로 분 단 박상기 프란치스꼬(가정3동), 김귀동 요사팟(검암동), 김경섭 프란치스꼬(계산동), 김성호 헨리꼬(김포), 김순언 레오나르도(중2동), 김학성 사도요한(부평3동), 손범희 세자요한(효성동), 최병국 프란치스꼬(가좌동), 최종환 요셉(작전동), 조진환 스테파노(역곡2동)

성 요한 분 단 이기덕 요셉(산곡3동), 이상덕 안셀모(일신동), 이희선 토마(중2동), 채동율 마티아(부평1동), 권명옥 프로렌시오(부평5동), 심영택 요셉(부평2동), 임동근(부평4동), 박진구 마태오(송림4동), 유순엽 요셉(십정동), 윤제상 대건안드레아(제물포), 이근일 마태오(부평3동)

성 안드레아 분 단 김정운 요아킴(신천), 남기영 아브라함(간석2동), 박현수 스테파노(학익동), 신석중 안드레아(포동), 이영환 암브로시오(만수3동), 임태영 비리노(동춘동), 박인근 안드레아(대야동), 최효식 마티아(연수), 심현기 마티아(주안8동), 김기복 안드레아(화수동)

성 야고보 분 단 이봉재 세자요한(구월1동), 고형식(답동), 김종욱 미카엘(용현5동), 편승환 안토니오(부평3동), 한광호 힐라리오(주안1동), 황원오 바오로(해안), 강영식 바오로(화수동), 이준철 마르꼬(송림동), 김정극 세바스티아노(제물포), 김윤대 스테파노(연안)

성 베드로 분 단 박부일(소사본3동), 박용호 베드로(원미동), 이명휘(심곡), 전광록 토마(여월동), 정규학 사도요한(삼정동), 조웅상 사도요한(소사), 조재천 바오로(소성), 구길회 베네딕도(심곡본동), 최재구 마르띠노(오정동), 한상범 다니엘(상동)

남성 제 87 차

1996. 9. 5 ~ 8

봉사자
• **지도신부** | 이윤하 노르베르토 • **회장** | 신창섭 바오로 • **회장후보** | 태민웅 바오로 • **총무부장** | 고중섭 요셉 • **활동부장** | 이상용 바오로 • **활동부차장** | 김현원 시몬, 유병력 안젤로, 하장보 베드로, 오상성 가밀로 • **전례부장** | 심태섭 마르띠노 • **전례부차장**/김남국 바오로 • **교수부장** | 박인원 사도요한 • **교수부차장** | 이한규 요왕 • **외부강사** | 오경환 프란치스코, 이학노 요셉, 최병학 바오로 • **주방봉사** | 학익동

성 바오로 분단
노창석 베드로(소성), 이영섭 바드레시오(김포), 이은철 다미아노(백령도), 임병은 요한(부평4동), 전홍수 프란치스코(계산동), 윤양섭 안젤로(부평1동), 성하완 바오로(부평3동), 김양우 라우렌시오(부평5동), 임희문 라자로(소사), 고정훈 방지거(작전동), 최현호 가브리엘(원미동)

성 요한 분단
김동춘 요셉(만수3동), 나기홍 안토니오(십정동), 박성학 프란치스코(구월1동),박창봉 요아킴(주안3동), 이윤학 라파엘(부평2동), 임현옥 빈첸시오(주안8동), 전춘복 발라바(간석2동), 정연대 .(학익동), 이필원 마태오(만수1동), 김준호 세자요한(영종), 김병조 요셉(주안1동)

성 안드레아 분단
김봉진 라이문도(옥련동), 김태웅 안드레아(구월1동), 박상열 스테파노(동춘동), 오중웅 바오로(도화동), 이선명 요한(부평1동), 이재덕 요셉(숭의동), 이현 아릭스(연안), 정남규 가브리엘(연수), 백원근 아오스딩(영종), 주재득 프란치스코(주안1동), 박춘웅 이사악(해안)

성 야고보 분단
김종묵 마지아(역곡), 도요섭 요셉(검암동), 윤관영 모세(대야동), 이철수 베드로(심곡본동), 이호정 사도요한(신천), 임남철 안토니오(심곡), 장용운 대건안드레아(고강동), 강을선 바오로(역곡2동), 고충경 요아킴(삼정동), 김환석(소사본3동), 박춘식 마태오(원미동), 송순철 이냐시오(여월동)

성 베드로 분단
최창원 아브라함(가정동), 장무준 헨리꼬(가좌동), 이범용 .(산곡동), 이상운 요셉(답동), 임채헌 마르꼬(부평3동), 정성화 시몬(해안), 진민기 그레고리오(산곡3동), 김영찬 베드로(오정동), 최승만(석남동), 안옥현 루이스(송림동)

남성 제 88 차

1996. 11. 21 ~ 24

봉사자
• **지도신부** | 김중훈 멜키올 • **회장** | 신현대 라자로 • **회장 후보** | 이재문 사도요한 • **총무부장** | 이용표 요셉 • **총무부차장** | 이종갑 바오로 • **활동부장** | 김용태 아오스딩 • **활동부차장**, 이상호 스테파노, 정문화 베드로 • **음악부장** | 이덕종 임마누엘 • **전례부장** | 최승열 시메온 • **전례부차장** | 전재홍 스테파노 • **음악부장** | 이덕종 임마누엘 • **외부강사** | 나길모 굴리엘모, 제정원 베드로, 조호동 바오로 • **주방봉사** | 삼정동

성 바오로 분단
김진태 안드레아(산곡동), 오춘환 베드로(십정동), 윤종한 분도(효성동), 정영식 다니엘(작전동), 홍순민 프란치스코(역곡2동), 황우성 요아킴(부평3동), 백석기 야고보(부평5동), 윤석연 요셉(부평1동), 이승우 요한(부평2동), 홍성환 돈보스꼬(산곡3동)

성 요한 분단
김일태 요셉(숭의동), 박양순 안드레아(답동), 정해근 보니파시오(주안8동), 채규주 마태오(용현5동), 최일용 라이문도(주안5동), 김정수 바오로(송림4동), 최무식 바오로(송림동), 우재영 필립보(주안1동), 오철진 가브리엘(주안3동), 이창수 안토니오(해안)

성 안드레아 분단
구자갑 즈가리아(가정동), 나일환 .(중2동), 박용철 요셉(심곡본동,)백병현 바오로(작전동), 이병건 .(삼정동), 이영석 바오로(소성), 이화윤 유스티노(가좌동), 정상호 임마누엘(양곡), 조현진 임마누엘(강화), 최관식 요셉(검암동), 기우준 요비노(심곡)

성 야고보 분단
강남중 에드몬드(오정동), 박재영 요셉(고강동), 백낙섭 마태오(소사), 이병국 마태오(여월동), 이준엽 세레자요한(소사본3동), 장동수 야고보(소성), 정근섭 필립보(신천), 조수영 안토니오(원미동), 홍석철 모세(역곡), 이계창 안드레아(대야동)

성 베드로 분단
김경주 필립보(구월1동), 김재송 스테파노(만수1동), 김재혁 즈가리아(상동), 문명섭 베드로(연수), 송일무 미카엘(학익동), 정명서 시메온(간석2동), 최정선 요셉(만수3동), 박인화 빅토리아노(동춘동), 이강복 T.아퀴나스(옥련동), 전창만 스테파노(포동) 미지정:이재록 바오로(심곡본동)

남성 제 89 차

1997. 2. 13 ~ 16

봉 사 자 • **지도신부** | 김영욱 요셉 • **회장** | 한동욱 요아킴 • **회장후보**/차귀환 세바스티아노 • **총무부장** | 고중섭 요셉 • **총무부차장** | 김남국 바오로 • **활동부장** | 김현원 시몬 • **활동부차장** | 김홍식 베드로, 최관일 벨라도, 한두현 마지아 • **전례부차장** | 성현주 프란치스코 • **교수부장** | 박인원 사도요한 • **교수부차장** | 이한규 요왕 • **외부강사** | 박찬용 사도요한, 이윤하 노르베르토, 김중훈 멜키올 • **주방봉사** | 상동

성 바오로 분단 김원배 요셉(동춘동), 선효영 요셉(부평4동), 손윤수 알렉시오(구월1동), 신현익 세라피온(만수1동), 윤인섭 요셉(연수), 임병철 요한(대부), 전용섭 스테파노(신천), 원유천 베네딕도(주안3동), 이규행 미카엘(역곡2동), 송종환 루카(주안3동), 박희건 바오로(주안1동)

성 요한 분단 김용균 비오(부평1동), 박병선 야고버(계산동), 신광섭 알베르또(중2동), 이은주 안토니오(소성), 이춘일 분도(부평2동), 임채도 프란치스코(김포), 전선호 요셉(심곡본동), 정해성 루치아노(효성동), 최형춘 안당(부평3동), 김평산 .(부평5동), 윤기영 요셉(작전동)

성 안드레아 분단 길영범 요한(용현동), 김근수 가롤로(숭의동), 김훈태 레오(옥련동), 안희석 요셉(용현5동), 유현수 요아킴(도화동), 이규원 알렉시오(대야동), 전흥태 가시미로(제물포), 선인규 시몬(답동), 방동욱 피델리스(동춘동), 조형조 다두(양곡), 손동철 그레고리오(송림동), 황규호 마태오(포동)

성 야고보 분단 김용남 에밀리오(검암동), 곽흥호 미카엘(가정3동), 김웅 라우렌시오(산곡3동), 김환희 아냐시오(가좌동), 성옥배 요셉(십정동), 신종식 그레고리오(석남동), 이용선 베드로(산곡동), 정문형 바실리오(기타), 손무남 요한(백령도), 이완희 스테파노(양곡), 장순각 가시아노(강화)

성 베드로 분단 배민남 가브리엘(고강동), 김남일 아모스(여월동), 박서남 로무알도(역곡), 윤용범 안드레아(오정동), 윤준기 파비아노(상동), 임헌갑 루카(심곡), 전오현 미카엘(소사), 김수인 세자요한(만수3동), 서정원 미카엘(심곡본동), 조남수 율리아노(원미동)

남성 제 90 차

1997. 4. 17 ~ 20

봉 사 자 • **지도신부** | 조성교 요한금구 • **회장** | 태민웅 바오로 • **회장후보** | 신창섭 바오로 • **총무부차장** | 백석기 야고보 • **활동부장** | 김용태 아오스딩 • **활동부차장** | 장이석 요셉, 장무준 헨리꼬 • **전례부장** | 심태섭 마르띠노 • **전례부차장** | 채규주 마태오 • **음악부장** | 이덕종 임마누엘 • **교수부장** | 함효은 요셉 • **교수부차장** | 이석훈 바오로 • **주방봉사** | 대야동

성 바오로 분단 김명수 베드로(학익동), 김수완 요한(숭의동), 김환경 바오로(동춘동), 박영대 분도(송림동), 서기원 발렌티노(주안3동), 신관식 도마(용현동), 이성립 스테파노(옥련동), 이시영 프란치스코(용현5동), 전갑식 요셉(제물포), 이현호 바오로(연수)

성 요한 분단 강달식 스테파노(소사본3동), 권태윤 요한(상1동), 박종근 토마스(상동), 양승대 아냐시오(중2동), 이강문 .(삼정동), 이신우 바실리오(소사), 이정원 베드로(심곡), 이창신 베드로(역곡), 김영운 프란치스코(심곡본동), 고두옥 베드로(역곡2동), 조기형 이냐시오(원미동)

성 안드레아 분단 김기천 다니엘(도화동), 김만일 토마스(용현동), 김부호 베드로(십정동), 박병호 베드로(검암동), 이성구 요셉(부평1동), 조영순 라파엘(가좌동), 허정하 가브리엘(주안5동), 이승재 요한(김포), 김완수 사도요한(양곡), 고화진 바실리오(산곡동)

성 야고보 분단 이강일 루카(구월1동), 공원규 바오로(간석2동), 마미성 마르코(작전동), 박순영 로마노(효성동), 박은수 이냐시오(계산동), 박천호 토마스(부평2동), 안순교 스테파노(주안8동), 이남선 로마노(만수3동), 김수석 대건안드레아(산곡3동), 오광섭 베드로(만수1동), 임찬빈 요셉(연수)

성 베드로 분단 김영록 레오(대야동), 김학주 디모테오(오정동), 설경남 요한(역곡), 신동천(신천), 유영철 알렉산델(소성), 이경무 요셉(부평5동), 정철택 테오도로(부평3동), 주정일 요사팟(포동), 한덕수 웬델리노(고강동), 황점원 안드레아(갈산동), 박상교 스테파노(여월동)

남성 제 91 차

1997. 6. 12 ~ 15

봉 사 자 • **지도신부** | 정윤화 베드로 • **회장** | 이재문 사도요한 • **총무부장** | 이용표 요셉 • **활동부장** | 고중섭 요셉 • **활동부차장** | 김현원 시몬, 안두현, 조남수 율리아노, 임헌갑 루카 • **전례부차장** | 정문형 바실리오 • **음악부장** | 박재을 토마스모어 • **음악부차장** | 차재영 에지도 • **교수부장** | 곽상태 사도요한 • **외부강사** | 하원명 파스칼 • **주방봉사** | 간석4동

성 바오로 분단 임승익 바오로(가좌동), 김종철 에우세비오(검암동), 유영봉 요셉(송림4동), 이재명 요셉(숭의동), 홍재경 프란치스꼬(해안), 김인학 토마스(도화동), 문철진 베드로(송림동), 신언균 비오(양곡), 박두원 요셉(연안), 장동열 마태오(영종), 조휘윤 리노(제물포)

성 요한 분단 황창희 알베르또(가좌동), 서진송 베드로(주안5동), 설익주 볼루시아노(주안8동), 심승택(옥련동), 오창영 요아킴(동춘동), 허근 사도요한(용현5동), 김영모 젤마노(만수3동), 김기영 자카리아(주안1동), 김두현 요한금구(주안3동), 한인호 프로렌시오(연수)

성 안드레아 분단 조진남 베드로(갈산동), 김성문 요셉(부평1동), 김진욱 요셉(산곡동), 임봉철(효성동), 최수동 바오로(부평2동), 최점용 니고나오(부평3동), 정명길 헨리꼬(부평5동), 도태환 불라시오(산곡3동), 안상수 요왕(일신동), 한호진 요셉(작전동), 김동철 토마스(용현5동)

성 야고보 분단 김기찬 시메온(신천), 김대환 안토니오(소성), 박경수 이시도로(소사본3동), 신정배 모세(심곡본동), 유재직 암브로시오(소사), 이경식 미카엘(대부), 이기선 프란치스코(역곡), 이인재 발도로메오(대야동), 김광중 세라피온(심곡), 류병헌 라우렌시오(역곡2동)

성 베드로 분단 허진무 대건안드레아(강화), 강덕조 요한(고강동), 고영록 안셀모(여월동), 곽영종 대건안드레아(십정동), 김재필 바오로(간석2동), 남등우 시몬(김포), 유영웅 세자요한(심곡본동), 김성철 필립보(삼정동), 이용기 가브리엘(상1동), 최태식 미카엘(원미동), 조규철 베드로(상동), 미지정 : 한관우 가누토 신부(동춘동)

남성 제 92 차

1997. 9. 4 ~ 7

봉 사 자 • **지도신부** | 최경일 빈첸시오 • **회장** | 신창섭 바오로 • **총무부장** | 차귀환 세바스티아노 • **총무부차장** | 김태운 리노 • **활동부장** | 이석훈 바오로 • **활동부차장** | 김홍식 베드로, 최무식 바오로, 최관일 벨라도, 유기열 안토니오 • **전례부장** | 성현주 프란치스코 • **음악부장** | 이덕종 임마누엘 • **교수부장** | 태민웅 바오로 • **교수부차장** | 이상호 스테파노 • **외부강사** | 정윤화 베드로 ,박희동 미카엘, 황창희 알베르또, 김동철 토마스 • **주방봉사** | 송현동

성 바오로 분단 권오찬 요셉(옥련동), 김만호 바오로(간석2동), 노영식 아오스딩(동춘동), 성선철 시몬(용현5동), 오태선 프란치스코(주안8동), 우윤학 가롤로보로메오(학익동), 유상대 요셉(구월1동), 박호식 마티아(만수3동), 박찬희 요아킴(연수), 이대희 안드레아(주안3동)

성 요한 분단 이재우 베네딕또(갈산동), 곽경래 사도요한(일신동), 김두호 스테파노(부평1동), 김영봉 요셉(산곡3동), 유장춘 힐라리오(부평5동), 이봉근 알비노(부평4동), 이종영 라파엘(십정동), 천익권 베드로(부평3동), 현상옥 스테파노(작전동),이종현 바오로(부평2동), 한중희 바오로(산곡동)

성 안드레아 분단 김봉식 스테파노(중2동), 김종악 베네딕도(역곡), 박춘서 임마누엘(상동), 심범택 요아킴(심곡본동), 유왕희 사도요한(소성), 이진희 사비오(원미동), 최병남 요셉(소사), 최상천 시몬(역곡2동), 최홍철 사무엘(김포), 안수찬 시몬(소사본3동), 이광용 엘리세오(심곡)

성 야고보 분단 백홍열 요셉(검암동), 정병철 요셉(연수), 김진용 로렌죠(삼정동), 서관영 이냐시오(여월동), 서명석 베드로(고강동), 이상일 요셉(계산동), 장찬덕 요셉(작전동,)조채욱 베드로(오정동), 주정운 안드레아(가정3동), 김인식 마태오(양곡), 조금준 요한(효성동)

성 베드로 분단 김인성 로벨도(십정동), 박종호 대건안드레아(도화동), 신충남 사무엘(송림4동), 원시용 베드로(주안5동), 정명환 요한(숭의동), 정윤우 바오로(송림동), 최정섭 스테파노(주안1동), 허영철 안드레아(가좌동), 박경두 안토니오(송현동), 김광화 베드로(연안), 임정화 베드로(해안)

남성 제 93 차

1997. 10. 30 ~ 11. 2

봉 사 자
• **지도신부** | 장태식 사도요한 • **회장** | 민재홍 히야친또 • **회장후보** | 한동욱 요아킴 • **총무부차장** | 방노준 베드로 • **활동부장** | 고중섭 요셉 • **활동부1차장** | 장이석 요셉 • **활동부2차장** | 장무준 헨리꼬 • **활동부4차장** | 조한철 시몬 • **전례부장** | 심태섭 마르띠노 • **전례부차장** | 홍성환 돈보스꼬 • **교수부장** | 김용태 아오스딩 • **교수부차장** | 백석기 야고보 • **외부강사** | 나길모 굴리엘모, 김용환 세례자요한, 김영욱 요셉, 태민웅 바오로 • **주방봉사** | 제물포

성 바오로 분단
김우영 세자요한(동춘동), 김원준 요한(제물포), 배민득 바오로(연수), 오충석 프란치스코(학익동), 이완식 호영베드로(주안3동), 최용식 스테파노(주안1동), 강영복 요셉(영종), 정진국 대건안드레아(영종), 이종길바오로(주안3동), 류재철 요셉(화수동)

성 요한 분단
나봉기 마티아(만수1동), 명영철 바오로(주안5동), 박재구 시몬(대야동), 백영철 바오로(간석4동), 안광수 바오로(주안8동), 안용덕(주안5동), 이성남 바오로(옥련동), 이재경 안드레아(소성), 최용섭 이냐시오(여월동), 최분도 분도(십정동)

성 안드레아 분단
김순국 스테파노(계산동), 김양남 루카(산곡3동), 정해영 세자요한(부평3동), 조봉희 율리오(부평2동), 천창호 시몬(갈산동), 최동훈 프란치스코(고강동), 김형선 스테파노(부평4동), 이종복 대건안드레아(부평5동), 정경일 요아킴(일신동), 김완수 프란치스코(작전동)

성 야고보 분단
김연복 베드로(오류동), 김병환 요한(가정3동), 김영배 대건안드레아(부평2동), 유창호 요아킴(산곡동), 이상헌 도밍고(검암동), 장인재 레오(갈산동), 김영호 암브로시오(김포), 한총구 바오로(부평1동), 유환기 안토니오(가좌동), 이근창 리노(강화)

성 베드로 분단
김선영 요셉(상1동), 김성일 토마스아퀴나스(심곡), 김용석 유스티노(심곡본동), 김종호 베난시오(소사), 원용만 베드로(중2동), 원용찬 그리산도(소사), 이봉왕 그레고리오(삼정동), 전창희 안토니오(오정동), 정경환 시몬(소사본3동), 남기종 베네딕도(역곡2동), 권오복 모세(원미동)

남성 제 94 차

1998. 1. 15 ~ 18

봉 사 자
• **지도신부** | 강근신 미카엘 • **회장** | 한동욱 요아킴 • **회장후보** | 함효은 요셉 • **총무부장** | 이종갑 바오로 • **총무부차장** | 고중섭 요셉 • **활동부장** | 김현원 시몬 • **활동부차장** | 안두현, 조남수 율리아노, 조욱동 안드레아 • **전례부차장** | 정용기 마티아 • **외부강사** | 나길모 굴리엘모, 정병철 요셉, 안규도 도미니코 • **주방봉사** | 주안5동

성 바오로 분단
곽영일 바드리시오(주안8동), 권춘용 사베리오(옥련동,)이두영 야고보(주안1동), 장정일 요한(주안3동), 최승근 바오로(동춘동), 김영일 프란치스코(학익동), 방부일 프란치스코(숭의동), 이천만 로벨도(연수), 조승엽 바실리오(용현5동), 오수만 스테파노(용현동)

성 요한 분단
오병서 그레고리오(간석2동), 김후곤 헨리꼬(구월1동), 류재환(산곡동), 박종만 아우구스티노(부평1동), 윤용기 베드로(주안3동), 이정희 요셉(만수3동), 전윤식 야고보(산곡3동), 박영환 미카엘(만수1동), 김봉춘 프란치스코(간석4동), 금희선 피델리스(부평3동)

성 안드레아 분단
남인홍 제노(가좌동), 박동택 안드레아(화수동), 안광배 프란치스코(송현동), 이기춘 파비아노(검암동), 정진복 요한(가정3동), 지한식 미카엘(김포), 박종선 마르코(도화동), 가길표 알베르또(송림동), 도현동 요한(주안5동)

성 야고보 분단
김순성 요셉(역곡2동), 김중식 후고(상동), 노상진 안드레아(역곡), 노영관 안드레아(오정동), 유상열 바오로(소사본3동), 차계옥 안토니오(여월동), 최윤수 마티아(대야동), 이양범 이냐시오(만수3동), 이병용 요셉(심곡본동), 정재현 마태오(원미동)

성 베드로 분단
김은환 프란치스코(상1동), 박종철 노엘(갈산동), 신효선(소사), 양해관 세례자요한(부평1동), 윤신기 스테파노(검암동), 이종철 프란치스코(소성), 인병수 사도요한(작전동), 한재현 요셉(계산동), 김종호 다니엘(심곡), 유태문 베드로(중2동)

남성 제 95 차

1998. 3. 12 ~ 15

봉 사 자 • **지도신부** | 박유진 바오로 • **회장** | 태민웅 바오로 • **총무부차장** | 김완수 프란치스코 • **활동부장** | 김홍식 베드로 • **활동부차장** | 김대환 안토니오, 이종복 대건안드레아 • **전례부장** | 성현주 프란치스코 • **전례부차장** | 김태운 리노 • **교수부차장** | 전재홍 스테파노 • **외부강사** | 나길모 굴리엘모, 오용호 세베리노, 장희성 프란치스코, 박희동 미카엘 • **주방봉사** | 기타

성 바오로 분단 김승길 요엘(상1동), 김재도 베드로(중2동), 김준영 스타니슬라오(가좌동), 심상철 빈첸시오(여월동), 이성천 베드로(원미동), 정지선 안드레아(심곡), 김일순 요셉(검암동), 신언수 프란치스코(가정동), 김동석 베드로(석남동), 이종준 베드로(오류동)

성 요한 분단 강효구 다니엘(양곡), 김규범 베드로(갈산동), 김진환 베드로(부평5동), 박인 대건안드레아(부평3동), 신재선 유스띠노(부평1동), 임석빈 베르노(산곡3동), 장기운 골롬바노(계산동), 허옥만 요셉(김포), 김삼식 제오르지오(부평2동), 이상혁 미카엘(산곡동), 현종철 안드레아(작전동)

성 안드레아 분단 김명군 안드레아(대야동), 박용수 바오로(역곡2동), 오대근 요한(역곡), 이남수 바오로(심곡본동), 이종윤 마티아(상동), 임재복 힐라리오(상1동), 한만석 베드로(소성), 한원섭 토마스(소사), 윤신영 토마스(신천), 서세종 야고보(원미동)

성 야고보 분단 남규원 요한(숭의동), 박종기 루가(동춘동), 박훈채 미카엘(해안), 오승진 요셉(옥련동), 이상화 프란치스코(학익동), 전동진 가브리엘(연수), 조순제 요셉(숭의동), 현인수 요셉(제물포), 황금택 요한(도화동), 정도원 가브리엘(연안), 오병걸 요셉(용현5동)

성 베드로 분단 유창선 토마스(간석2동), 김도영 안드레아(만수3동), 김철규 벨라도(주안3동), 서수호 로벨도(구월1동), 선영규 보니파시오(주안5동), 이재훈 베드로(주안8동), 임병돈 미카엘(주안1동), 최광만 야고버(십정동), 강영철 스테파노(만수1동), 이춘 유스토(주안3동)

남성 제 96 차

1985. 5. 21 ~ 24

봉 사 자 • **지도신부** | 장동수 야고보 • **회장** | 신창섭 바오로 • **회장후보** | 차귀환 세바스티아노 • **총무부차장** | 방노준 베드로 • **활동부장** | 장이석 요셉 • **활동부차장** | 최무식 바오로, 최순복 스테파노, 이완식 호영베드로 • **전례부장** | 최승열 시메온 • **전례부차장** | 홍성환 돈보스꼬 • **교수부장** | 심태섭 마르띠노 • **교수부차장** | 이석훈 바오로 • **외부강사** | 나길모 굴리엘모,이윤하 노르베르토, 박희동 미카엘, 김효근 야고보 • **주방봉사** | 원미동

성 바오로 분단 김국진 바오로(학익동), 김지곤 바오로(옥련동), 유병선 필립보(동춘동), 윤희경 안드레아(기타), 이경수 베네딕도(송림동), 김한규 마티아(도화동), 김현진 요셉(주안1동), 손두정 안젤로(용현5동), 유훈희 사도요한(주안3동), 최종수 도마(주안5동), 김진철 .(화수동)

성 요한 분단 최홍섭 미카엘(가정3동), 김흥배(가좌동), 김수곤(석남동), 김중기 프란치스코(산곡3동), 민학기 사도요한(검암동), 유용균 안셀모(주안8동), 정기섭 시몬(만수1동), 정남수 라우렌시오(산곡동), 채재천 대건안드레아(부평1동), 유검상 그레고리오(연안), 박순호 다니엘(가정3동)

성 안드레아 분단 김기식 노엘(갈산동), 이기철 자카리아(검암동), 김기수 마태오(부평5동), 김성기 루카(심곡), 박범수 프란치스코(중3동), 서보영 방지거(부평4동), 이건재 마태오(일신동), 이정득 다니엘(김포), 홍완선 프란치스코(작전동), 임용수 프란치스코(소성), 윤길주 대건안드레아(심곡본동)

성 야고보 분단 김기선 베드로(포동), 김유택(연수), 김재수 다윗(소성), 백남규 미카엘(십정동), 안태환 바오로(간석2동), 이광규 스테파노(신천), 조성호 베드로(구월1동), 조정선 요한(만수3동), 천명구 시메온(만수1동), 박홍기 요셉(대야동), 김홍길프란치스코(부평2동)

성 베드로 분단 김성환 마리노(원미동), 박윤재 모이세(중2동), 박태민 이시도로(상1동), 박형동 힐라리오(역곡), 양동기 마태오(삼정동), 최경석 베드로(역곡2동), 최성환 대건안드레아(중3동), 정경순 안또니오(소사), 최종명 요아킴(여월동), 옥영욱 다두(소사본3동), 김경도 요셉(오정동)

남성 제 97 차

1998. 9. 10 ~ 13

봉 사 자 • **지도신부** | 정윤화 베드로 • **회장후보** | 민재홍 히야친또 • **회장후보** | 이종갑 바오로 • **총무부장** | 이정희 스테파노 • **총무부차장** | 김성철 필립보 • **활동부장** | 김현원 시몬 • **활동부차장** | 유기열 안토니오, 안두현, 이형석 안셀모, 유환기 안토니오 • **전례부장** | 고중섭 요셉 • **전례부차장** | 정문형 바실리오 • **음악부장** | 차재영 에지도 • **교수부차장** | 박호식 마티아 • **외부강사** | 나길모 굴리엘모, 황상근 베드로, 김동철 토마스, 태민웅 바오로, 이재문 사도요한 • **주방봉사** | 십정동

성 바오로 분단 김기용 스테파노(만수3동), 김동섭 야고보(주안3동,)김필용 요한(신천), 신재철 야고보(동춘동), 한성구 프란치스코(대야동), 김택룡 요셉(구월1동), 윤치호 안토니오(연수), 박상훈 베드로(옥련동), 김홍기 프란치스코(용현5동), 이종인 베드로(주안8동), 이희영 미카엘(만수1동)

성 요한 분단 김운열 베네딕도(해안), 김현도 아오스딩(연안), 이기영 모이세(용현동), 이원규 요셉(도화동), 최용문 안셀모(주안8동), 한응수 엠마누엘(만수1동), 한재희 요셉(주안3동), 박문희 베드로(송현동), 곽종윤 아오스딩(송림동), 박철 이냐시오(제물포), 강태형 요셉(주안1동)

성 안드레아 분단 고정만 요한(가정3동), 김승웅 대건안드레아(십정동), 김영건 요셉(부평2동), 김용준 베네딕도(가좌동), 김을철 프란치스코(중3동), 박종순 야고보(검암동), 양인규 요한(부평1동), 유창석 레오(간석4동), 이경호 스테파노(중2동), 임석곤 사도요한(가정3동), 최백만 바오로(소성), 박치선 프란치스코(석남동)

성 야고보 분단 손광배 도미니코(심곡본동), 유금만 베네딕도(역곡), 이종길 요한(고강동), 임승호 스테파노(심곡본동), 채경식(소사), 최화식 로마노(원미동), 박만오 요셉(삼정동), 박민섭 안드레아(소사본3동), 박석남 로벨도(심곡), 조범수 즈가리아(역곡2동), 이윤형 안토니오(오정동)

성 베드로 분단 송돈수 요한(오류동), 강승원(산곡3동), 민우식 요셉(부평5동), 박재우 스테파노(계산동), 백수현 요한(상1동), 오덕제 프란치스코(작전동), 최광석 마태오(십정동), 도정일 요셉(김포), 이길웅 사무엘(부평3동), 최영재 사비노(산곡동), 이하영 베드로(갈산동)

남성 제 98 차

1998. 11. 19 ~ 22

봉 사 자 • **지도신부** | 강영식 바오로 • **회장** | 이재문 사도요한 • **총무부장** | 이종복 대건안드레아 • **활동부장** | 김홍식 베드로 • **활동부차장** | 조남수 율리아노, 유태문 베드로, 이봉근 알비노, 유창선 토마스 • **전례부차장** | 장무준 헨리꼬 • **음악부장** | 박재을 토마스모어 • **음악부차장** | 고인섭 가스발 • **교수부장** | 김용태 아오스딩 • **교수부차장** | 최관일 벨라도 • **외부강사** | 나길모 굴리엘모,박복남 요셉, 박찬용 사도요한 • **주방봉사** | 연안

성 바오로 분단 김명수 돈보스꼬(심곡본동), 김정곤 요셉(역곡), 김효영 파비아노(상1동), 문연섭 바오로(소사), 심재호 니고나오(역곡2동), 이해진 토마스아퀴나스(부평3동), 장황호 대건안드레아(중3동), 정영식 야고보(중2동), 이익교 프란치스코(부평5동), 정희연 요셉(상동), 김성진 바오로(소사본3동)

성 요한 분단 박상호 야고보(가좌동), 고인석 사도요한(연수), 김대영 사베리노(십정동), 김형욱 마리아비안네(가정3동), 박창운 마태오(만수1동), 방성덕 토마스(주안5동), 이선오 실베리노(만수3동), 조광제 말구(가정3동), 심상훈 베드로(도화동), 이수현 모이세(석남동), 권원배 사도요한(주안8동)

성 안드레아 분단 공승덕 요셉(계산동), 구화서 스테파노(산곡동), 김성규 데오도로(산곡3동), 연규학 아오스딩(효성동), 오석근 시몬(부평3동), 이정복 안드레아(부평2동), 이팔수 도밍고(부평4동), 이해원 안티모(작전동), 김순현 스테파노(부평1동), 김진선 가브리엘(양곡), 장두성 마르꼬(일신동), 박정석 아오스딩(주안3동)

성 야고보 분단 강호근 대건안드레아(주안8동), 백흥순 바오로(주안1동), 이영일 성우안토니오(용현5동), 최익기 요셉(동춘동), 김혁태 사도요한(용현5동), 김선남 베네딕도(연수), 김영준 야고보(연안), 이영춘 미카엘(옥련동), 김인삼 시몬(주안3동), 유내열 프란치스코(주안3동), 한상철 치릴로(해안)

성 베드로 분단 강덕성 사도요한(원미동), 김성래 안토니오(중3동), 서상수 크리산토(오류동), 성시돈 요셉(여월동), 유선준 토마스아퀴나스(고강동), 유종식 디오니시오(대부), 이준규 프란치스코(검암동), 조수현 베드로(대야동), 함용식 벨라도(삼정동), 문동주 스테파노(김포), 전영수 요한(포동)

남성 제 99 차

1999. 1. 14 ~ 17

봉 사 자
• **지도신부** | 오용호 세베리노 • **회장** | 한동욱 요아킴 • **회장후보** | 태민웅 바오로 • **총무부장** | 방노준 베드로 • **총무부차장** | 하장보 베드로 • **활동부장** | 장이석 요셉 • **활동부차장** | 김정극 세바스티아노, 김수남 미카엘 • **전례부장** | 홍성환 돈보스꼬 • **전례부차장** | 윤석만 요한 • **음악부장** | 이덕종 임마누엘 • **교수부장** | 차귀환 • **교수부차장** | 한두현 마지아 • **외부강사** | 박희동 미카엘, 이재문 사도요한 • **주방봉사** | 석남동

성 바오로 분단
박승열 힐라리오(제물포), 백승창 다니엘(도화동), 변재희(해안), 이재우 안드레아(옥련동), 장근식 야고보(용현동), 채명환 사도요한(송림4동), 최명숙 막시마(주안3동), 최병호 베드로(주안5동), 김진열 루카(답동), 임영규 베드로(연수), 최효선 안드레아(송현동), 임흥섭 바오로(연안)

성 요한 분단
구연항 프란치스코(십정동), 김철기 벨라도(간석4동), 박정수 도마(만수1동), 안종철 에밀리오(동춘동), 이기환 아오스딩(용현5동), 이득현 안드레아(구월1동), 이상규 비오(주안3동), 이한수 요한(만수3동), 이건순 베네딕도(연수), 장용섭 요셉(주안8동)

성 안드레아 분단
김기덕 미카엘(부평3동), 김성진(산곡3동), 김승호 발라바(작전동), 김용기 베드로(부평2동), 안명렬 라디슬라오(산곡동), 이현선(부평5동), 주형오 요한(갈산동), 최덕남 바오로(소성), 김형택 시몬(부평4동), 심상식 안드레아(부평1동), 허준 바오로(계산동)

성 야고보 분단
김경철 프란치스코(소사), 김석권(가정3동), 김태홍 안드레아(갈산동), 박희석 시몬(가좌동), 유정열 가리노(검암동), 이종훈 레오(효성동), 장영범 요셉(부평2동), 황범하 요셉(양곡), 신상필 니꼴라오(김포), 홍사의 가시미로(대부), 이의성 발레리아노(통진)

성 베드로 분단
공영만 스테파노(소사), 공재인 사도요한(심곡본동), 김태봉 마르띠노(중2동), 유재환 하상바오로(여월동), 이영창 프란치스코(원미동), 이현준 예로니모(삼정동), 한동성 로마노(고강동), 황태철 에우제니오(오정동), 김흥곤 안드레아(심곡), 이도학(역곡2동), 안만호 마르띠노(중3동)

남성 제 100 차

1999. 2. 4 ~ 7

봉 사 자
• **지도신부** | 정윤화 베드로 • **회장** | 태민웅 바오로 • **회장후보** | 이종갑 바오로 • **총무부차장** | 송순철 이냐시오 • **활동부장** | 김현원 시몬 • **활동부차장** | 전흥태 가시미로, 이기춘 파비아노 • **전례부장** | 전재홍 스테파노 • **전례부차장** | 정용기 마티아 • **음악부차장** | 고인섭 가스발 • **외부강사** | 박희동 미카엘, 이재문 사도요한 • **주방봉사** | 부평1동

성 바오로 분단
고명권 사도요한(검암동), 김영준 유스티노(제물포), 송기수 하상바오로(연수), 최재근 베드로(송림4동), 유철상 비오(송림동), 박양춘 요셉(양곡), 김영운 실베스타(연안), 박희갑 안드레아(주안3동), 김영근 가브리엘(옥련동), 류준호 안토니오(해안), 한홍구 바오로(화수동)

성 요한 분단
김태중(가정동), 장도한 사도요한(간석4동), 김동석 안드레아(만수3동), 김세근 토마스아퀴나스(구월1동), 김용성 보니파시오(만수1동), 김지태 요셉(답동), 맹충호 안셀모(부평4동), 신각철 이냐시오(부평3동,)함응진 미카엘(간석2동), 박범용 미카엘(도화동), 김근배 요셉(동춘동)

성 안드레아 분단
최태환 베드로(가정3동), 김흥준 요셉(산곡3동), 문정우 루가(가좌동), 방승철 바오로(부평2동), 오태현 안드레아(십정동), 장석만 미카엘(작전동), 하평원 스테파노(효성동), 양해기 하상바오로(부평1동), 정용균(부평5동), 이현우 루카(산곡동), 고주팔 대건안드레아(계산동)

성 야고보 분단
김학신 요셉(숭의동), 송호열 그레고리오(주안5동), 신상환 마태오(소사본3동), 오현철 미카엘(연수), 유항열 프란치스코(용현5동), 주유돈 디모테오(주안8동), 차연식 베드로(소사), 송영석 안드레아(제물포), 안종길 도마(주안1동), 임인택 가시미로(주안3동), 한범익 다니엘(주안3동)

성 베드로 분단
유봉열 베드로(고강동), 우승균 아오스딩(상1동), 윤화중 프란치스코(삼정동), 이광복 세베로(여월동), 이영환 안드레아(대야동), 정택환 바오로(역곡), 한명동 마태오(신천), 김태화 가스발(중3동), 정태형 요셉(심곡본동), 박형상 사도요한(역곡2동), 최윤희 요셉(원미동), 강복원 베드로(중2동)

남성 제 101 차

1999. 4. 15 ~ 18

봉사자

• **지도신부** | 조성교 요한금구 • **총무부장** | 백석기 야고보 • **총무부차장** | 김성철 필립보 • **활동부장** | 고중섭 요셉 • **활동부차장** | 이형석 안셀모, 유환기 안토니오, 김홍길 프란치스코 • **전례부장** | 정문형 바실리오 • **전례부차장** | 전동진 가브리엘 • **음악부차장** | 고인섭 가스발 • **교수부장** | 함효은 요셉 • **교수부차장** | 박호식 마티아 • **주방봉사** | 용현동

성 바오로 분단

최대진 야고보(간석4동), 박성만 야고보(만수3동), 백원일 다미아노(신천), 전춘삼 시몬(만수1동), 최만용 스테파노(간석2동), 최신교 말구(백령도), 현원석 베드로(구월1동), 김정호(대부), 최광석 베드로(주안3동), 강관석 아오스딩(주안8동)

성 요한 분단

강기정 빠뜨리시오(효성동), 곽원욱 아브라함(부평1동), 곽재원 대건안드레아(가좌동), 박병훈 요셉(장기동), 박재근 요셉(십정동), 윤석이 베드로(산곡3동), 이종민 마르코(석남동), 조만수 루카(부평2동), 주교문 안토니오(기타), 서정식 라파엘(부평3동)

성 안드레아 분단

김덕규 바오로(제물포), 김정남 요셉(송림4동), 민준근 야고버(숭의동), 송주홍 도밍고(주안1동), 이상빈 바오로(주안5동), 임성재 베드로(용현5동), 장정우 본시아노(동춘동,)최치선 바오로(백령도), 노홍균 굴리엘모(도화동), 함세환 미카엘(용현동)

성 야고보 분단

이기영 루카(검암동), 김윤태 바오로(서운동), 김창훈 프란치스코(소성), 안평균 요셉(백령도), 이규현 프란치스코(작전동), 조규태(갈산동), 황인엽 요셉(강화), 이춘택 야고보 신부(김포), 최찬섭 요셉(양곡), 최영수 빠트리치오(장기동), 장용식 요셉(통진)

성 베드로 분단

김성열 그레고리오(원미동), 김원태 바오로(중3동), 신성철 가브리엘(소사), 안재용 하상바오로(심곡본동), 정희선 안드레아(상1동), 조무연 토마스아퀴나스(삼정동), 박영철 마르띠노(상동), 차재영 바오로(소사본3동), 권오상(심곡), 홍기천 베드로(오정동), 황운상 요한보스코 신부(산곡동)

남성 제 102 차

1999. 6. 3 ~ 6

봉사자

• **지도신부** | 박찬용 사도요한 • **회장** | 한동욱 요아킴 • **회장후보** | 김용태 아오스딩 • **총무부장** | 방노준 베드로 • **총무부차장** | 조남수율리아노 • **활동부장** | 김홍식 베드로 • **활동부차장** | 유병력 안젤로, 이성구 요셉, 박상훈 베드로, 최동훈 프란치스코 • **전례부장** | 홍성환 돈보스꼬 • **전례부차장** | 장무준 헨리꼬 • **음악부장** | 이덕종 임마누엘 • **교수부장** | 심태섭 마르띠노 • **교수부차장** | 한두현 마지아 • **주방봉사** | 여월동

성 바오로 분단

권영화 안토니오(소사), 김기성 스테파노(부평5동), 김성록 대건안드레아(갈산동), 김정호 미카엘(소성), 안종섭 요셉(상1동), 이세인 아브라함(만수1동), 임동선 스테파노(부평4동), 정해주 아가토(신천), 이성국 요아킴(심곡본동), 정승희 베드로(연수), 이종명 예로니모(중2동)

성 요한 분단

강재만 미카엘(가좌동), 이치국 히지노 신부(작전동), 나가순 사도요한(부평3동), 박정만 가브리엘(옥련동), 정완희 베드로(제물포), 최명수 스테파노(주안8동), 한경국(해안), 이기영 다두(만수3동), 강광석 바오로(주안5동), 안덕륜 대건안드레아(주안3동)

성 안드레아 분단

김귀호 알렉산델(작전동), 석상열 요한(효성동), 송광섭 라우렌시오(장기동), 임무택 요셉파(서운동), 최병래 토마스아퀴나스(갈산동), 황병무 베드로(계산동), 구성회 미카엘(김포), 이성만 시몬 신부(용현동), 정승철 마델로(부평1동), 최재봉 마르꼬(산곡3동)

성 야고보 분단

성제현 루카 신부(주안1동), 김상현 안드레아(십정동), 김종성 비오(효성동), 박성열 필립보(송림4동), 박세호 요셉(송림동), 신정영 요셉(가좌동), 오용철 안드레아(가정동), 이용하 미카엘(검암동), 조장균 스테파노(석남동), 유제영 베네딕도(양곡)

성 베드로 분단

이근화 야고보(오정동), 이병문 세바스찬(여월동), 이상일 시몬(원미동), 정대권 바오로(고강동), 양영환 세바스티아노(상동), 김승철 마르코(역곡2동), 김정일 스테파노(서운동), 김종철 미카엘(중3동)

남성 제 103 차

1999. 10. 14 ~ 17

봉사자	**• 지도신부** | 제정원 베드로 **• 회장** | 이재문 사도요한 **• 회장후보** | 한동욱 요아킴 **• 총무부차장** | 유창선 토마스 **• 활동부장** | 장이석 요셉 **• 활동부차장** | 김정극 세바스티아노, 이용기 가브리엘 **• 전례부장** | 정문형 바실리오 **• 전례부차장** | 윤석만 요한 **• 교수부장** | 최관일 벨라도 **• 교수부차장** | 김완수 프란치스코 **• 주방봉사** | 연수
성 바오로 분단	김갑식 베드로(중2동), 김종오 미카엘(여월동), 문기홍 발다살(중3동), 심승섭 안토니오(삼정동), 이용진 베네딕도(역곡2동), 최영호 바오로(고강동), 홍무표 바오로(상1동), 이병훈 이시도로(소사본3동), 이병희 요한(소사), 김승호 스테파노(원미동)
성 요한 분단	곽영능(동춘동), 유원일 요셉(주안3동), 차상권(옥련동), 최인찬 클레멘스(학익동), 한용수 시몬(대야동), 김준태 요셉(용현5동), 전병종 시몬(연수), 정진석 베드로(용현동), 이석구 바오로(주안1동), 남기봉 도마(주안5동)
성 안드레아 분단	강석범 요셉(계산동), 김경중 필립보(효성동), 김운택 스테파노(산곡동), 이남규 요아킴(심곡), 이득재(서운동), 정기훈 요셉(심곡본동), 윤화원 바오로(부평5동), 강성훈 베드로(작전동), 김낙형 시몬(장기동), 김진영 스테파노(포동)
성 야고보 분단	최종권 미카엘(가정3동), 김효중 유스티노(가좌동), 신동진 요한(검암동), 김두진 브루노(학익동), 김병술 요한(송림4동)원연식 미카엘(답동), 이원창 요아킴(도화동), 장남수 벨라도(해안), 이형배 모세(석남동), 운용배 가브리엘(화수동)
성 베드로 분단	고충신 심플리치오(간석4동), 김병덕 필레몬(만수3동), 김상철 요셉(십정동), 박양규 아오스딩(주안8동), 유재춘 바오로(제물포), 윤재수 루치아노(고잔), 이용관 디도(부평2동), 이찬수 요셉(간석2동), 임수원 토마스아퀴나스(가정3동), 박은서 루카(산곡3동)

남성 제 104 차

2000. 1. 20 ~ 23

봉사자	**• 지도신부** | 강영식 바오로 **• 회장** | 민재홍 히야친또 **• 회장후보** | 이종갑 바오로 **• 총무부장** | 김성철 필립보 **• 총무부차장** | 김성철 필립보 **• 활동부장** | 김홍식 베드로 **• 활동부차장** | 이철수 그레고리오, 이형석 안셀모, 이종민 마르코 **• 음악부장** | 고인섭 가스발 **• 음악부차장** | 박재을 토마스모어 **• 전례부장** | 김남국 바오로 **• 전례부차장** | 이종복 대건안드레아 **• 교수부장** | 고중섭 요셉 **• 교수부차장** | 김효근 야고보 **• 외부강사** | 나길모 굴리엘모, 이준희 마르코, 태민웅 바오로, 정기회 요셉 **• 주방봉사** | 부평3동
성 바오로 분단	김종국 세례자요한(주안1동), 류재건 베드로(주안3동), 송근주 아브라함(만수3동), 신동기 아브라함(간석4동), 어수중 사도요한(만수1동), 황계식 요셉(구월1동), 황근호 스테파노(대야동), 홍필구 젤마노(도창동), 박영조 요셉(일신동), 김종열 예로니모(주안8동)
성 요한 분단	노인하 필립보(송림4동), 박성현 발도로메오(부평3동), 송치백 프란치스코(학익동), 정경만 프란치스코(옥련동), 최영철 토마스(연수), 하화남 바오로(용현동), 양승태(답동), 한수동 디모테오(동춘동), 박은석 유스티노(송현동), 이승순 안토니오(숭의동), 류정선 안드레아(해안)
성 안드레아 분단	김철환 베드로(갈산동), 박봉우 바오로(작전동), 이해수 다미아노(산곡동), 장원식 바오로(부평2동), 정순호 베드로(효성동), 박재남 요한(부평5동), 백성기 즈가리야(부평1동), 조철규 베드로(부평3동), 권이수 베드로(산곡3동), 이봉진 크리스토폴(일신동)
성 야고보 분단	황성규 보니파시오(오류동), 김두석 베드로(십정동), 박제옥 프란치스코(가정동), 안성호 빅토리노(기타), 이원근 아브라함(주안5동), 이창선 벤체슬라오(석남동), 하용근 안드레아(가좌동), 하진산 마르코(김포), 연완영 바오로(장기동), 김태헌 요셉(도화동)
성 베드로 분단	김철수 스테파노(소사본3동), 김치언 그레고리오(여월동), 여승희 아오스딩(소사), 윤종락 프란치스코(오정동), 이상범 프란치스코(중3동), 차삼동 요셉(도창동), 최수기 야고버(삼정동), 조성근 베드로(상1동), 김장회 요한(심곡), 방승욱 토마(심곡본동), 홍종석 필립보(고강동)

남성 제 105 차

2000. 3. 9 ~ 12

봉 사 자 • **지도신부** | 오용호 세베리노 • **회장** | 한동욱 요아킴 • **회장후보** | 이종갑 바오로 • **총무부장** | 방노준 베드로 • **총무부차장** | 오병걸 요셉 • **활동부장** | 김현원 시몬 • **활동부차장** | 유환기 안토니오, 임인택 가시미로, 김세근 토마스아퀴나스, 원연식 미카엘 • **전례부장** | 심태섭 마르띠노 • **전례부차장** | 김만호 바오로 • **음악부장** | 고인섭 가스발 • **음악부차장** | 박재을 토마스모어 • **교수부장** | 박호식 마티아 • **외부강사** | 나길모 굴리엘모, 강근신 미카엘, 손광배 도미니코 • **주방봉사** | 만수1동

성 바오로 분단 권영화 안드레아(온수), 강석노 벨라도(해안), 김남일 요셉(동춘동), 박용모 베드로(고잔), 신태석 베드로(답동), 심현균 사도요한(용현5동), 최영규 다미아노(옥련동), 한상운 베드로(숭의동), 김수덕 다미아노(연수), 유경선 베드로(영종), 변상범(송현동)

성 요한 분단 김성원 안셀모(주안8동), 안이작 바오로(십정동), 유광식 미카엘(기타), 유봉태 바오로(도화동), 유종목 미카엘(석남동), 윤영호 라파엘(주안3동), 이문성 요셉(가좌동)지은구 라우렌시오(가정3동), 최성열 알렉산델(간석4동)최병헌 실베리오(주안1동), 이만복 이시도로(주안5동)

성 안드레아 분단 강진규 빈첸시오(갈산동), 곽운연 프란치스코(계산동), 김동우 안드레아(부평5동), 김욱진 미카엘(산곡3동), 박칠복 요한(부평1동), 손상운 가브리엘(서운동), 조일행 시메온(산곡동), 차익준 스테파노(부평4동), 조종린 R.벨라르미노(부평2동), 이상범 요한(일신동), 황의섭 요셉(작전동)

성 야고보 분단 김석기 프란치스코(도창동), 김여수 요한(양곡), 박기영 베드로(고잔), 박종찬 베드로(만수3동), 이광수 마르첼리노(대야동), 인동환 요셉(만수1동), 조기종 사도요한(구월1동), 최항식 안드레아(학익동), 황인호 라파엘(소사본3동), 전승재 마태오(김포), 오근수 알로이시오(장기동), 임만호 사무엘(통진)

성 베드로 분단 김내남 안젤로(상1동), 김덕천 아오스딩(원미동), 노위상 토마스아퀴나스(고강동), 이보연 이냐시오(소사), 전장주 토마스(상동), 김우복 요셉(심곡), 유주환 이냐시오(심곡본동), 신영섭 방지거(역곡2동), 김시우 디도(여월동), 김병곤 스테파노(중2동), 박원태 바오로(중3동)

남성 제 106 차

2000. 5. 18 ~ 21

봉 사 자 • **지도신부** | 박찬용 사도요한 • **회장** | 이종갑 바오로 • **회장후보** | 한동욱 요아킴 • **총무부차장** | 이성구 요셉 • **활동부장** | 이형석 안셀모 • **활동부차장** | 박상훈 베드로, 최경식 요셉, 박형상 사도요한 • **전례부장** | 홍성환 돈보스꼬 • **전례부차장** | 이명수 요셉 • **음악부장** | 고인섭 가스발 • **음악부차장** | 박재을 토마스모어 • **교수부장** | 고중섭 요셉 • **교수부차장** | 최동훈 프란치스코 • **외부강사** | 나길모 굴리엘모, 이근일 마태오, 김준태 요셉, 민재홍 히야친또, 박희동 미카엘 • **주방봉사** | 산곡동

성 바오로 분단 김종권 다미아노(주안8동), 김진우 사도요한(구월1동), 심영길 프란치스코(연안), 안병훈 가브리엘(옥련동), 이달영 라파엘(화수동), 임신규 대건안드레아(주안3동), 김봉산 바오로(동춘동), 정효남 베드로 다미아노(주안1동), 강준흥 베드로(주안3동), 장재금 아오스딩(해안)

성 요한 분단 노재원 사도요한(갈산동), 최광수 요셉(강화), 김종만 요아킴(부평1동), 박창근 가브리엘(김포), 성문일 요셉(계산동), 오석환 아브라함(오류동), 오희성 아타나시오(중2동), 전호용 대건안드레아(효성동), 조운호 안드레아(서운동), 최성운 이냐시오로욜라(작전동), 안종복 세레자요한(장기동)

성 안드레아 분단 김철수 스테파노(부평3동), 박세종 아오스딩(상1동), 손은호 세자요한(산곡3동), 이정태 대건안드레아(여월동), 장기섭 바오로(오정동), 장재규 아론(고강동), 최용성 미카엘(부평5동), 류재수 율리오(부평2동), 박홍하 상바오로(삼정동), 정백헌 노엘(십정동), 이진철 시몬(일신동)

성 야고보 분단 김문백 베네딕도(심곡본동), 김효수 요한(상동), 박홍림 데니스(원미동), 방호일 로마노(산곡동), 이백규 레오(도창동), 조동현 시몬소(사본3동), 황인선 요셉(중2동), 원운식 베드로(대야동), 방윤길 보니파시오(소사), 박금구 요한금구(역곡2동)

성 베드로 분단 염하섭 로무알도(가정3동), 김현 요한(간석2동), 심상용 요셉(검암동), 이상구 가브리엘(가좌동), 황돈영 니꼴라오(가정3동), 황철하 스테파노(만수1동), 유영태 라우렌시오(만수6동), 이계중 마티아(만수6동), 정종남 베드로(고잔), 최병관 요한석(남동), 서영철 하상바오로(만수3동)

남성 제 107 차

2000. 9. 21 ~ 24

봉 사 자 • **지도신부** | 김영웅 요셉 • **회장** | 태민웅 바오로 • **회장후보** | 방노준 베드로 • **총무부차장** | 이기춘 파비아노 • **활동부장** | 장이석 요셉 • **활동부차장** | 조남수 율리아노, 김영근 가브리엘, 김정극 세바스티아노, 이용기 가브리엘 • **전례부장** | 윤석만 요한 • **전례부차장** | 정문형 바실리오 • **음악부장** | 고인섭 가스발 • **교수부장** | 최관일 벨라도 • **외부강사** | 나길모 굴리엘모, 서상범 토마, 김영욱 요셉, 성제현 루카, 박희동 미카엘, 이정희 스테파노 • **주방봉사** | 부평2동

성 바오로 분단 공기복 다니엘(중2동), 김광열 아오스딩(소사), 김상수 안셀모(오정동), 조규하 세례자요한(동춘동), 김형남 프란치스코(도창동), 이강진 바르나바(삼정동), 강일원 요셉(소사본3동), 박사국 유스티노(역곡), 김용구 베네딕도(원미동), 홍민표 마티아(여월동), 박학용 안드레아(포동)

성 요한 분단 함영욱 보니파시오(가정동), 원종수(갈산동), 현기섭 바오로(고강동), 빙상섭 바오로(연수), 유종욱 요셉(대야동), 유춘배 시몬(기타), 조승희 마티아(가좌동), 최준 요셉(상동), 홍재성 미카엘(상1동), 이성우 요셉(중3동)

성 안드레아 분단 김학인 스테파노(주안5동), 김헌섭 세례자요한(옥련동), 이상영 크리스토폴(제물포), 최문석 라우렌시오(연수), 홍형기 발도로메오(용현동), 김영수 로베르토(도화동), 전형재 돈보스꼬(고잔), 원세훈 베드로(주안1동), 이만영 요셉(주안3동), 김기태 사도요한(용현5동), 조영성 미카엘(해안)

성 야고보 분단 강혁원 베드로(서운동), 김도진 베네딕도(계산동), 김종택 정하상바오로(일신동), 송창근 그라시아노(통진), 신기철 벨라르디노(김포), 신동환 바오로(옥련동), 이용재 바오로(검암동), 정영선 야고버(산곡동), 김재종 안드레아(석남동), 김재훈 베드로(작전동), 김길환 펠릭스(장기동)

성 베드로 분단 고현상(부평4동), 권영욱 토마스(간석2동), 김석중 마티아(부평2동), 김성학 빈첸시오(구월1동), 양용승 요셉(소성), 장창석 요셉(만수6동), 최은수 요셉(만수1동), 조철형 미카엘(부평1동), 신현주 스테파노(부평3동), 문종욱 이냐시오(십정동), 정지택 베드로(주안8동)

남성 제 108 차

2000. 11. 23 ~ 26

봉 사 자 • **지도신부** | 최경일 빈첸시오 • **회장** | 민재홍 히야친또 • **회장후보** | 고중섭 요셉 • **총무부장** | 김성철 필립보 • **총무부차장** | 신동균 마르첼로 • **활동부장** | 이형석 안셀모 • **활동부차장** | 권원배 사도요한, 김세근 토마스아퀴나스, 이종민 마르코 • **전례부장** | 이종복 대건안드레아 • **전례부차장** | 조욱동 안드레아 • **음악부장** | 박재을 토마스모어 • **음악부차장** | 고인섭 가스발 • **교수부장** | 박호식 마티아 • **교수부차장** | 김수남 미카엘 • **외부강사** | 나길모 굴리엘모, 박유진 바오로, 최경일 빈첸시오, 김혁태 사도요한 • **주방봉사** | 송림동

성 바오로 분단 장창수 세례자요한(가좌동), 김종만 안토니오(검암동), 박병렬 안셀모(십정동), 이동식 바오로(소성), 이병오 알로이시오(가정3동), 이영철 아브라함(주안8동), 최병구 빈첸시오(간석4동), 최희광 야고보(연안), 정용수 요셉(장기동), 최광진 요셉(주안1동)

성 요한 분단 김경근 바오로(서운동), 김기두 루카(산곡동), 윤정호 알로이시오(효성동), 임택수 바오로(갈산동), 장규철 요셉(계산동), 정상억 라우렌시오(일신동), 현해균 그레고리오(부평3동), 강병준 야고버(부평5동), 김현기 미카엘(부평1동), 김준석 멜키올(원미동), 정해성 다두(작전동)

성 안드레아 분단 김성곤 바오로(제물포), 유홍운 도마(용현5동), 윤광모 안드레아(옥련동), 이순호 미카엘(주안3동), 이재학 베드로(동춘동), 최영기 바오로(연수), 최영남 시몬(용현동), 손기현 안드레아(주안3동), 최덕환 알렉산델(주안5동), 이범석 아오스딩(기타), 장창래 요셉(해안)

성 야고보 분단 고재웅 라파엘(구월1동), 김도수 성우안토니오(대부), 김춘식 미카엘(도창동), 김훈식 바오로(신천), 박광선 베드로(주안8동), 박문현 요셉(대야동), 임배충 가브리엘(만수1동), 황규직 프란치스코(만수3동), 장우식 요한(고잔), 나종기 제르비노(만수6동), 노종필 비오(대부)

성 베드로 분단 강행철 요한(여월동), 권길수 요셉(상1동), 박우혁 요셉(소사), 성낙길(고강동), 이재현 벨라도(원미동), 장정훈 바오로(심곡본동), 조준 스테파노(삼정동), 홍중기 요한(중2동), 정연국 마르티노(소사본3동), 신종수 아브라함(오정동), 이봉문 요한(중3동)

남성 제 109 차

2001. 1. 4 ~ 7

봉사자

• **지도신부** | 장태식 사도요한 • **회장** | 한동욱 요아킴 • **회장후보** | 이정희 스테파노 • **총무부장** | 김현원 시몬 • **총무부차장** | 오병걸 요셉 • **활동부장** | 김홍식 베드로 • **활동부차장** | 전흥태 가시미로, 박상훈 베드로, 김홍길 프란치스코, 황성주 대건안드레아, 안성호 빅토리노 • **전례부장** | 심태섭 마르띠노 • **음악부장** | 이덕종 임마누엘 • **교수부장** | 한두현 마지아 • **교수부차장** | 박범용 미카엘 • **외부강사** | 나길모 굴리엘모, 현명수 바오로, 현상옥 스테파노, 빙상섭 바오로, 김만호 바오로, 이정희 스테파노 • **주방봉사** | 대부

성 바오로 분단

김덕수 안토니오(부평4동), 양동화 M.꼴베(서운동), 이진수 요왕(상1동), 권용광 미카엘(산곡3동), 조춘기 루치오(계산동), 최준걸 요엘(부평1동), 한기수 바오로(부평2동), 황태연 요한(부평5동), 김진경 토마스모어(일신동), 김한종 요한(작전동), 장헌규 대건안드레아(장기동)

성 요한 분단

김원규 비리버(소사), 문영근 안드레아(만수1동), 양염승 .(소사본3동), 위동열 사도요한(삼정동), 이재성 베드로(고강동), 김상건 바오로(원미동), 인재호 베드로(심곡), 박현석 가브리엘(심곡본동), 조판형 사도요한(역곡2동), 원종원 미카엘(중2동)

성 안드레아 분단

박원진 베드로(가정동), 조재술 요셉(검암동), 김수응 베네딕도(산곡동), 김인호 베드로(가좌동), 김진철 베드로(부평3동), 박상덕 가브리엘(김포), 오민환 세자요한(통진), 황동연 요셉(오류동), 김호현 아오스딩(석남동), 김선민 필레몬(기타), 주길룡 라우렌시오(주안5동)

성 야고보 분단

송용식 마르코(고잔), 이상희 마르띠노(간석2동), 김광배 야고보(포동), 윤형선 그레고리오(주안8동), 이강복 안셀모(해안), 이무영 요셉(주안1동), 박흥진 예로니모(대야동)김정용 바오로(도화동), 양동섭 안토니오(신천), 함병인 스테파노(연안), 황정수 스테파노(화수동)

성 베드로 분단

양학섭 베드로(구월1동), 김상태 프란치스코(주안8동), 노대호 미카엘(대부), 조문수 아오스딩(고잔), 주경현 요아킴(만수3동), 고치관 스테파노(동춘동), 정석근 안드레아(만수6동), 김경진 가브리엘(연수), 이명열 라파엘(옥련동), 유병국 세자요한(주안3동), 정승재 안드레아(주안3동)

남성 제 110 차

2001. 3. 22 ~ 25

봉사자

• **지도신부** | 강영식 바오로 • **회장** | 이종갑 바오로 • **회장후보** | 방노준 베드로 • **총무부장** | 이기춘 파비아노 • **총무부차장** | 채재천 대건안드레아 • **활동부장** | 장이석 요셉 • **활동부차장** | 김영준 유스티노, 김정극 세바스티아노, 김세근 토마스아퀴나스, 김영준 유스티노, 이종인 베드로 • **전례부장** | 정문형 바실리오 • **전례부차장** | 이용기 가브리엘 • **음악부장** | 고인섭 가스발 • **음악부차장** | 박재을 토마스모어 • **교수부장** | 홍성환 돈보스꼬 • **교수부차장** | 윤석만 요한 • **외부강사** | 유영훈 토마스데아퀴노, 현명수 바오로, 조호동 바오로, 박희동 미카엘 • **주방봉사** | 소사본3동

성 바오로 분단

임헌수 요한(고잔), 조혁동 라자로(심곡), 주영호 가브리엘(만수3동), 최재용 요셉(대야동), 배영식 세레노(남촌동), 박삼규 베드로(도창동), 이광호 세례자요한(만수6동), 심요완 요한(소사), 홍민희 요셉(소사본3동), 한천수 바오로(역곡), 송종덕 프란치스코(역곡2동), 조남동 요한(중3동)

성 요한 분단

천민섭 빈첸시오(갈산동), 고을식 토마스(소성), 김형록 모이세(산곡동), 송재헌 아오스딩(산곡3동), 왕진택 베르나르도(효성동), 이주익 미카엘(부평4동), 이화백 안젤로(십정동), 정하진 하상바오로(부평1동), 서순택 안토니오(부평5동), 김태홍 베드로(부평2동), 봉효근 즈가리아(일신동)

성 안드레아 분단

김명국 임마누엘(연수), 김상재 이냐시오(도화동), 김은수 대건안드레아(용현동), 김종식 프란치스코(주안8동), 김창호 안드레아(옥련동), 이금산 알비노(주안1동), 이원흥 안드레아(주안5동), 한철웅 돈보스꼬(주안3동), 박금호 제피리노(용현5동), 조행문 도마(주안3동), 김성환 베드로다미아노(동춘동), 김정수 베드로(해안)

성 야고보 분단

김정철 보나벤뚜라(가정3동), 이석환 분도(강화), 김석우(검암동), 김광 미카엘(검단동), 문재만 바르톨로메오(가좌동), 방준식 요셉(간석4동), 유기종 미카엘(김포), 유영진 루가석(남동), 장석용 시메온(기타), 조운행 프란치스코(통진), 김완식 요셉(오류동)

성 베드로 분단

양은석 프란치스꼬(계산동), 강석철 안토니오(작전동), 김문수 모세(소사본3동), 김용업 토마(여월동), 김주환 야고보(중2동), 박상근 요셉(장기동), 백정주 프란치스코(삼정동), 반재익 요셉(상1동), 최상일 요셉(상동), 김동운 마르코(원미동), 김진호 안드레아(오정동), 박재순 스테파노(서운동)

남성 제 111 차

2001. 5. 10 ~ 13

봉사자
• **지도신부** | 박유진 바오로 • **회장** | 태민웅 바오로 • **회장후보** | 고중섭 요셉 • **총무부장** | 박호식 마티아 • **총무부차장** | 원연식 미카엘 • **활동부장** | 조남수 율리아노 • **활동부차장** | 최인 요셉, 김수남 미카엘 • **음악부장** | 고인섭 가스발 • **교수부장** | 한동욱 요아킴 • **교수부차장** | 유병력 안젤로 • **외부강사** | 나길모 굴리엘모, 한의열 요셉, 성제현 루카, 민재홍 히야친또, 김성철 필립보, 권원배 사도요한 • **주방봉사** | 주안8동

성분 바오로단
이성재 예로니모(상동), 이연우 마르코(원미동), 임상규 빅토르(중2동), 주정철 요셉(여월동), 최재우 안토니오(심곡본동), 김천균 암브로시오(소사), 곽석규 요아킴(심곡), 김선종 베드로(역곡), 주정선 야고보(역곡2동), 김영구 말구(중3동)

성분 요한단
채철수 스테파노(간석4동), 권정안 분도(남촌동), 김태수 도마(도창동), 박관영 요아킴(만수6동), 이강원 베드로(신천), 이혁 베드로(상1동), 전인택 요셉(주안3동), 추성기 안드레아(만수3동), 황선형 베드로(주안8동), 장정환 마티아(대야동), 강구성 토마(만수1동)

성분 안드레아단
한갑성 제르메리오(주안1동), 양형재 베드로(용현5동), 유명노 베드로(동춘동), 이규철 디모테오(해안), 이인표 요셉(주안5동), 황진만 마태오(제물포), 한봉수 베드로(송현동), 남종현 종삼요한(연수), 유정남 바오로(영종), 허균안 토니오(옥련동), 정성훈 도마(주안3동)

성분 야고보단
김대규 요셉(가정3동), 임현택 안드레아(용현5동), 김재호 종삼요한(십정동), 노기환 요셉(소사본3동), 심재길 베드로(가좌동), 장해성 마티아(부평3동), 조동규 다니엘(부평2동), 진형용 토마(부평4동), 이태희 젤마노(석남동), 김상옥 요셉(작전동), 김용화 사도안드레아(산곡3동)

성분 베드로단
김철주 예로니모(서운동), 안광학 그레고리오(김포), 유병성 요한보스코(산곡동), 이효종 야곱(통진), 황금산 프란치스코(효성동), 황명수 스테파노(소사본3동), 김종하 스테파노(양곡), 노치국 필립보(오류동), 박영춘 라파엘(일신동), 이장훈 아오스딩(장기동)

남성 제 112 차

2001. 9. 13 ~ 16

봉사자
• **지도신부** | 강진영 바오로 • **회장** | 민재홍 히야친또 • **회장후보** | 방노준 베드로 • **총무부장** | 김현원 시몬 • **활동부장** | 이형석 안셀모 • **활동부차장** | 우제홍 방지거, 임신규 대건안드레아 • **전례부장** | 태민웅 바오로 • **전례부차장** | 조욱동 안드레아 • **교수부장** | 심태섭 마르띠노 • **외부강사** | 나길모 굴리엘모, 현명수 바오로, 방호일 로마노민재홍 히야친또, 이종민 마르코, 강진영 바오로, 신동균 마르첼로 • **주방봉사** | 심곡본동

성분 바오로단
구자철 안드레아(부평5동), 안남진 안드레아(상동), 정태원 바오로(부평2동), 정환승 어거스틴(상1동), 한명수 예로니모(서운동), 윤광석 요셉(부평1동), 김종덕 벨라도(부평3동), 허중만 베드로(산곡3동), 최승환 레오(산곡동), 홍덕선 바오로(일신동), 이종익 다미아노(중2동)

성분 요한단
김오규 바오로(만수3동), 김용배 안토니오(대야동), 박승남 요셉(주안8동), 이동섭 나자로(만수6동), 조병렬 바오로(만수1동), 최성웅 유스티노(학익동), 최창신 요한(간석4동), 이항우 스테파노(동춘동), 전태석 요한(연수), 최춘삼 즈가리아(옥련동)

성분 안드레아단
최춘성 스테파노(고강동), 권혁수 라우렌시오(소사본3동), 박봉일 시몬(원미동), 박찬우 미카엘(심곡본동), 성건모 요아킴(서운동), 이기준 빈첸시오(여월동), 이상철 바오로(역곡2동), 정경무 사도요한(중3동), 김인근 미카엘(삼정동), 박명준 빈첸시오(역곡,)박병진 안드레아(신천)

성분 야고보단
홍성훈 가브리엘(제물포), 신동인 세례자요한(송림동), 윤대환 이냐시오(주안5동), 최인철 요한(도화동), 추성복 안토니오(용현5동), 허영 토마스(용현동), 박종훈 루피노(답동), 강흥남 베드로(연안), 안세윤 요셉(주안1동), 권오봉 세베리노(주안3동), 유영구 도미니꼬(화수동)

성분 베드로단
심문섭 요셉(가정동), 박태식 마르코(갈산동), 김영원 시몬(계산동), 신상인 요셉(고촌), 김현석 사도요한(검암동), 엄성웅 빈첸시오(가정3동), 오준섭 다니엘(검단동), 임현종 안셀모(가좌동), 한상순 리카르도(석남동), 김성배 프란치스코(김포), 심상영(통진)

남성 제 113 차

2001. 11. 22 ~ 25

봉사자
• **지도신부** | 유영훈 토마스데아퀴노 • **회장** | 이종갑 바오로 • **회장후보** | 고중섭 요셉 • **총무부장** | 김성철 필립보 • **총무부차장** | 오병걸 요셉 • **활동부장** | 장이석 요셉 • **활동부차장** | 최순복 스테파노, 최인 요셉, 전형재 돈보스꼬, 최대 라파엘 • **전례부장** | 정문형 바실리오 • **전례부차장** | 정영희 토마스 • **음악부장** | 고인섭 가스발 • **교수부장** | 박호식 마티아 • **교수부차장** | 윤석만 요한 • **외부강사** | 나길모 굴리엘모, 최상진 야고보, 김태헌 요셉, 박희동 미카엘 • **주방봉사** | 화수동

성 바오로 분단
박봉호 세례자요한(주안8동), 서영석 가스발(주안3동), 우형동 스테파노(중2동), 이용설 안드레아(용현5동), 정종권 안셀모(답동), 김형태 다니엘(동춘동), 박종규 루수(연수), 서영택 요한(옥련동), 윤병소 요셉(용현동), 고동구 힐라리오(주안1동), 최병운 아오스딩(주안3동)

성 요한 분단
황해룡 시몬(부평3동), 김건훈 .(검단동), 류인걸 미카엘(산곡동), 박복기 하상바오로(부평5동), 엄현수 대건안드레아(산곡3동), 이승희 안드레아(부평4동), 이재복 사도요한(서운동), 조성국 프란치스코(부평1동), 정명현 바오로(부평2동), 김승만 이냐시오(통진)

성 안드레아 분단
민광기 안젤로(오정동), 이원영 요한(여월동), 전광열 프란치스코(상동), 조순기 클레멘스(심곡본동), 주광수 베드로(상1동), 하재원 마태오(역곡), 한상송 사도요한(소사본3동), 이순영 요셉(심곡), 최종순 세례자요한(역곡2동), 국만우 프란치스코(원미동), 이근우 대건안드레아(중2동)

성 야고보 분단
김익경(대부), 김주성귀리노(구월1동), 백종식 야고보(대야동), 오양중 토마(남촌동), 이운주 아오스딩(만수6동), 차정민 미카엘(고잔), 최병돈 요셉(소성), 엄찬섭 보나벤뚜라(만수3동,)김재욱 사도요한(간석4동), 김종헌 벨라도(신천), 김종한 힐라리오(일신동)

성 베드로 분단
나인수 펠릭스(가정동), 권영빈 요왕(가좌동), 나근국 시몬(강화), 이종석 이냐시오(검암동), 김현웅 미카엘(계산동), 문병용 즈가리아(풍무동), 차택수 비오(십정동), 허상기 루가(검단동), 홍성표 보니파시오(기타), 이상철 안드레아(작전동), 원연식 그레고리오(통진)

남성 제 114 차

2002. 3. 7 ~ 10

봉사자
• **지도신부** | 강진영 바오로 • **회장** | 이재문 사도요한 • **회장후보** | 고중섭 요셉 • **총무부장** | 이정희 스테파노 • **총무부차장** | 최경식 요셉 • **활동부장** | 권원배 사도요한 • **활동부차장** | 최인 요셉, 김영준 유스티노, 신종수 아브라함, 김경진 가브리엘 • **전례부장** | 이명수 요셉 • **전례부차장** | 이용기 가브리엘 • **음악부장** | 고인섭 가스발 • **교수부장** | 한두현 마지아 • **교수부차장** | 유병력 안젤로 • **외부강사** | 나길모 굴리엘모, 정윤화 베드로, 김혁태 사도요한, 태민웅 바오로, 함재수 • **주방봉사** | 동춘동

성 바오로 분단
한상운 스테파노(간석4동), 김선준 마르티노(연수), 김철 마르코(만수1동), 성명용 이사악(만수3동), 이경섭 미카엘(학익동), 이병국 안드레아(주안8동), 조종환 바오로(동춘동), 박상원 빈첸시오(남촌동), 박명국 로마노(대야동), 이복록 바오로(만수6동), 윤상순 프란치스코(고잔)

성 요한 분단
허옥철 라파엘(가정동), 주연철 베드로(가좌동), 조윤희 그레고리오(고촌), 정인창 바오로(검단동), 홍순일 로마노(십정동), 황재호 대건안드레아(오류동), 임영구 리노(석남동), 김선경 안드레아(통진), 유봉규 요한(풍무동), 권순규 요한(하성), 이승린 레오(하성)

성 안드레아 분단
김영주 대건안드레아(화수동), 변기훈 라우렌시오(숭의동), 양동운 요셉(답동), 이종서 요셉(주안1동), 이경구 레오(백령도), 장광순 빠뜨리시오(대부), 정세붕 가브리엘(옥련동), 지종훈 율리아노(용현5동), 김한규 시릴로(용현동), 김명훈 안드레아(주안3동), 한경동 마태오(주안5동)

성 야고보 분단
김승식 안드레아(중2동), 이대균 요셉(갈산동), 정갑생 시몬(부평2동), 이상주 스테파노(부평1동), 최병호 마르코(부평5동), 이영구 율리아노(산곡3동), 강해운 시몬(산곡동), 김태희 바오로(상동), 김우호 알비노(서운동), 김석구 요셉(일신동), 이흥수 안토니오(장기동)

성 베드로 분단
김병택(고강동), 김선경 바오로(소사본3동), 김태홍 프란치스코(여월동), 송기영 토마(중3동), 신현만 빈첸시오(심곡본동), 양승호 보니파시오(오정동), 이호연 요셉(원미동), 주인석 요한(소사), 김상진 미카엘(심곡), 양동운 미카엘(역곡), 정상열 베드로(역곡2동), 조윤휘 그레고리오(기타)

남성 제 115 차

2002. 4. 11 ~ 14

봉사자
• **지도신부** | 조호동 바오로 • **회장** | 태민웅 바오로 • **회장후보** | 김현원 시몬 • **총무부차장** | 홍성환 돈보스꼬 • **활동부차장** | 박상훈 베드로, 박형상 사도요한, 안성호 빅토리노, 최대복 라파엘 • **전례부장** | 이형석 안셀모 • **전례부차장** | 김광 미카엘 • **음악부장** | 고인섭 가스발 • **교수부장** | 심태섭 마르띠노 • **교수부차장** | 김정극 세바스티아노 • **외부강사** | 최기산 보니파시오, 현명수 바오로, 손광배 도미니코, 박희동 미카엘, 신동균 마르첼로 • **주방봉사** | 삼정동

성 바오로 분단
추한식 프란치스코(남촌동), 강덕희 베드로(도창동), 김덕진 즈가리야(만수6동), 맹민호 마르티노(대야동), 이달수(중3동), 전영기 안드레아(주안8동), 정순재 베네딕도(구월1동), 이현범 소스테네스(간석2동), 한경영 사도요한(만수1동), 고상욱 마르첼리노(만수3동), 박성환 에드몬드(신천)

성 요한 분단
김현수 토마(도화동), 김호남(백령도), 이성환 베드로(용현5동), 최현옥 요셉(옥련동), 이종혁 알베르또(답동), 김부현 세례자요한(동춘동), 임효재 요셉(연수), 윤동기 요셉(연안), 한건호 .(용현동), 김종남 미카엘(제물포), 권대섭 요셉주(안3동)

성 안드레아 분단
박희무 요셉(고강동), 권영환 율리아노(소사), 김일권 즈가리야(원미동), 박대서 안셀모(중3동), 안운봉 안드레아(여월동), 권순남 바오로(삼정동), 인경화 요셉(중2동), 박한배 스테파노(상동), 최명진 토마스(심곡본동), 이윤주 스테파노(역곡), 이기풍 베드로(역곡2동)

성 야고보 분단
김정섭 요셉(학익동), 김하영 아브라함(부평3동), 지성근 안드레아(산곡동), 하윤철 베네딕도(산곡3동), 지동민 그레고리오(부평5동), 안병석 안드레아(부평1동), 윤종록 베다(부평2동), 박창국 스테파노(부평4동), 김천구 요셉(상1동), 강태문 알베르또(송현동), 송상철 야고보(해안)

성 베드로 분단
조경구 즈가리야(가정동), 한승빈 스테파노(가좌동), 노문진(강화), 허덕구 세베리노(고촌), 김주경 라우렌시오(검단동), 박성수 방지거(송림4동), 임규갑 안드레아(기타), 한희섭 엘리지오(장기동), 유승모 요한(김포), 김승욱 요셉(서운동), 김헌식 요셉(풍무동)

남성 제 116 차

2002. 5. 23 ~ 26

봉사자
• **지도신부** | 오용호 세베리노 • **회장** | 이종갑 바오로 • **회장후보** | 고중섭 요셉 • **총무부장** | 박호식 마티아 • **총무부차장** | 정영선 야고버 • **활동부장** | 장이석 요셉 • **활동부차장** | 김동환 요한, 이강복 T.아퀴나스 • **전례부장** | 조남수 율리아노 • **전례부차장** | 김홍식 베드로 • **교수부장** | 김성철 필립보 • **교수부차장** | 김철주 예로니모 • **음악부장** | 고인섭 가스발 • **외부강사** | 나길모 굴리엘모, 현명수 바오로, 최상진 야고보, 태민웅 바오로 • **주방봉사** | 갈산동

성 바오로 분단
이종배 프란치스코(간석4동), 강영일 스테파노(주안3동), 김선익 베드로(답동), 김진환 대건안드레아(용현5동), 임인택(남촌동), 고흥칠 베네딕도(도화동), 조복상 유스티노(송림동), 이준규 F.하비에르(연안), 김재호 그레고리오(용현동), 조덕호 스테파노(주안1동), 박봉우 알베르또(주안8동)

성 요한 분단
이승회 요셉(고잔), 김성옥 안드레아(연수), 류재명 빈첸시오(구월1동), 이길희 안토니오(동춘동), 이성근 요셉(옥련동), 유승경 이사악(삼정동), 서광식 토마(만수1동), 하재실 미카엘(만수3동), 강희구 가브리엘(만수6동), 최성용 사도요한(일신동), 김기수 바오로(주안3동)

성 안드레아 분단
김영섭 사도요한(부평5동), 이만의 미카엘(십정동), 이윤주 요셉(부평3동), 황선권 미카엘(가좌동), 봉인종 도민고(대야동), 김유성 베드로(백령도), 신봉주 안드레아(도창동), 박길상 요셉(부평1동), 이문근 즈가리야(산곡3동), 박동오 프란치스코(산곡동)

성 야고보 분단
김영식 하상바오로(가정동), 김기남 야고보(검암동), 김세윤 창흡베드로(서운동), 김재수 알퐁소(갈산동), 정경호 세례자요한(통진), 정서용(석남동), 최종관 프란치스코(검단동), 전대희 바울로(소사), 이방원 사도요한(풍무동), 민병주 베드로(하성)

성 베드로 분단
성용모 보나벤뚜라(고강동), 강성엽 이냐시오(심곡본동), 김원배 가브리엘(오정동), 김종휘 라파엘(역곡2동), 박재구 레오(여월동), 임형규 루카(중2동), 손태일 세바스챤(상1동), 배승조 마르티노(역곡), 이승우 요셉(소사본3동), 손형석 세자요한(원미동), 오장용 베난시오(중3동)

남성 제 117 차

2002. 9. 12 ~ 15

봉 사 자 • **지도신부** | 유영훈 토마스데아퀴노 • **회장** | 고중섭 요셉 • **회장후보** | 태민웅 바오로, 김현원 시몬 • **총무부장** | 심태섭 마르띠노 • **총무부차장** | 이명수 요셉 • **활동부장** | 이형석 안셀모 • **활동부차장** | 신언수 프란치스코, 임효재 요셉, 최인 요셉 • **전례부장** | 김성철 필립보 • **전례부차장** | 원종원 미카엘 • **음악부장** | 고인섭 가스발 • **교수부장** | 방노준 베드로 • **교수부차장** | 전형재 돈보스꼬 • **외부강사** | 최기산 보니파시오, 정귀호 다니엘 , 현명수 바오로, 박희동 미카엘 • **주방봉사** | 일신동

성 바오로 분단 김광식 요셉(가좌동), 노은길 스테파노(갈산동), 김동일 미카엘(소사본3동), 염송열 바오로(효성동), 정창화 요한(부평1동), 차동수 라파엘(부평4동), 김남석 안토니오(백령도), 이상덕 바오로(부평5동), 김인섭 요한(부평3동), 김재경 아가비도(일신동)

성 요한 분단 김승안 대건안드레아(십정동), 김윤석 바오로(심곡본동), 김윤성 사도요한(도화동), 이계원 베드로(주안5동), 정호영 가밀로(용현5동), 조주봉 요셉(송림동), 김계근 마르꼬(답동), 김철 도미니코(용현동), 이명록 마태오(주안1동), 나영선 베네딕도(주안3동)

성 안드레아 분단 송종근 토마스아퀴나스(갈산동), 장정구 대건안드레아(가정3동), 조규중 사무엘(계산동), 김백홍 바오로(하성), 박문현 필립보(기타), 송보학 프란치스코(산곡3동), 홍한기 요셉(양곡), 이의연 그레고리오(효성동), 심치준 야고보(백령도), 박세환 멜레시오(김포), 이삼로 다니엘(산곡동)

성 야고보 분단 김용국 마지아(만수6동), 김지훈 토마스아퀴나스(만수1동), 이석구 가브리엘(동춘동), 정석문 베드로(석남동), 이우성 알패오(대야동), 한영덕 그레고리오(학익동), 김경태 체사리오(연수), 나우열 요셉(옥련동), 문태영 요셉(신천), 이대희 필레몬(주안8동), 노원선프란치스코(해안)

성 베드로 분단 유형종 바오로(고강동), 김상욱 베네딕도(원미동), 이종훈 임마누엘(역곡2동), 이효영 그레고리오(소사본3동), 윤용병 베드로(심곡), 주영선 프란치스코(여월동), 이민용 요셉(역곡), 김정호 라파엘(오정동), 김명호 바오로(중2동), 장철환 토마스(중3동)

남성 제 118 차

2002. 11. 14 ~ 17

봉 사 자 • **지도신부** | 손광배 도미니코 • **회장** | 이종갑 바오로 • **회장후보** | 김현원 시몬, 방노준 베드로 • **총무부장** | 김광 미카엘 • **총무부차장** | 신종수 아브라함 • **활동부장** | 김홍식 베드로 • **활동부차장** | 김정극 세바스티아노, 김영준 유스티노, 안성호 빅토리노 • **전례부장** | 장이석 요셉 • **전례부차장** | 홍성환 돈보스꼬 • **음악부장** | 고인섭 가스발 • **교수부장** | 한두현 마지아 • **교수부차장** | 윤석만 요한 • **외부강사** | 정윤화 베드로, 현상옥 스테파노, 태민웅 바오로, 강진영 바오로 • **주방봉사** | 김포

성 바오로 분단 정손권 프란치스코(간석2동), 김상무 안셀모(구월1동), 김계춘 사도요한(상동), 염명욱 베드로(도화동), 조요섭 요셉(제물포), 심상운 세례자요한(대야동), 유준남 바오로(백령도), 송영규 요셉(상1동), 김영민 베드로(소사본3동), 김사문 요아킴(숭의동), 이승우 가브리엘(포동)

성 요한 분단 김계균 베드로(원미동), 김원도 임마누엘(고강동), 임윤철 바오로(여월동), 한재홍 안토니오(김포), 심두식 실베리오(삼정동), 정윤섭 요셉(가좌동), 정길운 마티아(역곡2동), 양금호 토마(오정동), 정영철 엘리지오(중2동), 김영식 요셉(중3동), 이지복 대건안드레아(하성)

성 안드레아 분단 김영만 레오(주안8동), 윤남근 아브라함(화수동), 호종식 안드레아(남촌동), 차윤우 요셉(동춘동), 김강희 토마스(연수), 김종헌 프란치스코(연안), 서만봉 즈가리야(용현5동), 이완규 안토니오(용현동), 박준철 마르티노(주안3동), 구종천 마르꼬(주안5동), 나춘식 대건안드레아(학익동)

성 야고보 분단 김대원 세자요한(기타), 박상복 미카엘(가정동), 김영만 바오로(강화), 김근수 스테파노(고촌), 노현욱 아오스딩(검단동), 이덕만 마르꼬석(남동), 전원장 빈첸시오(가좌동), 최영만 니고나오(통진), 심한섭 미카엘(양곡), 이재천 프란치스코(김포), 이건하 빠뜨리시오(장기동), 이장호 야고보(하성)

성 베드로 분단 김영환(산곡동), 정춘근 콜만(답동), 방기룡 예로니모(만수1동), 정창길 프란치스코(만수3동), 정두삼 대건안드레아(백령도), 김영환 요셉(부평2동), 조동호 요셉(부평3동), 김정태 마지아(부평4동), 김근휴 바오로(산곡3동), 왕은용 마지아(서운동), 권충안 프란치스코(만수6동)

남성 제 119 차

2003. 2. 13 ~ 16

봉 사 자

• **지도신부** | 현명수 바오로 • **회장** | 김현원 시몬 • **회장후보** | 방노준 베드로, 박호식 마티아 • **총무부차장** | 김광 미카엘 • **총무부차장** | 김명훈 안드레아 • **활동부장** | 박상훈 베드로 • **활동부차장** | 권용광 미카엘, 차정민 미카엘, 이원식 요셉 • **전례부장** | 김성철 필립보 • **전례부차장** | 우제홍 방지거 • **음악부장** | 고인섭 가스발 • **교수부장** | 홍성환 돈보스꼬 • **외부강사** | 정윤화 베드로, 장희성 프란치스코, 김혁태 사도요한, 태민웅 바오로 • **주방봉사** | 상동

성 바오로 분단

김학률 대건안드레아(옥련동), 박봉철 안토니오(동춘동), 이종만 방지거(신공항), 한송준 베드로(연수), 장성영 루도비코(답동), 오창석 베네딕도(백령도), 이종열 빈첸시오(주안3동), 임흥영 베드로(용현동), 윤현중 그레고리오(제물포), 최두선 사무엘(학익동), 구태자 세례자요한(해안)

성 요한 분단

강대봉 라자로(상1동), 김영식 스테파노(중2동), 조태성 대건안드레아(고강동), 김경호 세례자요한(삼정동), 박종화 안드레아(소사본3동), 박만규 프란치스코(여월동), 김흥일 미카엘(역곡), 이중경 요한보스코(역곡2동), 임영찬 피델리스(오정동), 양우성 요셉(원미동), 이상진 바실리오(중3동)

성 안드레아 분단

송춘용 요한보스코(간석4동), 이춘노 베드로(고잔), 박풍웅 베드로(주안5동), 이승호 요셉(제물포), 장석원 베드로(구월1동), 허경 시몬(주안8동), 채정근 루카(대야동), 김호선 요아킴(도창동), 조기영 바비아노(만수1동), 최완열 바르톨로메오(만수3동), 최광준 야고보(만수6동), 최종한 프란치스코(해안)

성 야고보 분단

김재웅 요셉(양곡), 이제구 다미안(석남동), 황보현 안드레아(기타), 김장열 토마스(가좌동), 김병준 바오로(계산동), 변정수 요한(백령도), 조근수 베네딕또(김포), 김문선 알베르또(상동), 이문연 가브리엘(통진), 한광구 요셉(풍무동), 성상경 대건안드레아(하성)

성 베드로 분단

김주원 말딩(효성동), 상광만 다니엘(갈산동), 송덕주 요셉(산곡동), 이정길 미카엘(십정동), 허선규 알비노(덕적도), 남기환 마태오(서운동), 양윤근 요셉(부평2동), 최병관 스테파노(부평3동), 하영길 베드로(부평4동), 김용석 비오(산곡3동), 마남현 프란치스코(작전동)

남성 제 120 차

2003. 3. 20 ~ 23

봉 사 자

• **지도신부** | 정윤화 베드로 • **회장** | 방노준 베드로 • **회장후보** | 태민웅 바오로, 한동욱 요아킴 • **총무부장** | 심태섭 마르띠노 • **총무부차장** | 오병걸 요셉 • **활동부장** | 장이석 요셉 • **활동부차장** | 이강복 T.아퀴나스, 신재근 야고보, 장최윤희 요셉 • **전례부장** | 윤석만 요한 • **전례부차장** | 허중만 베드로 • **음악부장** | 고인섭 가스발 • **교수부장** | 조남수 율리아노 • **교수부차장** | 원종원 미카엘 • **외부강사** | 김동철 토마스, 정병철 요셉, 강진영 바오로, 박희동 미카엘 • **주방봉사** | 대야동

성 바오로 분단

추형주 미카엘(주안1동), 김대성 마리노(답동), 김인석 파스칼(동춘동), 박준영 베드로(백령도), 전인수 마리노(선학동), 조원식 유스티노(연수), 오범수 도미니코(연안), 최한영 베드로(옥련동), 김운태 요셉(용현5동), 김승국 안토니오(용현동), 김재운 베드로(제물포)

성 요한 분단

한경수 요한금구(가좌동), 김임수 말구(고잔), 모복용(만수1동), 박찬규 다미아노(학익동), 안복현 요한(구월1동), 최영오 요셉(옥련동), 국선길 바오로(남촌동), 이성호 토마스(만수6동), 최형묵 안드레아(백령도), 김태환 요셉(주안1동), 정낙은 요셉(주안3동)

성 안드레아 분단

강태영 바오로(오류동), 김창기(김포), 두현진 사도요한(양곡), 박승우 프란치스코(장기동), 조재영 비오(하성), 홍기석 가브리엘(검단동), 이용규 토마스아퀴나스(신공항), 최중훈 요셉(작전동), 김정석 사도요한(통진), 유복종 율리아노(풍무동)

성 야고보 분단

고홍석 요셉(중2동), 김광열 요셉(서운동), 신웅섭 베드로(부평3동), 조건호 빅토리노(효성동), 이재욱 스테파노(부평5동), 홍정표 아우구스티노(부평2동), 오승건 시릴로(산곡3동), 이재학 안티모(간석2동), 차재천 필립보(십정동), 이주형(작전동)

성 베드로 분단

송상영 알비노(역곡2동), 송성호 토마스아퀴나스(중3동), 윤규상 베드로(원미동), 장명우 요셉(고강동), 정문호 발도로메오(대야동), 권태전 라티노(삼정동), 이영수 토마스(심곡), 정철승 베드로(심곡본동), 왕영진 요셉(풍무동), 이영권 방지거(하성), 윤하경(효성동)

남성 제 121 차

2003. 5. 15 ~ 18

봉사자	**• 지도신부** | 정귀호 다니엘 **• 회장** | 이종갑 바오로 **• 회장후보** | 홍성환 돈보스꼬, 고중섭 요셉 **• 총무부장** | 전형재 돈보스꼬 **• 총무부차장** | 신언수 프란치스코 **• 활동부장** | 김정극 세바스티아노 **• 활동부차장** | 이명수 요셉, 고동구 힐라리오, 박동오 프란치스코 **• 전례부장** | 이용기 가브리엘 **• 전례부차장** | 황선권 미카엘 **• 음악부장** | 고인섭 가스발 **• 교수부장** | 김홍식 베드로 **• 교수부차장** | 최인 요셉 **• 외부강사** | 정윤화 베드로, 현명수 바오로, 이범석 아오스딩, 현상옥 스테파노, 정윤섭 요셉, 태민웅 바오로 **• 주방봉사** | 도화동
성 바오로 분단	김욱군 요셉(대야동), 김태삼 마태오(답동), 최완균 안토니오(신공항), 호순복 스테파노(옥련동), 류정건 레오(송림4동), 조설호 비오(연수), 장병옥 이냐시오(용현동), 성백일 시몬(제물포), 황병삼 안셀모(주안1동), 송광일(주안3동), 정장환 빈첸시오(주안3동)
성 요한 분단	박희중 안드레아(화수동), 박병욱 요셉(역곡2동), 김상현 T.아퀴나스(상1동), 오세영 시메온(상3동), 조용훈 사도요한(소사본3동), 김광수 안토니오(심곡), 정용기 사도요한(역곡), 장현상 루가(원미동), 정승기 F.살레시오(중3동), 윤일수 베드로(풍무동), 윤근상 즈가리아(하성)
성 안드레아 분단	박명도 요셉(간석4동), 유요셉 요셉(계산동), 강상구 프란치스코(산곡3동), 문병욱 마태오(십정동), 문응상 레오(부평3동), 박상철 요셉(부평5동), 성용훈 니콜라오(도화동), 임덕재 가브리엘(부평1동), 장동희 베네딕토(가좌동), 정원모 디도(서운동), 이명순 율리아노(백령도), 이길배 요한(장기동)
성 야고보 분단	고춘환 마태오(검암동), 진만수 모세(고강동), 민경우 즈가리아(하성), 박재하 프란치스코(오정동), 조백현 율리아노(통진), 태경원 세레노(검단동), 정병덕 라파엘(대야동), 박성광 마르티노(서운동), 최종인 토마스(풍무동), 이덕수 마르코(화수동)
성 베드로 분단	강경표 바오로(간석2동), 김길성 베드로(만수6동), 김용수 비오(동춘동), 김인식 바실리오(학익동), 민권식 야고보(남촌동), 박성중 마인라도(만수1동), 윤흥부 즈가리아(만수3동), 정재형 세바스찬(옥련동), 최진규 엠마누엘(고잔), 김만경 알렉산델(도화동), 최길묵 다니엘(은행동)

남성 제 122 차

2003. 9. 18 ~ 21

봉사자	**• 지도신부** | 한의열 요셉 **• 회장** | 태민웅 바오로 **• 회장후보** | 심태섭 마르띠노, 박호식 마티아 **• 총무부장** | 김광 미카엘 **• 총무부차장**/임효재 요셉 **• 활동부장** | 박상훈 베드로 **• 활동부차장** | 김명훈 안드레아, 조기형 이냐시오, 권태전 라티노, 남기환 마태오 **• 전례부장** | 김성철 필립보 **• 전례부차장** | 이종민 마르코 **• 음악부장** | 고인섭 가스발 **• 교수부장** | 윤석만 요한 **• 교수부차장** | 원종원 미카엘 **• 외부강사** | 현명수 바오로, 박희중 안드레아, 박희동 미카엘 **• 주방봉사** | 간석2동
성 바오로 분단	김준태 도나도(고강동), 김수영 베드로(원미동), 김윤찬 마태오(역곡2동), 이영환 바오로(상1동), 정인범 프란치스코(중3동), 김진권 바오로(삼정동), 황요안 요한(소사본3동), 손동수 요셉(심곡본동), 김경중 요한보스코(역곡), 김현규 사도요한(오정동), 손성호 프란치스코(중2동)
성 요한 분단	김용규 베드로(효성동), 박상천 베드로(계산동), 소성화 요셉(서운동), 이영철 요셉(화수동), 임동우 요셉(부평5동), 이상욱 베드로(대야동), 이홍일 토마스(답동), 김영민 분도(부평1동), 손광천 알베르또(부평3동), 신현식 다마소(십정동), 권성한 요한보스코(은행동), 김승겸 안토니오(작전동)
성 안드레아 분단	이상수 아브라함(간석2동), 윤주호 미카엘(고촌), 김광동 마태오(기타), 박태성 요아킴(화수동), 백성우 라파엘(가좌동), 안부수 바오로(통진), 이재규 베드로(하성), 이승원 베드로(도화동), 최직렬 베드로(상3동), 박종렬 굴리엘모(석남동), 김영준 안드레아(풍무동), 박흥렬 바오로(하점)
성 야고보 분단	노형호 실베리오(주안3동), 이금성 도미니코(옥련동), 한영길 안드레아(학익동), 홍성열 베드로(청학동), 정웅바 오로(도화동), 이대수 라파엘(동춘동), 전경환 라파엘(신공항), 안명돈 가브리엘(연수), 정승묵 미카엘(용현동), 최종국 클레멘스(주안1동), 백성학 마태오(주안5동)
성 베드로 분단	정규현 바오로(간석2동), 노명익 즈가리야(간석4동), 유윤종 프란치스코(구월1동), 장용택 루가(만수6동), 이은우 솔로몬(답동), 임춘성 마태오(만수1동), 류재호 프란치스코(만수3동), 조재구 로베르토(고잔), 임복진 예로니모(연안), 한정수 그레고리오(심곡본동), 서동길 마티아(통진)

남성 제 123 차

2003. 11. 13 ~ 16

봉 사 자	• **지도신부** | 김준석 멜키올 • **회장** | 한동욱 요아킴 • **회장후보** | 홍성환 돈보스꼬, 고중섭 요셉 • **총무부장** | 신언수 프란치스코 • **총무부차장** | 윤치호 안토니오 • **활동부장** | 이명수 요셉 • **활동부차장** | 이강복 T.아퀴나스, 고동구 힐라리오, 고홍석 요셉, 박종규 루수 • **전례부장** | 장이석 요셉 • **전례부차장** | 최익기 요셉 • **음악부장** | 고인섭 가스발 • **교수부장** | 한두현 마지아 • **교수부차장** | 이용기 가브리엘 • **외부강사** | 현명수 바오로, 정인화 야고보, 김혁태 사도요한 • **주방봉사** | 오정동
성 바오로 분단	강병철 베네딕도(도화동), 신현모 로마노(답동), 이흔수 도미니코(옥련동), 차승배(주안5동), 김종철(용현동), 유경희 알렉산델(제물포), 최재승 세레노(주안1동), 박영식 베다(주안3동), 진명덕 야고보(청학동), 김진배 미카엘(해안), 안명세 야고보(화수동)
성 요한 분단	안영수 미카엘(간석4동), 최재일 살레시오(만수6동), 서영노 경환프란치스코(대야동), 신섭 베드로(동춘동), 이은복 시몬(만수1동), 김시섭 마태오(간석2동), 김헌 F.하비에르(백령도), 이명세 다니엘(연수), 이강곤 미카엘(은행동), 한창열 루치오(주안3동), 김주현 아오스딩(주안8동), 김호섭 시메온(중3동)
성 안드레아 분단	김영규 마태오(계산동), 박영철 프란치스코(십정동), 배석기 세자요한(가정3동), 김정헌 요셉(서운동), 이영호 프란치스코(부평5동), 신동춘 시몬(부평3동), 최준설 베드로(부평4동), 한기주 베네딕도(산곡3동), 이용길 요셉(갈산동), 강행석 요셉(신공항), 구본훈 바오로(작전동), 김지현 필립보(중3동)
성 야고보 분단	배민선 노엘(고강동), 김백겸 사도요한(상3동), 이상기 요한(상1동), 임종주 요셉(소사본3동), 윤길성 세자요한(삼정동), 김광식 디모테오(상동), 문종철 펠릭스(역곡), 강윤수 사도요한(역곡2동), 김청용 야고보(오정동), 김충식 빈첸시오(원미동), 박은도 프란치스코(여월동)
성 베드로 분단	임양배 요셉(가좌동), 신필식 세베리노(통진), 이택상 베네딕도(검암동), 임희택 야고보(하성), 홍정표 안토니오(검단동), 유원열 가브리엘(가정동), 김수봉 알렉산델(석남동), 이정환 알렉산데르(신공항), 이효경 베드로(갈산동), 김순모 베드로(풍무동), 나문환 비오(하점)

남성 제 124 차

2004. 1. 15 ~ 18

봉 사 자	• **지도신부** | 정병철 요셉 • **회장** | 이종갑 바오로 • **회장후보** | 김성철 필립보, 박호식 마티아 • **총무부장** | 전형재 돈보스꼬 • **총무부차장** | 허중만 베드로 • **활동부장** | 최인 요셉 • **활동부차장** | 우제홍 방지거, 최윤희 요셉, 이원식 요셉, 전태석 요한 • **전례부장** | 조남수 율리아노 • **전례부차장** | 김영준 유스티노 • **음악부장** | 고인섭 가스발 • **교수부차장** | 남기환 마태오 • **외부강사** | 정인화 야고보, 이범석 아오스딩, 정병덕 라파엘, 정윤섭 요셉, 박희동 미카엘 • **주방봉사** | 송현동
성 바오로 분단	김태선 에밀리아노(송현동), 박웅배 요셉(주안5동), 우종구 대건안드레아(간석4동), 조성환 바오로(화수동), 김순신 마티아(도화동), 여운식 미카엘(동춘동), 최영호 시몬(옥련동), 홍정기 요셉(제물포), 김화성 레미지오(주안3동), 조규문 스테파노(주안3동), 김해용 프란치스코(청학동)
성 요한 분단	김범호 마태오(간석4동), 조명연 마태오 신부(교구청), 문승학 토마스아퀴나스(만수1동), 박동수 라파엘(옥련동), 조희창 안토니오(간석2동), 홍석교 베드로(대부), 김국진 바오로(만수6동), 김갑순 베드로(대야동), 서정기 대건안드레아(연수), 송환범 바오로(주안3동), 한남수 프란치스코(청학동)
성 안드레아 분단	도기수 요한(효성동), 오일동(산곡동), 함호림 사도요한(만수1동), 조재호 로마노(부평1동), 김지국 마르티노(부평3동), 최고봉 안드레아(산곡3동), 홍남표 베네딕도(서운동), 김문철 베드로(십정동), 최백수 베드로(역곡2동), 석갑선 다니엘(주안1동), 김장환 하상바오로(부개동)
성 야고보 분단	국경호 힐라리오(상동), 박재형 아타나시오(상1동), 백원협 안드레아(백령도), 김재영 요셉(은행동), 강경식 요셉(삼정동), 김정환 토마(신천), 이택구 요셉(여월동), 김관복 요셉(원미동), 엄기우 즈카리아(작전동), 류성수 토마스(중2동), 지종범 안토니오(중3동)
성 베드로 분단	조도형 베난시오(가정동), 권오홍 비오(고강동), 김태철 바오로(검단동), 유재한 바오로(가좌동), 이송범 베드로(신공항), 홍영태 이레네오(부평1동), 한규석 마르띠노(양곡), 강남주 루치오(장기동), 서남길 후벨도(통진), 이상운 아오스딩(풍무동), 김재산 야고보(하성)

남성 제 125 차

2004. 3. 18 ~ 21

봉사자 • **지도신부** | 조호동 바오로 • **회장** | 고중섭 요셉 • **회장후보** | 김현원 시몬 • **총무부장** | 신언수 프란치스코 • **총무부차장** | 임효재 요셉 • **활동부장** | 이명수 요셉 • **활동부차장** | 신재근 야고보, 황선 권 미카엘, 박종규 루수, 박영철 마르띠노 • **전례부장** | 장이석 요셉 • **전례부차장** | 이강복 T.아퀴나스 • **음악부장** | 고인섭 가스발 • **교수부장** | 심태섭 마르띠노 • **교수부차장** | 고동구 힐라리오 • **외부강사** | 이성만 시몬, 김혁태 사도요한, 김재욱 사도요한, 태민웅 바오로 • **주방봉사** | 제물포

성 바오로 분단 박태정 마르치아노(가좌동), 민경태 T.아퀴나스(도화동), 오경근 하상바오로(주안5동), 최형식 헨리코(답동), 남영일 도미니꼬(송림4동), 한준택(송림동), 조재왕 요셉(용현동), 정진관 플로렌시오(제물포), 안상춘 야고보(주안1동), 손무수 스테파노(주안3동)

성 요한 분단 김종길 .(간석2동), 강희석 사도요한(고잔), 문성기 요셉(만수1동), 이계석 호영베드로(연수), 김민구 라파엘(동춘동), 정재종(만수3동), 윤태현 아우구스티노(만수6동), 서영식 스테파노(석남동), 안희태 가브리엘(주안3동), 박종근 스테파노(십정동), 김정환 유스티노(청학동)

성 안드레아 분단 고정래 가브리엘(오정동), 김태수 베드로(삼정동), 이병호 베네딕도(서운동), 임상섭 시몬(상1동), 문칠성 안젤로(산곡3동), 정수봉(부평2동), 홍성준 니콜라스(갈산동), 박도용 시메온(상3동), 남기태 미카엘(상동), 한홍석 대건안드레아(심곡), 최영희 베드로(중2동), 윤양근 요셉(중3동)

성 야고보 분단 박익부 요수아(대부), 임광진 베드로(심곡본동), 최창우(고강동), 박수만 사도요한(대야동), 원상희 마티아(범박동), 양해영 요셉(소사), 최영찬 베드로(소사본3동), 백승원 방지거(역곡2동), 양동균 이냐시오(원미동), 박상수 라우렌시오(여월동), 이병한 바르톨로메오(은행동)

성 베드로 분단 소병택 프란치스코(가정동), 방국일 사도요한(강화), 윤문상 요셉(계산동), 오학성 베드로(고촌), 강완구 스테파노(양곡), 김성옥 요셉(통진), 전종현 프란치스코(검암동), 김봉수 요셉(김포), 이동주 요셉(풍무동), 이상열 바오로(하성), 남궁양 나르치소(하점)

남성 제 126 차

2004. 5. 13 ~ 16

봉사자 • **지도신부** | 제정원 베드로 • **회장** | 김현원 시몬 • **회장후보** | 김성철 필립보 • **총무부장** | 김명훈 안드레아 • **총무부차장** | 윤석만 요한 • **활동부장** | 우제홍 방지거 • **활동부차장** | 윤치호 안토니오, 추한식 프란치스코, 윤현중 그레고리오, 김상현 T.아퀴나스 • **전례부장** | 김광 미카엘 • **전례부차장** | 이종민 마르코 • **음악부장** | 고인섭 가스발 • **교수부차장** | 이원식 요셉 • **외부강사** | 김병상 필립보, 이범석 아오스딩, 정병철 요셉, 태민웅 바오로 • **주방봉사** | 주안5동

성 바오로 분단 김유동 마르코(제물포), 변영찬 알렉시오(주안1동), 송상일 바오로(답동), 이태권 미카엘(옥련동)주성식 베드로(주안3동), 장정일 세례자요한(도화동), 조재원 세례자요한(동춘동), 신광현 미카엘(용현5동), 최원식 안토니오(주안5동), 박진수 요아킴(주안8동), 이영배 요한(용현동)

성 요한 분단 김용배 베드로(구월1동), 오찬교 아우구스티노(답동), 박종태 나자로(대야동), 김수겸 토마스(만수3동), 전정석 프란치스코(만수6동), 고준석 야고보(백령도), 정대순 프란치스코(부평3동), 김건일 베드로(신천), 이준길 요아킴(십정동), 박노윤 미카엘(연수), 정병삼 안토니오(은행동), 이보면 요아킴(주안3동)

성 안드레아 분단 권순태 대건안드레아(삼정동), 이양희 유스티노(중2동), 이재형 스테파노(산곡3동), 황치석 요셉(부개동), 이철제 멜로(부평1동), 이원흥 베네딕또(부평2동), 이대복(산곡동), 최상성 실바노(일신동), 김민철 대건안드레아(상동), 유영경 바오로(오정동), 김재일 프란치스코(작전동), 김태희 요한돈보스꼬(중3동)

성 야고보 분단 안종준 스테파노(온수), 조동국 베드로(고강동), 강영복 안토니오(심곡본동), 윤석규 바오로(소사본3동), 조준식 마태오(범박동), 장명수 라우렌시오(상3동), 강성현 라파엘(상1동), 한은철 야고보(심곡), 김임수 니콜라오(역곡2동), 정일경 안드레아(역곡), 정병국 야고버(원미동), 안길환(여월동)

성 베드로 분단 신준철 베드로(가정동), 정성수 요한(계산동), 배정범 안드레아(고촌), 권혁홍 바오로(김포), 민병권 바오로(풍무동), 박충훈 베드로(검단동), 현원주 마태오(석남동), 송임진 스테파노(서운동), 박정욱 빠뜨리시오(신공항), 서석봉 도밍고(통진), 송종근 미카엘(하성), 강호준(효성동)

남성 제 127 차

2004. 8. 19 ~ 22

봉 사 자
• **지도신부** | 현명수 바오로 • **회장** | 태민웅 바오로 • **회장후보** | 심태섭 마르띠노, 홍성환 돈보스꼬 • **총무부장** | 남기환 마태오 • **총무부차장** | 최윤희 요셉 • **활동부장** | 신언수 프란치스코 • **활동부차장** | 우제홍 방지거, 신종수 아브라함, 한영길 안드레아, 신섭 베드로, 이문근 즈가리야 • **교수부차장** | 방노준 베드로, 윤석만 요한 • **전례부장** | 한두현 마지아 • **전례부차장** | 전태석 요한 • **음악부장** | 차재영 에지도 • **외부강사** | 김병상 필립보, 이준희 마르코, 홍승모 미카엘, 이원식 요셉, 류상철 바오로 • **주방봉사** | 역곡2동

성 바오로 분단
서희철 프란치스코(대야동), 김종근 다니엘(동춘동), 권명찬 사도요한(선학동), 조언상 그레고리오(연수), 노상훈 바오로(신천), 임충택 스테파노(옥련동), 한기원(용현5동), 송진용 루치아노(용현동), 이남영 제오르지오(제물포), 류지호 루가(주안1동), 김상일 요셉(중3동), 홍성인 요셉(화수동)

성 요한 분단
이기호 베드로(고강동), 김병곤 파스칼(상1동), 돈두환(삼정동), 이동경 프란치스코(범박동), 이상구 비오(상동)주진수 요한(원미동), 박정근 프란치스코(상3동), 황규영 요셉(소사), 박관필 안드레아(심곡), 서창열 대건안드레아(심곡본동), 박상준 경환프란치스코(역곡2동), 오상민 마르코(중3동)

성 안드레아 분단
김명식 아오스딩(갈산동), 이환구 스테파노(가좌동), 장일완 요한(마니산), 강경순 베드로(부평1동), 원상호 요한(부평2동), 송백영 프란치스코(부평3동), 허금행 요한(산곡3동), 김태호 미카엘(산곡동), 최창호 프란치스코(서운동), 정상기 스테파노(석남동), 정준영 가브리엘(작전동), 홍성복 원선시오(계산동)

성 야고보 분단
송준회 베드로(학익동), 김병춘 마르첼리노(구월1동), 김치수 사도요한(고잔), 송석창 라파엘(도화동), 조호식 아우구스티노(주안3동), 최동수 에드워드(만수1동), 조남규 즈가리아(만수3동), 김성곤 클레멘스(만수6동), 박종호 바오로(십정동), 김상호 요셉(은행동), 최은배 바오로(남촌동)

성 베드로 분단
홍종억 스테파노(검단동), 오윤석 요셉(고촌), 곽주호 에밀(풍무동), 최상준 라파엘(대청도), 이순구 안드레아(마니산), 김철규 베네딕도(백령도), 이수종 아오스딩(김포), 최근형 막시밀리안콜베(검암동), 황창순 호영베드로(온수), 박치현 시몬(통진), 송효원 바실리오(하점), 손덕기 대건안드레아(효성동)

남성 제 128 차

2004. 11. 18 ~ 21

봉 사 자
• **지도신부** | 손광배 도미니코 • **회장** | 홍성환 돈보스꼬 • **회장후보** | 태민웅 바오로, 김성철 필립보 • **총무부장** | 이명수 요셉 • **총무부차장** | 박종규 루수 • **활동부장** | 박상훈 베드로 • **활동부차장** | 박영철 마르띠노, 윤치호 안토니오, 조판형 사도요한 • **전례부장** | 허중만 베드로 • **전례부차장** | 신언수 프란치스코 • **음악부장** | 이덕종 임마누엘 • **교수부장** | 김명훈 안드레아 • **교수부차장** | 고동구 힐라리오 • **외부강사** | 김병상 필립보, 정윤화 베드로, 김혁태 사도요한

성 바오로 분단
한기환 토마스(간석4동), 이종석 베드로(동춘동), 손태용 라파엘(학익동), 한수용 가시아노(옥련동), 오호성 미카엘(도화동), 윤종철 마태오(만수3동), 이명호 베드로(연수), 최경찬 바오로(신공항), 이경일 토마스(답동), 길철환 안젤로(용현동), 유은식 요셉(제물포), 장현호 안토니오(주안3동)

성 요한 분단
전제남 블라시오(가좌동), 황학성 야고보(계산동), 오지홍 토마스(부개동), 심현구 대건안드레아(부평1동), 김덕윤 사도요한(부평2동), 한점수 요한(산곡동), 강병국 알베르또(서운동), 이기홍 안토니오(석남동), 연제원 안토니오(작전동), 고희진 모세(장기동), 김범일 베드로(산곡3동), 박학준 프란치스코(효성동)

성 안드레아 분단
이병해 다니엘(고강동), 김성만 파트리치오(부평1동), 윤동호 아브라함(여월동), 황정호 시몬(삼정동), 김정진 갈리스도(상동), 김종일 요셉소(사본3동), 오세기 시몬(역곡), 이상우 야고보(오정동), 이홍길 라우렌시오(원미동), 조승암 미카엘(중2동), 홍순형 안토니오(중3동)

성 야고보 분단
심운섭 제노(간석2동), 최인비 유스티노(중2동), 김만수 안드레아(범박동,)유진능 파비아노(만수1동), 이경실 스테파노(만수6동), 임우영 요셉(구월1동), 박상태 안드레아(대야동), 류현태 분도(소사), 이기연 토마(신천), 김종철 안드레아(심곡), 전성대 요한금구(은행동)

성 베드로 분단
박두순 아우구스티노(가정동), 이창제 마태오(검암동), 유재선 시몬(고촌), 강종수(강화), 장준석 바오로(김포), 박화영 베네딕도(마니산), 김대훈 스테파노(검단동), 반기정 비오(온수), 유태상 아우구스티노(통진), 한성희 요한(하성), 김명수 아만도(하점)

남성 제 129 차

2005. 1. 20 ~ 23

봉사자	• **지도신부** | 강영식 바오로 • **회장** | 이종갑 바오로 • **회장후보** | 김성철 필립보 • **총무부장** | 윤석만 요한 • **총무부차장** | 권용광 미카엘, 차정민 미카엘 • **활동부장** | 장이석 요셉 • **활동부차장** | 최인 요셉, 이기춘 파비아노, 안종준 스테파노, 박노윤 미카엘 • **전례부장** | 이용기 가브리엘 • **전례부차장** | 신섭 베드로 • **음악부장** | 이덕종 임마누엘 • **교수부장** | 최윤희 요셉 • **외부강사** | 김병상 필립보, 이재학 안티모, 김혁태 사도요한, 박희동 미카엘 • **주방봉사** | 산곡3동
성 바오로 분단	원종운 세례자요한(고강동), 전선수 라파엘(신천), 함철훈 미카엘(범박동), 황은석 알렉산드리아(소사), 조순행 바오로(산곡동), 김기혁 이냐시오(심곡본동), 안경국 사도요한(여월동), 유재설 율리오(역곡), 오문석 안드레아(역곡2동), 정지황 디모테오(원미동), 정창섭 요한(은행동)
성 요한 분단	조순일 노엘(가좌동), 김영덕 디오니시오(검암동), 나영구 아우구스티노(간석4동), 여완수 분도(만수6동), 김병만 바오로(대야동), 김창선 요한(만수1동), 김갑회 대건안드레아(만수3동), 양우근 세례자요한(구월1동), 신승철 시몬(석남동), 안영철 야고버(십정동), 손해락 멜키올 신부(온수)
성 안드레아 분단	김미카엘 미카엘 신부(주안3동), 노건숙 클레멘스(삼정동), 변상필 에드몬드(상동), 이응연 미카엘(부개2동), 강재관 레오(부개동), 김성복 요셉바르사바(산곡3동), 성영경 베드로(중3동), 김경렬 마티아(상1동), 김정섭 아오스딩(상3동), 방운연 다니엘(심곡), 이상철 마티아(중2동)
성 야고보 분단	성문수 율리아노(강화), 강대열 스테파노(검단동), 금중대 라파엘(김포), 김정호 하상바오로(내가), 김은구 아오스딩(부평1동), 송대석 발렌티노(부평4동), 김재옥 바오로(삼산동), 김용욱 대건안드레아(계산동), 김창남 프란치스코(신공항), 김기용 안셀모(온수), 김복기 야고보(하성)
성 베드로 분단	최재영 프란치스코(간석2동), 허요 시도니오(서운동), 이동준 다미아노(동춘동), 김무성 마르티노(연수), 김이현 도미니코(용현5동), 박형일 마티아(용현동), 정준연 다두(제물포), 안병기 요아킴(주안3동), 이현표 바실리오(주안3동), 김기복 베드로(도화동), 강상기 대건안드레아(청학동)

남성 제 130 차

2005. 3. 17 ~ 20

봉사자	• **지도신부** | 김준석 멜키올 • **회장** | 태민웅 바오로 • **회장후보** | 윤석만 요한 • **총무부장** | 김현원 시몬 • **총무부차장** | 김명훈안드레아 • **활동부장** | 김홍식 베드로 • **활동부차장** | 이강복 T.아퀴나스, 추한식 프란치스코, 김용석 비오, 박영식 베다, 이계석 호영베드로 • **전례부장** | 전태석 요한 • **전례부차장** | 박종규 루수 • **음악부장** | 이덕종 임마누엘 • **교수부장** | 남기환 마태오 • **교수부차장** | 우제홍 방지거 • **외부강사** | 김병상 필립보, 정윤화 베드로, 김미카엘 미카엘, 박희동 미카엘 • **주방봉사** | 여월동
성 바오로 분단	이명용 프란치스코(가좌동), 서상열 베드로(강화), 서광현 레오(검단동), 장민모 안토니오(고촌), 유영록 요셉(김포), 이종원 스테파노(청수), 김병익 클레멘스(마전동), 이규진 스타니슬라오(통진), 이조영 즈가리아(풍무동), 조완희 루가(하성)
성 요한 분단	최충열 프란치스코(고강동), 여미호 미카엘(신공항), 홍종범 미카엘(서운동), 김준호 사도요한(중3동), 조영제 대건안드레아(삼정동), 권병주 요셉(상1동), 강성갑 아나니아(상동), 한기정 바오로(소사), 최기원 요한(소사본3동), 김규삼 요셉(여월동), 임민수 야고보(중2동)
성 안드레아 분단	이태복 안드레아(계산동), 문효석 스테파노(부개2동), 정상수 세례자요한(부개동), 윤응수 아우구스티노(부평1동), 조준행 다니엘(부평2동), 정무남 스테파노(부평3동), 김용찬 요셉(산곡3동), 김종연 세바스티아노(신공항), 배상돈 토마스(십정동), 이정보 디모테오(일신동), 나광식 파비아노(작전동)
성 야고보 분단	최현수 베드로(간석4동), 김수곤 하상바오로(화수동), 정인용 마르코(대부), 이경식 미카엘(답동), 이창호 프란치스꼬(동춘동), 박순동 요셉(연수), 이형민 마태오(연안), 안종봉 로마노(용현5동), 오경록 안드레아(제물포), 이상원 안드레아(주안3동), 황규원 시몬(청학동)
성 베드로 분단	김용남 아오스딩(가정3동), 백창열 안드레아(대야동), 이무복 요아킴(만수1동), 한재환 베드로(만수3동), 강종후 다비드(만수6동), 남상국 야고보(범박동), 이태산 예로니모(신천), 김태용 레오(역곡), 장명주 토마스(역곡2동), 김기황 스테파노(은행동), 홍성운 마태오(포동)

남성 제 131 차

2005. 5. 19 ~ 22

봉 사 자 • **지도신부** | 한의열 요셉 • **회장** | 김성철 필립보 • **회장후보** | 홍성환 돈보스꼬 • **총무부장** | 이명수 요셉 • **총무부차장** | 안종준 스테파노 • **활동부장** | 최인 요셉 • **활동부차장** | 김정극 세바스티아노, 조판형 사도요한, 김상현 T.아퀴나스 • **전례부장** | 신섭 베드로 • **전례부차장** | 박영철 마르띠노 • **음악부장** | 이덕종 임마누엘 • **교수부장** | 고동구 힐라리오 • **교수부차장** | 전형재 돈보스꼬 • **외부강사** | 김병상 필립보, 한관우 가누토, 빙상섭 바오로, 태민웅 바오로 • **주방봉사** | 연수

성 바오로 분단 설경원 스테파노(학익동), 박지혁 안셀모(동춘동), 김인수 베드로(용현5동), 오웅호 펠릭스(용현동), 서규웅 이시도로(제물포), 박종완 안드레아(주안1동), 이병철 베드로(주안8동), 박운형 프란치스코(답동), 박찬종 베네딕도(연수), 김영덕 바오로(화수동)

성 요한 분단 김진교 야고보(고강동), 박영철 바오로(원미동), 이창오 다니엘(삼정동), 이종근 펠릭스(소사본3동), 김운용 요셉(심곡), 장봉환 디모테오(심곡본동), 서진희 베드로(여월동), 김영안 드레아(역곡2동), 전흥철 안토니오(중2동), 김석봉 야고보(중3동), 윤기원 베드로(상3동)

성 안드레아 분단 신은천 그레고리오(간석4동), 최창학 미카엘(구월1동), 박은순 마리노(대야동), 조영호 프란치스코사베리오(만수1동), 주관호 아오스딩(만수3동), 김동철 경환프란치스코(만수6동), 김동철 프란치스코(범박동), 김윤환 베네딕도(신천), 김종화 요셉(은행동)

성 야고보 분단 이창호 레오(가정3동), 류진우 스테파노(계산동), 김성범 토마스(마전동), 김종용 빅토리오(서운동), 임성수 베네딕도(내가), 조형모 마태오(마전동), 박동주(석남동), 복일규 바오로(작전동), 이성욱 미카엘(청수), 이재구 굴리엘모(통진)

성 베드로 분단 김인호 필레몬(산곡동), 이호열 베드로(부개2동), 김진희 레오(부개동), 류윤희 요셉(부평2동), 임병인 바오로(부평4동), 김종환 안드레아(갈산동), 이일우 암브로시오(상1동), 한상익 바오로(신공항), 박병근 요셉(십정동), 박용일 안드레아(일신동)

남성 제 132 차

2005. 9. 8 ~ 11

봉 사 자 • **지도신부** | 양영진 하상바오로 • **회장** | 고중섭 요셉 • **회장후보** | 박호식 마티아 • **총무부장** | 김홍식 베드로 • **총무부차장** | 권태전 라티노 • **활동부장** | 장이석 요셉 • **활동부차장** | 이기춘 파비아노, 이계석호영 베드로, 박영식 베다, 김종철 안드레아 • **전례부장** | 이용기 가브리엘 • **전례부차장** | 박영철 마르띠노 • **음악부장** | 백영순 루시아 • **음악부차장** | 윤선 실비아 • **교수부차장** | 윤치호 안토니오 • **외부강사** | 이학노 요셉, 최상진 야고보, 전대희 바울로 • **주방봉사** | 부개동

성 바오로 분단 고광연 토마스아퀴나스(해안), 이상칠 스테파노(답동), 서익환 미카엘(동춘동), 정승기 안드레아(송현동), 박문봉 마르코(숭의동), 이대영 바오로(연수), 김민수 베드로(용현동), 유재영 시몬(제물포), 김남돈 유스티노(주안3동), 최창진 프란치스코(청학동)

성 요한 분단 심기홍 사무엘(간석2동), 조항명 도미니코(간석4동), 오정환 미카엘(구월1동), 박원철 바오로(대야동), 양태인 가브리엘(만수1동), 김성한 대건안드레아(만수6동), 서대석 요셉(제물포), 황인섭 헤르메스(주안3동), 구만서 프란치스코(주안8동), 배성호 요한(연수)

성 안드레아 분단 김선일 요셉(가좌동), 오승주 마르티노(산곡3동), 명규만 바오로(갈산동), 박향원 레이몬드(계산동), 김용일 요셉(효성동), 손용만 마티아(부개동), 이병대 레오(부평1동), 남기완 요셉(산곡동), 양창우 루치아노(서운동), 이영구 마태오(작전동), 두상언 안토니오(주안1동)

성 야고보 분단 정달화(가정3동), 명노헌 사무엘(검암동), 문유식 베네딕도(검단동), 오재환 세르지오(마전동), 박요환 세례자요한(만수3동), 김호석 루가(신공항), 김철원 파치아노(온수), 장국진 알베르또(청수), 고수광 요셉(통진), 박노식(풍무동)

성 베드로 분단 이용곤 스테파노(가좌동), 윤청치 다니엘(고강동), 장태경 아마토(범박동), 이은규 라이문도(부평2동), 태희남 베드로(삼산동), 원창세 요셉(삼정동), 김준기 스테파노(상3동), 박상익 갈리스도(소사본3동), 조용기 프란치스코(심곡본동), 이후선 요셉(중3동)

남성 제 133 차

2005. 11. 10 ~ 13

봉 사 자	• **지도신부** | 손광배 도미니코 • **회장** | 김현원 시몬 • **회장후보** | 홍성환 돈보스꼬 • **총무부장** | 이명수 요셉 • **총무부차장** | 안종준 스테파노 • **활동부장** | 우제홍 방지거 • **활동부차장** | 박노윤 미카엘, 김광수 안토니오, 김정진 갈리스도, 유태상 아우구스티노 • **전례부장** | 신섭 베드로 • **전례부차장** | 권병주 요셉 • **음악부장** | 김만례 세실리아 • **음악부차장** | 김묘심 다미아나 • **교수부장** | 김명훈 안드레아 • **교수부차장** | 박종규 루수 • **외부강사** | 박찬용 사도요한, 정귀호 다니엘, 김태헌 요셉, 태민웅 바오로 • **주방봉사** | 효성동
성분 바오로단	길성빈 대건안드레아(갈산동), 김용해 곤라도(검암동), 차준환 아브라함(서운동), 김수중 프란치스코(김포), 이강호 바오로(마전동), 이택영 마티아(작전동), 김평대 대건안드레아(청수), 라국진 루뽀(통진), 이석찬 바르나바(풍무동), 장윤호 안티모(하성), 최진호 제르바시오(효성동)
성분 요한단	주광규 미카엘(연수), 장준혁 바르톨로메오(중2동), 조덕형(동춘동), 성명근 제노(송현동), 방효헌 분도(숭의동), 윤준섭 암브로시오(연안), 강용희 마르띠노(옥련동), 조호희 이시도로(용현5동), 조봉휘 아우구스티노(제물포), 차복환 요셉(주안3동), 곽노기 알렉시오(청학동)
성분 안드레아단	이원구 세르지오(가정동), 남영현 베드로(구월1동), 정학수 베드로(부개동), 황복연 미카엘(부평1동), 변호승 야고보(부평3동), 조병주 막시모(산곡3동), 박원호 필레몬(산곡동), 류근환 안토니오(송림동), 안상영 미카엘(송현동), 박제성 요셉(대부), 임주혁 사무엘(주안5동), 최광일 세례자요한(해안)
성분 야고보단	김인기 바오로(대부), 이승환 도미니코(대야동), 임관익 방지거(만수1동), 김만식 안드레아(만수3동), 이칠수 빈첸시오(만수6동), 장완희 바오로(범박동), 조규성 요셉(소사본3동), 김천영 안드레아(신천), 양주용 바오로(포동), 서훈 루카(은행동), 남궁장환 토마(제물포)
성분 베드로단	박득기 베드로(부개2동), 이수영 마르코(삼산동), 백종선 시몬(삼정동), 김기봉 토마(상1동), 오우택 요셉(상3동), 이동수 토마(상동), 이천용 가브리엘(서운동), 황성진 베드로(연수), 김경완 엘리아(심곡), 김의섭 베드로(중2동), 신중진 프란치스코(청수)

남성 제 134 차

2006. 1. 19 ~ 22

봉 사 자	• **지도신부** | 이상희 마르띠노 • **회장** | 이종갑 바오로 • **회장후보** | 윤석만 요한 • **총무부차장** | 김용석 비오 • **활동부장** | 장이석 요셉 • **활동부차장** | 라승환 라우렌시오, 김이현 도미니코, 최백수 베드로, 조언상 그레고리오, 박형일 마티아 • **전례부장** | 김영준 유스티노 • **전례부차장** | 최윤희 요셉 • **교수부장** | 남기환 마태오 • **교수부차장** | 최인 요셉 • **외부강사** | 김병상 필립보, 박희중 안드레아, 김동철 토마스, 박희동 미카엘 • **주방봉사** | 고잔
성분 바오로단	이형곤 마르코(간석2동), 이용옥 바오로(구월1동), 유월로 라파엘(대야동), 박경섭 베드로(동춘동), 박후정 도미니코(만수3동), 이윤녕 바오로(만수6동), 오병집 스테파노(연수), 고재철 요셉(주안1동), 김용광 .(주안3동), 박기택 토마스(주안3동), 이수일 루카(화수동), 서명기 마태오(도창동)
성분 요한단	백승재 베네딕토(꼰벤뚜알), 정진호 로렌죠(계산동), 김영우 사도요한(고강동), 조완규 안드레아(고촌), 차순만(내가), 이찬주 아오스딩(마전동), 최태규 알베르또(서운동), 김경열 안드레아(여월동), 김광재 요셉(장기동), 이동헌 베드로(청수), 주명수 안토니오(풍무동)
성분 안드레아단	최선홍 프란치스코(석남동), 정태헌 바오로(송림동), 김기철 세례자요한(숭의동), 김정남 대건안드레아(연안), 송광호 프란치스코(옥련동), 유중형 아오스팅(용현5동), 서정규 비오(용현동), 안상민 프란치스코(제물포), 채병엽 세례자요한(주안3동), 백종석 요셉(청학동), 김용준 요한(화수동)
성분 야고보단	최정수 루카(고잔), 김재화 사도요한(대부), 방인일 도미니코(남촌동), 장기용 세례자요한(온수), 정성태 베드로(부개동), 정종수 바오로(부평1동), 임기호 프란치스코(부평2동), 박길원 베네딕토(산곡3동), 장섭우 요셉(신공항), 손두희 요셉(작전동)
성분 베드로단	이성우 베드로(포동), 허준 보니파시오(범박동), 박서균 클레멘스(상3동), 주일훈 마르띠노(상동), 박순택 요셉(소사), 김영길 사도요한(소사본3동), 최지욱 루카(역곡), 김용활 펠릭스(역곡2동), 이경호 토마스(중2동), 오정광 요아킴(삼정동)

남성 제 135 차

2006. 3. 16 ~ 19

봉 사 자	• **지도신부** | 정윤화 베드로 • **회장** | 태민웅 바오로 • **회장후보** | 박호식 마티아 • **총무부장** | 김명훈 안드레아 • **총무부차장** | 장신종수 아브라함 • **활동부장** | 김정극 세바스티아노 • **활동부차장** | 추한식 프란치스코, 윤기원 베드로, 박상호 야고보, 이명록 마태오 • **교수부장** | 박종규 루수 • **교수부차장** | 안영수 미카엘 • **전례부장** | 최익기 요셉 • **외부강사** | 김병상 필립보, 정귀호 다니엘, 김혁태 사도요한, 박희동 미카엘 • **주방봉사** | 고촌
성 바오로 분단	손세영 비오(간석4동), 이상헌 요한(구월1동), 김장민 도미니코(옥련동), 이순재 가브리엘(남촌동), 김영중 마태오(만수1동), 조계옥 율리아노(만수3동), 채수용 바오로(만수6동), 김영선 다니엘(부평1동), 윤준식 안토니오(고잔), 문태영 요셉(연수), 김덕경 바오로(주안3동)
성 요한 분단	임영택 암브로시오(답동), 심경원 다니엘(대청도), 유연호 다미아노(송림4동), 서동준 야고보(송림동), 문현주 빈첸시오(송현동), 최원조 바오로(숭의동), 노명환 알렉산델(신공항), 김재휴 도미니코사비오(용현5동), 선종진 안드레아(제물포), 황창호 요셉(주안1동), 최병문 안드레아(주안3동)
성 안드레아 분단	이광옥 요셉(가정3동), 안성삼 요한(검단동), 김기범 야누아리오(계산동), 이상렬 요한크리소스토모(고촌), 변재환 요셉(김포), 강병훈 디모테오(마전동), 구원호(상3동), 김두수 시몬(서운동), 김병문 사도요한(작전동), 정찬호 야고보(청수), 송승국 프란치스코(효성동)
성 야고보 분단	김인현 마르코(고강동), 이인학 세례자요한(부평2동), 강기운 다니엘(부평3동), 임락창 바오로(부평4동), 양명훈 세례자요한(산곡3동), 양민규 루카(삼산동), 원영재 마태오(삼정동), 양윤승 요한(여월동), 정광연 필립보(오정동), 정규상 바울리노(중2동), 라기철 사도요한(중3동)
성 베드로 분단	조충언 야고버(대부), 홍성철 야고보(대야동), 금경무 프란치스코(범박동), 우성극 마태오(소사), 홍봉희 요셉(소사본3동), 강계윤 베네딕토(신천), 이우만 미카엘(심곡), 조동민 베드로(역곡), 이기정 마티아(역곡2동), 안순만 도민고(영흥), 이용규 사도요한(은행동)

남성 제 136 차

2006. 5. 18 ~ 21

봉 사 자	• **지도신부** | 양영진 하상바오로 • **회장** | 홍성환 돈보스꼬 • **회장후보** | 고중섭 요셉 • **총무부장** | 안종준 스테파노 • **활동부장** | 조판형 사도요한 • **활동부차장** | 박영식 베다, 유태상 아우구스티노, 김광수 안토니오, 김재일 프란치스코, 이상철 마티아 • **전례부장** | 이용기 가브리엘 • **전례부차장** | 권용광 미카엘 • **교수부장** | 이명수 요셉 • **교수부차장** | 황의섭 요셉 • **외부강사** | 김병상 필립보, 정윤화 베드로, 김동철 토마스, 현상옥 스테파노, 태민웅 바오로 • **주방봉사** | 도창동
성 바오로 분단	송갑동 도밍고(간석4동), 박윤병 미카엘(고잔), 한홍배 요한(남촌동), 김종호 가밀로(대야동), 이상덕 사도요한(동춘동), 조금희(만수1동), 홍승찬 안드레아(만수3동), 임정일 사도요한(영흥), 이성우 시메온(은행동), 양병준 안드레아(주안3동), 문경석 클레멘스(도창동)
성 요한 분단	배세종 라파엘(갈산동), 신대근 마르코(도창동), 이은호 이사악(작전동), 김상오 베드로(부평1동), 신용찬 즈가리아(부평2동), 박영규 시메온(상1동), 이홍규 비오(서운동), 최현배 프란치스코(부개동), 서효석 마태오(산곡3동), 김지현 빅토리오(소성), 편재곤 안드레아(효성동)
성 안드레아 분단	신명섭 다니엘(고강동), 송충식 요셉(범박동), 서진상 치릴로(삼정동), 김창섭 루치오(소사), 김은현 엘리야(소사본3동), 김영기 요셉(심곡본동), 최경호 요한(여월동), 박남욱 마르코(역곡2동), 채병돈 다니엘(오정동), 오순식 마태오(중2동), 송대근 안드레아(중3동)
성 야고보 분단	박인희 다윗(가정동), 박정우 요한겟티(산곡3동), 엄홍구 안또니오(검단동), 오정환 요한크리소스토모(고촌), 안종규 모이세(김포), 이정희 베드로(마전동), 김문모 베네딕토(신공항), 조용수 베드로(부평4동), 김병화 필립보(통진), 조규행(청수), 임홍렬 압돈(풍무동)
성 베드로 분단	임배성 비오(덕적도), 허인복 사도요한(송림동), 윤정의 토마스(숭의동), 박창길 안드레아(연수), 이택범 요셉(연안), 이상철 시몬(용현5동), 김인오 베드로(제물포), 김태진 분도(주안1동), 김정식 플라비오(주안3동), 최민용 베드로(주안5동), 최효묵 스테파노(청학동), 정선영 라파엘(한국순교성)

남성 제 137 차

2006. 7. 20 ~ 23

봉 사 자

• **지도신부** | 한관우 가누토 • **회장** | 김성철 필립보 • **회장후보** | 김현원 시몬 • **총무부장** | 김영준 유스티노 • **총무부차장** | 권병주 요셉 • **활동부장** | 우제홍 방지거 • **활동부차장** | 이기춘 파비아노, 김종철 안드레아, 전흥철 안토니오 • **전례부차장** | 박운형 프란치스코 • **음악부장** | 백영순 루시아 • **음악부차장** | 윤선 실비아 • **전례부장** | 최윤희 요셉 • **교수부장** | 남기환 마태오 • **교수부차장** | 최인 요셉, 조언상 그레고리오 • **외부강사** | 김병상 필립보, 정병덕 라파엘, 태민웅 바오로 • **주방봉사** | 하성

성 바오로 분단

최승현 루스(가정3동), 박재수 도마(간석2동), 이대건 대건안드레아(간석4동), 여문수 요셉(도화동), 오흥서 바오로(범박동), 유정복 요셉(소성), 심우종 요셉(송림동), 이규의 안드레아(용현동), 김태선 라우렌시오(제물포), 황두연 유스티노(주안1동), 박보현 베드로(주안5동)

성 요한 분단

김상태 도미니코(연수), 김영배 레오(구월1동), 허병옥 사도요한(남촌동), 김경수 예로니모(대야동), 노용운 루카(동춘동), 신원섭 율리아노(만수1동), 박국영 마르코(만수3동), 김진수 요한(만수6동), 김용일 야고보(신천), 이원기 아우구스티노(은행동), 이양묵 암브로시오(주안3동), 송수환 요셉(청학동)

성 안드레아 분단

윤석렬 스테파노(갈산동), 차명원 요한(계산동), 이한식 스테파노(효성동), 박관규 .(부개2동), 최찬근 안토니오(부평1동), 장훈 사도요한(부평4동), 한근노 대건안드레아(산곡3동), 강상범 임마누엘(산곡동), 정담수 사도요한(서운동), 최경수 마태오(석남동), 주광호 알퐁소(십정동), 최인섭 시메온(작전동)

성 야고보 분단

황재연(고강동), 최형섭 스테파노(여월동), 배경환 요아킴(삼정동), 이영희 마르코(상1동), 양준석 프란치스코(상3동), 백종성 베드로(소사본3동), 이명우 디오니시오(역곡2동), 부철호 사도요한(오정동), 노일권 사도요한(중2동), 백승문 F.살레시오(중3동), 정원준 베네딕도(해병청룡)

성 베드로 분단

임성찬 시몬(가좌동), 조길준 로마노(검단동), 우화명 니고데모(검암동), 이명철 마르코(김포), 김경학 라파엘(마전동), 유상연 요한(장기동), 장영철 아우구스티노(청수), 정장현 아브라함(통진), 임규완 멜키올(풍무동), 조한석 요셉(하성), 채종두 바드리시오(해병청룡)

남성 제 138 차

2006. 9. 21 ~ 24

봉 사 자

• **지도신부** | 정병철 요셉 • **회장** | 고중섭 요셉 • **회장후보** | 홍성환 돈보스꼬 • **총무부장** | 박종규 루수 • **총무부차장** | 문칠성 안젤로 • **활동부장** | 장이석 요셉 • **활동부차장** | 윤기원 베드로, 이창호 레오, 길성빈 대건안드레아, 오정광 요아킴 • **전례부장** | 신섭 베드로 • **교수부장** | 김명훈 안드레아 • **교수부차장** | 박찬종 베네딕도 • **외부강사** | 김병상 필립보, 정귀호 다니엘, 박희중 안드레아, 태민웅 바오로, 이규진 스타니슬라오 • **주방봉사** | 송림4동

성 바오로 분단

김수창 요셉(주안8동), 정승섭 레오(송림4동), 안서용 레오(송림동), 주형섭 스테파노(송현동), 김인환 베난시오(연안), 김영일 베네딕토(용현동), 윤문권 하상바오로(제물포), 김상휘 파비아노(주안3동), 조영진 바오로(주안3동), 손경남 도마(주안5동)

성 요한 분단

최승용 가브리엘(간석4동), 고정민 암브로시오(검단동), 김동운 바오로(부평2동), 임홍곤 안드레아(부평4동), 권용근 미카엘(서운동), 이재환 다니엘(계산동), 신용진 세례자요한(여월동), 이연복 베드로(일신동), 김대년 야고보(작전동), 권윤상 바오로(중2동)

성 안드레아 분단

박명희 세례자요한(가정동), 김창권 토마(검단동), 한문석 세례자요한(검암동), 김종명 바오로(마전동), 유치국 세례자요한(산곡3동), 황상진 프란치스코(석남동), 신종철 요셉(양곡), 이종태 오딜론(주안3동), 심방유 스테파노(청수), 김규식 이냐시오(효성동)

성 야고보 분단

정명순 요한(삼정동), 오흥호 그레고리오(상3동), 김용정(소사), 현희용 요셉(소사본3동), 안효근 스테파노(여월동), 이영민 안드레아(역곡2동), 최장섭 대건안드레아(오정동), 강윤영 프란치스코(용현5동), 박영주 안드레아(원미동), 고동수 바오로(중2동)

성 베드로 분단

이용근 안젤로(간석2동), 나난주 레오(만수3동), 이경수 요셉(구월1동), 임양규 가브리엘(남촌동), 정현모 이시도로(신천), 이경수 프란치스코(동춘동), 최진우 바오로(범박동), 최찬식 시몬(연수), 이진섭 세례자요한(은행동), 신진호 요셉(한국순교성)

남성 제 139 차

2006. 11. 9 ~ 12

봉사자

• **지도신부** | 이영재 대건안드레아 • **회장** | 김현원 시몬 • **회장후보** | 윤석만 요한 • **총무부장** | 추한식 프란치스코 • **총무부차장** | 신종수 아브라함 • **활동부장** | 김홍식 베드로 • **활동부차장** | 박노윤 미카엘, 김용욱 대건안드레아, 김성복 요셉바르사바, 백창열 안드레아 • **음악부장** | 백영순 루시아 • **음악부차장** | 윤선 실비아 • **전례부장** | 이용기 가브리엘 • **전례부차장** | 장섭우 요셉 • **교수부장** | 이명수 요셉 • **교수부차장** | 김정진 갈리스도 • **외부강사** | 김병상 필립보, 정귀호 다니엘, 한관우 가누토, 김혁태 사도요한, 최영윤 사도요한, 박희동 미카엘 • **주방봉사** | 해안

성 바오로 분단

이용 베네딕도(구월1동), 김창복 베드로(남촌동), 김영복 토마스(도창동), 오수진 스테파노(만수1동), 노병수 안드레아(만수3동), 강화수 안드레아(만수6동), 김갑수 대건안드레아(범박동), 박영봉 아브라함(역곡2동), 나상희 시몬(연수), 라창형 안드레아(영흥)

성 요한 분단

박봉기 그라시아노(간석4동), 김부민 베드로(답동), 김호길 스테파노(해안), 김명규 하상바오로(주안1동), 남상구 토마스(동춘동), 전우경 안셀모(박촌동), 박병홍 식마리겐피델리스(송림동), 김광웅 가브리엘(용현동), 구은서 스테파노(제물포), 김건규 분도(주안3동)

성 안드레아 분단

김현규 바르톨로메오(고강동), 김대선 안드레아(주안1동), 오찬영 그레고리오(상1동), 오수근 베드로(상동), 송웅호 다니엘(소사), 이점수 베드로(소사본3동), 김규진 빈첸시오아바울로(여월동), 박거사 분도(역곡2동), 이종옥 도미시오(원미동), 남기혁 스테파노(삼정동)

성 야고보 분단

최승진 요한금구(김포), 이용성 비오(김포), 오명남 베드로(마전동), 박명덕 발렌티노(불로동), 박운남 베드로(양곡), 남석희 바오로(오류동), 김욱 요셉(장기동), 김성수 다니엘(풍무동)

성 베드로 분단

이건성 베드로(갈산동), 유근오 미카엘(부개2동), 유준혁 세바스챤(부평2동), 강웅달(부평4동), 한봉남 가브리엘(삼산동), 정운민 바오로(서운동), 김웅래 요셉(산곡3동), 최병준 프란치스코(산곡3동), 장제중 안토니오(작전동), 김준모 T.아퀴나스(효성동)

남성 제 140 차

2007. 1. 18 ~ 21

봉사자

• **지도신부** | 김준석 멜키올 • **회장** | 이종갑 바오로 • **회장후보** | 윤석만 요한 • **총무부장** | 전형재 돈보스꼬 • **총무부차장** | 김정남 대건안드레아 • **활동부장** | 조판형 사도요한 • **활동부차장** | 윤기원 베드로, 박형일 마티아, 이천용 가브리엘, 이수일 루카, 오우택 요셉 • **음악부장** | 이덕종 임마누엘 • **전례부장** | 최윤희 요셉 • **전례부차장** | 박길원 베네딕토 • **교수부장** | 고동구 힐라리오 • **교수부차장** | 김인기 바오로 • **외부강사** | 김병상 필립보, 오용호 세베리노, 김혁태 사도요한, 태민웅 바오로 • **주방봉사** | 용현5동

성 바오로 분단

임흥준 루카(검단동), 김종혁 알비노(검암동),김도수 방지거(김포), 정원재 대건안드레아(마전동), 임철기(박촌동), 홍기영 모세(불로동), 지성욱 베드로(원당동), 이석호 가시아노(장기동), 류홍명 알베르토(통진), 장순범 바오로(풍무동), 이승기 야고버(하성)

성 요한 분단

김몽수 스더왕(가정3동), 윤을용 다두(가정동), 최문기 마티아(갈산동), 정남석 바오로(부개2동), 이동찬 스테파노(산곡3동), 김민곤 안드레아(산곡동), 김동근 마티아(삼산동), 송진종 요한(신공항), 최선규 베드로(작전동), 김철준 베드로(한국순교성인), 천성기 비오(효성동)

성 안드레아 분단

강이현 베드로(간석4동), 김낙남 요한(고잔), 손정혁 사도요한(김포), 최영준 베드로(대부), 유철 요셉(대야동), 권재황 마티아(만수1동), 박괄섭 요셉(만수3동), 김완규 시몬(만수6동), 김일기 야고보(남촌동), 정원일 야고보(신천), 최철알 로이시오(십정동), 송선영 요한(용현동)

성 야고보 분단

서성만 베드로(주안1동), 윤현모 사도요한(용현동), 김영길 마태오(연수), 한천교 아우구스티노(답동), 서경석 요셉(동춘동), 하영수 리노(송림동), 박성호 프란치스코(용현5동), 강성일 미카엘(제물포), 이강희 요셉(주안1동), 장동주 프란치스코(주안3동), 정광택 토마스(주안5동), 김길창 바오로(주안3동)

성 베드로 분단

탁형주 안토니오(고강동), 이호영 바오로(상1동), 홍순민 라파엘(서운동), 이진국 사도요한(소사), 이종익 안토니오(소사본3동), 이연오 바오로(심곡본동), 김민호 세례자요한(여월동), 권영진 마카리오(역곡2동), 이병희 도밍고(오정동), 박문섭 마르첼리노(원미동), 최금욱 최형베드로(중2동), 전재학 대건안드레아(중3동)

남성 제 141 차

2007. 3. 22 ~ 25

봉 사 자

• **지도신부** | 한의열 요셉 • **회장** | 홍성환 돈보스꼬 • **회장후보** | 이명수 요셉 • **총무부장** | 박종규 루수 • **총무부차장** | 강병훈 디모테오 • **활동부장** | 유태상 아우구스티노 • **활동부차장** | 안종준 스테파노, 이창호 레오, 양창우 루치아노, 최지욱 루카, 최인섭 시메온 • **전례부장** | 권용광 미카엘 • **전례부차장** | 김광수 안토니오 • **음악부장** | 이덕종 임마누엘 • **음악부차장** | 김무성 마르티노 • **교수부장** | 남기환 마태오 • **교수부차장** | 황의섭 요셉 • **외부강사** | 김병상 필립보, 정윤화 베드로, 박병훈 요셉, 박희동 미카엘 • **주방봉사** | 작전동

성분 바오로단

박종규 스테파노(가정3동), 김용철 라파엘(가정동), 김동수 돈보스꼬(가좌동), 지윤수 안드레아(간석4동), 이용우 시몬(답동), 김진훈 요셉(도화동), 김홍겸 요한(부평2동), 최완식 라우렌시오(송림동), 강신일 요셉(영종), 최병조 시조에스(제물포), 김종구 안셀모(해안)

성분 요한단

이현수 베드로(부평2동), 박용한 바오로(만수1동), 정재환 베드로(불로동), 허정환 세례자요한(산곡3동), 김광태 가브리엘(삼산동), 박진흥 프란치스코(신천), 한일수 안드레아(여월동), 김병철 시메온(은행동), 이홍림 베드로(일신동), 정현문 도미니코(작전동), 간백철 베드로(효성동)

성분 안드레아단

송복용(구월1동), 태진우 안드레아(주안8동), 김재훈 요셉(남촌동), 민병의 세례자요한(동춘동), 서정선 요한(만수3동), 한철원 세례자요한(만수6동), 장준석 프란치스코(서창동), 한원동 프란치스코(선학동), 권유성 알렉산더(연수), 송재건 야고보(주안3동), 강연석 레오(한국순교성)

성분 야고보단

김길웅 베드로(검단동), 이승재 다니엘(검암동), 문군호 사도요한(계산동), 민영환 토마스모어(불로동), 조희덕 바오로(김포), 신수일 안토니오(마전동), 이완석 세례자요한(양곡), 정재선 스테파노(청수), 이석두 미카엘(통진),임흥선 요셉(풍무동), 지경용 마태오(하성)

성분 베드로단

이용주 베드로(고잔), 김정봉 안테로스(삼정동), 안세근 헨리코(범박동), 장승식 안드레아(상3동), 김경수.(서운동), 이창기 베드로(소사), 장종한 요셉(소사본3동), 박정규 안셀모(심곡본동), 정원호 마르꼬(오정동), 김동일 바오로(중2동), 여규배 바오로(중3동)

남성 제 142 차

2007. 5. 17 ~ 20

봉 사 자

• **지도신부** | 정귀호 다니엘 • **회장** | 윤석만 요한 • **회장후보** | 이명수요셉 • **총무부장** | 조형모 마태오 • **총무부차장** | 신종수 아브라함 • **활동부장** | 우제홍 방지거 • **활동부차장** | 김종철 안드레아, 길성빈 대건안드레아, 김용욱 대건안드레아, 오승주 마르티노, 김상태 도미니코 • **전례부장** | 이용기 가브리엘 • **전례부차장** | 이은호 이사악 • **음악부장** | 이덕종임마누엘 • **음악부차장** | 정윤화 베드로 • **교수부장** | 김정진 갈리스도 • **교수부차장** | 박찬종베네딕도 • **외부강사** | 김병상 필립보, 정귀호 다니엘, 김동철 토마스, 태민웅 바오로 • **주방봉사** | 서운동

성분 바오로단

조정현 토마스(고잔), 김복룡 바오로(서창동), 이영호 미카엘(구월1동), 이태병 프란치스코(청학동), 김찬수 프란치스코(남촌동), 장성기 빈첸시오(동춘동), 조명석 다니엘(연수), 오상돈 그레고리오(송현동), 오세봉 요셉(용현동), 장현택 펠릭스(제물포), 서주석 세례자요한(주안1동), 양경석 마티아(한국순교성)

성분 요한단

이상옥 마티아(대야동), 전인철 굴리엘모(만수1동), 황동희 이냐시오(만수3동), 이석구 로렌조(만수6동), 최상기 레오(부개2동), 유연득 도미시오(신천), 이한영 바오로(십정동), 한점수 마태오(은행동), 김대환 미카엘(작전동), 주충규 바오로(주안3동), 김기신 베네딕토(주안5동)

성분 안드레아단

이광철 베드로(고강동), 고보성 마티아(범박동), 양해령 요셉(상3동), 홍연기 미카엘(상동), 한도근 요셉(소사), 윤창현 요한(소사본3동), 신통원 시몬(심곡본동), 민영관 시메온(여월동), 윤병현 토마(역곡2동), 변성연 미카엘(중2동), 차성호 로마노(중3동)

성분 야고보단

이승교 스테파노(가정3동), 구자천 바오로(계산동), 박정문 프란치스코(박촌동), 김희중 요셉(부개2동), 최승렬 프란치스코(부평3동), 이삼철 토마스알필드(불로동), 이영익 이시돌(산곡3동), 최효진 마태오(삼산동), 송기철 이사악(구월1동), 황재환 대건안드레아(작전동), 이승주 그레고리오(장기동)

성분 베드로단

이관수 베드로(검단동), 김병욱 마르코(김포), 한규창 베네딕토(마전동), 서지원 마태오(불로동), 이광옥 제노(서운동), 임명룡 미카엘(신공항), 박동근 안드레아(양곡), 김준봉 요셉(검암동), 곽효성 스테파노(원당동), 이익주 세례자요한(풍무동), 정영철 마르첼리노(해병청룡), 송봉섭 라자로(효성동), 이상범 안토니오(갈산동)

남성 제 143 차

2007. 7. 19 ~ 22

봉 사 자
• **지도신부** | 박요환 세례자요한 • **회장** | 김성철 필립보 • **회장후보** | 전형재 돈보스꼬 • **총무부장** | 권병주 요셉 • **총무부차장** | 최인 요셉, 김정일 스테파노 • **활동부장** | 윤기원 베드로 • **활동부차장** | 박영식 베다, 전흥철 안토니오, 김준호 사도요한, 정담수 사도요한 • **음악부장** | 이덕종 임마누엘 • **전례부장** | 이규진 스타니슬라오 • **전례부차장** | 정현모 이시도로 • **교수부장** | 조언상 그레고리오 • **교수부차장** | 문칠성 안젤로 • **외부강사** | 김병상 필립보, 오용호 세베리노, 이근일 마태오, 박희동 미카엘 • **주방봉사** | 부평3동

성분 바오로단
박영길 베드로(가정3동), 조주형 가브리엘(검단동), 모강옥 안드레아(김포), 백남웅 사도요한(마전동), 이점복 에우세비오(불로동), 김영철 리차드(가정동), 우경원 레오(신공항), 조전훈 안드레아(검암동), 김훈환(청수), 김동규 미카엘(통진), 박황진 예로니모(풍무동)

성분 요한단
정상현 베드로(갈산동), 황흥철 마태오(고잔), 유만상 베드로(남촌동), 민형호 사도요한(도화동), 장기주(동춘동), 김완중 .(만수3동), 강민규 정하상바오로(송림동), 김윤철 프란치스코(연수), 차호찬 시메온(숭의동), 김기연 사도요한(주안3동), 윤창수 대건안드레아(주안3동), 우대진 솔로몬(한국순교성)

성분 안드레아단
손원복 바오로(가정동), 김왕식 안드레아(간석2동), 박상기 빈첸시오(간석4동), 김덕원 토마(송현동), 정남준 스테파노(대야동), 김광희 디모테오(만수3동), 여운열 이시도로(만수6동), 송명섭 베드로(서창동), 장칠권 야고보(신천), 김홍범 요한(십정동), 이성재 베드로(은행동)

성분 야고보단
이기철 프란치스코(갈산동), 정우열 대건안드레아(계산동), 김보성 베드로(주안3동), 박성덕 후재요한(박촌동), 홍순호 바오로(부개2동), 이시재 사도요한(부개동), 권오형 다두(불로동), 이종철 미카엘(산곡3동), 이명철 바오로(서운동), 백원기 마태오(일신동), 이영국 펠릭스(작전동), 이종복 베드로(효성동)

성분 베드로단
이한길 이냐시오(고강동), 김명원 토마스아퀴나스(범박동), 지창옥 요한(삼정동), 김덕조 프란치스코(상1동), 송근호 요한레오나르디(상3동), 조국현 아브라함(소사), 이경영 베드로(심곡본동), 송요성 미카엘(역곡2동), 서문석 미카엘(여월동), 장춘순 가브리엘(중2동), 곽일훈 필립보네리(중3동)

남성 제 144 차

2007. 9. 13 ~ 16

봉 사 자
• **지도신부** | 최상진 야고보 • **회장** | 홍성환 돈보스꼬 • **회장후보** | 박종규 루수 • **총무부장** | 최윤희 요셉 • **총무부차장** | 강병훈 디모테오 • **활동부장** | 안종준 스테파노 • **활동부차장** | 김종철 안드레아, 이종원 스테파노, 서효석 마태오, 임홍렬 압돈, 최찬식 시몬 • **전례부장** | 신섭 베드로 • **전례부차장** | 장섭우 요셉 • **음악부장** | 김무성 마르티노 • **교수부장** | 고동구 힐라리오 • **교수부차장** | 황의섭 요셉 • **외부강사** | 김병상 필립보, 정윤화 베드로, 태민웅 바오로, 김혁태 사도요한 • **주방봉사** | 만수1동

성분 바오로단
원용철 베드로(검단동), 김현규 안드레아(김포), 이상학 미카엘(마전동), 강현수 요셉(불로동), 서경석 안드레아(송현동), 박동신 세례자요한(신공항), 문재호 베드로(양곡), 장섭순 바오로(영종), 김영우 라우렌시오(원당동), 이재환 시몬(청수), 박준형 라파엘(효성동)

성분 요한단
송형훈 세례자요한(중2동), 여병정 요왕(범박동), 전병춘 안드레아(삼정동), 신철하 빈첸시오(상1동), 이재권 세르지오(상3동), 심재명 요셉(심곡), 김동현 그레고리오(심곡본동), 최장규 도밍고(역곡2동), 강태순 안드레아(오정동), 강호윤 요한보스코(여월동), 하헌달 야고보(중3동)

성분 안드레아단
임승권 요셉(가정동), 백운영 스테파노(가좌동), 강기호 마티아(간석4동), 유시명 도미니코(여월동), 정재영 모세(대청도), 윤영복 요셉(용현5동), 이상민 미카엘(송현동), 장해창 세례자요한(용현동), 조태환 요한(제물포), 전명성 안토니오(주안1동), 공병조 마태오(주안3동)

성분 야고보단
이준우 바오로(계산동), 정병담 토마스(부개동), 김정현 요셉(부평2동), 강학수 요셉(부평3동), 이정희 이냐시오(불로동), 김창배 프란치스코(산곡3동), 이수춘 시몬(산곡동), 윤근중 바오로(삼산동), 박락군 사도요한(상1동), 이중현 안드레아(작전동)

성분 베드로단
진심호 마태오(구월1동), 황순용 대건안드레아(남촌동), 강경열 요아킴(대야동), 홍광일 토마스(동춘동), 박명철 안셀모(만수1동), 우제남 야고보(선학동), 안윤철 베드로(신천), 정혁채 요셉(은행동), 전지훈 루치오(연수), 이남수 세자요한(포동), 송문식 비오(한국순교성인)

남성 제 145 차

2007. 11. 8 ~ 11

봉 사 자 • **지도신부** | 김지훈 토마스아퀴나스 • **회장** | 이명수 요셉 • **회장후보** | 전형재 돈보스꼬 • **총무부장** | 신종수 아브라함 • **총무부차장** | 김용석 비오 • **활동부장** | 조판형 사도요한 • **활동부1차장** | 오승주 마르티노, 오정광 요아킴, 남기혁 스테파노, 오수근 베드로 • **전례부장** | 나상희 시몬 • **전례부차장** | 이용기 가브리엘 • **음악부차장** | 박상익 갈리스도 • **교수부장** | 김정진 갈리스도, 박찬종 베네딕도 • **외부강사** | 김병상 필립보, 정귀호 다니엘, 손광배 도미니코, 박희동 미카엘 • **주방봉사** | 옥련동

성 바오로 분단 이민재 안셀모(구월1동), 손명구 대건안드레아(만수1동), 정대봉 사도요한(만수3동), 홍순철 마카르(만수6동), 이강섭 다니엘(송림동), 이기만 미카엘(송현동), 신효택 가브리엘(숭의동), 윤인선 시몬(용현동), 김영철 비오(주안3동), 조기현 바오로(한국순교성인), 박희태 로마노(화수동)

성 요한 분단 정만호 요보(갈산동), 임흥철 요한에우데스(계산동), 김민중 안드레아(풍무동), 민광식 다두(박촌동), 이정훈 사도요한(부개2동), 김경석 엘리지오(부개동), 유병현 요셉(상3동), 유병택 에우카리오(삼산동), 도희종 미카엘(작전동), 강영원 바울리노(장기동), 유영수 베드로(효성동)

성 안드레아 분단 유재덕 프란치스코(남촌동), 최영성 요셉(대야동), 서명찬 루도비코(동춘동), 백종호 베드로(선학동), 김현봉 암브로시오(소사본3동), 김광일 힐라리오(송현동), 조호연 마리노(신천), 김형 두루카(연수), 박수 요셉(옥련동), 이용옥 요한보스코(주안3동)

성 야고보 분단 류광현 마르티노(가정동), 차준철 다니엘(가좌동), 이영범 레오(강화), 박석순 바오로(검단동), 최창묵 요아킴(내가), 유상종 야고보(마전동), 임수길 요왕(불로동), 박규남 마티아(답동), 이정일 아씨시 프란치스코(풍무동), 하영기 요한비안네(하성)

성 베드로 분단 이한용 요셉(범박동), 이광식 나볼((삼정동), 정성연 베드로(상1동), 장동석 시몬(상동), 김태규 세례자요한(소사본3동), 박태석 요아킴(심곡본동), 이일수 다니엘(여월동), 황임석 요셉(역곡2동), 박영택 아오스딩(오정동), 정영복 베드로(중2동), 박광훈 스테파노(중3동)

남성 제 146 차

2008. 1. 10 ~ 13

봉 사 자 • **지도신부** | 한의열 요셉 • **회장** | 이종갑 바오로 • **회장후보** | 윤석만 요한 • **총무부장** | 권병주 요셉 • **총무부차장** | 김정남 대건안드레아 • **활동부장** | 윤기원 베드로 • **활동부차장** | 박형일 마티아, 길성빈 대건안드레아, 천민섭 빈첸시오, 심기홍 사무엘, 이태병 프란치스코 • **음악부장** | 이덕종 임마누엘 • **전례부장** | 권용광 미카엘 • **전례부차장** | 정현문 도미니코 • **교수부장** | 조언상 그레고리오 • **교수부차장** | 윤문권 하상바오로 • **외부강사** | 김병상 필립보, 김혁태 사도요한, 김동철 토마스, 태민웅 바오로 • **주방봉사** | 대부영흥

성 바오로 분단 김강호 레오(동춘동), 정덕환 아론(선학동), 김형식 다니엘(송림동), 정현식 요셉(십정동), 안동원 안드레아(옥련동), 류상서 프란치스코(용현5동), 유성호 세례자요한(용현동), 서언주 요아킴(주안3동), 고은중 바오로(화수동)

성 요한 분단 김진규 가브리엘(갈산동), 고왕표 힐라리오(마전동), 최낙문 토마스아퀴나스(상동), 한옥철 요한(석남동), 김성호 모세(역곡2동), 최기호 레오(원당동), 고임선 체레몬(여월동), 심재명 루카(중2동), 최준성 요셉(청수), 유영덕 미카엘(통진)

성 안드레아 분단 정태경 토마(삼정동), 채수오 스테파노(상3동), 안광철 라파엘(상동), 이영진 안드레아(소사본3동), 민병상 요셉(심곡본동), 김주석 안드레아(여월동), 홍세봉 스테파노(역곡), 정석환 이냐시오(역곡2동), 이승규 안드레아(오정동), 김중성 베드로(중3동)

성 야고보 분단 홍광의 시몬(갈산동), 박종수 요사팟(부개2동), 박재석 바오로(부평1동), 이수권 요왕(산곡3동), 이종오 마르코(산곡동), 이영태 빠뜨리시오(서운동), 강영달 마르첼리노(일신동), 김준 베드로(작전동), 정양기 아우구스티노(효성동)

성 베드로 분단 심기석 베드로(간석2동), 홍성민 미카엘(대부), 윤덕영 베드로(대야동), 김장권 베드로(만수1동), 남궁선 세례자요한(만수3동), 신승규 비오(만수6동), 이길상 토마스(소성), 백형락 토마스(신천), 권석범 시몬(은행동)

남성 제 147 차

2008. 3. 6 ~ 9

봉 사 자

• **지도신부** | 정윤화 베드로 • **회장** | 홍성환 돈보스꼬 • **회장후보** | 박종규 루수 • **총무부장** | 최윤희 요셉 • **총무부차장** | 김길창 바오로 • **활동부장** | 우제홍 방지거 • **활동부차장** | 정담수 사도요한, 정승섭 레오, 안세근 헨리코, 허정환 세례자요한, 박진흥 프란치스코 • **전례부장** | 이용기 가브리엘 • **전례부차장** | 조명석 다니엘 • **음악부차장** | 이덕종 임마누엘 • **교수부장** | 황의섭 요셉 • **교수부차장** | 임홍렬 압돈 • **외부강사** | 김병상 필립보, 한의열 요셉, 김지훈 토마스아퀴나스, 박희동 미카엘 • **주방봉사** | 용현5동

성 바오로 분단

김재영 야고보(답동), 전병식 요셉(동춘동), 백현제 비오(백령도), 김원형 임마누엘(선학동), 장승호 라파엘(연수), 이동환 이시도르(옥련동), 윤재홍 시몬(용현5동), 윤창근 베드로(제물포), 원제운 사무엘(주안3동), 고동섭 비오(청학동), 전경준 프란치스코(한국순교성인), 김상모 시몬(화수동)

성 요한 분단

이길종 가브리엘(간석4동), 김민수 베네딕도(고잔), 안상윤 에밀리오(김포), 이용근 스테파노(남촌동), 서부원 이냐시오(대야동), 고남철 요셉(도창동), 임영일 마티아(만수3동), 남상익 사도요한(만수6동), 이시우 토마스(서창동), 채문석 발도로메오(신천), 김용기 프란치스코(은행동)

성 안드레아 분단

박용기 시몬(가정3동), 남기헌 라파엘(가정동), 정종성 클레멘스(검단동), 김창수 베드로(김포), 김도현 안드레아(마전동), 김관우 스테파노(석남동), 안규태 베네딕토(교구청), 이용우 토마스아퀴나스(원당동), 이승호 윤일요한(청수), 문동헌 나자로(통진), 박홍수 미카엘(풍무동)

성 야고보 분단

김성진 베드로(교구청), 김한형 안드레아(부개2동), 장동현 베드로(산곡3동), 김형태 요셉(산곡동), 김억기 스테파노(상3동), 나중원 가롤로(서운동), 윤태경 베드로(십정동), 신재형 라우렌시오(일신동), 박규욱 루도비코(작전2동), 윤정덕 요셉(작전동), 김명수 펠릭스(효성동)

성 베드로 분단

최문갑 로마노(고강동), 김인석 세례자요한(범박동), 김정기 사도요한(삼정동), 홍종군 다니엘(상1동), 민성기 베르나르도(소사본3동), 이동하 프란치스코(심곡본동), 조정곤 안드레아(여월동), 진용현 안또니오(역곡), 박우룡 안토니오(역곡2동), 오창웅 대건안드레아(원미동), 민경식 요한비안네(중3동)

남성 제 148 차

2008. 5. 15 ~ 18

봉 사 자

• **지도신부** | 김준석 멜키올 • **회장** | 김성철 필립보 • **회장후보** | 전형재 돈보스꼬 • **총무부장** | 권병주 요셉 • **총무부차장** | 홍기영 모세, 홍연기 미카엘 • **활동부장** | 안종준 스테파노 • **활동부차장** | 이종원 스테파노, 서효석 마태오, 채철수 스테파노, 조설호 비오 • **전례부장** | 이규진 스타니슬라오 • **전례부차장** | 권유성 알렉산더 • **음악부장** | 이덕종 임마누엘 • **교수부장** | 신섭 베드로 • **교수부차장** | 이효경 베드로 • **외부강사** | 이학노 요셉, 태민웅 바오로, 조명연 마태오 • **주방봉사** | 화수동

성 바오로 분단

최선환 베드로(가정3동), 이상범 안토니오(갈산동), 노희창 루가(범박동), 권창중 요셉(부개2동), 조우진 도미니코(부개동), 고정수 골마노(부평2동), 이종완 안드레아(삼산동), 이영식 자카리아(상3동), 오왈호 율리오(일신동), 한재용 요셉(작전동), 김주호 베드로(효성동)

성 요한 분단

김종길 베드로(가정동), 황인기 스테파노(검단동), 김고곤 사도요한(계산동), 김연일 스테파노(산곡3동), 장성기 비오(김포), 권덕현 하상바오로(마전동), 어경진 안스가리오(가정3동,)이상재 베네딕도(서운동), 이승용 대건안드레아(신천), 이영길 클레멘스(양곡), 양장원 안드레아(원당동)

성 안드레아 분단

박종수 바오로(고강동), 김기섭 마티아(삼정동), 김형식 세바스티아노(상1동), 김대식 그레고리오(상동), 신동호 사도요한(소사본3동), 윤영섭 스테파노(여월동), 이재덕 즈가리야(역곡2동), 천병천 바오로(원미동), 김명윤 토마스(원종2동), 안정덕 프란치스코(중2동), 윤경섭 요한(도창동)

성 야고보 분단

윤치용 안드레아(간석4동), 황병한 베드로(남촌동), 지현국 안셀모(만수3동), 김대정 유스티노(모래내), 원태영 바실리오(서창동), 류재석 세례자요한(신천), 이영재 레오(역곡2동), 송재훈 마르코(고잔), 민관식 미카엘(주안3동), 탁윤영 그레고리오(중3동)

성 베드로 분단

정윤상 바오로(답동), 안순기 스테파노(동춘동), 김동주 다니엘(선학동), 지창섭 알베르또(송현동), 송휘창(서일)비오(연수), 신제영 바오로(옥련동), 정종대 베드로(용현동), 정장기 하상바오로(제물포), 허영복 무미오(학익동), 김윤호 요셉(화수동)

남성 제 149 차

2008. 7. 24 ~ 27

봉 사 자 • **지도신부** | 정귀호 다니엘 • **회장** | 이명수 요셉 • **회장후보** | 이용기 가브리엘 • **총무부장** | 강병훈 디모테오 • **총무부차장** | 신통원 시몬 • **활동부장** | 박영식 베다 • **활동부차장** | 길성빈 대건안드레아, 오수근 베드로, 김용일 야고보, 정현모 이시도로, 양기섭 스테파노 • **전례부장** | 전태석 요한 • **전례부차장** | 박길원 베네딕토 • **음악부차장** | 이덕종 임마누엘 • **교수부장** | 문칠성 안젤로 • **교수부차장** | 윤문권 하상바오로 • **외부강사** | 김병상 필립보, 이상희 마르띠노, 박희동 미카엘 • **주방봉사** | 역곡

성 바오로 분단 최재영 마르코(계산동), 강철신 미카엘(삼정동), 최난식 필립보네리(상3동), 조성길 베드로(상동), 최용현 스테파노(서운동), 이회환 요한보스코(여월동), 이세종 안셀모(원종2동), 임연호 스테파노(작전2동), 이재동 대건안드레아(작전동), 박인혁 안드레아(중2동), 서동수 베드로(중3동)

성 요한 분단 장영록 클레멘스(가정3동), 여도연 비오(가정동), 송태일 안셀모(양곡), 김구영 엘리지오(검암동), 이병언 프란치스코(김포), 이종득 베드로(박촌동), 최길수 스테파노(석남동), 권봉현 요셉(송림4동), 김명길 요셉(청수), 이지묵 미카엘(통진), 한진우 프란치스코(풍무동)

성 안드레아 분단 백대진 안드레아(범박동), 이명준 필립보네리(소사본3동), 최영화 아오스딩(송내1동), 이선용 그레고리오(신천), 박왕서 베드로(심곡본동), 이무영 요아킴(역곡), 김춘성 영주바오로(역곡2동), 박연 요아킴(원미동), 나종덕 루카(대야동), 장규호 마태오(은행동), 박영순 프란치스코(포동)

성 야고보 분단 손홍일 요아킴(간석2동), 김윤재 라이문도(간석4동), 김홍대 안드레아(갈산동), 심장섭 대건안드레아(부개2동), 전상구 사도요한(부개동), 한옥동 도비아(산곡3동), 이대범 바오로(양곡), 차동진 대건안드레아(일신동), 김재삼 요셉(부평1동), 이상설 바오로(주안3동), 이종진 아브라함(효성동)

성 베드로 분단 이건수 까예따노(남촌동), 김명규 종삼요한(도화동), 박효성 베드로(동춘동), 임성완 가브리엘(만수3동), 홍일석 클레멘스(만수6동), 신순국 안토니오(모래내), 이상민 마태오(선학동), 정우용 다미아노(연수), 김경호 사베리오(옥련동), 정락웅 바오로(주안3동), 최광문 아나돌(학익동), 김현호 필립보(한국순교성)

남성 제 150 차

2008. 9. 18 ~ 21

봉 사 자 • **지도신부** | 이성만 시몬 • **회장** | 윤석만 요한 • **회장후보** | 우제홍 방지거 • **총무부장** | 김용석 비오 • **총무부차장** | 원창세 요셉 • **활동부장** | 윤기원 베드로 • **활동부차장** | 오승주 마르티노, 김용욱 대건안드레아, 천민섭 빈첸시오, 정혁채 요셉 • **전례부장** | 이은호 이사악 • **전례부차장** | 나상희 시몬 • **교수부장** | 조형모 마태오 • **교수부차장** | 장섭우 요셉 • **음악부장** | 이덕종 임마누엘 • **외부강사** | 이학노 요셉, 정귀호 다니엘, 김동철 토마스, 태민웅 바오로 • **주방봉사** | 고강동

성 바오로 분단 장영진 대건안드레아(간석2동), 김용대 미카엘(간석4동), 신태수 베르나르도(십정동), 박호준 사도요한(만수1동), 김주석 안드레아(만수3동), 정준해 제멜로(만수6동), 김사국 세례자요한(모래내), 심웅기 베드로(용현동), 조종수 다니엘(주안1동), 홍순창 세례자요한(주안3동), 윤여웅 아우구스티노(주안8동)

성 요한 분단 최용준 그레고리오(검단동), 이정일(이경진) 요셉(계산동), 이민구 바오로(부개2동), 이인선 스테파노(부개동) ,임경남 요셉(부평2동), 최병목 그레고리오(부평3동), 오태윤 젤마노(삼산동), 한산동 마르코(서운동), 전천성 안토니오(작전2동), 박우영 안토니오(작전동), 신현구 유스티노(효성동)

성 안드레아 분단 박순원 사도요한(논현동), 최찬희 프란치스코(대야동), 안수현 세례자요한(도창동), 예종출 사도요한(동춘동), 김병하 보니파시오(연수), 정호근 미카엘(서창동), 김태식 마르띠노(선학동), 송평식 안드레아(신천), 이남석 요셉(청수), 김영민 바오로(은행동), 김광남 마르코(청학동)

성 야고보 분단 이경철 요한마리아비안네(가정3동), 박남순 마카리오(만수3동), 이진호 레오(상1동), 이희인 프란치스코(석남동), 이광춘 이냐시오(송현동), 인세석 바오로(오류동), 황용운 다태오(옥련동), 김문수 안드레아(작전2동), 김기관 베드로(김포), 천세종 베드로(풍무동), 정병두 베드로(해병청룡)

성 베드로 분단 김진훈 원선시오(고강동), 공대현 정의배마르코(범박동), 홍기대 필립보(삼정동), 이철호 요셉(상1동), 서태경 요셉(상3동), 송남훈 루치오(상동), 유진철 펠릭스(소사본3동), 정봉환 도미니코(여월동), 오승욱 가브리엘(역곡2동), 오재선 라이문도(원미동), 박종남 야고보(원종2동), 노근성 안토니오(중3동)

남성 제 151 차

2008. 11. 13 ~ 16

봉 사 자 • **지도신부** | 이경일 토마스 • **회장** | 전형재 돈보스꼬 • **회장후보** | 박종규 루수 • **총무부장** | 김정진 갈리스도 • **총무부차장** | 김길창바오로 • **활동부장** | 오정광 요아킴 • **활동부차장** | 김성복 요셉바르샤바, 전흥철 안토니오, 박진흥 프란치스코, 이정훈 사도요한 • **전례부장** | 황의섭 요셉 • **전례부차장** | 홍기영 모세 • **음악부장** | 이덕종 임마누엘 • **교수부장** | 박찬종 베네딕도 • **교수부차장** | 박병전 안토니오 • **외부강사** | 김병상 필립보, 김혁태 사도요한, 조명연 마태오, 박희동 미카엘 • **주방봉사** | 갈산동

성 바오로 분단 정우영 요셉(동춘동), 이상훈 그레고리오(연안), 김부환 루가(옥련동), 차창호 프란치스코(주안1동), 고재성 아우구스티노(주안3동), 이존구 보니파시오(주안8동), 유영욱 프란치스코(만수1동), 김태경 보니파시오(한국순교성), 박순규 요셉(연수), 신근철 로베르토(화수동)

성 요한 분단 김광진 사무엘(갈산동), 남상범 세례자요한(가정동), 이주영 미카엘(부평2동), 이대영 그레고리오(산곡3동), 이경선 야고버(박촌동), 김영삼 사베리오(서운동), 김봉진 요셉(양곡), 문종수 플라톤(작전2동), 함갑성 빈첸시오아 바오로(작전동), 송인관 플로렌시오(효성동)

성 안드레아 분단 이성형 대건안드레아(간석2동), 윤긍노 요셉(고잔), 박희철 요셉(남촌동), 이영호 도미니코(만수3동), 이청일 요셉(만수6동), 박익선 요한(모래내), 이호웅 알퐁소(서창동), 이남석 요셉(신천), 하영철 바오로(역곡2동), 박임호 마티아(일신동)

성 야고보 분단 고양호 안드레아(가정동), 최병수 스테파노(마전동), 김정수 사도요한(주안1동), 이주용 스테파노(불로동), 차인철 프란치스코(석남동), 이필하 미카엘(송림동), 한종우 에드몬드(양곡), 염동진 요한(상3동)노채봉 베드로(청수), 허내윤 토마스아퀴나스(풍무동)

성 베드로 분단 안병옥 율리오(삼정동), 윤남영 안젤로(상1동), 민동기 가브리엘(상동), 김광희 치릴로(소사본3동), 박병철 아우구스티노(여월동), 박경춘 루치오(역곡), 윤기원 바오로(역곡2동), 최성섭 알비노(원종2동), 김진영 다두(중2동), 신상길 라파엘(중3동)

남성 제 152 차

2009. 3. 19 ~ 22

봉 사 자 • **지도신부** | 조명연 마태오 • **회장** | 홍성환 돈보스꼬 • **회장후보** | 이용기 가브리엘 • **총무부장** | 최윤희 요셉 • **총무부차장** | 김재삼 요셉 • **활동부장** | 윤기원 베드로 • **활동부차장** | 길성빈 대건안드레아, 허정환 세례자요한, 김도현 안드레아, 송휘창 비오, 정종대 베드로 • **전례부차장** | 조명석 다니엘 • **전례부장** | 이은호 이사악 • **음악부장** | 이덕종 임마누엘 • **교수부장** | 박찬종 베네딕도 • **교수부차장** | 장섭우 요셉 • **외부강사** | 김병상 필립보, 정윤화 베드로, 태민웅 바오로, 김덕원 토마 • **주방봉사** | 주안1동

성 바오로 분단 문정흠 사도요한(동춘동), 박종영 사도요한(선학동), 최승일 루카(옥련동), 김용호 바오로(용현5동), 염갑균 요셉(용현동), 나인천 시몬(제물포), 민병성 스테파노(주안1동), 원범연 안토니오(주안8동), 조동선 유스티노(연수), 최영근 아벨(청학동), 엄상용 안드레아(학익동)

성 요한 분단 조남웅 바오로(계산동), 가경웅 젤마노(효성동), 김남수 안드레아(부개2동), 이경택 율리아노(산곡3동), 박정익 분도(산곡동), 전선규 미카엘(삼산동), 이창희 미카엘(송림4동), 이순구 베드로(송림동), 최창혁 미카엘(작전2동), 손종식 안드레아(작전동), 이진태 바오로(장기동)

성 안드레아 분단 배영범 시몬(답동), 장명산 즈가리아(대야동), 강상욱 베드로(만수3동), 김선종 다니엘(만수6동), 이종삼 필립보(모래내), 오금복 힐라리오(상동), 김선우 다미아노(소성), 엄우용 분도(신천), 김진용 제칠리오(십정동), 조정환 베드로(연안), 정재원 바오로(은행동), 최정익 토마스모어(부개동)

성 야고보 분단 나길열 바오로(강화), 안종수 이냐시오(고촌), 유영옥 요한(김포), 김병호 대건안드레아(박촌동), 신현찬 미카엘(불로동), 이명호 로마노(서운동), 박덕진 도미니코(석남동), 임보빈 스테파노(청수), 황운성 아론(풍무동), 황의식 바르나바(하점), 김기태 마티아(효성동)

성 베드로 분단 구제현 시메온(고강동), 조병희 암브로시오(범박동), 김준태 도밍고(삼정동), 김용근 아오스딩(상1동), 이기웅 그레고리오(상3동), 김명기 안젤로(송현동), 한성만 베드로(여월동), 이익재 베드로(역곡2동), 배재창 프란치스코(오정동), 김종훈 바오로(원미동), 김진우 가브리엘(중2동)

남성 제 153 차

2009. 5. 14 ~ 17

봉 사 자	• **지도신부** | 오용호 세베리노 • **회장** | 김성철 필립보 • **회장후보** | 우제홍 방지거 • **총무부장** | 최인 요셉 • **총무부차장** | 장정현 모이시도로, 안정덕 프란치스코 • **활동부장** | 조판형 사도요한 • **활동부차장** | 채철수 스테파노, 이정훈 사도요한, 강호윤 요한보스코, 진용현 안또니오 • **전례부장** | 고동구 힐라리오 • **전례부차장** | 원창세 요셉 • **음악부장** | 이덕종 임마누엘 • **교수부장** | 조형모 마태오 • **교수부차장** | 이종원 스테파노 • **외부강사** | 정귀호 다니엘, 정윤섭 요셉, 박규남 마티아, 박희동 미카엘 • **주방봉사** | 신공항
성 바오로 분단	정성종 요한베르크만스(간석4동), 장일룡 가브리엘(동춘동), 이호신 가스팔(만수1동), 이정범 임마누엘(만수3동), 유천석 스테파노(만수6동), 현병호 안드레아(선학동), 최웅선 세례자요한(연수), 박기춘 야고보(옥련동), 조태성 노렌조(용현동), 김진완 요셉(학익동), 정성기 베네딕도(한국순교성)
성 요한 분단	홍원배 빈첸시오(대야동), 윤용두 대건안드레아(범박동), 김재철 안드레아(소사), 김용호 바오로(소사본3동), 박래경 요한(신천), 김정근 안셀모(역곡2동), 송영무 노엘(원미동), 남선우 스테파노(중2동), 윤정한 바오로(중3동), 김태현 마태오(송내1동)
성 안드레아 분단	이현수 바오로(주안1동), 채정기 미카엘(모래내), 장경재 비오(부개2동), 김유하 요아킴(부개동), 이상길 바오로(부평1동), 현종 프란치스코(부평3동), 추동한 안드레아(석남동), 옥종석 미카엘(숭의동), 이진호 안토니오(주안1동), 나인수 요셉(주안3동), 이영익 다윗(주안8동)
성 야고보 분단	김종복 요셉(고강동), 나범율 토마스 데 아퀴노(서운동), 윤진덕 요셉(박촌동), 신재균 노아(삼정동), 김영달 야고보(서운동), 정윤호 비오(여월동), 김학선 스테파노(오정동), 이정열 이냐시오(원종2동), 김영수 알렉산델(작전2동), 신건오 바오로(풍무동), 조용 보니파시오(효성동)
성 베드로 분단	박상민 라디슬라오(가정3동), 양영석 모세(강화), 전종근 루카(검암동), 권영복 베드로(김포), 김선호 에우세비오(마전동), 홍성길 아오스딩(불로동), 김청운 요한(신공항), 오명섭 야고보(양곡), 서승원 분도(오류동), 윤상원 바오로(청수), 김성옥 로베르토(해안)

남성 제 154 차

2009. 7. 9 ~ 12

봉 사 자	• **지도신부** | 정윤섭 요셉 • **회장** | 윤석만 요한 • **회장후보** | 박종규 루수 • **총무부장** | 홍기영 모세 • **총무부차장** | 신통원 시몬 • **활동부장** | 오정광 요아킴 • **활동부차장** | 천민섭 빈첸시오, 오수근 베드로, 김대식 그레고리오, 김명규 종삼요한 • **전례부장** | 박찬종 베네딕도 • **전례부차장** | 박길원 베네딕토 • **음악부장** | 이덕종 임마누엘 • **교수부장** | 조형모 마태오 • **교수부차장** | 박상기 빈첸시오 • **외부강사** | 이학노 요셉, 김혁태 사도요한, 송재훈 마르코, 태민웅 바오로 • **주방봉사** | 청학동
성 바오로 분단	서광진 프란치스코(동춘동), 서영순 스테파노(만수3동), 김남진 스테파노(만수6동), 조효관 다니엘(선학동), 장영길 다비노(연수), 박윤규 베드로(옥련동), 허성찬 요셉(주안3동), 이진규 세례자요한(주안8동), 이광열 세례자요한(청학동), 김동혁 아오스딩(한국순교성)
성 요한 분단	이병각 라파엘(삼정동), 안성준 안드레아(상1동), 홍찬호 알베르토(상동), 정세화 바오로(여월동), 오정근 루치오(역곡), 김무호 엘리야(원미동), 김현수 요셉(원종2동), 손종수 바오로(중2동), 박남진 가스발(중3동)
성 안드레아 분단	김기혁 니콜라오(계산동), 조훈 세례자요한(부개2동), 김승동 안드레아(부개동), 한의환 베드로(부평1동), 류창희 바오로(산곡3동), 김해진 마태오(산곡동), 김이찬 요셉(상3동), 최형우 하상바오로(송내1동), 유두희 가리노(작전동), 류정희 토마스아퀴나스(효성동)
성 야고보 분단	황상현 요셉(고강동), 이흥수 안드레아(대야동), 경백수 그레고리오(도창동), 두룡 스테파노(소사), 김동규 임마누엘(소사본3동), 정용현 베네딕토(신천), 정영운 프란치스코(역곡2동), 박용서 비오(원종2동), 김동한 안드레아(은행동), 박현철 미카엘(학익동)
성 베드로 분단	김의학 토마스모어(검암동), 금시홍 프란치스코(마전동), 전병수 암브로시오(박촌동), 박복림 베드로(백령도), 이성배 안토니오(불로동), 김장옥 알렉산델(석남동), 신성춘 폴리카르포(송림동), 민한규 미카엘(작전2동), 김정헌 스테파노(장기동), 강석천 프란치스코(통진)

남성 제 155 차

2009. 9. 10 ~ 13

봉사자	• **지도신부** | 정병덕 라파엘 • **회장** | 전형재 돈보스꼬 • **회장후보** | 김정진 갈리스도 • **총무부장** | 김재삼 요셉 • **총무부차장** | 윤태경 베드로 • **활동부장** | 전흥철 안토니오 • **활동부차장** | 조설호 비오, 정혁채 요셉, 장영철 아우구스티노, 김현규 안드레아, 박홍수 미카엘 • **전례부장** | 이은호 이사악 • **전례부차장** | 최찬식 시몬 • **음악부장** | 이덕종 임마누엘 • **교수부장** | 장섭우 요셉 • **교수부차장** | 서효석 마태오 • **외부강사** | 김병상 필립보, 김부민 베드로, 정윤섭 요셉, 박희동 미카엘 • **주방봉사** | 일신동
성 바오로 분단	김천수 라우렌시오(작전2동), 박영하 미카엘(서운동), 배석진 바오로(갈산동), 신원선 토마스아퀴나스(작전동), 양승호 그레고리오(역곡2동), 유근영 솔로몬(송내1동), 이강인 대건안드레아(중1동), 이만기 미카엘(박촌동), 이창재 사도요한(상1동), 이후성 스테파노(효성동), 정유훈 요아킴(범박동), 최봉권 아씨시 프란치스코(상동)
성 요한 분단	김기호 대건안드레아(검암동), 김길문 스테파노(청수), 김효중 사도요한(마전동), 박유양 바오로(계산동), 배정하 세례자요한(풍무동), 심상윤 로마노(불로동), 양영목 야곱(오류동), 이영진 바르나바(연희동), 이용길 안드레아(석남동), 이종면 베드로(통진), 이준선 바오로(김포), 정광암 바오로(장기동)
성 안드레아 분단	김계익 스테파노(중2동), 김명환 토마스(신천), 김무연 예로니모(삼정동), 김민영 레오(은행동), 김원중 라우렌시오(고강동), 라현준 베드로(풍무동), 백운형 바오로(중1동), 이명희 대건안드레아(여월동), 채흥수 미카엘(원미동), 최재우 요아킴(오정동), 홍만기 사도요한(원종2동)
성 야고보 분단	고용태 안토니오(용현5동), 김대원 야누아리오(송현동), 김성용 요셉(선학동), 박정서 미카엘(학익동), 신동민 스테파노(한국순교성인), 유용준 네레오(연수), 윤태권 몬따노(동춘동), 이남규 베드로(연안), 정광수 요셉(백령도), 최문식 벨라도(송림4동), 하헌호 안드레아(옥련동)
성 베드로 분단	김광열 프란치스코(주안1동), 김종일 하상바오로(만수3동), 이규춘 도미니꼬(주안8동), 이남수 루가(구월1동), 이회원 바오로(부개2동), 장현일 이냐시오(부평1동), 조귀남 가브리엘(모래내), 최창만 사도요한(만수6동), 현교진 도미니꼬(산곡3동), 홍상희 정하상바오로(주안3동), 황선용 바오로(만수1동),

남성 제 156 차

2009. 11. 12 ~ 15

봉사자	• **지도신부** | 이재규 베드로 • **회장** | 박종규 루수 • **회장후보** | 우제홍 방지거 • **총무부장** | 정현모 이시도로 • **총무부차장** | 최재영 마르코 • **활동부장** | 길성빈 대건안드레아 • **활동부차장** | 오승주 마르티노, 송휘창 비오, 장모강옥 안드레아, 박종수 요사팟, 박종영 사도요한 • **전례부장** | 고동구 힐라리오 • **전례부차장** | 장승호 라파엘 • **음악부장** | 김무성 마르티노 • **교수부장** | 이종원 스테파노 • **교수부차장** | 한종우 에드몬드 • **외부강사** | 김병상 필립보, 장기용 세례자요한, 어경진 안스가리오, 태민웅 바오로 • **주방봉사** | 마전동
성 바오로 분단	배흥순 시몬(고강동), 배용지 베드로(상1동), 박성도 세례자요한(상동), 최규현 요셉(소사본3동), 신영길 욥(여월동), 변영득 요한금구(역곡), 허인관 루치오(역곡2동), 김광업 베네딕토(원미동), 최종채 베드로(원종2동), 서활호 프란치스코(중2동)
성 요한 분단	김기철 베드로(가정동), 민덕기 필로메노(계산동), 유창우 암브로시오(상1동), 임완빈 사도요한(박촌동), 윤현구 다두(부평1동), 이중덕 대건안드레아(산곡동), 한현종 안드레아(석남동), 서성근 살레시오(연희동), 이봉철 프란치스코(작전2동), 문희열 베네딕토(작전동), 이병수 안토니오(효성동)
성 안드레아 분단	유종희 요한보스코(검단동), 두성균 야고보(검암동), 박진식 루치오(고촌), 김대우 베드로(석남동), 김태훈 베드로(김포), 정영철 파비아노(마전동), 이관섭 토마스(양곡), 김진근 시메온(원당동), 오완석 막시모(청수), 강명수 다미아노(통진), 안재헌 로마노(하점)
성 야고보 분단	이한철 다윗(동춘동), 김성래 필립보(만수6동), 박천석 베드로(모래내), 이순원 요셉(선학동), 양희욱 프란치스코(신천), 허한윤 예로니모(연수), 박익무 토마스(영흥), 나병식 대건안드레아(심곡본동), 김태현 니콜라오(은행동), 김후식 미카엘(학익동), 박현조 요셉(해안)
성 베드로 분단	차주형 안셀모(갈산동), 박덕로 라파엘(만수1동), 고성택 프란치스코(만수3동), 이상현 프란치스코(부개2동), 이상진 가브리엘(부개동), 김한준 요아킴(산곡3동), 오춘택 비오(연수), 이광섭 도마(주안1동), 이병욱 제르바시오(주안8동)

남성 제 157 차

2010. 3. 18 ~ 21

봉 사 자

• **지도신부** | 정윤화 베드로 • **회장** | 태민웅 바오로 • **회장후보** | 김명훈 안드레아 • **총무부장** | 최윤희 요셉 • **총무부차장** | 이승호 윤일요한 • **활동부장** | 이종원 스테파노 • **활동부차장** | 이정훈 사도요한, 정승섭 레오, 신태수 베르나르도, 송남훈 루치오 • **전례부장** | 조명석 다니엘 • **전례부차장** | 원창세 요셉 • **음악부장** | 김무성 마르티노 • **음악부차장** | 고인섭 가스발 • **교수부장** | 방진환 안드레아 • **교수부차장** | 장섭우 요셉 • **외부강사** | 임현택 안드레아, 정윤섭 요셉, 나병식 대건안드레아, 박희동 미카엘 • **주방봉사** | 김포

성 바오로 분단

정인호 크레센시오(계산동), 양성일 시메온(심곡본동)김형호 바오로(남촌동), 김성환 바오로(대야동), 공병철 빈첸시오(동춘동), 박순철 바오로(선학동), 백희태 베네딕토(옥련동), 이재원 베드로(중3동), 백승천 바오로(청학동), 김상철 스테파노(한국순교성), 한만영 빈첸시오(해안)

성 요한 분단

조용호 분도(간석4동), 김경남 미카엘(답동), 남일희 즈가리야(도화동), 김용운 요아킴(만수3동), 김현석 야곱(김포), 김상준 빈첸시오(만수1동), 기양서 다두(용현5동), 김종길 펠릭스(용현동), 고영석 라파엘(주안3동), 김봉천 마르코(주안8동), 김용수 힐라리오(학익동)

성 안드레아 분단

이양호 가브리엘(가정동), 은성제 요셉(해병청룡), 유재철 세례자요한(김포), 박흥원 요한(내가), 김종일 요셉(마전동), 신진호 멜라니오(박촌동), 임찬용 베르나르도(불로동), 김호식 베드로(석남동), 정경암 율리아노(연희동), 임종연 스테파노(풍무동)

성 야고보 분단

임순창 사도요한(부개2동), 신상해 베드로(부개동), 유운호 실베리오(부평1동), 김경환 파비아노(산곡3동), 홍영석 미카엘(삼산동), 박영주 다미아노(상동), 김진수 바오로(서운동), 배효식 바오로(가정동), 김구환 미카엘(일신동), 류보형 스테파노(효성동)

성 베드로 분단

안명복 요셉(고강동), 윤두중 대건안드레아(만수6동), 김도균 바오로(삼정동), 박성현 요셉(소사), 이민수 사도요한(소사본3동), 윤일성 가브리엘(송내1동), 이범수 요셉(신천), 홍성욱 데메트리오(역곡), 윤성진 율리아노(역곡2동), 신명수 비오(원종2동), 민창영 유스티노(중2동)

남성 제 158 차

2010. 5. 13 ~ 15

봉 사 자

• **지도신부** | 신대근 마르코 • **회장** | 홍성환 돈보스꼬 • **회장후보** | 이명수 요셉 • **총무부장** | 김정진 갈리스도 • **총무부차장** | 이남석 요셉 • **활동부장** | 이용기 가브리엘 • **활동부차장** | 채철수 스테파노, 박진흥 프란치스코, 정종대 베드로, 김기관 베드로 • **전례부장** | 홍기영 모세 • **전례부차장** | 강호윤 요한보스코 • **음악부장** | 김무성 마르티노 • **교수부장** | 이은호 이사악 • **교수부차장** | 서효석 마태오 • **외부강사** | 정윤섭 요셉, 박유양 바오로, 태민웅 바오로 • **주방봉사** | 답동

성 바오로 분단

노홍배 베드로(삼정동), 장화주 빈첸시오(상1동), 김상흡 야고보(상동), 선화춘 프란치스코(소사), 곽성도 다마소(송내1동),조상윤 안토니오(역곡2동),김용환 사도요한(오정동), 김건식 테오도시오(원종2동), 민경원 바오로(중1동), 양제승 암브로시오(중2동)

성 요한 분단

김일성 시몬(검암동), 김용철 사도요한(계산동), 최화인 라우렌시오(원당동), 유현준 바오로(내가), 이병석 프란치스코(박촌동), 이학수 도미니코사비오(불로동), 신기철 다윗(마전동),박거웅 미카엘(장기동), 양병철 세례자요한(작전2동), 임인석 바로톨로메오(청수), 손일근 안드레아(통진)

성 안드레아 분단

최덕성 안토니오(가정동), 채인석 프란치스코(답동), 이규석 베드로(석남동),하정현 니콜라오(선학동), 박태일 대건안드레아(송현동), 이춘순 마티아(옥련동), 김기락 마태오(용현5동), 박동식 빈첸시오(주안3동), 전성태 스테파노(주안8동), 최수만 요셉(해안)

성 야고보 분단

김승희 유스티노(갈산동), 김동건 바오로(작전동), 박정식 빈첸시오페레르(부개2동),구평의 리카리오(부개동), 노봉암 스테파노(부평1동), 권동석 프란치스코(산곡3동), 원정근 안드레아(산곡동), 윤벽림 예레미아(삼산동), 최인준 바오로(상3동), 김석봉 미카엘(서운동), 양철호 아오스딩(효성동)

성 베드로 분단

윤경훈 아브라함(간석2동), 박인래 요셉(대야동), 김국선 즈가리야(만수3동), 김영남 에우제니오(만수6동), 전표호 힐라리오(모래내), 정동준 안드레아(부개동), 조선홍 베네딕토(소래포구), 김용식 베드로(소사본3동), 김성기 안토니오(신천), 유영기 프란치스코(십정동)

남성 제 159 차

2010. 7. 15 ~ 18

봉 사 자 • **지도신부** | 손광배 도미니코 • **회장** | 고중섭 요셉 • **회장후보** | 우제홍 방지거 • **총무부장** | 박영식 베다 • **총무부차장** | 김명규 종삼요한 • **활동부장** | 윤기원 베드로 • **활동부차장** | 오수근 베드로, 박종수 요사팟, 김구영 엘리지오, 정재환 베드로 • **전례부장** | 박길원 베네딕토 • **전례부차장** | 박정서 미카엘 • **음악부장** | 이덕종 임마누엘 • **교수부장** | 고동구 힐라리오 • **교수부차장** | 윤태경 베드로 • **외부강사** | 김혁태 사도요한, 정성종 요한베르크만스, 박희동 미카엘 • **주방봉사** | 삼정동

성 바오로 분단 우상봉 마지아(갈산동), 강성욱 리노(계산동), 강해용 베드로(고강동), 김창균 다니엘(삼산동), 권진안 빈첸시오(서운동), 안용채 마르첼로(원종2동), 임득재 보니파시오(작전2동), 강건덕 율리아노(작전동), 최진환 라파엘(장기동), 윤여택 바오로(박촌동), 박광수 요셉(효성동)

성 요한 분단 금동원 세례자요한(가정3동), 조종태 마티아(검암동), 김일회 빈첸시오(부평1동), 홍경표 베드로(김포), 민경일 모세(마전동), 유인종 마르코(불로동), 김성환 미카엘(송현동), 신정훈 발도로메오(연희동), 왕호식 요셉(통진), 이환우 프란치스코(해병청룡), 박진규 아오스딩(화수동)

성 안드레아 분단 한재선 바오로(부개동), 서용관 베드로(부평1동), 김영우 미카엘(부평2동), 김선명 요셉(삼정동), 신석현 세례자요한(상1동), 안항구 스테파노(상3동), 김동기 토마스(상동), 이호진 요셉(부개2동), 정영호 안젤로(일신동), 신기곤 프란치스코(중1동), 심수섭 스테파노(중2동)

성 야고보 분단 송찬 요셉(간석4동), 김주찬 세례자요한(답동), 조유형 토마스(부평3동), 조상준 마태오(용현동), 김봉주 요셉(제물포), 이윤철 가브리엘(주안1동), 정환성 사비노(주안3동), 안광모 안드레아(주안5동), 주복명 요한(주안8동), 여인구 미카엘(청학동), 최은식 바오로(학익동)

성 베드로 분단 최창근 베드로(간석2동), 김종민 세례자요한(송림동), 최훈 세례자요한(논현동), 임해선 마르코(대야동), 권영섭 미카엘(모래내), 손효열 요셉(범박동), 전기관 마티아(선학동), 박정보 세례자요한(소래포구), 김인현 마르코(신천), 변종한 요셉(역곡2동), 김광수 사도요한(한국순교성인)

남성 제 160 차

2010. 9. 16 ~ 19

봉 사 자 • **지도신부** | 김윤석 바오로 • **회장** | 김성철 필립보 • **회장후보** | 김현원 시몬 • **총무부장** | 박찬종 베네딕도 • **총무부차장** | 옥영욱 다두 • **활동부장** | 오정광 요아킴 • **활동부차장** | 박종영 사도요한, 장영철 아우구스티노, 여도연 비오 • **전례부장** | 김용일 야고보 • **전례부차장** | 김대식 그레고리오 • **음악부장** | 김무성 마르티노 • **교수부장** | 남기환 마태오 • **교수부차장** | 신통원 시몬 • **외부강사** | 이학노 요셉, 조명연 마태오, 유창우 암브로시오, 태민웅 바오로 • **주방봉사** | 강화

성 바오로 분단 손문실 헨리코(고촌), 이성규 요셉(불로동), 김영철 스테파노(서운동), 김동훈 젤마노(양곡), 김신 요셉(작전2동), 우상규 베네딕도(장기동), 이윤교 안토니오(청수), 김희순 요한(풍무동), 최병진 레오(효성동)

성 요한 분단 박창식 이냐시오(갈산동), 이정 젤마노(서운동), 민용동 루가(부개2동), 오동철 프란치스코(부개동), 이상영 바오로(부평1동), 김정용 사도요한(산곡3동), 박용택 베드로(상3동), 류윤위 리카르도안드리아(상동), 정인선 다두(작전동)

성 안드레아 분단 김창록 세례자요한(간석2동), 최병권 요한(간석4동), 김수현 요셉(십정동), 김근홍 다니엘(석남동), 이상원 요셉(송현동), 이옥기 모데스트(제물포), 염승열 사도요한(주안1동), 최송학 윌리암(주안3동), 김종욱 프란치스코(주안8동)

성 야고보 분단 최문영 다두(남촌동), 정준모 라우렌시오(논현동), 윤창엽 필립보(동춘동), 정정하 그레고리오(만수3동), 주경식 세례자요한(서창동), 오수덕 요아킴(선학동), 김수철 바오로(용현동), 유병안 유스티노(연수), 서충석 베드로(한국순교성)

성 베드로 분단 송영옥 도밍고(고강동), 심재찬 마태오(소사본3동), 김종복 니콜라오(심곡본동), 김백기 안드레아(여월동), 김석원 클레멘스(역곡), 이정섭 보니파시오(역곡2동), 김필영 공사가(일신동), 권택경 베네딕도(중1동), 임영범 요셉(중2동)

남성 제 161 차

2010. 11. 18 ~ 21

봉사자 • **지도신부** | 송기철 이사악 • **회장** | 박종규 루수 • **회장후보** | 방진환 안드레아 • **총무부장** | 홍기영 모세 • **총무부차장** | 오병걸 요셉 • **활동부장** | 신언수 프란치스코 • **활동부차장** | 강호윤 요한보스코, 신태수 베르나르도, 배석진 바오로, 박홍수 미카엘 • **전례부장** | 길성빈 대건안드레아 • **전례부차장** | 김계익 스테파노 • **음악부장** | 고인섭 가스발 • **교수부장** | 서효석 마태오 • **교수부차장** | 최재영 마르코 • **외부강사** | 오용호 세베리노, 김태현 마태오, 나범율 토마스 데 아퀴노, 박희동 미카엘 • **주방봉사** | 선학동

성 바오로 분단 김춘열 시몬(범박동), 정재현 라이문도(소사), 김홍덕 라우렌시오(송내1동), 김성우 안드레아(역곡), 안건식 대건안드레아(역곡2동), 김남선 아오스딩(원미동), 이성수 베드로(원종2동), 구인회 베드로(중1동), 남기윤 파비아노(중2동)

성 요한 분단 김형찬 가브리엘(용현5동), 김훈경 요셉(도화동), 이정민 사도요한(동춘동), 황승경 시몬(선학동), 최성문 요셉(연수), 윤춘식 아우구스티노(옥련동), 이양범 이사악(제물포), 정원경 미카엘(학익동), 안병상 루카(한국순교성)

성 안드레아 분단 이강석 알렉스(간석4동), 이기종 요셉(구월1동), 유수영 아브라함(논현동), 이호인 대건안드레아(만수1동), 장재일 필레몬(만수3동), 김재식 프란치스코(모래내), 박규영 제노(주안1동), 심광종 마태오(주안3동), 유재선 베드로(주안8동)

성 야고보 분단 윤명구 모세(간석2동), 이남해 안셀모(갈산동), 이용성 사도요한(계산동), 서헌성 사도요한(고강동), 서남원 프란치스코(부개2동), 김용훈 스테파노(부개동), 차영환 요셉(부평1동), 김현래 그레고리오(일신동), 김세철 세례자요한(작전동)

성 베드로 분단 윤희일 모세(가정3동), 문도용 스테파노(가정동), 홍민호 사도요한(박촌동), 박응규 안드레아(불로동), 박강섭 스테파노(서운동), 최길종 베드로(석남동), 안한규 다윗(양곡), 박영선 프란치스코(원당동), 이호운 안토니오(풍무동)

남성 제 162 차

2011. 3. 17 ~ 20

봉사자 • **지도신부** | 정윤섭 요셉 • **회장** | 고중섭 요셉 • **회장후보** | 박호식 마티아 • **총무부장** | 최윤희 요셉 • **총무부차장** | 윤여택 바오로 • **활동부장** | 천민섭 빈첸시오 • **활동부차장** | 이정훈 사도요한, 송남훈 루치오, 공병철 빈첸시오, 서용관 베드로 • **전례부장** | 원창세 요셉 • **전례부차장** | 한종우 에드몬드 • **음악부장** | 김무성 마르티노 • **음악부차장** | 최문영 다두 • **교수부장** | 채철수 스테파노 • **교수부차장** | 정승섭 레오 • **외부강사** | 신대근 마르코, 박유양 바오로, 태민웅 바오로 • **주방봉사** | 간석2동

성 바오로 분단 김영철 스테파노(고강동), 이진영 가브리엘(삼정동), 이재천 크리산도(심곡본동), 이승근 안드레아(여월동), 음영범 유스티노(역곡), 윤자춘 제론시오(역곡2동), 소순대 베드로(오정동), 김진기 시몬(원종2동), 이광빈 아오스딩(중2동), 권순도 사도요한(중3동)

성 요한 분단 허병인 야고보(계산동), 원명섭 가밀로(박촌동), 김인수 프란치스코(부개동), 박진우 하상바오로(부평1동), 이두영 힐라리오(부평2동), 유승학 마티아(상동), 조준 다니엘(상3동), 최문종 시메온(서운동), 윤경한 프란치스코(작전동), 진성채 시몬(중1동)

성 안드레아 분단 김현철 분도(간석2동), 김성호 프란치스코(간석4동), 김선배 베드로(구월1동), 장준혁 프란치스코(만수6동), 박철원 즈가리야(범박동), 박달근 사도요한(부개2동), 양재표 요셉(서창동), 김희동 미카엘(석남동), 박훈 레오(소사본3동), 박상훈 베드로(주안8동)

성 야고보 분단 노병직 요셉(답동), 장현목 도미니코(도화동), 이호 프란치스코(동춘동), 배선근 아가피토(송현동), 박병희 보니파시오(옥련동), 박해연 베네딕도(용현5동), 신철근 그레고리오(제물포), 임성환 바오로(주안1동), 안정호 프란치스코(청학동), 배군호 마태오(학익동)

성 베드로 분단 김성현 요셉(가정3동), 송해용 빈첸시오페레르(검암동), 김용범 안드레아(고촌), 이인근 스테파노(김포), 김성규 다니엘(마전동), 여태용 안드레아(온수), 이철희 요셉(청수), 이종태 안드레아(통진), 최배술 스테파노(풍무동), 임용모 마태오(하점)

남성 제 163 차

2011. 5. 19 ~ 22

봉사자 • **지도신부** | 이경일 토마스 • **회장** | 김현원 시몬 • **회장후보** | 김명훈 안드레아 • **총무부장** | 오수근 베드로 • **총무부차장** | 장일룡 가브리엘 • **활동부장** | 이종원 스테파노 • **활동부차장** | 박진흥 프란치스코, 이남석 요셉, 정양기 아우구스티노, 하정현 니콜라오 • **전례부장** | 정현모 이시도로 • **전례부차장** | 모강옥 안드레아 • **음악부장** | 김무성 마르티노 • **음악부차장** | 최문영 다두 • **교수부장** | 고동구 힐라리오 • **교수부차장** | 윤창수 대건안드레아 • **외부강사** | 김혁태 사도요한, 정윤섭 요셉, 송기철 이사악, 박희동 미카엘 • **주방봉사** | 상동

성분 바오로단 박준연 마르티노(계산동), 서경석 바오로(부평1동), 김찬수 베드로(부평3동), 이정열 가브리엘(산곡3동), 박종배 그레고리오(삼산동), 양용호 마태오(십정동), 김정배 바오로(작전동), 윤철호 세라피온(장기동), 정명근 모세(효성동)

성분 요한단 이철 바오로(가정3동), 고광표 마지아(가정동), 배영규 루까(김포), 이이남 안드레아(마전동), 이용태 도미니꼬(사우동), 이인현 토마스(양곡), 홍성훈 바오로(연희동), 고찬구 베드로(온수), 이강국 아브라함(검암동), 권병욱 미카엘(풍무동)

성분 안드레아단 홍용문 아브라함(고강동), 홍성훈 시몬(풍무동), 김주태 요셉(상1동), 정명철 로베르토(상3동), 홍시택 바오로(상동), 박경구 요한괄베르토(서운동), 송정환 요셉(여월동), 이영호 대건안드레아(원종2동), 정일용 마태오(중3동)

성분 야고보단 류재진 베드로(간석2동), 윤태희 요아킴(간석4동), 오광식 프란치스코(대야동), 이태호 돈보스코(만수6동), 김동헌 프란치스코(부개동), 박영훈 요셉(심곡본동), 권오영 스테파노(역곡2동), 김홍렬 베드로(은행동), 박한춘 스테파노(주안3동)

성분 베드로단 홍순노 가브리엘(답동), 최재식 미카엘(만수3동), 황소걸 바오로(연수), 이동기 아브라함(용현동), 허재돈보스코(제물포), 이인택 요한보스코(주안3동), 민경진 베드로(주안8동), 이준성 베드로(학익동), 김민구 다니엘(해안)

남성 제 164 차

2011. 7. 21 ~ 24

봉사자 • **지도신부** | 어경진 안스가리오 • **회장** | 윤석만 요한 • **회장후보** | 이용기 가브리엘 • **총무부장** | 윤태경 베드로 • **총무부차장** | 김구영 엘리지오 • **활동부장** | 박영식 베다 • **활동부차장** | 강호윤 요한보스코, 김기관 베드로, 송인관 플로렌시오, 김영우 미카엘 • **전례부장** | 황의섭 요셉 • **전례부차장** | 박정서 미카엘 • **음악부장** | 최문영 다두 • **교수부장** | 이은호 이사악 • **교수부차장** | 옥영욱 다두 • **외부강사** | 김용환 세례자요한, 김태현 마태오, 양성일 시메온, 태민웅 바오로 • **주방봉사** | 상1동

성분 바오로단 남영우 대건안드레아(강화), 박치복 아브라함(검암동), 박찬준 베드로(고촌), 황재선 베네딕토(사우동), 김호식 요셉(연희동), 김원수 미카엘(온수), 조병진 야고보(통진), 한희열 브루노(풍무동)

성분 요한단 김성수 바오로(주안5동), 박상열 도미니코(부개2동), 김의식 필립보네리(부개동), 최충학 프란치스코(삼산동), 백준흠 요셉(상3동), 김덕신 요셉(상1동), 이재구 바오로(서운동), 정재화 필립보(오정동), 박현찬 아브라함(원종2동)

성분 안드레아단 허영행 본시아노(가정동), 김종현 그레고리오(간석2동), 정길조 프란체스코하비에르(박촌동), 김귀남 요셉(부평1동), 이범선 시몬(부평2동), 최성옥 볼루시아노(석남동), 이진 바오로(십정동), 김동영 가롤로르왕가(작전동), 명노옥 세례자요한(효성동)

성분 야고보단 한봉우 대건안드레아(간석4동), 김성수 토마스(중1동), 배우식 나자로(논현동), 홍선호 마르티노(대야동), 최진학 루케치오(선학동), 김병성 바오로(용현동), 이윤복 아우구스티노(주안8동), 배재호 세바스티아노(학익동)

성분 베드로단 최환식 프란치스코(상동), 박찬생 그레고리오(소사본3동), 이재원 프란치스코(심곡본동), 전상건 바오로(여월동), 권성일 아오스딩(역곡), 김관우 살비오(역곡2동), 전태우 프란치스코(중1동), 이재철 야고보(중2동)

남성 제 165 차

2011. 9. 22 ~ 25

봉 사 자	• **지도신부** | 정귀호 다니엘 • **회장** | 방진환 안드레아 • **회장후보** | 박종규 루수 • **총무부장** | 홍기영 모세 • **총무부차장** | 김명규 종삼요한 • **활동부장** | 오정광 요아킴 • **활동부차장** | 박종영 사도요한, 박종수 요사팟, 이호진 요셉 • **전례부장** | 조명석 다니엘 • **전례부차장** | 김대식 그레고리오 • **음악부장** | 고인섭 가스발 • **교수부장** | 박찬종 베네딕도 • **교수부차장** | 신통원 시몬 • **외부강사** | 김용환 세례자요한, 이재규 베드로, 김대선 안드레아, 박희동 미카엘 • **주방봉사** | 만수6동
성 바오로 분단	정하선 베드로(주안3동), 김태수 토마스(남촌동), 이상규 요아킴(동춘동), 윤현종 베드로(서창동), 지용남 베드로(선학동), 최용삼 그레고리오(소래포구), 오준호 사도요한(신천), 김영이 사도요한(한국순교성)
성 요한 분단	박주환 스테파노(검암동), 이경호 아빌리오(석남동), 이용기 사도요한(양곡), 김회성 실베리오(연희동), 이증무 레오(온수), 황진일 라파엘(원당동), 김두한 요셉(작전동), 이철세 베드로(풍무동)
성 안드레아 분단	이정수 토마스(간석2동), 김학신 야고보(만수6동), 박성룡 바오로(만수1동), 이태연 그레고리오(부평3동), 이영복 안토니오(서운동), 김상기 베드로(신천), 김재천 루도비코(중1동), 백승호 요한(풍무동)
성 야고보 분단	한현철 아우구스티노(서운동), 송찬식 가브리엘(만수6동), 정낙성 사무엘(부개2동), 지인규 라파엘(부평2동), 박영철 베드로(삼산동), 양홍선 미카엘(주안3동), 구재윤 베드로(주안5동), 안선영 세례자요한(학익동)
성 베드로 분단	전태종 발렌티노(고강동), 이현창 안드레아(소사본3동), 공익상 마르첼로(상3동), 최병호 정하상바오로(심곡본동), 정교진 아오스딩(여월동), 김경수 돈보스코(역곡2동), 박화형 요셉(오정동), 선석민 다니엘(원종2동), 이상록 세바스티아노(중2동)

남성 제 166 차

2011. 11. 17 ~ 20

봉 사 자	• **지도신부** | 박병훈 요셉 • **회장** | 김명훈 안드레아 • **회장후보** | 이명수 요셉 • **총무부장** | 윤기원 베드로 • **총무부차장** | 오병걸 요셉 • **활동부장** | 신언수 프란치스코 • **활동부차장** | 신태수 베르나르도, 장영철 아우구스티노, 최재영 마르코, 민창영 유스티노 • **전례부장** | 박길원 베네딕토 • **전례부차장** | 정혁채 요셉 • **음악부장** | 김무성 마르티노 • **교수부장** | 고동구 힐라리오 • **교수부차장** | 박홍수 미카엘 • **외부강사** | 정윤섭 요셉, 송준회 베드로, 태민웅 바오로 • **주방봉사** | 검암동
성 바오로 분단	김동화 베드로(강화), 최성재 빈첸시오(검암동), 김기원 세례자요한(고촌), 김남오 빈첸시오(김포), 이정열 스테파노(불로동), 한재남 대건안드레아(온수), 심규호 아오스딩(청수), 조래덕 안셀모(통진), 서갑석 안토니오(풍무동)
성 요한 분단	유도형 안토니오(간석4동), 정순하 세르보(동춘동), 이기성 토마스아퀴나스(선학동), 김상우 토마스(한국순교성), 이한형 베드로(주안1동), 유춘우 그레고리오(주안3동), 노은종 요셉(주안5동), 김재하 안젤로(주안8동), 방진용 스테파노(학익동), 오왕철 발레리오(한국순교성)
성 안드레아 분단	박장순 바오로(가정동), 전흥식 로마노(검단동), 유진섭 베드로(계산동), 박성경 시몬(용현동), 박재웅 시몬(마전동), 박노렌조 노렌조(부평1동), 박철희 루카(산곡동), 이성배 루카(서운동), 김성곤 요셉(원당동), 채희근 프란치스코(효성동)
성 야고보 분단	양영길 토마스(은행동), 이제흥 루가(논현동), 박상돈 미카엘(대야동), 김영곤 안토니오(만수3동), 임봉섭 비오(만수6동), 박진표 바실리오(소사), 임만용 요한(심곡본동), 이하용 프란치스코(영흥), 김은복 마티아(은행동), 김수형 레오(포동)
성 베드로 분단	조문경 에릭(고강동), 신일섭 아우구스티노(원미동), 안병모 바오로(부개동), 김정환 베드로(삼산동), 윤세형 즈가리야(삼정동), 남두희 요셉(여월동), 신응탁 마태오(원종2동), 김성균 바오로(중1동), 신동수 바씨오(중2동)

남성 제 167 차

2012. 3. 15 ~ 18

봉 사 자	**• 지도신부** | 정윤화 베드로 **• 회장** | 홍성환 돈보스꼬 **• 회장후보** | 남기환 마태오 **• 총무부장** | 최윤희 요셉 **• 총무부차장** | 서용관 베드로 **• 활동부장** | 조판형 사도요한 **• 활동부차장** | 임홍렬 압돈, 임영범 요셉, 진성채 시몬, 남영우 대건안드레아 **• 전례부장** | 최찬식 시몬 **• 전례부차장** | 김준태 도밍고 **• 음악부장** | 김무성 마르티노 **• 교수부장** | 조명석 다니엘 **• 교수부차장** | 이남석 요셉 **• 외부강사** | 이경일 토마스, 조명연 마태오, 박유양 바오로, 박희동 미카엘 **• 주방봉사** | 주안3동
성 바오로 분단	임효순 세례자요한(대야동), 김경달 요셉(동춘동), 윤갑노 사무엘(만수6동), 전규종 요한(선학동), 박만수 라파엘(신천), 김정희 요셉(연수), 임헌동 나자로(옥련동), 김선일 보니파시오(용현5동), 하상진 요한(학익동), 김영일 요셉(화수동)
성 요한 분단	이자영 프란치스코(간석4동), 박용덕 마르코(계산동), 안덕호 로베르토(만수1동), 백육숙 미카엘(만수3동), 이종수 호영베드로(서운동), 지성용 가브리엘(소래포구), 전영배 베드로(숭의동), 함민주 가브리엘(용현동), 이희돌 사도요한(작전동), 이춘영 바오로(주안3동)
성 안드레아 분단	이태규 루치오(고강동), 인찬호 사도요한(범박동), 박종화 시메온(삼정동), 양한주 베드로(소사본3동), 정이진 요셉(심곡본동), 임병수 스테파노(여월동), 박종수 솔로몬(역곡2동), 황요섭 요셉(중1동), 조경남 베네딕도(중2동), 문달선 레오(중3동)
성 야고보 분단	이문영 아우구스티노(강화), 김영상 레오나르드도(부개2동), 김명겸 레이문도(부개동), 신성철 스테파노(부평1동), 박홍순 미카엘(산곡3동), 나찬열 바오로(산곡동), 남형석 가밀로(삼산동), 권오건 바오로(상1동), 정종화 가브리엘(상3동), 이규만 시몬(연희동)
성 베드로 분단	박문기 요셉(가정3동), 신현규 미카엘(가정동), 심중섭 루도비코(강화), 정해득 베드로(김포), 전종구 미카엘(마전동), 이규정 유스티노(석남동), 박광식 요셉(연희동), 정진성 바오로(원당동), 이진복 요셉(일신동), 최근석 바울로(풍무동)

남성 제 168 차

2012. 5. 17 ~ 20

봉 사 자	**• 지도신부** | 김일회 빈첸시오 **• 회장** | 김성철 필립보 **• 회장후보** | 박찬종 베네딕도 **• 총무부장** | 홍기영 모세 **• 총무부차장** | 윤창수 대건안드레아 **• 활동부장** | 채철수 스테파노 **• 활동부차장** | 박정현 다윗, 안용채 마르첼로, 윤경한 프란치스코 **• 전례부장** | 오수근 베드로 **• 전례부차장** | 장일룡 가브리엘 **• 교수부장** | 박길원 베네딕 **• 교수부차장** | 박진흥 프란치스코 **• 외부강사** | 정윤섭 요셉, 송준회 베드로, 태민웅 바오로 **• 주방봉사** | 가정동
성 바오로 분단	원종득 그레고리오(간석2동), 장진훈 베드로(간석4동), 안직영 니콜라오(남촌동), 김병수 도미니코(대야동), 오창호 바오로(만수6동), 김성호 아우구스티노(모래내), 류정현 다니엘(소래포구), 김진기 요셉(소사본3동), 신종필 라파엘(송내1동), 박상엽 세자요한(은행동)
성 요한 분단	강원찬 미카엘(동춘동), 김학기 필립보(선학동), 장인호 R.벨라르미노(주안8동), 임정웅 요셉(연수), 강용수 요아킴(용현5동), 이춘휘 노렌조(용현동), 고용열 요셉(제물포), 배세식 힐라리오(주안3동), 박봉완 마르코(학익동), 김덕일 보니파시오(해안)
성 안드레아 분단	김영렬 요셉(삼정동), 오성근 루치아노(상1동), 조정상 프란치스코(상3동), 이종호 분도(소사), 김창근 아우구스티노(심곡본동), 문사천 베드로(역곡2동), 신정철 가롤로(오정동), 임종일 사도요한(원종2동), 정정호 리베(중1동), 이희문 베드로(중2동)
성 야고보 분단	이성훈 베드로(계산동), 염상민 베드로(상1동), 전성기 가브리엘(부개2동), 도재문 프란치스코(부개동), 김동삼 아가보(부평1동), 허인회 모세(산곡동), 한경택 안토니오(삼산동), 정연선 미카엘(서운동), 김인수 마르티노(일신동), 최효섭 제르마노(작전동)
성 베드로 분단	최선부 안드레아(가정동), 정성권 요한(고촌), 차진현 크리스토폴(마전동), 이상학 요셉(불로동), 박인철 이시도로(사우동), 강형기 가브리엘(양곡), 신인옥 도미니코(연희동), 이철수 바오로(청수), 박영태 요셉(원당동), 정구훈 요한마리아비안네(풍무동)

남성 제 169 차

2012. 7. 19 ~ 22

봉 사 자 • **지도신부** | 어경진 안스가리오 • **회장** | 윤석만 요한 • **회장후보** | 우제홍 방지거 • **총무부장** | 문칠성 안젤로 • **총무부차장** | 김구영 엘리지오 • **활동부장** | 박영식 베다 • **활동부1차장** | 박종수 요사팟 • **활동부2차장** | 박종영 사도요한 • **활동부3차장** | 김영우 미카엘 • **활동부4차장** | 허영행 본시아노 • **활동부5차장** | 이재철 야고보 • **전례부장** | 조형모 마태오 • **전례부차장** | 윤여택 바오로 • **음악부장** | 이강국 아브라함 • **교수부장** | 고동구 힐라리오 • **교수부차장** | 이한길 이냐시오 • **외부강사** | 김용환 세례자 요한, 송기철 이사악, 신일섭 아우구스티노, 박희동 미카엘 • **주방봉사** | 제물포

성 바오로 분단 정종구 사도요한(부개2동), 김수옥 다니엘(부개동), 장현복 세례자요한(부평1동), 김만중 스테파노(삼정동), 임재호 사도요한(상1동), 오형태 안토니오(상3동), 김필섭 사도요한(상동), 박경철 스테파노(송내1동), 조성호 사도요한(일신동)

성 요한 분단 정병진 라파엘(간석2동), 김지훈 펠릭스(제물포), 김정은 요셉(십정동), 김희택 베드로(용현5동), 정지헌 요셉(용현동), 김선홍 클라우디오(주안1동), 양규태 마티아(주안3동), 양종귀 스테파노(주안5동), 이병두 베르나르도(한국순교성)

성 안드레아 분단 김병일 요셉(간석4동), 정금열 요셉(마전동), 마재작 안토니오(사우동), 이우용 토마스아퀴나스(서운동), 임광용 아만도(석남동), 이순 안셀모(연희동), 김윤집 에밀리아노(하성), 이성기 바오로(효성동)

성 야고보 분단 한광교 도미니코(동춘동), 한기영 안드레아(만수1동), 이한영 요셉(만수3동), 방상준 마르코(만수6동), 이우진 요셉(한국순교성인), 강석운 요셉(서창동), 김기석 세라피온(선학동), 이락희 가브리엘(연수), 우영호 루비노(제물포)

성 베드로 분단 박중기 바오로(대야동), 김재훈 클레멘스(심곡본동), 한강섭 베드로(여월동), 장석윤 마르코(역곡2동), 김성만 바오로(오정동), 안기훈 스테파노(원미동), 김한호 요아킴(중1동), 곽종일 아오스딩(중2동)

남성 제 170 차

2012. 9. 13 ~ 16

봉 사 자 • **지도신부** | 김태현 마태오 • **회장** | 김현원 시몬 • **회장후보** | 이종원 스테파노 • **총무부장** | 정승섭 레오 • **총무부차장** | 정양기 아우구스티노 • **활동부장** | 이용기 가브리엘 • **활동부차장** | 장영철 아우구스티노, 박정서 미카엘, 공병철 빈첸시오, 김도균 바오로 • **전례부장** | 황의섭 요셉 • **전례부차장** | 하정현 니콜라오 • **음악부장** | 김무성 마르티노 • **교수부장** | 옥영욱 다두 • **교수부차장** | 한종우 에드몬드 • **외부강사** | 정윤화 베드로, 어경진 안스가리오, 김수현 요셉, 태민웅 바오로 • **주방봉사** | 작전동

성 바오로 분단 강종철 베드로(가정3동), 김봉원 베드로(검암동), 이용인 라파엘(고촌), 최동건 프란치스코(서운동), 김범수 야고보(마전동), 강덕기 아우구스티노(박촌동), 남정국 요셉(사우동), 박성수 사도요한(부평1동), 김영준 안토니오(풍무동)

성 요한 분단 홍훈기 베드로(간석2동), 김길석 오네시모(연수), 이강훈 클레멘스(구월1동), 임진호 보니파시오(대야동), 유재호 바오로(동춘동), 노국노 베드로(선학동), 인수호 미카엘(소래포구), 윤대한 베네딕도(옥련동), 채명성 미카엘(남촌동)

성 안드레아 분단 김주환 모데스토(고강동), 나기원 미카엘(소사본3동), 송병철 즈가리아(삼정동), 김종환 요셉(심곡본동), 유판석 즈가리아(여월동), 강희덕 세례자요한(역곡2동), 윤근영 야고보(범박동), 장경식 스테파노(원미동), 송호진마태오(원종2동)

성 야고보 분단 이효민 시몬(부개동), 정일형 바오로(부평1동), 한기영 라르고(부평3동), 남효중 윌리암(산곡3동), 김경중 안드레아(용현동), 김영길 안토니오(제물포), 박수환 안드레아(주안3동), 태수덕 토마스(주안8동), 김창구 베드로(해안)

성 베드로 분단 오학준 요한(석남동), 오흥민 바오로(부개동), 홍성수 라파엘(상3동), 박찬호 이냐시오(서운동), 강성표 프란치스코(부평3동), 최항섭 스테파노(일신동), 신명철 요셉(작전2동), 이기성 베드로(중3동), 양대주 비오(효성동)

남성 제 171 차

2012. 11. 15 ~ 18

봉 사 자 • **지도신부** | 김윤석 바오로 • **회장** | 남기환 마태오 • **회장후보** | 이명수 요셉 • **총무부장** | 김명규 종삼요한 • **총무부차장** | 이호진 요셉 • **활동부장** | 천민섭 빈첸시오 • **활동부차장** | 신언수 프란치스코, 오승주 마르티노, 박태일 대건안드레아, 윤창엽 필립보 • **전례부장** | 오정광 요아킴 • **전례부차장** | 서용관 베드로 • **음악부장** | 이덕종 임마누엘 • **교수부장** | 방진환 안드레아 • **교수부차장** | 이남석 요셉 • **외부강사** | 정윤섭 요셉, 박유양 바오로, 양성일 시메온, 박희동 미카엘 • **주방봉사** | 주안5동

성 바오로 분단 정한철 이시도르(고강동), 장갑수 요한(김포), 조태형 안드레아(마전동), 민형근 바오로(범박동), 이명택 임마누엘(사우동), 신인철 베드로(석남동), 박영철 세례자요한(십정동), 임종관 마르꼬(온수), 김광업 사도요한(통진)

성 요한 분단 안익환 도미니코(간석2동), 장진순 대건안드레아(간석4동), 장용준 요셉(갈산동), 조영승 빅토리노(계산동), 김명식 요셉(부개2동), 화쌍성 라파엘(부평1동), 최규호 빈첸시오(서운동), 황해윤 석두루까(작전2동), 박승철 티토(주안5동), 이찬우 다니엘(효성동)

성 안드레아 분단 배희준 요셉(십정동), 오정근 가롤로보로메오(도화동), 이성철 요셉(동춘동), 윤성준 다니엘(영종), 허천일 요안(용현5동), 조영수 스테파노(주안1동), 임철순 안드레아(주안3동), 김정현 요셉(주안8동), 이장호 프란치스코(해안)

성 야고보 분단 김학선 아우구스티노(교구청), 박영석 요셉(남촌동), 박영하 사도요한(만수3동), 정순만 미카엘(만수6동), 이강국 바오로(선학동), 박창기 토마스(연수), 김인오 스테파노(은행동), 박베두 루베드로(청학동), 주충근 하상바오로(한국순교성인)

성 베드로 분단 한덕훈 스테파노(소사), 이정철 베드로(상1동), 김용재 대건안드레아(소사본3동), 김찬기 요셉(심곡본동), 장학섭 요셉(역곡), 김재순 성우안토니오(역곡2동), 이승용 치릴로(원미동), 김명식 프란치스코(중2동), 전순식 시몬(중3동)

남성 제 172 차

2013. 1. 17 ~ 20

봉 사 자 • **지도신부** | 정윤섭 요셉 • **회장** | 이종갑 바오로 • **회장후보** | 고중섭 요셉 • **총무부장** | 원창세 요셉 • **총무부차장** | 남영우 대건안드레아 • **활동부장** | 윤기원 베드로 • **활동부차장** | 박홍수 미카엘, 신기철 다윗, 안용채 마르첼로, 이영복 안토니오 • **전례부장** | 길성빈 대건안드레아 • **전례부차장** | 안세근 헨리코 • **음악부장** | 이강국 아브라함 • **음악부차장** | 백영순 루시아 • **교수부장** | 고동구 힐라리오 • **교수부차장** | 박상기 빈첸시오 • **외부강사** | 김태현 마태오, 어경진 안스가리오, 양성일 시메온, 태민웅 바오로 • **주방봉사** | 만수3동

성 바오로 분단 이동식 바실리오(가정동), 박정춘 요아킴(석남동), 이성백 요셉(숭의동), 이창근 바오로(주안1동), 박노호 바오로(주안3동), 조민환 요한(주안8동), 박만국 시몬(학익동)

성 요한 분단 임성희 시몬(가정동), 김기천 모세(갈산동), 김상범 빠치아노(부평1동), 신우성 미카엘(산곡3동), 조신평 요셉(온수), 오연풍 모세(작전2동), 정규신 아브라함(풍무동), 이종묵 바오로(효성동)

성 안드레아 분단 이우문 요셉(간석4동), 이종욱 미카엘(논현동), 김흥용 스테파노(동춘동), 박헌그 레고리오(선학동), 김응요브르스크(영종), 조기복 시몬(옥련동), 서정익 요셉(주안3동)

성 야고보 분단 강선덕 다니엘(삼정동), 김경환 프란치스(코상3동), 함종선 마리노(소사), 황가남 베드로(심곡본동), 정수연 요셉(역곡2동), 이강열 요셉(원종2동), 유길웅 마르티노(중3동)

성 베드로 분단 임규한 프란치스코(남촌동), 허정수 스테파노(논현동), 김일선 미카엘(대야동), 정상래 요셉(도창동), 김창학 바오로(만수3동), 오무진 세례자요한(서창동), 장원정 요한(소래포구)

남성 제 173 차

2013. 3. 14 ~ 17

봉사자 • **지도신부** | 송재훈 마르코 • **회장** | 김성철 필립보 • **회장후보** | 황의섭 요셉 • **총무부장** | 김용석 비오 • **총무부차장** | 박종영 사도요한 • **활동부장** | 채철수 스테파노 • **활동부차장** | 이한길 이냐시오, 장경재 비오, 진성채 시몬, 이진영 가브리엘 • **전례부장** | 최윤희 요셉 • **전례부차장** | 임영범 요셉 • **음악부장** | 김무성마르티노 • **교수부장** | 이은호 이사악 • **교수부차장** | 김구영 엘리지오 • **외부강사** | 김태현 마태오, 어경진 안스가리오, 양성일 시메온, 김현원 시몬 • **주방봉사** | 산곡3동

성 바오로 분단 임필은 요아킴(갈산동), 최영두 엘피디오(계산동), 김치구 대건안드레아(박촌동), 양회삼 베드로(부평1동), 정규철 마르코(부평3동), 이인규 아넬로(산곡3동), 박종락 베드로(서운동), 김기선 프란치스코(일신동), 서상구 다니엘(작전동), 정순균 바오로(효성동)

성 요한 분단 강선환 예레니모(가정3동), 정명선 베드로(가정동), 조병곤 마리노(고촌), 윤성중 바오로(마전동), 최덕진 베드로(석남동), 이정길 라우렌시오(원당동), 이한호 베드로(장기동), 박준라 파엘(청수), 이기웅 야고보(풍무동), 김은휘 안드레아(하성)

성 안드레아 분단 김현곤 노엘(간석2동), 김학진 안토니오(논현동), 김용국 바오로(만수1동), 황순필 프란치스코(만수3동), 배흥태 로렌죠(만수6동), 이인배 요셉(모래내), 황수용 필립보(선학동), 양은석 시메온(소래포구), 황보경 민바오로(옥련동), 고길문 스테파노(한국순교성)

성 야고보 분단 민진근 요셉(대야동), 김상천 베드로(삼정동), 유승준 유스티노(상1동), 심인식 안드레아(상3동), 남궁갑 에두아르도(숭의동), 정성태 루카(주안3동), 박성민 그라시아노(주안8동,)박병훈 바오로(중3동), 박귀순 프란치스코(학익동), 박선욱 실바노(용현동)

성 베드로 분단 정재영 요셉(범박동), 성기정 마르첼리노(소사), 신정필 미카엘(소사본3동), 김봉현 요한(소사본동), 김종섭 마지아(심곡본동), 강양권 빈첸시오(여월동), 유정수 스테파노(역곡), 이세종 세례자요한(역곡2동), 박형수 루카(원종2동)

남성 제 174 차

2013. 5. 9 ~ 12

봉사자 • **지도신부** | 제정원 베드로 • **회장** | 이종원 스테파노 • **회장후보** | 이용기 가브리엘 • **총무부장** | 권용광 미카엘 • **총무부차장** | 최인섭 시메온 • **활동부장** | 오정광 요아킴 • **활동부차장** | 박진흥 프란치스코, 윤창수 대건안드레아, 윤경한 프란치스코, 허영행 본시아노 • **전례부장** | 서용관 베드로 • **전례부차장** | 정양기 아우구스티노 • **음악부장** | 이덕종 임마누엘 • **교수부장** | 이남석 요셉 • **교수부차장** | 박정현 다윗 • **외부강사** | 정윤화 베드로, 정윤섭 요셉, 김수현 요셉, 박희동 미카엘 • **주방봉사** | 신천

성 바오로 분단 현정민 바오로(상1동), 방성호 프란치스코(대야동), 박창훈 유스티노(동춘동), 임송수 스테파노(선학동), 양정환 대건안드레아(주안3동), 이인원 마르코(연수), 하태일 스테파노(옥련동), 방윤수 요한(은행동), 김흥태 암브로시오(신천), 김상철 사도요한(한국순교성)

성 요한 분단 한재희 스테파노(학익동), 박완규 요셉(범박동), 김현수 사무엘(상3동), 양주현 안토니오(소사), 신우철 원선시오(소사본3동), 이원학 아타나시오(소사본동), 김정석 바오로(심곡본동), 최진규 요셉(중1동), 송기환 바오로(중2동), 신민호 이삭(중3동)

성 안드레아 분단 강유성 도미니코(가정동), 정용훈 요셉마리아(계산동), 김현수 도마(교구청), 조일형 가브리엘(김포), 서정위 시몬(박촌동), 안덕희 대건안드레아(불로동), 하만석 시몬(서운동), 김영근 아우구스티노(청라), 김상혁 라파엘(청수)

성 야고보 분단 이승근 스테파노(갈산동), 손동훈 요한세례자(삼정동), 전용근 바오로(부평3동), 천의정 그레고리오(산곡3동), 신진종 요한(영종), 박임구 야고보(오정동), 한상환 암브로시오(원미동), 최경선 다니엘(원종2동), 박기호 스테파노(일신동)

성 베드로 분단 김무신 라파엘(간석2동), 임현일 바오로(간석4동), 박영배 루카(은행동), 박제순 프란치스코(만수6동), 김승현 라파엘(부개동), 김정헌 스테파노(신공항), 이상일 요셉(주안1동), 안성열 베드로(학익동), 조연홍 노엘(효성동)

남성 제 175 차

2013. 7. 18 ~ 21

봉 사 자

• **지도신부** | 이재규 베드로 • **회장** | 윤석만 요한 • **회장후보** | 박호식 마티아, 최윤희 요셉 • **총무부장** | 홍기영 모세 • **총무부차장** | 박태일 대건안드레아 • **활동부장** | 장영철 아우구스티노 • **활동부차장** | 공병철 빈첸시오, 김상오 베드로, 송해용 빈첸시오페레르, 이재철 야고보 • **전례부장** | 박길원 베네딕토 • **전례부차장** | 하정현 니콜라오 • **음악부장** | 이강국 아브라함 • **음악부차장** | 김영우 미카엘 • **교수부차장** | 이호진요셉 • **교수부장** | 문칠성 안젤로 • **외부강사** | 오용호 세베리노, 정윤섭 요셉, 신일섭 아우구스티노, 태민웅 바오로 • **주방봉사** | 효성동

성 바오로 분 단

김명수 바오로(가정동), 김희진 안드레아(가좌동), 황진득 율리아노(불로동), 정광제 요셉(사우동), 김철중 토마스(원당동), 김용진 토마스(작전2동), 최유식 요아킴(작전동), 김종면 미카엘(풍무동), 안광배 마르띠노(효성동)

성 요한 분 단

주성호 요셉(논현동), 정동채 대건안드레아(한국순교성인), 이성권 제멜로(신공항), 신용효 도미니꼬(신천), 함형민 요한사도(연수), 유현철 벨티노(옥련동), 김성환 프란치스코(주안8동), 이한석 프란치스코솔라노(학익동), 배윤근 도미니코(화수동)

성 안드레아 분 단

이기산 베드로(논현동), 김경수 요셉(대야동), 이범수 대건안드레아(만수2동), 차인철 분도(만수3동), 최걸묵 필립보(만수6동), 송광석 토마스아퀴나스(모래내), 정영교 제오르지오(대)(소래포구), 신순우 마태오(옥련동), 강신관 대건안드레아(한국순교성인)

성 야고보 분 단

강수창 마르코(갈산동), 박재근 라파엘(부평1동), 이문식 베드로(부평2동), 김성일 에리스도(부평3동), 김성민 에드몬드(가정3동), 이근범 프란치스코(산곡3동), 이완표 분도(삼산동), 홍기선 레오나르도(일신동), 김상욱 마티아(청라)

성 베드로 분 단

이일수 보나벤투라(고강동), 오영석 토마스(부개동), 이명종 마르티노(상1동), 이영철 프란치스꼬(석남동), 김병천 요셉(소사본동), 이경우 안드레아(역곡), 안상준 요셉(원미동),
김배림 바오로(중2동)

남성 제 176 차

2013. 10. 17 ~ 20

봉 사 자

• **지도신부** | 박병훈 요셉 • **회장** | 김현원 시몬 • **회장후보** | 조형모 마태오 • **총무부장** | 장일룡 가브리엘 • **총무부차장** | 윤여택 바오로 • **활동부장** | 조판형 사도요한 • **활동부차장** | 서효석 마태오, 박종영 사도요한, 박노렌조 노렌조, 윤치용 안드레아 • **전례부장** | 조명석 다니엘 • **전례부차장** | 김진완 요셉 • **음악부장** | 김무성 마르티노 • **음악부차장** | 정명선 베드로 • **교수부장** | 옥영욱 다두 • **교수부차장** | 김계익 스테파노 • **외부강사** | 제정원 베드로, 김대선 안드레아, 박유양 바오로, 박희동 미카엘 • **주방봉사** | 박촌동

성 바오로 분 단

전원일 다니엘(동춘동), 이갑인 베드로(선학동), 배상길 라파엘(숭의동), 박재홍 바오로(옥련동), 전인송 안토니오(제물포), 방인규 요셉(주안3동), 박석환 도미니코(주안8동), 김호영 요한세례자(청학동), 정동운 파비아노(한국순교성), 김준홍 안토니오(해안)

성 요한 분 단

오혁환 아벨(중2동), 한경근 안드레아(박촌동), 고운용 베드로(부개2동), 박순식 사도요한(부평1동), 한귀정 야고보(삼산동), 장판길 스테파노(서운동), 조형준 요셉(십정동), 박근원 프란치스코(작전2동), 이순복 프란치스코(장기동), 박순철 베르나르도(효성동)

성 안드레아 분 단

이하용 안드레아(간석2동), 이선웅 마태오(간석4동), 구본원 요셉(논현동), 장성진 안토니오(대야동), 서영익 토마(만수2동), 윤수혁 스테파노(부평3동), 안희영 아모스(소래포구), 이의성 바오로(신천), 김성수 스테파노(만수6동), 박진 디모테오(일신동)

성 야고보 분 단

엄기준 프란치스코하비에르(가정동), 변병옥 스테파노(가좌동), 황운상 베드로(제물포), 김정수 베네딕도(사우동), 염병호 세례자요한(양곡), 박찬필 세례자요한(원당동), 김순오 마르티노(청라), 최종민 안드레아(청수), 배성만 노렌조(통진), 조형택 베드로(풍무동)

성 베드로 분 단

전인표 베드로(고강동), 임익현 프란치스코(범박동), 김동호 마카베오(삼정동), 정병덕 아모스(상1동), 이해양 오딜로(상동), 이용근 아브라함(소사), 박노욱 시몬(소사본동), 장준 다니엘(여월동), 정진목 도미니코(원미동), 박동민 바오로(중3동)

남성 제 177 차

2013. 12. 12 ~ 15

봉 사 자 • **지도신부** | 김부민 베드로 • **회장** | 남기환 마태오 • **회장후보** | 박찬종 베네딕도 • **총무부장** | 정현모 이시도로 • **총무부차장** | 안용채 마르첼로 • **활동부장** | 신언수 프란치스코 • **활동부차장** | 오승주 마르티노, 천세종 베드로, 이용태 도미니꼬, 장진훈 베드로 • **전례부장** | 오수근 베드로 • **전례부차장** | 박종수 요사팟 • **음악부장** | 이덕종 임마누엘 • **교수부장** | 김명규 종삼요한 • **교수부차장** | 신기철 다윗 • **외부강사** | 정윤섭 요셉, 김대선 안드레아, 고동현 노엘, 태민웅 바오로 • **주방봉사** | 한국순교성인

성 바오로 분단 조승경 요셉(가정3동), 경은중 포르토스(고촌), 김수열 베네딕도(마전동), 김영운 비오(박촌동), 박영진 세례자요한(부평1동), 최광의 대건안드레아(부평2동), 이민호 마르코(청라), 한기엽 베드로(풍무동)

성 요한 분단 정영길 마르코(갈산동), 조성호 베드로(모래내), 강원일 요한세례자(부평3동), 이진혁 시몬(서운동), 정낙찬 요왕(작전2동), 김우명 레오(작전동), 이갑수 스테파노(장기동), 이정환 바르나바(효성동)

성 안드레아 분단 안상호 아르멜(간석2동), 최근호 대건안드레아(간석4동), 이동주 다니엘(선학동), 최운성 세례자요한(숭의동), 최수영 안셀모(신공항), 이종일 안토니오(일신동), 신홍석 미카엘(주안8동), 김상헌 베드로(해안)

성 야고보 분단 부봉하 요셉(논현동), 이관일 예로니모(대야동), 오태완 스테파노(소래포구), 박용태 아우구스티노(한국순교성), 손종원 미카엘(신천), 김종득 스테파노(연수), 조장영 스테파노(옥련동), 김종구 요셉(은행동)

성 베드로 분단 박우석 바오로(삼정동), 김형국 스테파노(상3동), 김진화 사도요한(상동), 유승섭 안셀모(소사본동), 오광명 이냐시오(여월동), 경승현 야고보(역곡2동), 윤상규 베드로(원종2동), 최경춘 마태오(중3동)

남성 제 178 차

2014. 3. 13 ~ 16

봉 사 자 • **지도신부** | 김일회 빈첸시오 • **회장** | 고중섭 요셉 • **회장후보** | 박호식 마티아 • **총무부장** | 남영우 대건안드레아 • **총무부차장** | 박선욱 실바노 • **활동부장** | 서용관 베드로 • **활동부차장** | 임영범 요셉, 박상기 빈첸시오, 이우용 토마스아퀴나스 • **전례부장** | 오정광 요아킴 • **전례부차장** | 진성채 시몬 • **음악부장** | 김영우 미카엘 • **음악부차장** | 김무성 마르티노 • **교수부장** | 황의섭 요셉 • **교수부차장** | 김구영 엘리지오 • **외부강사** | 조명연 마태오, 어경진 안스가리오, 신일섭 아우구스티노, 방진환 안드레아 • **주방봉사** | 계산동

성 바오로 분단 원상연 베드로(간석2동), 한상을 요셉(논현동), 김형배 바오로(대부), 이용구 마티아(대야동), 배효구 레오비노(만수2동), 김정문 비오(만수6동), 오수안 도미니코(소래포구), 함석성 베드로다미아노(신천)

성 요한 분단 김윤성 마태오(가정3동), 김봉건 베드로(가정동), 한상진 스테파노(검암동), 임종태 요셉(사우동), 차기임 스테파노(송현동), 이진용 미카엘(원당동), 하영조 베드로(청라), 김문현 바오로(하점), 김상오 안드레아(해안)

성 안드레아 분단 이희윤 이스마엘(연수), 박승철 가스발(영종), 곽지철 베네딕토(옥련동), 강전관 가밀로(주안1동), 조낙준 루카(주안3동), 류형곤 대건안드레아(주안8동), 이문종 아우구스티노(청학동), 오장석 안드레아(학익동), 임재춘 프란치스코(한국순교성)

성 야고보 분단 민병본 다미아노(계산동), 서영진 스테파노(상1동), 문병근 요셉(상3동), 고광현 안토니오(상동), 백명주 히지노(소사본3동), 윤상찬 제노(여월동), 임능빈 요셉(원종2동), 편은석 야고보(일신동), 김경배 바오로(중3동)

성 베드로 분단 김진섭 바오로(박촌동), 최준배 프란치스코(부평1동), 김만식 프란치스코(부평2동), 정근진 비오(산곡3동), 이승호 마르띠노(서운동), 장준원 베드로(작전동), 신영복 안셀모(장기동), 홍광철 베네딕도(효성동)

남성 제 179 차

2014. 5. 15 ~ 18

봉 사 자	• **지도신부** | 정윤섭 요셉 • **회장** | 박호식 마티아 • **회장후보** | 방진환 안드레아 • **총무부장** | 홍기영 모세 • **전례부장** | 조명석 다니엘 • **전례부차장** | 정양기 아우구스티노 • **음악부장** | 이덕종 임마누엘 • **교수부장** | 이남석 요셉 • **교수부차장** | 오승주 마르티노 • **총무부차장** | 장경재 비오 • **활동부장** | 박진흥 프란치스코 • **활동부차장** | 송해용 빈첸시오페레르, 이진영 가브리엘, 조경남 베네딕도 • **외부강사** | 조명연 마태오, 김수현 요셉, 김현원 시몬 • **주방봉사** | 연수
성 바오로 분단	정호 야고보(검암동), 박성렬 사도요한(계산동), 유병삼 프란치스코사베리오(김포), 박지훈 다미안(서운동), 정준보 유스토(양곡), 김세한 도미니코사비오(원당동), 지순기 사도요한(청라), 박상천 안드레아(통진), 한문청 미카엘(풍무동)
성 요한 분단	김영재 프란치스코(갈산동), 김영준 미카엘(부개동), 유경열 베드로(부평1동), 김종인 사도요한(산곡3동), 정성면 유스티노(상3동), 심재풍 아오스딩(송내1동), 나흥식 야고버(송림동), 권종혁 바실리오(심곡본동), 양영한 세례자요한(효성동)
성 안드레아 분단	최창식 베드로(삼정동), 김현주 마르티노(소사), 전동희 마태오(소사본3동), 김종태 에우세비오(소사본동), 김현길 베드로(원미동), 권영길 F.살레시오(원종2동), 곽영구 요수아(작전2동), 장준익 베드로(중2동), 이승훈 베드로(중3동)
성 야고보 분단	송재기 베르티노(대야동), 서기화 베드로(숭의동), 정택진 프란치스코(연수), 장기성 루까(옥련동), 남경진 요한(은행동), 권병우 프란치스코(청학동), 최진식 비오(한국순교성인), 송병주 요셉(해안)
성 베드로 분단	장인수 미카엘(간석2동), 윤석병 루도비코(간석4동), 김교식 베드로(논현동), 문제순 스테파노(만수2동), 안인형 베드로(만수6동), 임창현 요셉(소래포구), 이경열 요셉(송림동), 이용성 바오로(영종), 조영웅 알베르또(옥련동)

남성 제 180 차

2014. 7. 17 ~ 20

봉 사 자	• **지도신부** | 양성일 시메온 • **회장** | 김성철 필립보 • **회장후보** | 고동구 힐라리오 • **총무부장** | 하정현 니콜라오 • **총무부차장** | 박태일 대건안드레아 • **활동부장** | 윤기원 베드로 • **활동부차장** | 김정극 세바스티아노, 장진훈 베드로, 이정길 라우렌시오 • **전례부장** | 옥영욱 다두 • **전례부차장** | 박선욱 실바노 • **음악부장** | 이강국 아브라함 • **음악부차장** | 김영우 미카엘 • **교수부장** | 채철수 스테파노 • **교수부차장** | 김길창 바오로 • **외부강사** | 제정원 베드로, 정윤섭 요셉, 김수현 요셉, 박희동 미카엘 • **주방봉사** | 모래내
성 바오로 분단	김진구 미카엘(강화), 김학수 안드레아(검암동), 김강래 유스티노(마전동), 최병철 베드로(원당동), 나현민 이사야(청라), 최남율 요셉(청수), 이병돈 스테파노(풍무동)
성 요한 분단	김기현 세례자요한(대부), 이종희 프란치스코(간석2동), 심한보 스테파노(만수1동), 김성수 마르코(만수6동), 김해중 사도요한(선학동), 윤용현 요셉(소래포구), 김용권 가브리엘(연수), 허홍기 힐라리오(한국순교성인)
성 안드레아 분단	원용정 요셉(계산동), 한기명 야고보(삼정동), 전상길 마르티노(서운동), 김지현 필립보(오정동), 고광진 베네딕도(작전2동), 이영수 토마스(작전동), 송기재 안드레아(장기동), 정연태 마태오(중2동)
성 야고보 분단	허홍 프란치스코(역곡2동), 김용진 스테파노(산곡3동), 이승우 그레고리오(소사본동), 김성수 모세(송내1동), 안건호 스테파노(심곡본동), 채승완 사도요한(여월동), 김동선 요셉(원미동), 한철운 베드로(일신동)
성 베드로 분단	이기남 루도비코(도화동), 송재명 요아킴(부평1동), 박문수 베네딕도(부평3동), 전성수 미카엘(송림동), 장유금 클레멘스(송현동), , 김도환 베드로(십정동), 윤찬구 베네딕도(용현동), 정원규 요셉(주안1동)

남성 제 181 차

2014. 10. 16 ~ 19

봉사자 • **지도신부** | 차호찬 시메온 • **회장** | 이명수 요셉 • **회장후보** | 박찬종 베네딕도 • **총무부장** | 박정현 다윗 • **총무부차장** | 이관일 예로니모 • **활동부장** | 서용관 베드로 • **활동부차장** | 신기철 다윗, 천세종 베드로, 김성민 에드몬드, 류형곤 대건안드레아 • **전례부장** | 이은호 이사악 • **전례부차장** | 박선욱 실바노 • **음악부장** | 김무성 마르티노 • **교수부장** | 박홍수 미카엘 • **교수부차장** | 함석성 베드로다미아노 • **외부강사** | 정윤섭 요셉, 최인비 유스티노, 양성일 시메온, 태민웅 바오로 • **주방봉사** | 사우동

성 바오로 분단 오세현 루치아노(은행동), 우재혁 요셉(부평1동), 오광명 제노비오(부평3동), 김태형 요셉(삼산동), 최원수 바오로(서운동), 원종괄 베드로(십정동), 이종태 비오(일신동), 이용필 스테파노(중1동), 김홍섭 미카엘(효성동)

성 요한 분단 이성운 시몬(가정3동), 김원영 프란치스코(주안3동), 조정형 율리아노(소사본동), 정윤채 안토니오(송림동), 이순혁 안토니오(연수), 이기배 제노비오(옥련동),박옥용 요셉(주안3동), 최용주 사도요한(한국순교성), 강창규 요셉(해안)

성 안드레아 분단 한상주 사도요한(강화), 이정우 대건안드레아(고촌), 박진형 시몬(김포), 김영복 바오로(마전동), 강호영 베드로(사우동), 김영민 요셉(원당동), 장수길 비오(작전2동), 임교석 빈첸시오(통진), 김홍민 프란치스코(풍무동)

성 야고보 분단 최진구 마르코(간석2동), 강신호 미카엘(논현동), 황환길 라자로(대야동), 이종술 가밀로(도창동), 백광영 스테파노(소래포구), 오원규 다니엘(심곡본동), 유신일 베드로(영흥), 유두환 프란치스코(만수6동)

성 베드로 분단 이승남 스테파노(중2동), 강동식 론지노(삼정동), 이승수 베네딕도(상1동), 이철규 베드로(상동), 정용 루치오(송내1동), 노필근 스테파노(오정동), 강태곤 즈가리아(원미동), 양태식 도미니코(중1동), 오성국 마르티노(중3동)

남성 제 182 차

2014. 12. 4 ~ 7

봉사자 • **지도신부** | 어경진 안스가리오 • **회장** | 홍성환 돈보스꼬 • **회장후보** | 신언수 프란치스코 • **총무부장** | 김명훈 안드레아 • **총무부차장** | 이중현 안드레아 • **활동부장** | 장영철 아우구스티노 • **활동부차장** | 정현모 이시도로, 이기성 토마스아퀴나스, 김봉건 베드로, 임재춘 프란치스코 • **전례부장** | 오수근 베드로 • **전례부차장** | 박노렌조 노렌조 • **음악부장** | 김영우 미카엘 • **교수부장** | 김명규 종삼요한 • **교수부차장** | 이명택 임마누엘 • **외부강사** | 김성만 파트리치오, 정윤섭 요셉, 박유양 바오로, 방진환 안드레아 • **주방봉사** | 청수

성 바오로 분단 최승영 프란치스코(강화), 김경우 마르티노(계산동), 김정덕 마르티노(박촌동), 손낙실 토마(산곡3동), 김호식 미카엘(작전동), 윤옥의 프란치스코(장기동), 신천경 라파엘(효성동)

성 요한 분단 곽의석 요한(강화), 최봉현 안드레아(고촌), 박동복 바오로(김포), 강성욱 스테파노(마니산), 김경옥 첼리스티노(원당동), 권오준 바오로(청라), 강종근 시몬(청수)

성 안드레아 분단 김성규 베드로(가좌동), 정철화 이냐시오(부평1동), 김원기 세례자요한(송림동), 홍석구 마태오(신공항), 홍인규 도미니코(용현동), 함희철 베드로(주안8동)

성 야고보 분단 변종환 안셀모(고잔), 손영택 스테파노(만수6동), 박종호 프란치스코하비에르(부평1동), 양정훈 야고보(신천), 노영준 대건안드레아(중3동), 오운석 마르코(한국순교성인)

성 베드로 분단 이태호 안젤로(상동), 정중구 리고벨도(소사본3동), 이강돈 베드로(소사본동), 김재엽 대건안드레아(역곡2동), 박재익 바오로(원미동), 송재성 미카엘(중1동)

남성 제 183차

2015. 3. 12 ~ 15

봉 사 자

• 지도신부 | 송재훈 마르코 **• 회장** | 김현원 시몬 **• 회장후보** | 최윤희 요셉 **• 총무부장** | 문칠성 안젤로 **• 총무부차장** | 서영진 스테파노 **• 활동부장** | 오승주 마르티노 **• 활동부차장** | 진성채 시몬, 김계익 스테파노, 고광현 안토니오 **• 전례부장** | 오정광 요아킴 **• 전례부차장** | 박선욱 실바노 **• 음악부장** | 이덕종 임마누엘 **• 교수부장** | 김구영 엘리지오 **• 교수부차장** | 이정길 라우렌시오 **• 외부강사** | 이재학 안티모, 김성만 파트리치오, 태민웅 바오로 **• 주방봉사** | 해안

성 바오로 분단

김석주 요셉(가정동), 이부종 아우구스티노(가좌동), 김동필 베드로(논현동), 김택정 요한(옥련동), 김원식 모세(주안3동), 김종열 다니엘(학익동), 김종철 바오로(한국순교성), 장관훈 프란치스코(해안), 조경열 프란치스코(화수동)

성 요한 분단

구응회 프란치스코(강화), 강태윤 야고보(김포), 오대섭 요셉(마전동), 송기호 베드로(불로동), 유재웅 가브리엘(사우동), 최인수 세례자요한(원당동), 이수웅 바오로(청라), 전대원 안드레아(통진), 박옥규 안드레아(풍무동)

성 안드레아 분단

김형진 스테파노(고강동), 임경규 도마(삼정동), 정문영 하상바오로(상1동), 최정훈 즈가리아(상동), 최영진 에제키엘(심곡본동), 안갑환 가브리엘(여월동), 김경태 필립보(원종2동), 김종호 바오로(일신동), 김동욱 요셉(중1동)

성 야고보 분단

박상용 말구(갈산동), 정동환 노엘(검암동), 김정렬 요셉(부평1동), 박제만 바오로(부평3동), 차봉환 바르나바(서운동), 김영일 베드로(작전2동), 김태경 베드로(장기동), 유종선 시몬(작전동), 고영훈 마태오(효성동)

성 베드로 분단

석성근 베드로(간석4동), 한상신 루치아노(대야동), 김종현 요셉(만수3동), 최수봉 라우렌시오(서창동), 안중두 토마스(소사본3동), 홍재이 미카엘(소사본동), 이주일 데메트리오(신천), 장동명 요한보스코(역곡2동)

남성 제 184 차

2015. 5. 14 ~ 17

봉 사 자

• 지도신부 | 제정원 베드로 **• 회장** | 고중섭 요셉 **• 회장후보** | 고동구 힐라리오 **• 총무부장** | 송해용 빈첸시오페레르 **• 총무부차장** | 나현민 이사야 **• 활동부장** | 박영식 베다 **• 활동부차장** | 서용관 베드로, 신기철 다윗, 김형국 스테파노, 임능빈 요셉 **• 전례부장** | 정양기 아우구스티노 **• 음악부장** | 김영우 미카엘 **• 교수부장** | 박상기 빈첸시오 **• 교수부차장** | 김정희 요셉 **• 외부강사** | 김태현 마태오, 박유양 바오로, 신일섭 아우구스티노, 박희동 미카엘 **• 주방봉사** | 고촌

성 바오로 분단

정춘삼 미카엘(간석2동), 오택영 이시도로(논현동), 이정남 즈가리야(대야동), 우용식 요아킴(범박동), 양남용 야고보(소사), 권오윤 윌리암(소사본동), 이덕희 분도(일신동)

성 요한 분단

김정일 바오로(검암동), 조택현 요셉(고촌), 이석주 안드레아(마전동), 표영무 제네시오(불로동), 김영철 펠릭스(원당동), 박영태 프란치스코(풍무동), 한은섭 아우구스티노(하점)

성 안드레아 분단

서윤수 바오로(답동), 김인환 비오(옥련동), 이은규 바오로(용현동), 고영호 사도요한(주안1동), 나승현 힐라리오(주안3동), 반기철 아브라함(주안8동), 방한범 바오로(학익동), 김인철 야고보(한국순교성인)

성 야고보 분단

임행일 안토니오(고강동), 이영백 미카엘(상1동), 이형진 안또니오(상3동), 이종만 세례자요한(여월동), 박지복 즈가리아(역곡2동), 김장환 프란치스코(원미동), 김성권 마르첼리노(원종2동), 홍윤표 이냐시오(중1동)

성 베드로 분단

이길훈 마태오(가좌동), 장문택 라파엘(갈산동), 박노중 라자로(계산동), 김대경 프란치스코(부평1동), 이오범 빅또리노(산곡3동), 류병수 요셉(산곡동), 김기성 대건안드레아(석남동), 이성주필립보(작전2동)

남성 제 185 차

2015. 10. 15 ~ 18

봉 사 자	• **지도신부** | 박병훈 요셉 • **회장** | 윤석만 요한 • **회장후보** | 고동구 힐라리오 • **총무부장** | 남영우 대건안드레아 • **총무부차장** | 이기성 토마스아퀴나스 • **활동부장** | 천민섭 빈첸시오 • **활동부차장** | 장진훈 베드로, 윤치용 안드레아, 허홍기 힐라리오, 고광진 베네딕도 • **전례부장** | 하정현 니콜라오 • **전례부차장** | 정영교 제오르지오(대), 류형곤 대건안드레아 • **음악부장** | 김영우 미카엘 • **교수부장** | 홍기영 모세 • **교수부차장** | 김종득 스테파노 • **외부강사** | 정윤화 베드로, 정윤섭 요셉, 한덕훈 스테파노, 태민웅 바오로, 황의섭 요셉 • **주방봉사** | 송현동
성 바오로 분단	안계윤 안드레아(가좌동), 김영현 고르고니오(강화), 허종훈 바르톨로메오(불로동), 김용석 라우렌시오(석남동), 강원식 라파엘(원당동), 이동진 스테파노(청라), 장용익 비오(통진), 이주안 야고보(풍무동), 김문호 프란치스코(효성동)
성 요한 분단	김대진 프란치스코(갈산동), 안효덕 시메온(부개동), 유정수 그레고리오(산곡3동), 이준기 요셉(여월동), 박창권 요한(일신동), 김영관 노렌조(작전2동), 박용길 요셉(중3동), 함영수 베드로(화수동)
성 안드레아 분단	조원재 석두루가(삼정동), 조성남 루치아노(상1동), 민준기 마르띠노(소사본동), 권오성 베드로(심곡본동), 김해응 안드레아(역곡2동), 정광훈 루카(원미동), 진희원 안드레아(원종2동)
성 야고보 분단	홍성배 사도요한(대야동), 오세창 사도요한(선학동), 강기문 파트리치오(소래포구), 성대식 마태오(신천), 민경덕 베드로(송도2동), 조성환 바오로(연수), 강성모 안셀모(영흥), 이명재 안드레아(옥련동), 김우성 안젤로(한국순교성인)
성 베드로 분단	권원선 무치오(간석2동), 이성로 파우스토(구월1동), 박인 루카(만수2동), 장원서 도미니꼬(백령도), 최이식 베드로(용현동), 이형익 요셉(주안1동), 박민규 미카엘(주안3동), 김정재 사도요한(주안8동), 배후근 리노(학익동)

남성 제 186 차

2015. 12. 10 ~ 13

봉 사 자	• **지도신부** | 한의열 요셉 • **회장** | 김명훈 안드레아 • **회장후보** | 신언수 프란치스코 • **총무부장** | 정현모 이시도로 • **총무부차장** | 한문청 미카엘 • **활동부장** | 채철수 스테파노 • **활동부차장** | 신기철 다윗, 함석성 베드로다미아노, 김봉건 베드로, 송호진 마태오 • **전례부장** | 오수근 베드로 • **전례부차장** | 김성민 에드몬드 • **음악부장** | 이덕종임 마누엘 • **교수부장** | 박정현 다윗 • **교수부차장** | 장영철 아우구스티노 • **외부강사** | 김현수 도마, 김성만, 파트리치오, 신일섭 아우구스티노, 방진환 안드레아 • **주방봉사** | 용현동
성 바오로 분단	김해겸 사도요한(가정동), 전상은 미카엘(마전동), 이경로 사무엘(장기동), 안희성 베네딕도(청라), 김용배 바오로(청수), 송병춘 바오로(통진)
성 요한 분단	전진국 베드로(고강동), 서문용희 미카엘(삼정동), 조진우 사도요한(상1동), 한기훈 토마스(상동), 유연춘 프란치스코(소사본동), 조한주 하상바오로(여월동), 이성욱 안드레아(중2동)
성 안드레아 분단	안영근 안토니오(간석2동), 신승용 요셉(고잔), 오정택 베드로(구월1동), 박성빈 라파엘(부평1동), 신동일 사도요한(만수2동), 정혜영 힐라리오(만수6동), 전경배 안토니오(상3동)
성 야고보 분단	우제성 베드로(가좌동), 정상준 프란치스코(부평1동), 이동하 미카엘(산곡3동), 나상은 가브리엘(옥련동), 이문훈 베드로(주안3동), 황인섭 실베스텔(주안5동)
성 베드로 분단	하윤수 요셉(대부), 남궁영식 베네딕토(신천), 전길성 아릭스(심곡본동), 최순규 레이몬드(연수), 김성수 세례자요한(은행동), 정광진 사도요한(청학동)

남성 제 187차

2016. 3. 10 ~ 13

봉 사 자 • **지도신부** | 김성만 파트리치오 • **회장** | 고동구 힐라리오 • **회장후보** | 최윤희 요셉, 황의섭 요셉 • **총무부장** | 박상기 빈첸시오 • **총무부차장** | 김성민 에드몬드 • **활동부장** | 서용관 베드로 • **활동부차장** | 임영범 요셉, 임재춘 프란치스코, 박동복 바오로 • **전례부장** | 박선욱 실바노 • **전례부차장** | 김영우 미카엘, 양정훈 야고보 • **음악부장** | 김무성 마르티노 • **교수부장** | 박홍수 미카엘 • **교수부차장** | 김정희 요셉 • **외부강사** | 제정원 베드로, 라현준 베드로, 양성일 시메온, 김현원 시몬 • **주방봉사** | 만수1동

성 바오로 분단 주동일 요셉(소사), 연규상 로베르또(소사본3동), 양규만 베드로(심곡본동), 정관헌 안드레아(여월동), 이익재 바오로(역곡2동), 정인수 미카엘(오정동), 노경호 사도요한(원미동), 박영국 멜라니오(원종2동), 정재인 세례자요한(중1동), 문현기 아우구스티노(중2동)

성 요한 분단 송수호 바르나바(간석4동), 이덕주 아오스딩(고잔), 김종암 대건안드레아(구월1동), 김혁중 제노(한국순교성인), 황의용 안셀모(논현동), 문영철 요셉(대야동), 박길호 비오(만수2동), 김덕규 프란치스코(만수6동), 김선태 마태오(신천)

성 안드레아 분단 심재훈 요셉(부개동), 박경모 요셉(부평1동), 권학근 미카엘(부평2동), 황병하 스테파노(산곡3동), 박정식 토마스(상1동), 이찬우 요아킴(상동), 김창용 베드로(작전2동), 박영복 세례자요한(작전동)

성 야고보 분단 이동석 세례자요한(가정3동), 남명호 요셉(가좌동), 민조운 요셉(검단동), 최만길 야고보(검암동), 황선호 미카엘(김포), 정지원 마르코(오류동), 윤영훈 디모테오(마전동), 이상규 시몬(청라), 조병근 프란치스코사베리오(효성동)

성 베드로 분단 이승한 미카엘(답동), 송인철 프란치스코(송림4동), 조대용 세례자요한(송림동), 김영배 알렉산더(영종), 정태송 사무엘(옥련동), 백명성 사도요한(용현동), 김범구 마리요한(주안1동), 박민 가브리엘(주안3동), 홍길택 알베르또(한국순교성인)

남성 제 188 차

2016. 5. 19 ~ 22

봉 사 자 • **지도신부** | 전대희 바울로 • **회장** | 최윤희 요셉 • **회장후보** | 이종원 스테파노 • **총무부장** | 오정광 요아킴 • **총무부차장** | 이정길 라우렌시오 • **활동부장** | 오승주 마르티노 • **활동부차장** | 이관일 예로니모, 고광현 안토니오, 유병삼 프란치스코사베리오 • **전례부장** | 조형모 마태오 • **전례부차장** | 오운석 마르코 • **음악부장** | 이덕종 임마누엘 • **교수부장** | 홍기영 모세 • **교수부차장** | 박종영 사도요한 • **외부강사** | 최인비 유스티노, 박유양 바오로, 양성일 시메온, 방진환 안드레아 • **주방봉사** | 서운동

성 바오로 분단 조덕배 베드로(불로동), 고광선 안드레아(사우동), 이배방 바실리오(서운동), 남기건 스테파노(원당동) 정준식 가브리엘(풍무동)

성 요한 분단 유영원 베네딕또(가좌동), 박병철 베드로(답동), 김태동 야고보(산곡3동), 피용권 바실리오(연희동) 최광원 프란치스코(영종)

성 안드레아 분단 이오규 베드로(선학동), 장탁일 요한(숭의동), 신창묵 바오로(연수), 허평국 프란치스코(주안3동) 정해민 대건안드레아(주안8동)

성 야고보 분단 최관식 바오로(부평4동), 이정근 빈첸시오(상동), 표기영 이냐시오(서창동), 전경덕 아가피토(역곡2동)

성 베드로 분단 황명수 베드로(소사), 김덕규 베드로(소사본동), 이해장 힐라리온(원미동), 김경열 안드레아(중1동) 조봉환 안드레아(중2동)

남성 제 189 차

2016. 7. 14 ~ 17

봉 사 자 • **지도신부** | 김성만 파트리치오 • **회장** | 윤석만 요한 • **회장후보** | 이은호 이사악 • **총무부장** | 김구영 엘리지오 • **총무부차장** | 이영복 안토니오 • **활동부장** | 박진흥 프란치스코 • **활동부차장** | 윤치용 안드레아, 정기태 필립보, 김종득 스테파노 • **전례부장** | 김영우 미카엘 • **전례부차장** | 신승용 요셉, 나현민 이사야 • **음악부장** | 하정현 니콜라오 • **교수부장** | 장영철 아우구스티노 • **교수부차장** | 류형곤 대건안드레아 • **외부강사** | 김태현 마태오, 송준회 베드로, 송기철 이사악, 김명훈 안드레아 • **주방봉사** | 송내1동

성 바오로 분단 임학환 베드로(가정동), 배인필 베드로(가좌동), 강승구 바오로(김포), 양승철 요한(마전동), 여만수 토마스 아퀴나스(연희동), 함영태 안젤로(영흥), 전형근 야고보(원당동), 이두희 스테파노(하점)

성 요한 분단 박형익 프란치스코(계산동), 임종빈 사도요한(박촌동), 염정기 바오로(삼정동), 이용익 루카(상3동), 주희남 로렌죠(작전2동), 이경진 야고보(작전동), 신성호 베드로(효성동)

성 안드레아 분단 조정기 토마스아퀴나스(부평1동), 장재일 스테파노(부평4동), 방영관 미카엘(산곡3동), 강태복 아브라함(삼산동), 최태식 디모테오(선학동), 안광태 에드와르도(연수), 유중철 세례자요한(옥련동), 황재원 그레고리오(한국순교성인)

성 야고보 분단 오준택 미카엘(구월1동), 이행철 다니엘(도화동), 최재식 미카엘(만수2동), 장영식 안드레아(만수6동), 심재만 요셉(은행동,)문은수 도밍고(주안1동), 이승묵 요셉(주안3동), 박현웅 레오(주안8동)

성 베드로 분단 임태호 프란치스코(고강동), 제병환 세례자요한(범박동), 김기철 그레고리오(소사), 최영태 유스티노(송내1동), 권회열 스테파노(심곡), 박윤구 라파엘(여월동), 이재신 시몬(원종2동), 강진희 야고보(중3동)

남성 제 190 차

2016. 10. 20 ~ 23

봉 사 자 • **지도신부** | 김일회 빈첸시오 • **회장** | 김현원 시몬 • **회장후보** | 신언수 프란치스코 • **총무부장** | 김봉건 베드로 • **총무부차장** | 박귀순 프란치스코 • **활동부장** | 장진훈 베드로 • **활동부차장** | 박노렌조 노렌조, 서영진 스테파노, 황병하 스테파노 • **전례부장** | 김계익 스테파노 • **전례부차장** | 연규상 로베르또 • **음악부장** | 김무성 마르티노 • **음악부차장** | 정명선 베드로 • **교수부장** | 박정현 다윗 • **교수부차장** | 김형국 스테파노 • **외부강사** | 정윤화 베드로, 송준회 베드로, 김대선 안드레아, 방진환 안드레아 • **주방봉사** | 장기동

성 바오로 분단 엄상윤 빈첸시오(연수), 한재열 스테파노(옥련동), 고인문 그레고리오(용현동), 송례범 마태오(주안1동), 정기동 요셉(주안3동), 안영식 스테파노(주안5동), 김순일 베드로(주안8동), 이충근 대건안드레아(한국순교성인)

성 요한 분단 권호익 마티아(고잔), 장효일 루치오(구월1동), 장영호 안드레아(논현동), 장덕만 레오(대부), 이희옥 미카엘(만수2동), 박경수 사도요한(만수6동), 오재근 프란치스코(서창동), 손종국 사도요한(소래포구), 이현택 사도요한(은행동)

성 안드레아 분단 김기오 사무엘(갈산동), 이강용 안드레아(부개동,)강승갑 세례자요한(부평4동), 김민수 프란치스코(부평1동), 서성모 예로니모(십정동), 박정철 테오필로(작전2동), 최인희 바오로(작전동), 유영명 마르코(장기동)

성 야고보 분단 지태구 바오로(가정동), 백영진 유스티노(가좌동), 김금태 모세(마전동), 강효경 베드로(불로동), 권철오 세례자요한(석남동), 송경선 대건안드레아(연희동), 이준 아우구스티노(오류동), 장현철 프란치스코하비에르(청라)

성 베드로 분단 강성옥 미카엘(삼정동), 이명수 토마스(상1동), 최달석 유다타대오(소사), 전병초 모세(송내1동), 김정태 프란치스코(송림동), 박종호 필립보(여월동), 김치현 빅토리노(영종), 박춘순 토마스(원종2동)

남성 제 191차

2017. 6. 15 ~ 18

봉 사 자 • **지도신부** | 김성만 파트리치오 • **회장** | 고동구 힐라리오 • **회장후보** | 이은호 이사악 • **총무부장** | 서용관 베드로 • **총무부차장** | 김영우 미카엘 • **활동부장** | 장영철 아우구스티노 • **활동부차장** | 윤치용 안드레아, 김형국 스테파노, 유병삼 프란치스코사베리오, 이상규 시몬 • **전례부장** | 박선욱 실바노 • **전례부차장** | 양정훈 야고보 • **음악부장** | 김무성 마르티노 • **교수부장** | 이남석 요셉 • **교수부차장** | 류형곤 대건안드레아 • **외부강사** | 송준회 베드로, 방진환 안드레아

성 바오로 분단 변용섭 요아킴(김포), 정태수 토마스아퀴나스(작전동), 이재왕 루치오(장기동), 박영식 가브리엘(청수), 이종석 미카엘(통진), 정성환 사도요한(풍무동), 김연규 다비오(하점), 지준학 스테파노(효성동)

성 요한 분단 황규범 가브리엘(상1동), 신현기 바오로(소사), 이성균 베드로(심곡), 김영관 프란치스코(여월동), 이형호 사도요한(역곡), 황철종 안토니오(오정동), 백승철 토마스(중1동)

성 안드레아 분단 심완종 토마스(간석4동), 두성규 스테파노(모래내), 이호균 프란치스코(소래포구), 송재은 마티아(연수), 김용환 돈보스코(옥련동), 강상수 요아킴(주안1동), 음보인 미카엘(주안8동), 한동훈 임마누엘(주안3동)

성 야고보 분단 구본수 세례자요한(가정3동), 최종인 스테파노(가정동), 김원경 루카(검암동), 허명욱 안드레아(송림동), 박원학 토마스(연희동), 정재현 사도요한(원당동), 박의식 요셉(청라), 최솔 세베리노(심곡본동)

성 베드로 분단 권원옥 베드로(대야동), 석준직 사비노(만수2동), 최성웅 미카엘(만수3동), 권오한 세례자요한(부평4동), 김선경 가브리엘(산곡3동), 장승관 리베르또(산곡동), 박판호 스테파노(삼산동), 박성모 베드로(포동)

남성 제 192 차

2017. 9. 14 ~ 17

봉 사 자 • **지도신부** | 정지원 마르코 • **회장** | 남기환 마태오 • **회장후보** | 최윤희 요셉 • **총무부장** | 오수근 베드로 • **총무부차장** | 황병하 스테파노 • **활동부장** | 박진흥 프란치스코 • **활동부차장** | 정현모 이시도로, 이은호 이사악, 신승용 요셉, 전진국 베드로 • **전례부장** | 오정광 요아킴 • **전례부차장** | 윤치용 안드레아 • **음악부장** | 김무성 마르티노 • **교수부장** | 김정희 요셉 • **교수부차장** | 김계익 스테파노 • **외부강사** | 어경진 안스가리오, 이현수 베드로, 김명훈 안드레아, 강안나 마리루메나

성 바오로 분단 정홍섭 레오(가좌동), 김성곤 아브라함(간석2동), 최민수 요아킴(마전동), 김영수 미카엘(부평4동), 김항수 비오(석남동), 박형순 바오로(원당동), 조덕흥 베드로(연희동), 김노태 프란치스코(원당동), 양일남 프란치스코(청라)

성 요한 분단 전인근 로마노(선학동), 이유정 미카엘(연수), 김중렬 베드로(영종), 이의권 프란치스코(옥련동), 이해달 사도요한(주안5동), 신현문 베드로(청학동), 황성재 미카엘(제물포), 손상현 필립보(해안)

성 안드레아 분단 천원철 안드레아(고강동), 이영순 대건안드레아(삼정동), 서창석 토마(상1동), 홍광식 시몬(상동), 설동수 다니엘(소사), 임기수 사도요한(소사본동), 이경일 대건안드레아(여월동), 김동성 루카(소사), 양병기 요셉(일신동)

성 야고보 분단 박귀수 임마누엘(갈산동), 홍진의 필립보네리(김포), 최종웅 다두(사우동), 최원식 바오로(서운동), 김성태 요셉(작전2동), 박재원 도밍고(청수), 김진영 사무엘(풍무동), 나종진 다니엘(효성동)

성 베드로 분단 최영배 실바노(고잔), 방성수 야고보(역곡), 곽영달 베드로(대야동), 박정용 세례자요한(만수2동), 김민용 바오로(만수3동), 이진호 비또(모래내), 김형석 파스칼(소래포구), 김명웅 알폰소(신천), 박승웅 바오로(은행동)

남성 제 193 차

2018. 2. 1 ~ 4

봉 사 자	• **지도신부** | 송준회 베드로 • **회장** | 김성철 필립보 • **회장후보** | 신언수 프란치스코 • **총무부장** | 김영우 미카엘 • **총무부차장** | 나현민 이사야 • **활동부장** | 진성채 시몬 • **활동부차장** | 함석성 베드로다미아노, 박현웅 레오, 송례범 마태오 • **전례부장** | 김성민 에드몬드 • **전례부차장** | 신기철 다윗 • **음악부장** | 김무성 마르티노 • **교수부장** | 채철수 스테파노 • **교수부차장** | 서용관 베드로 • **외부강사** | 전대희 바울로, 라현준 베드로, 양성일 시메온, 방진환 안드레아
성 바오로 분 단	전범수 안토니오(간석4동), 이상국 미카엘(만수3동), 오형규 시몬(영종), 조금행 윤호요셉(은행동), 김진웅 모세(주안1동), 정찬옥 정하상바오로(주안3동), 강재철 시몬(주안8동)
성 요 한 분 단	김세곤 다니엘(가정동), 백영철 스테파노(계산동), 전민구 골롬바노(부평1동), 조성철 스테파노(부평4동), 강청원 베드로(산곡3동), 탁상규 타대오(일신동), 이완희 미카엘(장기동)
성 안드레아 분 단	이택균 요셉(가좌동), 장길환 요셉(연희동), 정동철 아빌리오(운양동), 조영찬 루치아노(원당동), 성운용 디오니시오(청라), 고광수 바오로(청수), 이성만 루카(통진)
성 야고보 분 단	박상홍 토마스(선학동), 윤훈기 바오로(숭의동), 김기성 베드로(옥련동), 이강만 베드로(작전2동), 손병춘 마르코(작전동), 김형진 요셉(청학동), 이경환 니콜라오(한국순교성인)
성 베드로 분 단	사위환 세례자요한(범박동), 최행수 프란치스코(삼정동), 하성우 티모테오(상1동), 이명백 그레고리오(소사), 손준영 마르첼리노(심곡본동), 조운한 시몬(역곡), 정원기미카엘(역곡2동)

남성 제 194 차

2018. 4. 12 ~ 15

봉 사 자	• **지도신부** | 정윤섭 요셉 • **회장** | 김현원 시몬 • **회장후보** | 오정광 요아킴 • **총무부장** | 김구영 엘리지오 • **총무부차장** | 장영철 아우구스티노 • **활동부장** | 임영범 요셉 • **활동부차장** | 오승주 마르티노, 연규상 로베르또, 오성근 루치아노 • **전례부장** | 류형곤 대건안드레아 • **전례부차장** | 이관일 예로니모 • **음악부장** | 김영우 미카엘 • **교수부장** | 박진흥 프란치스코 • **교수부차장** | 황병하 스테파노 • **외부강사** | 김현수 도마, 어경진 안스가리오, 황성재 미카엘, 김명훈 안드레아
성 바오로 분 단	안규남 가브리엘(고촌), 박상순 야고보(마전동), 김선환 프란치스코(불로동), 조진호 빈첸시오(사우동), 이병태 베드로(영종), 박형창 토마스아퀴나스(원당동), 정성현 루피노(풍무동)
성 요 한 분 단	안보현 가브리엘(가정동), 홍용철 비오(가좌동), 정의석 시몬(부평2동), 배석주 베드로(부평4동), 류대희 사비노(산곡3동), 이순욱 요셉(연희동), 정윤제 요셉(청라)
성 안드레아 분 단	최윤규 미카엘(만수3동), 장재영 요셉(범박동), 이상은 요셉(소사본3동), 고민규 세례자요한(소사본동), 김종순 엘리야(신천), 김상수 다미아노(심곡본동), 장운기 미카엘(역곡)
성 야고보 분 단	이광훈 요셉(삼산동), 김준성 마티아(삼정동), 민경선 아우스딩(상1동), 반종현 보니파시오(서운동), 이승우 베드로(작전동), 신정오 명혁다미아노(중1동), 정찬진 베드로(중3동)
성 베드로 분 단	권혁인 바오로(구월1동), 이범육 벤노(동춘동), 허학양 가브리엘(선학동), 최광철 바오로(용현동), 김현호 갈디노(주안1동), 구자천 제라르도마젤라(주안8동), 공병웅 프란치스코(한국순교성인)

남성 제 195차

2018. 7. 12 ~ 15

봉 사 자	• **지도신부** | 차호찬 시메온 • **회장** | 윤석만 요한 • **회장후보** | 남기환 마태오 • **총무부장** | 김계익 스테파노 • **총무부차장** | 이상규 시몬 • **활동부장** | 장진훈 베드로 • **활동부차장** | 서영진 스테파노, 양정훈 야고보, 이중현 안드레아, 박성민 그라시아노 • **전례부장** | 정양기 아우구스티노 • **전례부차장** | 임능빈 요셉 • **음악부장** | 김무성 마르티노 • **교수부장** | 고동구 힐라리오 • **교수부차장** | 박선욱 실바노 • **외부강사** | 전대희 바울로, 라현준 베드로, 김현원 시몬, 강안나 마리루메나
성 바오로 분단	오수철 빈첸시오(고강동), 백민기 클레멘스(중3동), 황인전 레오(삼정동), 황석진 프란치스코(상1동), 강진규 마르코(상3동), 장삼열 베드로(상동), 백성은 프란치스코(역곡), 황규만 요셉(역곡2동), 황인천 바오로(중1동)
성 요한 분단	이병근 대건안드레아(청수), 이용만 요셉(강화), 김병호 스테파노(고촌), 송은복 요셉(김포), 배북규 이냐시오(송림동), 이상용 사도요한(운양동), 장은석 요셉(통진), 황지영 요셉(풍무동)
성 안드레아 분단	주세환 요셉(만수3동), 안윤수 프란치스코(모래내), 하태원 프란치스코(선학동), 김창진 가브리엘(소래포구), 양영석 베드로(연수), 정지찬 대건안드레아(주안8동), 이인수 힐라리오(연수), 황해중 토마스아퀴나스(한국순교성인)
성 야고보 분단	천면홍 이냐시오(가좌동), 마춘수 리노(검단동), 엄주국 유스티노(검암동), 장동헌 안드레아(마전동), 신형학 대건안드레아(옥련동), 박준호 안토니오(오류동), 임열오 프란체스코(원당동), 원준성 야고보(청라)
성 베드로 분단	김재현 도미니코(소사), 오충환 안드레아(부평3동), 최영학 비오(부평4동), 조영식 하상바오로(산곡3동), 서장석 미카엘(산곡동), 유지형 프란치스코(서운동), 김차연 스테파노(십정동), 최인우 다비드(작전2동), 김창수 미카엘(작전동)

제2장

여성자수명단

1976. 7 ~ 2018. 11

서울 여성 제 1 차
1971. 8. 12~15

로즈마리 수녀(답동), 최지선 데레사(답동)

서울 여성 제 2 차
1972. 1. 20~23

최용분 데레사(답동), 유제현 마리안나(송림동)

여성 제 1 차
1976. 7. 29 ~ 8. 1

봉 사 자	• **지도신부** | 송주석 안셀모 • **회 장** | 권홍자 • **임 원** | 황경아, 정정순, 이태임, 주선숙, 박인숙, 송부자, 조명임, 김수옥, 박경진, 최용분
성녀 세실리아 분단	문정자 마리안나(부평2동), 이화숙 안젤라(제물포), 이명자 마리안나수녀(교구청), 장순례 크리스티나(답동), 이경순 수산나(부평1동), 최선필 바울라(화수동), 남경우 안나(제물포), 양난영 잼마(도화동), 오윤환 마리아(하와이)
성녀 벨라뎃다 분단	윤갑희 아가시다(도화동), 김춘자 가타리나(부평2동), 구갑순 데레사(화수동), 박숙서 마리아(부평1동), 손영자 엘미나(부펑2동), 박봉래 안나(송림동), 이영숙 젤뚜루다(제물포), 이대평 비리시다(도화동)
성녀 가타리나 분단	나윤희 마리아(부평2동), 나연수 수산나(제물포), 안춘자 모니카(답동), 공성규 요안나(부평2동), 김기란 헤레나(주안동), 남효순 벨라뎃다(송도), 엄정희 베아다(도화동),김선자 벨라뎃다(제물포)
성녀 데레사 분단	박천영 베로니까(부평1동), 최창숙 소피아(송현동), 이미자 헬레나(부평2동), 정몽수 말따(답동), 김명순 데레사(제물포), 김순로 사로메(도화동), 윤순실 데레사(해안동), 김초자 발바라(화수동)
성녀 아녜스 분단	김오향 누시아(화수동), 김순자 세시리아(화수동), 유장진 호노렌다(주안동), 모춘자 루시아(부평2동), 김규숙 막달레나(답동), 박순환 말따(제물포), 문승미 후란시스카(해안동), 이금주 주브스카(부평1동)

여성 제 2 차
1977. 2. 24 ~ 27

봉 사 자	• **지도신부** | 송주석 안셀모 • **회 장** | 정정순 • **임 원** | 황경아, 김현주, 김정수, 김수길, 조정혜, 주희숙, 윤원로, 고형원, 박마리 요셉수녀, 이명자수녀, 김문복, 김춘자, 김오향, 구갑순, 김초자, 문정자, 나연수, 박경진
성녀 세실리아 분단	오효숙(간석동), 박정순(산곡동), 이봉희(답동), 최정순(김포), 백정희(통진), 황필수(부평2동), 문조자(도화동), 장경옥(제물포), 우순희(송림동)
성녀 벨라뎃다 분단	서입분(송림4동), 신선희(부평2동), 김재수(부평1동), 정환분(송현동), 신해균(답동), 이봉자(화수동), 이영자(김포), 김혜순(숭의동), 고성자(주안1동)
성녀 가타리나 분단	윤송자(답동), 한숙자(간석동), 임금옥(부평2동), 조성예(김포), 김재원(송현동), 이영윤(산곡동), 김부미(주안), 한미자(부평1동)
성녀 데레사 분단	김명숙(부평2동), 이미경(답동), 이정복(송림동), 박순영(김포), 심광옥(간석동), 정찬모(강화), 김종옥(제물포), 안신주(도화동), 장경남(주안)
성녀 아녜스 분단	이명자(제물포), 장진숙(숭의동), 이범계(강화), 인현애(송현동), 김춘자(답동), 김수진(산곡동), 장초화(도화동), 김금자(통진), 고정자(부평1동)

여성 제 3 차

1977. 7. 14 ~ 17

봉 사 자
- **지도신부** | 송주석 안셀모
- **회 장** | 김오향
- **임 원** | 이명자수녀, 구갑순, 박경진, 최용분, 김춘자, 문정자, 이화숙, 오효숙, 김혜순, 윤송자, 이미경, 장진숙

성녀 세실리아 분단 이정희(부평2동), 구애자(강화), 기옥녀(덕적도), 김정자(도화동), 박우선(강화), 윤정숙(송현동), 김상희(답동), 정승자(만수동), 노전순(송림동)

성녀 벨라뎃다 분단 이상현(간석동), 석영란(송림동), 박귀님(산곡동), 유행남(통진), 김덕심(제물포), 조문숙(부평2동), 강정옥(답동), 김정숙(송림동), 양순희(산곡동)

성녀 가타리나 분단 홍진옥(송림동), 하상숙(간석동), 유창례(화수동), 남정자(주안1동), 조원순(부평2동), 박육봉(제물포), 김경자(송림)동, 유순해(답동), 이순자(강화)

성녀 데레사 분단 우풍자(산곡동), 박인애(답동), 최봉희(화수동), 조행자(주안), 이정선(도화동), 고경애(송현동), 노정자(송림동), 문현심(덕적도), 전옥례(통진)

여성 제 4 차

1978. 1. 5 ~ 8

봉 사 자
- **지도신부** | 김병상 필립보
- **회 장** | 김오향
- **임 원** | 구갑순, 최용분, 문정자, 김춘자, 이화숙, 이미경, 윤송자, 조정숙수녀, 오효숙, 김혜순, 하상숙, 박경진, 정인선

성녀 세실리아 분단 김춘자(산곡동), 김은경(부평2동), 김정숙(덕적도), 장정분(영종), 이옥순(송림대부공소), 신윤정(주안), 박희양(도화동), 심충구(부평2동), 한순덕(김포)

성녀 벨라뎃다 분단 허건옥(송림), 김경자(영종), 이정자(송현동), 조애연(답동), 김금란(산곡동), 박남철(도화동), 이선자(답동), 이경희(김포), 김소임(송림대부공소)

성녀 가타리나 분단 이승복(송림동), 황인렬(도화동), 우복동(송림동), 박화자(송림대부공소), 허영애(영종), 조춘일(주안1동), 임순규(만수동), 안이순(김포), 배지현(대구삼덕)

성녀 데레사 분단 전성옥(덕적도), 황수자(답동), 이부자(영종), 노윤지(답동), 박옥자(주안1동), 유신숙(송현동), 박노연(부평2동), 김영자(도화동), 송봉분(김포), 이종순(송림동)

성녀 아네스 분단 공정숙(주안3동), 박길자(답동), 남궁옥동(송현동), 정복선(송림동), 장혜자(영종), 한규님(도화동), 이경옥(부평2동), 나옥정(송림동), 한란기(용현동)

여성 제 5 차

1978. 8. 17 ~ 20

봉 사 자 • **지도신부** | 김병상 필립보
• **회장** | 김오향
• **임원** | 박순남 수녀, 구갑순, 최용분, 문정자, 김춘자, 이화숙, 이미경, 오효숙, 김혜순, 신선희, 하상숙, 정인선

성녀 세실리아 분단 이옥근(숭의동), 박순정(도화동), 유옥진(석남동), 정월산(간석동), 김정자(제물포), 정우민 수녀(김포), 노영옥(주안1동), 성길자(부평2동), 정외순(화수동), 이영희(용현동)

성녀 벨라뎃다 분단 이은선(용현동), 변옥자(석남동), 최정자(용현동), 정영림(숭의동), 이정분(송림동), 원양희(산곡동), 우순옥 수녀(화수동), 김은숙(김포), 김정욱(송림4동), 이용주(간석동)

성녀 가타리나 분단 김옥주(주안1동), 민성근(숭의동), 박연옥(도화동), 김분기(김포), 이영자(산곡동), 주정애(통진), 유해옥(간석동), 황옥순(송림동), 안인자(답동), 백종여(부평2동)

성녀 데레사 분단 송재숙(송림4동), 이죽선(제물포), 김은분(용현동), 조군자(주안1동), 신순임(부평2동), 장정자(석남동), 박수자(김포), 오효순(화수동), 김승순(통진)

성녀 아녜스 분단 지현순(용현동), 윤길자(송림동), 서은숙(용현동), 강진숙(도화동), 안신애(송림4동), 이용호(산곡동), 송교은(주안1동), 배경숙(석남동), 정영순(통진)

여성 제 6 차

1979. 1. 18 ~ 21

봉 사 자 • **지도신부** | 송주석 안셀모
• **회장** | 김춘자 • **임원** | 서정례수녀, 구갑순, 문정자, 이화숙, 이미경, 김혜순, 윤송자, 정인선, 남경우, 이대평, 김종옥, 하상숙

성녀 세실리아 분단 황혜숙 수산나(송림동), 신명자 프란체스카(용현동), 장복진 헬레나(송림4동), 김기로 아가다(김포), 김명도 비드리시아(제물포), 권병란 데레사(주안1동), 송문자 아녜스(묵동), 이순덕 유릿다(송현동), 김애자 소피아(만수동), 유영주 데레사(부평1동)

성녀 벨라뎃다 분단 명수복 요안나(강화), 정영숙 로사(답동), 강명희 벨라뎃다(제물포), 김현식 데레사(주안1동), 박희자 헬레나(도화동), 신영애 데레사(간석동), 조금순 마리아(송현동), 유영옥 헬레나(용현동), 정경순 헬레나(산곡동), 채성자 루시아(숭의동)

성녀 가타리나 분단 김옥선 말가리다(송림4동), 윤금자 모니카(덕적도), 한경애 데레사(제물포), 이춘우 헬레나(강화), 고규희 세시리아(송현동), 이정희 수산나(답동), 이정자 헬레나(도화동), 윤순옥 아가다(화수동), 반채자 수산나(부평2동), 매평림 데레사(만수동)

성녀 데레사 분단 유복실 말지나(영종), 최숙례 마리아(송현동), 이효녀 루시아(강화), 최혜윤 로사(만수동), 임인배 수산나(주안1동), 정부자 헬레나(도화동), 박길자 골롬바(산곡동), 안숙자 요안나(화수동), 박한수 마리안나(부평2동), 서정숙 까리따스(부평1동)

성녀 아녜스 분단 최정희 데레사(간석동), 나현주 데레사(송림동), 이정희 베로니까(산곡동), 윤미자 마리아(도화동), 기호정 데레사(용현동), 이성남 아녜스(주원), 한기복 골롬바(답동), 백순희 레지나(송림4동), 인홍순 루시아(송현동)

여성 제 7 차

1979. 7. 26 ~ 29

봉 사 자
• **지도신부** | 송주석 안셀모 • **회장** | 김춘자 가타리나 • **부회장** | 문정자 마리안나 • **총무** | 정인선 레지나 • **여성부장** | 구갑순 데레사 • **신심부장** | 이미경 필로메나 • **활동부장** | 김혜순 헬레나 • **임원** | 김오향 루시아, 이화숙 안젤라, 윤송자 헬레나, 이영숙 젤뚜르다, 심광옥 마리엣다, 한란기 아녜스, 유옥진 유리안나, 김명도 비드리시아, 임인배 수산나

성녀 세실리아 분단
김숙자 마리아(송림동), 한매자 데레사(용현동), 나운순 말가리다(석남동), 이경훈 헬레나(부평1동), 이춘희 엘리사벳(소사), 이재순 레지나(답동), 윤숙희 데레사(간석동), 서원남 마리아(갈산동), 전전옥 마리아(영종), 이순자 세시리아(산곡동)

성녀 벨라뎃다 분단
김정옥 막달레아(주안1동), 황영숙 마리아(부평1동), 이용녀 로사(석남동), 이정신 글라릿다(부평2동), 김점분 아가다(소사), 김정숙 데레사(갈산동), 주옥례 데레사(산곡동), 이순애 베로니카(송림동), 조순홍 엘리사벳(용현동), 최성순 가타리나(송현동)

성녀 가타리나 분단
손정옥 마리아예우지니아(도화동), 안순자 벨빼뚜아(숭의동), 송영남 루시아(석남동), 임광자 세시리아(부평1동), 조기순 말찌나(부평2동), 이상순 아녜스(소사), 박정숙 데레사(간석동), 원용이 가타리나(송림동), 김진순 아가다(송현동), 차만자 안나(영종)

성녀 데레사 분단
제정자 아녜스(산곡동), 임보현 데레사(석남동), 강귀원 비비안나(주원), 이명임 헬레나(부평2동), 김연순 가타리나(제물포), 박옥동 마리아(도화동), 김민정 마리아(화수동), 윤정연 모니카(송림4동), 윤기순 안나(송현동), 박부자 안나(숭의동)

성녀 아녜스 분단
강수자 아가다(석남동), 오인수 데레사(답동), 주옥자 안나(부평1동), 원제순 루시아(부평2동), 경순필 마리아(소사), 홍진순 젬마(숭의동), 송주혁 발바라(주원), 최영자 안토니아(간석동), 조은희 데레사(화수동), 최추자 데레사(송림4동)

여성 제 8 차

1980. 1. 10 ~ 13

봉 사 자
• **지도신부** | 황상근 베드로 • **회장** | 문정자 마리안나 • **부회장** | 이미경 필로메나 • **총무** | 정인선 레지나 • **임원** | 구갑순 데레사, 김오향 루시아, 김춘자 가타리나, 김혜순 헬레나, 윤송자 헬레나, 심광옥 마리엣따, 이영숙 젤뚜르다, 신선희 가타리나, 석영란 로사리아, 안신애 로사

성녀 세실리아 분단
문정규 모니카(석암), 하승희 글라라(산곡동), 김희자 마리안나(답동), 이화춘 올리바(송림동), 김옥자 안젤라(부평1동), 임항실 마리아(도화동), 조옥림 모니카(숭의동), 유봉순 말가리다(김포), 김복환 루시아(송림동)

성녀 벨라뎃다 분단
차금자 마라아(제물포), 김정자 세시리아(간석동), 심정자 막달레나(부평2동), 변명희 베로니까(송림4동), 이지은 레나(강화), 최명자 안나(석암), 최영희 가브리엘라(도화동), 박덕기 아가스타(부평1동), 우순례 소피아(숭의동)

성녀 가타리나 분단
김철순 마리아(만수동), 김신자 가타리나(석암), 원종희 안젤라(부평2동), 배석희 젬마(도화동), 최경순 막달레나(영종), 박영자 헬레나(간석동), 최옥자 마리아(강화), 이옥자 마리아(석암), 김영애 알벨라(김포), 류정조 헬레나(숭의동)

성녀 데레사 분단
신상순 골롬바(김포), 조정애 마리아(부평1동), 박경자 요안나(석암), 오복근 바비나(송림동), 윤옥자 세시리아(도화동), 김순옥 모니카(영종), 김영애 헬레나(석암), 송태현 수산나(산곡동), 고영애 가타리나(강화), 백명자 헬레나(간석동)

성녀 아녜스 분단
이경애 세시리아(답동), 구순자 헬레나(용현동), 홍순랑 안나(강화), 목혜연 아녜스(만수동), 한윤기 올리바(부평2동), 조봉순 마리아(송림동), 박인명 요안나(답동), 신임순 제노베파(영종), 조혜숙 스텔라(석암), 손기숙 데레사(강화)

여성 제 9 차

1980. 8. 21 ~ 24

봉 사 자

• **지도신부** | 최기복 마티아 • **회장** | 문정자 마리안나 • **회장후보** | 이미경 필로메나 • **총무부** | 정인선 레지나 • **임원** | 구갑순 데레사, 김오향 루시아, 김혜순 헬레나, 윤송자 헬레나, 오효숙 헬레나, 김춘자 가타리나, 이영숙 젤뚜르다, 신선희 가타리나, 김명도 바드리시아, 박채자 수산나, 김종옥 수산나

성녀 세실리아 분단

조송숙 마리아(답동), 박순정 도나다(주안1동), 김청자 마리아(숭의동), 임성자 루시아(만수동), 이금영 데레사(송림동), 김윤선 마리요셉수녀(산곡동), 이여옥 헬레나(부평2동), 장은순 아나다시아(석암), 김인숙 마리아(제물포), 이미자 로사(간석동), 권춘혜 데레사(용현동)

성녀 벨라뎃다 분단

최진수 마리아(석남동), 안병숙 수산나(주안1동), 오은숙 모니카(송림동), 백춘옥 데레사(화수동), 황순옥 말딩수녀(부평2동), 김수복 베로니까(만수동), 이정옥 세레나(답동), 윤윤자 데레사(도화동), 안정자 말다(석암), 심상여 헬레나(통진), 김희순 루시아(부평1동)

성녀 가타리나 분단

박준숙 마리아(도화동), 김경희 소피아(갈산동), 김순자 아네스(간석동), 최미순 수산나(제물포), 김기순 안나(김포), 손희석 세시리아수녀(부평1동), 최영숙 엘리사벳(도화동), 전명순 데레사(석암), 김옥순 마리아(송림동), 오남선 데레사(통진), 손부순 로사(강화)

성녀 데레사 분단

강분희 안젤라(용현동), 박재순 데레사(통진), 김영분 데레사(부평2동), 이순자 베로니까(용현동), 홍순옥 마리안나(산곡동), 한정임 루치나(숭의동), 김화자 분다(송림동), 이희구 모니카수녀(답동), 진춘자 베로니카(간석동), 차영애 마리아(부평1동), 이연옥 아가다(김포)

성녀 아네스 분단

김영애 에밀리나(화수동), 우영자 세시리아(소사), 김용애 데레사(갈산동), 한명숙 루시아(송림동), 조영옥 유리안나(강화), 안길영 아가다(석암), 조현숙 세레피아(부평2동), 이상우 도미니카수녀(통진), 장상순 말가리다(숭의동), 신옥자 스페란시아(산곡동), 김동길 세시리아(용현동)

여성 제 10 차

1980. 10. 23 ~ 26

봉 사 자

• **지도신부** | 정윤화 베드로 • **회장** | 이미경 필로메나 • **총무부** | 김선자 벨라뎃다, 정인선 레지나 • **교수부** | 문정자 마리안나, 김혜순 헬레나 • **신심부** | 장복순 로사, 이영숙 젤뚜르다 • **활동부** | 이화숙 안젤라, 김종옥 수산나, 반채자 수산나 • **음악부** | 신선희 가타리나, 이대평 비리시다 • **임원** | 윤송자 헬레나, 오효숙 데레사

성녀 세실리아 분단

장순자 수산나(도화동), 정경애 미카엘라(만수동), 전옥순 세시리아(석암), 박영희 소피아(답동), 김종복 모니카(석남), 신봉옥 안나(송림4동), 유영 스콜라스티카(화수동), 이경롱 사무엘(답동), 김정림 엘리사벳(소사), 김명숙 데레사(용현동)

성녀 벨라뎃다 분단

강권경 젬마(화수동), 좌윤순 알렉산드리아(답동), 신임순 가카리나(산곡동), 이용애 베로니카(송현동), 윤규희 말지나(송림동), 남석남 사비나(김포), 황보비 아가다(송림4동), 강순자 젬마(소사), 배점열 유스티나(간석동), 최명순 아가다(부평2동)

성녀 가타리나 분단

허두희 데레사(김포), 김혜경 멜리아나(숭의동), 오정자 세시리아(산곡동), 이종금 데레사(용현동), 이영자 이사벨라(간석동), 윤정순 요안나(석암), 정정숙 로사리아(부평2동), 곽정희 마리엣다(도화동), 강경숙 비아(제물포), 한석인 로사(소사)

성녀 데레사 분단

서희주 아니시아(소사), 김은자 베로니카(제물포), 신정호 데레사(부평1동), 박민자 뽈리나(주안1동), 김만득 보니파시아(부평2동), 김근자 가리나(제물포), 오종운 엘리사벳(숭의동), 조영자 베로니카(만수동), 윤인순 로사(도화동)

성녀 아네스 분단

이순자 아네스(숭의동), 오순숙 말따(주안1동), 박옥금 미카엘라(통진), 유임순 안나(송현동), 강부선 크리스피나(교구청), 박정애 베로니카(부평1동), 최은실 데레사(답동), 정은주 글라라(송림동), 오순직 마리아(부평1동), 김정옥 누갈다(소사)

여성 제 11 차

1981. 1. 15 ~ 18

봉 사 자 • **지도신부** | 이준희 마르꼬 • **회장** | 이미경 필로메나 • **총무부** | 김선자 벨라뎃다, 김오향 루시아, 오효숙 헬레라 • **교수부** | 김혜순 헬레나, 조송죽 마리아 • **신심부** | 이대평 비리시다, 장복순 로사, 석영란 로사리아 • **활동부** | 김종욱 수산다, 매평님 데레사, 이종순 데오도라 • **음악부** | 김명도 바드리시아, 정경애 미카엘 • **임원** | 박경진 글라라, 서예석 가밀라, 신혜균 마리아

성녀 세실리아 분단 남용우 비비안나(화수동), 김경숙 글라라(만수동). 송필영 마리아(송림동), 김운봉 아가다(도화동), 안명순 말지나(답동), 조영순 데오도시아(통진), 염순예 마리아(숭의동), 박금자 요안나(원미동), 고순복 마라아고레띠(송도), 송복기 안나(자애병원)

성녀 벨라뎃다 분단 김연실 마리아(염전), 안길자 아가다(석암), 하순자 데레사(만수동), 이강애 루시아(갈산동), 오세경 아나다기아(숭의동), 이안나 안나(답동), 박연옥 마리아(주원), 김인실 요안나(간석동), 박선녀 실비아(강화), 정진옥 아녜스릿다(김포)

성녀 가타리나 분단 이금주 글라라(제물포), 오연순 델피나(산곡동), 김순자 스콜라스티카(부평1동), 전경분 루시아(용현동), 문춘지 호노리나(소사), 최옥순 아녜스(부평2동), 정점순 말지나(산곡동), 이승애 데레사(갈산동), 이영분 요안나(주원), 고남흥 벨라뎃다(통진)

성녀 데레사 분단 강만득 안나(원미동), 박호숙 모니까(숭의동), 박순규 드미딜라(간석동), 남혜순 마리아(송동), 최희임 젬마(주안1동), 주강성 마리아(소사), 원춘하 안젤라(석암), 김복희 헬레나(갈산동), 이경숙 데레사(부평2동)

성녀 아녜스 분단 김희영 릿다(주안1동), 표경자 데레사(갈산동), 이인숙 데레사(부평1동), 황옥수 데레사(숭의동), 김복순 글라라(화수동), 이복영 아나다시아(도화동), 한정숙 가타리나(송림동), 이순자 막달레나(부평1동), 홍승자 데레사(제물포), 김공순 데레사(답동)

여성 제 12 차

1981. 4. 30 ~ 5. 3

봉 사 자 • **지도신부** | 김종학 바오로 • **회장** | 김오향 루시아 • **총무부** | 김춘자 가타리나, 안순자 벨베뚜아 • **교수부** | 문정자 마리안나, 조송죽 마리아 • **신심부** | 이영숙 젤뚜르다, 김신자 가타리나 • **활동부** | 김종욱 수산나, 평경자 데레사, 이영자 이사벨라, 오세경 아나다시아 • **음악부** | 신선희 가타리나, 김명도 바드리시아, 황정환 마리아

성녀 세실리아 분단 민병화 실비아(원미동), 이정자 젬마(통진), 오형주 엘리사벳(해안), 염보성 모니카(답동), 조은실 루시아(간석동), 김진희 레지나(계산동), 박금자 마리데레사(용현동), 이성미 호노릿다(만수동), 염옥렬 로사(산곡동)

성녀 벨라뎃다 분단 박경림 세레나(답동), 이옥성 일마(갈산동), 유안숙 엘리사벳(송도), 고연순 마리아(제물포), 윤태자 힐라리아(소사), 홍순녀 레지나(효성동), 이옥윤 베로니카(도화동), 신갑선 비아(만수동), 최옥석 엘리사벳(역곡)

성녀 가타리나 분단 김일란 유리안나(부평2동), 최정희 마리아(김포), 조현순 마리마가리타(도화동), 신애자 젬마(송도), 서경자 벨라데따(효성동), 강순향 비비안나(숭의동), 장동남 데레사(송림4동), 김자영 막달레나(석암), 민병열 데레사(역곡)

성녀 데레사 분단 장경원 요안나(주원), 유영실 세시리아(제물포), 김경자 레지나(화수동), 최영순 가타리나(계산동), 김금식 데레사(해안동), 정옥순 루치아(성남수진동), 최순용 데레사(역곡), 김승자 유리안나(석암), 공순복 세시리아(송림동)

성녀 아녜스 분단 최성춘 벨라뎃다(숭의동), 이영자 네오니아(소사), 박귀분 데레사(성모병원), 이설자 비비나(송현동), 김태진 베로니까(화수동), 김금숙 필로메나(석남동), 허병순 레베카(부평1동), 유명자 엘리사벳(용현동), 서명자 가카리나(송림동)

여성 제 13 차

1981. 8. 13 ~ 16

봉 사 자 • **지도신부** | 황상근 베드로 • **회장** | 문정자 마리안나 • **총무부** | 김오향 루시아, 안순자 벨베뚜아 • **교수부** | 조송죽 마리아, 박호숙 모니카 • **신심부** | 김신자 가타리나, 이영숙 젤뚜르다 • **활동부** | 표경자 데레사, 김혜순 헬레나, 이영자 네오니아, 최지선 데레사, 좌윤순 알렉산드라, 박경진 글라라, 신혜균 마리아, 김준자 데레사, 안명순 말지나, 이안나 안나 • **음악부** | 신선희 가타리나, 김명도 바드리시아

성녀 세실리아 분단 장경자 마리아데레사(도화동), 차유래 안나(답동), 이형순 안드레아 수녀(예산), 강영애 유리안나(화수동), 이귀분 보나(숭의동), 김지희 마리아(갈산동), 김순형 데레사(통진), 송미영 세시리아(제물포), 김상현 글라라(효성동)

성녀 벨라뎃다 분단 박양자 세시리아(용현동), 이영숙 헬레나(신림동), 조현순 세레나(계산동), 황영희 베로니카(부평1동), 민명자 아나다시아(소사), 이광옥 세시리아(갈산동), 이복녀 글라라(역곡), 윤옥조 방지가(용현동), 전용순 아가다(김포)

성녀 가타리나 분단 이희숙 세시리아(만수동), 김양순 율리아(석암), 이동복 말다(석남동), 배화자 루시아(역곡), 강영희 마리아(화수동), 이찬호 루비나(원미동), 서대일 데레사(산곡동), 김순옥 말가리다(송동), 김원숙 수산나(대부), 우은숙 아녜스(제물포)

성녀 데레사 분단 백순례 도미나(소사), 하주연 엘리사벳(간석동), 김옥기 아멜리아 수녀(용현동), 고명예 안나(역곡), 박대순 유리안나(석남동), 양미자 벨라뎃다(계산동), 송재식 유리안나(주안1동), 김본순 젬마(고잔), 정정자 보나(석암), 이정녀 데레사(해안동)

성녀 아녜스 분단 주정자 레지나(도화동), 좌경숙 유리안나(소사), 김명자 안나(간석동), 최정인 데레사(주안1동), 장경자 아녜스(송도), 황선익 수산나(효성동), 최칠순 마리아(송림동), 김영순 데레사(송림4동), 김영애 베로니카(부평2동)

여성 제 14 차

1981. 10. 14 ~ 17

봉 사 자 • **지도신부** | 최기복 마티아 • **회장** | 이대평 비리시다 • **총무부** | 이화숙 안젤라, 윤승자 헬레나 • **교수부** | 이미경 필로메나, 김혜순 헬레나 • **신심부** | 이영숙 젤뚜르다, 최진수 마리아 • **활동부** | 표경자 데레사, 김옥순 마리아, 김경순 글라라, 서예석 가밀라, 박경진 글라라, 정숙자 짓다, 김희순 루시아, 최미순 수산나 • **음악부** | 주정자 레지나, 최정인 데레사

성녀 세실리아 분단 염을순 아녜스(숭의동), 김정자 도미니카(부평2동), 우영희 제노베파(만수동), 정복련 글라라(소사), 김영섭 안나(역곡), 박명자 세시리아(송림4동), 유춘강 베로니카(부평1동), 이병녀 헬레나(간석동), 이경숙 율리엣다(통진)

성녀 벨라뎃다 분단 박소자 데레사(염전), 최경진 젤뚜르다(만수동), 김한순 비아(송도), 고명순 아가다(계산동), 신금분 루시아(화수동), 오영애 세시리아(석암), 송명자 벨라뎃다(간석동), 염수월 우슬라(석남동), 김정숙 마리아(김포)

성녀 가타리나 분단 문숙자 가타리나(주안1동), 오민숙 엘리사벳(답동), 이정희 엘다(고잔), 황정자 세시리아(송림동), 이은재 안나(소사), 김명희 헬렌데레사(송도), 김수예 막달레나(신림동), 최순옥 아가다(부평1동)

성녀 데레사 분단 윤광영 세시리아(도화동), 최영자 아녜스(부평1동), 여찬숙 아녜스(주안1동), 홍용 세레나(송림4동), 박영자 마리아(갈산동), 황국지 율리안나(용현동), 오영희 레지나(해안동), 이옥규 헬레나(송림동)

성녀 아녜스 분단 우원희 루시아(용현동), 박옥규 마리아(역곡), 송병숙 도로테아(주원), 이연순 로사(효성동), 강순자 안나(송도), 박금란 데레사(원미동), 전만분 체레니아(산곡동), 최옥분 안나(부평1동)

여성 제 15 차

1980. 10. 23 ~ 26

봉 사 자	• **지도신부** | 정윤화 베드로 • **회장** | 이미경 필로메나 • **회장후보** | 이영숙 젤뚜르다 • **총무부** | 정인선 레지나, 좌윤순 알렉산드라 • **교수부** | 조송죽 마리아, 오세경 아나다시아 • **활동부** | 박호숙 모니카, 최지선 데레사, 이영자 네오니아, 김옥순 마리아, 이영숙 헬레나 • **신심부** | 김신자 가타리나, 최진수 마리아 • **음악부** | 김명도 바드리시아, 최정인 데레사 • **임원** | 문정자 마리안나 • **주방봉사** | 석암
성녀 세실리아 분단	오성연 마리안나(역곡), 이순옥 마리아(소사), 이철희 헤레나(만수동), 김명례 세레피아(주안1동), 박화자 막달레나(주안3동), 손윤자 마리아(부평1동), 남복순 테클라(오정동), 김순득 안나(송림동), 이명순 세시리아(갈산동), 손경희 베로니까(고잔), 김인순 미카엘라(심곡동)
성녀 벨라뎃다 분단	김응주 데레사(원미동), 이상희 마리아(주안3동), 이원희 아나다시아(용현동), 이준자 세레나(동춘동), 권회숙 이멜다(숭의동), 김정자 알비나(심곡동), 김옥희 말가리다(화수동), 정연심 마리데레사(효성동), 백복동 태클라(송림4동), 한규숙 림파(제물포), 남혜순 가타리나(부평2동)
성녀 가타리나 분단	유영숙 아가다(답동), 김민선 소화데레사(석암), 박영순 마리아(역곡), 임정자 신덕(계산동), 박옥순 안나(송도), 손애자 우술라(원미동), 김혜숙 데레사(주안3동), 임은자 아가다(화수동), 이정미 아가다(부평1동), 조금자 마리안나(주안5동), 권정호 리디아(통진)
성녀 데레사 분단	장종순 요안나(주안1동), 김종애 데레사(도화동), 방희자 가타리나(주원), 권금순 요안나빌라수녀(간석동), 구은덕 데레사(석암), 김영복 베로니까(답동), 태영숙 수산나(역곡), 김숙희 베로니까(화수동), 유정숙 으제니아(부평1동), 최영숙 노렐라(송림동)
성녀 아녜스 분단	유영자 마리아(해안동), 김영순 요셉피나(제물포), 구명자 안나(주원), 송병옥 데레사(화수동), 조명숙 로사리아(주안3동), 이영준 헤레나(답동), 이윤순 마리안나(용현동), 함순원 마리아(송도), 오종순 바울라(숭의동), 유정순 안젤라(석암), 민정숙 루시아(간석동)

여성 제 16 차

1982. 3. 25 ~ 28

봉 사 자	• **지도신부** | 노동한 분도 • **회장** | 이대평 비리시다 • **회장후보** | 이영숙 젤뚜르다 • **총무부** | 조송죽 마리아, 문정자 마리안나 • **교수부** | 김종욱 수산나, 오세경 아나다시아 • **활동부** | 김옥순 마리아, 이영자 이사벨라, 김희순 루시아, 우영자 세시리라, 허병순 레베카 • **신심부** | 김신자 가타리나, 표경자 데레사 • **음악부** | 최정인 데레사, 주정자 레지나 • **주방봉사** | 송림4동
성녀 세실리아 분단	양정호 유리안나(주안1동), 윤란혜 가타리나(주안3동), 김영자 루시아(통진), 오수양 데레사(김포), 유문자 방지가(석암), 전정옥 데레사(답동), 최옥분 루시아(역곡), 성부현 마리아(계산동), 배원례 아가다(갈산동)
성녀 벨라뎃다 분단	김옥경 요안나(경동), 홍순주 막달레나(송도), 김한자 로사(오정동), 이숙자 아우레아(도화동), 허행금 수산나(송림동), 유옥희 수산나(화수동), 박옥례 실비아(산곡동), 홍영숙 젬마(소사), 정길자 베로니까(송현동)
성녀 가타리나 분단	김춘자 방지가(용현동), 유춘희 비비안나(만수동), 오재월 글라라(주안3동), 김인선 빅토리아(송림4동), 김순자 데레사(산곡동), 이복순 수산나(용현동), 이일순 젤뚜르다(역곡), 지승선 헬레나(주원)
성녀 데레사 분단	안숙자 세시리아(송림4동), 김주민 헬레나(주안1동), 차광순 말가리다(부평1동), 전정수 레지나(부평3동), 정면옥 골롬바(용현동), 이진애 멜라리아(석암), 이혜랑 아녜스(답동), 이기자 데레사(해안동), 이순옥 안나(원미동)
성녀 아녜스 분단	조용섭 요안나(해안동), 김인희 안젤라(고잔동), 신옥순 루시아(송현동), 이신경 비비안나(주원), 양정례 아가다부평1동), 문동신 레지나(간석동), 이병희 데레사(부평2동), 김명희 아나다시아(통진), 양춘희 수산나(용현동)

여성 제 17 차

1982. 8. 12 ~ 15

봉 사 자 • **지도신부** | 최병학 바오로 • **회장** | 이영숙 젤뚜르다 • **회장후보** | 박호숙 모니카 • **총무부** | 좌윤순 알렉산드라, 최지선 데레사 • **교수부** | 이영숙 헬레나 • **신심부** | 김종욱 수산나, 표경자 데레사 • **활동부** | 김옥순 마리아, 송미영 세시리아, 김민선 데레사 • **음악부** | 최정인 데레사, 김명도 바드리시아 • **주방봉사** | 송림4동

성녀 세실리아 분단 김세라 말다(용현동), 채승희 젬마(구월동), 이갑순 안젤라(제물포), 김정례 스텔라(산곡동), 정규선 말릴아(송림동), 김춘자 마리아(송도), 양정이 아가다(석남동), 이영숙 로사(김포), 김종삼 히야친따(숭의동), 박영자 아녜스(부평3동)

성녀 벨라뎃다 분단 이양순 가타리나(부평3동), 박인자 유리안나(송도), 우영자 루피나(통진), 허영려 엘리사벳(용현동), 강춘자 젬마(도화동), 박길녀 유리안나(화수동), 강복희 메히틸라(답동), 김복환 아가다(주안3동), 이상숙 젬마(부평3동)

성녀 가타리나 분단 이숙자 안나(답동), 곽정일 미리암(갈산동), 박정순 로사리아(구월동), 김명숙 세시리라(갈산동), 이윤정 데레사(계산동), 김가응 가밀라(부평2동), 최승혜 루시아(심곡1동), 손희숙 아가다(부평1동), 최광은 로사(역곡)

성녀 데레사 분단 손윤정 말지나(간석동), 최은경 데레사(심곡1동), 박정임 세시리라(송림4동), 최순이 루치아(송리동), 노정숙 마리안나(도화동), 정복실 수산나(화수동), 유혜영 루치아(효성동), 박택숙 유리안나(주원), 이영자 곤드가드마리(원미동)

성녀 아녜스 분단 김숭애 안젤라(석암), 손복자 엘리사벳(주안3동), 최경숙 도로테아(구월동), 김동경 안나(산곡동), 배경숙 비비안나(송림동), 임규녀 마라아고레띠(송도), 최영희 율리아(염전), 장순자 리디아(역곡), 이조숙 빌지니아(부평1동), 이병하 유리안나(부평3동)

여성 제 18 차

1982. 10. 14 ~ 17

봉 사 자 • **지도신부** | 최기산 보니파시오 • **회장** | 이영숙 젤뚜르다 • **회장후보** | 김종욱 수산나 • **총무부** | 조송숙 마리아, 표경자 데레사 • **교수부** | 문정자 마리안나 • **신심부** | 우영자 세시리라 • **활동부** | 김혜순 헬레나, 이은재 안나, 박양자 세시라아, 이혜랑 아녜스, 김영복 베로니까 • **음악부** | 정경애 미카엘라, 김명오 바드리시아 • **주방봉사** | 용현동

성녀 세실리아 분단 박보윤 크리스티나수녀(송도), 이동열 아나다시아(답동), 이경욱 세시리아(소사), 이성순 아녜스(시카코), 최순섭 유리안나(만수동), 이윤자 모니카(송현동), 김영이 말가리다(제물포), 장석님 가타리나(석암), 이명숙 루시아(구월동), 김정임 마리아(통진)

성녀 벨라뎃다 분단 한종분 말다수녀(통진), 이상완 가타리나(역곡), 한정희 마르티나(삼정동), 정순자 데레사(송림4동), 장만심 소피아(효성동), 이순자 데오도라(원미동), 서춘선 분다(역곡), 김명자 데레사(갈산동), 조애심 도민가(화수동), 민병란 로사(용현동)

성녀 가타리나 분단 이난향 마리아(화수동), 이정숙 안젤라(심곡1동), 오순심 모니카(부평1동), 이공자 아가다(송도), 손영숙 마리아(부평3동), 성영자 마리아(용현동), 전명주 루실라(제물포), 구인모 마리안나(주안5동), 윤순자 세시리아(만수동), 김순자 보나(송림동)

성녀 데레사 분단 이윤자 로사리아(심곡2), 이병례 루시아(구월동), 우옥형 가타리나(간석동), 한금선 글라라(주안1동), 김용숙 안나(도화동), 남숙이 소피아(송림동), 김정자 글라라(부평1동), 황정희 수산나(고잔), 전경숙 아녜스(화수동)

성녀 아녜스 분단 박평자 젤뚜르다(계산동), 김정원 에디타(만수동), 엄길순 제노비파(주안1동), 김애순 루실라(송현동), 유정숙 아가다(소사), 이명옥 골롬바(용현동), 나규선 데레사(주안5동), 강옥순 가밀라(부평3동), 민숙기 요셉피나(반포동), 이숙자 헬레나(원미동)

여성 제 19 차

1983. 1. 13 ~ 16

봉 사 자
• **지도신부** | 김병상 필립보 • **회장** | 문정자 마리안나 • **회장후보** | 박호숙 모니카 • **총무부** | 안순자 벨뚜아, 표경자 데레사 • **교수부** | 이영숙 헬레나, 김인선 데레사 • **신심부** | 최지선 데레사, 반채자 수산나 • **음악부** | 김명도 바드리시아, 주정자 레지나 • **활동부** | 이혜랑 아네스, 김영복 베로니카, 유영자 마리아, 권회숙 이벨다, 박영자 헬레나 • **주방봉사** | 간석동

성녀 세실리아 분단
이현수 마리스텔라수녀(답동), 김영숙 루시아(심곡1동), 엄주선 수산나(갈산동), 정숙용 마리안나(산곡동), 안옥련 마리나(답동), 이해석 세시리아(송림동), 조영희 데레사(송현동), 신현숙 데레사(도화동), 김동실 수산나(만수동), 곽덕자 가타리나(만수동)

성녀 벨라뎃다 분단
유정희 진도미니코수녀(답동), 오영순 로사(심곡1동), 이정숙 세시리아(답동), 정정재 안젤라(갈산동), 신춘영 마리안나(간석동), 송정분 글라라(부평3동), 박혜자 아네스(부평1동), 김영애 마리아(심곡2동), 박정숙 데레사(송림4동), 손계연 아네스(주안3동)

성녀 가타리나 분단
박연숙 프란치스카수녀(송림4동), 이영례 마리아(원미동), 민경춘 고렛다(소사), 남궁상희 글라라(송현동), 어리라 헬레나(용현동), 오옥근 데레사(주안1동), 권금안 히야친따(역곡), 김수연 글라라(답동), 양영분 마리아(주안5동), 최덕순 로사리아(심곡)

성녀 데레사 분단
최부자 스타니슬라오수녀(화수동), 문옥순 요안나(주안5동), 옥금숙 분다(심곡), 김응실 우슬라(석암), 안병순 프란치스카(부평1동), 조정순 세시리아(간석동), 백정분 사리나(통진), 이용안 로사(용현동), 김동인 안나(구월동), 양현선 데레사(주안3동)

성녀 아네스 분단
장옥순 데레서(주안1동), 김숙자 세레나(송림4동), 여숙자 누시아(고잔), 김견지 미카엘라(용현동), 이영진 마틸다(송림동), 이순자 수산나(부평2동), 김옥희 요셉피나마리아(심곡2동), 신경이 요안나(역곡), 서상화 안젤라(구월동), 임춘자 젬마(주안5동), 최옥자 펠데시다(산곡동)

여성 제 20 차

1983. 4. 21 ~ 24

봉 사 자
• **지도신부** | 이학노 요셉 • **회장** | 김오향 루시아 • **총무부** | 조송죽 마리아, 민경춘 고렛따 • **교수부** | 문정자 마리안나, 김영복 베로니까 • **신심부** | 김종욱 수산나, 오세경 아나다시아 • **활동부** | 김춘자 가타리나, 김희순 루시아, 박영자 헬레나, 신경이 요안나 • **음악부** | 최정인 데레사, 옥금숙 분다 • **주방봉사** | 답동

성녀 세실리아 분단
장경자 루시아(원미동), 김상숙 발바라(주안1동), 심혁숙 루시아(부평1동), 서광순 안나(송림동), 맹평자 마리아(도화동), 김경택 요세피나(소사), 김순애 데레사(해안동), 김춘자 안젤라(답동), 이강숙 아나다시아(수원)

성녀 벨라뎃다 분단
김삼옥 세시리아(부평5동), 임경희 헬레나(심곡1동), 이영자 유스티나(부평1동), 양순단 로사(고잔), 김승옥 데레사(용현동), 전영옥 마리아(숭의동), 강옥희 데레사(갈산동), 김현자 세시리아(역곡), 심기자 다리아(소사)

성녀 가타리나 분단
김정자 미카엘라(주안5동), 김길자 비아(심곡2동), 김영자 수산나(부평3동), 조주희 세시리아(주안3동), 장미선 아네스(심곡1동), 황복돌 세시리아(도화동), 이태임 마리안나(만수동), 이영애 로사(구월동), 김남순 소피아(석암)

성녀 데레사 분단
장상희 데레사(통진), 황순향 바울라(효성동), 홍범선 마리아(구월동), 전화실 가타리나(주안3동), 이휘순 루시아(부평5동), 박병흥 헬레나(부평3동), 김정선 그라시아(용현동), 이숙자 안젤라수녀(교구청)

성녀 아네스 분단
박수복 실비아(역곡), 김명순 아나다시아(숭의동), 김옥련 마리안나(용현동), 권유경 글라라(심곡1동), 박숙자 마리아(부평2동), 조순덕 막달레나(간석동), 이현숙 요안나(송림4동), 서순임 루시아(송도), 문문자 요셉피나(주안1동)

여성 제 21 차

1983. 8. 4 ~ 7

봉 사 자 • **지도신부** | 정윤화 베드로 • **회장** | 문정자 마리안나 • **회장후보** | 박호숙 모니카 • **총무부** | 안순자 벨베뚜아, 표경자 데레사 • **교수부** | 김춘자 가타리나, 이영숙 헬레나 • **신심부** | 최지선 데레사, 좌경숙 율리안나 • **활동부** | 이혜랑 아네스, 김순자 아네스, 유영자 마리아, 이순옥 마리아 • **음악부** | 권희숙 이멜다, 방희자 가타리나 • **주방봉사** | 송림동

성녀 세실리아 분단 이종숙 막달레나(구월동), 이연숙 안나(답동), 한정자 데레사(숭의동), 이기하 제노베파(부평5동), 박정옥 말다(송림동), 함신덕 루시아(소사), 방영자 마리아(통진), 최기향 세시리아(도화동), 박인숙 아가다(석암), 이정숙 엘리사벳(역곡)

성녀 벨라뎃다 분단 유순례 유리안나(역곡), 이정희 세시리아(소사), 정운회 로사(심곡2동), 강형실 젤뚜르다(심곡1동), 정명순 젬마(송현동), 차묘순 글라라(간석동), 유정춘 안젤라(석남동), 이상옥 율리엣다(주안1동), 유연자 율리안나(부평5동), 전완례 율리아(부평3동)

성녀 가타리나 분단 김정례 벨라뎃다(심곡2동), 나영애 비아(주안3동), 이인숙 베로니까(산곡동), 김행자 세시리아(송림4동), 이길자 마리아(심곡1동), 김남석 가타리아(숭의동), 이복남 젤뚜르다(용현동), 이금녀 로사(주원), 채옥주 골롬바(해안동), 전향숙 스텔라(효성동)

성녀 데레사 분단 이순화 미카엘라(간석동), 이경숙 베로니까(부평3동), 김말순 글라라(주원), 윤석찬 말가리다(부평3동), 정화숙 젬마(송현동), 윤순자 가타리나(해안동), 최봉자 마리아(심곡1동), 이천임 스콜라스티카(용현동), 노금호 프란치스카(화수동)

성녀 아네스 분단 이희숙 아가다(부평1동), 맹견순 데레사(심곡1동), 정영안 가타리나(부평2동), 권회복 아가다(용현동), 이정숙 데레사(화수동), 김이진 마리안나(석암), 인춘희 루시아(갈산동), 허만순 데레사(송림4동), 정영옥 안나(원미동), 임영선 데레사(계산동)

여성 제 22 차

1983. 11. 17 ~ 20

봉 사 자 • **지도신부** | 이학노 요셉 • **회장** | 김종옥 수산나 • **총무부** | 민경춘 고렛따, 이종순 데오도라 • **교수부** | 이영자 네오니아, 조송죽 마리아 • **신심부** | 김춘자 가타리나, 박영자 헬레나 • **활동부** | 이혜랑 아네스, 조명숙 로사리아, 임경이 헬레나, 신경이 요안나 • **음악부** | 최정인 데레사, 채수녀 • **주방봉사** | 도화동

성녀 세실리아 분단 이정애 엘리사벳(심곡1동), 김숙분 요안나(해안동), 김문희사라(부평2동), 남기화 엘리사벳(계산동), 오봉애 안나(송림동), 황명일 마리아(부평3동), 노인화 데레사(역곡), 엄연희 로사리아(기지), 민미혜 아네스(효성동), 전배경 엠마 수녀(숭의동)

성녀 벨라뎃다 분단 조정자 마리아(주안5동), 이예구 안나(구월동), 김웅자 수산나(통진), 이영자 율리아나(화수동), 이미화 헬레나(용현동), 정용구 마리아(해안동), 신희숙 아가다(심곡2), 이영아 데오도라(석암), 양희영 아녜스(만수동), 윤정아 애린(원미동)

성녀 가타리나 분단 이송순 비리시다(송현동), 송성자 뽀리나(간석동), 김수진 세시리아(주안5동), 백영순 루시아(화수동), 이경애 데레사(숭의동), 윤중화 데레사(용현동), 김정자 도로테아(십정동), 채순애 비비안나(심곡2동), 구본옥 아네스(심곡1동)

성녀 데레사 분단 최정희 아네스(도화동), 양남주 젤마나(주안3동), 최애범 데레사(소사), 이해봉 글라라(용현동), 김복선 안도니아수녀(성분도), 허순례 헬레나(산곡동), 이순복 소피아(구월동), 박희분 글로리아(숭의동), 조용녀 안나(송현동)

성녀 아네스 분단 홍태선 말다(숭의동), 이해영 데레사(송림4동), 강재연 비아(용현동), 공길자 가타리나(부평5동), 정정순 데레사(갈산동), 허옥경 헬레나(부평1동), 홍남순 벨다(주안1동), 정명이 마리아나(답동), 최성운 스텔라 수녀(교구청)

여성 제 23 차

1984. 1. 19 ~ 22

봉 사 자 • **지도신부** | 이학노 요셉 • **회장** | 김종욱 수산다 • **총무부** | 박호숙 모니카, 이연숙 안나 • **교수부** | 김민선 데레사, 유영자 마리아 • **신심부** | 최지선 데레사, 조명숙 로사리아 • **활동부** | 이영숙 헬레나, 김영복 베로니까, 황인렬 비비안나, 이정숙 안젤라 • **음악부** | 방희자 가타리나, 권희숙 이멜다 • **주방봉사** | 구월동

성녀 세실리아 분단 박인자 안나(도화동), 이영숙 에스텔(산곡동), 안영숙 모데스타(원미동), 김순연 루치아(소사), 김미화 필로메나(고잔), 신순자 데레사(구월동), 차은자 데레사(송림동), 이희진 데레사(송현동), 박순애 유스티나(백령), 박중향 리오바(용현동), 이순님 베로니까(강화), 이종후 빌뚜떼스 수녀(답동)

성녀 벨라뎃다 분단 김행자 아녜스(심곡1동), 김경자 안젤라(답동), 김란숙 루치아(용현동), 김현례 아녜스(심곡2동), 박영자 분다(백령), 이정림 베르타(십정동), 이원숙 헬레나(통진), 황옥자 아녜스(송림4동), 윤영숙 수산나(화수동), 박정자 엘리사벳(소사), 김영자 요안나(부평5동), 전춘자 바울라수녀(주안3동)

성녀 가타리나 분단 김춘옥 루치아(주안1동), 이숙희 루치아(석암), 김경애 데레사(효성동), 박영희 가타리나(숭으동), 김애정 가타리나(갈산동), 이용원 로사(역곡), 최용임 마리안나(여월동), 윤덕인 빅토리라(만수동), 장혜정 베로니까(간석동), 김채옥 아녜스(부평3동), 심상인 예레미아(송현동), 김연규 비비안나(계산동)

성녀 데레사 분단 이문자 수산나(간석동), 조명순 베로니까(백령), 권혁자 유리안나(부평1동), 전광순 레베카(송림동), 소혜련 소사(숭의동), 강성민 아가다(용현동), 송두아 베로니카(심곡2동), 한성희 골롬바(소사), 김영자 크리스티나(역곡), 권귀열 모니카(석남동), 김영순 데보라(제물포),이혜자 막달레나수녀(답동)

성녀 아녜스 분단 이명자 요안나(역곡), 주정희 헬레나(주안3동), 김성자 마리루피나(화수동), 박정옥 데레사(구월동), 조옥순 세시리아(백령), 이징자 안젤라(부평1동), 황화자 데레사(강화), 박혜정 젬마(주안1), 박희규 루치아(용현동), 염순자 베로니까(부평1동), 조병희 데레사(심곡1동), 정진옥 마리콘솔라타 수녀(도화동)

여성 제 24 차

1984. 4. 10 ~ 15

봉 사 자 • **지도신부** | 김병상 필립보 • **회장** | 김오향 루시아 • **총무부** | 좌윤순 알렉산드라 • **교수부** | 오세겨 아나다시아, 임경희 헬레나 • **신심부** | 표경자 데레사, 우영자 세시리아 • **활동부** | 오성연 마리안나, 이은재 안나, 김춘자 가타리나, 황영희 베로니까 • **음악부** | 신선희 가타리나, 정경애 미카엘라 • **주방봉사** | 송현동

성녀 세실리아 분단 박옥순 일미나(심곡2동), 양순자 안젤라(석암), 김지선 로사(부평2동), 천성희 아가다(송림동), 조영자 아가다(소사), 이순자 세시리아(브라질), 이원순 베로니까(원미동), 이경숙 애덕(갈산동), 윤용순 막달레나 수녀(고등동)

성녀 벨라뎃다 분단 이계희 세시리아(삼정동), 신혜정 마리아(원미동), 서순자 데오도라(십정동), 김희숙 마틸라(도화동), 박무자 아가다(용현동), 선일순 비아(주안5동), 정혜자 리디아(역곡), 박창순 안나(부평2동), 임청자 도미니꼬사비오 수녀(주원)

성녀 가타리나 분단 지명선 루시아(심곡1동), 이복녀 마리아(계산동), 이현순 엘리사벳(해안동), 오승자 체칠리아(부평3동), 강숙자 베로니카(주안1동), 김원순 데레사(부평1동), 변차옥 도로테아(간석동), 이임정 요안나(답동), 최은숙 글라라(부평2동)

성녀 데레사 분단 최화순 안나(용현동), 방옥실 레지나(주안3동), 유신자 사비나(효성동), 최순식 사라(부평5동), 김옥례 가타리나(제물포), 안인숙 마리아(심곡1동), 유윤순 실비아(부평1동), 강영녀 유리안나(만수동), 홍사님 안나(화수동)

성녀 아녜스 분단 한명순 마리아(부평3동), 박안자 안젤라(송림4동), 신지자 세시리아(산곡동), 김정숙 안나(석암), 오영순 데레사(역곡), 김명례 비비안나(제물포), 김선희 안나(만수동), 이명주 데레사(해안동), 조영희수 글라라 수녀(교구청)

여성 제 25 차

1984. 7. 26 ~ 29

봉 사 자 • **지도신부** | 이학노 요셉 • **회장** | 문정자 마리안나 • **총무부** | 조송죽 마리아, 이연숙 안나, 안순자 벨베뚜아 • **활동부** | 이순옥 마리아, 이혜랑 아녜스, 박영자 헬레나, 신경이 요안나 • **교수부** | 오세경 아나스다시아, 이영자 네오니아 • **신심부** | 황인렬 비비안나, 좌경숙 유리안나 • **음악부** | 최정인 데레사, 옥금숙 베네딕다 • **주방봉사** | 만수동

성녀 세실리아 분단 김정실 아녜스(숭의동), 조송자 아가다(연안부두), 박병희 플로리아나 수녀(구월동), 명경옥 루시아9송림4동), 김정희 아녜스(용현2동), 강숙자 수산나(백령), 배동례 마리아(간석동), 김영규 바울라(부평3동), 박선숙 가타리나(주안5동), 양혜경 아녜스(효성동)

성녀 벨라뎃다 분단 신현녀 세시리아(제물포), 최순분 가타리나(부평2동), 임정자 아멜다(소사), 방은숙 마리아(연안부두), 김순례 데레사(주안5동), 박유복 베네난다(주안1동), 유준자 데레사(부평2동), 김국화 마리아(고잔), 한순애 막달레나(송림4동), 김영자 마리안나(삼정동)

성녀 가타리나 분단 김연화 헬레나(도화동), 신복례 수산나(부평2동), 이중채 엘리사벳(부평1동), 이경애 마리안나(백령), 박종순 루치아(송현동), 김옥선 헤레나(석남동), 연제순 데레사(주안3동), 최윤옥 율리아(통진), 명경희 가타리나(주안5동), 김계숙 아가다(연안부두)

성녀 데레사 분단 박순덕 요셉피나(용현동), 정영애 말띠나(송림동), 서인숙 세시리아(석남동), 김기숙 데레사(송현동), 황희자 마리아(부평5동), 정인자 베레나(심곡1동), 임홍량 도로테아(주원), 최금식 마리아(원미동), 윤연옥 헤레나(백령), 양금자 아나라시아 수녀(답동)

성녀 아녜스 분단 구미열 데레사(용현2동), 이춘자 리오바수녀(심곡1동), 이영순 엘리사벳(역곡), 전시명 미카엘라(제물포), 최능희 안나(답동), 김성자 데레사(석암), 최선녀 데레사(만수동), 정순복 세시리아(십정동), 이계숙 가브리엘라(계산동), 이점연 아가다(구월동)

여성 제 26 차

1984. 8. 9 ~ 12

봉 사 자 • **지도신부** | 이학노 요셉 • **회장** | 박호숙 모니카 • **총무부** | 김민선 데레사, 유영자 마리아 • **교수부** | 김춘자 가타리나, 박인자 안나 • **신심부** | 이영숙 헬레나, 오성연 마리안나 • **활동부** | 권희숙 이멜다, 김옥순 마리아, 이정숙 안젤라, 김현자 세시리아, 최지선 데레사, 황인렬 비비안나, 이연숙 안나 • **음악부** | 방희자 가타리나, 정경애 미카엘라 • **주방봉사** | 계산동

성녀 세실리아 분단 최영자 아가다(숭의동), 구정숙 글라라(연안부두), 서정화 보나(주원), 차화자 데레사(만수동), 유이순 실비아(도화동), 박옥환 데레사(송림4동), 김민자 젬마(송현동), 이영우 데레사(석남동), 이옥선 루시아(역곡동)

성녀 벨라뎃다 분단 김주원 데레사(김포), 한정림 루시아(주안3동), 이순희 데레사(갈산동), 송영순 마리아(해안동), 강영림 데레사(고잔), 조명순 마리아(강화), 채수희 헬레나(주안5동), 김영호 베로니까(답동), 박안나 안나(십정동), 박기순 글라라(용현동)

성녀 가타리나 분단 강경희 마리아고레띠(역곡), 임성자 에밀리아나(계산동), 박근희 로사(용현동), 이진숙 아숨따(소사), 김태숙 아가다(석암), 김혜정 세시리아(제물포), 정순덕 안토니나(부평3동), 문순자 헬레나(주안5동), 박순재 브리짓다(송림동), 연선옥 마리아수녀(동대문)

성녀 데레사 분단 조정애 안나(주안1동), 김순임 루시아(소사), 조남호 가롤리나수녀(석암), 주숙자 마리나(용현동), 김남수 안젤라(심곡1동), 이경애 골렛다(연안부두), 최인희 프란치스카(간석동), 김용옥 로사(부평2동), 공정칠 수산나(제물포)

성녀 아녜스 분단 서정순 베로니카(부평1동), 안필녀 이레네(부평5동), 박은숙 안젤라(갈산동), 김정숙 다리아(제물포), 이순옥 스피리따스(원미동), 최옥근 글라라(석남동), 김정임 세라피나(송현동), 임귀남 마리아(주안5동), 김명자 말가리다(산곡동), 김종옥 파스칼 수녀(교구청)

여성 제 27 차

1985. 1. 24 ~ 27

봉사자 • **지도신부** | 이학노 요셉 • **회장** | 박호숙 모니카 • **총무부** | 유영자 마리아, 김민선 데레사 • **신심부** | 황인렬 비비아나, 이영숙 헬레나 • **교수부** | 박인자 안나, 이연숙 안나 • **활동부** | 김옥순 마리아, 최순옥 아가다, 이숙희 루시아, 최지선 데레사 • **음악부** | 방희자 가타리나, 권회숙 아멜다 • **주방봉사** | 구월동

성녀 세실리아 분단 조태희 스콜라스티카(용현2동), 한오순 발바라(부평5동), 윤순복 율리안나(효성동), 성순화 루시아(송림동), 권영자 데레사(십정동), 이창복 데레사(도화동), 김성희 루시아(부평1동), 김동숙 헬레나(송림4동), 연송록 벨라뎃다(역곡), 김연님 마리아(석남동), 박우돈 루시아(원미동)

성녀 벨라뎃다 분단 서정숙 안젤라(소사), 윤안순 비리시다(백령), 정춘희 마리아(주안3동), 안영순 수산나(해안동), 박명자 벨라뎃다(심곡2동), 김숙자 헬레나(제물포), 우영숙 스텔라(용현동), 이영이 아녜스(영종), 손태식 마리안나(송림동), 허영례 엘리사벳(계산동), 우금수 소피아(심곡1동)

성녀 가타리나 분단 홍인순 베로니카(석암), 김금 말지나(용현동), 이인선 루시아(심곡2동), 이민자 루시아(주원), 최임규 모니카(도화동), 서영숙 세레나(제물포), 장선애 엘리사벳(고잔), 김영임 헬레나(송현동), 박효숙 로사(일신동), 박성녀 엘리사벳(백령), 오기화 로시나수녀(심곡1동)

성녀 데레사 분단 박애자 안젤라(송현동), 임옥주 모데스타(강화), 박경희 로사(답동), 윤영자 말가리다(심곡1동), 김정자 안나(용현2동), 신광순 소피아(해안), 한금순 엘리사벳(구월동), 박경재 젬마(십정동), 이재길 마리아(원미동), 김영희 가타리나(석남동)

성녀 아녜스 분단 신순옥 스텔라(해안동), 조규희 요셉피나수녀(명동), 안미옥 실비아(용현2동), 김경연 로사(주안1동), 김경숙 마리아(제물포), 이화강 데레사(역곡), 박옥자 세시리아(갈산동), 이정남 미리암(석남동), 강수남 비비안나(숭의동), 정경애 소피아(간석동)

여성 제 28 차

1985. 4. 18 ~ 21

봉사자 • **지도신부** | 김병상 필립보 • **회장** | 김오향 루시아 • **총무부** | 민경춘 고렛따, 신경이 요안나 • **교수부** | 조송죽 마리아, 안순자 벨베뚜아 • **활동부** | 표경자 데레사, 김남수 안젤라, 김승옥 데레사, 전시명 미카엘라 • **신심부** | 김춘자 가타리나, 좌윤순 알렉산드라 • **음악부** | 최정인 데레사, 김지선 로사 • **주방봉사** | 송림동

성녀 세실리아 분단 윤귀병 데레사(주안1동), 조한옥 루시아(석암), 안정애 가타리나(주안3동), 강희순 아가다(원미동), 최숙이 도미니까(고잔), 이명숙 마리아막달레나(십정동), 정인숙 젬마(송도), 이강예 데레사(연희동), 정정숙 세시리아(가좌동), 신창희 엘리사벳(역곡)

성녀 벨라뎃다 분단 김영숙 요안나(제물포), 이화자 마리아(제물포), 고순영 세시리아(용현2동), 조현순 데레사(부평5동), 여순자 실비아(송도), 이재순 안젤라(석남동), 오이순 막달레나(도화동), 오순자 마리아(주안1동), 김의순 아가다(석남동), 윤영자 안나(송림4동)

성녀 가타리나 분단 이선옥 수산나(삼정동), 이재희 누갈다(송림동), 김창숙 루시아(답동), 권미경 도미니카(구월동), 이관심 데레사(용현동), 임청자 세시리아(부평1동), 이숙기 글로리아(제물포), 정영숙 마리아(만수동), 이상희 누달디(계산동), 김길순 프란치스카(심곡1동)

성녀 데레사 분단 김순래 마리아(심곡2동), 손영숙 요안나 수녀(해안동), 남행님 엘리사벳(송리동), 김명숙 말따(부평5동), 양희자 루시아(구월동), 이효순 유스티나(제물포), 이기정 조이(연안부두), 차영주 아나다시아(주원), 이상희 오골또나(산곡동), 권연화 세시리아(석남동)

성녀 아녜스 분단 오성근 요안나(송림동), 김경자 말아(구월동), 노은심 로사리아(숭의동), 오일남 가타리나(용현동), 안영순 요셉피나(만수동), 황창희 헬레나(영종), 이간난아기 데레사(심곡1동), 서정자 가타리나(간석동), 김은순 제노베파(석남동), 김영녀 말따(백령), 이순희 수산나(산곡동)

여성 제 29 차

1985. 7. 25 ~ 28

봉 사 자 • **지도신부** | 이학노 요셉 • **회장** | 문정자 마리안나 • **회장후보** | 유영자 마리아 • **총무부** | 전시명 미카엘라, 신현녀 세시리아 • **교수부** | 이순옥 마리아, 이연숙 안나 • **신심부** | 박영자 헬레나, 우영자 세시리아 • **음악부** | 정경애 미카엘라, 방희자 가타리나 • **활동부** | 김승옥 데레사. 임경희 헬레나, 김만수 안젤라 • **주방봉사** | 석암

성녀 세실리아 분단 이순자 수산나(역곡), 전경희 데레사(석남동), 전인숙 마리아(간석동), 이광순 수산나(소사), 김영자 안나(제물포), 원명수 엘리사벳(석암), 박선자 세라피나(갈산동), 박성임 모니카(송림4), 김영숙 막달레나 수녀(주안1동)

성녀 벨라뎃다 분단 이태엽 마르타(용현2동), 남궁득순 수산나(일신동), 홍갑숙 율리안나(주원), 신연자 루비나(십정동), 강진숙 베로니까(영종), 김동연 마리아(삼정동), 오상희 세레나(답동), 신연금 마리아(부평3동), 배화연 말따(대부도), 윤명자 베로니까(부평5동)

성녀 가타리나 분단 이정식 데레사(주안1동), 이명길 안나(석남동), 유영희 막달레나(구월동), 조명조 아녜스(부평1동), 김정자 젬마(부평5동), 김근자 소피아(소사1동), 이정희 요안나(심곡1동), 김미숙 엘리사벳(송도), 신윤섭 루시아수녀(계산동)

성녀 데레사 분단 김숙자 모니까(소사1동), 안경숙 로사(가좌동), 박영숙 마르타(석남동), 우명균 젤마나(강화), 이명숙 고로나(도화동), 조윤성 세시리아(용현2동), 김옥순 안나(용현동), 원인숙 마리아(부평1동), 정인금 데레사(대부도), 강정옥 아녜스(화수동)

성녀 아녜스 분단 신예철 율리아(제물포), 원종여 마리아(부평2동), 홍명자 헬레나(만수동), 황점례 막달레나(역곡), 남영혜 마리아(심곡1동), 박상희 마리데레사(효성동), 신정순 리디아(송현동), 강충희 데레사(주안1동), 성애경 가타리나(송림동), 노숙자 릿다(소사)

여성 제 30 차

1985. 11. 7 ~ 10

봉 사 자 • **지도신부** | 이학노 요셉 • **회장** | 김오향 루시아 • **회장후보** | 정경애 미카엘라 • **총무부** | 전시명 미카엘라, 김순자 아녜스 • **교수부** | 민경춘 고렛따, 이은재 안나 • **신심부** | 박영자 헬레나, 신경이 요안나 • **활동부** | 김옥순 마리아, 장진숙 요안나, 문정자 마리안나, 여순자 실비아 • **음악부** | 최정인 데레사, 김지선 로사 • **주방봉사** | 용현동

성녀 세실리아 분단 고은숙 글라라(여월동), 서정희 몬다나(소래), 양순옥 올리바(도화동), 오연희 마리아(만수동), 이재선 가타리나(석남동), 이현숙 베로니까(연안부두), 유옥희 세레나(십정동), 이군자 아녜스(송도), 최애숙 엘리사벳(용현동)

성녀 벨라뎃다 분단 김수남 마리아(용현동), 김정호 미카엘라(소래), 김하여 미카엘라(간석동), 박춘옥 마라아(주원), 박주숙 말따(주안5동), 송미령 안젤라(제물포), 이선일 마리아(청룡성당), 이정희 글라라(일신동), 조선윤 크리스티나(송림동)

성녀 가타리나 분단 김영순 젬마(만수동), 김윤례 요안나(통진), 김정희 아녜스(주안3동), 민문숙 세시리아(효성동), 박영자 세세리아(석남동), 송미령 안나(역곡), 염금녀 수산나(부평5동), 이국지 수산나(소사), 한순자 안젤라(제물포)

성녀 데레사 분단 고향숙 루시아(송림4동), 김옥선 율리아(삼정동), 김금복 아녜스(구월동), 김원순 가타리나(소래), 박수명 아녜스(화수동), 안미리 멜라니아(주안1동), 안광수 마리아(원미동), 천홍수 요안나(소사1동), 홍경자 안젤라(계산동)

성녀 아녜스 분단 김명자 아나다시아(부평3동), 박성자 타르실라(석암), 안순옹 유리안나(용현2동), 우영애 가타리나(심곡1동), 이말선 누실라(소사1동), 정영금 안나(소래), 차정화 세라삐아(송림동), 황국애 마르타(부평1동), 유귀녀 마리아(송림4동)

여성 제 31 차

1986.1.23~26

봉 사 자 • **지도신부** | 김병상 필립보 • **회장** | 박호숙 모니카 • **회장후보** | 유영자 마리아 • **총무부** | 오성연 마리안나, 이연숙 안나 • **교수부** | 신현녀 세시리아, 박인자 안나 • **활동부** | 표경자 데레사, 전인숙 마리아, 이숙희 루시아, 최순옥 아가다 • **신심부** | 이영숙 헬레나, 좌윤순 알렉산드라 • **음악부** | 방희자 가타리나, 신선희 가타리나 • **주방봉사** | 간석동

성녀 세실리아 분단 김성자 데레사(간석동), 김미희 율리아(답동), 김정숙 막달레나(심곡1동), 구희숙 유스티나(계산동), 노영선 마리아(용현2동), 최순자 마리아(부평2동), 황경자 젬마(백령도), 박명옥 막달레나(송림동), 김경자 루시아(주안3동), 오현숙 데레사(석남동), 김입분 안나(소래)

성녀 벨라뎃다 분단 박영숙 세레나(원미동), 문현자 안나(구월동), 전경주 마리아(청룡), 최선숙 안나(대부도), 권오청 젬마 막달레나(소사1동), 권용진 세시라아(효성동), 김인숙 요안나(여월동), 구희옥 세시리라(제물포), 이성호 데레사(주안5동), 김은자 데레사수녀(석남동)

성녀 가타리나 분단 조순희 수산나(답동), 서명숙 율리엣따(만수동), 정연숙 요안나(주원), 진복연 글라라(십정동), 김순원 데레사(주안1동), 김경령 아녜스(일신동), 정미숙 세시리아(송도), 김정자 젤마나(용현동), 이정자 세군다(도화동), 홍정녀 수산나(백령도)

성녀 데레사 분단 이명우 마리아막달레나(심곡1동), 김명자 아녜스(소래), 오인덕 루비나(송림동), 박영순 데레사(소사), 전순복 아가다(석암), 백세영 율리아(백령도), 차평선 아녜스(부평1동), 최영자 마리아(역곡), 한루실 루실라(여월동), 한기옥 마리아 수녀(답동)

성녀 아녜스 분단 한복순 젬마(송도), 최윤이 글라라(용현동), 이순옥 막달레나(송림동), 김숙희 실비아(부평5동), 이명자 루시아(만수동), 김정옥 미카엘라(제물포), 박신녀 엘리사벳(백령도), 이정자 말따(소사), 최옥자 노엘라(가좌동), 손명자 루갈다(연안부두), 민선애 안나(해안동)

여성 제 32 차

1986. 5. 17 ~ 20

봉 사 자 • **지도신부** | 정윤화 베드로 • **회장** | 문정자 마리안나 • **총무부** | 민경춘 고렛따, 장진숙 요안나 • **교수부** | 우영자 세시리아, 이은재 안나 • **신심부** | 박영자 헬레나, 오세경 아나다시아 • **음악부** | 최정인 데레사, 김지선 로사 • **활동부** | 김옥순 마리아, 오상희 세레아, 장혜정 베로니까, 우영애 가타리나, 최영자 아녜스 • **주방봉사** | 화수동

성녀 세실리아 분단 함명자 안젤라(부평5동), 윤성미 마리아(갈산동), 박삼순 비아(역곡), 이영숙 데레사(주원), 오순이 말다(화수동), 이희자 마리아(심곡1동), 송선숙 요셉피나(송림동), 최영자 아녜스(석남동), 이강순 말셀라(소사), 서원주 말다(용현동)

성녀 벨라뎃다 분단 이재선 비비안나(송림4동), 김두남 모니까(삼정동), 왕혜자 마리미카엘라(연안부두), 한승희 사라(송림동), 홍옥순 벨라뎃다(계산동), 차기영 크리스티나(부평3동), 박정옥 로사(석남동), 도태순 헤르베지스(주안5동), 하상식 아가다(석암), 장재옥 가밀라(도화동)

성녀 가타리나 분단 이복희 루시아(연안부두), 진기순 사비나(부평2동), 윤혜선 크리스티나(간석동), 강정임 엘리사벳(제물포), 안송자 엘리사벳(소래), 서분득 베아트릭스(소사1동), 김희자 데레사(상도동), 서권석 가타리나(만수4동), 박영애 마리아(삼정동), 이연경 데레사(주안5동)

성녀 데레사 분단 이사인 젬마(소사), 이종숙 리나(효성동), 이한독 데레사(가좌동), 오현희 루시아(구월동), 이영희 아녜스(십정동), 김순자 요안나(용현동), 최금자 알리시아(부평1동), 오순희 베로니까 수녀(석남동), 송제옥 말가리다(고잔동), 박정숙 말다(송도)

성녀 아녜스 분단 이수업 막달레나(도화동), 김금자 베로니카 수녀(부평3동), 권남순 유리안나(해안동), 정기영 베로니까(여월동), 유금분 글라라(제물포), 탁종숙 세라피나(심곡1동), 홍계숙 안젤라(답동), 정인지 헬레나(소래), 김순철 아가다(소사), 장용자 세시리아(역곡), 이경자 안나(주안1동)

여성 제 33 차

1986. 7. 31 ~ 8 .3

봉 사 자
• **지도신부** | 최병학 바오로 • **회장** | 유영자 마리아 • **회장후보** | 이영숙 헬레나 • **총무부** | 이숙희 루시아, 신현녀 세시리아 • **교수부** | 박호숙 모니카, 전인숙 마리아 • **활동부** | 이연숙 안나, 여순자 실비아, 안경숙 로사 • **신심부** | 오상희 세레나, 최순옥 아가다 • **음악부** | 방희자 가타리나, 권희숙 아멜다 • **주방봉사** | 주원

성녀 세실리아 분단
김구자 수산나(부평1동), 홍순이 막달레나(연안부두), 이혜자 아녜스(부평2동), 김기향 가부리나(소사1동), 임영자 수산나(송림4동), 김영숙 로사 수녀(소래), 이정희 비비안나(송도), 이경남 마르타(계산동), 이명숙 안나(송림동)

성녀 벨라뎃다 분단
임수연 가타리나(역곡), 김학년 수산나(답동), 조규연 아녜스(주안3동), 최경숙 요셉피나(송림동), 송영자 모니카(부평2동), 이정숙 마리아(간석동), 홍한례 분다(주안1동), 신상숙 마리아(통진), 박정숙 데레사(용현동)

성녀 가타리나 분단
나순식 엘리사벳(가좌동), 강선옥 마리아(용현동), 조숙자 제노베파(제물포), 곽순기 율리아나(구월동), 임동화 바울리나(용현5동), 오상애 필로메나(석남동), 황규옥 안젤라(부평5동), 안영숙 벨라뎃다(연안부두), 이춘자 헬레나(주원)

성녀 데레사 분단
김영숙 젬마(역곡), 김화자 루시아(부평5동), 유신기 비비안나(제물포), 어수옥 크리스티나(심곡2동), 김효자 데레사(십정동), 이선희 크리스티나(청룡), 유해희 골롬바(도화동), 박순녀 말가리다(소래), 구자순 안젤라(효성동)

성녀 아녜스 분단
이춘화 마리안나(도화동), 방춘분 프란치스카(석남동), 김정님 유스티나(만수동), 박금자 데레사(주안5동), 박종희 세시리아(일신동), 오명자 베로니카(답동), 홍영희 루피나(부평1동), 박순영 아나다시아(주안3동), 송정숙 아가다(소래)

여성 제 34 차

1986. 11. 20 ~ 23

봉 사 자
• **지도신부** | 김종학 바오로 • **회장** | 문정자 마리안나 • **회장후보** | 최정인 데레사 • **총무부** | 표경자 데레사, 김승옥 데레사, 오상희 세레나 • **교수부** | 민경춘 고렛따, 우영애 가타리나 • **신심부** | 좌윤순 알렉산드라, 황영희 베로니까 • **활동부** | 박영자 헬레나. 오현희 루시아, 이정희 요안나, 김응실 우슬라 • **음악부** | 신선희 가타리나, 김지선 로사 • **주방봉사** | 만수동

성녀 세실리아 분단
김영숙 까리따스(가정동), 강동례 요셉피나(제물포), 석진희 안젤라(역곡), 경명호 안나(소사), 박신선 아가다(소래), 우인화 막달레나(만수동), 장순자 안젤라(석암), 장기복 루시아(심곡1동), 차화순 미카엘라(부평2동)

성녀 벨라뎃다 분단
권경애 막달레나(주원), 이혜숙 세라피나(소사), 최인자 모니카(주안3동), 전은선 안나(십정동), 정옥순 프란체스카(답동), 박채황 알비나(삼정동), 김영순 마리아(송림동), 박금례 아녜스(가좌동), 최옥자 엘리사벳(갈산동), 김명숙 말가리다 수녀(부평3동)

성녀 가타리나 분단
김말순 말가리다(일신동), 장연금 데레사(송림4동), 차인자 세시리아(연안부두), 노영윤 젬마(구월동), 유성실 로사(용현동), 김애련 데레사수녀(부평3동), 이영화 크리스티나(주안1동), 서애심 아가다(가좌동), 임회숙 벨라뎃다(원미동)

성녀 데레사 분단
현재연 세시리아(부평5동), 송영희 안젤라(연안부두), 주순분 세시리아(주안5동), 박선옥 골롬바(도화동), 김정분 레지나(역곡), 이옥순 베로니까(소래), 이성숙 유스티나(간석동), 공미숙 가타리나(계산동), 박영선 가타리나(용현동)

성녀 아녜스 분단
한혜순 수산나(송도), 이승순 아가다(주안3동), 김인순 엘리사벳(만수동), 김형숙 에노파(가좌동), 안흥분 마리아(도화동), 최슨희 루시아(효성동), 손영순 레오수녀(구월동), 이순옥 수산나(석남동), 한선희 안나(제물포)

여성 제 35 차

1987. 1. 8 ~ 11

봉 사 자	• **지도신부** | 나굴리엘모 주교 • **회장** | 이영숙 헬레나 • **총무부** | 신현녀 세시리아, 전인숙 마리아 • **교수부** | 박호숙 모니까, 안경숙 로사 • **신심부** | 최순옥 아가다, 여순자 실비아 • **활동부** | 이숙희 루시아, 김수연 글라라, 이임정 요안나, 조정애 안나, 이재선 가타리아 • **음악부** | 김명도 바드리시아, 오명자 베로니까 • **주방봉사** | 주안5동
성녀 세실리아 분단	김서민 마리안나(심곡1동), 강옥희 엘리사벳(송도), 송형순 젬마(부평2동), 김갑교 마리아(주안1동), 김정순 세시리아(도화동), 이정옥 세시리아(소사), 이영자 데레사(가좌동), 김영숙 에디다(효성동), 최영자 아녜스(부평5동)
성녀 벨라뎃다 분단	한윤옥 요셉피나(주안1동), 조영랑 데레사(만수동), 안정임 엘리사벳(효성동), 문명숙 막달레나(석남동), 김귀화 아우렐리아(제물포), 전신자 아가다(산곡2동), 김영숙 루시아(주안5동), 윤석정 가타리나(부평2동), 한혜숙 데레사(소래)
성녀 가타리나 분단	나용숙 아녜스(답동), 정영희 율리안나(주안5동), 최경자 수산나(송림4동), 김홍금 사비나(용현동), 이택순 레베카(부평1동), 임경순 베로니카(김포), 하성자 세시리아(부평3동), 전기회 세시리아(연안부두), 구본종 세시리아(소사)
성녀 데레사 분단	김일지 글로리아(간석동), 허남숙 베로니카(소사1동), 남효석 마틸따(일신동), 권현저 릿따(소래), 지경선 율리안나(송림동), 소정수 율리안나(역곡), 유현근 세시리아(용현동), 임정순 안나(원미동), 김명자 수산나(제물포), 이길정 젤뚜르다(석암)
성녀 아녜스 분단	이일례 안나(송림동), 이진숙 미카엘라(김포), 오정순 율리안나(소사1동), 김묘순 말따(도화동), 김유숙 가타리나(계산동), 한옥순 아가다(용현5동), 강정순 율리안나(역곡), 서정희 프란치스카(계산동), 유연숙 릿따(주안3동)

여성 제 36 차

1987. 1. 22 ~ 25

봉 사 자	• **지도신부** | 송주석 안셀모 • **회장** | 유영자 마리아 • **회장후보** | 방희자 가타리나 • **총무부** | 이숙희 루시아, 이순옥 마리아 • **교수부** | 박인자 안나, 장진숙 요안나 • **신심부** | 오상희 세레나, 이정희 요안나 • **활동부** | 김옥순 마리아, 이연숙 안나, 김응실 우슬라, 임경희 헬레나 • **음악부** | 권회숙 이멜다, 방희자 가타리나 • **주방봉사** | 주안3동
성녀 세실리아 분단	신애경 세시리아(심곡1동), 강경숙 베레나(송림동), 안병숙 루시아(부평5동), 이정자 데레사(송도), 조영숙 엘리사벳(주안1동), 김기례 글라라(효성동), 김곡 루시아(소사), 김연주 빈첸시아 수녀(제물포), 박인선 율리아(만수동), 김춘자 막달레나(주안5동)
성녀 벨라뎃다 분단	조영자 데레사(주안3동), 신순자 골롬바(도화동), 김군자 글라라(가좌동), 이춘예 크리스티나(해안동), 남순인 데레사(만수동), 김승숙 베로니까(주원), 구상숙 데레사(주안5동), 이은자 로사(용현5동), 최정자 안젤라(제물포), 이종범 카리스마 수녀(삼정동)
성녀 가타리나 분단	김현정 데레사(석암), 김예순 골롬바(답동), 박순녀 막달레나(용현동), 안정애 프란치스카(제물포), 오영희 데레사(만수동), 김영순 다리아(송림4동), 진공례 지따(송림동), 정은숙 엘리사벳(부평3동), 박원아 소화데레사(삼정동), 이은혜 마리아(소사1동)
성녀 데레사 분단	김혜성 바울라(소사), 김진숙 말가리다(역곡), 김학순 마리아(송림동), 신명숙 세시리아(부평1동), 김연순 바드리시아(도화동), 김성례 아가다(용현동),홍현 헬레나(송도), 허순금 엘리사벳(연안부두), 이향희 마르셀라(산곡2동), 이순옥 아녜스(계산동)
성녀 아녜스 분단	연제화 까리따스(원미동), 원예선 루시아(가좌동), 이현순 안나(부평3동), 홍관숙 골롬바(간석동), 유성자 헬레나(주원), 최인자 젬마(부평2동), 구영태 바울라(효성동), 김화자 안나(역곡), 윤혜영 세시리아(십정동), 김금엽 글로리아(석남동)

여성 제 37 차

1987. 4. 23 ~ 26

봉 사 자	• **지도신부** | 이덕상 비오 • **회장** | 문정자 마리안나 • **회장후보** | 정경애 미카엘라 • **총무부** | 김오향 루시아, 오현희 루시아 • **교수부** | 민경춘 고렛따, 좌윤순 알렉산드라 • **신심부** | 박영자 헬레나, 오상희 세레나 • **활동부** | 김종욱 수산나, 우영애 가타리나, 최영자 안녜스, 진기순 사비나, 조현순 데레사 • **음악부** | 김응실 우슬라, 최정자 안젤라 • **주방봉사** | 만수동
성녀 세실리아 분단	이명순 루시아(부평1동), 민태금 실비아(주안5동), 최정숙 안나(연평공소), 양기윤 데레사(산곡2동), 이경희 한나(갈산동), 신정균 세레나(여월동), 조현숙 리디아(석남동), 김명희 율리안나(원미동), 김동련 모니카(연평공소), 조수자 모니카(가좌동), 주순옥 엘리사벳(대부공소)
성녀 벨라뎃다 분단	김미자 안나(효성동), 변연애 레지나(답동), 이영순 루시아(연평공소), 이미경 율리아(가좌동), 현옥선 베로니까(삼정동), 이경선 레지나(주안5동), 노경자 데레사(부평5동), 박순정 유스티나(소사), 서명희 마리아(연평공소), 김명자 안젤라(역곡), 변정원 로사(강화)
성녀 가타리나 분단	주숙자 유스티나(부평2동), 이순임 안드레아수녀(도화동), 안정희 논나(부평5동), 김옥태 마리아(주안1동), 주본순 세레나(송림동), 장혜신 가타리나(연평공소), 민정희 실비아(구월동), 박수자 데레사(계산동), 김용숙 세시리아(소사1동), 진순열 세레나(원미동), 김영자 헬레나(일신동), 박덕선 안나(간석동)
성녀 데레사 분단	이윤재 데레사(일신동), 유순덕 데레사(연평공소), 박금희 가타리나수녀(답동), 김상숙 엘리사벳(연평공소), 조선옥 마리아(송리4동), 김순이 모니카(해안동), 허혜진 헬레나(만수동), 이범민 마리세시리아(여월동), 박삼순 아가다(소사1동), 박영실 데레사(양곡), 정공순 벨라뎃다(부평2동)
성녀 아녜스 분단	오수영 헬레나(소사), 장만옥 베로니까(답동), 조금 크리스티나수녀(산곡2동), 편화천 유스티나(역곡), 김음선 모니카(대부공소), 임리자 아뽈로니아(십정동), 최금자 루시아(산곡2동), 김순옥 알비나(연평공소), 김순분 데레사(간석동), 류춘목 헬레나(주안3동), 황원례 데레사(주안1동), 이희옥 바울라(석남동)

여성 제 38 차

1987. 7. 30 ~ 8. 2

봉 사 자	• **지도신부** | 이학노 요셉 • **회장** | 이영숙 헬레나 • **회장후보** | 방희자 가타리나 • **총무부** | 김수연 글라라 • **교수부** | 권회숙 이멜다, 전인숙 마리아 • **신심부** | 최순옥 아가다, 여순자 실비아, 장경남 필로메나 • **활동부** | 김옥순 마리아, 이임정 요안나, 조정애 안나, 이재선 가타리나, 황영희 베로티까 • **음악부** | 김명도 바드리시아, 오명자 베로니까 • **주방봉사** | 도화동
성녀 세실리아 분단	김영기 가타리나(간석동), 강영순 마가렛(소사1동), 이정분 마리아(주안1동), 이선이 루시아(삼정동), 송순희 젤뚜르다수녀(영종), 장옥녀 데레사(만수동), 이영옥 글라라(소사), 박희순 헬레나(원미동), 최준숙 글라라(제물포), 허영화 루시아(효성동), 차영희 유수티나(도화동)
성녀 벨라뎃다 분단	고춘옥 안나(일신동), 이진경 율리아(도화(연평)), 문한희 리드비나(부평1동), 김문자 데레사(만수동), 조정희 데레사(주원), 이경애 헬레나(소사), 허성자 가타리나(역곡), 홍성자 데레사(갈산동), 성정예 아나다시아(석암), 안영화 엘리사벳(도화동), 홍영순 데레사(주안1동)
성녀 가타리나 분단	정춘선 루시아(구월동), 문명신 데레사(용현5동), 홍덕자 젬마수녀(강화), 임옥자 마리아(부평5동), 엄세완 마리아(답동), 곽병숙 루시아(송림동), 지영자 아녜스(일신동), 유복순 안나(주안3동), 심언길 로사(송림4동), 이안순 데레사(연안), 배귀열 말가리다(연안(이작))
성녀 데레사 분단	김경숙 글라라(부평1동), 정명근 아녜스(송도), 전인덕 루시아(송림4동), 김유미 말가리다(주안5동), 최옥희 마리아(부평2동), 송신정 가타리나(산곡2동), 이옥순 안젤라(십정동), 박정이 데보라(강화), 김미선 글라라(소래), 최옥매 데레사(도화동)
성녀 아녜스 분단	조병록 막달레나(소사), 이옥재 요안나(석남동), 윤석례 막달레나(부평3동), 조성실 미카엘라(가좌동), 박돌녀 루시아(부평2동), 이정숙 안젤라(해안동), 윤정희 골롬바(부평5동), 이명주 엘리사벳(여월동), 채영순 글라라(용현동), 김정숙 안젤라(도화동)

여성 제 39 차

1987. 10. 22 ~ 25

봉 사 자	• **지도신부** | 정윤화 베드로 • **회장** | 김오향 루시아 • **총무부** | 박영자 헬레나, 오현희 루시아 • **교수부** | 표경자 데레사, 민경춘 고렛따 • **신심부** | 오상희 세레나, 이정희 요안나 • **활동부** | 김종옥 수산나, 홍경자 안젤라, 백영순 루시아, 이진숙 미카엘라, 이동복 말다 • **음악부** | 최정인 데레사, 최정자 안젤라 • **주방봉사** | 화수동
성녀 세실리아 분단	김유자 레지나(답동), 김은순 아녜스(십정동), 김순실 안젤라(석암), 임미숙 젬마(용현5동), 김종숙 로사(소래), 박길자 레네디나(주안1동), 남자현 헬레나(간석동), 강경신 베로니카(삼정동), 김영순 프르마(제물포), 정경희 데레사(강화)
성녀 벨라뎃다 분단	이재순 실비아(산곡2동), 백금자 세시리아(가좌동), 장정숙 아녜스(원미동), 김진화 오틸리아(역곡), 장무자 미카엘라(송도), 이영자 세시리아(소사1동), 박인숙 스테파니아(용현동), 곽영신 마리아(삼정동), 이석희 마리안나(강화), 주영숙 데레사수녀(부평3동)
성녀 가타리나 분단	최종순 프란체스카(가정동), 정정은 첼리나(답동), 박영숙 마리아(역곡), 김병희 루갈다(도화동), 김정지 글라라(소사), 최영자 필로메나(부평1동), 임성자 프란체스카수녀(계산동), 신숙희 가타리나(원미동), 이효자 아녜스(부평3동), 이병란 엘리사벳(상도동)
성녀 데레사 분단	조영순 로사(만수동), 황순애 세시리아(송림동), 오순이 데레사(부평5동), 이옥순 로사리아(소사), 전풍자 데레사(효성동), 장슬기 세시리아(주안5동), 차영진 마리고레띠(부평2동), 권오희 벨라뎃다수녀(주안1동), 김부예 데레사(송림4동)
성녀 아녜스 분단	김길순 골롬바(가좌동), 임소연 마리아(여월동), 김영자 소피아(연안), 임춘자 마이라(부평2동), 김세련 가타리나(역곡), 홍성민 율리아(해안), 김금월 세시리아(주안3동), 황진아 비비안나수녀(부평3동), 박명순 율리안나(주안1동)

여성 제 40 차

1988. 1. 17 ~ 10

봉 사 자	• **지도신부** | 나굴리엘모 주교 • **회장** | 방희자 가타리나 • **총무부** | 이임정 요안나, 황영희 베로니까, 임성자 에밀리아나 • **교수부** | 좌윤순 알렉산드라, 안경숙 로사 • **신심부** | 최순옥 아가다, 김응실 우슬라 • **음악부** | 오명자 베로니까, 임미숙 젬마 • **활동부** | 김옥순 마리아, 이동복 말다, 박민자 뽈리나, 김승숙 베로니까 • **주방봉사** | 부평2동
성녀 세실리아 분단	박순례 헬레나(해안동), 최종례 마리안나(석암), 조영휘 헬레나(부평2동), 안형숙 가타리나(여월돌), 이정숙 베로니까(원미동), 이월효 글라라(효성동), 임신애 유스티나(역곡), 김미영 세시리아(부평5동), 유정순 바울라(주안3동), 이흥금 모니카(답동)
성녀 벨라뎃다 분단	김영자 데레사(십정동), 한순분 아가다(간석동), 김금순 마리아(송림동), 안풍자 세레나(영종), 남궁종오 비아(강화), 최진수 보나(가좌동), 한양순 안나(연안동), 장향훈 요안나(일신동), 한순님 가타리나(용현5동)
성녀 가타리나 분단	박춘복 도미니까(역곡), 정달순 안나(효성동), 하영희 마리스텔라(부평3동), 마순옥 안젤라(원미동), 권영애 도미딜라(주안1동), 박영숙 글라라(부평2동), 한진희 루치아(주안3동), 최영순 베로니까(주안5동), 하정자 소피아(산곡2동)
성녀 데레사 분단	김연옥 호사리아(부평1동), 성정희 데레사(제물포), 이영자 엘리사벳(주원), 김태숙 헬레나(주안1동), 고순옥 갈리스도수녀(영종), 박경숙 가타리나(삼정동), 임정임 크리스티나(산곡2동), 최순월 실비아(소사), 이정주 말가리다마리아(송림4동)
성녀 아녜스 분단	이정자 사라(가정동), 김순희 로사(석남동), 이기춘 아녜스(제물포), 임선모 소피아(심곡1동), 박영자 벨리나(구월동), 이동선 마리아(화곡2동), 이숙희 소피아(계산동), 김은자 안나(소사), 고봉순 실비아(갈산동), 윤명숙 마르티나 수녀(주안3동)

여성 제 41 차

1988. 1. 21 ~ 24

봉 사 자
• **지도신부** | 안규도 도미니꼬 • **회장** | 김종욱 수산나 • **회장후보** | 오상희 세레나 • **총무부** | 김수연 글라라, 송미숙 젬마 • **교수부** | 권회숙 이멜다, 문정자 마리안나 • **신심부** | 박영자 헬레나, 백영순 루시아 • **활동부** | 이정희 요안나, 이진숙 미카엘라, 홍계숙 안젤라, 이은자 로사, 장순자 안젤라 • **음악부** | 오명자 베로니까, 방희자 가타리나 • **주방봉사** | 석남동

성녀 세실리아 분단
임영희 레베카(부평1동), 맹연재 세레피나(도화동), 김금란 모니카(송림4동), 최홍자 아녜스(용현동), 김기수 레지나(만수동), 이명옥 벨다(계산동), 박점이 루시아(강화), 홍승복 엘리사벳(십정동), 박경희 마리아(부평3동), 서재숙 아우구스티나 수녀(제물포)

성녀 벨라뎃다 분단
송영자 가타리나(심곡1동), 김은숙 미카엘라(역곡), 이순자 로마나(송림동), 황완분 수산나(주안3동), 성연모 마리고레띠(제물포), 김옥경 데레사(구월동), 김경자 크리스티나(원미동), 이창숙 스텔라(소사), 이계열 도미나(소사1동), 양숙희 바울라(주원)

성녀 가타리나 분단
김광자 미리암(주안5동), 이남숙 로사(부평5동), 이강자 안나(역곡), 이순원 사비나(원미동), 김현숙 젬마(삼정동), 최성자 아녜스(가좌동), 양정임 리디아(소래), 박명원 라파엘라(답동), 김숙현 마리아(주안1동)

성녀 데레사 분단
심갑순 수산나(만수동), 김지연 제노수녀(부평2동), 이애식 마르따(소사), 안희순 마리아(제물로), 나성자 마리아(도화동), 조경애 율리아나(답동), 김종옥 안나(연안동), 정예숙 로사(해안동), 김은숙 아녜스(부평3동), 송순자 마리안나(간석동)

성녀 아녜스 분단
안주현 엘리사벳(주안1동), 허해숙 미카엘라(여월동), 이명순 안나(구월동), 최관숙 데레사(강화), 오영애 가타리나(석암), 김숙현 데레사(석남동), 박순자 마리아(용현동), 이덕희 헬레나(제물포), 우영임 레지나(부평2동)

여성 제 42 차

1988. 4. 21 ~ 24

봉 사 자
• **지도신부** | 정윤화 베드로 • **회장** | 오상희 세레나 • **총무부** | 오현희 루시아, 송미숙 젬마 • **교수부** | 안경숙 로사, 김수현 글라라 • **신심부** | 이동복 말다, 이정희 요안나 • **활동부** | 김응실 우슬라, 홍계숙 안젤라, 장순자 안젤라, 백금자 세실리아 • **음악부** | 백영순 루시아, 최정자 안젤라 • **주방봉사** | 계산동

성녀 세실리아 분단
황영희 바실리아(도화동), 김의선 글라라(용현동), 정영자 루시아(가좌동), 김현욱 데레사(심곡1동), 김영남 데레사(주원), 정성혜 미카엘라(역곡), 유순분 젬마(송림동), 신명자 아녜스(가정동), 김연자 리디아(십정동), 심현옥 바울라 수녀(강화)

성녀 벨라뎃다 분단
신효순 막달레나(부평5동), 조남엽 마리아(주안1동), 김용련 미카엘라(부평3동), 김명희 마리아(소사1동), 장옥화 아가다(만수동), 강영희 모니카(제물포), 유영자 안나(여월동), 김오복 골롬바(송림4동), 안윤애 아녜스(역곡), 권정옥 로즈마리 수녀(십정동)

성녀 가타리나 분단
김송자 비리바(주안1동), 신경순 데레사(소사), 오봉순 요안나(석남동), 한상례 글로리아(송림4동), 김정애 미카엘라(답동), 정영애(용현동), 김정옥 베로니카(가좌동), 김혜숙 안젤라(용현5동), 김정자 비리짓다(구월동), 이춘애 마리아(부평3동)

성녀 데레사 분단
김묘순 엘리사벳(주안3동), 이상진 헬레나(원미동), 신순덕 엘리사(부평1동), 장명옥 루시아(도화동), 채선희 엘리사벳(여월동), 정정이 벨라뎃다(소사), 최영희 엘리사벳(계산동), 서명자 골롬바(제물포), 김영숙 헬레나(산곡2동), 김회경 안젤라 수녀(주안1동)

성녀 아녜스 분단
김정희 데레사(연안동), 이용화 마리아(원미동), 심문숙 데레사(소래), 박윤심 요셉피나(석암), 유영숙 젤마나(삼정), 태송자 리디아(송림4동), 이경순 세시리아(해안), 배영란 모니카(산곡2동), 신정순 세시리아(구월동), 김혜자 다리아 수녀(답동)

여성 제 43 차

1988. 8. 4 ~ 7

봉 사 자 • **지도신부** | 김종학 바오로 • **회장** | 방희자 가타리나 • **총무부** | 김수연 글라라, 박명옥 막달레나 • **교수부** | 권희숙 이멜다, 전인숙 마리아 • **신심부** | 안경숙 로사, 이임정 요안나, 오상희 세레나 • **활동부** | 박민자 뽈리나, 이재선 가타리나, 김금엽 글로리아, 성정희 데레사 • **음악부** | 임미숙 젬마, 오명자 베로니카 • **주방봉사** | 일신동

성녀 세실리아 분단 김정숙 스텔라(주안3동), 이원순 데레사(제물포), 최정임 마리나(삼정동), 전영희 소피아(송도), 양보화 비비안나(산곡2동), 최숙자 폴라(호주), 전인숙 프란치스카(여월동), 원옥연 안나(송림동), 이병복 루시라(십정동)

성녀 벨라뎃다 분단 최길자 스콜라스티카(송림동), 유정순 엘리사벳(원미동), 민병수 헬레나(남동), 한경옥 안젤라(가좌동), 박계화 데레사(부평2동), 임종금 레아(주안5동), 노주희 헤레나(역곡), 박복순 리따(주원), 임숙자 막달레나(부평5동), 최희량 베로니카 수녀(답동)

성녀 가타리나 분단 국순화 보나(주안1동), 김종인 레오니아(역곡), 우영자 엠마(양곡), 서영자 소화데레사(용현5동), 강형채 아녜스(원미동), 송문순 데레사(삼정동), 박혜경 데보라(송림4동), 조순자 율리안나(가정동), 박순애 레오나(연안동)

성녀 데레사 분단 홍정숙 마리아(남동), 강인희 율리아(송림4동), 임재옥 가타리나(계산동), 이종숙 아나다시아(심곡1동), 정진분 루시아(산곡2동), 박귀녀 막달레나(답동), 이행자 레지나(소사), 연인자 안나(제물포), 추영애 안젤라(신천), 강원숙 골레따(갈산동)

성녀 아녜스 분단 이갑규 로사(석남동), 이미라 루실라(여월동), 김춘자 헬레나(부평1동), 이계자 제노베파(양곡), 금명숙 스콜라스티카(부평2동), 이천순 데레사(산곡2동), 정성자 루피나(간석동), 위은영 율리안나(구월동), 김은기 제노베파(소사1동), 김난옥 데레사(주안1동)

여성 제 44 차

1988. 10. 27 ~ 30

봉 사 자 • **지도신부** | 안규도 도미니꼬 • **회장** | 오상희 세레나 • **회장후보** | 표경자 데레사 • **총무부** | 김수연 글라라, 홍순이 막달레나 • **교수부** | 우영애 가타리나, 송미숙 젬마 • **신심부** | 박영자 헤레나, 홍계숙 안젤라 • **활동부** | 이정희 요안나, 이진숙 미카엘라, 김유숙 가타리나, 김명자 아나다시아 • **음악부** | 백영순 루시아, 오봉순 요안나 • **주방봉사** | 주원

성녀 세실리아 분단 조정옥 골롬바(부평5동), 최옥련 마리안나(만수동), 우연숙 데레사(강화), 임옥순 마리아(송림동), 이명옥 세시리아(원미동), 이춘갑 스텔라(역곡), 고은옥 아녜스(연안동), 정춘애 안젤라(심곡1동), 김영숙 헬레나(가좌동), 송희자 마리훼델리아 수녀(효성동)

성녀 벨라뎃다 분단 현정옥 도미니카(여월동), 서영옥 말가리다(삼정동), 민양순 안젤라(역곡), 정명숙 세시리아(송림4동), 김영애 데레사(도화동), 박희숙 가타리나(구월동), 신옥희 안나(송현동), 정현숙 요셉피나(해안동), 김규옥 마리아(산곡2동), 황영숙 아가다(부평2동)

성녀 가타리나 분단 조연자 세시리아(남동), 고경희 막달레나수녀(부평3동), 최경순 마리아(부평1동), 유연봉 안젤라(용현동), 이춘선 엘리사벳(가좌동), 유혜숙 세레나(산곡2동), 강희자 마틸다(연안동),김영숙 아녜스(신천), 이순옥 로사(여월동), 박정미 데레사(십정동)

성녀 데레사 분단 모복렬 안젤라(주안1동), 장영옥 콘셀라(답동), 윤덕자 데레사(송림동), 이선실 미카엘라(용현동), 손병유 마리아(가정동), 최금용 수산나(원미동), 홍현숙 마리데레사(계산동), 조복월 세시리아(간석동), 이복임 수산나(부평2동)

성녀 아녜스 분단 김영환 우슬라(주안1동), 한경우 베로니카(제물포), 김행자 안나(도화동), 신순연 아드리아나(주안3동), 백정애 데레사(용현5동), 곽기순 엘리사벳(삼정동), 구연선 가타리나(부평1동), 김영순 막달레나(소사3동), 정예모 세시리아(부평3동), 송인순 마리익나시아 수녀(십정동)

여성 제 45 차

1989. 1. 26 ~ 29

봉 사 자
• **지도신부** | 이덕상 비오 • **회장** | 방희자 가타리나 • **회장후보** | 박영자 헬레나 • **총무부** | 이임정 요안나, 성정희 데레사 • **교수부** | 전인숙 마리아 • **신심부** | 이정희 요안나, 백금자 세시리아 • **활동부** | 김옥순 마리아, 김금엽 그로리라, 이재선 가타리나, 박명옥 막달레나 • **음악부** | 권희숙 이멜다, 오명자 베로니까 • **주방봉사** | 송림4동

성녀 세실리아 분단
최정순 엘리사벳(부평3동), 남상순 데레사(강화), 김경숙 가타리나(주원), 한평섭 연희마리아(가좌동), 정복순 실비아(방콕), 이영자 데레사(해안동), 조영순 율리안나(상동), 손인숙 마리안나(송림4동), 양윤정 루시아(소사)

성녀 벨라뎃다 분단
정영애 유곤다(삼정동), 윤인자 제노베파(원미동), 이인수 엘리사벳(주안1동), 유유순 아가다(효성동), 김정분 크리스티나(신천), 조애귀 미카엘라(백령도), 이명우 아눈시아따(산곡2동), 김정희 안젤라(제물포), 홍진숙 베로니카(역곡)

성녀 가타리나 분단
김성례 세례나(송현동), 이재희 말지나(역곡2동), 윤숙영 프란체스카(송도), 추옥련 안젤라(가정동), 권순자 아녜스(부평5동), 윤애란 스콜라스티카(심곡1동), 이연숙 데레사(송림동), 김채옥 율리아(답동), 최길자 마리아 수녀(만수동)

성녀 데레사 분단
성철순 미카엘라(주안3동), 전영숙 베로니카(송림동), 서영란 루시아(월미), 이혜영 수산나(남동), 최희순 젬마(용현동), 원대숙 세라피나(부평2동), 김임숙 마틸다(부평2동), 어명희 안젤라(계산동), 정난희 안나(도화동)

성녀 아녜스 분단
이양우 율리아(만수동), 임유순 수산나(간석동), 정선옥 율리아(화수동), 김영복 실비아(여월동), 박필재 마리안나(십정동), 문정희 베로니카(연안동), 백금례 말가리다(주안5동), 박영자 루피나(석암), 류경애 데레사 수녀(역곡)

여성 제 46 차

1989. 4. 20 ~ 23

봉 사 자
• **지도신부** | 최병학 바오로 • **회장** | 문정자 마리안나 • **회장후보** | 표경자 데레사 • **총무부** | 김종욱 수산나, 송미숙 젬마 • **교수부** | 정경애 미카엘라, 이은재 안나 • **신심부** | 안경숙 로사, 진기순 사비나 • **활동부** | 황영희 베로니카, 장순자 안젤라, 홍순이 막달레나, 왕혜자 마라아미카엘라 • **음악부** | 백영순 루시아, 최정자 안젤라 • **주방봉사** | 부평1동

성녀 세실리아 분단
서애숙 데레사(연안동), 유정희 크리스티나(만수동), 조금석 세시리아(화수동), 한정숙 사비나(강화), 김태균 글라라(심곡1동), 김미정 벨라뎃다(고강동), 정예순 미카엘라(삼정동), 천영형 리비라(용현5동), 이은애 마가렛(가정동), 박춘자 마리엘리사 수녀(도화동)

성녀 벨라뎃다 분단
최태자 마리라(석암), 정성자 가타리나(부평5동), 송정순 로사리아(역곡2동), 배경자 그라시아(가좌동), 조영숙 루피나(효성동), 최경순 글라라(계산동), 최계숙 젤뚜르다(양곡), 안정수 아가다(구월동), 이추자 데레사(송도), 이용순 안나 수녀(만수동)

성녀 가타리나 분단
정재은 율리안나(상동), 배영선 비비안나(갈산동), 이근희 안젤라(월미), 윤인옥 루피나(답동), 이명자 세시리라(용현동), 정낙희 헬레나(주안5동), 김옥분 엘리사벳(도화동), 윤선자 미카엘라(주원), 유미선 루치아(주안3동), 오병선 안나 수녀(주안1동)

성녀 데레사 분단
김진숙 데레사(송림동), 정근란 세시리아(역곡), 용혜숙 비아(부평2동), 이명옥 레지나(제물포), 김정식 가타리나(산곡2동), 조재순 레지나(주안1동), 박현용 율리안나(일신동), 염경희 마리아(고강동), 신민자 데레사(송현동), 정인자 알비나 수녀(답동)

성녀 아녜스 분단
이은복 데레사(원미동), 김성숙 루시아(소사3동), 나희순 크리스티나(여월동), 김의순 아나다시아(해안동), 김정자 레지나(부평1동), 최경자 세시리아(송림4동), 손계선 안젤라(월미), 김양순 스콜라스티카(소사), 이옥순 모니카(남동), 한미란수 사비나 수녀(화수동)

여성 제 47 차

1989. 8. 3 ~ 6

봉 사 자 • **지도신부** | 최기산 보니파시오 • **회장** | 방희자 가타리나 • **회장후보** | 권희숙 이멜다 • **총무부** | 이임정 요안나, 박명옥 막달레나, 김금엽 글로리아 • **교수부** | 박호숙 모니까, 전인숙 마리아 • **신심부** | 이정희 요안나, 백금자 세시리라 • **활동부** | 김옥순 마리아, 오명자 베로니카, 남궁종오 비아, 송미령 안젤라 • **음악부** | 권희숙 이멜다, 왕혜자 마리아미카엘라 • **주방봉사** | 산곡2동

성녀 세실리아 분단 양정자 루시아(해안), 홍영애 리드비나(주안3), 신경례 스텔라(송림4동), 전미순 아가다(주안1동), 백광순 젬마(여월동), 한명자 엘리사벳(계산동), 임정실 데레사(부평2동), 유인숙 소화데레사(간석동), 김동순 마리아(고강동), 박귀자 로사리아(제물포)

성녀 벨라뎃다 분단 박삼금 스테파니아(답동), 한인창 에스텔(용현동), 최영옥 세시리아(효성동), 김영희 데레사(가좌동), 이의자 마리세시리아(만수동), 양원숙 레지나(여월동), 김은옥 모니카(심곡동), 조희선 헬레나(연안동), 이태금 가타리나(원미동), 양봉순 유리에따(산곡동)

성녀 가타리나 분단 박혜자 로사(용현동), 이옥순 마리아(주안1동), 박순분 보나(화수동), 이희숙 소피아(고강동), 최옥진 말지나(가좌동), 성창예 리디아(송림동), 김정란 엘리사벳(역곡2동), 박득주 마르타(일신동), 이오순 요안나(부평1동), 홍승숙 아나스타시아(양곡)

성녀 데레사 분단 김인자 소피아(남동), 주혜미 글라시아(제물포), 이진숙 세시리아(심곡3동), 박명숙 로사(해군월미), 한영자 가타리나(소사), 김우순 올리바(송현동), 채순근 요안나(부평5동), 이명희 안나(갈산동), 손미운 세시리아(석암)

성녀 아녜스 분단 양순애 안나(십정동), 최인환 에스텔(주안5동), 이경자 마리아(상동), 유경숙 글라라(강화), 정영춘 마리아(도화동), 박재순 실비아(석남동), 이재숙 유리안나(주원), 채근자 소피아(부평2동), 유경희 로사리아(가정동), 주기란 아나따(역곡)

여성 제 48 차

1989. 10. 19 ~ 22

봉 사 자 • **지도신부** | 최기산 보니파시오 • **회장** | 오상희 세레나 • **회장후보** | 정경애 미카엘라 • **총무부** | 송미숙 젬마, 홍순이 막달레나 • **교수부** | 김수연 글라라, 우영애 가타니라 • **신심부** | 김응실 우슬라, 박민자 뽈리나 • **음악부** | 백영순 루시아. 오봉순 요안나 • **활동부** | 이정희 요안나, 장순자 안젤라, 김유숙 가타리나, 박희분 글로리아, 신민자 데레사 • **주방봉사** | 십정동

성녀 세실리아 분단 이은숙 크리스티나(삼정동), 강순자 막달레나(역곡2동), 이정희 모니카(부평5동), 이성복 마리아(제물포), 최순열 엘리사벳(연안동), 이희자 로사리아(상동), 김미순 그라시아(만수동), 이정분 말가리다(남동), 김인경 지따(산곡2동), 최복연 마리사비나 수녀(도화동)

성녀 벨라뎃다 분단 구홍림 만나(십정동), 길정희 데레사(심곡3동), 민순임 글라라(일신동), 김옥자 안나(고강동), 이진숙 말가리다(석남동), 연명흠 분다(신천), 윤희수 엘리사벳(제물포), 조금현 막달레나(역곡), 최영자 요안나(주안5동), 김선 아가다(부평2동)

성녀 가타리나 분단 김정순 안젤라(효성동), 강정순 벨라뎃다(가좌동), 김용분 세시리아(심곡1동), 김진숙 도미니카(역곡2동), 유혜경 로즈마리(석암), 한순임 데레사(부평1동), 서정숙 아녜스(송림4동), 이희빈 엘리사벳(용현동), 김순자 요셉피나(주원), 임혜옥 마리헬레나 수녀(십정동)

성녀 데레사 분단 정옥자 루시아(주안1동), 오흥예 세시리아(부평2동), 노영숙 사라(연안동), 장길자 아가다(소사), 유미숙 마르셀라(송림동), 이혜자 마리아(주안3동), 최희 안나(화수동), 박명기 요안나(도화동), 서희옥 루시아(소성), 이경복 엘리사벳 수녀(강화)

성녀 아녜스 분단 최희자 안젤라(가정동), 오향선 엘리사벳(원미동), 강대심 헬레나(고강동), 박정애 데레사(소성), 윤애자 가타리나(김포), 서경숙 글라라(산곡2동), 손순옥 사비나(소사3동), 이미하 아가다(답동), 박남홍 아델라(간석동), 문순남 보니파치아 수녀(서독)

여성 제 49 차

1990. 1. 18 ~ 21

봉 사 자
• **지도신부** | 최기산 보니파시오 • **회장** | 박호숙 모니카 • **회장후보** | 정경애 미카엘라 • **총무부** | 유영자 마리아, 박인자 안나, 이연숙 안나 • **교수부** | 전인숙 마리아, 김은옥 모니카 • **신심부** | 방희자 가타리아, 백금자 세시리아 • **활동부** | 권희숙 이멜다, 이정주 말가리다마리아, 손인숙 마리안나, 남궁종오 비아, 채근자 소피아 • **음악부** | 어명자 베로니카

성녀 세실리아 분단
정경자 율리안나(원미동), 최옥실 글라라(용현동), 이정진 리따(석남동), 오현순 발바라(소성), 김정숙 레지나(심곡1동), 강영애 아나스타시아(계산동), 고남순 가타리나(구월동), 문기수 마리아(소사), 박종간 스콜라스띠까(답동), 권명자 엘리사벳(도화동)

성녀 벨라뎃다 분단
김미영 글라라(역곡), 조숙희 안젤라(여월동), 이미향 마리아프란체스카(해안), 황계영 크리스티나(남동), 한임순 데레사(송도), 김한옥 마리안나(역곡2동), 이병순 가타리나(삼정동), 지만순 수산나(해군월미), 김동희 가타리나(부평5동), 심현경 젬마(주안3동), 여영숙 분다(부평2동)

성녀 가타리나 분단
이영희 마리데레사(부평1동), 김춘환 안젤라(심곡3동), 김영애 베로니카(도화동), 유병순 골롬바(가좌동), 조정례 가타리나(제물포), 김정희 헤지나(연안), 김순임 마리아(양곡), 이정숙 아가다(주안5동), 이복기 로사리아(십정동), 김지순 도미니카(구월동), 최경애 헬레나(강화)

성녀 데레사 분단
임옥희 안나(주안1동), 한경애 안나(송림동), 이옥순 사라(고강동), 명인숙 율리안나(송현동), 강귀경 소화데레사(간석동), 원수면 안젤라(효성동), 한순숙 가밀라(주원), 김임태 모데스타(산곡2동), 유정자 젬마(석암), 신용애 데레사(서곶)

성녀 아네스 분단
이경숙 오딜리아(만수동), 윤미경 마리아(역곡2동), 양혜경 엘리사벳(화수동), 오점순 요셉피나(고강동), 최정화 마리아(소성), 김영실 어거스타수녀(소사), 최영레 수산다(소사3동), 함영숙 요셉피나(김포), 왕명숙 에디다(송림4동), 이용순 세시리아(가정동), 정진현 베로니카(상동)

여성 제 50 차

1990. 5. 3 ~ 6

봉 사 자
• **지도신부** | 안규도 도미니꼬 • **회장** | 정경얘 미카엘라 • **총무부** | 김오향 루시아, 홍순이 막달레나 • **교수부** | 김수연 글라라, 이은재 안나 • **신심부** | 오상희 세레나, 신민자 데세사 • **활동부** | 김옥순 마리아, 김응실 우슬라, 이안순 데레사, 송문순 데레사, 남상순 데레사 • **음악부** | 오봉순 요안나, 채근자 소피아 • **주방봉사** | 원미동

성녀 세실리아 분단
정명진 막달레나(화수동), 강정심 비비안나(부평3동), 김인애 글라라(갈산동), 서효순 릿다(일신동), 고재하 도미니카(상동), 김순화 일마(여월동), 임민자 마리아(연안), 이춘매 요셉피나(답동(선재공소)), 박영희 프란체스카(간석동), 문귀자 데레사 수녀(여월동)

성녀 벨라뎃다 분단
양옥석 누갈다(부평5동), 신영자 요안나(삼정동), 장복희 도미틸라(소사3동), 장정애 그라시아(애한동), 김기자 글라라(고강동), 성숙희 실비아(산곡2동), 박정안 세실리아(역곡), 유순연 카타리나(심곡1동), 박봉순 데레사(송도), 신건금 마르타(효성동), 백승주 님파 수녀(소사3동)

성녀 가타리나 분단
이상혜 아가다(심곡3동), 안예숙 마리아(가정동), 염정숙 세시리아(남동), 강선순 레지나(부평2동), 한영순 아델라(부평2동), 박혜옥 수산나(서곶), 박영자 글라라(제물포), 김민경 베로니카(송림동), 이은주 로사(계산동), 김남희 데레사(강화), 김희순 요셉피나(송림4동)

성녀 데레사 분단
김영희 세실리아(주원), 홍보윤 베로니카(십정동), 안효자 루시아(원미동), 전순희 릿다(석암), 송미옥 소피아(소사), 최은주 이사벨라(석남동), 박점자 아나다시아(주안5동), 박선희 뽈리나(가좌동), 박정화 미카엘라(소사), 김미선 프란체스카(역곡2동), 윤정옥 마리아퀴나 수녀(갈산동)

성녀 아네스 분단
여학순 카타리나(주안1동), 유춘자 글라라(용현동), 조정희 마리아(송현동), 염순정 마리아(숭의동), 서복님 루시아(주안3동), 신현례 유릿다(송림4동), 류기선 말따(신천), 최삼순 아녜스(도화동), 임금숙 엘리사벳(김포), 김혜자 아가다(소성), 구문자 알렉시아 수녀(석암)

여성 제 51 차

1990. 8. 2 ~ 5

봉 사 자	• **지도신부** | 박찬용 사도요한 • **회장** | 방희자 가타리나 • **회장후보** | 권희숙 이멜다 • **총무부** | 유영자 마리아, 박명옥 막달레나, 성정희 데레사 • **신심부** | 백금자 세시리아, 오명자 베로니카 • **교수부** | 박호숙 모니카, 이연숙 안나 • **활동부** | 이정희 요안나, 송미령 안젤라, 민병수 헤레나, 배경자 그라시아 • **음악부** | 백영순 루시아 • **주방봉사** | 선학동
성녀 세실리아 분단	윤정희 데레사(여월동), 권명숙 아가다(소송), 이수연 미카엘라(고강동), 류말례 글라라(역곡2동), 강도영 레지나(심곡3동), 황남숙 율리안나(도화동), 한인자 아폴로니아(양곡), 정복순 엘리사벳(서곶), 김춘자 비아(주안5동)
성녀 벨라뎃다 분단	정방자 스콜라스티카(해안), 문경희 마리루시수녀(고강동), 송유빈 아가다(산곡2동), 송명화 데레사(만수동), 정순자 율리안나(가정동), 심성순 헬레나(제물포), 권계순 진이아가다(주원), 강종순 아가다(석난동), 정길순 마리아(송림동), 김순호 리디아(숭의동)
성녀 가타리나 분단	오영자 로사(소사), 김기자 안나(연안), 김혜옥 모니카(역곡), 이기옥 크리스티나(남동), 서정희 율리안나(상동), 윤옥선 글라라(김포), 이온순 로엘라(계산동), 송재식 아녜스(부평2동), 전경자 마리아(송도)
성녀 데레사 분단	심소자 아녜스(원미동), 조명순 안나(화수동), 유정숙 로마나(십정동), 유문숙 젬마(소사3동), 권정숙 로엘라(삼정동), 조영신 루피나(삼정동), 양은자 마리아(간석동), 이영희 젤뚜루다(답동), 허서운 요안나(갈산동)
성녀 아녜스 분단	이순옥 비비안나(송림4동), 오영숙 사라수녀(여월동), 이명자 미리아미카엘(부평5동), 김효숙 사베리나(주안3동), 김정심 엘리사벳(석암), 임선녀 루시아(주안1동), 이효숙 루시아(부평1동), 심성애 도나다(가좌동), 홍순자 유리안나(용현동)

여성 제 52 차

1990. 10. 18 ~ 21

봉 사 자	• **지도신부** | 장태식 사도요한 • **회장** | 정경애 미카엘라 • **총무부** | 오상희 세레나, 장순자 안젤라 • **교수부** | 김수연 글라라, 홍순이 막달레나 • **신심부** | 박영자 헬레나, 신민자 데레사 • **활동부** | 이정희 요안나, 송문순 데레사, 홍계숙 안젤라, 이혜영 수산나, 이경자 마리아 • **음악부** | 최정자 안젤라, 채근자 소피아 • **주방봉사** | 심곡1동
성녀 세실리아 분단	허명순 엘리사벳(간석동), 이길자 마리아(부평2동), 황덕순 데레사(연안), 민연자 소피아(석암), 강희순 베로니카(가좌동), 양인자 스콜라스티카(가정동), 한영자 베로니카(심곡1동), 이미자 가타리나(주안1동), 이자영 오틸리아(역곡2동), 박애석 율리안나(소사)
성녀 벨라뎃다 분단	박명숙 소화데레사(연안), 고순례 안나(원미동), 구정자 아가다(서곶), 김영자 세시리라(주안3동), 이기례 엘리사벳(용현동), 백명자 세시리아(답동), 정영순 젤뚜르다(여월동), 박정자 레지나(만수동), 오미란 베로니카(부평1동), 조재숙 안토니오 수녀(산곡2동)
성녀 가타리나 분단	이미자 까리따스(제물포), 배경희 심포로사(효성동), 임예숙 로사리아(송도), 권영아 비비안나(부평5동), 최문자 프란치스카(소사3동), 김남수 필로메나(갈산동), 원은애 마리아(숭의동), 송진호 율리안나(월미해군), 김혜자 데레사(송림4동), 조진원 글라라 수녀(신당동)
성녀 데레사 분단	성순화 가타리나(화수동), 최복순 에스텔(역곡), 박성미 골롬바(삼정동), 홍승남 아녜스(석남동), 김용분 젬마(소성), 신영자 루시아(송림1동), 문명희 루비나(심곡3동), 이경자 엘리사벳(김포), 노명신 아가다 수녀(교구청)
성녀 아녜스 분단	이병영 벨라뎃다(산곡2동), 김점옥 모니카(도화동), 김희순 도미나(주안5동), 김선실 아녜스(십정동), 김정숙 가타리아(주원), 구금순 비아(송현동), 팽정숙 루시라(계산동), 김영희 마리아막달레나(남동), 이현직 유스티나(상동), 이재명 안나(신천)

여성 제 53 차

1991. 2. 28 ~ 3. 3

봉 사 자	• **지도신부** | 박찬용 사도요한 • **회장** | 문정자 마리안나 • **회장후보** | 권회숙 이멜다 • **총무부** | 유영자 마리아, 이연숙 안나 • **신심부** | 신민자 데레사, 전기순 사비나 • **교수부** | 박호숙 모니카, 이은재 안나 • **활동부** | 김응실 우슬라, 홍순이 막달레나, 채근자 소피아 • **음악부** | 오명자 베로니카, 오봉순 요안나 • **주방봉사** | 답동
성녀 세실리아 분단	한연자 마리아(삼정동), 곽옥기 요셉피나(연안), 박청자 엘리사벳(부평1동), 신영숙 로사(소사3동), 김명자 모니카(역곡), 김영수 젬마(송도), 최영분 안나(주원), 정명희 막달레나(용현동), 홍영순 엘리사벳(송림4동), 김환수 수산나(신천), 문정숙 글라라(역곡2동)
성녀 벨라뎃다 분단	정정자 미카엘라(화수동), 김수산나 수산나(여월동), 최순덕 루시아(김포), 문순금 데레사(원미동), 김인숙 마리아(연안), 강계숙(수산나(해안), 황애자 분다(부평5동), 김희분 세시리아(답동), 김화자 프란체스카(계산동), 박영애 수산나(서곶)
성녀 가타리나 분단	아상애 세시리아(가정동), 이진나 마리베리따스(효성동), 이경순 베로니카(고강동), 강동진 수산나(송현동), 박춘희 데레사(예루살렘), 김영남 마리아(심곡3동), 황정자 벨라뎃다(석남동), 윤예호 체칠리아(간석동), 김현숙 말가리다(주안3동), 오경자 막달레나(상동), 박정일 글라라(도화동)
성녀 데레사 분단	김윤자 데레사(효성동), 정기자 에반젤(소사), 김정자 유리안나(숭의동), 최명숙 헬레나(주안5동), 이경순 비비안나(남동), 권경순 엘리사벳(부평2동), 고정자 데레사(석암), 김선례 도로테아(송림동), 김주자 가타리나(도화동), 박윤영 요안나(만수동), 천순영 아녜스(심곡1동)
성녀 아녜스 분단	조영숙 데레사(양곡), 변애자 세시리아(주안1동), 남기순 가타리나(소사), 반정현 벨라뎃다(강화), 정호숙 데레사(여월동), 장춘옥 루시아(십정동), 이종순 소피아(제물포), 임층선 세시리아(가좌동), 이장희 루가다(용현5동), 유경분 발바라(산곡2동), 유애정 데레사(연안)

여성 제 54 차

1991. 4. 18 ~ 21

봉 사 자	• **지도신부** | 이민주 요한 • **회장** | 오상희 세레나 • **회장후보** | 박영자 헬레나 • **총무부** | 송미숙 젬마, 정정은 첼리나 • **교수부** | 김수연 글라라, 김유숙 가타리나 • **신심부** | 홍계숙 안젤라, 장순자 안젤라 • **음악부** | 백영순 루시아, 최정자 안젤라 • **활동부** | 이정희 요안나, 성정희 데레사, 양은자 마리아, 이성애 알비나, 백금자 세시리아 • **주방봉사** | 제물포
성녀 세실리아 분단	김영희 가타리나(갈산동), 박중열 마리아(소사), 장정숙 수산나(연안), 김인매 로사(간석동), 유보금 마멜다(만수동), 최애진 엘리사벳(상동), 이정희 데레사(삼정동), 유경애 모니카(역곡), 조정순 실비아(주안3동)
성녀 벨라뎃다 분단	신현순 사비나(부평1동), 권정원 마리안나(석암), 유수자 요셉피나(주안1동), 강정희 리디아(가좌동), 김혜련 아녜스(구월동), 오순덕 마리아(석남동), 권미자 수산나(숭의동), 홍광숙 율리아(역곡2동), 이선희 데레사 수녀(남동)
성녀 가타리나 분단	김선희 에스텔(김포), 정영자 세라피나(심곡3동), 이재신 베로니카(산곡2동), 정성모 안나(화수동), 한기순 엘리사벳(고강동), 이정숙 로사리아(부평2동), 정병숙 아셀라(소사3동), 서근숙 비비안나(소성), 윤순덕 루피나(원미동)
성녀 데레사 분단	최문자 아녜스(주안5동), 장의숙 스테파니아(답동), 정광남 요안나(송림동), 전영숙 로사(가정동), 노정숙 안나(여월동), 김영숙 마틸다(심곡1동), 주희경 율리아(십정동), 김종례 안나(용현동), 최경순 아녜스 수녀(석남동)
성녀 아녜스 분단	최춘자 요셉피나(제물포), 황계수 리나(답동), 정애화 가타리나(양곡), 이진숙 젬마(강화), 김상심 수산나(송림4동), 권연학 데레사(도화동), 최양숙 안젤라(주원), 이태숙 마리아프란체스카싸베라 수녀(양곡)

여성 제 55 차

1991. 6. 20 ~ 23

봉 사 자 • **지도신부** | 강용운 시몬 • **회장** | 박영자 헬레나 • **회장후보** | 이정희 요안나 • **총무부** | 송미숙 젬마, 민병수 헬레나 • **교수부** | 이은재 안나, 신경이 요안나 • 신심부 | 신민자 데레사, 정정은 첼리나 • **음악부** | 최정자 안젤라, 채근자 소피아 • **활동부** | 김옥순 마리아, 임소연 마리아, 이경애 골릿다, 이의자 마리 세리리아 • **주방봉사** | 가좌동

성녀 세실리아 분단 이은순 율리따(신천), 이정숙 까리따스(화수동), 김영애 꼬로나(석남동), 문순자 리디아(오정동), 이은주 아녜스(주안5동), 양영숙 유리안나(주안1동), 조미덕 베로니카(고강동), 차명심 모니카(부평2동), 곽은순 헬레나(산곡2동), 최운경 오틸리아(상동)

성녀 벨라뎃다 분단 신현순 크리스티나(심곡3동), 김옥매 실비아(해안), 윤창희 레지나(연안), 신정희 마리아(양곡), 김애자 실비아(소사), 이현자 아녜스(도화동), 육혜경 빅토리아(소성), 윤옥희 바울리나(소사3동), 박순우 마리티나(주안3동), 윤명자 마리아 수녀(여월동)

성녀 가타리나 분단 최춘자 아녜스(제물포), 박인옥 유스티나(간석동), 유옥순 세시리아(답동), 김종옥 가타리나(역곡), 김덕기 실비아(석암), 정옥희 엘리사벳(효성동), 강성순 마리아(일신동), 이금선 데레사(원미동), 이정희 레지나(여월동), 박용순 마리글라라 수녀(도화동)

성녀 데레사 분단 한정자 엘리사벳(삼정동), 김정자 루시아(용현동), 이경숙 아녜스(역고2동), 조광자 글라라(부평1동), 이명순 안나(송현동), 박경순 마리아(남동), 탁재덕 펠리치따스(만수동), 전연옥 말가리다(작전동), 김정심 스텔라(송림동), 이평숙 막달레나(숭의동)

성녀 아녜스 분단 송효순 안나(주안1동), 전미숙 엘리사벳(십정동), 최정애 막달레나(주원), 한점순 마르타(심곡1동), 김철영 데레사(가좌동), 이춘자 데레사(가정동), 천정우 임마누엘라(계산동), 윤수애 젬마(구월동), 이정희 골롬바(소성), 김달희 하상바오로 수녀(석암)

여성 제 56 차

1991. 11. 14 ~ 17

봉 사 자 • **지도신부** | 송주석 안셀모 • **회장** | 이정희 요안나 • **회장후보** | 신민자 데레사 • **총무부** | 성정희 데레사, 이성애 알비나 • **교수부** | 우영애 가타리나, 박인옥 유수티나 • **신심부** | 홍계숙 안젤라, 송유빈 아가다 • **활동부** | 배경자 그라시아, 김경숙 마리아, 이안순 데레사 • **음악부** | 오봉순 요안나, 채근자 소피라 • **주방봉사** | 소사

성녀 세실리아 분단 양면순 마리아(작전동), 윤연순 수산나(소사), 정경숙 데레사(부평1동), 이현해 아니따(연안), 안순희 가타리나(가좌동), 박영옥 안나(신천), 이옥화 글라라(원미동), 장정자 안나(숭의동), 조정숙 세시리아(만수동), 조해순 헬레나(주안1동), 김정자 마리아(부평2동)

성녀 벨라뎃다 분단 정재옥 세시리아(남동), 조정예 율리아(오정동), 김영심 멜라니아(가좌동), 양재옥 수산나(역곡), 최순금 루치아(숭의동), 김금희 데레사(답동), 이음선 세레나(송림동), 김증옥 루시아(가정동), 조영순 베로니까(십정동), 김영희 율리안나(효성동), 김순규 글라라(강화)

성녀 가타리나 분단 임경자 힐데갈데(용현동), 김희옥 세시리라(소성), 우찬숙 엘리사벳(송현동), 김은순 로사수녀(산곡2동), 김영자 요안나(구월동), 정명순 안나(도화동), 이종춘 데레사(해안), 전명숙 글라라(석암), 임화용 안젤라(계산동), 안갑선 소피아(삼정동), 지연화 헬레나(양곡)

성녀 데레사 분단 김봉순 마리안나(상동), 서광자 도미니카(소성), 임춘자 모니카(산곡2동), 채희표 사라(서곶), 최상섭 루시아(심곡3동), 장우자 마리아고레띠(주안3동), 심영자 실비아(부평5동), 유이숙 벨라지아(간석동), 김정숙 가타리나(송도), 오정심 데레사(석남동), 장명순 세레나(심곡1동)

성녀 아녜스 분단 박영숙 스텔라(역곡), 김혜순 마르타(소사3동), 장명숙 세시리아(제물포), 천미경 바울리나(만수동), 이영숙 루시아(주원), 이정숙 안젤라(오정동), 박순희 아가다(고강동), 신정호 엠마누엘라(갈산동), 김재경 그라라(주안5동), 전경희 비아(작전동)

여성 제 57 차

1992. 2. 27 ~ 3. 1

봉 사 자 • **지도신부** | 서상범 도마 • **회장** | 권회숙 이멜다 • **회장후보** | 백영순 루시아 • **총무부** | 박호숙 모니카, 신경이 요안나 • **교수부** | 이은재 안나, 김경숙 마리아 • **신심부** | 오명자 베로니카, 이연숙 안나 • **활동부** | 이정희 요안나, 서애숙 데레사, 탁재덕 펠리치따스 • **음악부** | 이의자 마리세리시라, 방희자 가타리나 • **주방봉사** | 송림동

성녀 세실리아 분단 표재숙 안젤라(부평1동), 이양원 데레사(삼정동), 이혜자 아녜스(역곡2동), 전순애 율리안나(연안), 구본숙 데레사(십정동), 정순옥 막달레나(주원), 유순임 엘리사벳(가정동), 안춘선 프란치스카(산곡2동), 김인옥 글라라(부평2동), 차용열 로사(구월동), 목경옥 가브리엘라 수도자(제물포)

성녀 벨라뎃다 분단 이명옥 젬마(주안3동), 유숙자 실비아(김포), 서말순 마리아(효성동), 이영희 율리안나(만수동), 유순옥 아녜스(구월동), 유정애 데레사(남동), 김은숙 아나스타시아(송현동), 김기호 요셉피나(도화동), 조양호 프란치스카(홍제동), 박현정 모니카(석암)

성녀 가타리나 분단 김혜숙 젤뚜루다(송림동), 윤금숙 펠리시다(제물포), 이종숙 엘리사벳(작전동), 조혜숙 실비아(여월동), 민선순 세레나(양곡), 박애자 크리스티나(용현동), 권영숙 유스티나(역곡), 주기숙 도로테아(주안1동), 남매화 베로니카(부평3동), 박영순 미카엘라(화수동), 임현순 루시아(통진)

성녀 데레사 분단 변갑순 산드라안나(간석동), 김청자 마리아(송림4동), 황영란 루시아(주안5동), 신은주 안나(고강동), 우경자 데레사(송도), 주영숙 엘리사벳(작전동), 안옥자 신티아(오정동), 이순이 베로니카(산곡2동), 김귀직 가브리엘라(원미동), 김부남 마리파울라 수도자(십정동)

성녀 아녜스 분단 김명남 분다(서곶), 김희자 베로니카(송림동), 이혜란 헤레나(소성), 장영자 다리아(계산동), 김미례 세시리아(오정동), 채순애 안나(부평5동), 김영순 가타리나(상동), 박영애 데레사(송림동), 김경숙 데레사(신천), 남영란 아녜스 수도자(양곡)

여성 제 58 차

1992. 4. 23 ~ 26

봉 사 자 • **지도신부** | 이학노 요셉 • **회장** | 표경자 데레사 • **회장후보** | 신민자 데레사 • **총무부** | 성정희 데레사, 임소연 마리아 • **교수부** | 신경이 요안나, 양은자 마리아 • **신심부** | 정정은 첼리나, 송유빈 아가다 • **활동부** | 이정희 요안나, 장의숙 스테파니아, 김혜련 아녜스 • **음악부** | 오봉순 요안나, 이안순 데레사 • **주방봉사** | 간석동

성녀 세실리아 분단 이상춘 데레사(서곶), 최성순 루가다(가좌동), 이명희 글라라(효성동), 곽창인 수산나(부평2동), 김영순 프란치스카(오정동), 정경자 요안나(용현동), 최숙희 엘리사벳(부평5동), 나숙자 안나(답동), 주성애 엘리사벳(송림돌), 민미원 실비아(작전동), 이병순 데레사(부평1동)

성녀 벨라뎃다 분단 김국자 아가다(송도), 설옥자 루시아(송림4동), 임용자 도미나(통진), 이정순 막달레나(부평3동), 김옥순 모니카(석남동), 최갑임 엘리사벳(십정동), 남용자 데레사(제물포), 안순자 마리안나(송림동), 만영숙 안나(석암), 장태희 마리안나(원미동), 정정희 마리아(답동)

성녀 가타리나 분단 최흥남 헬레나(주안1동), 오영애 아가다(주원), 김명순 살로메(도화동), 신묘순 글라라(신천), 김경숙 글라라수녀(연안), 최경숙 루시아(만수동), 이혜영 마리아(산곡2동), 김춘자 루시아(심곡1동), 민경금 데레사(삼정동), 박옥다 말가리다(양곡 누산공소), 전화연 실비아(송현동)

성녀 데레사 분단 조성재 안나(간석동), 최윤희 세라피나(신천), 김정옥 말가리다(김포), 성정애 글라오디아(상동), 백종례 데레사(소사3동), 신명례 요안나(양곡), 조평순 세시리라(해안), 곽윤순 수산나(소사), 김윤자 아녜스(구월돌), 윤영심 베아다(소성), 채미자 요셉피나(계산동)

성녀 아녜스 분단 엄기화 데레사(심곡3동), 조정자 바드리시아(주안3동), 김계순 베로니카(오정동), 오정순 루시아(화수동), 이혜경 비비안나(고강동), 김향옥 레지나(역곡2동), 강신분 아녜스(남동), 박화순 마리연희수녀(작전동), 이영숙 안젤라마리(소성), 임정렬 마리아(주안1동), 주형심 루시아(역곡), 김정순 리나(주안5동)

여성 제 59 차

1992. 6. 25 ~ 28

봉 사 자 • **지도신부** | 정귀호 다니엘 • **회장** | 신민자 데레사 • **회장후보** | 유영자 마리아 • **총무부** | 신경이 요안나, 신정균 세레나 • **교수부** | 이은재 안나, 김경숙 마리아 • **신심부** | 정정은 체리나, 이성애 알비나 • **활동부** | 이연숙 안나, 송유빈 아가다, 김혜련 아녜스, 용혜숙 비아 • **음악부** | 이의자 마리세시리아 • **주방봉사** | 주원

성녀 세실리아 분단 이혜숙 프란치스카(십정동), 박영심 모니카(역곡), 전흥완 아녜스(원미동), 노금자 세라피나(연안), 조정자 아녜스(부평3동), 도정숙 수산나(양곡), 배경옥 루시아(구월동), 이효자 루시아(작전동), 이계화 마리안나(강화), 안영옥 수산나(송림동), 이점태 데레사 수도자(복자수녀원)

성녀 벨라뎃다 분단 박숙란 레지나(남동), 한은봉 미카엘라(제물포), 정충희 마리아(숭의동), 김순자 프란치스카(소성), 지혜순 도미니카(만수동), 윤승희 헬레나(소사), 최점순 세시리아(부평2동), 박영순 리드비나(효성동), 이정순 글라라(석남동), 방인숙 세시리아 수도자(강화)

성녀 가타리나 분단 최수연 엘리사벳(가정동), 나화자 제노베파(주안1동), 김순희 가밀라(해안), 성기정 사비나(신천), 이경희 아녜스(답동), 신미영 율리아나(역곡2동), 안옥경 율릿따(가좌동), 한애자 크리스티나(주안3동), 윤경옥 사비나(도화동), 홍종자 크리스티나(삼정동), 김옥란 엠마 수도자(양곡)

성녀 데레사 분단 심화자 베로니카(용현5동), 김수연 요안나(여월동), 성하양 마리아(송현동), 이경숙 사비나(상동), 양금선 요셉피나(심곡1동), 정은주 글라라(고강동), 유옥자 소피아(송림동), 안정숙 데레사(용현동), 이규화 데보라(계산동), 박인숙 골롬바(소사3동), 김현숙 말따(부평5동)

성녀 아녜스 분단 이숙자 바울라(석암), 장인자 마리아(주안1동), 이순분 율리아나(산곡2동), 한앵자 마리아(부평1동), 정미숙 실비아(화수동), 이효자 프란치스카(송림동), 정복혜 요안나(간석동), 이광진 안나(갈산동), 신혜숙 마리아(심곡3동), 장명순 데레사(통진)

여성 제 60 차

1992. 7. 30 ~ 8. 2

봉 사 자 • **지도신부** | 박찬용 사도요한 • **회장** | 유영자 마리아 • **회장후보** | 오상희 세레나 • **총무부** | 서애숙 데레사, 우영애 가타리나 • **교수부** | 박호숙 모니카, 성정희 데레사 • **신심부** | 신민자 데레사, 남궁종오 비아 • **활동부** | 이연숙 안나, 탁재덕 펠리치타스, 진기순 사비나, 김정순 리나 • **음악부** | 방희자 가타리나, 권회숙 이멜다 • **주방봉사** | 효성동

성녀 세실리아 분단 신영숙 세시리아(주원), 황미자 도미니카(송림4동), 유성희 루시아(남동), 장순숙 자네트(상동), 박영옥 레어나(작전동), 손명희 율리안나(심곡1동), 이진옥 모니카(서곶), 이정숙 엘리사벳(송현동), 유영희 데레사(일신동), 조영숙 안젤라(부평5동)

성녀 벨라뎃다 분단 주옥님 요안나(가정동), 나경이 베로니카(계산동), 강금자 모니카(소사3동), 이혜순 엘리사벳(구월동), 정복자 글라라(십정동), 김정운 가타리나(만수동), 김판선 로사(산곡2동), 이연화 데레사(답동(선재공소)), 이춘자 발렌티나(심곡3동), 손인숙 엘리사벳(송도)

성녀 가타리나 분단 김순옥 모니카(도화동), 박옥선 소피아(숭의동), 김순금 헬레나(양곡), 이선우 데레사(용현5동), 신정란 루시아(삼정동), 김순자 아녜스(역곡), 허숙 데레사(산곡2동), 김현숙 글라라(소사), 안연옥 안나(강화), 배종순 세시리아(부평2동)

성녀 데레사 분단 이현순 데레사(부평3동), 김우경 헬레나(소성), 홍영희 엘리사벳(주안5동), 정춘희 스콜라스티카(부평1동), 김전옥 루시아(여월동), 신남숙 스텔라(통진), 김옥진 로사(원미동), 황현숙 알셀리나(주안3동), 유영란 베로니카(송림동), 이경화 마리아막달레나(효성동)

성녀 아녜스 분단 한현숙 벨라뎃다(석암), 강재숙 세시리아(연안), 김영순 소피아(신천), 이태옥 오틸리아(역곡), 유성혜 레지나(간석동), 이용자 데레사(갈산동), 안춘화 엘리사벳(오정동), 이춘자 골롬바(주안1동), 진종임 베로니카(석남동), 강기순 루시아(답동), 이광섭 아녜스(용현동)

여성 제 61 차

1992. 10. 15 ~ 18

봉 사 자 • **지도신부** | 이덕상 비오 • **회장** | 오상희 세레나 • **회장후보** | 박영자 헬레나 • **총무부** | 우영애 가타리나, 송유빈 아가다 • **교수부** | 성정희 데레사, 이성애 알비나 • **신심부** | 정정은 체리나 박영순 리드비나 • **활동부** | 이정희 요안나, 김우경 헬레나, 이현숙 데레사, 김선 아가다 • **음악부** | 김경숙 마리아, 오봉순 요안나 • **주방봉사** | 주안3동

성녀 세실리아 분단 정영자 데레사(산곡2동), 현은정 가타리나(부평3동), 윤순녀 안젤라(용현5동), 신나미 쥴리아(만수동), 진기선 세시리아(강화), 김연진 베로니카(주원), 김기복 스콜라스티카(도화동), 윤경화 바울라(석남동), 강인숙 엘리사벳(주안1동), 노영수 크리스티나(연안), 김영미 가타리나 수녀(계산동)

성녀 벨라뎃다 분단 윤석례 아녜스(가정동), 이순영 율리아(여월동), 전옥고 임마누엘라(효성동), 김미자 사비나(제물포), 김종래 율리안나(주안5동), 김정숙 소피아(해안), 변경애 유수티나(송현동), 김화녀 막달레나(화수동), 남기분 프란치스카(소성), 신희자 헬레나(주안3동), 박부자 요한레지나 수녀(숭의동)

성녀 가타리나 분단 정성숙 세시리아(역곡2동), 김영옥 율리안나(역곡), 유경란 글라라(산곡동), 민정민 말가리다(양곡), 박성희 아녜스(석암), 김옥미 골롬바(답동), 김정숙 루시아(심곡3동), 김향 글로딧다(부평2동), 최영자 안나(주안1동), 이은자 레지나(숭의동)

성녀 데레사 분단 이윤 발렌티나(소성), 장연명 루시아(가좌동), 유지남 마르타(소사), 김기순 아녜스(구월동), 김태순 레지나(용현동), 이호배 엠마(원미동), 김은숙 요셉피나(심곡1동), 김선자 봄보사(상동), 정희순 세시리아(십정동), 이정순 로살리아(김포)

성녀 아녜스 분단 김영자 베로니카(신천), 이영숙 율리안나(숭의동), 정희정 아드리아나(소사3동), 이선희 체칠리아(삼정동), 조양열 벨린다(간석동), 이희옥 리디아(송림동), 오남주 엘리사벳(부평1동), 정미옥 루시아(남동), 조보연 세리리아(오정동), 전윤자 글라라(통진), 천순화 마리안나 수녀(도화동)

여성 제 62 차

1992. 12. 3 ~ 6

봉 사 자 • **지도신부** | 박찬용 사도요한 • **회장** | 박영자 헬레나 • **총무부** | 탁재덕 펠리치따스, 김정순 리나 • **교수부** | 신경이 요안나, 양은자 마리아 • **신심부** | 이성애 알비나, 김묘순 말따 • **활동부** | 배경자 그라시아, 송유빈 아가다, 강귀경 데레사, 정정순 데레사, 임화용 안젤라 • **음악부** | 이의자 마리세시리아, 신혜숙 마리아 • **주방봉사** | 구월동

성녀 세실리아 분단 서인원 젬마(산곡2동), 이은자 가브리엘라(심곡1동), 태정희 베로니카(석암), 한정숙 로사리아(여월동), 조영림 루시아(석남동), 김복순 미카엘라(가정동), 정순자 아녜스(부평5동), 최봉숙 가타리나(소성), 신단심 안젤라(화수동), 인현애 아오스티나(주원)

성녀 벨라뎃다 분단 황혜정 헬레나(만수동), 김남희 실비아(주안3동), 이은주 루시아(송현동), 박정자 모니카(서곳), 백주영 김임이데레사(상동), 윤성일 젬마(가좌동), 최미선 그라라(소성), 김영옥 로사(대야동), 강성자 스텔라(역곡2동), 이경희 울리안나(구월동), 황영옥 아가다(십정동)

성녀 가타리나 분단 서경순 크리스티나(용현5동), 유숙명 가타니라(산곡동), 전정옥 릿다 수녀(특수사도직), 문정순 아녜스(소사), 강명옥 마리안나(십정동), 변성자 사비나(해안동), 김정자 데레사(양곡), 홍인숙 아가다(간석동), 유희자 유리안나(주안1동), 최경화 로즈마라(원미동), 심정자 세라피나(제물포)

성녀 데레사 분단 이명희 루시아(소사3동), 이인숙 안나(송림4동), 엄희석 가타리나(남동), 정경자 수산나(계산동), 이길자 요안나(부평2동), 이정우 엘리사벳(연안), 홍수옥 보나(주안5동), 서수경 레지나(오정동), 현인숙 율리안나(도화동), 최인순 글라라(삼정동), 박희자 수산나(심곡3동)

성녀 아녜스 분단 유근숙 데레사(작전동), 김애 요안나프란치스카(효성동), 민혜현 가타리나(답동), 김경선 수산나(통진), 김정숙 아녜스(역곡), 최영희 비비안나(송도), 윤은자 헬레나(용현동), 박해자 벨라뎃다 수녀(해안동), 김순옥 에스텔(고강동), 안영춘 안나(송림동), 이재준 스텔라(부평1동)

여성 제 63 차

1993. 3. 18 ~ 21

봉 사 자 • **지도신부** | 제정원 베드로 • **회장** | 오상희 세레나 • **회장후보** | 성정희 데레사 • **총무부** | 송유빈 아가다, 양정자 루시아 • **교수부** | 강귀경 데레사, 안옥경 율릿다 • **신심부** | 정정은 첼리나, 김현숙 글라라 • **활동부** | 김혜련 아녜스, 박영순 리드비나, 김정숙 가타리나 • **음악부** | 오봉순 요안나, 신혜숙 마리아 • **주방봉사** | 주안8동

성녀 세실리아 분단 김용숙 로사(송림동), 강신옥 바올라(효성동), 민정숙 세레나(송현동), 박윤이 실비아(상동), 송옥자 말다(석남동), 이순자 데레사(심곡3동), 이은자 엘리사벳(부평2동), 장숙희 율리안나(화수동), 조수복 막달레나(소사3동), 홍복님 데레사(양곡누산), 김복례 실비아(고강동)

성녀 벨라뎃다 분단 이상민 로사(주안8동), 김선호 베로니카(신천도창), 장경희 미카엘라(구월동), 류봉선 크리스티나(해안동), 김기순 글라라(대야동), 박순옥 파비올라(원미동), 조화자 알비나(송림4동), 양정순 세시리아(산곡동), 김미애 로사리아(해병청룡), 이건실 요셉피나 수녀(동정성모)

성녀 가타리나 분단 박성임 로사리아(신천포리), 김원남 아가다(주안3동), 곽은정 데레사(산곡3동), 백명애 율리안나(용현5동), 박경수 마리아(여월동), 윤금순 크리스티나(대야동), 이영분 바울라(간석2동), 정동해 루시아(부평5동), 조연순 누갈다(대부도), 손명자 막달레나(통진), 서경희 가드린 수녀(계산동)

성녀 데레사 분단 정희애 마라아고레띠(오정동), 유미환 로사(송도), 변광옥 아녜스(답동), 김정희 엘리사벳(연안동), 임여남 효주아녜스(심곡1동), 현정진 도미딜라(주안5동), 조판임 아가다(계산동), 박선애 율리안나(대부도), 김선숙 세레나(만수1동), 이옥선 루시아(삼정동), 권혜순 세라피나(양곡)

성녀 아녜스 분단 김정남 로사(십정동), 이옥선 바올라(계산동), 박영자 엘리사벳(제물포), 사정화 마리아막달레나(작전동), 이순기 가타리나(역곡), 김순희 아드락다(소사), 이재순 로사(가좌동), 정명희 율리안나(신천), 홍순자 헬레나(부평4동), 이한화 안나(가정동), 박수진 수산나(주안1동)

여성 제 64 차

1993. 4. 29 ~ 5. 2

봉 사 자 • **지도신부** | 정윤화 베드로 • **회장** | 정윤화 베드로 • **회장후보** | 이연숙 안나 • **총무부** | 서애숙 데레사, 양은자 마리아 • **교수부** | 신경이 요안나, 김정순 리나 • **신심부** | 송유빈 아가다, 임화용 안젤라 • **활동부** | 임소연 마리아, 지혜순 도미니카, 이진옥 모니카, 정정순 데레사 • **음악부** | 노금자 세라피나, 김은숙 아나스타시아 • **주방봉사** | 용현5동

성녀 세실리아 분단 최명자 엠마(주안3동), 이주영 수산나(구월1동), 이미숙 베로니카(삼정동), 권명순 가타리나(심곡3동), 임신자 아녜스(원미동), 문영애 엘리사벳(역곡2동), 박종숙 마리아(연안동), 송순희 데레사(고강동), 이정자 세시리아(산곡동), 김명숙 레오니아(여월동), 곽병월 마리벨라뎃다 수녀(십정동)

성녀 벨라뎃다 분단 박영순 헬레나(간석4동), 박우숙 말찌나(십정동), 김봉화 루시아(오정동), 서용분 아녜스(신천), 이연숙 율리안나(가정동), 김종애 유스티나(계산동), 김정희 골롬바(화수동), 유선식 아녜스(가좌동), 김옥순 마르타(숭의동), 김순자 소화데레사(작전동), 김학재수 마리엘리사벳 수녀(효성동)

성녀 가타리나 분단 김정자 마리아(주안1동), 이정란 아녜스(양곡), 이옥균 보나(주안8동), 김은미 막달레나(해안동), 송원숙 말찌나(효성동), 김정인 수산나(제물포), 이성애 글라라(만수3동), 김영희 엘리사벳(부평2동), 이태자 데레사(해병청룡), 임정자 로사리아(가정2동), 윤선호 로마나(소성)

성녀 데레사 분단 김인자 에스터(석남동), 박경애 마리안나(역곡), 함명란 글라라(송림동), 신순금 엘리사벳(송림4동), 김충옥 프란치스카(부평4동), 김순례 마리아(심곡1동), 박인자 말가리다(대야동), 이혜경 엔다(상동), 김정례 안나(산곡3동), 이웅재 아녜스(소사3동), 우지선 미카엘라(부평1동), 유경자 골롬바 수녀(여월동)

성녀 아녜스 분단 한정주 수산나(용현동), 정순분 엘리사벳(간석2동), 정진술 소피아(김포), 박혜순 마리안나(신천도창), 이은주 아녜스(소사), 이소연 미리암(부평3동), 김청옥 글라라(용현5동), 염미숙 베로니까(역곡), 문연숙 마리아(만수1동), 이종숙 데레사(부평5동), 이정희 율리아(답동)

여성 제 65 차

1993. 9. 9 ~ 12

봉 사 자 • **지도신부** | 김용환 세자요한 • **회장** | 문정자 마리안나 • **회장후보** | 성정희 데레사 • **총무부** | 이연숙 안나, 권순향 수산나 • **교수부** | 이은재 안나,안경숙 로사 • **신심부** | 장의숙 스테파니아, 김미례 세시리아 • **활동부** | 진기순 사비나, 허숙 데레사, 홍종자 크리스티나, 이선우 데레사 • **음악부** | 백영순 루시아, 오봉순 요안나 • **주방봉사** | 숭의동

성녀 세실리아 분단 김해숙 래아(소성), 김정희 불란디나(소사), 조정숙 마리안나(소사3동), 홍정순 글라라(신천), 박희옥 안젤라(심곡1동), 김경숙 유리안나(역곡), 김명숙 아녜스수녀(역곡2동), 조경옥 아가다(부평1동), 이갑원 데레사(부평4동), 정은희 데레사(부평5동)

성녀 벨라뎃다 분단 이선화 가브리엘라(부평3동), 복진옥 가타리나(간석2동), 박옥선 가브리엘라(구월1동), 김형순 안젤라(만수1동), 최창분 아텔라(만수3동), 이영자 세시리아(주안8동), 상정자 스콜라스티카(부평2동), 오선옥 아나다시아(산곡3동), 이경숙 연희마리아(산곡동), 장순진 마멜다(일신동), 김신환 안젤라(효성동)

성녀 가타리나 분단 유정순 마리아(송림4동), 김혜숙 실비아(주안5동), 정화영 라우렌시아(가정동), 김혜영 율리아(가좌동), 이영숙 수산나(도화동), 함옥인 마리아(서곶), 백순애 그라시아(십정동), 임명옥 알비나(역곡2동), 한순덕 루시아(계산동), 임미혜 베로니카(답동)

성녀 데레사 분단 조영숙 요안나(여월동), 김영희 가타리나(대야동), 강은숙 세레나(삼정동), 김현희 모니카(고강동), 한점섭 루갈다(상동), 정애님 프란치스카(심곡3동), 송월호 글라라(오정동), 박문자 막달레나(원미동), 이희경 글라라(강화), 박경숙 유스다(양곡)

성녀 아녜스 분단 이미숙 알로시아(숭의동), 한정희 가타리나(답동), 김명희 베로니카(송림동), 신옥선 글라라(송현동), 서진순 빠뜨리치아(연안동), 김정순 요안나(용현동), 고숙희 마리아(제물포), 이형자 헬레나(주안1동), 최영숙 데레사(석남동), 윤영희 글로리아(주안3동), 조순애 유리안나(송도)

여성 제 66 차

1993. 10. 21 ~ 24

봉 사 자 • **지도신부** | 정인상 베드로 • **회장** | 이정희 요안나 • **회장후보** | 정정은 첼리나 • **총무부** | 서애숙 데레사, 정정순 데레사 • **교수부** | 김정순 리나, 탁재덕 펠리치스타 • **신심부** | 홍계숙 안젤라, 임정심 데레사 • **활동부** | 배경자 그라시아, 용혜숙 비아, 한애자 크리스티나, 윤경옥 사비나, 최정애 막달레나 • **음악부** | 신혜숙 마리아, 김경숙 마리아 • **주방봉사** | 원미동

성녀 세실리아 분단 최영숙 벨라뎃다(소사), 최화숙 소피아(심곡1동), 전복란 데레사(원미동), 장영순 이사벨라(여월동), 주매화 매리엔(심곡3동), 김춘자 젤뚜르다(소성), 김영숙 소피아(상동), 김만례 세시리아(삼정동), 조병련 헬레나(고강동), 양옥자 마리아수녀(의정성보)

성녀 벨라뎃다 분단 박금희 요안나(제물포), 엄광희 요안나(용현5동), 강순녀 데레사(용현동), 차선자 비비안나(연안동), 정순천 로사(숭의동), 신명애 바울라(송현동), 홍원숙 율리엣다(송림동), 배명선 루시아(송도), 김영자 데레사(대부도), 이문지 프란치스카(답동)

성녀 가타리나 분단 황복순 수산나(계산동), 이덕희 스콜라스티카(석남동), 이순자 세시리아(산곡3동), 김정자 소피아(산곡동), 조수산나 수산나(강화), 나성옥 아우래아(가좌동), 김명문 모니카(가정2동), 한수애 젬마(통진), 남순자 아녜스(양곡), 전해명 마리아(십정동)

성녀 데레사 분단 이희자 가타리나(주안3동), 김종옥 가타리나수녀(만수1동), 임형숙 엘리사벳(주안5동), 최인숙 데레사(주안3동), 한금자 엘리사벳(송림4동), 차복자 마리안나(만수3동), 홍정해 안나(만수1동), 김찬겸 아녜스(도화동), 최선영 빅토리아(구월1동), 강정자 세시리아(간석4동), 김춘자 유리안나(간석2동)

성녀 아녜스 분단 서미령 크리스티나(신천), 신경숙 아가다(부평2동), 김진희 헬레나(부평5동), 박정옥 프란치스카(부평1동), 이해순 데레사(부평4동), 박난숙 아가다(부평3동), 김순옥 데레사(소사3동), 문현숙 마리스텔라(역곡), 김명호 로사(역곡2동), 강길예 수산나(대야동)

여성 제 67 차

1994. 3. 3 ~ 6

봉 사 자 • **지도신부** | 김영욱 요셉 • **회장** | 신민자 데레사 • **회장후보** | 백영순 루시아 • **총무부** | 표경자 데레사, 김경숙 마리아 • **신심부** | 서애숙 데레사, 양은자 마리아 • **교수부** | 탁재덕 펠피치따스, 임소연 마리아 • **활동부** | 김정순 리나, 임화용 안젤라, 최정애 막달레나 • **음악부** | 노금자 세라피나, 김은숙 마나스타시아 • **주방봉사** | 구월1동

성녀 세실리아 분단 김성희 아녜스(소성), 이경희 안젤라(계산동), 정기춘 울리따(십정동), 주영숙 엘리사벳(간석2동), 최영자 유스티나(구월1동), 임순선 소피아(간석4동), 전성희 글라라(가정2동), 조갑수 안나(답동), 조증자 가타리나(가정동), 윤복순 막달레나(도화동), 박영자 미카엘라(도화동)

성녀 벨라뎃다 분단 김숙자 마리아(만수3동), 안옥란 엘리사벳(심곡1동), 원상숙 신티아(부평5동), 이애경 데끌라(부평2동), 심경숙 유스티나(송림동). 박희자 로사(오정동), 강수옥 글라라(소사3동), 김관영 마리아(역곡), 이희자 스콜라스티카(심곡3동), 김덕순 세라피나(만수1동), 최영자 마르셀라(만수1동)

성녀 가타리나 분단 김광희 마리아(주안1동), 손봉자 도미니카(부평1동), 이정순 엘리사벳(주안3동), 이미옥 엘리사벳(제물포), 백현숙 루시아(용현5동), 조옥화 세시리아(석남동), 우순연 데레사(신천), 정인순 아녜스(역곡2동), 박혜영 마리아(주안8동), 윤영옥 세레나(가좌동), 이준우 가브리엘라(부평3동)

성녀 데레사 분단 이영숙 스텔라(연안동), 박금자 수산나(가정2동), 이영례 세레나(화수동), 구길자 헬레나(송림4동), 한춘자 사비나(송현동), 최미옥 데레사(해군청룡), 박명숙 이레나(송도), 김은숙 모니카(대부선재), 최혜숙 율리아(서곶), 송근자 모니카(선학동), 이영숙 아녜스(주안5동)

성녀 아녜스 분단 백명자 글라라(부평4동), 최미희 아녜스(산곡동), 임희숙 마리안나(산곡3동), 윤옥순 베로니카(소사), 정순옥 마리아(대야동), 김금순 수산나(고강동), 심진숙 데레사(양곡), 강용옥 아숨다(여월동), 한인남 미카엘라(원미동), 이난석 루시아(상동), 윤미자 마리안나(삼정동)

여성 제 68 차

1994. 4. 21 ~ 24

봉 사 자 • **지도신부** | 오용호 세베리로 • **회장** | 백영순 루시아 • **회장후보** | 이연숙 안나 • **총무부** | 정정은 첼리나, 홍종자 크리스티나 • **신심부** | 송유빈 아가다, 김묘순 말따 • **교수부** | 성정희 데레사, 황영희 베로니카 • **활동부** | 장의숙 스테파니아, 허숙 데레사, 김미례 세시리아, 윤경옥 사비나 • **음악부** | 최정자 안젤라, 이안순 데레사 • **주방봉사** | 소사

성녀 세실리아 분단 조영란 세레나(가정동), 김혜숙 메틸다(도화동), 황미숙 마리아오스딩(도화동), 강인숙 사라(송림4동), 이양순 세시리아(송림동), 박종예 가타리나(화수동), 최연월 세시리아(답동), 김복녀 베로니카(답동), 현경란 사라(송현동), 이영미 아녜스(송현동), 함애진 안젤라(가정2동)

성녀 벨라뎃다 분단 조필남 레지나(계산동), 이영숙 가타리나(석남동), 이상주 율리안나(효성동), 이묘원 수산나(일신동), 천복순 엘리사벳(부평5동), 김현희 살로메(산곡3동), 최순희 마리아(산곡동), 심재동 루치아(부평2동), 이은숙 실비아(부평1동), 서봉순 빌지다(갈산동), 이한옥 마리아(부평4동)

성녀 가타리나 분단 김인아 루시아(가좌동), 정영화 마멜다(간석4동), 이옥봉 실비아(십정동), 박옥님 레지나(주안5동), 김옥분 아나다시아(구월1동), 김정남 막달레나(간석2동), 한미현 엘레나(만수1동), 민경순 베로니카(만수3동), 박영옥 율리아(상동), 김정은 스텔라(여월동), 김혜임 요셉피나(삼정동)

성녀 데레사 분단 박영숙 스테파니아(소성), 고명애 글라라(역곡), 이복득 사비나(원미동), 김숙자 말지나(소사), 장순현 아나스타시아(역곡2동), 강난숙 글라라(심곡1동), 천덕순 율리안나(신천), 이선숙 스콜라스티카(소사3동), 김대선 율리안나(대야동), 안진섭 로사리아(대야동)

성녀 아녜스 분단 이영순 데레사(선학동), 박준자 글라라(동춘동), 심자순 분다(용현5동), 장기숙 아가다(용현동), 박금승 마리아(송도), 한춘자 헬레나(제물포), 전경자 루시아(주안1동), 박병순 보나(주안3동), 이매순 크리스티나(오정동), 이순재 로사(양곡), 허명순 로사리아(김포)

여성 제 69 차

1994. 6. 23 ~ 26

봉 사 자 • **지도신부** | 김중훈 멜키올 • **회장** | 오상희 세레나 • **회장후보** | 오봉순 요안나 • **총무부** | 권순향 수산나, 지혜순 도미니카 • **신심부** | 홍계숙 안젤라, 용혜숙 비아 • **교수부** | 양은자 마리아, 안옥경 율릿따 • **활동부** | 배경자 그라시아, 양기윤 데레사, 김혜영 율리아, 정은희 데레사 • **음악부** | 정경애 미카엘라, 신혜숙 마리아 • **주방봉사** | 부평3동

성녀 세실리아 분단 조금숙 올리바(부평4동), 정춘숙 가타리나(부평1동), 홍순옥 아나다시아(부평2동), 이영분 루갈다(심곡3동), 김명자 프란치스카(가정동), 곽규희 데레사(가정2동), 임월순 삐에따(가정2동), 김인자 모니카(해안동), 박준옥 레지나(주안5동), 박임규 골롬바효임(화수동)

성녀 벨라뎃다 분단 원영자 안나(동춘동), 최옥렬 세레나(대야동), 김혜숙 안나(선학동), 단영님 미카엘라(송도), 김은자 베네딕다(송림4동), 강명희 루피나(도화동), 윤영숙 바울라(송현동), 양상순 루시아(가좌동), 이정자 엘레로라(산곡동), 김화순 마리아(석남동)

성녀 가타리나 분단 김순희 데오도라(역곡2동), 박정금 마리아(용현5동), 백옥남 사비나(해병청룡), 안영자 엘리사벳(주안1동), 김정자 데레사(답동), 구자순 사비나(심곡본동), 유인숙 유스티나(소성), 이복선 아나스타시아(오정동), 이희자 실비아(구월1동), 이충자 안나(교구청)

성녀 데레사 분단 김승희 프란치스카(주안8동), 홍석화 로사리아(간석2동), 정화선 엘리사벳(간석4동), 권순옥 로사(만수1동), 나경희 가타리나(부평2동), 도초옥 미카엘라(만수3동), 최순옥 마리안나(소사3동), 백현주 마리아(부평3동), 최경옥 모데스타(제물포), 김정숙 아네스(주안3동)

성녀 아네스 분단 박영숙 노트부르카(여월동), 이석란 심포로사(부평2동), 주경자 베로니카(산곡3동), 김수강 루치아(송림동), 최경숙 모니카(대부도), 권연순 벨라뎃다(고강동), 조용자 가타리나(갈산동), 문연자 디아나(역곡), 이윤옥 루시아(삼정동), 이민숙 소피아(서곶)

여성 제 70 차

1994. 9. 8 ~ 11

봉 사 자 • **지도신부** | 제정원 베드로 • **회장** | 문정자 마리안나 • **회장후보** | 정정은 첼리나 • **총무부** | 이연숙 안나, 이순옥 마리아 • **신심부** | 안경숙 로사, 권순향 수산나 • **교수부** | 이은재 안나, 진기순 사비나 • **활동부** | 이선우 데레사, 임선모 소피아, 김영순 프란치스카, 황영란 루시아 • **음악부** | 이경자 젬마, 박영숙 마리아 • **주방봉사** | 부평5동

성녀 세실리아 분단 서애영 마리아(부평1동), 유희숙 베로니카(부평2동), 이춘자 안나(부평3동), 최미영 마리안나(효성동), 임영선 로사리아(부평4동), 김갑순 마가렛(부평5동), 조미리 마르첼라(산곡3동), 신경화 소화데레사(부평1동), 유화영 데레사(산곡1동), 오성숙 마리글로리아 수녀(효성동)

성녀 벨라뎃다 분단 김옥정 율리안나(만수1동), 육동분 아가다(석남동), 김명규 엘리사벳(주안8동), 정덕천 유리아(주안5동), 이양순 마리아막달레나(송림4동), 김선분 세시리아(서곶), 원선희 베로니카(만수3동), 김미자 릿다(동춘동), 윤병옥 가타리나(가정2동), 장명자 율리안나(구월1동)

성녀 가타리나 분단 이인숙 마리아(송현동), 김점재 루시아(답동), 손인숙 레지나(숭의동), 전용숙 로사(용현동), 김정순 안젤라(용현5동), 박영희 마리아(제물포), 방종분 데레사(주안1동), 김경숙 말가리다(주안3동), 김영욱 아가다(해안동), 강점자 말가리다(화수동)

성녀 데레사 분단 신은숙 까리따스(신천), 김경애 아나다시아(심곡본동), 이정애 카타리나(심곡동), 조진영 레지나(소사3동), 홍순주 데레사(소성), 손영매 막달레나(소사), 권정자 루시아(양곡), 전정혜 안젤라(역곡), 이정희 아네스(해병청룡), 조원희 안나(역곡2동)

성녀 아네스 분단 김희순 디나(삼정동), 이금희 모니카(선학동), 정경화 안나(고강동), 문향자 레지나(대부), 이남숙 젬마(대야동), 김영희 안젤라(상동), 석경숙 요셉피나(송도), 김지연 리나(여월동), 최용희 글라라(원미동)

여성 제 71 차

1994. 11. 24 ~ 27

봉 사 자 • **지도신부** | 김용환 요한 • **회장** | 표경자 데레사 • **회장후보** | 신민자 데레사 • **총무부** | 임소연 마리아, 김혜련 아녜스 • **신심부** | 서애숙 데레사, 임화용 안젤라 • **교수부** | 장의숙 스테파니아, 성정희 데레사 • **활동부** | 김정순 리나, 이한화 안나, 신옥선 글라라, 최혜숙 율리아 • **음악부** | 노금자 세라피나, 정은희 데레사 • **주방봉사** | 송림4동

성녀 세실리아 분단 오영희 베로니카(심곡본동), 장정례 미카엘라(김포), 박수옥 사비나(역곡2동), 민병천 아셀라(원미동), 오혜영 세시리아(소사), 황강순 율리안나(여월동), 박종분 크리스티나(상동), 박길자 올리바수녀(양곡), 임미숙 글라라(삼정동), 방정자 아가다(소사), 윤보애 루시아(고강동)

성녀 벨라뎃다 분단 신순희 데레사(대야동), 노은정 안젤라(소성), 유희선 글라라(신천), 마현숙 아녜스(부평1동), 이순애 데레사(대부도), 김명숙 요셉피나(여월동), 조순자 비비안나(산곡3동), 최순례 아가다(부평5동), 손영희 안나(부평1동), 김귀자 로사(부평4동), 류응수 안나(대부동)

성녀 가타리나 분단 강경숙 젬마(주안1동), 유희숙 로사(송현동), 이계화 아녜스(동춘동), 신광순 글로리아(연안동), 이병선 실비아(주안3동), 임정순 율리안나(선학동), 윤옥희 안나 수녀(대야동), 박영순 스테파니아(답동), 구자화 가브리엘라(송도), 최정자 세시리아(화수동)

성녀 데레사 분단 이성자 마리아(만수1동), 권영희 세시리아(갈산동), 김명자 아가다(주안8동), 최금숙 율리안나(효성동), 서연자 비아(산곡동), 조정란 안나(간석4동), 권형숙 로스마리수녀(부평5동), 이향수 안젤라(계산동), 장미란 안젤라(간석2동), 황순덕 프란치스카(만수3동), 김상선 소화데레사(구월1동)

성녀 아녜스 분단 조복수 노엘라(가정동), 이명자 세꾼다(서곶), 김경희 유스티나(주안5동), 송영혜 마리아(송림4동), 임혜순 안나(석남동), 안성표 쥬세피나 수녀(소사), 이현숙 데레사(도화동), 이강숙 젬마(가좌동), 안정은 고르고니아(십정동), 강진순 모니카(가정2동)

여성 제 72 차

1995. 1. 19 ~ 22

봉 사 자 • **지도신부** | 김종기 요셉 • **회장** | 방희자 가타리나 • **회장후보** | 오명자 베로니카 • **총무부** | 양은자 마리아, 허숙 데레사 • **신심부** | 홍계숙 안젤라, 안경숙 로사 • **교수부** | 권순향 수산나, 이숙희 루시아 • **활동부** | 송유비 아가다, 윤경옥 사비나. 이인숙 마리아, 변갑순 산드라안나 • **음악부** | 이경자 젬마, 김은숙 아나스타시아 • **외부강사** | 오봉순 요안나 • **주방봉사** | 고강동

성녀 세실리아 분단 박형자 유리안나(간석2동), 안일남 마리아(간석4동), 조태순 막달레나(만수3동), 김상란 수산나(구월1동), 김혜경 사비나(계산동), 최명숙 유수티나(부평2동), 박숙자 도미니카(소사), 안인희 가타리나(소사3동), 한명숙 글라라(대부도), 정순금 율리안나(송현동), 전영옥 소화데레사(만수1동)

성녀 벨라뎃다 분단 송명희 스테파니아(석남동), 김금자 안젤라(부평1동), 구경희 안젤라(서곶), 박복숙 마리아막달레나(가좌동), 이정숙 데레사(용현동), 최정자 헬리나(가정동), 김정미 리사(가정3동), 이선자 세레나(주안1동), 한영희 안젤라(주안5동), 김순희 요안나(송림4동), 김현자 헬레나(용현5동)

성녀 가타리나 분단 곽해순 마리아(원미동), 조성순 글라라(심곡본동), 고정임 안젤라마리아(역곡2동), 정영미 아나스타시아(신천), 김희남 프란치스카(대야동), 김명의 아녜스(삼정동), 이금영 베아다(대부선감), 이종숙 안나(상동), 이학만 벨라뎃다(오정동), 김진숙 데레사(고강동), 김연애 글라라(소사)

성녀 데레사 분단 손금윤 요셉피나(선학동), 안영헌 엘리사벳(주안8동), 박영숙 세시리아(주안3동), 장정숙 글라라(주안3동), 선용자 안나(화수동), 백성열 세시리아(숭의동), 김현미 지나(답동), 신진수 마리나(제물포), 정화순 아가다(연안동), 변영자 마틸다(선학동), 김혜련 모니카(동춘동)

성녀 아녜스 분단 강복선 스텔라(산곡동), 박순서 데레사(부평4동), 송영옥 도미니카(여월동), 김기명 제올지아(김포), 노영화 세시리아(소성), 장금선 율리안나(갈산동), 김영숙 로사(부평1동), 최애정 크리스티나(부평5동), 이이순 루시아(효성동), 김용주 아녜스(산곡3동)

여성 제 73 차

1995. 3. 2 ~ 5

봉 사 자 • **지도신부** | 김용환 세례자요한 • **회장** | 신민자 데레사 • **회장후보** | 장의숙 스테파니아 • **총무부** | 임소연 마리아, 황영란 루시아 • **신심부** | 서애숙 데레사, 안옥경 율릿따 • **교수부** | 성정희 데레사, 김경숙 마리아 • **활동부** | 임화용 안젤라, 이은주 루시아, 김묘순 말따, 임선모 소피아 • **음악부** | 정은희 데레사, 정경애 미카엘라 • **주방봉사** | 주안1동

성녀 세실리아 분단 유성근 엘리사벳(상동), 황영순 율리안나(역고2동), 임두순 세레나(오정동), 신정희 막달레나(여월동), 김인순 엘리사벳(삼정동), 장영임 막달레나(여월동), 조요순 마리아(강화), 김창순 데레사(고강동), 이화자 엘리사벳(양곡), 이점자 엘리아나(원미동), 이성자 크리스티나(소사)

성녀 벨라뎃다 분단 이희정 가밀라(만수3동), 차상욱 루시아(가정3동), 박선희 멜라니아(가좌동), 이영주 에밀리아나(주안3동), 이옥순 가타리나(송림4동), 김윤숙 마리아막달레나(가좌동), 박종분 가타리나(주안1동), 박재희 루시아(가정동), 송계옥 아녜스(송현동), 이경재 가타리나(만수1동), 방영미 올리비아(주안8동)

성녀 가타리나 분단 김영분 아녜스(용현5동), 최찬숙 세실리아(용현동), 박안순 베로니카(제물포), 정후자 가브리나(연안동), 한인순 데레사(선학동), 정순분 젬마(숭의동), 김분자 군다(동춘동), 신경숙 수산나(화수동), 최정님 레지나(제물포), 이상연 세시리아(송도)

성녀 데레사 분단 최연숙 마리아(구월1동), 이춘수 안나(부평1동), 김미화 소피아(부평2동), 김영진 엘리사벳(효성동), 송경애 마리안나(간석2동), 고정희 베로니카(산곡3동), 배영희 마리안나(간석4동), 박덕임 율리안나(갈산동), 이수희 아녜스(계산동), 이효혜 데레사(계산동)

성녀 아녜스 분단 유만금 세시리아(심곡본동), 이정화 세레피나(부평5동), 김성자 헬레나(포천진군), 양수진 세시리아(소성), 이효연 요안나(신천), 김선숙 베로니카(대야동), 서해경 소피아(심곡본동), 남미화 글라라(부평4동), 김인혜 데레사(포천진군), 황귀례 헬레나(소사3동), 원부순 요안나 수녀(대야동)

여성 제 74 차

1995. 4. 20 ~ 23

봉 사 자 • **지도신부** | 박유진 바오로 • **회장** | 오상희 세레나 • **회장후보** | 안경숙 로사 • **총무부** | 배경자 그라시아, 용혜숙 비아 • **신심부** | 송유빈 아가다, 최혜숙 율리아 • **교수부** | 이정희 요안나, 송문순 데레사 • **활동부** | 김정순 리나, 한애자 크리스티나, 신옥선 글라라, 이강숙 젬마 • **음악부** | 신혜숙 마리아, 우순연 데레사 • **주방봉사** | 심곡동

성녀 세실리아 분단 김은숙 마리아막달레나(심곡동), 김문숙 요안나(석남동), 석월련 마리아(갈산동), 최문남 글라라(주안1동), 박연배 루피나(김포), 최경선 수산나(신천), 강정희 M가롤리나 수녀(선학동), 윤남순 마르타(강화), 이순옥 데레사(양곡), 서원영 글라라(오정동), 김경실 루시아(고강동)

성녀 벨라뎃다 분단 정봉희 로사(산곡동), 신옥화 세실리아(소사), 홍옥경 유리안나(연안동), 국영환 마르가리다(중2동), 김춘자 루시아(부평2동), 박경화 안나(주안3동), 강희연 말가리다(부평4동), 조영희 루이즈(부평5동), 오종식 에디나(산곡3동), 김현주 마리아(작전동), 배민희 세실리아(소성)

성녀 가타리나 분단 고광녀 크리스티나(소사), 김인숙 아가다(상동), 전복수 루시아(심곡본동), 김남숙 아셀라(여월동), 조혜련 세레나(여월동), 채순옥 요셉피나(삼정동), 이정숙 사비나(역곡2동), 김정례 마리아(삼정동), 정기례 사라(원미동), 이혜선 세실리아(포천진군), 김순덕 분다(포천진군)

성녀 데레사 분단 이희경 데레사(선학동), 김영자 레지나(연수동), 권필조 로사리아(대야동), 정경숙 수산나(계산동), 이숙희 루시아(가정3동), 김경숙 미카엘라(간석4동), 장순옥 베로니카(구월1동), 장전숙 막달레나(만수3동), 이창순 아녜스(주안8동), 김춘자 마리나(간석2동), 김소원 세실리아(부평1동)

성녀 아녜스 분단 배인희 데레사(가좌동), 김기자 헬레나(연수동), 김미자 지나(송도), 민경자 케롤린(송림4동), 김점이 아녜스(가정동), 호광자 M데레사 수녀(연안동), 유화자 마리안나(용현5동), 배선자 아녜스(송현동), 전성숙 글라라(화수동), 김경순 리디아(숭의동), 김순진 바울리나(답동)

여성 제 75 차

1995. 6. 22 ~ 25

봉 사 자	• **지도신부** | 조성교 요한금구 • **회장** | 백영순 루시아 • **회장후보** | 장의숙 스테파니아 • **총무부** | 김혜련 아네스 • **총무부차장** | 지혜순 도미니카 • **활동부장** | 허숙 데레사 • **활동부차장** | 이한화 안나, 한춘자 헬레나, 김정순 리나 • **전례부장** | 권순향 수산나 • **전례부차장** | 윤경옥 사비나 • **음악부장** | 노금자 세라피나 • **음악부차장** | 박영숙 데레사 • **교수부장** | 이은재 안나 • **교수부차장** | 이순옥 마리아 • **외부강사** | 홍승모 미카엘, 안규도 도미니꼬, 임기선 요셉 • **주방봉사** | 산곡3동
성녀 세실리아 분단	박화자 일미나(가좌동), 김순자 요안나(석남동), 이은경 레지나(서곶), 최용숙 마리아(가정3동), 조희전 엘리사벳씨튼(화수동), 한윤자 율리안나(답동), 우영숙 헬레나(연안동), 심미애 아나다시아(송현동), 김정자 엘리사벳(가정3동), 심금희 안젤라(송림4동), 박정수 말따(용현5동)
성녀 벨라뎃다 분단	권영순 글라라(소사3동), 송혜정 아가다 수녀(여월동), 강외숙 말가리따(소사), 김경희 소화데레사(상동), 김정희 엘리사벳(신천), 김신자 카타니라(중동), 연경희 요안나(심곡본동), 홍성순 리사(대야동), 김경순 대데레사(역곡2동), 김정임 엘리사벳(소성), 김화자 헬레나(소사)
성녀 가타리나 분단	남경자 세실리아(여월동), 김명숙 글라라(김포), 우미자 도미니카(중2동), 손영자 세레나(오정동), 이선희 글라라(고강동), 박후남 루시아(삼정동), 김금례 마리아(중2동), 정순영 마리리카르타(포천진군), 염현숙 마리아 수녀(연안동), 박명숙 율리안나(중2동), 이금순 데레사(양곡)
성녀 데레사 분단	김명숙 노엘라(만수1동), 정지순 아가다(선학동), 김선화 레지나(연수동), 임범순 마틸다(송도), 강순숙 안또니아(주안8동), 박영란 요셉피나(숭의동), 윤수조 사비나(주안3동), 임외숙 바울라(간석2동),정영란 데레사(구월1동), 김순희 마리아(주안1동), 정옥자 마리아(만수3동)
성녀 아네스 분단	이석용 리오바(십정동), 공광애 카타리나(부평1동), 민효숙 도미니카(진군성당), 안선영 수산나(계산동), 정하용 크리스티나(작전동), 박수윤 아네스(산곡동), 김옥남 실비아(주안5동), 차은경 데레사(부평5동), 조선화 데레사(효성동), 안순자 안젤라(부평1동), 김은옥 데보라(산곡3동)

여성 제 76 차

1995. 10. 12 ~ 15

봉 사 자	• **지도신부** | 최경일 빈첸시오 • **회장** | 오봉순 요안나 • **회장후보** | 이연숙 안나 • **총무부** | 신민자 데레사 • **총무부차장** | 황영란 루시아 • **활동부장** | 용혜숙 비아 • **활동부차장** | 김만례 세실리아, 김영순 프란치스카, 최영자 유스티나 • **전례부장** | 홍계숙 안젤라 • **전례부차장** | 정길순 마리아 • **음악부장** | 김진숙 데레사 • **교수부장** | 탁재덕 • **교수부차장** | 김은숙 아나다시아 • **외부강사** | 나길모 굴리엘모, 김용환 세례자요한, 정윤화 베드로 • **주방봉사** | 화수동
성녀 세실리아 분단	마갑선 소화데레사(가좌동), 정어진 마리아(계산동), 강순옥 막달레나(상동), 김교순 베로니카(양곡), 김인숙 율리아나(양곡), 윤애정 헬레나효(성동), 이정희 글라라(만수3동), 임윤희 아가다(작전동), 정귀선 크리스티나(가정3동), 조연옥 데레사석(남동), 김성인 막달레나(작전동)
성녀 벨라뎃다 분단	백정애 데레사(주안1동), 이준순 데레사(간석4동), 인정옥 율리안나(도화동),임명희 요안나(구월1동), 채희숙 마리안나(간석2동), 최경여 프란치스카(주안3동), 최운화 데레사(만수1동), 박선희 율리안나(대야동), 이춘옥 율리안나(만수3동), 최경순 데레사(소사), 이영신 데레사(주안8동)
성녀 가타리나 분단	김미자 마리아(심곡본동), 설란영 마르타(소사본3동), 안미금 레지나(오정동), 이의숙 도미니카(심곡), 임성례 데레사(원미동), 임승자 헬레나(역곡2동), 정갑회 비비안나(소성), 조강미 클라우디아(고강동), 조은순 루시아(삼정동), 한상분 카타리나(여월동), 정영자 헬레나(신천)
성녀 데레사 분단	김낙숙 세라피나(옥련동), 김영란 요셉피나(해안), 윤영님 율리안나(학익동), 최길례 수산나(연수), 황길순 루시아(용현동), 황문자 세레나(송림4동), 허경화 루시아(답동), 김경숙 소화데레사(송림4동), 홍영희 율리안나(연안), 김정수 베로니카(강화), 이금순 스테파니아(용현5동)
성녀 아네스 분단	김은경 알다(산곡3), 김향숙 리나(중2동), 박미자 베로니카(부평1동), 이종만 대데레사(중3동), 최승숙 아네스(부평4동), 함미호 아가다(중2동), 신옥자 바울라(부평2동), 전세라 실비아(부평5동), 이옥희 카타리나(중3동), 이혜영 글라라(포천진군), 조해제 콘솔라따(포천진군)

여성 제 77 차

1995. 3. 2 ~ 5

봉 사 자 • **지도신부** | 김용환 세례자요한 • **회장** | 신민자 데레사 • **회장후보** | 장의숙 스테파니아 • **총무부** | 임소연 마리아, 황영란 루시아 • **신심부** | 서애숙 데레사, 안옥경 율릿따 • **교수부** | 성정희 데레사, 김경숙 마리아 • **활동부** | 임화용 안젤라, 이은주 루시아, 김묘순 말따, 임선모 소피아 • **음악부** | 정은희 데레사, 정경애 미카엘라 • **주방봉사** | 주안1동

성녀 세실리아 분단 유성근 엘리사벳(상동), 황영순 율리안나(역고2동), 임두순 세레나(오정동), 신정희 막달레나(여월동), 김인순 엘리사벳(삼정동), 장영임 막달레나(여월동), 조요순 마리아(강화), 김창순 데레사(고강동), 이화자 엘리사벳(양곡), 이점자 엘리아나(원미동), 이성자 크리스티나(소사)

성녀 벨라뎃다 분단 이희정 가밀라(만수3동), 차상욱 루시아(가정3동), 박선희 멜라니아(가좌동), 이영주 에밀리아나(주안3동), 이옥순 가타리나(송림4동), 김윤숙 마리아막달레나(가좌동), 박종분 가타리나(주안1동), 박재희 루시아(가정동), 송계옥 아녜스(송현동), 이경재 가타리나(만수1동), 방영미 올리비아(주안8동)

성녀 가타리나 분단 김영분 아녜스(용현5동), 최찬숙 세실리아(용현동), 박안순 베로니카(제물포), 정후자 가브리나(연안동), 한인순 데레사(선학동), 정순분 젬마(숭의동), 김분자 군[구다(동춘동), 신경숙 수산나(화수동), 최정님 레지나(제물포), 이상연 세시리아(송도)

성녀 데레사 분단 최연숙 마리아(구월1동), 이춘수 안나(부평1동), 김미화 소피아(부평2동), 김영진 엘리사벳(효성동), 송경애 마리안나(간석2동), 고정희 베로니카(산곡3동), 배영희 마리안나(간석4동), 박덕임 율리안나(갈산동), 이수희 아녜스(계산동), 이효혜 데레사(계산동)

성녀 아녜스 분단 유만금 세시리아(심곡본동), 이정화 세레피나(부평5동), 김성자 헬레나(포천진군), 양수진 세시리아(소성), 이효연 요안나(신천), 김선숙 베로니카(대야동), 서해경 소피아(심곡본동), 남미화 글라라(부평4동), 김인혜 데레사(포천진군), 황귀례 헬레나(소사3동), 원부순 요안나 수녀(대야동)

여성 제 78 차

1996. 3. 14 ~ 17

봉 사 자 • **지도신부** | 안규도 도미니코 • **회장** | 문정자 마리안나 • **회장후보** | 임소연 마리아 • **총무부장** | 송유빈 아가다 • **총무부차장** | 이인숙 마리아 • **활동부장** | 임화용 안젤라 • **활동부차장**/지혜순 도미니카, 이한화 안나, 한춘자 헬레나, 박금자 수산나 • **전례부장** | 윤경옥 사비나 • **전례부차장** | 최혜숙 율리아 • **음악부장** | 김영순 프란치스카 • **음악부차장** | 김진숙 데레사 • **교수부장** | 이은재 안나 • **교수부차장** | 최영자 유스티나 • **외부강사** | 오경환 프란치스코, 김용환 세례자요한, 김영욱 요셉 • **주방봉사** | 일신동

성녀 세실리아 분단 김경선 말가리다(연안), 김순자 아가다(백령도), 김휘자 엔나타(주안1동), 김희숙 로사(용현5동), 서옥희 세실리아(옥련동), 송기란 아스테리나(송현동), 장용분 막달레나(답동), 최삼화 말가리다(학익동), 김정매 세시리아(백령도), 박노분 실비아(숭의동), 신승순 카타리나(주안3동)

성녀 벨라뎃다 분단 고은심 아가다(만수1동), 김경순 노엘라(주안5동), 김의자 .(만수3동), 김정옥 유리안나(석남동), 박춘화(가좌동), 윤춘용 대데레사(주안8동), 이정심 안나(도화동), 이필자 헬레나(간석2동), 차종연 세실리아(간석4동), 하행수 마리아(기타), 황영란 글라라(포동), 가춘자 에밀리아나(송림4동)

성녀 가타리나 분단 박금숙 글로리아(오정동), 박남엽 요셉피나(소사), 박애자 글라라(심곡본동), 신정희 요셉피나(중2동), 오경열 제인(송현동), 오순자 베로니카(역곡2동), 이외순 리디아(삼정동), 조미향 마리아(고강동), 최승주 안젤라(상동), 홍선숙 막달레나(중3동), 이정희 모니카(여월동), 이삼순 마리안나(원미동)

성녀 데레사 분단 강양순 안젤라(심곡), 강혜옥 노엘라(송현동), 김정민 율리안나(소성), 김진옥 베로니카(가정3동), 심계순 요안나(송림동), 이동희 엘리사벳(대야동), 이순재 비비안나(김포), 장영숙 엘리사벳(검암동), 조경희 안나(대부), 홍옥례 세실리아(양곡), 임월권 요안나(소사본3동)

성녀 아녜스 분단 고재순 모니카(부평4동), 권혜숙 글라라(계산동), 김영미 엘리사벳(연안), 박수원 사라(구월1동), 손윤순 아녜스(부평2동), 정창옥 마리아(산곡동), 정효모 소피아(산곡3동), 최말례 마리아(효성동), 윤영숙 수산나(부평5동), 박선희 수산나(부평1동), 변현양 미카엘라(십정동), 방갑순 요안나(작전동)

여성 제 79 차

1996. 5. 9 ~ 12

봉 사 자 • **지도신부** | 오용호 세베리노 • **회장** | 장의숙 스테파니아 • **총무부장** | 이정희 요안나 • **총무부차장** | 김혜련 아녜스 • **활동부장** | 허숙 데레사 • **활동부차장** | 황영란 루시아, 이영주 에밀리아나, 허성자 소피아 • **전례부장** | 홍계숙 안젤라 • **전례부차장** | 김미례 세시리아 • **음악부장** | 최정자 안젤라 • **교수부장** | 권순향 수산나 • **교수부차장** | 김정순 리나 • **외부강사** | 나길모 굴리엘모, 박유진 바오로, 안규도 도미니꼬 • **주방봉사** | 오정동

성녀 세실리아 분단 김영실 .(효성동), 김영예 수산나(간석4동), 김인순 데레사(구월1동), 신선정 마카엘라(소성), 임채옥 아녜스(간석2동), 진인숙 베로니카(주안1동), 최기자 벨라뎃다(만수3동), 최상숙 마리아(대야동), 남정희 로사(주안8동), 최미숙 로사리아(만수1동), 서용미 루시아(포동)

성녀 벨라뎃다 분단 김미자 마리아(숭의동), 박성화 마리아(주안3동), 박주해 미카엘라(연수), 서경인 아가다(해안), 이규복 미카엘라(학익동), 이남수 데레사(옥련동), 이봉희 요안나(강화), 조인순 엘리사벳(용현5동), 이여순 세시리아(백령도), 김애경 데레사(동춘동), 정종분 모니카(연안)

성녀 가타리나 분단 이영희 레지나(계산동), 강희춘 세실리아(부평4동), 김경옥 베로니카(부평1동), 김점례 가이아나(강화), 손태순 마리아(산곡3동), 오명진 아빌라(주안5동), 정금주 소화데레사(작전동), 김정식 구네군다(부평2동), 차세영 마리아(산곡동), 정혜심 율리안나(효성동), 노금옥 로사리아(포천진군)

성녀 데레사 분단 강정숙 크리스티나(오정동), 김홍순 도미니카(삼정동), 남순영 마리아(소사본3동), 서순복 안젤라(심곡본동), 손미희 사라(중2동), 이명숙 마리아(여월동), 이숙희 엘리사벳(원미동) , 이우희 데레사(역곡2동) , 이재희 베로니카(고강동), 최두섭 수산나(심곡), 주현숙 카타리나(상동), 박남희 벨라뎃다(소사)

성녀 아녜스 분단 서명순 안나(가정동), 김영희 로마나(십정동), 김현희 아가다(송림4동), 문선옥 마리아(백령도), 박종순 베로니카(가좌동), 유명순 베로니카(석남동), 윤옥화 마리아(답동), 이승옥 .(도화동), 조명희 헬레나(해안), 한순복 엘리사벳(검암동), 한정이 효주아녜스(부평3동)

여성 제 80 차

1996. 7. 4 ~ 7

봉 사 자 • **지도신부** | 제정원 베드로 • **회장** | 신민자 데레사 • **회장후보** | 이연숙 안나 • **총무부장** | 김경숙 마리아 • **총무부차장** | 이은주 루시아 • **활동부장** | 이한화 안나 • **활동부차장** | 정진술 소피아, 김정미 리사, 홍종자 크리스티나 • **전례부장** | 안옥경 • **전례부차장** | 이진옥 모니카 • **음악부장** | 이경자 젬마 • **음악부차장** | 박정금 마리아 • **교수부장** | 양은자 마리아 • **교수부차장** | 김만례 세실리아 • **외부강사** | 오경환 프란치스코, 김중훈 멜키올, 박창목 바르톨로메오 • **주방봉사** | 부평2동

성녀 세실리아 분단 김금순 마리아(일신동), 김인숙 노엘라(만수1동), 박애주 릿다(간석4동), 박종분 카타리나(구월1동), 손춘자 로사(화수동), 오영선 젬마(만수3동), 유경숙 바울리나(신천), 이형재 마리아(간석2동), 장명애 모니카(대야동), 최옥엽 사비나(백령도), 김양수 데레사(포동)

성녀 벨라뎃다 분단 고미숙 크리스티나(부평4동), 김춘홍 소피아(소성), 마재숙 아녜스(부평1동), 박경희 글라라(가좌동), 정영희 .(효성동), 최용임 율리안나(산곡동), 한명자 세실리아(기타), 강막덕 마리아(백령도), 조덕자 소피아(부평5동), 남화연 마리안나(부평2동), 안병선 글로리아(부평3동)

성녀 가타리나 분단 김연숙 베로니카(중2동), 박정자 세실리아(상동), 안도영 소피아(연안), 오춘자 세실리아(삼정동), 우수옥 베아따(백령도), 윤희숙 요셉피나(심곡본동), 이양숙 마리아(여월동), 이영 루시아(소사), 조숙자 요안나(역곡2동), 배성옥 세실리아(원미동), 김해숙 이레네(심곡)

성녀 데레사 분단 김문순 스텔라(효성동), 남영희 세실리아(계산동), 문인혜 율리안나(오정동), 오복희 데레사(주안1동), 이성혜 요셉피나(작전동), 이은자 요셉피나(주안8동), 이현숙 실비아(검암동), 장미애 .(십정동), 최정희 아가다(주안3동), 최추자 세실리아(학익동), 이옥연 글라라(석남동), 김남숙 효주아녜스(연수)

성녀 아녜스 분단 박순례 안나(용현5동), 이명란 .(십정동), 이의분 엘리사벳(동춘동), 이종옥 글라라(옥련동), 주복례 세실리아(송현동), 최복녀 데레사(해안), 최영자 마리아(숭의동), 홍묘순 데레사(송림4동), 김수녕 데레사(답동), 나금숙 율리안나(송림동), 최춘예 안젤라(연안), 김경희 로사(포동)

여성 제 81 차

1996. 10. 10 ~ 13

봉 사 자 • **지도신부** | 조성교 요한금구 • **회장** | 백영순 루시아 • **회장후보** | 서애숙 데레사 • **총무부** | 권순향 수산나 • **총무부차장** | 허성자 소피아 • **활동부장** | 정은희 소화데레사 • **활동부차장** | 백명애 율리안나, 신승순 카타리나 • **전례부장** | 용혜숙 비아 • 전례**부차장** | 이명주 소화데레사 • **음악부장** | 노금자 세라피나 • **음악부차장** | 김인아 루시아 • **교수부장** | 배경자 그라시아 • **교수부차장** | 이강숙 젬마 • **외부강사** | 나길모 굴리엘모, 이학노 요셉 • **주방봉사** | 김포

성녀 세실리아 분단 강명숙 율리안나(여월동), 공정자 엘리사벳(원미동), 김귀순 골롬바(소성), 김태숙 안나(심곡본동), 박재선 세실리아(오정동), 손희정 레지나(신천), 신규선(소사본3동), 윤정근 글로리아(역곡2동), 이기호 세실리아(만수3동), 정정애 안나(역곡), 조동영 실비아(고강동), 김행자 마리아(산곡3동)

성녀 벨라뎃다 분단 권미경 아가다(송림4동), 김정자 아나다시아(가정3동), 김진선 마리아(송림동), 노광자 릿다(백령도), 노영혜 아녜스(숭의동), 양승녀 안나(화수동), 이명재 엘리사벳(답동), 이효순 아녜스(해안), 홍금화 율리아나(중2동), 이경순 수산나(백령도), 윤지희 노엘라(송현동)

성녀 가타리나 분단 김영애 아나스타시아(포동), 마영숙 세실리아(가좌동), 박정미 도로테아(소사), 송경희 크리스티나(역곡2동), 송영숙 안나(상동), 양인성 비비안나(검암동), 조경자 스텔라(중2동), 조복순 안나(김포), 이숙현 바울라(중2동), 노춘자 엘리사벳(삼정동), 박춘하 엘리사벳(심곡)

성녀 데레사 분단 박윤옥 로사(옥련동), 서영희 아녜스(대야동), 신미경 데레사(간석2동), 신순례 율리안나(연수), 이경재 안젤라(동춘동), 이원순 소화데레사(신천), 임민혁 베로니카(만수1동), 임윤빈 루시아(간석4동), 장복희 프란치스카(학익동), 장순녀 벨라뎃다(주안3동), 지홍자 데레사(구월1동)

성녀 아녜스 분단 김윤혜 마리아(가정3동), 박미경 율리안나(십정동), 박안순 소피아(부평5동), 박현자 루시아(부평2동), 유성숙 안젤라(부평1동), 유정임 안젤라(효성동), 이경자 루시아(부평4동), 이영희 레지나(십정동), 전옥 힐라리아(부평3동), 신정희 글라라(작전동), 모정희 모니카(계산동)

여성 제 82 차

1996. 12 .5 ~ 8

봉 사 자 • **지도신부** | 강근신 미카엘 • **회장** | 이연숙 안나 • **회장후보** | 백영순 루시아 • **총무부장** | 한춘자 헬레나 • **총무부차장** | 윤경옥 사비나 • **활동부장** | 허숙 데레사 • **활동부차장** | 정진술 소피아, 최연숙 마리아, 유신숙 벨라뎃다, 이정란 아녜스 • **전례부장** | 송유빈 아가다 • **전례부차장** | 최혜숙 율리아 • **교수부장** | 장의숙 스테파니아 • **교수부차장** | 김정순 리나 • **외부강사** | 나길모 굴리엘모, 김영욱 요셉, 안규도 도미니끄 • **주방봉사** | 양곡

성녀 세실리아 분단 김강자 미카엘라(답동), 김선옥 소피아(백령도), 오순연 막달레나(숭의동), 이도남 아녜스(부평4동), 조옥희 안나(소성), 조숙자 안나(백령도), 김은희 아델라(송림4동), 신태인 아녜스(송림동), 이경선 세실리아(영종), 남궁순덕 로사(주안8동)

성녀 벨라뎃다 분단 김경민 필로메나(신천), 김미숙 요안나(제물포), 김현정 안나(연수), 오현자 헬레나(주안3동), 정수진 (작전동), 조순덕 세시리아(용현5동), 박해숙 안젤라(부평1동), 최희현 엘리사벳(옥련동), 문미자 아가다(주안3동), 김경 소피아(포동)

성녀 가타리나 분단 임성분 모데스타(가정동), 김정숙 카타리나(가좌동), 김국희 소화데레사(주안5동), 김명옥 아녜스(만수1동), 김보나 보나(검암동), 김숙자 율리아(간석2동), 김애자 엘리사벳(양곡), 박순자 크리스티나(만수3동), 윤은주 마리아(주안8동), 이재남 아녜스(작전동), 황옥자 데레사(구월1동)

성녀 데레사 분단 권연옥 레지나(부평5동), 김연자 미카엘라(효성동), 김종희 데레사(산곡동), 이호자 마지아(고강동), 정혜경 헬레나(부평1동), 진경이 미카엘라(계산동), 최계숙 율리안나(부평4동), 최종분 데레사(산곡3동), 홍애선 데레사(부평3동), 박희숙 엘리사벳(부평2동)

성녀 아녜스 분단 박홍숙 율리아(고강동), 강현숙 세실리아(중2동), 김인숙 요셉피나(소사), 김정란 글라라(역곡), 김정희 마리아(역곡2동), 김향순 로사(삼정동), 유승분 젬마(상동), 장경옥 카타리나(심곡), 최성자 루시아(여월동), 방혜숙 첼리나(심곡본동), 김신배 크리스티나(오정동)

여성 제 83 차

1997. 3. 13 ~ 16

봉 사 자
• **지도신부** | 안규도 도미니코 • **회장** | 신민자 데레사 • **회장후보** | 임소연 마리아 • **총무부장** | 이정희 요안나 • **총무부차장** | 안옥경 • **활동부장** | 홍종자 크리스티나 • **활동부차장** | 이명주 소화데레사, 정봉희 로사, 신승순 카타리나 • **전례부장** | 홍계숙 안젤라 • **음악부장** | 박영숙 마리아 • **교수부장** | 김응실 우슬라 • **교수부차장** | 김혜련 아녜스 • **외부강사** | 나길모 굴리엘모, 박창목 바르톨로메오, 강영식 바오로 • **주방봉사** | 간석2동

성녀 세실리아 분단
박상기 로사리아(효성동), 박종미 세실리아(산곡동), 변일란 데레사(부평1동), 송순금 모데스타(계산동), 송지혜 발렌티나(산곡3동), 심은섭 분다(작전동), 안경애 엘리사벳(부평5동), 양미희 (작전동), 이영희 모니카(갈산동), 조은영 그레센시아(부평2동), 최민자 베로니카(부평3동)

성녀 벨라뎃다 분단
김남순 아가다(도화동), 김영숙 마리안나(용현동), 서희숙 골롬바(옥련동), 이명미 안젤라(주안5동), 이민희 아녜스(용현5동), 임희자 안젤라(가좌동), 최미옥 마르타(가정3동), 최옥심 릿다(김포),한정숙 루시아(송림4동), 현인자 마리아(십정동), 염귀남 카타리나(양곡)

성녀 가타리나 분단
신해숙 율리아(소성), 안선주 안나(구월1동), 오윤자 베로니카(주안8동), 윤순금 소피아(대부), 이혜숙 가브리엘라(주안3동), 임은선 수산나(포동), 장혜숙 (소성), 최효숙 비비안나(간석2동), 구혜경 도미니카(대부선재), 김응수 소피아(만수3동), 홍순희 아녜스(제물포)

성녀 데레사 분단
권월단 세실리아(소사), 김미라 수산나(오정동), 박경순 요안나(소사본3동), 손점례 베로니카(삼정동), 오권희 데레사(신천), 이미자 리디아(역곡), 이수순 헬레나(중2동), 이현옥 아녜스(역곡2동), 조영자 에스텔(고강동), 임명숙 아녜스(여월동), 김순이 아나똘리아(심곡)

성녀 아녜스 분단
심옥섭 아가다(강화), 김향규 베로니카(송현동), 명양희 로사(연안), 이경숙 마리아(숭의동), 이상분 프란치스카(송림동), 피옥분 데레사(동춘동), 최정자 모니카(백령도), 이화순 막달레나(연수), 오희남 유리안나(주안3동), 이정심 안젤라(해안), 윤미자 아녜스(화수동)

여성 제 84 차

1997. 5. 22 ~ 25

봉 사 자
• **지도신부** | 박유진 바오로 • **회장** | 장의숙 스테파니아 • **회장후보** | 서애숙 데레사 • **총무부장** | 이인숙 마리아 • **총무부차장** | 백명애 율리안나 • **활동부장** | 허숙 데레사 • **활동부차장** | 노승경 벨라뎃다, 김정남 막달레나 • **전례부장** | 홍계숙 안젤라 • **전례부차장** | 황영란 루시아 • **음악부장** | 이경자 젬마 • **음악부차장** | 김인아 루시아 • **교수부장** | 김영순 프란치스카 • **교수부차장** | 이한화 안나 • **주방봉사** | 도화동

성녀 세실리아 분단
김복순 막달레나(화수동), 김숙희 세실리아(십정동), 김영은 에우제니아(송림동), 김용자 베로니카(도화동), 김은숙 마리아(대부), 박순화 사비나(제물포), 송혜경 레나타(용현5동), 윤선옥 모니카(답동), 이중은 데레사(용현동), 박순자 유스티나(송림4동), 유정애 마리안나(연안)

성녀 벨라뎃다 분단
이소영(갈산동), 김증란 레베카(부평5동), 김향숙 프란치스카(부평3동), 남정님 아타나시아(산곡3동), 서봉희 엘리사벳(계산동), 서화일(일신동), 안옥희 데레사(부평1동), 윤금순 베로니카(부평2동), 이경자 베로니카(작전동), 이옥순 데레사(부평4동), 인정화 율리안나(산곡동)

성녀 가타리나 분단
전인순 데레사(주안8동), 김소연 비비안나(신천), 박금옥 베로니카(대야동), 박성주 젬마(동춘동), 송미섭(구월1동), 오정희 세실리아(연수), 이미화 미카엘라(만수3동), 이옥순 모니카(주안5동), 이현주 안나(만수1동), 최귀자 세실리아(학익동), 이해연 엘리사벳(옥련동)

성녀 데레사 분단
김봉선 젤뚜르다(고강동), 이애화 크리스티나(심곡), 이원자 아녜스(오정동), 이청자 사비나(상1동), 이현진 소피아(상동), 최영숙 소화데레사(중2동), 최영옥 엘리사벳(원미동), 최영자 모니카(소사본3동), 허성남 카타리나(소사), 서순희 안나(삼정동), 김종금 헬레나(심곡본동), 임인자 우슬라(여월동)

성녀 아녜스 분단
김혜경 노엘라(가정동), 김덕순 말지나(석남동), 김미숙 모니카(검암동), 박영숙(심곡본동), 양민자 마리아(역곡), 장은숙 글라라(간석2동), 김영숙 아가다(백령도), 김방숙 모니카(소성), 정묘희 말따(양곡), 방남희 카타리나(포동)

여성 제 85 차

1997. 7. 10 ~ 13

봉사자	**• 지도신부** | 정윤화 베드로 **• 회장** | 문정자 마리안나 **• 회장후보** | 임소연 마리아 **• 총무부장** | 신민자 데레사 **• 총무부차장** | 우영애 카타리나 **• 활동부차장** | 이인숙 마리아, 이옥연 글라라, 조순자 비비안나 **• 전례부장** | 서애숙 데레사 **• 전례부차장** | 김정순 리나 **• 음악부장** | 백영순 루시아 **• 음악부차장** | 방희자 카타리나 **• 교수부장** | 이연숙 안나 **• 교수부차장** | 정은희 소화데레사 **• 주방봉사** | 송림4동
성녀 세실리아 분단	가재옥 데레사(송림4동), 김형옥 헬레나(용현5동), 이명숙 데레사(송현동), 이숙자 헬레나(십정동), 이순덕 루시아(해안), 이옥종 요셉피나(숭의동), 홍경자 데레사(제물포), 배순자 엘리사벳(도화동), 김경옥 세실리아(송림동), 안인미 리드비나(여의도)
성녀 벨라뎃다 분단	고명 모데스타(효성동), 권정상 아가다(부평2동), 김용자 막달레나(부평3동), 김향임 마리아(산곡동), 박정숙 엘리사벳(신천), 송명자 루시아(검암동), 안지은 세레나(소성), 정혜령 마리아(부평1동), 정옥남 아녜스(부평5동), 김정숙 율리안나(산곡3동), 박은숙 엘리사벳(일신동)
성녀 가타리나 분단	김숙영 율리안나(주안5동), 김옥순 안나(만수1동), 이순자 모니카(구월1동), 이영순 세실리아(주안8동), 이옥희 데레사(연수), 정금순 데레사(옥련동), 황정숙 세실리아(주안1동), 이말임 프란치스카(동춘동), 이정옥 소화데레사(만수3동), 박현주 프란체스카(주안3동), 문은분 누갈다(강화)
성녀 데레사 분단	장영식 베로니카(간석2동), 박연숙 데보라(계산동), 박성임 마리로사(갈산동), 서희진 글라라(석남동), 송미생 데레사(가좌동), 이강화 안젤라(가정3동), 이혜숙 프란치스카(간석4동), 전혜숙 아녜스(작전동), 홍성옥 베로니카(양곡), 심경애 방지가(백령도), 조숙녀(백령도)
성녀 아녜스 분단	유선순 세실리아(고강동), 김명례 유스티나(상동), 김세근 레지나(대야동), 김윤옥 젤뚜르다(심곡본동), 류정숙 릿다(소사), 박정이 막달레나(역곡), 유영희 아녜스(상1동), 이월계 우슬라(여월동), 최선복 율리안나(중2동), 황은숙 모니카(삼정동), 김순자 미카엘라(원미동)

여성 제 86 차

1997. 10. 16 ~ 19

봉사자	**• 지도신부** | 이완희 스테파노 **• 회장** | 이연숙 안나 **• 회장후보** | 송유빈 아가다 **• 총무부장** | 김응실 우슬라 **• 총무부차장** | 이정란 아녜스 **• 활동부장** | 배경자 그라시아 **• 활동부차장** | 허성자 소피아, 김정순 리나 **• 전례부장** | 김만례 세실리아 **• 전례부차장** | 안옥경 **• 음악부장** | 김경숙 마리아 **• 음악부차장** | 이경자 젬마 **• 교수부장** | 정은희 소화데레사 **• 교수부차장** | 이은주 루시아 **• 외부강사** | 나길모 굴리엘모, 정윤화 베드로, 한관우 가누토 **• 주방봉사** | 신천
성녀 세실리아 분단	노영희 린다(주안1동), 박휘자 아녜스(주안3동), 심윤주 헬레나(송현동), 조영희 글라라(송림4동), 채승명 쥴리아(해안), 최영숙 모니카(숭의동), 최영애 디(여월동), 장은옥 아녜스(송림동), 한숙희 세실리아(연안), 최미종 유스티나(제물포), 지광자 리드비나(화수동)
성녀 벨라뎃다 분단	김의태 안나(연수), 김정숙 로사(대야동), 백향숙 글로리아(학익동), 이금예 제오르지아(간석4동), 이금희 루시아(용현5동), 이명희 이레네(옥련동), 장혜란 데레사(간석2동), 정현순 로사리아(신천), 진옥남 요셉피나(옥련동), 정계숙 마리아(동춘동), 김인옥 베르다(주안8동)
성녀 가타리나 분단	권철순 베로니카(갈산동), 김미화 율리아나(소성), 두금자 헬레나(부평3동), 박연봉 데레사(계산동), 서정옥 세실리아(부평5동), 송영자 아녜스(부평2동), 전영자 말가리다(산곡3동), 조헌님 비비안나(부평1동), 최경화 아숨다(효성동), 최인선 레지나(중2동), 김석옥 율리안나(부평4동)
성녀 데레사 분단	김성순 실비아(가좌동), 강은자 베로니카(구월1동), 김영미 마리아(부평3동), 김인옥 요안나(오류동), 박경분 테클라(작전동), 박종숙 루시아(석남동), 송미자 아녜스(가정3동), 이정숙 도로테아(만수1동), 홍순옥 미카엘라(검암동), 홍입분 리나(만수3동), 황환순 시라(김포)
성녀 아녜스 분단	박노복 막달레나(삼정동), 박효경 루시아(소사본3동), 백정희 안나(역곡2동), 윤재금 크리스티나(상동), 이순교 소화데레사(소사), 이순자 비비안나(심곡본동), 노현주 아가페(상1동), 추정임 세실리아(심곡), 정경숙 레오나(역곡), 이경희 말지나(원미동), 유길진 카타리나(오정동)

여성 제 87 차

1997. 12. 11 ~ 14

봉 사 자 • **지도신부** | 김중훈 멜키올 • **회장** | 서애숙 데레사 • **회장후보** | 신민자 데레사 • **총무부장** | 양은자 마리아 • **총무부차장** | 정진술 소피아 • **활동부장** | 허숙 데레사 • **활동부차장** | 노승경 벨라뎃다, 노승경 벨라뎃다, 노승경 벨라뎃다 • **전례부장** | 윤경옥 사비나 • **전례부차장** | 유신숙 벨라뎃다 • **음악부장** | 김인아 루시아 • **교수부장** | 이한화 안나 • **교수부차장** | 황영란 루시아 • **외부강사** | 나길모 굴리엘모, 박유진 바오로, 장희성 프란치스코 • **주방봉사** | 주안3동

성녀 세실리아 분단 김선자 마리아(옥련동), 김옥희 로사리아(화수동), 소정희 프란치스카(산곡3동), 이용범(만수3동), 이재영 세실리아(송림동), 최정희 오틸리아(동춘동), 신일선 마리아(연수), 홍계옥 레지나(연안), 송명님 루치아(영종), 김성숙 엘리사벳(제물포)

성녀 벨라뎃다 분단 김경아(역곡), 김덕순 요안나(간석4동), 박순남 모데스타(학익동), 손복선 미카엘라(구월1동), 송미옥 헬레나(용현5동), 이남순 레지나(주안3동), 이미자 율리안나(간석2동), 이민자 데레사(만수1동), 이선홍 안젤라(주안8동), 조인순 데레사(역곡2동), 정막동 엘리사벳(주안1동)

성녀 가타리나 분단 권성자 레지나(갈산동), 김상민 벨라뎃다(효성동), 백순분 데레사(부평3동), 석순자 로사리아(부평4동), 심선자 안나(산곡동), 유명순 데레사(부평5동), 유미경 막달레나(계산동), 임윤희 마리아(부평1동), 이연금 데레사(부평2동), 이성희 안나(일신동), 윤영희 글라라(작전동)

성녀 데레사 분단 배향자 안젤라(고강동), 권미중 마리아(대야동), 김윤여 루피나(중2동), 심정이 스테파니아(오정동), 유선욱 스텔라(상동), 이홍기 세실리아(소사), 이희순 제노베파(원미동), 정영애 가브리엘라(상1동), 강봉희 세라피나(삼정동)

성녀 아네스 분단 김남순 세실리아(소성), 김정덕 데레사(검암동), 김진녀 요안나(가정3동), 김형자 크리스티나(가좌동), 박광임 말가리다(여월동), 박미자 도미니카(심곡본동), 박숙자 세레나(양곡), 윤정수 데레사(포동), 정광희 비비안나(소사본3동)

여성 제 88 차

1998. 2. 26 ~ 3. 1

봉 사 자 • **지도신부** | 김영욱 요셉 • **회장** | 방희자 카타리나 • **회장후보** | 임소연 마리아 • **총무부장** | 한춘자 헬레나 • **총무부차장** | 김정남 막달레나 • **활동부장** | 조순자 비비안나 • **활동부차장** | 김정순 리나, 장정순금 율리안나, 맹인숙 율리안나 • **음악부장** | 최정자 안젤라 • **음악부차장** | 이안순 데레사 • **교수부장** | 권회숙 이멜다 • **교수부차장** | 이옥연 글라라 • **외부강사** | 나길모 굴리엘모, 한관우 가누토, 현상옥 스테파노 • **주방봉사** | 역곡2동

성녀 세실리아 분단 박호순(송현동), 소삼숙 마리나(양곡), 장명희 실비아(연수), 오문희 사라(김포), 고순애 헬레나(백령도), 김금자 마리아(백령도), 빈영순 젬마(송림동), 정연미 가타리나(연안), 김은자 도미니카(포동), 전순옥 막달레나(강화), 김문숙 루시아(화수동)

성녀 벨라뎃다 분단 이영숙 아네스(갈산동), 강옥순 실비아(소성), 김분옥 소화데레사(계산동), 김옥자 베로니카(부평2동), 박문순 루피나(작전동), 이신양 마리아(부평4동), 이영숙 루시아(부평3동), 임순기 모니카(부평1동), 표혜영 아가다(산곡3동), 김삼술 안나(산곡동), 정문화 루시아(효성동)

성녀 가타리나 분단 공은녀 아네스(주안8동), 김덕남 마리아(만수3동), 김민자 루시아(간석4동), 김소연 요안나(송림4동), 김윤선 벨라뎃다(구월1동), 나성옥 마리아(간석2동), 박명규 레지나(가정동), 박애경 소피아(여월동), 함영신 율리아(십정동), 어윤보 리디아(가좌동), 유현수 엘리사벳(검암동)

성녀 데레사 분단 김사진 아네스(주안3동), 김종옥 카타리나(송림4동), 김진희 실비아(대부), 박현옥 말가리다(동춘동), 신경희 아네스(석남동, 한동숙 안젤라(학익동), 심장분 프란치스카(용현5동), 이기옥 요안나(용현동), 김인숙 아니시아(주안1동), 송정숙 레지나(주안5동)

성녀 아네스 분단 장순영 안젤라(고강동), 강금덕 필로미나(역곡2동), 강형란 데레사(소사), 박희현 엘리사벳(소사본3동), 손용금 요안나(심곡본동), 유승숙 리디아(역곡), 이명애 요한(고강동), 이순옥 안나(원미동), 정상연 아네스(상1동), 한혜숙 로사리아(삼정동), 김권자 아네스(심곡)

여성 제 89 차

1998. 4. 16 ~ 19

봉 사 자 • **지도신부** | 조성교 요한금구 • **회장** | 신민자 데레사 • **회장후보** | 정은희 소화데레사 • **총무부장** | 정진술 소피아 • **총무부차장** | 백명애 율리안나 • **활동부장** | 황영란 루시아 • **활동부차장** | 이명주 소화데레사, 신옥자 바울라, 이덕희 스콜라스티카 • **전례부장** | 이연숙 안나 • **전례부차장** | 이은주 루시아 • **음악부장** | 조미리 마르첼라 • **교수부장** | 이정희 요안나 • **교수부차장** | 이영주 에밀리아나 • **외부강사** | 나길모 굴리엘모, 조호동 바오로, 김중훈 멜키올 • **주방봉사** | 소사

성녀 세실리아 분단 강선미 테오필라(소성), 박성희 루시아(포동), 배순자 소화데레사(부평4동), 이경선 이레나(역곡2동, 이현주 카타리나(오류동), 한영자 헬레나(부평2동), 곽인숙 율리안나(부평1동), 김미경 님파(부평5동), 이주희 루시아(신천), 원종래 헬레나(역곡), 조연자 율리안나(일신동)

성녀 벨라뎃다 분단 안금순 마리안나(주안5동), 육상금 엘리지아(주안8동), 이선화 율리안나(학익동), 이수조 크리스티나(연안), 이영미 루시아(옥련동), 전진자 마카엘라(제물포), 정옥수 글라라(연수), 함상희 율리안나(주안1동), 박명옥 아드리아(용현5동), 유정희 아가다(용현동), 길순이 프란치스카(주안3동)

성녀 가타리나 분단 곽순자 아녜스(원미동), 김정희 릿다(중2동), 원현실 아가다(고강동), 이수경 안젤라(여월동), 이은열 루시아(소사), 정영숙(여월동), 채완순 세레나(상동), 김선영 제노비아(삼정동), 최성옥 라파엘라(소사본3동), 길정희 레지나(심곡), 김숙자 임이데레사(오정동)

성녀 데레사 분단 김경혜 막달레나(김포), 김경희 카타리나(가좌동), 김경희 프란체스카(산곡3동), 이순옥 레지나(송림동), 이연희(산곡3동), 이영애 율리안나(가정3동), 이의랑 마리아(송림4동), 차영순 베로니카(화수동), 최진희 수산나(검암동), 김정임 분다(산곡동), 김임숙 아녜스(양곡)

성녀 아녜스 분단 고영옥 도미니카(구월1동), 고은옥 세실리아(만수1동), 김준영 마리아(대야동), 박명숙 마리아(석남동), 서삼열 데레사(효성동), 이영숙 사비나(간석2동), 정혜순 안젤라(만수3동), 조한숙 데레사(계산동), 최희숙 아녜스(사목국), 황정옥 엘리사벳(갈산동), 홍명숙 세실리아(작전동)

여성 제 90 차

1998. 6. 18 ~ 21

봉 사 자 • **지도신부** | 김중훈 멜키올 • **회장** | 임소연 마리아 • **회장후보** | 송유빈 아가다 • **총무부장** | 송문순 데레사 • **총무부차장** | 김은숙 아녜스 • **활동부장** | 이인숙 마리아 • **활동부차장** | 최연숙 마리아, 노승경 벨라뎃다, 강모니카 모니카, 조은영 그레센시아 • **전례부장** | 김정순 리나 • **전례부차장** | 이진옥 모니카 • **음악부장** | 박영숙 마리아 • **음악부차장** | 이경자 젬마 • **교수부장** | 이한화 안나 • **교수부차장** | 유신숙 벨라뎃다 • **외부강사** | 나길모 굴리엘모, 정윤화 베드로, 제정원 베드로, 서상범 토마, 정하익 마티아 • **주방봉사** | 용현5동

성녀 세실리아 분단 권순희 스텔라(신천), 성정희 안젤라(만수1동), 신순자 아녜스(만수3동), 유순숙 실비아(포동), 윤영애 젬마(간석4동), 이명자 아가다(구월1동), 이인숙 소화데레사(간석2동), 천무남 아나다시아(주안8동), 허효술 안나(주안1동), 김영옥 마리아(대야동), 김숙현 카타리나(주안3동)

성녀 벨라뎃다 분단 김영란(동춘동), 김옥순 젬마(제물포), 김정자 데레사(용현동), 박미희 마리안나(옥련동), 신소영 아나다시아(송림동), 유성미 아녜스(용현5동), 이현옥 효임골롬바(백령도), 이분구 대데레사(연수), 허상순 글라라(연안), 백정아 비비안나(해안)

성녀 가타리나 분단 고영희 루시아(오정동), 김금숙 미카엘라(고강동), 김혜경 안젤라(역곡), 박순향 스테파니아(삼정동), 염조원 프리스카(심곡본동), 이순자 로사리아(여월동), 이정자 소피아(역곡2동), 이제인 체칠리아(중3동), 하영주(중2동), 정현숙(소사본3동), 김동예 방지가(원미동)

성녀 데레사 분단 김미숙 프란치스코(부평5동), 김옥자 카타리나(십정동), 오현란 소화데레사(가좌동), 이연진 마르타(상1동), 조병애 소피아(가정동), 최영숙 엠마누엘라(송림4동), 최춘자 데레사(도화동), 권정미 레지나(김포), 김남종 요안나(소사), 조수흥 데레사(검암동), 김진이 데레사(주안5동)

성녀 아녜스 분단 구자연 미카엘라(소성), 김복녀 글라라(일신동), 김현옥 사라(효성동), 명태순 스텔라(산곡동), 박정임 글라라(작전동), 안동순 수산나(부평1동), 윤종녀 아녜스(갈산동), 이중식 모니카(부평5동), 전점용 실비아(부평2동), 정효자 아가다(산곡3동), 최정숙 비비안나(부평3동)

여성 제 91 차

1998. 10. 15 ~ 18

봉 사 자 • **지도신부** | 장태식 사도요한 • **회장** | 문정자 마리안나 • **회장후보** | 이연숙 안나 • **총무부장** | 우영애 카타리나 • **총무부차장** | 하경숙 아녜스 • **활동부장** | 이선우 데레사 • **활동부차장** | 박종순 베로니카, 김형옥 헬레나, 김향임 마리아 • **전례부장** | 김종욱 수산나 • **전례부차장** | 김경숙 아델라 • **음악부장** | 이경자 젬마 • **음악부차장** | 김인아 루시아 • **교수부장** | 좌윤순 알렉산드라 • **교수부차장** | 임선모 소피아 • **외부강사** | 나길모 굴리엘모, 제정원 베드로, 최병학 바오로, 양은자 마리아 • **주방봉사** | 계산동

성녀 세실리아 분단 김옥 율리아(삼정동), 방은주 글라라(고강동), 손청자 글라라(중3동), 윤현숙 사비나(역곡2동), 이현선(작전동), 전순옥 마리안느(중2동), 정옥 마리안나(신천), 진명희 베네딕다(원미동), 최금연 마리아(심곡본동), 정윤자 세실리아(포동), 이상분 로사리아(역곡)

성녀 벨라뎃다 분단 고은진 카타리나(주안8동), 곽옥임 실비아(동춘동), 김미자 크리스티나(만수1동), 이명희 마리로사(만수3동), 이정희 루피나(학익동), 장정분 소화데레사(주안1동), 한영순 베로니카(연수), 최봉님 아녜스(옥련동), 변효남 데레사(일신동), 백정열 세레나(주안3동), 김혜숙 수산나(주안5동)

성녀 가타리나 분단 오봉자 미카엘라(가정3동), 장경희 루실라(간석4동), 김영례 데레사(용현동), 김태숙 벨라뎃다(여월동), 박순희 효주아녜스(화수동), 송근선 글라라(작전동), 오금자 안젤라(도화동), 박유미 수산나(독일퀼른), 이교춘 루시아(심곡), 남현옥 리디아(용현5동), 박혜경 데레사(해안)

성녀 데레사 분단 김순자 요안나(갈산동), 김영신 데레사(산곡3동), 김용자 베로니카(부평4동), 김춘연 율리안나(부평3동), 심문숙 젬마(소사본3동), 윤란희 필로메나(부평2동), 정경숙 카타리나(소사), 이경숙 아녜스(부평1동), 이경희 프란치스카(산곡동), 김은자 아녜스(부평5동), 전숙희 데레사(십정동)

성녀 아녜스 분단 남옥순 글라라(가정동), 송미숙 모니카(송림동), 송영숙 세실리아(효성동), 어병선 미카엘라(검암동), 오애란 수산나(양곡), 유영숙 세실리아(오류동), 이미경 유스티나(가좌동), 임영희 미카엘라(김포), 이순남 에밀리아(석남동), 윤미영 루시아(양곡), 조삼숙 아녜스(계산동)

여성 제 92 차

1998. 12. 10 ~ 13

봉 사 자 • **지도신부** | 이근일 마태오 • **회장** | 장의숙 스테파니아 • **회장후보** | 이한화 안나 • **총무부장** | 김응실 우슬라 • **총무부차장** | 김영순 프란치스카 • **활동부장** | 배경자 그라시아 • **활동부차장** | 조순자 안나, 정성숙 세실리아, 김인옥 베르다 • **전례부장** | 서애숙 데레사 • **전례부차장** | 윤경옥 사비나 • **음악부장** | 김만례 세실리아 • **음악부차장** | 오봉순 요안나 • **교수부장** | 최영자 유스티나 • **교수부차장** | 최혜숙 율리아 • **외부강사** | 황창희 알베르또 • **주방봉사** | 해안

성녀 세실리아 분단 박봉임 소화데레사(답동), 박선옥 유스티나(송림4동), 신윤애 마리아(주안3동), 우인숙 모니카(해안), 임정희 마리아(용현5동), 조정임 사비나(주안1동), 박병춘 루시아(연안), 김정임 세실리아(영종), 이성자 미카엘라(옥련동), 남궁병애 수산나(용현동)

성녀 벨라뎃다 분단 권주만 가브리엘라(연수), 신옥자 안나(동춘동), 윤명숙 막달레나(만수3동), 이숙자 데레사(학익동), 이정옥 마리아(구월1동), 정혜숙 유리안나(간석2동), 최상렬 프란치스카(주안8동), 최윤규 세실리아(심곡본동), 이미순 글라라(대야동), 서희숙 세실리아(만수1동), 임희숙 데레사(주안5동)

성녀 가타리나 분단 권문숙 마리아(심곡), 김영희 아녜스(삼정동), 문귀자 스텔라(소사), 서승예 막달레나(상1동), 유옥자 에우제니아(여월동), 이재숙 레지나(역곡), 이종희 리드비나(원미동), 좌복선 심포로사(역곡2동), 한지연 안젤라(중3동), 박행기 안나(소사본3동), 이성희 엘리사벳(중2동)

성녀 데레사 분단 박명자 세실리아(가정3동), 김수배 마리안나(가정동), 강경희 안나(작전동), 김종순 사비나(가좌동), 양숙향 알비나(오류동), 유영애 루시아(김포), 정정희 디냐(계산동), 조주현 발비나(여월동), 지정숙 루시아(효성동), 신현진(검암동), 박은임 마리아(양곡)

성녀 아녜스 분단 이명자 모니카(고강동), 고정호 안나(부평2동), 김성매 로사(산곡3동), 김해경 데레사(부평4동), 백영자 마리안나(갈산동), 손숙희 루시아(만수3동), 윤화순 카타리나(부평3동), 이영옥 아녜스(산곡동), 정용모 이레나(부평1동), 김석남 모니카(부평5동), 양인숙 베로니카(일신동)

여성 제 93 차

1999. 1. 21 ~ 24

봉 사 자 • **지도신부** | 김중훈 멜키올 • **회장** | 권회숙 이멜다 • **회장후보** | 박영숙 마리아 • **총무부장** | 김은숙 아녜스 • **총무부차장** | 정정순 소화데레사 • **활동부장** | 허숙 데레사 • **활동부차장** | 연인자 안나, 정진술 소피아, 이정란 아녜스 • **전례부장** | 이인숙 마리아 • **전례부차장** | 김혜숙 루갈다 • **음악부장** | 방희자 카타리나 • **음악부차장** | 이안순 데레사 • **교수부장** | 전인숙 마리아 • **교수부차장** | 박순서 데레사 • **외부강사** | 양은자 마리아, 이연숙 안나 • **주방봉사** | 만수3동

성녀 세실리아 분단 강윤숙 레지나(원미동), 권민숙 .(심곡본동), 문명숙 세실리아(역곡), 부연숙 마리아(상1동), 상미옥 소피아(소사), 유경애 소피아(학익동), 조귀례 데레사(역곡2동), 황경희 요안나(상동), 최인아 글라라(동춘동), 이정숙 젬마(소사본3동), 장계숙 마리아(심곡)

성녀 벨라뎃다 분단 구순옥 한나(숭의동), 김순옥 .(제물포), 김정자 마리아(해안), 김초향 마리아(주안8동), 이부순 레지나(송림동), 이정희 루시아(주안1동), 정윤희 로사(옥련동), 홍석자 안나(용현동), 권숙녀 율리아(영종), 손옥임 아녜스(용현5동), 이승숙 아녜스(주안5동)

성녀 가타리나 분단 김금녀 엘리사벳(고강동), 김영순 모니카(중3동), 김정순 막달레나(신천), 도분자 수산나(김포), 박상자 .(오류동), 서정호 엘리사벳(대야동), 신연희 사비나(양곡), 이음재 마리아(여월동), 현영희 루시아(소성), 오영자 마리아(대부), 김은애 에메렌시아나(중2동)

성녀 데레사 분단 송선희 루시아(가정3동), 김미녀 소화데레사(가정동), 강병남 막달레나(송림4동), 고선희 글라라(간석2동), 김진숙 글라라(십정동), 김효숙 글라라(가좌동), 박기옥 세실리아(만수3동), 윤석희 마리아(구월1동), 최설희 카타리나(검암동), 김숙경 카타리나(도화동), 김윤심 안젤라(만수1동), 김춘기 스테파니아(석남동)

성녀 아녜스 분단 이혜정 베로니카(갈산동), 김춘자 프란체스카(산곡동), 이선자 .(부평1동), 이정옥 율리안나(부평4동), 장영숙 이사벨(산곡3동), 정순제 데레사(효성동), 지현옥 제노베파(작전동), 추경희 데레사(부평3동), 허복례 글라라(부평5동), 손미숙 레지나(부평2동), 김영옥 아가다(일신동), 정경숙 데레사(계산동)

여성 제 94 차

1999. 3. 4 ~ 7

봉 사 자 • **지도신부** | 조호동 바오로 • **회장** | 신민자 데레사 • **회장후보** | 김종욱 수산나 • **총무부차장** | 서정희 프란체스카 • **활동부장** | 백명애 율리안나 • **활동부차장** | 차영순 베로니카, 김정남 막달레나, 백현숙 루시아 • **전례부장** | 우영애 카타리나 • **전례부차장** | 정길순 마리아 • **음악부장** | 정경애 미카엘라 • **음악부차장** | 김인아 루시아 • **교수부차장** | 이옥연 글라라 • **주방봉사** | 중2동

성녀 세실리아 분단 강정애 카타리나(용현5동), 김순옥 아녜스(송림4동), 김애란 마리아(송림동), 김영희 세실리아(용현동), 김진희 세라피나(도화동), 김화자 엘리사벳(숭의동), 사영애 모니카(제물포), 손선희 젬마(답동), 유춘희 실비아(간석4동), 장경숙 수산나(해안), 김영희 레지나(연안)

성녀 벨라뎃다 분단 김경희 페트라(만수3동), 김동화 아가다(학익동), 김호자 아가다(주안8동), 박행남 안나(간석4동), 장순열 데레사(주안3동), 정순혜 카타리나(만수1동), 최영순 알비나(옥련동), 최정숙 미카엘라(동춘동), 황영희 데레사(간석2동), 박경화 마리아(구월1동), 강명자 막달레나(연수)

성녀 가타리나 분단 곽동수 미카엘라(작전동), 김선애 아녜스(십정동), 김순옥 .(부평1동), 남영식 .(부평3동), 문미자 올리바(효성동), 서은자 모니카(갈산동), 정경숙 바실리아(가좌동), 홍성금 안젤라(산곡동), 이혜자 골롬바(부평5동), 김용숙 에스텔(산곡3동)

성녀 데레사 분단 김미화 테오도라(심곡), 김부용 벨라뎃다(역곡2동), 박태자 세실리아(일신동), 이영숙 실비아(중2동), 최종렬 데레사(주안1동), 하영숙 마리아(원미동), 한선자 모니카(여월동), 양금숙 데레사(상1동), 손옥순 안젤라(상동), 권혁복 레지나(주안5동), 김인숙 마리아(중2동)

성녀 아녜스 분단 견영자 데레사(소사본3동), 김원순 미카엘라(소성), 박정남 리따(대야동), 오미희 크리스티나(가정3동), 유성님 마리아(강화), 이구향 엘레나(가정3동), 이영숙 프란치스카(소사), 이은자 아가다(검암동), 김영숙 말따(김포), 표숙희 스텔라(신천), 조용식 마리아(통진)

여성 제 95 차

1999. 5. 27 ~ 30

봉 사 자 • **지도신부** | 박유진 바오로 • **회장** | 임소연 마리아 • **회장후보** | 송유빈 아가다 • **총무부장** | 김영순 프란치스카 • **총무부차장** | 이덕희 스콜라스티카 • **활동부장** | 배경자 그라시아 • **활동부차장** | 김형옥 헬레나, 인정화 율리안나, 한영순 베로니카 • **전례부장** | 김정순 리나 • **전례부차장** | 노승경 벨라뎃다 • **음악부장** | 김경숙 마리아 • **음악부차장** | 노금자 세라피나 • **교수부장** | 이한화 안나 • **교수부차장** | 신옥자 바울라 • **주방봉사** | 숭의동

성녀 세실리아 분단 박지현 요셉피나(가좌동), 서영순 막달레나(주안1동), 이기희 마리아(송림4동), 이유한 헬레나(옥련동), 정성희 데레사(주안5동), 주미선 카타리나(십정동), 이희자 소화데레사(도화동), 전성숙 엘리사벳(송림동), 노옥희 수산나(숭의동), 김순이 루시아(제물포)

성녀 벨라뎃다 분단 기금호 델피나(산곡동), 김혜자 글라라(부평2동), 박명실 루시아(서운동), 박영자 말다(장기동), 박해숙 사비나(부평5동), 박혜숙 글라라(산곡3동), 유영숙 엘리사벳(효성동), 이연호 소피아(갈산동), 김묘심 다미아나(부평3동), 황옥순 베로니카(부평1동)

성녀 가타리나 분단 곽정희 헬레나(석남동), 노현숙 안나(김포), 박은숙 실비아(오류동), 박은희 세실리아(양곡), 박정숙 데레사(기타), 방자현 마리글라라(강화), 유영숙 아가다(신천), 이강숙 엘리사벳(검암동), 이경남 헬레나(가정동), 이인복 프리스카(통진)

성녀 데레사 분단 김성자 크리스티나(중3동), 김효순 로사(심곡본동), 남영혜 마리아(역곡2동), 유응숙 루시아(삼정동), 정찬임 마리아(중2동), 정해영 로욜라(소사본3동), 조영옥 요안나(여월동), 홍경선 카타리나(상1동), 홍인순 루시아(소사), 염재선 루시아(상동), 양혜정 로사(심곡), 최모니카 모니카(원미동)

성녀 아녜스 분단 차명식 젬마(주안8동), 강순희 율리안나(만수1동), 강원미 세실리아(주안3동), 박순임 구네군다(간석4동), 이필선 루시아(만수3동), 최천이 세실리아(구월1동), 박인숙 베로니카(동춘동), 이원자 데레사(연수), 서희수(부평5동), 신현정 사라(간석2동)

여성 제 96 차

1999. 9. 16 ~ 19

봉 사 자 • **지도신부** | 한관우 가누토 • **회장** | 김종욱 수산나 • **회장후보** | 이한화 안나 • **총무부장** | 이은주 루시아 • **총무부차장** | 김창순 데레사 • **활동부장** | 이명주 소화데레사 • **활동부차장** | 홍경자 데레사, 신민자 데레사, 김향임 마리아 • **전례부장** | 안옥경 • **전례부차장** | 최혜숙 율리아 • **교수부장** | 이정희 요안나 • **교수부차장** | 조미리 마르첼라 • **음악부차장** | 정경애 미카엘라 • **외부강사** | 서상범 토마, 박옥산 엘리사벳 • **주방봉사** | 기타

성녀 세실리아 분단 강주혜 헬레나(일신동), 박순희 스테파니아(산곡동), 양선자 사비나(갈산동), 최영자 .(효성동), 최태순 카타리나(작전동), 김정림 스테파니아(부평5동), 김선자 카타리나(부평1동), 조옥자 에스텔(부평4동), 이경화 카타리나리찌(중2동), 이영숙 글라라(부평3동)

성녀 벨라뎃다 분단 김윤순 마리아(강화), 고진희 율리안나(검암동), 권금옥 엘리사벳(통진), 김순옥 헬레나(계산동), 박옥경 아나다시아(석남동), 박혜정 안젤라(기타), 엄향미 그라시아(가정3동), 이정순 .(온수), 최현옥 데레사(장기동), 최명례 글라라(김포), 조재순 가브리엘라(서운동)

성녀 가타리나 분단 김명숙 크리스티나(고강동), 김영화 레아(소사), 김태순 요셉피나(심곡본동), 박경애 글라라(여월동), 박월순 데레사(원미동), 이종례 로사리아(소사본3동), 조정례 루시아(삼정동), 최정애 도미니카(역곡2동), 한혜련 세실리아(소성), 유행순 마리아(상1동), 윤경순 루시아(심곡)

성녀 데레사 분단 남궁옥정 데레사(학익동), 배옥희 요셉피나(대야동), 최월순 실비아(옥련동), 한은희 로사(포동), 함애리(십정동), 홍경희 카타리나(주안8동), 정영순 글라라(동춘동), 김혜영 그레이스(연수), 박현숙 안젤라(주안3동)

성녀 아녜스 분단 김길자 미카엘라(답동), 김진희 소피아(용현동), 민희석 리오바(작전동), 박경자 데레사(송현동), 장지영 세실리아(송림동), 정홍자 프란치스카(용현5동), 권순선 헬레나(송림동), 이순희 막달레나(숭의동), 구정인 베로니카(제물포), 김영희 말가리다(화수동)

여성 제 97 차

1999. 11. 18 ~ 21

봉 사 자 • **지도신부** | 강근신 미카엘 • **회장** | 문정자 마리안나 • **회장후보** | 정은희 소화데레사 • **총무부장** | 성정희 데레사 • **총무부차장** | 김형옥 헬레나 • **활동부장** | 우영애 카타리나 • **활동부차장** | 서봉희 엘리사벳 • **전례부장** | 용혜숙 비아 • **전례부차장** | 강모니카 모니카 • **교수부장** | 이연숙 안나 • **교수부차장** | 윤경옥 사비나 • **외부강사** | 김중훈 멜키올, 이정희 요안나 • **주방봉사** | 효성동

성녀 세실리아 분단 구순자(도화동), 김애자 소화데레사(해안), 김옥희 스테파나(주안3동), 마숙희 실비아(제물포), 박미영 요셉피나(숭의동), 오은숙 마틸다(옥련동), 우영자 엘리사벳(용현5동), 이영자 카타리나(용현동), 이옥희 효주아녜스(송림동), 이화진 엘리사벳(동춘동), 신일식 펠리치따스(답동)

성녀 벨라뎃다 분단 김용림 데레사(대야동), 김은수 로사리아(도창동), 김화영 글라라(역곡2동), 오영순 요안나(소사), 육영순 로사(상1동), 조희섭 막달레나(오정동), 한국희 체칠리아(소사본3동), 문순전 골롬바(백령도), 김남순 안나(심곡본동), 김현숙 로사리아(중3동), 전종근 카타리나(중2동)

성녀 가타리나 분단 김은경 데레사(온수), 김용란 그레이스(고강동), 김필순 미리암(검암동), 성준숙 요셉피나(김포), 전순정 세실리아(검암동), 정덕순 베로니카(여월동), 정조순 아녜스(고잔), 강선비 막달레나(백령도), 박명자 골롬바(도창동), 최미환 마리아(양곡), 조춘희 리디아(장기동)

성녀 데레사 분단 박금옥 미카엘라(가좌동), 김순철 마리아(계산동), 송미희(갈산동), 신온숙 안젤라(부평2동), 이숙희 젤마나(부평1동), 전설자 스텔라(효성동), 정구자 로사리아(산곡3동), 최영희 사비나(서운동), 황선덕 젬마(산곡동), 박은옥 율리따(부평5동), 김춘화 요안나(부평4동)

성녀 아녜스 분단 윤덕숙 로사(간석2동), 안정옥 테아(간석4동), 강옥희 헬레나(만수3동), 김영미 마르타(주안8동), 김옥희 제올지아(학익동), 임인화 요셉피나(만수1동), 정도세 루시아(백령도), 주기숙 세시리아(석남동), 채영숙 요한나(연수), 김연순 카타리나(십정동), 이정예 글라라(주안5동)

여성 제 98 차

2000. 1. 13 ~ 16

봉 사 자 • **지도신부** | 장태식 사도요한 • **회장** | 방희자 카타리나 • **회장후보** | 전인숙 마리아 • **총무부장** | 김정남 막달레나 • **총무부차장** | 전인숙 마리아 • **활동부장** | 정진술 소피아 • **활동부차장** | 김혜숙 루갈다, 장영숙 이사벨 • **전례부장** | 이인숙 마리아 • **전례부차장** | 박경화 마리아 • **음악부장** | 김인아 루시아 • **음악부차장** | 양은자 마리아 • **교수부장** | 박순서 데레사 • **교수부차장** | 양은자 마리아 • **외부강사** | 나길모 굴리엘모, 정윤화 베드로, 장희성 프란치스코, 신민자 데레사, 박영숙 마리아 • **주방봉사** | 가정3동

성녀 세실리아 분단 이영숙 아녜스(갈산동), 김경래 글라라(서운동), 김명자 마리아(장기동), 김선희 글라라(부평4동), 백연순 데레사(일신동), 이인숙 말따(부평1동), 이재천 베로니카(중2동), 이미영 크리스티나(부평5동), 한윤희 글라라(부평2동), 이명숙 에스텔(산곡3동), 전봉순 안나(작전동)

성녀 벨라뎃다 분단 이미경 세라피나(간석4동), 김영경 율리안나(중2동), 손선분 멜라니아(소사), 염동숙 안나(상동), 조경호 수산나(여월동), 최경아 엘리사벳(중3동), 한만숙 실비아(심곡), 정찬애 요셉피나(소사본3동), 이정선(심곡본동), 박정열 미카엘라(오정동), 전순자 힐라리아(고강동)

성녀 가타리나 분단 이규정 아녜스(기타), 김숙임 비비안나(십정동), 김영애 바울라(오류동), 로옥균(도화동), 양향순 막달레나(온수), 이정덕 마리아(가좌동), 정미숙 아가다(검암동), 허정자 율리안나(가정3동), 유영애 아녜스(김포), 서성애 안나(부평3동), 강선자 세실리아(양곡)

성녀 데레사 분단 강명희 .(주안5동), 김성예 아가다(해안), 박경복 아녜스(용현5동), 양문자 소화데레사(숭의동), 이명신 제노베파(주안1동), 조현주 글라라(화수동), 최보순 안젤라(대부), 김기섬 루시아(대부), 오광자 비비안나(동춘동), 조경희 루시아(제물포), 최병숙 .(송림동)

성녀 아녜스 분단 이금자 아가다(간석2동), 강경자 루시아(연수), 김월자 아녜스(구월1동), 박경옥 세라피나(갈산동), 박인선 젬마(주안8동), 윤순옥 이레나(주안3동), 이명자 요셉피나(대야동), 변태경 테클라(도창동), 김귀희 루치아(만수3동), 윤귀옥 요안나(주안3동)

여성 제 99 차

2000. 2. 24 ~ 27

봉 사 자 • **지도신부** | 정윤화 베드로 • **회장** | 임소연 마리아 • **회장후보** | 김만례 세실리아 • **총무부장** | 김은숙 아녜스 • **총무부차장** | 이덕희 스콜라스티카 • **활동부장** | 이한화 안나 • **활동부차장** | 김향임 마리아, 정성숙 세실리아, 연인자 안나 • **전례부장** | 이인숙 마리아 • **전례부차장** | 최혜숙 율리아 • **음악부장** | 오봉순 요안나 • **교수부장** | 김영순 프란치스카 • **교수부차장** | 이명주 소화데레사 • **외부강사** | 나길모 굴리엘모, 김용환 세례자요한, 이치국 히지노, 신민자 데레사 • **주방봉사** | 옥련동

성녀 세실리아 분단 김선심 안나(만수1동), 김윤덕 아가다(주안8동), 변점준 마리아(도창동), 신애수 유리안나(간석4동), 이성애 베로니카(심곡본동), 이현구 베로니카(간석2동), 조미경 아녜스(대야동), 조정애 레지나(만수3동), 홍순향 크리스티나(신천), 이희영 비비안나(심곡)

성녀 벨라뎃다 분단 강진열 마르티나(상동), 김영희 실비아(동춘동), 김춘심 로사(용현5동), 민선순 글라라(대부), 민신숙 헬레나(옥련동), 이우순 엘리사벳(용현동), 이향래 소화데레사(학익동), 최영아 안젤라(연안), 최정숙 수산나(해안), 송국매 말가리다(백령도), 이진숙 프란치스카(연수)

성녀 가타리나 분단 김선혜 로사(온수), 서명자 아나다시아(검암동), 이연옥 마리안나(구월1동), 이옥순 마리아(주안5동), 채복순 율리아나(가정3동), 한춘희 데레사(장기동), 이현순 데레사(김포), 이성희 글라라(석남동), 구순옥 마리아(십정동), 송재숙 베드로닐라(양곡), 최성남 요셉피나(주안1동)

성녀 데레사 분단 김세자 로사리아(고강동), 박숙경 데레사(삼정동), 박심옥 루시아(오정동), 박헌희 율리안나(중2동), 신경자 아가다(원미동), 유종애 율리안나(역곡2동), 이남애 마리아(상1동), 이두희 글라라(상동), 이경숙 카타리나(소사), 박능자 젤뚜르다(여월동), 장경자 안젤라(중3동)

성녀 아녜스 분단 김애리 엘리사벳(부평4동), 박연순 아녜스(서운동), 윤정순 말가리다(일신동), 이상순 엘리사벳(효성동), 임성옥 실비아(산곡동), 조연희 안나(부평1동), 허기순 요안나(갈산동), 홍성희 루피나(부평5동), 곽순자 마리아(백령도), 유화봉 데레사(부평3동), 장영숙 프란치스카(소성)

여성 제 100 차

2000. 4. 6 ~ 9

봉 사 자 • **지도신부** | 조성교 요한금구 • **회장** | 정경애 미카엘라 • **회장후보** | 우영애 카타리나 • **총무부장** | 백명애 율리안나 • **총무부차장** | 김창순 데레사 • **활동부장** | 신옥자 바울라 • **활동부차장** | 노승경 벨라뎃다, 김혜숙 엘리사벳, 서정희 프란체스카 • **전례부장** | 이은주 루시아 • **전례부차장** | 지혜순 도미니카 • **음악부장** | 최정자 안젤라 • **음악부차장** | 채근자 소피아 • **교수부장** | 임선모 소피아 • **교수부차장** | 송문순 데레사 • **외부강사** | 나길모 굴리엘모, 정인상 베드로, 한관우 가누토 • **주방봉사** | 부평5동

성녀 세실리아 분단 남정우(역곡2동), 송순자 마리아(오정동), 이상숙 스콜라스티카(고강동), 지미자 글라라(중3동), 최성자 도미니카(삼정동), 정수덕 아타나시아(소사), 최인자 마리아(소사본3동), 배한춘 가밀라(심곡), 최인숙 마리아(심곡본동), 김영란 아녜스(중2동), 최정숙 미카엘라(원미동)

성녀 벨라뎃다 분단 권경자 까리타스(검암동), 김은희 로사(상동), 김춘자 .(십정동), 도순정 말가리다(고잔), 소영섭 데레사(대야동), 유미 아셀라(통진), 이선옥(옥련동), 조은주 율리안나(오류동), 유정애 로사리아(장기동), 진수미 벨라지아(포동), 박영희 수산나(도창동)

성녀 가타리나 분단 위순순 유스티나(가좌동), 김기화 요안나(구월1동), 김은정 율리아(간석2동), 박덕배 데레사(만수1동), 윤숙희 세레나(기타), 임화숙 데레사(부평3동), 전수용 빅토리아(만수3동), 양원숙 막달레나(부평2동), 김순자 안젤라(상1동), 남인순 마르티나(십정동)

성녀 데레사 분단 김은주 도로테아(연안), 박사연 가브리엘라(화수동), 신민자 세실리아(용현동), 이순자 사라(주안8동), 이현순 안젤라(동춘동), 이화 카타리나(도화동), 최정화 바렌티나(주안3동), 이경자 레지나(연수), 견민경 헬레나(용현5동), 강정옥 마리아(주안1동), 이승자 루피나(해안)

성녀 아녜스 분단 박종순 안나(갈산동), 김미화 마리아(계산동), 김금자 아가다(일신동), 김정숙 크리스티나(부평4동), 류순애 안나(산곡3동), 윤정숙 미카엘라(서운동), 이난옥 엘리사벳(부평1동), 장춘심 모니카(효성동), 한영숙 리디아(산곡동), 주영희 아가다(부평5동), 이효성 요셉피나(작전동)

여성 제 101 차

2000. 6. 1 ~ 4

봉 사 자 • **지도신부** | 조호동 바오로 • **회장** | 신민자 데레사 • **회장후보** | 이인숙 마리아 • **총무부장** | 유신숙 벨라뎃다 • **활동부차장** | 차명식 젬마, 신정란 루시아, 이명주 소화데레사 • **전례부장** | 윤경옥 사비나 • **전례부차장** | 김형옥 헬레나 • **음악부장** | 백현숙 루시아 • **교수부장** | 이연숙 안나 • **외부강사** | 나길모 굴리엘모, 한관우 가누토, 이춘택 야고보, 문정자 마리안나, 양은자 마리아 • **주방봉사** | 중3동

성녀 세실리아 분단 김봉희 마리나(만수3동), 김숙희 글라라(만수6동), 박영란 미카엘라(십정동), 박영자 벨라뎃다(간석2동), 신영희 카타리나(고잔), 신혜란 멜라니아(대야동), 장옥란 루시아(구월1동), 정유자 카타리나(주안8동), 조미예(교구청), 최월미 수산나(부평3동), 임명화 베로니카(만수1동)

성녀 벨라뎃다 분단 김인숙 .(옥련동), 나승희 글라디스(해안), 안명란 리노(교구청), 윤은수 카타리나(동춘동), 이경애 수산나(연수), 이영실 율리아(용현5동), 이영진 데레사(학익동), 김희주 헬레나(주안3동), 이은미 프란치스카(주안5동), 이혜숙 세실리아(연안), 박인봉 마리아(용현동)

성녀 가타리나 분단 김옥순 베로니카(갈산동), 박명난 수산나(여월동), 변미선 마리아(중2동), 이미자 젬마(상동), 이옥렬 헬레나(삼정동), 정재임 막달레나(소사본3동), 지영심 마리아(중3동), 하경분 소화데레사(원미동), 홍길례 율리아(역곡2동), 홍태연 사라(고강동), 최정옥 아델라(심곡본동)

성녀 데레사 분단 박미숙 안나(기타), 박순천 소화데레사(장기동), 박영숙 데레사(오류동), 이옥자 수산나(검암동), 이재임 벨라뎃다(가좌동), 함일옥 안나(서운동), 안명희 엘리사벳(김포), 이영실 말가리다(석남동), 이승숙 요셉피나(양곡), 홍순표 아나다시아(가정3동), 최재순 프란치스카(통진)

성녀 아녜스 분단 한은경 제노베파(갈산동), 김정순 데레사(부평1동), 김태분 미카엘라(부평5동), 나정애 세실리아(부평2동), 노춘선 레오나(산곡동), 안덕자 수산나(심곡), 최기숙 글라라(부평4동), 김미옥 데레사(산곡3동), 송경희 모니카(상1동), 이희자 모니카(작전동), 배미애 세실리아(효성동)

여성 제 102 차

2000. 10. 12 ~ 15

봉 사 자 • **지도신부** | 제정원 베드로 • **회장** | 오봉순 요안나 • **회장후보** | 임소연 마리아 • **총무부장** | 양은자 마리아 • **총무부차장** | 강모니카 모니카 • **활동부장** | 노승경 벨라뎃다 • **활동부차장** | 조순자 안나, 김향임 마리아, 홍경자 데레사 • **전례부장** | 최혜숙 율리아 • **전례부차장** | 윤경옥 사비나 • **음악부장** | 김경숙 마리아 • **음악부차장** | 박경분 테클라 • **교수부장** | 성정희 데레사 • **교수부차장** | 신승순 카타리나 • **외부강사** | 나길모 굴리엘모, 김동철 토마스, 이성만 시몬, 신민자 데레사 • **주방봉사** | 부평4동

성녀 세실리아 분단 이연임 카타리나(중2동), 권혜경 카타리나(석남동), 박희순 루치아(부평3동), 송정숙 데레사(서운동), 이정옥 베로니카(산곡3동), 임영숙 가브리엘라(서운동), 정명랑 크리스티나(가좌동), 나명님 루피나(십정동), 김례향 레지나(작전동), 전달필 루치아(기타)

성녀 벨라뎃다 분단 허점희 카타리나(간석2동), 김옥자 안젤라(구월1동), 김희옥 사라(주안8동), 민동희 스텔라(용현5동), 이선희 크리스티나(간석4동), 이옥란 로사리아(주안5동), 진옥경 마리아(만수6동), 주욱선 소화데레사(도화동), 노승선 글라라(만수1동), 이상순 데레사(일신동), 김정자 카타리나(주안1동)

성녀 가타리나 분단 구정자 루시아(오정동), 권갑득 안젤라(장기동), 김안나 안나(통진), 노영래 그리스도폴(삼정동), 박정미 마리아(고강동), 이금숙 소피아(포동), 최영미 파비올라(검암동), 편혜영 베네딕다(심곡본동), 여서란 율리안나(김포), 김영순 프란체스카(여월동)

성녀 데레사 분단 정균채 율리안나(고잔), 권정자 세실리아(역곡2동), 김영숙 조이(삼정동), 우미하 .(중3동), 이형순 마리아(소사본3동), 정순 아가다(중2동), 신연실 크리스티나(상1동), 권미례 마리아(상동), 원동옥 수산나(소사), 안덕순 율리안나(심곡), 박송자 글라라(원미동)

성녀 아녜스 분단 김진자 에스텔(제물포), 김효주 율리아나(연수), 박현희 카타리나(동춘동), 오선자 .(부평2동), 정대준 벨다(학익동), 김혜정 미카엘라(부평1동), 이옥주 미카엘라(옥련동), 정영순 데레사(연수), 이상옥 가브리엘라(주안3동), 남순 분다(통진)

여성 제 103 차

2000. 12. 7 ~ 10

봉 사 자
• **지도신부** | 한관우 가누토 • **회장** | 문정자 마리안나 • **회장후보** | 임선모 소피아 • **총무부장** | 김영순 프란치스카 • **활동부장** | 정은희 소화데레사 • **활동부차장** | 차명식 젬마, 이은주 루시아, 서정희 프란체스카 • **전례부장** | 우영애 카타리나 • **전례부차장** | 김혜숙 루갈다 • **음악부장** | 노금자 세라피나 • **교수부장** | 김만례 세실리아 • **교수부차장** | 김창순 데레사 • **외부강사** | 나길모 굴리엘모, 정귀호 다니엘, 정병철 요셉, 이안순 데레사 • **주방봉사** | 구월1동

성녀 세실리아 분단
강옥순 안나(도화동), 김명숙 세라피나(해안), 김복술 루시아(주안3동), 김영자(용현5동), 김옥자 루시아(옥련동), 김정화 마리아(동춘동), 이영숙 힐다(학익동), 허춘범 .(십정동), 이정숙 가브리엘라(연안), 황미자 세실리아(용현동), 김명금 율리아(주안1동)

성녀 벨라뎃다 분단
강재순 글라라(소사), 구미회 도로테아(여월동), 박희숙 유스티나(원미동), 신금순 리따(중2동), 예준수 소피아(오정동), 유재순 카타리나(역곡2동), 장갑순 글라라(고강동), 서강희 임마누엘라(삼정동), 고경숙 크리스티나(상1동), 김선자 소화데레사(소사본3동), 김정희 실비아(중3동)

성녀 가타리나 분단
김현성 데레사(검암동), 김미숙 수산나(석남동), 김춘자 마리아(산곡3동), 박현숙 세레나(효성동), 윤영란 베로니카(산곡동), 윤옥자 마리아(부평2동), 정윤숙 데레사(서운동), 김명숙 아녜스(부평3동) , 김명순 안나(부평4동), 박숙희 실비아(작전동)

성녀 데레사 분단
강재순 글라라(소사), 구미회 도로테아(여월동), 박희숙 유스티나(원미동), 신금순 리따(중2동), 예준수 소피아(오정동), 유재순 카타리나(역곡2동), 장갑순 글라라(고강동), 서강희 임마누엘라(삼정동), 고경숙 크리스티나(상1동), 김선자 소화데레사(소사본3동), 김정희 실비아(중3동)

성녀 아녜스 분단
나은주 소피아(오류동), 양용자 올리바(신천), 유혜진 크레센시아(김포), 윤민숙 요셉피나(심곡본동), 윤성순 M.프란체스카(십정동), 이연수 미카엘라(고강동), 한옥순 세레나(대야동), 김미순 글라라(도창동), 박봉희 세실리아(심곡), 장윤석 피아(장기동)

여성 제 104 차

2001. 2. 15 ~ 18

봉 사 자
• **지도신부** | 정윤화 베드로 • **회장** | 신민자 데레사 • **회장후보** | 김만례 세실리아 • **총무부장** | 정진술 소피아 • **활동부차장** | 지혜순 도미니카, 방갑순 요안나, 윤지희노엘라, 최희현엘 리사벳 • **전례부장** | 윤경옥 사비나 • **전례부차장** | 연인자 안나 • **음악부장** | 이안순 데레사 • **교수부장** | 송문순 데레사 • **교수부차장** | 강모니 카모니카 • **외부강사** | 나길모 굴리엘모, 장희성 프란치스코, 김혁태사 도요한, 김인옥 베르다, 양은자 마리아, 선용자 안나 • **주방봉사** | 산곡3동

성녀 세실리아 분단
김정순 세라피나(구월1동), 권연진 안젤라(대야동), 김연례 안나(만수3동), 박정숙 레지나(대부), 이경분 엘리사벳(학익동), 전정숙 마리아(도창동), 최성희 율리안나(연수), 윤순연 베로니카(동춘동), 박순례 율리안나(만수1동), 이광숙 소화데레사(고잔), 배순열 아드리아나(신천), 이혜숙 가밀라(옥련동)

성녀 벨라뎃다 분단
김정순 세라피나(구월1동), 권연진 안젤라(대야동), 김연례 안나(만수3동), 박정숙 레지나(대부), 이경분 엘리사벳(학익동), 전정숙 마리아(도창동), 최성희 율리안나(연수), 윤순연 베로니카(동춘동), 박순례 율리안나(만수1동), 이광숙 소화데레사(고잔), 배순열 아드리아나(신천), 이혜숙 가밀라(옥련동)

성녀 가타리나 분단
박덕분(간석2동), 방복석 마르타(용현5동), 신정숙 율리안나(십정동), 안춘선 안젤라(주안5동), 이선숙 루시아(간석4동), 한정희 세레나(만수6동), 김정숙 소사체칠리아(용현동), 양귀화 제노베파(주안1동), 김귀자 세실리아(주안3동), 조영순 미카엘라(주안8동)

성녀 데레사 분단
고난경 유스티나(검암동), 김명자 베르디아나(오류동), 김미자 크리스티나(서운동), 박신덕 피데스(옥련동), 윤애자 미켈리나(석남동), 이순옥 안나(기타), 전형자 카타리나(가정동), 조미연 스콜라스티카(계산동), 한경희 안나(검단동), 한춘희 헬레나(통진), 고영진 엘리사벳(김포), 황현숙 요안나(작전동)

성녀 아녜스 분단
강경복 마리아(소사), 김한배 글라라(부평4동), 민순기 로사(가좌동), 윤경자 안젤라(해안), 임혜경 베네딕다(산곡동), 한지영 제노베파(송현동), 김명순 세꾼다(도화동), 손한엽 리드비나(부평1동), 김용자 베로니카(부평2동), 김춘자 리디아(부평3동), 백정복 F.로마나(연안), 박홍신 율리엣다(일신동)

여성 제 105 차

2001. 4. 19 ~ 22

봉 사 자

• **지도신부** | 조성교 요한금구 • **회장** | 임소연 마리아 • **회장후보** | 이인숙 마리아 • **총무부장** | 김영순 프란치스카 • **총무부차장** | 임선모 소피아 • **활동부장** | 이한화 안나 • **활동부차장** | 조순자 안나, 전숙희 데레사, 오광자 비비안나 • **전례부장** | 최혜숙 율리아 • **전례부차장** | 홍경자 데레사 • **음악부장** | 김만례 세실리아 • **음악부차장** | 정경애 미카엘라 • **교수부장** | 배경자 그라시아 • **교수부차장**/정성숙 세실리아 • **외부강사** | 나길모 굴리엘모, 제정원 베드로, 이범석 아오스딩, 우영애 카타리나, 양은자 마리아 • **주방봉사** | 주안1동

성녀 세실리아 분단

김수자 헬레나(용현동), 김영숙 요안나(주안3동), 송안순 아녜스(동춘동), 유옥현 세실리아(옥련동), 이우복 지따(용현5동), 장정례 루시아(제물포), 정광분 스텔라(송현동), 지성욱 프란치스카(학익동), 허정이 레지나(연수), 오경숙 세실리아(송림동), 오화자 세라피나(영종)

성녀 벨라뎃다 분단

이충효 마리아(강화), 강임숙 이사벨라(십정동), 김옥희 오틸리아(김포), 윤현순 세실리아(가정3동), 임금애 루시아(가좌동), 조한일(연수), 최신자 글로리아(검단동), 김정희 데레사(석남동), 민병숙 아가다(통진), 양미경 아그네스(통진)

성녀 가타리나 분단

김동미 가브리엘라(원미동), 김혜련 헬레나(삼정동), 남정자 세실리아(심곡본동), 박미숙 소화데레사(고강동), 윤영숙 엘리사벳(원미동), 이인신 헬레나(중3동), 장경숙 크리스티나(상1동), 정경희 글라라(여월동), 조미숙 데레사(역곡2동), 김영신 베로니카(오정동)

성녀 데레사 분단

이춘호 마리아(간석4동), 김순애 크리스티나(주안5동), 김정선 .(부평5동), 박기자 율리아(주안8동), 송영희 데레사(주안1동), 양명숙 카타리나(대야동), 김복자 소피아(도창동), 원문옥 유꾼다(만수1동), 박은숙 안젤라(만수3동), 윤순길 마리안나(만수6동), 김순옥 마리아(간석2동)

성녀 아녜스 분단

양계순 체칠리아(갈산동), 김일순 베네딕다(부평3동), 송영미 헬레나(서운동), 신숙자 글로리아(산곡동), 유기영(부평1동), 최경숙 아녜스(효성동), 박옥인 스콜라스티카(계산동), 이용임 글로리아(부평4동), 최규동 아녜스(부평5동), 이진숙 안젤라(산곡3동), 최미경 마리안나(작전동)

여성 제 106 차

2001. 6. 7 ~ 10

봉 사 자

• **지도신부** | 김동철 토마스 • **회장** | 우영애 카타리나 • **회장후보** | 신민자 데레사 • **총무부장** | 이은주 루시아 • **총무부차장** | 김혜숙 엘리사벳 • **활동부장** | 이명주 소화데레사 • **활동부차장** | 신정희 글라라, 박경화 마리아, 박영숙 데레사, 이영실 말가리다 • **전례부장** | 송유빈 아가다 • **전례부차장** | 노승경 벨라뎃다 • **음악부장** | 김경숙 마리아 • **음악부차장** | 양인자 스콜라스티카 • **교수부장** | 양은자 마리아 • **교수부차장** | 차명식 젬마 • **외부강사** | 나길모 굴리엘모, 정귀호 다니엘, 김혁태 사도요한, 정경애 미카엘라 • **주방봉사** | 심곡

성녀 세실리아 분단

방이숙 데레사(용현동), 이필우 루시아(해안), 장복자 카타리나(옥련동), 정금순 로사리아(동춘동), 정영주 소피아(주안1동), 홍연자 베로니카(답동), 홍정식 글라라(제물포), 김복자 아나다시아(도화동), 문양숙 에삐까리따스(송현동), 홍남선 쥴리아(연수), 조병숙 율리안나(용현5동)

성녀 벨라뎃다 분단

김순주 로사(소사본3동), 김현숙 요셉피나(여월동), 문순이 실비아(삼정동), 이희임 엘라(중2동), 최효순 아나다시아(심곡본동), 한영자 데레사(소사), 임향숙 카타리나(심곡), 박소자 세레나(중3동), 김수록 실비아(역곡), 김여진 데보라(역곡2동), 이천명 수산나(원미동)

성녀 가타리나 분단

강미자 글라라(효성동), 김향 세실리아(산곡동), 손경애 루시아(상1동), 송영애 루시아(서운동), 우효순 비아(부평5동), 이차임 마리아(작전동), 임미순 소피아(부평4동), 전옥자 스텔라(갈산동), 최숙희 마리아(계산동), 김종덕 수산나(산곡3동), 이순애 엘리사벳(상동)

성녀 데레사 분단

김순옥 사비나(가정3동), 장옥심 로사리아(가정동), 박혜순 아가페(검암동), 김경옥 .(가좌동), 김명숙 힐라리아(검단동), 김하자 막달레나(김포), 이진희 사비나(통진), 전현옥 아녜스(오류동), 정숙인 크리스티나(검단동), 정재인 루시아(십정동), 노경순 소피아(주안5동)

성녀 아녜스 분단

강은주 글라라(주안8동), 김정희 대데레사(구월1동), 박경숙 골롬바(학익동), 백찬미 로사(대야동), 신경순 데레사(만수1동), 이돈숙 리카르다(간석2동), 이영자 에디타(주안3동), 조은남 모니카(만수3동), 조인재 안나(도창동), 강경희 로사(만수6동), 이하순 세라피나(신천)

여성 제 107 차

2001. 10. 18 ~ 21

봉 사 자 • **지도신부** | 현명수 바오로 • **회장** | 문정자 마리안나 • **회장후보** | 김만례 세실리아 • **총무부장** | 김형옥 헬레나 • **총무부차장** | 조순자 비비안나 • **활동부차장** | 한은경 제노베파, 안명희 엘리사벳 • **전례부장** | 이인숙 마리아 • **전례부차장** | 조순자 안나 • **음악부장** | 백영순 루시아 • **교수부차장** | 신승순 카타리나 • **교수부장** | 성정희 데레사 • **외부강사** | 나길모 굴리엘모, 서상범 토마, 한관우 가누토, 신민자 데레사, 김인옥 베르다, 정영안 카타리나 • **주방봉사** | 역곡

성녀 세실리아 분단 문복술 소화데레사(화수동), 박명숙(용현5동), 박혜옥 수산나(옥련동), 송영희 리디아(송현동), 임미숙 임마누엘라(연수), 허숙자 베로니카(용현동), 박희남 아녜스(연안), 신동연 로사(영종), 한순옥 베네딕다(주안1동), 정흥순(주안3동), 이인순 미카엘라(주안5동)

성녀 벨라뎃다 분단 오진경 데레사(검단동), 강명자 아녜스(산곡3동), 박인숙 스콜라스티카(통진), 윤갑례 수산나(석남동), 이미향 안젤라(소성), 이영순 세라피아(중2동), 전춘자 로사(효성동), 진희순 모니카(검단동), 오난희 소피아(김포), 박순선 데레사(도창동), 구금란 유스티나(부평1동)

성녀 가타리나 분단 박희자 크리스티나(가정동), 최은주 미카엘라(계산동), 권점자 실비아(검암동), 노수직 아가다(통진), 서정희 로사(갈산동), 송순분 율리아(고촌), 조치화 데레사(대야동), 곽선옥 데레사(상1동), 강희복 마리아(상동), 이연숙(소사), 박시우 엘리사벳((작전동)

성녀 데레사 분단 오진경 데레사(검단동), 강명자 아녜스(산곡3동), 박인숙 스콜라스티카(통진), 윤갑례 수산나(석남동), 이미향 안젤라(소성), 이영순 세라피아(중2동), 전춘자 로사(효성동), 진희순 모니카(검단동), 오난희 소피아(김포), 박순선 데레사(도창동), 구금란 유스티나(부평1동)

성녀 아녜스 분단 강영순 데레사(삼정동), 김선임 실비아(원미동), 유경숙 엘리사벳(중2동), 유제순 아빌라데레사(소사본3동), 윤순자 마팔다(여월동), 이미자 마르타(심곡), 이안나 안나(역곡2동), 황순덕 요안나(여월동), 김정섭 미카엘라(심곡), 임일순 로사(심곡본동), 장부배 아녜스(역곡)

여성 제 108 차

2001. 12. 6 ~ 9

봉 사 자 • **지도신부** | 정병철 요셉 • **회장** | 김만례 세실리아 • **회장후보** | 신민자 데레사 • **총무부장** | 송문순 데레사 • **총무부차장** | 용혜숙 비아 • **활동부장** | 이은주 루시아 • **활동부차장** | 지혜순 도미니카, 오광자 비비안나, 송경희 모니카 • **전례부장** | 최혜숙 율리아 • **전례부차장** | 이명주 소화데레사 • **음악부장** | 채근자 소피아 • **음악부차장** | 양인자 스콜라스티카 • **교수부장** | 이한화 안나 • **교수부차장** | 강모니카 모니카 • **외부강사** | 나길모 굴리엘모, 현명수 바오로, 강영식 바오로, 이장필 스테파노 • **주방봉사** | 고강동

성녀 세실리아 분단 권관웅 벨라뎃다(고강동), 강정숙 루시아(역곡2동), 고춘희 세실리아(여월동), 배순자 데레사(원미동), 이영혜 카타리나(상1동), 이인애 엘리사벳(오정동), 권혁선 세레나(삼정동), 신경님 소피아(심곡본동), 홍경자 마리아(역곡), 김정숙 세실리아(중2동), 유정혜 카타리나(중3동)

성녀 벨라뎃다 분단 이인자 실비아(갈산동), 이선옥 라우렌시아(계산동), 김연희 데레사(고촌), 고성임 수산나(검단동), 민순석 헬레나(작전동), 박영희 로사(서운동), 신애경 바르바라(김포), 이말남 스콜라스티카(가좌동), 최송자 베로니카(통진), 최병술 안젤라(석남동), 이재연 사비나(가정동), 이경희 데레사(풍무동)

성녀 가타리나 분단 김성희 데레사(소사본3동), 김인순 M.막달레나(산곡동), 김준희 마르타(부평5동), 김진수 마리아(십정동), 최향숙 실비아(가정3동), 구정연 젬마(부평2동), 고남숙 율리안나(부평3동), 이기은 데레사(부평4동), 최경비 비안나(산곡3동), 김춘자 아녜스(송림4동), 이순자 안젤라(일신동)

성녀 데레사 분단 이재경 루시아(간석4동), 김은숙 요안나(고잔), 김종순 마리안나(만수6동), 반용이 .(대야동), 이경자 엘리사벳(만수1동), 최영자 스텔라(간석2동), 신원자 유스티나(동춘동), 송현경 헬레나(만수3동), 김혜자 데레사(신천), 정우순 라파엘라(연수), 지영숙 로사(주안3동)

성녀 아녜스 분단 이순봉 율리아(강화), 박인식 마리아(주안8동), 김정수 카타리나(주안3동), 박순화 소피아(부평2동), 박정희 세실리아(해안), 이경숙 스텔라(구월1동), 최기순 카타리나(답동), 최인자 요안나(도화동), 강영임 세꾼다(연안), 이원길 엘리사벳(옥련동), 구영매 루피나(용현5동), 김영순 정혜엘리사벳(주안1동)

여성 제 109 차

2002. 3. 21 ~ 24

봉 사 자 • **지도신부** | 정윤화 베드로 • **회장** | 신민자 데레사 • **회장후보** | 우영애 카타리나 • **총무부장** | 지혜순 도미니카 • **활동부장** | 박경화 마리아 • **활동부차장** | 윤지희 노엘라, 최희현 엘리사벳, 전숙희 데레사 • **전례부장** | 이명주 소화데레사 • **전례부차장** | 조순자 안나 • **음악부장** | 김경숙 마리아 • **음악부차장** | 정숙인 크리스티나 • **교수부차장** | 신승순 카타리나 • **교수부장** | 차명식 젬마 • **외부강사** | 나길모 굴리엘모, 최상진 야고보, 한관우 가누토 • **주방봉사** | 학익동

성녀 세실리아 분단 차금숙 릿다고(강동), 강은연 글라라(중2동), 김천복 요안나(심곡본동), 이정희 파비올라(역곡2동), 정생곤 이피제니아(소사본3동), 최명자 아녜스(삼정동), 현정자 데레사(역곡), 이오목 베로니카(소사), 박영애 가브리엘라(심곡), 최현수 실비아(여월동), 장순호 루피나(원미동), 정순득 율리안나(중3동)

성녀 벨라뎃다 분단 홍흥표 세실리아(구월1동), 김성은 마리아(송림4동), 변선자 마리아비안네(송현동), 엄희용 아녜스(용현동), 이풍자 모니카(송림동), 임봉자 레지나(주안3동), 한기숙 스텔라(숭의동), 홍순옥 엘리사벳(주안5동), 윤송숙 아가다(숭의동), 유영숙 카타리나(용현5동), 이분조 효주아녜스(주안1동), 박복자 마들렌(주안8동)

성녀 가타리나 분단 조재분 사비나(기타), 김순금 베로니카(가좌동), 김현옥 아니시아(검암동), 권혜숙 세실리아(고촌), 이진임 세라피나(서운동), 이춘길 엘리사벳(풍무동), 김동순 아나다시아(내가), 황정선 율리아(검단동), 주분이 세실리아(오류동), 이정임 레지나(통진), 최영선 마리아(통진)

성녀 데레사 분단 권은경 율리안나(상1동), 김명순 요셉피나(산곡동), 박미희 루실라(도화동), 성옥희 .(십정동), 손경애 수산나(상동), 염숙경 도미니카(효성동), 윤정순 수산나(산곡3동), 오연숙 마리아(동춘동),안희자 헬레나(부평3동), 김숙경 가브리엘라(연수), 심영주 베로니카(옥련동), 안기순 가밀라(주안3동)

성녀 아녜스 분단 심현추 세레나(간석4동), 구정순 세실리아(고잔), 안춘분 세실리아(포동), 이정자 로사(고잔), 이혜규 아셀라(만수6동), 임영자 헤레나(신천), 정영자 율리안나(만수1동), 정종만 리브가(만수3동), 정금자 세실리아(답동), 김영순 아녜스(대야동), 이향자 안나(도창동)

여성 제 110 차

2002. 6. 13 ~ 16

봉 사 자 • **지도신부** | 조성교 요한금구 • **회장** | 우영애 카타리나 • **회장후보** | 최혜숙 율리아 • **총무부장** | 조순자 비비안나 • **총무부차장** | 서정희 프란체스카 • **활동부장** | 송문순 데레사 • **활동부차장** | 한은경 제노베파, 안명희 엘리사벳, 송경희 모니카 • **전례부장** | 김만례 세실리아 • **전례부차장** | 김혜숙 엘리사벳 • **음악부장** | 백영순 루시아 • **음악부차장** | 정숙인 크리스티나 • **교수부장** | 차명식 젬마 • **교수부차장** | 정성숙 세실리아 • **외부강사** | 나길모 굴리엘모, 현명수 바오로, 최상진 야고보, 양은자 마리아 • **주방봉사** | 상1동

성녀 세실리아 분단 강성녀 모니카(소사본3동), 박영희 유스티나(심곡본동), 연기순 리디아(중2동), 윤경자 임마누엘라(고강동), 전문자 세레나(중3동), 전영아 율리안나(삼정동), 김용남 율리안나(역곡), 최춘복 실비아(역곡2동), 이은희 글라시아(오정동), 김인모 아가다(원미동), 손영애 도미니카(여월동), 최명숙 미카엘라(중2동)

성녀 벨라뎃다 분단 임경순 안젤라(가정3동), 박경숙 데레사(가좌동), 김영미 루시아(검암동), 윤정자 정혜엘리사벳(서운동), 이수연 데레사(계산동), 이을순(통진), 이진옥 로사(김포), 김진숙 헬레나(석남동), 유연화 체칠리아(검단동), 김영주 엘리사벳(장기동), 심인수 레지나(통진)

성녀 가타리나 분단 김효성 수산나(용현동), 나경분 루시아(도화동), 박주원 아녜스(용현5동), 배미숙(동춘동), 송미애 데레사(서운동), 윤일미 소화데레사(송림동), 이인순 마리아(옥련동), 김유순 데레사(답동), 김숙희 율리안나(연수), 박숙희 아가다(주안3동), 김순숙 데레사(해안)

성녀 데레사 분단 강은미 카타리나(주안3동), 김성자 마리아(갈산동), 김지선 데레사(산곡)동, 김혜리 .(갈산동), 현문자 비비안나(상동), 황영희 마틸다(십정동), 이숙자 리디아(구월1동), 김경옥 요안나(부평5동), 김순련 안나(부평3동), 주영주 요한나(산곡3동), 신영미 마리안나(주안1동), 안형숙 데레사(주안8동)

성녀 아녜스 분단 김금숙소화데레사(간석2동), 김명자율리아(소사), 김옥수미리암(만수3동), 김이환 베로니카(만수1동), 김흥자 프란체스카(대야동), 박영옥 데레사(상1동), 유앵순 바울리나(남촌동), 조윤자 세실리아(고잔), 조순금 마리안나(신천), 주점례 세실리아(만수6동), 박부돌 베로니카(대부)

여성 제 111 차

2002. 10. 10 ~ 13

봉 사 자
• **지도신부** | 정귀호 다니엘 • **회장** | 김만례 세실리아 • **회장후보** | 이인숙 마리아 • **총무부장** | 김영순 프란치스카 • **총무부차장** | 오광자 비비안나 • **활동부장** | 배경자 그라시아 • **활동부차장** | 최희현 엘리사벳, 전숙희 데레사 • **전례부장** | 임선모 소피아 • **전례부차장** | 조순자 안나 • **음악부장** | 노금자 세라피나 • **교수부장** | 이한화 안나 • **교수부차장** | 노승경 벨라뎃다 • **주방봉사** | 답동

성녀 세실리아 분단
유명희 미카엘라(고강동), 송순희 마틸다(소사), 이용순 루시아(도창동), 정선희 아네스(소사본3동), 이현순 아네스(삼정동), 서화윤 세실리아(상동), 이정자 수산나(심곡), 마정자 비비안나(심곡본동), 박인자 엘리사벳(여월동), 남영숙 프란체스카(역곡), 김애진 마리안나(중2동), 민옥남 율리안나(중3동)

성녀 벨라뎃다 분단
최경이 유스티나(동춘동), 김경순 글로리아(답동), 김영심 마리아(산곡3동), 박정옥 바울리나(구월1동), 윤여희 크리스티나(도화동), 전미자 엘리사벳(산곡3동), 정정숙 세실리아(화수동), 이명단 카타리나(백령도), 송종임 루시아(오류동), 김은심 가브리엘라(옥련동), 정재숙 아가다(연수)

성녀 가타리나 분단
이문옥 제노베파(가정동), 홍옥화 베로니카(고촌), 강석필 안젤라(가정3동), 김미나 루시아(검암동), 심미주 카타리나(김포), 유은희 우슬라(포동), 김정자 키나(백령도), 김정애 에우릴리아(석남동), 한춘희 마르체리나(통진), 송화범 요안나(풍무동), 허옥자 카타리나(하성)

성녀 데레사 분단
정영자 실비아(간석2동), 정봉금 말지나(고잔), 최춘란 소피아(구월1동), 김남선 요셉피나(주안5동), 박상희 라파엘(고강동), 송현이 마리아(신천), 유미숙 로사(용현5동), 윤순희 엘리사벳(주안3동), 남영래 세실리아(남촌동), 전숙랑 안젤라(만수6동), 오영화 아녜스(백령도), 공석윤 요안나(용현동)

성녀 아네스 분단
이경하 아녜스(갈산동), 김예숙 세실리아(백령도), 김현숙 요셉피나(상1동), 신정미 효주아녜스(서운동), 최진희 시도니아(부평1동), 양순일 요안나(만수1동), 윤자희 딤프나(부평5동), 김덕은 비비안나(부평2동), 김남애 엘리사벳(부평3동), 김금례 마리아(십정동), 김정순 제노비아(일신동)

여성 제 112 차

2002. 12. 5 ~ 8

봉 사 자
• **지도신부** | 한관우 가누토 • **회장** | 오봉순 요안나 • **회장후보** | 우영애 카타리나 • **총무부장** | 강모니카 모니카 • **총무부차장** | 한춘자 헬레나 • **활동부장** | 이은주 루시아 • **활동부차장** | 신정희 글라라, 전종근 카타리나, 이영실 말가리다 • **전례부장** | 최혜숙 율리아 • **전례부차장** | 신승순 카타리나 • **교수부장** | 성정희 데레사 • **외부강사** | 나길모 굴리엘모, 정윤화 베드로, 빙상섭 바오로, 채근자 소피아, 이명주 소화데레사 • **주방봉사** | 강화

성녀 세실리아 분단
정희진 아녜스(심곡본동), 김영숙 안나(중동), 신순화 루시아(중2동), 김순덕 아가당(여월동), 박정원 말다(소사3동), 우병근 크리스티나(역곡동), 정미순 크리스티나(고강동), 최육례 리따(역곡2동), 이귀례 아녜스(삼정동), 허명옥 클라우디아(상동), 이인자 엘리사벳(상1동), 김효선 사비나(오정동)

성녀 벨라뎃다 분단
이민자 베로니카(용형5동), 김유자 로사리아(주안1동), 이의숙 루시아(답동), 노영숙 율리에따(주안8동), 서순이 효임골롬바(도화동), 정영숙 골롬바(송림동), 김명숙 로사(숭의동), 이한미 세실리라(요현동), 유인영 엘리사벳(제물포), 박순용 로즈마리(주안3동), 정춘자 데레사(송림4동)

성녀 가타리나 분단
유정화 마리아(석남동), 정관순 안젤라(갈산동), 허연옥(크리스티나(부평3동), 정미경 스콜라스티카(부평2동), 이재희 안나(백령도), 김현주 안나(부평5동), 김은옥 로사리아(십정동), 신동숙 막달레나(간석4동), 홍정희 아녜스(백령도), 김태조 헬레나(산곡동), 이효연 안나(부평1동)

성녀 데레사 분단
한경자 유수티나(연수), 김해숙 스텔라(구월1동), 김창숙 실비아(간석2동), 허정임 카타리나(용현5동), 이행분 비비안나(대야동), 김용옥 로사(선학동), 이일회 헤레나(포동), 오봉례 율리아(고잔), 임정미 스테파니아(동춘동), 김명숙 마리아(송도), 장유희 안나(만수3동), 채미경 세실리아(남촌동)

성녀 아네스 분단
최순분 그라시아(김포), 박향숙 파치스수녀(답동), 안재숙 마리안나(가정3동), 심미영 안나(양곡), 윤영숙 율리안나(하성), 고현숙 모니카(강화), 강성실 멜라니아(통진), 김남분 실비아(서곶), 정진우 베로니카(풍무동), 최복순 안나(가좌동), 김복매 아녜스(가정동)

여성 제 113 차

2003. 1. 16 ~ 19

봉 사 자 • **지도신부** | 유영훈 토마스데아퀴노 • **회장** | 우영애 카타리나 • **회장후보** | 최혜숙 율리아 • **총무부장** | 김영순 프란치스카 • **총무부차장** | 조순자 비비안나 • **활동부장** | 전숙희 데레사 • **활동부차장** | 이영자 데레사, 권혁복 레지나 • **전례부장** | 조순자 안나 • **전례부차장** | 정성숙 세실리아 • **음악부장** | 백영순 루시아 • **음악부차장** | 오봉순요 안나 • **교수부장** | 송문순 데레사 • **교수부차장** | 윤지희 노엘라 • **외부강사** | 현명수 바오로, 최상진 야고보, 강진영 바오로, 신민자 데레사, 이명주 소화데레사 • **주방봉사** | 작전동

성녀 세실리아 분단 김영미 안젤라(구월1동), 김옥희 마리아(제물포), 김형남 마르첼리나(만수3동), 최경애 안나(용현5동), 황보인숙(간석4동), 장학중 헬레나(도화동), 윤태희 요셉피나(만수1동), 신영덕 베네딕다(만수6동), 김신자 아가다(숭의동), 한혜자 아녜스(용현동), 김화좌 글라라(주안3동), 이기옥 .(주안8동)

성녀 벨라뎃다 분단 강혜자(중3동), 박미숙 로사(원미동), 신미령 엘리사벳(고강동), 이경이 요안나(오정동), 천순덕 세실리아(대야동), 서향식 .(삼정동), 한영이 카타리나(소사본3동), 이규숙 루치아(심곡본동), 김석환 엘리사벳(역곡), 윤숙영 엘리사벳(역곡2동), 민수기 미카엘라(중2동)

성녀 가타리나 분단 김선옥 다니엘라(갈산동), 김영미 마리아(십정동), 김영숙 아녜스(서운동), 양유미 젬마(장기동), 정성순 말가리다(산곡3동), 윤선실 비아(부평1동), 강정자 카타리나(부평3동), 김원희 아녜스(산곡동), 정영희 루피나(상1동), 이정욱 데레사(상동), 인흥신 소화데레사(작전동)

성녀 데레사 분단 김근순 소화데레사(송림동), 박진경 가브리엘라(고잔), 이혜란 헬레나(남촌동), 이효란 엘리사벳(옥련동), 허주선 율리안나(답동), 윤진숙 마리아(동춘동), 염섭순 데레사(백령도), 허미경 세실리아(백령도), 도재숙 카타리나(연안), 석세화 세실리아(연수), 최영애 아나스타시아(연안), 홍인주 사비나(학익동)

성녀 아녜스 분단 조향자 카타리나(가좌동), 이은희 세실리아(강화), 고순옥 실비아(가정3동), 김덕순 아녜스(석남동), 김정옥 모니카(하성), 이신자 세실리아(하성), 최덕자 율리아(김포), 심희자 율리아(양곡), 유미애 데레사(검단동), 전선옥 가브리엘라(통진), 김경순 데레사(풍무동)

여성 제 114 차

2003. 4. 24 ~ 27

봉 사 자 • **지도신부** | 오용호 세베리노 • **회장** | 김만례 세실리아 • **회장후보** | 지혜순 도미니카 • **총무부장** | 백명애 율리안나 • **총무부차장** | 차명식 젬마 • **활동부장** | 박경화 마리아 • **활동부차장** | 안명희 엘리사벳, 김숙희 율리안나, 강성녀 모니카, 주영주 요한나 • **전례부장** | 용혜숙 비아 • **전례부차장** | 김혜숙 엘리사벳 • **음악부장** | 김인아 루시아 • **음악부차장** | 정숙인 크리스티나 • **교수부장** | 이은주 루시아 • **교수부차장** | 김창순 데레사 • **외부강사** | 정윤화 베드로, 조호동 바오로, 현상옥 스테파노, 이명주 소화데레사 • **주방봉사** | 송림4동

성녀 세실리아 분단 강은주 실비아(중3동), 김진숙 안나(고강동), 박상선 스테파니아(상1동), 이정자 데레사(삼정동), 한명옥 글로리아(백령도), 김순자 실비아(상3동), 강영순 미카엘라(소사본3동), 남경순 안젤라(심곡), 임명순 안젤라(역곡), 문영옥 그라시아(역곡2동), 전복순 모니카(역곡2동)

성녀 벨라뎃다 분단 김귀연 안나(가정동), 박복목(고촌), 김미자 세실리아(가정3동), 손진휘 안젤라(양곡), 안순자 리디아(검단동), 조문경 율리아(풍무동), 조순자 글라라(하성), 허명선 모니카(서운동), 민정희 크리스티나(석남동), 김정희 아녜스(장기동), 유정복 아가다(풍무동)

성녀 가타리나 분단 정영순 노엘라(간석4동), 신기남 데레사(고잔), 김종옥 레미지아(구월1동), 김은숙 모니카(만수6동), 박금자 루시아(일신동), 조숙 마르셀리나(만수1동), 최현옥 카타리나(대야동), 곽복란 데레사(만수3동), 임남경 세실리아(십정동), 강규순 안나(대부), 박희순 마리아(용현동)

성녀 데레사 분단 신성철 소피아(답동), 이순덕 젬마(옥련동), 이화자 골롬바(신공항), 장순옥 안나(주안5동), 김혜숙 헬레나(주안1동), 김현주 데레사(동춘동), 송경옥 베로니카(송림동), 이명숙 안젤라(연수), 김영자 발레리아(연안), 박해순 스콜라스티카(제물포), 김정현 안젤라메리치(주안3동), 조경희 에디타(주안3동)

성녀 아녜스 분단 김동옥 아녜스(갈산동), 김경옥 안젤라(대야동), 나한례 젬마(계산동), 노귀자 말가리다(산곡동), 박진숙 루시아(부평1동), 송선자 미카엘라(가좌동), 오봉녀 아녜스(효성동), 양은하 미카엘라(부평5동), 김경숙 아델라(부평3동), 이선희 카타리나(산곡3동), 고현옥 안젤라(작전동)

여성 제 115 차

2003. 6. 12 ~ 15

봉 사 자	• **지도신부** | 장태식 사도요한 • **회장** | 신민자 데레사 • **회장후보** | 차명식 젬마 • **총무부장** | 김형옥 헬레나 • **총무부차장** | 이영실 말가리다 • **활동부장** | 최희현 엘리사벳 • **활동부차장** | 서정희 프란체스카, 전종근 카타리나, 나한례 젬마, 김경숙 아델라 • **전례부장** | 이명주 소화데레사 • **전례부차장** | 오광자 비비안나 • **음악부장** | 김경숙 마리아 • **음악부차장** | 노금자 세라피나 • **교수부장** | 성정희 데레사 • **교수부차장** | 노승경 벨라뎃다 • **외부강사** | 정윤화 베드로, 방호일 로마노, 정인화 야고보 • **주방봉사** | 가좌동
성녀 세실리아 분단	이옥자 젬마(고잔), 최혜자 율리아(구월1동), 김금녀 로사(간석2동), 김혜숙 엘리사벳(옥련동), 라혜련 루시아(만수6동), 이재순 엘리사벳(만수3동), 이재은 요안나(대야동), 채춘자 가브리엘라(만수1동), 최인숙 리디아(동춘동), 김옥주 프란치스카(연수), 남옥자 카타리나(주안3동)
성녀 벨라뎃다 분단	곽영화 프란치스카(주안5동), 김영신 안젤라(용현5동), 최민자 율리아(용현동), 홍승희 미카엘라(답동), 김수자 소화데레사(답동), 노미영 다리아(신공항), 안성희 카타리나(송림4동), 정영순 브레실라(송현동), 김정순 엘리사벳(제물포), 이명숙 글라라(주안1동), 박순희 바울리나(주안3동), 조상분 안나(해안)
성녀 가타리나 분단	김경자 레지나(산곡3동), 서자경 비비안나(십정동), 양명희 루시아(효성동), 윤지윤 제노비아(송림4동), 김순자 수산나(백령도), 정만순 안나(계산동), 유옥순 크리스티나(부평5동), 장연하 율리아(부평3동), 이옥주 미리암(산곡동), 양희진 헬레나(일신동), 이정임 오틸리아(작전동)
성녀 데레사 분단	박영숙 소피아(중2동), 정기희 카타리나(소사본3동), 정미경 크리스티나(고강동), 박삼순 모니카(상1동), 김순월 수산나(삼정동),이명자 아가다(상3동), 안경숙 아녜스(서운동), 조인옥 마리아(심곡본동), 김인숙 실비아(역곡), 박옥희 마리아막달레나(역곡2동), 강선화 율리아(원미동), 권애순 루시아(중3동)
성녀 아녜스 분단	장정애 율리안나(가정동), 김은진 효임골롬바(고촌), 김인숙 로사(가좌동), 김종숙 데레사(검단동), 윤정자 요나(석남동), 홍옥녀 루시아(검암동), 유필녀 사라(김포), 문순이 요셉피나(양곡), 김미생 요셉피나(통진), 정영숙 마리아(통진), 송문자 헬레나(풍무동)

여성 제 116 차

2003. 10. 16 ~ 19

봉 사 자	• **지도신부** | 제정원 베드로 • **회장** | 우영애 카타리나 • **회장후보** | 지혜순 도미니카 • **총무부장** | 송문순 데레사 • **총무부차장** | 김창순 데레사 • **활동부장** | 전숙희 데레사 • **활동부차장** | 방복석 마르타, 최봉님 아녜스, 김숙희 율리안나 • **전례부장** | 이인숙 마리아 • **전례부차장** | 용혜숙 비아 • **음악부장** | 백영순 루시아 • **음악부차장** | 김동옥 아녜스, 나한례 젬마 • **교수부장** | 차명식 젬마 • **교수부차장** | 김혜숙 엘리사벳 • **외부강사** | 김용환 세례자요한, 현명수 바오로, 정인화 야고보, 박경화 마리아 • **주방봉사** | 간석4동
성녀 세실리아 분단	김근수 안토니나(중3동), 김삼혜 율리안나(역곡2동), 이은경 도미니까(고강동), 정정임 마리아(대야동), 이미재 카타리나(소사본3동), 정영미 아가다(심곡본동), 유정숙 율리안나(역곡), 이정숙 리디아(역곡), 김영자 카타리나(오정동), 안민숙 엘리사벳(원미동), 박복례 루시아(중2동)
성녀 벨라뎃다 분단	김정숙 율리아(십정동), 송향숙 아가다(용현동), 조정순 헬레나(부평5동), 이춘애 사비나(부평1동), 엄태숙 요한나(산곡동), 김태옥 로사(상1동), 박홍숙 아욱실리아(상3동), 최병희 베로니카(상3동), 허미옥 도미니카(서운동), 홍종임 마리안나(작전동), 양희숙 이레네(산곡3동)
성녀 가타리나 분단	이정우 바르바라(가정동), 김미영 글라라(갈산동), 한명숙 젬마(계산동), 유애자 율리아(기타), 이난희 글로리아(김포), 정순자 벨라뎃다(하성), 정영화 안젤라(가좌동), 최순례 안나(검단동), 신동녀 헬레나(양곡), 조정란 요셉피나(통진), 백영란 모니카(풍무동)
성녀 데레사 분단	정길순 모니카(간석2동), 강순자 아녜스(학익동), 김순녀 클라우디아(옥련동), 이수자 요안나(간석4동), 이은숙 수산나(만수1동), 정혜성 요비다(만수6동), 주혜형 율리안나(옥련동), 차영숙 데레사(간석2동), 최성숙 요셉피나(청학동), 박경선 라파엘라(동춘동), 소명희 율리안나(만수3동), 임선희 로사마리아(연수)
성녀 아녜스 분단	여정숙 율리안나(주안5동), 유옥란 요안나(답동),장성희 안나(교구청), 남승호 스콜라스티카(송림4동), 노경숙 그라시아(신공항), 이혜정 아나다시아(용현동), 홍미숙 세라피나(제물포), 박미숙 그라시아(주안1동), 박정희 율리아(주안3동), 이금숙 마리아(주안3동), 탁현경 세실리아(주안8동)

여성 제 117 차

2003. 12. 4 ~ 7

봉 사 자 • **지도신부** | 김영욱 요셉 • **회장** | 이인숙 마리아 • **회장후보** | 지혜순 도미니카, 신민자 데레사 • **총무부장** | 한춘자 헬레나 • **총무부차장** | 선용자 안나 • **활동부장** | 강모니카 모니카 • **활동부차장** | 안명희 엘리사벳, 김영주 엘리사벳, 김순숙 데레사 • **전례부장** | 이명주 소화데레사 • **전례부차장** | 전종근 카타리나 • **음악부장** | 김만례 세실리아 • **교수부장** | 배경자 그라시아 • **교수부차장** | 정성숙 세실리아 • **외부강사** | 정윤화 베드로, 이근일 마태오, 정인화 야고보 • **주방봉사** | 양곡

성녀 세실리아 분단 김부덕 분다(원미동), 신선래 아녜스(삼정동), 오현심 모니카(소성), 유혜련 실비아(고강동), 육경화(상동), 이영자 안젤라(상1동), 이옥선 베로니카(역곡2동), 유진희 로사리아(소사본3동), 김복순 율리아(여월동), 김순이 아녜스(오정동), 안영애 프란체스카(중2동)

성녀 벨라뎃다 분단 이현순 세레나(간석2동), 이정미 데레사(고잔), 김민정 그라시아(대야동), 김은희 휠리아(기타), 유현주 리따(남촌동), 김숙희 모니카(도창동), 유점순 마리아(갈산동), 전영주 안나(신공항), 김영옥 율리안나(은행동), 김옥연 효임골롬바(작전동), 서영범 아녜스(효성동)

성녀 가타리나 분단 김경순 아델라(가정동), 박이원 모니카(송림4동), 이광자 글라라(송현동), 오수연 도미니카(옥련동), 홍인자 루시아(청학동), 박양숙 마리아(백령도), 강해숙 요안나(도화동),김선주 헬레나(학익동), 정상숙 카타리나(연수), 남미순 프란치스카로마나(용현동), 김옥경 마리안나(주안3동), 심순애 요셉피나(가좌동)

성녀 데레사 분단 박정순 마리아(간석4동), 강윤숙 아녜스(십정동), 김태영 효주아녜스(만수1동), 김효선 소피아(답동), 박용희 스콜라스티카(제물포), 박미선 아나다시아(만수6동), 장세인 마리아(백령도), 이민선 로즈마리(부평1동), 백윤자 로사리아(신공항), 하재이 글로리아(용현5동), 류순천 안젤라(주안1동), 임애란 아녜스(청학동)

성녀 아녜스 분단 이종화 글라라(계산동), 김명호 요셉피나(석남동), 김복희 에밀리아(검단동), 김양순 막달레나(양곡), 조문휘 안나(검암동), 지정순 헬레나(산곡동), 추경화 라파엘라(김포), 서호순 가밀라(통진), 최연순 레지나(풍무동), 김명순 보나(하성), 이원숙 크리스티나(하점)

여성 제 118 차

2004. 2. 19 ~ 22

봉 사 자 • **지도신부** | 정윤화 베드로 • **회장** | 김만례 세실리아 • **회장후보** | 최혜숙 율리아 • **총무부장** | 이은주 루시아 • **총무부차장** | 강성녀 모니카 • **활동부장** | 박경화 마리아 • **활동부차장** | 김형옥 헬레나, 권혁복 레지나, 최봉님 아녜스 • **전례부장** | 임선모 소피아 • **전례부차장** | 김혜숙 엘리사벳 • **음악부장** | 백영순 루시아 • **교수부장** | 송문순 데레사 • **외부강사** | 한관우 가누토, 이재학 안티모, 박희중 안드레아 • **주방봉사** | 신천

성녀 세실리아 분단 김애경 안나(고강동), 권은희 마리나(고강동), 박재숙 아가다(여월동), 정점순 젬마(삼정동), 조헌숙 마리안나(소사본3동), 김은희 아녜스(심곡), 이금자(심곡본동), 박현자 율리안나(역곡), 오정숙 헬레나(역곡2동), 윤경희 아녜스(원미동), 김경숙 요안나(중2동), 김혜숙 로즈마리(중3동)

성녀 벨라뎃다 분단 이순신 마리아(가정동), 표병화 미카엘라(가좌동), 김순미 수산나(효성동), 김순옥 마리데레사(은행동), 유자경 안나(부개동), 정재순 안나(산곡3동), 하경희 에스텔(상동), 김영옥 엘리사벳(부평1동), 유영자 안나(부평3동), 조경숙 아녜스(상1동), 김명자(상3동), 장연실 요셉피나신(공항)

성녀 가타리나 분단 강덕만 베로니카(구월1동), 김경언 노엘라(간석2동), 박복실 루시아(간석4동), 김옥선 모니카(대야동), 오정숙 카타리나(만수1동), 이순희 엘리사벳(만수3동), 최선화 골롬바(백령도), 이묘순 레지나(만수6동), 현순희 베로니카(신천), 김문자 미카엘라(은행동), 오미숙 보나(포동)

성녀 데레사 분단 구명님 루시아(제물포), 김영숙 실비아(옥련동), 유귀덕 베로니카(답동), 심정년 루시아(도화동), 최미자 솔란지아(동춘동), 신건숙 마리아(연수), 고경숙 마리아(용현5동), 양금숙 세실리아(용현동), 장심형 안젤라(주안1동), 김혜순 세실리아(주안3동), 류시복 리오바(주안3동), 주미선 세실리아(청학동)

성녀 아녜스 분단 민경자 엘리사벳(계산동), 김옥경(작전동), 최미자 글라라(검단동), 한상순 말지나(용현동), 유정순 마리아(서운동), 이순이 율리안나(석남동), 남정자 로사(양곡), 김미란 마리아(갈산동), 김영실 벨라뎃다(통진), 김광숙 도미니카(하성), 김남순 카타리나(하점)

여성 제 119 차

2004. 4. 15 ~ 18

봉 사 자

• **지도신부** | 조성교 요한금구 • **회장** | 지혜순 도미니카 • **회장후보** | 신민자 데레사 • **총무부장** | 선용자 안나 • **총무부차장** | 박경화 마리아 • **활동부장** | 최희현 엘리사벳 • **활동부차장** | 안명희 엘리사벳, 김영주 엘리사벳, 유옥란 요안나, 최인자 마리아 • **전례부장** | 전종근 카타리나 • **전례부차장** | 용혜숙 비아 • **음악부장** | 채근자 소피아 • **음악부차장** | 김동옥 아녜스 • **교수부장** | 차명식 젬마 • **교수부차장** | 이명주 소화데레사 • **외부강사** | 오용호 세베리노, 이범석 아오스딩, 김혁태 사도요한 • **주방봉사** | 주안3동

성녀 세실리아 분단

강미숙 피엔시아(여월동), 김경분 말따(소사본3동), 김명숙 .(은행동), 황미자 알마(상동), 서신옥 세레나(백령도), 안혜영 마리아막달레나(삼정동), 김희옥 글라라(상3동), 박연희 유스티나(서운동), 정하순 마리아(소사), 홍해숙 세실리아(중2동), 정미연 아녜스(중3동)

성녀 벨라뎃다 분단

신정남 율리안나(강화), 김말녀 아가다(검단동), 변정숙 로사리아(계산동), 송현경(고촌), 이상희 아가다(김포), 최채선 데레사(가좌동), 하정희 카타리나(양곡), 김복순 글라라(검암동), 정희순 안나(통진), 권옥선 율리안나(하성)

성녀 가타리나 분단

강인순 아녜스(간석2동), 서란희 글라라(남촌동), 강해숙 효임골롬바(간석4동), 김수산나(부평2동), 김순옥 스콜라스티카(구월1동), 김정애 크리스티나(만수6동), 송필전 아나스타시아(만수1동), 이인옥 요셉피나(십정동), 송숙영 유릿다(대야동), 한현분 막달레나(고잔), 강현숙 프란치스카(신천), 황진영 루시아(은행동)

성녀 데레사 분단

김종희 막달레나(갈산동), 김후남 스콜라스티카(부개동), 박숙희 레지나(산곡동), 윤미숙 .(양곡), 이영임 막달레나(산곡3동), 채경애 실비아(일신동), 정창섭 세실리아(부평1동), 김남분 실비아(부평2동), 조운자 골롬바(부평3동), 김미정 베로니카(부평4동), 강애자 판체아(삼산동), 이계화 이사벨라(작전동)

성녀 아녜스 분단

강선숙 안젤라(용현5동), 이정숙 데레사(제물포), 이혜열 레지나(학익동), 허경애 엘리사벳(답동), 지명수 베로니카(도화동), 문제은 세라피나(동춘동), 주옥례 아녜스(송림4동), 신성숙 올리바(신공항), 이선숙 수산나(연수), 이정숙 페브로니아(연안), 왕정희 요셉피나(옥련동), 오영숙 마리아(주안3동)

여성 제 120 차

2004. 6. 17 ~ 20

봉 사 자

• **지도신부** | 오용호 세베리노 • **회장** | 이인숙 마리아 • **회장후보** | 임선모 소피아 • **총무부장** | 조순자 비비안나 • **총무부차장** | 최봉님 아녜스 • **활동부장** | 강모니 카모니카 • **활동부차장** | 김경숙 아델라, 김정순 엘리사벳, 박미숙 그라시아 • **전례부장** | 이명주 소화데레사 • **전례부차장** | 방복석 마르타 • **음악부장** | 김경숙 마리아 • **음악부차장** | 정숙인 크리스티나 • **교수부장** | 김영순 프란치스카 • **교수부차장** | 오광자 비비안나 • **외부강사** | 이학노 요셉, 정윤화 베드로, 현명수 바오로, 신민자 데레사 • **주방봉사** | 통진

성녀 세실리아 분단

이공자 안나(가정동), 고순영 소화데레사(가좌동), 김선희 율리안나(검암동), 박순덕 말가리다(검단동), 전경미 아가다(제물포), 정영희 펠리치아(석남동), 이정자 루시아(부평3동), 최호인 아녜스(산곡동), 신혜경 로사(온수), 강애자 루시아(통진), 김영숙 글로틸다(풍무동), 김명순 마리아(하성)

성녀 벨라뎃다 분단

오계순 젬마(고강동), 김순남 크리스티나(중3동), 양숙희 이사악(연수), 이은숙 안젤라(오정동), 진은희 스텔라(삼정동), 임명자 세실리아(범박동), 권순덕 마리아(소사), 안인환 아녜스(소사본3동), 이정옥 마리나(심곡본동), 박귀분 실비아(역곡2동), 임금례 베로니카(여월동), 강성의 베로니카(중2동)

성녀 가타리나 분단

노미자 헬레나(간석2동), 염순남 모니카(주안1동), 류연홍 모니카(답동), 노인순 세레피나(대청도), 오향금 바올리나(도화동), 한영순 유스티나(송림동), 김순이 스테파니아(옥련동), 박정분 소피아(용현5동), 전보예 말지나(용현동), 김학분 안젤라(제물포), 신갑순 아녜스(주안3동)

성녀 데레사 분단

정선희 데레사(계산동), 안종순 제노비아(부평1동), 유희균 엘리사벳(대야동), 임성규 마리아(부개동), 전희숙(삼정동), 정명희 비비안나(서운동), 원유만 미카엘라(상1동), 정영옥 수산나(상3동), 이복현 사비나(신천), 경선 젬마(은행동), 전양순 가브리엘라(일신동), 조순옥 글라라(작전동)

성녀 아녜스 분단

최재원 미카엘라(고잔), 류정임 소화데레사(구월1동), 양순옥(만수6동), 오영옥 레아(청학동), 조은용 엘리사벳(연수), 손영림 말따(남촌동), 이인숙 미카엘라(동춘동), 서춘자 마르첼리나(만수1동), 임귀정 프란체스카(만수3동), 주삼단 루시아(주안3동), 서순향 젬마(간석4동)

여성 제 121 차

2004. 9. 16 ~ 19

봉 사 자 • **지도신부** | 현명수 바오로 • **회장** | 신민자 데레사 • **회장후보** | 임선모 소피아 • **총무부장** | 강성녀 모니카 • **총무부차장** | 노영화 세실리아 • **활동부장** | 김경숙 아델라 • **활동부차장** | 이영자 데레사, 김경순 아델라, 조문휘 안나 • **전례부장** | 김만례 세실리아 • **전례부차장** | 송선자 미카엘라 • **음악부장** | 윤선 실비아 • **음악부차장** | 박진숙 루시아 • **교수부차장** | 명식 젬마, 채근자 소피아 • **외부강사** | 김병상 필립보, 정인화 야고보, 박희중 안드레아, 박경화 마리아 • **주방봉사** | 가정동

성녀 세실리아 분단 윤정순 데레사(계산동), 김영화 안나(부평1동), 남연옥 데레사(산곡3동), 이효은 마리아(부개동), 전근임 아네스(부평2동), 전광자 데레사(부평3동), 한원자 크리스티나(산곡동), 김효숙 리나(상1동), 지경화 안나(상3동), 남정선 요셉피나(상동), 신영임 소피아(작전동), 김영란 아가다(효성동)

성녀 벨라뎃다 분단 김숙희 실비아(삼정동), 백화영 루시아(고강동), 권정례 글라라(범박동),유영순 소피아(소사), 이승희 율리안나(소사본3동), 조윤경 노엘라(심곡본동), 김선희 소피아(역곡), 김영숙 세실리아(역곡2동), 조명송 .(원미동), 이경숙 로사리아(여월동), 서정남 글라라(은행동), 유용숙 살로메(중3동)

성녀 가타리나 분단 강성희 율리안나(대야동), 김수정(구월1동), 정인옥 말가리다(학익동), 최미숙 실비아(도화동), 이혜옥 로사(동춘동), 김금란 엘리사벳(청학동), 정순혜 베로니카(연수), 고영미 세실리아(용현5동), 조숙자 크리스티나(용현동), 윤정희 세실리아(주안1동), 심을섭 마리아(주안3동), 김혜순 프란치스카(주안8동)

성녀 데레사 분단 김인순 비비안나(간석4동), 김영인 엘리사벳(십정동), 나명란 수산나(구월1동), 이문혜(도화동), 임명복 데레사(대청도), 박미순 아델(만수1동), 유윤신 루피나(만수3동), 이명숙 글라라(백령도), 김영순 글라라(송림동), 양수남 글로리아(송현동), 최영옥 루치아(신천)

성녀 아네스 분단 윤종애 세실리아(가정동), 노난영 카타리나(가좌동), 박헌덕(검단동), 권미경 베로니카(검암동), 김봉희(효성동), 한옥희 요안나(서운동), 김해숙 세실리아(김포), 김경애 테클라(석남동), 남미경 레지나(오류동), 진경애 실비아(온수), 백용금 스텔라(통진), 강영순 사비나(하점)

여성 제 122 차

2004. 10. 14 ~ 17

봉 사 자 • **지도신부** | 김동철 토마스 • **회장** | 김만례 세실리아 • **회장후보** | 송문순 데레사 • **총무부장** | 김혜숙 엘리사벳 • **총무부차장** | 채근자 소피아 • **활동부장** | 박경화 마리아 • **활동부차장** | 심순애 요셉피나, 서호순 가밀라, 임선희 로사마리아 • **전례부장** | 용혜숙 비아 • **전례부차장** | 안명희 엘리사벳 • **음악부장** | 백영순 루시아 • **음악부차장** | 노금자 세라피나 • **교수부장** | 성정희 데레사 • **교수부차장** | 서정희 프란체스카 • **외부강사** | 이학노 요셉, 현명수 바오로, 이성만 시몬, 신민자 데레사 • **주방봉사** | 소사

성녀 세실리아 분단 김정순 루시아(고강동), 김순중 프란치스카(삼정동), 최정희 데레사(소사), 정미정 안나(상동), 정기주 엘리사벳(소사본3동), 성영숙 데레사(심곡), 김매자 데레사(심곡본동), 박민옥 미카엘라(여월동), 김은희 글라라(역곡2동), 김숙희 비아(오정동), 윤진이(중2동), 김영숙 글로리아(중3동)

성녀 벨라뎃다 분단 조희옥 율리안나(검단동), 김용옥 호노리나(고촌), 안선미 안젤라(가좌동), 임선희(풍무동), 정미자 로사(김포), 최남옥 마리안나(마니산), 임정숙 엘리사벳(석남동), 조덕희 안젤라(검암동), 이순희 루시아(온수), 김경현 루시아(통진), 어명분 헬레나(하성)

성녀 가타리나 분단 이애순 루실라(가정3동), 안효신 세실리아(효성동), 안춘자 세실리아(부평1동), 황명옥 아가다(부평2동), 이승남 로사(부평4동), 남성애 모니카(산곡동), 김영숙 글라라(상1동), 심진경 글라라(서운동), 이경자 아가다(십정동), 이형자 분다(작전동), 이용자 사비나(부개동)

성녀 데레사 분단 최금지 마틸다(간석2동), 임경자 글라라(간석4동), 김경희 안나(백령도), 김옥자 수산나(제물포), 현옥련 라파엘라(답동), 정명자 마르티나(도화동), 김경숙 제노베파(송림동), 송춘희 데레사(용현5동), 최숙자 요안나(주안1동), 김인숙(주안3동), 곽기모 루시아(주안5동), 김연례 안나(주안8동)

성녀 아네스 분단 구인숙 유스티나(구월1동), 풍금섭 헬레나(대야동), 이순자 엘리사벳(만수3동), 한양숙 율리안나(신천), 박효영 베로니카(옥련동), 이희정 에스텔(만수6동), 박윤경 수산나(연수), 하용애 소화데레사(동춘동), 박병체 요안나(은행동), 윤화자 골롬바(은행동), 박두자(주안3동)

여성 제 123 차

2004. 12. 2 ~ 5

봉 사 자 • **지도신부** | 한관우 가누토 • **회장** | 임선모 소피아 • **회장후보** | 신민자 데레사 • **총무부장** | 선용자 안나 • **총무부차장** | 김영주 엘리사벳 • **활동부장** | 최희현 엘리사벳 • **활동부차장** | 나한례 젬마, 권혁복 레지나, 김정순 엘리사벳 • **전례부장** | 이은주 루시아 • **전례부차장** | 조미리 마르첼라 • **음악부장** | 김경숙 마리아 • **음악부차장** | 김동옥 아녜스 • **교수부장** | 송문순 데레사 • **교수부차장** | 김창순 데레사 • **외부강사** | 이학노 요셉, 정윤화 베드로, 김혁태 사도요한, 현상옥 스테파노, 하경숙 아녜스 • **주방봉사** | 소사

성녀 세실리아 분단 오미애 실비아(동춘동), 김혜옥 돌로레스(만수1동), 이진숙 마리폴(도화동), 이금순 로사(구월1동), 안영옥 엔젤(대야동), 심춘자 뽀리나(대청도), 이옥자 카타리나(만수3동), 김명자 효임골롬바(만수6동), 박현주 아녜스(범박동), 하외선 세레나(신천), 이은옥 세실리아(은행동), 강경화 율리안나(주안3동)

성녀 벨라뎃다 분단 이현녀 헬레나(갈산동), 강은희 벨라뎃다(상1동), 윤영미 라우렌시아(일신동), 김향미 다리아(부개2동), 신경옥 로사(부개동), 정인희 크리스티나(부평1동), 안옥임 율리아(부평2동), 유은식 이레나(부평3동), 김명춘 프란치스카(부평4동), 김선희 안젤라(산곡3동), 고은자 엘리사벳(작전동)

성녀 가타리나 분단 박영숙 유스티나(검단동), 최귀옥 율리에타(검암동), 김종열 미카엘라(고촌), 김혜임 데보라(효성동), 이호애 카타리나(계산동), 김은현 크리스티나(서운동), 배은영 수산나(신공항), 최연정 율리안나(통진), 임금순 아녜스(하성), 전복님 안젤라(하점), 이순매 아녜스(해병청룡)

성녀 데레사 분단 강금옥 요셉피나(산곡동), 박정옥 카타리나(가정3동), 황경임 베네딕다(용현동), 황금자 데레사(제물포), 임춘옥 루치아(답동), 안순덕 미카엘라(도화동), 박혜영 율리아(백령도), 신경자 세실리아(송현동), 박혜숙 안나(십정동), 원용숙 크레센시아(주안3동), 이숙희 데레사(주안5동), 김경숙 안젤라(청학동)

성녀 아녜스 분단 김미자 리디아(고강동), 김숙자 로사리아(역곡2동), 이정순 벨라뎃다(오정동), 이진연 베네딕다(여월동), 김선숙 비비안나(상3동), 이혜란 아녜스(상동), 김성연 이레네(소사), 김순이 아녜스(소사본3동), 이종희 글라라(심곡본동), 임순자 파올라(역곡), 강혜경 베로니카(중2동), 노미해 소화데레사(중3동)

여성 제 124 차

2005. 2. 17 ~ 20

봉 사 자 • **지도신부** | 정윤화 베드로 • **회장** | 지혜순 도미니카 • **회장후보** | 채근자 소피아 • **총무부장** | 김혜숙 엘리사벳 • **총무부차장** | 송선자 미카엘라 • **활동부장** | 이영자 데레사 • **활동부차장** | 심순애 요셉피나, 김미란 마리아, 윤경희 아녜스 • **전례부차장** | 최인자 마리아 • **전례부장** | 이명주 소화데레사 • **음악부장** | 백영순 루시아, 윤선 실비아 • **교수부장** | 김경숙 아델라 • **교수부차장** | 조미리 마르첼라 • **외부강사** | 이학노 요셉, 한관우 가누토, 정인화 야고보, 백영순 루시아, 임선모 소피아 • **주방봉사** | 부평1동

성녀 세실리아 분단 이순양 아녜스(고촌), 박영조 루시아(장기동), 이난영 마르티나(가좌동), 이현숙 벨라뎃다(대부), 장영란 아녜스(김포), 김문정 로사(백령도), 김미란 크레센시아(석남동), 문미경 빠뜨리시아(신공항), 고명숙 세실리아(온수), 김영옥 마리아(주안3동), 최하영 마리아(통진), 박영실 미카엘라(하성)

성녀 벨라뎃다 분단 이덕자 세실리아(구월1동), 김미애 말다(대청도), 김영자 아가다(제물포), 박홍순 안젤라(검암동), 김은영 세실리아(동춘동), 장선자 유리안나(연수), 이애숙 로사(옥련동), 양춘자 안나(용현동), 이준자 엘리사벳(주안1동), 김현옥 안티아(주안3동), 김정순 수산나(주안5동), 김연희 아녜스(청학동)

성녀 가타리나 분단 김복순 다시아나(간석2동), 김명순(소사), 음병춘 스텔라(간석4동), 이연옥 마리안나(신천), 김정혜 엘리사벳(대야동), 김진숙 아가다(만수1동), 조성재 우술라(만수3동), 한성희 레지나(범박동), 박화자 크리스티나(만수6동), 연명숙 보나(역곡2동), 김경미 마리아(은행동), 이진희 세실리아(포동)

성녀 데레사 분단 조명애 젤뚜르다(고강동), 박종미 마리아(원미동), 백점자 글라라(상1동), 유금희 멜라니아(소사본3동), 이선희 엘리사벳(대야동), 이유순 율리안나(상동), 최부덕 안나(소사), 이기환 루이즈(심곡본동) , 황점희 루시아(여월동), 이혜숙 소화데레사(역곡) , 김숙란 미리암(중2동), 안덕희 대데레사(중3동)

성녀 아녜스 분단 장영옥 아델라(갈산동), 김미선 엘리사벳(계산동), 여외향 마리안나(효성동), 조업자 소화데레사(산곡3동), 백윤옥 마리아(부개2동), 조간란 글로리아(부개동), 이경미 헬레나(부평1동), 최병임 골롬바(부평3동), 이정선 세레나(서운동), 이상미 노엘라(십정동), 윤순남 안젤라(작전동)

여성 제 125 차

2005. 4. 14 ~ 17

봉 사 자

• **지도신부** | 오용호 세베리노 • **회장** | 이인숙 마리아 • **회장후보** | 전종근 카타리나 • **총무부장** | 박경화 마리아 • **총무부차장** | 안명희 엘리사벳 • **활동부장** | 전숙희 데레사 • **활동부차장** | 유옥란 요안나, 강덕만 베로니카, 박복례 루시아, 최복순 안나 • **전례부장** | 이은주 루시아 • **전례부차장** | 임선희 로사마리아 • **음악부장** | 양인자 스콜라스티카 • **음악부차장** | 김묘심 다미아나 • **교수부장** | 정성숙 세실리아 • **교수부차장** | 한춘자 헬레나 • **외부강사** | 이학노 요셉, 김동철 토마스, 손해락 멜키올, 김혜숙 엘리사벳, 임선모 소피아 • **주방봉사** | 원미동

성녀 세실리아 분단

허옥순 카타리나(풍무동), 송현섭 스텔라(강화), 김학은 멜라니아(검단동), 김입분 마리아(산곡동), 박영순 세실리아(양곡), 황정자 데레사(김포), 안영애 안나(내가), 최순희 정혜엘리사벳(마전동), 오경희 그라시아(서운동), 김영숙 리따(장기동), 박난숙(청수), 이현숙 베로니카(통진)

성녀 벨라뎃다 분단

정종순 다니엘라(고강동), 강정순 요아킴(부개동), 김영애 소피아(역곡2동), 김종열 루치아(삼정동), 최금숙 엘리사벳(상1동), 김미경 소화데레사(상동), 허경숙 마리안나(소사본3동), 이옥희 엘리사벳(심곡), 한원순 사비나(여월동), 구창숙 스콜라스티카(역곡), 이한임 사비나(오정동), 서은주 리디아(중2동)

성녀 가타리나 분단

김종의 실비아(주안8동), 안옥미 미카엘라(학익동), 강순덕 엘리사벳(답동), 김희자 정혜엘리사벳(주안3동), 이희원 글라라(동춘동), 김명숙 모니카(백령도), 정인숙 비비안나(숭의동), 김혜영 요안나(신공항), 김태순(연수), 이남금 로사(용현5동), 최복선 마리안나(용현동)

성녀 데레사 분단

고미경 율리따(가정동), 김명수 레지나(가좌동), 김혜경 클라우디아(풍무동), 김길자 율리아(부개2동), 박순복 율리안나(부개동), 최정은 아녜스(부평1동), 이재선 에우제니아(부평2동), 안명희 헬레나(부평3동), 이윤경 미카엘라(상3동), 윤진숙 글라라(석남동), 박성남 레지나(십정동), 채미향 로사(효성동)

성녀 아녜스 분단

곽미숙 도미니카(간석2동), 조영옥 안나(간석4동), 강원분 카타리나(구월1동), 손순희 루시아(원미동), 김금진 베로니카(대야동), 정화민 로사리아(만수3동), 이은순 유스티나(만수6동), 박인숙 헤레나(소사), 김미영 루시아(신천), 박순옥 콘체사(원당동), 조차선 라파엘라(은행동), 김경순 아녜스(포동)

여성 제 126 차

2005. 6. 16 ~ 19

봉 사 자

• **지도신부** | 박병훈 요셉 • **회장** | 김만례 세실리아 • **회장후보** | 임선모 소피아 • **총무부장** | 김영순 프란치스카 • **총무부차장** | 조문휘 안나 • **활동부장** | 이영자 데레사 • **활동부차장** | 박미선 아나다시아, 최미종 유스티나, 유정순 마리아 • **전례부장** | 송유빈 아가다 • **전례부차장** | 김경순 아델라 • **음악부차장** | 김동옥 아녜스, 김옥경 데레사, 백영순 루시아 • **교수부장** | 최희현 엘리사벳 • **교수부차장** | 서정희 프란체스카 • **외부강사** | 이학노 요셉, 정윤화 베드로, 정병덕 라파엘, 채근자 소피아, 하경숙 아녜스 • **주방봉사** | 계산동

성녀 세실리아 분단

박창희 글라라(계산동), 김계순 모니카(서운동), 김순흥 요안나(부개2동), 최미리 안젤라(효성동), 조복남 요셉피나(답동), 서영일 비비안나(부평1동), 김순영 레지나(부평2동), 최정숙 아가다(부평3동), 송진순 베로니카(삼산동), 이명선 마리아(은행동), 박해자 베로니카(작전동)

성녀 벨라뎃다 분단

양경자 마리아(송림4동), 이말희 지나(송림동), 손옥연 루시아(숭의동), 이영순 미카엘라(연수), 박정자 루시아(옥련동), 김용임 크리스티나(용현동), 김정숙 아가다(제물포), 전윤자 요셉피나(주안3동), 현순미 효주아녜스(청학동), 최정임 아녜스(화수동)

성녀 가타리나 분단

박미나 글라라(검단동), 김덕희 마리스텔라(마전동), 오현주 카타리나(검암동), 김수진(내가), 이재옥 다리아(양곡), 권복희 안나(대부), 김정숙(산곡3동), 이덕순 아가다(산곡동), 이현주 플로라(신공항), 박옥규 가브리엘라(청수), 오영희 크리스티나(풍무동)

성녀 데레사 분단

김양숙 안젤라(역곡2동), 김차이 루시아(원미동), 윤태순 미카엘라(여월동), 박종례 멜라니아(삼정동), 정오복 미카엘라(상1동), 이경옥 모니카(상3동), 목진주 아녜스(상동), 임향정 리디아(소사본3동), 김청자 안젤라(심곡본동), 김정옥 안나(역곡), 이금분 젤뚜르다(중2동), 서양순 수산나(중3동)

성녀 아녜스 분단

유춘란 스테파니아(가좌동), 박금숙 소피아(간석4동), 이경신 도미니카(만수6동), 김경숙 안젤라(대야동), 최순정 실비아(동춘동), 전정애 엘리사벳(만수1동), 황금옥 요셉피나(만수3동), 이점임 안나(범박동), 이미정 글로리아(신공항), 박영옥 아녜스(대부영흥), 서종분 안나(구월1동)

여성 제 127 차

2005. 10. 13 ~ 16

봉 사 자	• **지도신부** | 정귀호 다니엘 • **회장** | 신민자 데레사 • **회장후보** | 차명식 젬마 • **총무부장** | 지혜순 도미니카 • **총무부차장** | 홍해숙 세실리아 • **활동부장** | 안명희 엘리사벳 • **활동부차장** | 김숙희 율리안나, 민정희 크리스티나, 박미숙 그라시아, 김종희 막달레나 • **전례부장** | 박경화 마리아 • **전례부차장** | 이영자 데레사 • **음악부장** | 김만례 세실리아 • **음악부차장** | 김묘심 다미아나 • **교수부장** | 이명주 소화데레사 • **교수부차장** | 최봉님 아녜스 • **외부강사** | 이학노 요셉, 정윤화 베드로, 정병덕 라파엘, 하경숙 아녜스 • **주방봉사** | 십정동
성녀 세실리아 분단	임정희 율리안나(갈산동), 김영순 데레사(삼정동), 김은미 안나(신천), 이귀순 로사(범박동), 김현정 소화데레사(삼산동), 김시경 젬마(상동), 노혜례 율리안나(소사), 강순희 신티나(소사본3동), 이상옥 루시아(심곡), 이옥례 카타리나(역곡), 신순미 세라피나(역곡2동), 박혜련 헬레나(중2동)
성녀 벨라뎃다 분단	김미숙 야고보(소사), 김정자 데레사(답동), 유효재 지따(도화동), 손문희 미카엘라(동춘동), 이금화 안나(송현동), 김순례 율리안나(숭의동), 최영란 데레사(연수), 김명애 제노베파(연안), 윤영란 데레사(제물포), 이상해 뽀리나(주안3동), 서영자 글라라(청학동)
성녀 가타리나 분단	김숙희 마틸다(검암동), 이옥자 소피아(도화동), 우춘희 빅토리아(대야동), 신애지 세실리아(마전동), 최명숙 데레사(김포), 기숙서 루시아(서운동), 이정희 엠마(신공항), 진향영 로사리아(연수), 박성미 소피아(은행동), 강인숙 프리스카(청수), 이리나 루피나(청학동), 이인숙 젬마(통진)
성녀 데레사 분단	반미자 헬레나(가정3동), 간현숙 세실리아(가정동), 장선영 세실리아(검단동), 서금하 릿다(부평1동), 강정순 엘리사벳(부평2동), 박한신 프란체스카(부평3동), 김희수 율리아나(산곡3동), 박경석 글라라(석남동), 이숙경 세레피나(십정동), 정영선 루피나(온수), 배종남 수산나(작전동), 최외식 소피아(효성동)
성녀 아녜스 분단	정경숙 발비나(간석2동), 이희섭 아셀라(간석4동), 이명미 루시아(구월1동), 최병순 가브리엘라(만수1동), 김숙자 아녜스(만수3동), 이순화 안젤라(만수6동), 이연우 세실리아(신천), 박연수 소화데레사(용현5동), 정청자 마리아(주안1동), 이은자 데레사(주안3동), 김춘숙 안젤라(주안8동), 이영순 율리안나(포동)

여성 제 128 차

2005. 12. 1 ~ 4

봉 사 자	• **지도신부** | 김지훈 토마스아퀴나스 • **회장** | 임선모 소피아 • **회장후보** | 이은주 루시아 • **총무부장** | 채근자 소피아 • **총무부차장** | 이형자 분다 • **활동부장** | 김경숙 아델라 • **활동부차장** | 노난영 카타리나, 하용애 소화데레사, 김향미 다리아 • **전례부장** | 용혜숙 비아 • **전례부차장** | 김영주 엘리사벳 • **음악부장** | 백영순 루시아 • **음악부차장** | 김동옥 아녜스 • **교수부장** | 성정희 데레사 • **교수부차장** | 심순애 요셉피나 • **외부강사** | 이학노 요셉, 오용호 세베리노 정병철 요셉, 박경화 마리아 • **주방봉사** | 만수3동
성녀 세실리아 분단	이정란 율리아나(가정3동), 이민옥 마리안나(가정동), 현화옥 카타리나(고강동), 김재열 루시아(고촌), 이유미 미카엘라(김포), 최은영 리디아(청수), 김정심 레지나(덕적도), 김춘자 헬레나(마전동), 전금자 마리아(석남동), 고선희 우술라(원미동), 강옥순 로사(하성)
성녀 벨라뎃다 분단	유명화 데레사(상1동), 최미옥(덕적도), 김영옥 세실리아(범박동), 남유숙 아녜스(삼산동), 김복순 모니카(상3동), 김기옥 헬레나(서운동), 정점숙 안젤라(소사), 박영임 릿다(소사본3동), 이유정(이영자) 루시아(일신동), 이화자 안젤라(중2동), 김현숙 사비나(청수)
성녀 가타리나 분단	박옥림 아녜스(간석4동), 나금순 아가다(고잔), 오순덕 데레사(구월1동), 장현주 카타리나(대야동), 홍성애 바르바라(동춘동), 박옥희 루시아(만수3동), 김금주 루시아(만수6동), 한인순 데레사(연수), 이청미 소화데레사(옥련동), 고명순 데레사(주안3동), 이숙자 엘리사벳(청학동), 박정희 로사(포동)
성녀 데레사 분단	최정회 아가다(간석2동), 박창제 데레사(송림4동), 김순옥 카타리나(내가), 도진희 세실리아(답동), 김혜옥 마리아(송현동), 조윤자 안나(숭의동), 박혜영 모데스타(신공항), 함경희 카타리나(용현5동), 김경애 막달레나(용현동), 백순희 아녜스(제물포), 조연옥 프란치스카(주안1동), 한선희 이사야(주안5동)
성녀 아녜스 분단	현수옥 모니카(갈산동), 박두련 프란치스카(계산동), 이영숙 루시아(효성동), 정복임 마리안나(산곡3동), 지용철 마르타(부개2동), 김은영 에스델(대부), 김은호 마리나(부개동), 유영옥 안나(부평1동), 안순옥 프란치스카(부평2동), 장정숙 소피아(부평3동), 권혁숙 안젤라(산곡동), 현순자 크리스티나(작전동)

여성 제 129 차

2006. 2. 16 ~ 19

봉사자 • **지도신부** | 현상옥 스테파노 • **회장** | 이인숙 마리아 • **회장후보** | 임선모 소피아 • **총무부장** | 김혜숙 엘리사벳 • **총무부차장** | 최복 순안나 • **활동부장** | 이영자 데레사 • **활동부차장** | 정영순 브레실라, 김금란 엘리사벳, 장영옥 아델라, 장영실도로테아 • **전례부장**/최인자 마리아 • **전례부차장** | 김미란 마리아 • **음악부장** | 윤선 실비아, 김옥경 데레사, 김윤자 아녜스 • **교수부장** | 최희현 엘리사벳 • **교수부차장** | 송선자 미카엘라 • **외부강사** | 이학노 요셉, 이재학 안티모, 김혁태 사도요한, 박경화 마리아 • **주방봉사** | 검단동

성녀 세실리아 분단 이수옥 글라라(고잔), 노인애 젬마(대청도), 이지영 마리아(남촌동), 엄순남 세실리아(답동), 김복녀 세실리아(대부), 문미향 데레사(만수1동), 문상옥 헬레나(만수3동), 이숙경 율리아나(만수6동), 유숙정 세실리아(신공항), 조금순 엘라(신천), 전숙자 골렛다(영흥), 박미숙 로마나(용현5동)

성녀 벨라뎃다 분단 황정애 안나(가정3동), 황숙경 카타리나(검단동), 박순란 미카엘라(가정동), 김옥준 데레사(고촌), 김미아 데레사(김포), 임태연(마전동), 한미숙 마리아(장기동), 정옥 말가리다(청수), 이미선 모니카(통진), 임향란 플라비아(풍무동), 윤효경 나탈리아(하성), 이금순 카타리나(효성동)

성녀 가타리나 분단 성명례 율리안나(대야동), 황옥희 모니카(삼정동), 임해남 루피나(상1동), 이영옥 소사세실리아(상3동), 고성실 효임골롬바(상동), 양남숙 데레사(소사), 김향숙 세실리아(소사본3동), 이명희 가브리엘라(심곡본동), 정인숙(역곡2동), 곽안자 아녜스(오정동), 이명희 카타리나(중2동)

성녀 데레사 분단 박영숙 헬레나(용현동), 황명숙 말지나(연수), 강인숙 아녜스(동춘동), 조숙자 막달레나(숭의동), 김인자 글라라(옥련동), 서금화 베로니카(제물포), 김경옥 마리아(주안1동), 박상은 율리안나(주안3동), 이강원 루시아(주안3동), 강금분 막달레나(주안5동), 최정희 데레사(청학동), 박명순 소피아(화수동)

성녀 아녜스 분단 김재순 루치아(계산동), 이은자 글라라(고강동), 이영희 아가다(내가), 노은애 안나(도창동), 김현애 글라라(범박동), 조영숙 젬마(부개동), 목해경 수산나(부평1동), 최점자 소피아(부평4동), 임은주 크리스티나(삼산동), 윤인현 세라피나(서운동), 이해수 젤마나(여월동), 유숙경(작전동)

여성 제 130 차

2006. 4. 20 ~ 23

봉사자 • **지도신부** | 오용호 세베리노 • **회장** | 김만례 세실리아 • **회장후보** | 이은주 루시아 • **총무부장** | 조문휘 안나 • **총무부차장** | 박미선 아나다시아 • **활동부장** | 지혜순 도미니카 • **활동부차장** | 이현녀 헬레나, 이경남 헬레나, 정화민 로사리아, 박복례 루시아 • **전례부장** | 이영자 데레사 • **전례부차장** | 안명희 엘리사벳 • **음악부장** | 김경숙 마리아 • **음악부차장** | 노금자 세라피나, 김윤자 아녜스 • **교수부장** | 심순애 요셉피나 • **교수부차장** | 김경순 아델라 • **외부강사** | 이학노 요셉, 이재학 안티모, 장기용 세례자요한, 조영숙 세실리아 • **주방봉사** | 가정3동

성녀 세실리아 분단 최안나 안나(고강동), 권은진 막달레나(범박동), 이희숙 마틸다(삼정동), 이상직 세실리아(상1동), 이기은 요셉피나(상3동), 이종길 정혜엘리사벳(상동), 신선자 엘리아나(소사본3동), 이화숙 유스티나(소사), 이희승 스텔라(여월동), 유은주 아녜스(역곡2동), 김인숙 요안나(중2동), 신성자 베로니카(중3동)

성녀 벨라뎃다 분단 박덕연 베로니카(가정동), 신은정 베로니카(갈산동), 남궁승옥 데레사(계산동), 주은희 카타리나(부개2동), 변옥영 율리아(부평2동), 박월규 세실리아(부평4동), 최민행 요셉피나(산곡3동), 장석자 아가다(산곡동), 노하정 율리안나(서운동), 김정분 루시아(영흥), 엄인숙 세실리아(작전동), 강혜경 카타리나(효성동)

성녀 가타리나 분단 명옥선 아욱실리아(화수동), 박일순 안나(답동), 송향자 알비나(연수), 권은희 레지나(옥련동), 신경숙 소피아(용현5동), 이정순 미카엘라(제물포), 김정희 레지나(주안1동), 김영희 헬레나(주안3동), 황유순 크리스티나(주안3동), 이말임 소화데레사(청학동)

성녀 데레사 분단 이남례 율리아(간석2동), 김동순 로사(고잔), 유은숙 에우세비아(구월1동), 오채선 마리아(남촌동), 이영미 글라라(대야동), 정영화 마틸다(도창동), 이인실 리디아(만수1동), 윤명숙 마리아(만수3동), 임금옥 베로니카(만수6동), 이정자 베네딕다(신천), 박영자 파시엔시아(은행동), 서명숙 안젤라(포동)

성녀 아녜스 분단 유정자 로사(가정3동), 이순덕 엘리사벳(가정동), 김춘희 데레사(검단동), 박공순 마리아막달레나(고촌), 유명화 그라시아(김포), 윤미숙 가브리엘라(대청도), 임연선 세실리아(마전동), 송금화 엘리사벳(송림동), 이미경 사라(신공항), 김홍란 엘리사벳(장기동), 이은경 유스티나(청수), 유영식 아델라(하성)

여성 제 131 차

2006. 6. 15 ~ 18

봉 사 자
• **지도신부** | 김준석 멜키올 • **회장** | 임선모 소피아 • **회장후보** | 성정희 데레사 • **총무부장** | 이형자분다 • **총무부차장** | 유정순 마리아 • **활동부장** | 박경화 마리아 • **활동부차장** | 홍해숙 세실리아, 김향미 다리아, 조순옥글라라 • **전례부장** | 송문순데레사 • **전례부차장** | 김미란 마리아 • **음악부차장** | 김묘심 다미아나 • **교수부장** | 채근자 소피아 • **교수부차장** | 서정희프란체스카 • **외부강사** | 이학노 요셉, 정귀호 다니엘, 김동철 토마스, 조영숙 세실리아 • **주방봉사** | 부평4동

성녀 세실리아 분단
이금용 요셉피나(도화동), 정인자 도로테아(송림동), 송춘현 글라라(숭의동), 서연경 데레사(신공항), 함진순 크리스티나(연안), 유자순 글라라(용현5동), 임금자 로사(용현동), 최옥희 대데레사(제물포), 김용숙 루시아(주안1동), 김영경 아가다(주안5동), 김영순 효주아녜스(주안8동)

성녀 벨라뎃다 분단
정원자 헬레나(검단동), 김영옥 데레사(가좌동), 박윤자 모니카(연수), 신정숙 루시아(가정3동), 오순덕 루시아(대야동), 이구혜 비비안나(동춘동), 최효영(마전동), 손은자 사비나(주안3동), 서미선 안나(청수), 이혜경 글라라(통진), 박순희 아가다(한국순교성)

성녀 가타리나 분단
방명례 리오바(계산동), 장연순 소피아(고강동), 장옥순 바울리나(부평1동), 김영미 세실리아(부평2동), 오주영 데레사(부평4동), 조인숙 율리안나(삼산동), 정현희 율리아나(서운동), 김영희 글라라(부개동), 김명숙 안나(산곡3동), 김효정(작전동), 김경순 로사리아(효성동)

성녀 데레사 분단
장순임 마리아(삼정동), 김숙이 미리암(범박동), 양수자 베아따(상1동), 최혜경 마르가리타(상3동), 윤태구 안나(상동), 이정혜 안젤라(소사본3동), 김순녀 카타리나(심곡본동), 박갑순 레아(여월동), 송행기 안나(역곡2동), 오인숙 유스티나(오정동), 권숙자 크리스티나(중2동), 전민자 루치아(중3동)

성녀 아녜스 분단
문미자 카타리나(간석2동), 서재순 베레나(간석4동), 박병옥 소화데레사(고잔), 안미숙 미카엘라(구월1동), 김상수 요안나(남촌동), 김미애 데레사(대야동), 김창순 루치아(도창동), 이춘자 베네딕다(만수1동), 유정옥 아가다(만수3동), 이경자 로사(만수6동), 김기옥 프란치스카(신천), 이용림 제노비아(은행동)

여성 제 132 차

2006. 8. 17 ~ 20

봉 사 자
• **지도신부** | 노형호 실베리오 • **회장** | 이은주 루시아 • **회장후보** | 임선모 소피아 • **총무부장** | 송문순 데레사 • **총무부차장** | 윤순남 안젤라 • **활동부장** | 전종근 카타리나 • **활동부차장** | 민정희 크리스티나, 이계화 이사벨라, 이광자 글라라 • **전례부장** | 김경숙 아델라 • **음악부장** | 윤선실 비아 • **음악부차장** | 김묘심 다미아나 • **교수부장** | 용혜숙 비아 • **교수부차장** | 최복순 안나 • **외부강사** | 이학노 요셉, 정윤화 베드로, 정귀호 다니엘, 최상진 야고보, 하경숙 아녜스, 성정희 데레사 • **주방봉사** | 풍무동

성녀 세실리아 분단
최성숙 세실리아(갈산동), 김인숙 벨라뎃다(계산동), 오세숙 율리아나(마전동), 오선자 엘리사벳(박촌동), 김진희 헬레나(서운동), 장경희 율리에타(신공항), 전인경 글라라(작전동), 이진수 벨라뎃다(청수), 변혜숙 젬마(통진), 이향란 첼리나(풍무동), 김미란 소화데레사(효성동)

성녀 벨라뎃다 분단
천영옥 요한나(가정3동), 최옥순 바울라(가정동), 김현아 이반(고강동), 김영옥 마리아(산곡3동), 이인숙 스콜라스티카(부개2동), 최성분 프란치스카(부평2동), 여영순 로사(부평4동), 김미경 안젤라(산곡동), 최현이 엘리사벳(삼산동), 박향란 엘리사벳(석남동), 김애란 로사리아(소성), 유은옥 유스티나(십정동)

성녀 가타리나 분단
이애경 마리아(고잔), 조의정 소화데레사(대야동), 이현자 안젤라(도창동), 노명길 카타리나(동춘동), 오인선 엘리사벳(만수1동), 정춘희 헬레나(만수3동), 이은경 크리스티나(만수6동), 신용란 헬레나(주안3동), 이길순 마리아(신천), 정혜정 아녜스(은행동), 최순례 마리아(청학동), 김월선 율리안나(연수)

성녀 데레사 분단
심금순 데레사(간석4동), 박옥덕 글라라(구월1동), 박종미 임마누엘라(도화동), 조선아 엘리사벳(송림동), 김명주 요안나(숭의동), 황윤옥 스텔라(연안), 공숙경 베로니카(용현5동), 정선아 수산나(용현동), 이장우 프란치스코(제물포), 이선애 아가다(주안1동), 정숙영 아녜스(주안3동), 임종순 실비아(한국순교성), 노명원 안젤라(해안)

성녀 아녜스 분단
김효선 안토니아(고강동), 김삼숙 아녜스(부개2동), 여미자 로사(상동), 김순애 리드비나(소사본3동), 김연자 리디아(심곡본동), 황미숙 마틸다(역곡2동), 윤향미 카타리나(오정동), 박옥화 로사(원미동), 정선애 노엘라(여월동), 김인숙 율리아(일신동), 황정숙 클라우디아(중2동), 김순덕 아가다(중3동)

여성 제 133 차

2006. 10. 19 ~ 22

봉 사 자 • **지도신부** | 박병훈 요셉 • **회장** | 지혜순 도미니카 • **회장후보** | 이인숙 마리아 • **총무부장** | 안명희 엘리사벳 • **총무부차장** | 류정임 소화데레사 • **활동부장** | 임소연 마리아 • **활동부차장** | 장영실 도로테아, 문상옥 헬레나, 이청미 소화데레사, 김명애 제노베파 • **전례부장** | 성정희 데레사 • **전례부차장** | 하용애 소화데레 • **음악부장** | 채근자 소피아 • **음악부차장** | 김동옥 아녜스 • **교수부장** | 오광자 비비안나 • **교수부차장** | 송선자 미카엘라 • **외부강사** | 이학노 요셉, 정윤화 베드로, 박희중 안드레아, 조영숙 세실리아 • **주방봉사** | 연안

성녀 세실리아 분단 이순난 릿다(갈산동), 고정순 마리아(검단동), 안경희 베로니카(박촌동), 김인자 엘리사벳(부평2동), 정명숙 안나(부평3동), 신을미 아녜스(부평4동), 진정숙 아녜스(산곡3동), 이선미 베네딕다(서운동), 이숙희 레지나(작전동), 이희정 모니카(하성), 문은숙 소화데레사(효성동)

성녀 벨라뎃다 분단 이명열 데오필라(고잔), 김혜숙 안젤라(남촌동), 김경숙 리디아(대야동), 전태선 에스델(동춘동), 유정숙 골롬바(만수1동), 최병숙 루시아(만수6동), 이성례 베로니카(구월1동), 김옥경 젬마(선학동), 이정숙 카타리나(연수), 서수선 요셉피나(청학동), 김연중 마리아(한국순교성)

성녀 가타리나 분단 오순옥 세실리아(검단동), 최종순 로사리아(김포), 송규숙 라파엘라(마전동), 이순길 요셉피나(불로동), 천금옥 가브리엘라(산곡동), 김정희 마리아(양곡), 한현곤 아녜스(오류동), 한영숙 베로니카(일신동), 노현경 율리아나(청수), 강복순 루시아(풍무동), 김명자 베로니카(하성)

성녀 데레사 분단 강정숙 말다(고강동), 송정현 베로니카(범박동), 최명자 헬레나(삼정동), 박미영 아녜스(상1동), 류순애 젬마(소사), 이은희 요셉피나(소사본3동), 황미숙 세실리아(여월동), 이정애 로사리아(역곡), 김길자 가밀라(역곡2동), 최계숙 크리스티나(오정동), 민선진 레아(중2동), 주은옥 미카엘라(중3동)

성녀 아녜스 분단 전동상 데레사(부개2동), 박경숙 빅토리아(소성), 이선희 마리안나(송림동), 최부호 안나(숭의동), 유건숙 마리안나(신공항), 최원자 미카엘라(연안), 변진순 젬마(용현5동), 이승희 글라라(용현동), 하형난 요셉피나(제물포), 강미심 프란치스카(주안3동), 이정숙 안나(화수동)

여성 제 134 차

2006. 11. 30 ~ 12. 3

봉 사 자 • **지도신부** | 조명연 마태오 • **회장** | 임선모 소피아 • **회장후보** | 김만례 세실리아 • **총무부장** | 김영주 엘리사벳 • **총무부차장** | 조순옥 글라라 • **활동부장** | 채근자 소피아 • **활동부차장** | 김금란 엘리사벳, 정현희 율리아나 • **전례부장** | 이영자 데레사 • **전례부차장** | 박미선 아나다시아 • **음악부장** | 김경숙 마리아 • **음악부차장** | 양인자 스콜라스티카 • **교수부장** | 전숙희 데레사 • **교수부차장** | 정화민 로사리아 • **외부강사** | 이학노 요셉, 최상진 야고보, 한관우 가누토, 박경화 마리아 • **주방봉사** | 포동

성녀 세실리아 분단 김정해 루시아(고잔), 양정희 에밀리아나(만수6동), 이순미 알베르따(남촌동), 박종애 글로리아(대야동), 최옥경 프란치스카(만수1동), 김선혜 데레사(만수3동), 정혜숙 마리스텔라(신천), 김영자 마리아미카엘라(연수), 김현숙 마리아(청학동), 장광혜 스텔라(한국순교성)

성녀 벨라뎃다 분단 김정임 안나(부개2동), 김진유 데오필라(부평1동), 조경덕 글로리아(부평2동), 박문숙 세실리아(부평3동), 유성례 안나(부평4동), 이덕희 율리안나(산곡3동), 김필자 가브리엘라(삼산동), 배정숙 아녜스(서운동), 정명선 프란체스카(십정)동, 김현숙 아녜스(작전동)

성녀 가타리나 분단 정영욱 크리스티나(검암동), 장정순 엘리사벳(교구청), 박태순 로사리아(답동), 서진석 엘리사벳(백령도), 문수경 안나(숭의동), 이영애 소피아(영흥), 황경애 에프렘(용현동), 윤광자 로사(주안1동), 홍미도 안나(주안8동), 정은숙 안젤라(해안)

성녀 데레사 분단 이경숙 세라피나(고강동), 고미라 글라라(삼정동), 임재숙 로사(소사본3동), 김명숙 소피아(심곡), 이은석 데레사(여월동), 박경림 마리아고레띠(역곡2동), 윤인숙 비비안나(역곡2동), 안미화 엘리사벳(오정동), 김정순(원미동), 권혁희 도미니카(중2동), 이정희 마리아(중3동)

성녀 아녜스 분단 권경화 모니카(가정동), 박영란 안나(김포), 도희정 마리아(마전동), 이춘자 도미니카(박촌동), 윤경자 스콜라스티카(불로동), 고인순 데레사(신공항), 홍영미 글라라(오류동), 유정순 헬레나(원당동), 서성자 플로라(장기동), 김용희 아녜스(청수)

여성 제 135 차

2007. 2. 22 ~ 25

봉 사 자	• **지도신부** | 정윤화 베드로 • **회장** | 이인숙 마리아 • **회장후보** | 김만례 세실리아 • **총무부장** | 서정희 프란체스카 • **총무부차장** | 이숙경 율리아나 • **활동부장** | 안명희 엘리사벳 • **활동부차장** | 이광자 글라라, 엄순남 세실리아, 이희승 스텔라, 주은희 카타리나 • **전례부장** | 최인자 마리아 • **전례부차장** | 김경순 아델라 • **음악부장** | 김동옥 아녜스 • **교수부장** | 이영자 데레사 • **교수부차장** | 김미란 마리아 • **외부강사** | 이학노 요셉, 정귀호 다니엘, 김혁태 사도요한, 박경화 마리아, 임선모 소피아 • **주방봉사** | 숭의동
성녀 세실리아 분단	장영순 그라시아(간석4동), 강희숙 미리암(남촌동), 이옥경 데레사(동춘동), 이미자 소화데레사(만수1동), 정영애 마리아(만수3동), 이오규 루시아(만수6동), 최금여 데오도라(서창동), 김혜란 알로이시아(십정동), 박미영 글라라(연수), 주춘례 루시아(주안3동), 조성숙 아가다(고잔), 원경숙 첼리나(한국순교성)
성녀 벨라뎃다 분단	임원태 로사(강화), 임은옥 아가다(검단동), 박남순 엘리사벳(검암동), 반향미 아녜스(김포), 김순매 사비나(마전동), 유연희 유스티나(박촌동), 박영애 가브리엘라(석남동), 이인숙 엘리사벳(작전동), 박현숙 헬레나(장기동), 박금혜 세실리아(통진), 홍선희 젤마나(풍무동), 박은경 젬마(해병청룡)
성녀 가타리나 분단	오영자 마리아(고강동), 최낙년 에반젤리(삼정동), 김영자 로사(범박동), 민윤숙 실비아(상3동), 인명금 소피아(상동), 김은숙 안나(소사), 김정식 모니카(심곡), 김윤희 아녜스(역곡), 박연옥 마르셀라(역곡2동), 이유경 스콜라스티카(여월동), 최향잎 모니카(중2동), 김옥자 도미니카(중3동)
성녀 데레사 분단	이정현 모니카(갈산동), 이안자 파비올라(산곡3동), 박미호 아가다(대부), 오순옥 소화데레사(대야동), 이윤정 데레사(부평2동), 황계화 마리아(산곡동), 박은희 헬레나(삼산동), 임혜숙 루시아(소사), 김근주 아나스타시아(신천), 이봉님 루시아(영흥), 홍일표(은행동), 강은아 소피아(효성동)
성녀 아녜스 분단	추순자 데레사(가정동), 이안숙 마틸다(답동), 남영숙 세실리아(송림동), 유현옥 벨라뎃다(송현동), 김연숙 크리스티나(숭의동), 채향은 데레사(용현5동), 문미영 로사(용현동), 장화숙 미카엘라(제물포), 정명옥 정혜엘리사벳(주안1동), 노영자 연희마리아(주안3동), 나광희 리오바(주안8동), 강정례 마리아(화수동)

여성 제 136 차

2007. 4. 19 ~ 22

봉 사 자	• **지도신부** | 최상진 야고보 • **회장** | 임선모 소피아 • **회장후보** | 채근자 소피아 • **총무부장** | 김경숙 아델라 • **총무부차장** | 박복례 루시아 • **활동부장** | 이형자 분다 • **활동부차장** | 송선자 미카엘라, 조금순 엘라, 백윤옥 마리아, 최혜경 마르가리타 • **전례부장** | 오광자 비비안나 • **전례부차장** | 최복순 안나 • **음악부장** | 노금자 세라피나 • **교수부장** | 박경화 마리아 • **교수부차장** | 이경남 헬레나 • **외부강사** | 이학노 요셉, 오용호 세베리노, 김혁태 사도요한 • **주방봉사** | 석남동
성녀 세실리아 분단	박영민 스콜라스티카(고강동), 허인옥 유스티나(서창동), 김경선 마리아(대야동), 이춘우 한나(범박동), 이양선 가밀라(소사), 류명란 모데스타(소사본3동), 이정혜 소화데레사(소성), 이해숙 술임수산나(신천), 최광자 소피아(심곡본동), 이애존 소화데레사(여월동), 박영옥 노엘라(은행동), 박미아 리따(중2동)
성녀 벨라뎃다 분단	오상림 엘리사벳(답동), 박사순 그라시아(대부), 현순자 마리아(도화동), 김학숙 마르타(부평2동), 문명숙 안나(부평3동), 권수영 글라라(산곡3동), 서효자 안젤라(산곡동), 김혜라 글라라(삼산동), 신미애 소화데레사(용현5동), 김성자 실비아(용현동), 정향자 아가다(제물포), 조선자 루시아(주안1동)
성녀 가타리나 분단	김난영 마리아막달레나(검암동), 오숙현 프란치스카(계산동), 강예옥 로사리아(부개2동), 전덕순 카타리나(삼정동), 정영순 바울리나(상1동), 강금례 데레사(상3동), 김미경 스테파니아(서운동), 류금옥 비비안나(소성), 한순애 마리아(오정동), 이부향 베로니카(일신동), 전보경 세실리아(작전동), 김미숙 레지나(중3동)
성녀 데레사 분단	윤명자 세실리아(간석2동), 고재선 세실리아(간석4동), 고정옥 세라피나(구월1동), 윤은주 헬레나(남촌동), 김학위 카타리나(만수1동), 윤은로 미카엘라(만수3동), 김풍자 사라(만수6동), 이순필 리드비나(선학동), 김금주 헬레나(동춘동), 장비귀 아녜스(연수), 이명희 막달레나(청학동), 박찬순 크리스티나(한국순교성)
성녀 아녜스 분단	고혜정 요안나(가정동), 조명숙 데레사(가좌동), 정현숙 다리아(검단동), 김향미 아가다(김포), 한정자 마리아(마전동), 조남규 루시아(박촌동), 오현실 마리아(불로동), 정순자 로사리아(석남동), 이수옥 율리아나(원당동), 최용금 막달레나(장기동), 김영숙 요셉피나(통진), 조문자 마리아(효성동)

여성 제 137 차

2007. 6. 14 ~ 17

봉 사 자 • **지도신부** | 손광배 도미니코 • **회장** | 김만례 세실리아 • **회장후보** | 송문순 데레사 • **총무부장** | 유정순 마리아 • **총무부차장** | 정화민 로사리아 • **활동부장** | 차명식 젬마 • **활동부차장** | 이계화 이사벨라, 진향영 로사리아, 최은영 리디아, 이해수 젤마나 • **전례부장** | 안명희 엘리사벳 • **전례부차장** | 민정희 크리스티나 • **음악부장** | 김윤자 아녜스, 양인자 스콜라스티카 • **교수부장** | 심순애 요셉피나 • **교수부차장** | 류정임 소화데레사 • **외부강사** | 이학노 요셉, 정윤화 베드로, 김혁태 사도요한, 최복순 안나, 김경숙 아델라 • **주방봉사** | 장기동

성녀 세실리아 분단 정숙례 마리나(삼정동), 최금선 사비나(상1동), 강명애 글라라(소사), 김광숙 유스티나(소사본3동), 손인희 막달레나(심곡), 이경숙 마리아(심곡본동), 윤경희 베로니카(역곡2동), 정애리 비비안나(오정동), 전연숙 프란치스카(여월동), 이용선 로사리아(제물포), 김영순 글라라(중2동), 김은숙 테오도라(중3동)

성녀 벨라뎃다 분단 진희경 세레나가(정3동), 장순애 엘리사벳(가정동), 김명순 프로렌티나(계산동), 김인자 소피아(박촌동), 강호성 레베카(부개2동), 원은숙 안나(부평1동), 이채로 요안나(부평2동), 구옥모 율리아(부평3동), 강미자 모니카(산곡3동), 이상옥 헬레나(서운동), 김경순 라이문도(심곡본동) ,강정숙 아녜스(효성동)

성녀 가타리나 분단 이기옥 율리아(강화), 김명미 아녜스(검단동), 정선화 아녜스(김포), 김봉희 마리아(마전동), 강미경 데레사(불로동), 정광미 마리아(산곡동), 백돈자 아녜스(양곡), 임영선 비비안나(작전동), 이지영(장기동), 유옥희 비비안나(청수), 김인주 모니카(통진)

성녀 데레사 분단 심연문 아가다(답동), 백종영 헬레나(동춘동), 변은식 요셉피나(송림동), 김수경 엘리사벳(연수), 주영숙 세실리아(연안), 최남수 엠마(용현5동), 문우영 마리아(주안1동), 백인희 율리안나(주안5동), 가태희 엘리사벳(주안8동), 임선희 세실리아(청학동), 유성란 비시아(주안3동), 김선자 루시아(한국순교성), 서민심 카타리나(해안)

성녀 아녜스 분단 홍의숙 세실리아(간석2동), 하찬옥 비비안나(간석4동), 이경영 율리안나(고잔), 김정숙 마르타(구월1동), 원영숙 레지나(남촌동), 박명숙 막달레나(대야동), 최성화 데레사(만수1동), 김정애 베네딕다(만수3동), 김금희 소화데레사(만수6동), 권윤숙 아녜스(서창동), 이미일 프란치스카(신천), 이창주 엘리사벳(일신동)

여성 제 138 차

2007. 8. 16 ~ 19

봉 사 자 • **지도신부** | 김준태 요셉 • **회장** | 지혜순 도미니카 • **회장후보** | 송문순 데레사 • **총무부장** | 김영주 엘리사벳 • **총무부차장** | 신선자 엘리아나 • **활동부장** | 김금란 엘리사벳 • **활동부차장** | 이청미 소화데레사, 백현임 소피아, 장광혜 스텔라, 김경숙 리디아 • **전례부장** | 용혜숙 비아 • **전례부차장** | 윤순남 안젤라 • **음악부장** | 김동옥 아녜스 • **음악부차장** | 유은숙 에우세비아 • **교수부장** | 박경화 마리아 • **교수부차장** | 박미선 아나다시아 • **외부강사** | 정윤화 베드로, 정귀호 다니엘, 김동철 토마스, 차명식 젬마, 김경숙 아델라 • **주방봉사** | 중3동

성녀 세실리아 분단 송영주 스텔라(고강동), 조복단 마리아(만수1동), 오미숙 마리아(범박동), 윤경원 데레사(상3동), 권순희 사라(소사), 정연실 세실리아(소사본3동), 신영숙 아나스타시아(심곡본동), 김형희 안젤라(역곡2동), 황인미 제노베파(오정동), 김평자 세노비아(중2동), 이정애 안젤라(중3동)

성녀 벨라뎃다 분단 정선옥 마리아막달레나(가정3동), 전지원 마리아(검단동), 김성경 마리아(김포), 임영애 모니카(마전동), 선순임 루시아(불로동), 박찬희 루시아(신공항), 홍점숙 율리아(원당동), 이춘기 소화데레사(통진), 조명자 이다(풍무동), 김광덕 위비나(하성), 유성자 안젤라(해병청룡)

성녀 가타리나 분단 박순례 세실리아(간석4동), 김영미 세실리아(구월1동), 박미경 알레나(남촌동), 하명자 수산나(고잔), 이은주 M.막달레나(대야동), 박영자 마리아(만수3동), 김기옥 데레사(만수6동), 이상님 세레나(서창동), 박경희 로사(소성), 홍원자 요안나(신천), 배일례 루시아(은행동)

성녀 데레사 분단 최복자 안나(답동). 이복희 안나(동춘동), 박순덕 요안나(선학동), 문진화 마리아(송림동), 김희영 루치아(연안), 고수경 안젤라(용현5동), 유정인 도미니카(용현동), 이수애 실비아(주안1동), 홍두옥 루피나(주안3동), 홍화숙 수산나(연수), 박혜경 실비아(한국순교성인), 임복희 안젤라(화수동)

성녀 아녜스 분단 배영숙 크리스티나(가좌동), 김미경 아셀라(계산동), 전은선(박촌동), 김영애 요셉피나(부개2동), 천미금 젬마(부평2동), 이인숙 요안나(산곡3동), 한진숙 율리안나(삼산동), 강향순 카타리나(서운동), 김옥순 리디아(일신동), 최희균 안젤라(작전동), 이경화 안나(효성동)

여성 제 139 차

2007. 10. 11 ~ 14

봉 사 자 • **지도신부** | 현상옥 스테파노 • **회장** | 임선모 소피아 • **회장후보** | 임소연 마리아 • **총무부장** | 김영순 프란치스카 • **총무부차장** | 최점자 소피아 • **활동부장** | 이광자 글라라 • **활동부차장** | 조금순 엘라, 이화자 안젤라, 이청미 소화데레사 • **전례부장** | 김경순 아델라 • **전례부차장** | 하용애 소화데레사 • **음악부장** | 김경숙 마리아 • **음악부차장** | 노금자 세라피나 • **교수부장** | 이형자 분다 • **교수부차장** | 김길자 가밀라 • **외부강사** | 이준희 마르코, 정윤화 베드로, 최상진 야고보, 최복순 안나 • **주방봉사** | 부개2동

성녀 세실리아 분단 최기용 요안나(범박동), 최금희 엘리사벳(삼정동), 이영희 엘리사벳(상1동), 전인희 실비아(상3동), 이송희 루시아(상동), 신정균 데레사(소사), 김정임 헬레나(소사본3동), 권미옥 마리보스꼬(심정동), 박혜주 젬마(여월동), 정상희 보나(역곡2동), 신윤희 에밀리아나(중3동)

성녀 벨라뎃다 분단 이옥순 안젤라(간석2동), 고미숙 데레사(간석4동), 정혜영 데레사(연수), 서금숙 미카엘라(남촌동), 김현숙 안나(대야동), 김혜숙 마리아(동춘동), 김선숙 안나(만수1동), 임복덕 레지나(만수3동), 조복순 마리나(만수6동), 최정자 막달레나(서창동), 최숙이 발바라(숭의동), 김문정 막시마(역곡2동)

성녀 가타리나 분단 김성민 마리카트린(가정동), 이재화 가브리엘라(갈산동), 권미애 로사리아(계산동), 이정숙 소피아(박촌동), 임선녀 마리아프란치스카(부개2동), 방영애 세실리아(부평1동), 이성자 벨라뎃다(산곡3동), 허영남 데레사(산곡동), 남지애 엘리사벳시튼(삼산동), 조인순 데레사(십정동), 박성미 로사리아(작전동), 지정숙 헬레나(장기동)

성녀 데레사 분단 박경미 마리소피아(갈산동), 김인순 모니카(선학동), 유선옥 데레사(송림동), 원순자 베로니카(송현동), 이명숙 베로니카(연안), 한순옥 베네딕다(옥련동), 최명희 아녜스(용현5동), 이부희 도로테아(용현동), 김난희 로사(주안1동), 함화자 안젤라(주안3동), 장경미마리안나(청학동), 임순희 리드비나(해안)

성녀 아녜스 분단 김미화 에스텔(가정3동), 이형섭 말따(가정동), 오병숙 데레사(검단동), 이인희 요셉피나(검암동), 문미화 베아뜨리체(김포), 김수정 데레사(마전동), 노진선 마틸다(불로동), 임란이 베네딕다(신공항), 김경희 안젤라(신천), 강경미 세실리아(영종), 신영미 마리아(은행동), 오희숙 엘리사벳(하성)

여성 제 140 차

2007. 11. 29 ~ 12. 2

봉 사 자 • **지도신부** | 오용호 세베리노 • **회장** | 지혜순 도미니카 • **회장후보** | 김만례 세실리아 • **총무부장** | 조문휘 안나 • **총무부차장** | 최은영 리디아 • **활동부장** | 송유빈 아가다 • **활동부차장** | 정화민 로사리아, 노난영 카타리나, 김옥경 젬마, 김금희 소화데레사 • **전례부장** | 서정희프란체스카 • **전례부차장** | 주은희 카타리나 • **음악부장** | 양인자 스콜라스티카 • **교수부장** | 심순애 요셉피나 • **교수부차장** | 송선자 미카엘라 • **외부강사** | 이준희 마르코, 정윤화 베드로, 김혁태 사도요한, 박경화 마리아, 김경숙 아델라 • **주방봉사** | 중2동

성녀 세실리아 분단 최명숙 유스티나(상1동), 정혜정 로사(상3동), 이상숙 엘리사벳(상동), 황영익 크리스티나(서운동), 이양님 안젤라(소사본3동), 김종순 미카엘라(심곡본동), 임현미 마리아(역곡2동), 김은희 디냐(여월동), 황애정 엘리사벳(작전동), 한남옥 베로니카(중2동), 전순옥 마리아(중3동)

성녀 벨라뎃다 분단 이상옥 로사리아(가좌동), 민경례 바실라(선학동), 백남희 말가리다(송림동), 이순온 모니카(송현동), 송순례 유스티나(숭의동), 박희숙 로사(영종), 유지현 글라라(용현5동), 이영희 수산나(용현동), 김화순 카타리나(주안3동), 박성애 루시아(해안), 정미순 카타리나(화수동)

성녀 가타리나 분단 홍효순 베로니카(갈산동), 서미연 요한나(부개2동), 유순이 카타리나(부평2동), 김회숙 로사리아(불로동), 황영희 로사리아(산곡3동), 이애순 베로니카(산곡동), 현경숙 아녜스석(남동), 정정순 소화데레사(소성), 이희규 요시아(영종), 최호선 크리스티나(일신동), 오선주 요안나(효성동)

성녀 데레사 분단 김순희 사비나(간석4동), 임성순 모니카(고잔), 유선옥 엘리사벳(구월1동), 김화곤 요셉피나(남촌동), 이승자 엘리사벳(대야동), 김현주 카타리나(동춘동), 김현숙 데레사(만수1동), 조성희 유스티나(만수6동), 이영숙 로사(연수), 황연실 아셀라(옥련동), 김종희 헬레나(용현동), 신경숙 모니카(한국순교성)

성녀 아녜스 분단 박유미 데레사(가정3동), 황춘옥 안나(가정동), 왕선우 아녜스(검단동), 이정자 안나(김포), 김옥희 안나(내가), 한경숙 데레사(마전동), 김분남 스텔라(불로동), 고명옥 카타리나(장기동), 하유정 모니카(청수), 윤현임 스테파니아(풍무동), 강애순 데레사(하성)

여성 제 141 차

2008. 1. 17 ~ 20

봉 사 자 • **지도신부** | 민영환 토마스모어 • **회장** | 김만례 세실리아 • **회장후보** | 용혜숙 비아, 김경숙 아델라 • **총무부장** | 김영주 엘리사벳 • **총무부차장** | 엄순남 세실리아 • **활동부장** | 민정희 크리스티나 • **활동부차장** | 이숙경 율리아나, 최향잎 모니카, 김인자 소피아, 이미일 프란치스카 • **전례부장** | 박미선 아나다시아 • **전례부차장** | 장광혜 스텔라 • **음악부장** | 채근자 소피아 • **음악부차장** | 김동옥 아녜스 • **교수부장** | 김미란 마리아 • **교수부차장** | 신선자 엘리아나 • **외부강사** | 이준희 마르코, 정윤화 베드로, 김혁태 사도요한, 최복순 안나 • **주방봉사** | 남촌동

성녀 세실리아 분단 류영희 카타리나(고강동), 김기월 헬레나(삼정동), 박선영 효주아녜스(상동), 김수영 세실리아(소사), 오영옥 세레나(심곡본동), 강선화 엘레나(역곡), 오안나 요안나(역곡2동), 이순미 소사아가다(여월동), 송영숙 안젤라(중2동), 정영길 안나(중3동)

성녀 벨라뎃다 분단 강인자 베로니카(간석2동), 이경자 아녜스(간석4동), 임정숙 안나(구월1동), 구미회 로사(동춘동), 김영옥 예수의데레사(소사), 김선식 라우렌시아(송림동), 정숙희 마리아(숭의동), 김인순 아가다(옥련동), 문인자 가브리엘라(용현동), 권태연 정혜엘리사벳(제물포), 이순영 세실리아(주안3동)

성녀 가타리나 분단 이은직 마리아미카엘라(서창동, 윤지영 안나(남촌동), 한동순 요안나(대야동), 박안나 안나(동춘동), 석봉자 막달레나(만수3동), 조명희 아나스타시아(만수6동), 이순희 글라라(상1동), 하경숙 리디아(신천), 이영희 아녜스(용현5동), 김은영 안젤라(은행동), 박수서 마리아(제물포)

성녀 데레사 분단 이혜영 요안나(계산동), 이관숙 세레나(고잔), 이복희 아녜스(부개2동), 김혜란 마리로사(부개동), 이금숙 율리안나(불로동), 최경실 데레사(산곡3동), 이은희 마리아(삼산동), 조정옥 크리스티나(서운동), 임인순 아가다(작전동), 장희정 도미니카(청수), 김영주 사비나(효성동)

성녀 아녜스 분단 이해월 데레사(가정동), 최정례 유스티나(강화), 박금숙 헬레나(검단동), 조미애 에밀리아나(연수), 임순자 글라라(마전동), 최경아 마리아(불로동), 김영애 비르지타(석남동), 김인자 율리안나(한국순교성), 김미혜 안젤라(신공항), 윤형섭 리드비나(장기동), 황윤숙 모니카(풍무동)

여성 제 142 차

2008. 4. 17 ~ 20

봉 사 자 • **지도신부** | 오용호 세베리노 • **회장** | 이인숙 마리아 • **회장후보** | 송문순 데레사 • **총무부장** | 김창순 데레사 • **총무부차장** | 박복례 루시아 • **활동부장** | 이계화 이사벨라 • **활동부차장** | 이희승 스텔라, 조선자 루시아, 김옥경 젬마, 박은경 젬마 • **전례부장** | 안명희 엘리사벳 • **전례부차장** | 백윤옥 마리아 • **음악부차장** | 노금자 세라피나, 김경숙 마리아 • **교수부장** | 심순애 요셉피나 • **교수부차장** | 진향영 로사리아 • **외부강사** | 이준희 마르코, 정윤화 베드로, 최상진 야고보, 박경화 마리아 • **주방봉사** | 소사본3동

성녀 세실리아 분단 안선주 멜리티나(강화), 황정인 젬마(검단동), 김복순 루시아(계산동), 김혜원 세실리아(마전동), 강미수 안젤라(서운동), 정숙희 루시아(신공항), 이미애 캐롤린(작전2동), 정명숙 소피아(작전동), 유창순 리디아(청수), 최석미 카타리나(김포), 이지영 미카엘라(통진), 유하나 레지나(풍무동)

성녀 벨라뎃다 분단 조미미 헬레나(송림동), 염영자 베로니카(가정동), 채수미 글라라(답동), 성희자 콘체사(도화동), 이정윤 세실리아(옥련동), 박정옥 데레사(송현동), 강정자 크리스티나(용현동), 김경자 세실리아(주안1동), 노미숙 대데레사(주안5동), 김신영 베레나(학익동), 김춘화 사비나(해안), 이길숙 마리아(화수동)

성녀 가타리나 분단 김춘식 마리아(고강동), 박은옥 카타리나(삼정동), 이순례 모니카(상1동), 강건자 세실리아(상3동), 윤희식 세실리아(상동), 정상희 벨리나(심곡본동), 한태숙 베로니카(여월동), 고선옥 젬마(오정동), 임숙자 로사리아(원미동), 배연하 안나(원종2동), 양재금 안젤라(중2동), 조한미 안나(중3동)

성녀 데레사 분단 김향덕 마르티나(산곡3동), 최미원 데레사(간석4동), 최영미 리디아(부개2동), 채현숙 카타리나(부개동), 신혜숙 글라라(산곡동), 박은자 벨라지아(삼산동), 임태숙 수산나(상동), 이혜령 헬레나(소사본3동), 서선숙 미카엘라(송현동), 이덕순 유스티나(십정동), 이남숙 체칠리아(역곡2동), 고미숙 데레사(효성동)

성녀 아녜스 분단 김민형 마리안나(남촌동), 김란희 마리아비안네(대야동), 안영숙 사비나(도창동), 양효숙 율리안나(만수1동), 이은실 유스티나(만수3동), 이춘주 글라라(만수6동), 김선애 율리안나(서창동), 이재열 엘리사벳(선학동), 길명섭 크리스티나(신천), 지성경 로사(연수), 이미숙 데레사(은행동), 최경미 세실리아(한국순교성인), 김해순 데레사(동춘동)

여성 제 143 차

2008. 6. 19 ~ 22

봉 사 자
• **지도신부** | 송준회 베드로 • **회장** | 지혜순 도미니카 • **회장후보** | 차명식 젬마 • **총무부장** | 류정임 소화데레사 • **총무부차장** | 최혜경 마르가리타 • **활동부장** | 이광자 글라라 • **활동부차장** | 이화자 안젤라, 이해수 젤마나, 이순필 리드비나, 김명순 프로렌티나 • **전례부장** | 이은주 루시아 • **전례부차장** | 최은영 리디아 • **음악부장** | 백현임 소피아 • **음악부차장** | 박정자 루시아 • **교수부장** | 정화민 로사리아 • **교수부차장** | 김금란 엘리사벳 • **외부강사** | 이준희 마르코, 정귀호 다니엘, 이근일 마태오 • **주방봉사** | 심곡

성녀 세실리아 분단
김영희 요셉피나(고강동), 김태련 안나(범박동), 박현지 로즈마리(삼정동), 정은숙 글라라(심곡), 정숙자 율리안나(심곡본동), 문영희 로즈마리(여월동), 김영소 아녜스(역곡), 정순덕 율리아(역곡2동), 이경자 율리아(원종2동), 홍유미 에스텔(중2동), 박정순 말지나(중3동)

성녀 벨라뎃다 분단
김인희 프란치스카(검단동), 임남숙 소화데레사(석남동),, 한영희 글라라(마전동), 김회숙 효주아녜스(불로동), 조선남 미카엘라(서운동), 김경주 소피아(신공항), 김인초 베아뜨리체(양곡), 김하영 마리아(청수), 천혜란 에밀리아(통진), 이종숙 안토니아(풍무동), 서정순 아녜스(해병청룡)

성녀 가타리나 분단
오정숙 막달레나(가정3동), 정경숙 세실리아(효성동), 김경희 안나(대야동), 김정옥 로사(부개2동), 이혜숙 쥬리아(산곡3동), 김애래 아녜스(산곡동), 김영분 아나다시아(신천), 황양순 안젤라(십정동), 김귀순 플로라(은행동), 김명희 수산나(작전2동), 유미정 마리아(작전동)

성녀 데레사 분단
이영순 아나스타시아(답동), 손지후 아가다(동춘동), 김연홍 글라라(선학동), 장영순 데레사(송림동), 송명자 안젤라(송현동), 표현삼 율리엣다(연수), 장향숙 베로니카(옥련동), 민문근 아가다(용현5동), 조애희 카타리나(용현동), 김미자 소피아(주안8동), 최영윤 이냐시아마리아(한국순교성인), 신숙희 베로니카(화수동)

성녀 아녜스 분단
배인선 비아(간석4동), 최광숙 미카엘라(고잔), 조복희 골롬바(남촌동), 이갑순 미카엘라(논현동), 배정란 엘리사벳(만수1동), 안영순 안나(만수3동), 정현희 안젤라(만수6동), 박명원 유스티나(모래내), 김옥자 엘리사벳(송내1동), 손선희 비아(신천), 심순화 세실리아(영흥)

여성 제 144 차

2008. 8. 21 ~ 24

봉 사 자
• **지도신부** | 손광배 도미니코 • **회장** | 차명식 젬마 • **회장후보** | 김만례 세실리아 • **총무부장** | 박경화 마리아 • **총무부차장** | 장영순 그라시아 • **활동부장** | 조금순 엘라 • **활동부차장** | 김금주 헬레나, 강미자 모니카, 선순임 루시아, 문정숙 아가다 • **전례부장** | 주은희 카타리나 • **전례부차장** | 최현이 엘리사벳 • **음악부장** | 박명자 골롬바 • **음악부차장** | 권태연정혜 엘리사벳 • **교수부장** | 이형자 분다 • **교수부차장** | 강덕만 베로니카 • **외부강사** | 김병상 필립보, 오용호 세베리노, 김혁태 사도요한, 최복순 안나 • **주방봉사** | 심곡본동

성녀 세실리아 분단
안문숙 도미니카(고강동), 김정희 미카엘라(삼정동), 한영주 베리따스(상1동), 이예숙 데레사(상동), 김혜정 수산나(소사본3동), 이수자 아녜스(심곡본동), 장수정 로사(여월동), 강종례 율리안나(역곡), 김미숙 데레사(역곡2동), 김경선 데레사(원종2동), 이윤지 미카엘라(중2동), 김순자 크리스티나(중3동)

성녀 벨라뎃다 분단
이소저 모니카(고잔), 서순옥 오틸리아(남촌동), 이기숙 엘리사벳(대야동), 조현숙 글라라(도창동), 백정희 안나(동춘동), 김정희 세라피나(소성), 최복순 요안나(신천), 안미숙 베르다(연수), 백주영 마리아고레티(연안), 윤성희 프란치스카(은행동), 손정희 아가페(한국순교성인), 이금자 바울라(해안)

성녀 가타리나 분단
유안나 안나(검단동), 조선희 율리안나(검암동), 심치복 루갈다(도화동), 김정숙 골롬바(부개2동), 정정자 체리나(부개동), 정춘희 M.프란체스카(부평3동), 최윤미 아녜스(산곡3동), 서황애 카타리나(삼산동), 고천종 미카엘라(상3동), 오미선 유스티나(서운동), 강정자 엘리사벳(작전2동), 최귀라 세라피나(효성동)

성녀 데레사 분단
장숙경 루치아(김포), 이화경 사비나(마전동), 박선경 젬마(박촌동), 김남수 카타리나(양곡), 박명희 미카엘라(작전동), 정현옥 루피나(작전동), 안영자 그라시아(주안1동), 임순금 루시아(주안3동), 추경숙 사비나(주안8동), 이미애 모니카(청수), 전정숙 미카엘라(통진), 정재향 세실리아(해병청룡)

성녀 아녜스 분단
박효진 안나(간석2동), 정순형 마리아(구월1동), 오여옥 미카엘라(만수3동), 현명환 쥬리아(만수6동), 윤순숙 프란치스카(모래내), 이경희 안나(송림4동), 신일희 로사(송림동), 홍대숙 유스티나(송현동), 윤수정 루시아(옥련동), 정회옥 율리따(용현5동), 진순옥 알로이시아(용현동), 박지연 아녜스(일신동)

여성 제 145 차

2008. 10. 16 ~ 19

봉 사 자 • **지도신부** | 조명연 마태오 • **회장** | 임소연 마리아 • **회장후보** | 이인숙 마리아 • **총무부장** | 김영순 프란치스카 • **총무부차장** | 이경남 헬레나 • **활동부장** | 송선자 미카엘라 • **활동부차장** | 김명애 제노베파, 유성란 비시아, 김광덕 위비나, 이경화 안나 • **전례부장** | 전종근 카타리나 • **전례부차장** | 김금희 소화데레사 • **음악부장** | 채근자 소피아 • **음악부차장** | 김동옥 아녜스 • **교수부장** | 김미란 마리아 • **교수부차장** | 하용애 소화데레사 • **외부강사** | 이준희 마르코, 최상진 야고보, 손광배 도미니코, 박경화 마리아 • **주방봉사** | 구월1동

성녀 세실리아 분단 최외숙 아녜스(간석4동), 김여인 안젤라(갈산동), 박이정 비시아(검암동), 정호분 마리아(계산동), 김지숙 안젤라(부평2동), 박정임 안나(부평3동), 박제정 M.막달레나(산곡3동), 이혜경 마리아(서운동), 김수연 젬마(작전2동), 김은경 엘리사벳(작전동), 김기숙 안나(효성동)

성녀 벨라뎃다 분단 임정인 로사(대야동), 조정자 마리아(삼정동), 박순경 율리엣다(상1동), 김연심 로사(상3동), 박성희 유스티나(여월동), 오남주 엘리사벳(역곡), 김주득 스콜라스티카(역곡2동), 이경자 마리아(원미동), 변옥남 크리스티나(원종2동), 염성자 가브리엘라(중2동), 하영순 마리스텔라(중3동)

성녀 가타리나 분단 정옥인 데레사(가정3동), 송점숙 마리나(가정동), 윤복순 안젤라(검단동), 김응숙 베로니카(김포), 유정곤 마르타(도화동), 윤명선 루시아(마전동), 이순양 엘리사벳(불로동), 김미숙 베로니카(석남동), 김옥수 데레사(양곡), 윤형순 카타리나(작전2동), 한세옥 마리안나(제물포)

성녀 데레사 분단 김귀섭 데레사(고잔), 정유경 데레사(구월1동), 서인순 프란치스카(남촌동), 이인자 율리안나(논현동), 이은주 세실리아(만수1동), 조경숙 가브리엘라(만수3동), 양미숙 아녜스(만수6동), 이양순 아녜스(모래내), 조경숙 아녜스(서창동), 류미경 막달레나(선학동), 유정재 유리안나(옥련동)

성녀 아녜스 분단 정명희 대철베드로(간석4동), 신희재 마리아(송현동), 최옥경 안나(연수), 김명자 소화데레사(연안), 최영순 안젤라(용현5동), 윤귀순 미카엘라(주안1동), 서영숙 로마나(주안5동), 박정자 베로니카(주안8동), 조혜영 바울리나(학익동), 유미애 아가다(화수동)

여성 제 146 차

2008. 12. 4 ~ 7

봉 사 자 • **지도신부** | 김성만 파트리치오 • **회장** | 송문순 데레사 • **회장후보** | 차명식 젬마 • **총무부장** | 김창순 데레사 • **총무부차장** | 김길자 가밀라 • **활동부장** | 민정희 크리스티나 • **활동부차장** | 김명숙 안나, 이미일 프란치스카, 서미연 요한나 • **전례부장** | 김영주 엘리사벳 • **전례부차장** | 윤순남 안젤라 • **음악부장** | 김경숙 마리아 • **음악부차장** | 선순임 루시아 • **교수부장** | 정화민 로사리아 • **교수부차장** | 장광혜 스텔라 • **외부강사** | 이준희 마르코, 정윤화 베드로, 이상희 마르띠노, 박경화 마리아 • **주방봉사** | 부평2동

성녀 세실리아 분단 박순자 가브리엘라(범박동), 정희숙 아가다(삼정동), 조덕실 안나(상1동), 박금향 안나(상3동), 이용숙 세실리아(소사본3동), 염명례 베로니카(송내1동), 이미송 베로니카(심곡본동), 최경미 마리아(여월동), 김미정 엘리사벳(역곡2동), 김미선 이르미나(원미동), 오정화 헬레나(중2동), 정운옥 세실리아(중3동)

성녀 벨라뎃다 분단 송태자 카타리나(가정동), 엄기영 소화데레사(검단동), 이은영 엘리사벳(계산동), 임금선 소피아(고촌), 유선애 아가다(김포), 강연화 안젤라(마전동), 한경숙 엘리야(불로동), 이경순 베로니카(서운동), 최정숙 크리스티나(석남동), 박명숙 아녜스(오류동), 신미해 도미니카(통진), 유효순 베레나(풍무동)

성녀 가타리나 분단 김운경 애덕(갈산동), 이명숙 글라라(마전동), 안정옥 요안나(부개2동), 장경숙 세실리아(부평1동), 이미숙 글라디스(부평2동), 이우창 율리안나(산곡3동), 이은주 젤마나(삼산동), 이종옥 카타리나(일신동), 조효순 아가다(작전2동), 이영란 세실리아(작전동), 고경숙 폴리세나(주안1동), 황명순 스콜라스티카(효성동)

성녀 데레사 분단 손연배 세레나(연수), 정군자 데레사(선학동), 원정옥 글라라(송현동), 이화자 레지나(숭의동), 오미경 세실리아(옥련동), 박순주 데레사(용현5동), 양명화 프란치스카(제물포), 함선이 율리아(주안1동), 박단아 아녜스(주안3동), 김성자 렌나(주안5동), 조경춘 루시아(주안8동), 이덕조 마르티나(해안)

성녀 아녜스 분단 이선영 효주아녜스(간석4동), 이병연 아녜스(고잔), 김민선 파트리시아(구월1동), 최은희 크리스티나(대야동), 홍선심 카타리나(만수1동), 변윤희 수산나(만수3동), 구명옥 헬레나(만수6동), 최명숙 수산나(모래내), 박인혜 소피아(서창동), 김유환 마리아(논현동), 김종안 마리아(신천)

여성 제 147 차

2009. 2. 19 ~ 22

봉 사 자	• **지도신부** | 이경일 토마스 • **회장** | 김만례 세실리아 • **회장후보** | 이은주 루시아 • **총무부장** | 이경남 헬레나 • **총무부차장** | 이순필 리드비나 • **활동부장** | 최은영 리디아 • **활동부차장** | 이순미 소사아가다, 김신영 베레나, 임남숙 소화데레사 • **전례부장** | 김경순 아델라 • **전례부차장** | 김인자 소피아 • **음악부장** | 김윤자 아녜스 • **음악부차장** | 최석미 카타리나 • **교수부장** | 박미선 아나다시아 • **교수부차장** | 문정숙 아가다 • **외부강사** | 이준희 마르코, 김준석 멜키올, 김동철 토마스, 최복순 안나 • **주방봉사** | 불로동
성녀 세실리아 분단	채영일 요안나(범박동), 조경희 대데레사(삼정동), 이정옥 프란체스카(상1동), 송현영 카타리나(소사), 임숙자 율리안나(송내1동), 최연옥 프란치스카(심곡본동), 송인숙 루시아(여월동), 장혜정 아녜스(역곡2동), 이영주 엘리사벳(원미동), 이춘애 데레사(원종2동), 강덕분 로마나(중3동)
성녀 벨라뎃다 분단	정명숙 글로리아(갈산동), 이경숙 스테파니아(부평2동), 박정자 율리안나(산곡3동), 김성희 로사리오(산곡동), 김현숙 율리안나(삼산동), 심은경 세레나(서운동), 서석란 데레사(십정동), 양미숙 마리안나(일신동), 오춘실 미카엘라(작전2동), 윤필례 요셉피나(작전동), 염평엽 카타리나(효성동)
성녀 가타리나 분단	고인옥 글라라(동춘동), 홍명순 카타리나(선학동), 윤신선 아가다(연수), 송애순 데레사(옥련동), 이윤희 가브리엘라(주안1동), 최현숙 요셉피나(주안3동), 최금배 카타리나(주안5동), 이내정 마리아(주안8동), 이경영 글라라(청학동), 강영희 루시아(학익동), 윤숙경 요셉피나(한국순교성)
성녀 데레사 분단	신경희 세실리아(간석2동), 고경자 분다(간석4동), 신옥순 아녜스(구월1동), 국영희 아녜스(남촌동), 구자영 세실리아(대야동), 채현정 요안나(만수1동), 정복동 소피아(만수3동), 허인숙 마리아(만수6동), 장순례 아가다(모래내), 조형옥 베로니카(신천), 김윤희 아녜스(은행동)
성녀 아녜스 분단	윤정애 루시아(검단동), 이영옥 크리스티나(검암동), 황규송 파라(계산동), 류분매 세실리아(김포), 문용경 아가다(마전동), 송미옥 아녜스(불로동), 조한옥 테클라(석남동), 유윤정 데레사(장기동), 이은영 율리아(청수), 김영경 루시아(풍무동), 안연환 리디아(해안)

여성 제 148 차

2009. 4. 16 ~ 19

봉 사 자	• **지도신부** | 정윤화 베드로 • **회장** | 지혜순 도미니카 • **회장후보** | 이영자 데레사 • **총무부장** | 김영순 프란치스카 • **총무부차장** | 김금주 헬레나 • **활동부장** | 이계화 이사벨라 • **활동부차장** | 유정순 마리아, 박은경 젬마, 김명순 프로렌티나, 한진숙 율리안나 • **전례부장** | 주은희 카타리나 • **전례부차장** | 진향영 로사리아 • **음악부장** | 백현임 소피아 • **음악부차장** | 박정자 루시아 • **교수부장** | 안명희 엘리사벳 • **교수부차장** | 조선자 루시아 • **외부강사** | 이학노 요셉, 김혁태 사도요한, 장기용 세례자요한, 이광자 글라라 • **주방봉사** | 주안8동
성녀 세실리아 분단	황순미 수산나(고강동), 이정숙 비비안나(삼정동), 안정희 이레나(상1동), 도미옥 율리안나(상3동), 온정아 에밀리아나(소사본3동), 김인옥 비비안나(여월동), 황교순 우술라(역곡2동), 서순자 글라라(원미동), 노연님 안젤라(원종2동), 구영희 세라피나(중2동), 강정숙 베로니카(중3동)
성녀 벨라뎃다 분단	조희진 사비나(도화동), 문경미 루시아(동춘동), 정정은 아가타(모래내), 이경희 엘리사벳(옥련동), 장미경 데레사(용현5동), 심명자 소화데레사(주안1동), 노경희 루피나(주안3동), 서정현 비비안나(주안5동), 이은숙 카타리나(주안8동), 임난순 마리아(학익동), 이미혜 엘리사벳(연수)
성녀 가타리나 분단	이난희 카타리나(간석2동), 김영숙 루시아(구월1동), 이춘자 벨라뎃다(남촌동), 이영자 엘리사벳(대야동), 백용애 안나(만수3동), 김지옥 카타리나(만수6동), 김은숙 진이아가다(모래내), 이연화 모니카(범박동), 김영희 스텔라(선학동), 최선례 마리아(송현동), 신수아 세실리아(신천), 이현순 체칠리아(십정동)
성녀 데레사 분단	전점례 아가다(갈산동), 최복순 안젤라(계산동), 김인자 안젤라(부개2동), 김순희 안나(부개동), 김명옥 아가다(산곡3동), 안영임 마리휘델리아(삼산동), 서숙휘 바울리나(서운동), 우경숙 안젤라(작전2동), 이옥순 글라라(작전동), 김정세 아가다(장기동), 서승희 요안나(통진), 조경희 안젤라(효성동)
성녀 아녜스 분단	신미화 글라라(강화), 최순옥 엘리사벳(검단동), 박영애 헬레나(고촌), 이영미 젬마(김포), 문승연 헬레나(마전동), 이남순 데레사(불로동), 최현주 아녜스(석남동), 김경희 글라라(신공항), 서숙희 데레사(청수), 윤옥란 크리스티나(풍무동), 최윤자 율리안나(하점)

여성 제 149 차

2009. 6. 11 ~ 14

봉 사 자 • **지도신부** | 정귀호 다니엘 • **회장** | 차명식 젬마 • **회장후보** | 이은주 루시아 • **총무부장** | 김영주 엘리사벳 • **총무부차장** | 이해수 젤마나 • **활동부장** | 정화민 로사리아 • **활동부차장** | 엄순남 세실리아, 김미경 스테파니아, 송명자 안젤라 • **전례부장** | 윤순남 안젤라 • **전례부차장** | 백윤옥 마리아 • **음악부장** | 박명자 골롬바 • **음악부차장** | 선순임루시아 • **교수부장** | 류정임 소화데레사 • **교수부차장** | 김옥경 젬마 • **외부강사** | 이준희 마르코, 정윤화 베드로, 어경진 안스가리오, 박경화 마리아 • **주방봉사** | 은행동

성녀 세실리아 분단 이광옥 엘리사벳(가정3동), 최진희 프란치스카(검단동), 박상미 젤루뚜루다(김포), 구윤남 요셉피나(마전동), 여희정 율리아(불로동), 김윤원 로사리아(서운동), 김영실 로사(석남동), 노승례 비르짓다(장기동), 김미은 요셉피나(청수), 임옥심 루시아(통진), 조선애 로사리아(풍무동)

성녀 벨라뎃다 분단 황명애 로사리아(갈산동), 김명자 루피나(고강동), 김양숙 그라시아(삼산동), 지영화 헬레나(삼정동), 박명란 세실리아(상1동), 김영순 베로니카(상동), 김청숙 베로니카(송내1동), 이상옥 율리아(여월동), 김말임 엘리사벳(오정동), 장현숙 아셀라(중2동), 엄기호 율리안나(중3동)

성녀 가타리나 분단 서동희 루시아(도화동), 평태향 유스티나(범박동), 조순이 막달레나(산곡동), 오숙영 율리안나(소사), 김명옥 세레나(소사본3동), 정영자 노엘라(송림4동), 이명자 안젤라(송림동), 김하순 크리스티나(역곡2동), 조정연 카타리나(주안1동), 권윤순 엘리사벳(주안8동), 최혜옥 무미아(학익동)

성녀 데레사 분단 임하정 유스티나(계산동), 채규례 도미니까(박촌동), 홍정순 수산나(부개2동), 이규순 스콜라스티카(부평3동), 안자영 글라라(산곡3동), 김성희 데레사(서운동), 김선인 레오나(소성), 류한숙 프란체스카(십정동), 조현옥 세실리아(작전2동), 이명주 이레나(작전동), 허차금 비비안나(통진), 권기석 모니카(효성동)

성녀 아네스 분단 정영산 이사벨라(대부), 서미숙 율리안나(동춘동), 임숙영 소화데레사(만수1동), 임근자 엘리사벳(만수3동), 방수미 수산나(만수6동), 김혜영 엘리사벳(모래내), 한복례 아네스(선학동), 엄영실 모니카(연수), 이명자 아셀라(은행동), 최복진 보니파시아(청학동), 조정미 미카엘라(한국순교성인)

여성 제 150 차

2009. 10. 8 ~ 11

봉 사 자 • **지도신부** | 전대희 바울로 • **회장** | 임소연 마리아 • **회장후보** | 전종근 카타리나 • **총무부장** | 김길자 가밀라 • **총무부차장** | 신선자 엘리아나 • **활동부장** | 송선자 미카엘라 • **활동부차장** | 김명숙 안나, 이복희 아네스, 안미숙 베르다, 이경순 베로니카 • **전례부장** | 김금희 소화데레사 • **전례부차장** | 이숙경 율리아나 • **음악부장** | 채근자 소피아 • **음악부차장** | 정재향 세실리아 • **교수부장** | 장광혜 스텔라 • **교수부차장** | 조금순 엘라 • **외부강사** | 이준희 마르코, 송재훈 마르코, 박규남 마티아, 최복순 안나 • **주방봉사** | 삼산동

성녀 세실리아 분단 김태자 요셉피나(범박동), 조향숙 크리스티나(삼정동), 박건순 가브리엘라(상1동), 허순옥 릴리안(상1동), 김성란 로마나(고강동), 황긍숙 실비아(송내1동), 정춘연 루시아(여월동), 권준덕 요안나(역곡2동), 김소주 엘리사벳(오정동), 진선미 미카엘라(작전2동), 이옥남 레지나(중1동), 최희숙 아가다(중2동), 조영숙 크리스티나(중3동)

성녀 벨라뎃다 분단 허애란 미카엘라(가좌동), 김정순 노엘라(검암동), 구의자 안젤라(고촌), 안순님 아가다(마전동), 박점미 미카엘라(박촌동), 이정숙 미카엘라(불로동), 전순미 경협아가다(서운동), 윤주영 루피나(양곡), 강희자 마리아(연희동), 김문희 마리아(오류동), 유수정 헬레나(장기동)

성녀 가타리나 분단 이해정 세실리아(구월1동), 한유경 요안나(남촌동), 신순화 데보라(도화동), 이경숙 로사(만수1동), 박주연 율리안나(만수3동), 조경의 안젤라(모래내), 곽영희 소화데레사(송내1동), 김인순 안젤라(용현동), 장연심 안나(주안3동), 이점순 로사리아(주안8동), 김영해 데레사(학익동), 이예화 베로니카(한국순교성)

성녀 데레사 분단 나추미 모니카(계산동), 김명의 카타리나(부개2동), 한영자 글라라(부개동), 황은숙 엘리사벳(부평3동), 홍정희 리디아(산곡3동), 김정숙 루시아(산곡동), 이춘래 벨리띠나(삼산동), 고형숙 소화데레사(오정동), 오경자 안젤라(일신동), 강경자 고렛따(작전동), 노현용 말지나(효성동)

성녀 아네스 분단 최용희 세실리아(대야동), 하승미 데레사(동춘동), 유문희 카타리나(마전동), 김장옥 세라피나(선학동), 백은희 아네스(신공항), 이난이 아네스(은행동), 신영순 수산나(청학동), 설진순 마리아실비아(연수), 인미희 마리아(한국순교성인), 유영희 안나(해안)

여성 제 151 차

2009. 12. 10 ~ 13

봉 사 자

• **지도신부** | 김동철 토마스 • **회장** | 이인숙 마리아 • **회장후보** | 송문순 데레사 • **총무부장** | 이경남 헬레나 • **총무부차장** | 김명애 제노베파 • **활동부장** | 김금란 엘리사벳 • **활동부차장** | 김광덕 위비나, 서미연 요한나, 강미수 안젤라, 최경미 마리아 • **전례부장** | 민정희 크리스티나 • **전례부차장** | 이경화 안나 • **음악부장** | 김경숙 마리아 • **음악부차장** | 노금자 세라피나 • **교수부장** | 김미란 마리아 • **교수부차장** | 홍유미 에스텔 • **외부강사** | 이준희 마르코, 손광배 도미니코, 김부민 베드로, 박경화 마리아 • **주방봉사** | 산곡동

성녀 세실리아 분단

강순금 마리아(간석2동), 박효순 안젤라(간석4동), 김현자 마리아(도창동), 윤애란 유스티나(만수3동), 전영연 소피아(만수6동), 김애자 데오도시아(모래내), 이상희 율리아(부개2동), 백형숙 글로리아(부개동), 모영옥 바울라(소래포구), 이순자 글라라(신천), 장명희 헬레나(은행동)

성녀 벨라뎃다 분단

김종미 아가다(가정동), 허진경 수산나(갈산동), 김경순 로사리아(계산동), 정오희 글라라(부평1동), 홍정희 요안나(산곡3동), 이시경 세실리아(산곡동), 박정숙 베네딕따(서운동), 김화숙 바르바라(연희동), 백지혜 엘리사벳(작전2동), 김순양 베로니카(작전동), 김남신 아녜스(효성동)

성녀 가타리나 분단

정명숙 루시아(범박동), 오형숙 아델라(삼정동), 박상분 마리아(상1동), 송인순 마리아(상동), 황성서 헬레나(소사본3동), 조광자 소화데레사(심곡본동), 나영희 아가다(여월동), 김명진 보나(역곡2동), 강영애 마리나(원종2동), 전재현 헬레나(중1동), 김명혜 요안나(중3동)

성녀 데레사 분단

오경순 루시아(강화), 서진희 율리안나(검암동), 서분자 크리스티나(고촌), 박미아 마리아(김포), 권현아 실비아(내가), 임옥례 베로니카(박촌동), 고복희 아녜스(불로동), 한정자 도니아(석남동), 김진숙 마리아(장기동), 유정윤 프란치스카(풍무동), 최안례 아녜스(하점)

성녀 아녜스 분단

박선주 소피아(남촌동), 최규순 안나(선학동), 박현옥 루시아(송림4동), 윤성운 안젤라(연수), 박봉운 데레사(옥련동), 방윤희 프란치스카(용현5동), 황혜경 글라라(주안1동), 양가매 젬마(주안8동), 강희자 베로니카(청학동), 최경숙 에스텔(학익동), 성미경 데레사(해안)

여성 제 152 차

2010. 2. 18 ~ 21

봉 사 자

• **지도신부** | 정윤섭 요셉 • **회장** | 김만례 세실리아 • **회장후보** | 박경화 마리아 • **총무부장** | 김창순 데레사 • **총무부차장** | 송인숙 루시아 • **활동부장** | 김금주 헬레나 • **활동부차장** | 김신영 베레나, 고경숙 폴리세나, 이춘자 벨라뎃다, 김윤원 로사리아 • **전례부장** | 최은영 리디아 • **전례부차장** | 문정숙 아가다 • **음악부장** | 윤선 실비아 • **음악부차장** | 문영희 로즈마리 • **교수부장** | 박미선 아나다시아 • **교수부차장** | 임남숙 소화데레사 • **외부강사** | 오용호 세베리노, 임현택 안드레아, 나병식 대건안드레아, 이광자 글라라 • **주방봉사** | 양곡

성녀 세실리아 분단

한상희 젬마(고강동), 홍인화 스텔라(삼정동), 노보영 마리아(상동), 구은희 헬레나(소사본3동), 박정희 데레사(송내1동), 윤순덕 율리안나(여월동), 정지숙 마리아막달레나(역곡), 김영희 마리아(역곡2동), 장선희 효주아녜스(원종2동), 김이예 미카엘라(중1동), 김혜진 레지나(중3동)

성녀 벨라뎃다 분단

김정옥 로사(계산동), 홍명숙 도로테아(부개2동), 조미숙 안나(산곡3동), 김영희 루이제(산곡동), 권혁분 미카엘라(서운동), 이창숙 바실리아(작전2동), 박한선 안나(작전동), 김경훈 헬레나(장기동), 신복희 이사벨라(부개동), 원혜신 수산나(효성동)

성녀 가타리나 분단

백명화 베르텔라(가정3동), 정상옥 글라라(도화동), 김성애 마리아(마전동), 이경란 마리아(석남동), 김영하 로사(동춘동), 박태순 엘리사벳(송림동), 양은주 글라라(옥련동), 박상란 베르다(주안3동), 박옥숙 엠마(청학동), 박정희 안나(학익동), 김진옥 바울리나(한국순교성)

성녀 데레사 분단

이인주 프란치스카(모래내), 박선희 루시아(남촌동), 장희자 마리아(대부), 이순옥 로사리아(도창동), 이연숙 율리아나(만수3동), 김영은 로사리아(만수6동), 정광래 아델라(서창동), 이정옥 헬레나(선학동), 오필숙 아녜스(소래포구), 조우순 데레사(신천), 김성애 마리엠마(십정동)

성녀 아녜스 분단

박옥희 세실리아(검단동), 주기화 율리안나(검암동), 이강순 카타리나(고촌), 정금숙 마르타(김포), 김재옥 요안나(내가), 김향자 안젤라(불로동), 배향기 오틸리아(양곡), 김경숙 안나(연희동), 추혜옥 엘리사벳(원당동), 이종명 베로니카(청수), 김경애 글라라(하점)

여성 제 153 차

2010. 4. 15 ~ 18

봉 사 자 • **지도신부** | 송형훈 세자요한 • **회장** | 지혜순 도미니카 • **회장후보** | 이은주 루시아 • **총무부장** | 안명희 엘리사벳 • **총무부차장** | 조선자 루시아 • **활동부장** | 박은경 젬마 • **활동부차장** | 김명순 프로렌티나, 이미일 프란치스카, 김인자 소피아, 이순미 소사아가다 • **전례부장** | 진향영 로사리아 • **전례부차장** | 이계화 이사벨라 • **음악부장** | 백현임 소피아 • **음악부차장** | 최석미 카타리나 • **교수부장** | 김영주 엘리사벳 • **교수부차장** | 신선자 엘리아나 • **외부강사** | 정윤화 베드로, 장기용 세례자요한, 박유양 바오로, 최복순 안나 • **주방봉사** | 동춘동

성녀 세실리아 분단 이재분 소화데레사(간석2동), 이옥순 소화데레사(간석4동), 김영숙 로사(남촌동), 소미영 레지나(논현동), 최춘남 바실리사(대야동), 유지연 아나스타시아(도창동), 박종민 레지나(만수1동), 권복란 안나(만수3동), 김미진 베로니카(모래내), 채병례 레지나(백령도), 안미희 스텔라(소래포구)

성녀 벨라뎃다 분단 심예숙 에스더(갈산동), 윤명희 글라라(검암동), 김미희 카타리나(부개2동), 진복실 카타리나(부평1동), 임연옥 루치아(부평3동), 김선희 노엘라(산곡3동), 김계순 아가다(산곡동), 한미애 카타리나(삼산동), 정복용요셉피나(연희동), 임은영 안나(작전2동), 정해순 아가다(효성동)

성녀 가타리나 분단 배진기 에밀리아나(연수), 채순자 다리아(동춘동), 진영란 로사리아(선학동), 성순자 요안나(신공항), 강애란 아녜스(용현5동), 허인순 콘첼시아(용현동), 최복례 다리아(주안1동), 최순애 스테파니아(주안3동), 윤영미 미카엘라(학익동), 배애정 로사(한국순교성), 김순남 글라라(해안)

성녀 데레사 분단 임혜숙 모니카(계산동), 박명남 안나마리아(고촌), 노경옥 아녜스(김포), 한순금 사비나(박촌동), 김영숙 마리아(불로동), 이숙정 젬마(서운동), 김미자 마리아(오류동), 노경숙 요한나잔다르크(장기동), 손화자 골롬바(풍무동)

성녀 아녜스 분단 김영미 플로라(삼정동), 오은경 베로니카(상1동), 김귀자 글라라(상동), 장덕란 아녜스(소사), 윤애란 효주아녜스(소사본3동), 김명순 율리아(여월동), 이경애 완숙골롬바(역곡2동), 김영림 아녜스(원종2동), 심은미 마리아(중2동), 백연숙 비비안나(중3동)

여성 제 154 차

2010. 6. 17 ~ 20

봉 사 자 • **지도신부** | 박규남 마티아 • **회장** | 이은주 루시아 • **회장후보** | 전종근 카타리나 • **총무부장** | 김길자 가밀라 • **총무부차장** | 안미숙 베르다 • **활동부장** | 송선자 미카엘라 • **활동부차장** | 서미연 요한나, 문경미 루시아, 박현옥 루시아, 조광자 소화데레사 • **전례부장** | 이경남 헬레나 • **전례부차장** | 김미경 스테파니아 • **음악부장** | 박정자 루시아 • **음악부차장** | 선순임 루시아 • **교수부장** | 윤순남 안젤라 • **교수부차장** | 이해수 젤마나 • **외부강사** | 이학노 요셉, 김혁태 사도요한, 정성종 요한베르크만스, 박경화 마리아 • **주방봉사** | 도화동

성녀 세실리아 분단 김경하 젤뚜르다(부개2동), 오순남 아나스타시아(부개동), 이애자 로사(부평1동), 이화순 마리아(부평2동), 유숙자 말가리다(부평3동), 채미정 로사(산곡3동), 최봉자 모니카(산곡동), 김현숙 안젤라(삼산동), 신수남 사베리아(일신동), 임미식 안토니아(작전동), 조현안 리나(효성동)

성녀 벨라뎃다 분단 최정희 베노아(간석4동), 문경순 효주아녜스(주안1동), 이진주 글라라(답동), 안정숙 엘리사벳(도화동), 윤호신 카타리나(송림동), 최윤정 세실리아(송현동), 안영애 세실리아(용현5동), 홍은숙 세실리아(용현동), 박연숙 실비아(주안3동), 홍점숙 루시아(주안8동), 이옥경 마리안나(학익동)

성녀 가타리나 분단 김영애 율리아(간석2동), 김순옥 데레사(간석4동), 이정순 로사리아(구월1동), 박명자 글라라(남촌동), 이영희 아녜스(동춘동), 임희옥 요셉피나(서창동), 문인선 아녜스(선학동), 허성숙 율리안나(옥련동), 서영인 수산나(청학동), 박봉숙 실비아(한국순교성인), 방승옥 의배마르꼬(한국순교성인)

성녀 데레사 분단 백정숙 마리아고(강동), 홍금선 마리아(범박동), 김선영 오상비오(삼정동), 최희자 레지나(상1동), 김경화 프리스카(상동), 이순애 아녜스(소사본3동), 이순례 크리스티나(신천), 송지원 이사벨라(역곡), 한순분 카타리나(원종2동), 조선스 콜라스티카(중1동), 정진자 마리아(중2동), 강진아 뽀리나(중3동)

성녀 아녜스 분단 김경애 세실리아(검단동), 김영선 아녜스(검암동), 전순자 아녜스(계산동), 김복순 데레사(김포), 김영순 아가다(서운동), 김옥희 카타리나(석남동), 한옥희 율리안나(연희동), 한연수 베로니카(작전2동), 문민숙 젬마(작전동), 김해성 이사벨라(청수), 전수례 그라시아(하성)

여성 제 155 차

2010. 10. 14 ~ 17

봉 사 자
• **지도신부** | 이상희 마르띠노 • **회장** | 이인숙 마리아 • **회장후보** | 이영자 데레사 • **총무부장** | 류정임 소화데레사 • **총무부차장** | 이광자 글라라 • **활동부장** | 조금순 엘라 • **활동부차장** | 이복희 아녜스, 이경순 베로니카, 김성란 로마나, 박선주 소피아 • **전례부장** | 주은희 카타리나 • **전례부차장** | 김광덕 위비나 • **음악부장** | 백현임 소피아 • **음악부차장** | 문영희 로즈마리 • **교수부장** | 장광혜 스텔라 • **교수부차장** | 김금란 엘리사벳 • **외부강사** | 조명연 마태오, 정윤섭 요셉, 유창우 암브로시오 • **주방봉사** | 작전2동

성녀 세실리아 분단
김경회 마리루도비까(도화동), 김경희 리디아(동춘동), 김현덕 율리안나(선학동), 이종란 미카엘라(송현동), 오애순 루시아(연수), 황영순 세실리아(주안3동), 김영옥 엘리사벳(주안8동), 최성섭 안젤라(학익동), 이안여 아녜스(한국순교성인), 윤문희 사비나(화수동)

성녀 벨라뎃다 분단
방민옥 막달레나(가정3동), 이수미 소피아(마전동), 심수정 아녜스(부평2동), 송영옥 프란치스카(부평3동), 김은정 아녜스(산곡3동), 김진숙 데레사(삼정동), 김광순 헬레나(서운동), 손은경 데레사(석남동), 박계순 율리안나(연희동), 송미옥 엘리사벳(작전동), 김광분 글라라(효성동)

성녀 가타리나 분단
왕정란 이정희바르바라(갈산동), 안외순 미카엘라(계산동), 이현옥 글라라(고촌), 신영미 베로니카(내가), 이미숙 마르셀라(대곶), 김희순 세실리아(박촌동), 박정화 세실리아(작전2동), 선우인 희율리아(청수), 한정란 아가다(풍무동), 이옥순 마리아나(하성)

성녀 데레사 분단
황순이 로사(간석2동), 박석순 베로니카(간석4동), 장순희 젬마(남촌동), 최원분 안젤라(논현동), 이순례 마리아(대야동), 전애경 엘리사벳(만수3동), 이형미 미카엘라(만수6동), 김정희 젬마(모래내), 심윤아 로사(서창동), 정정란 아녜스(신천), 박명숙 마리아(은행동)

성녀 아녜스 분단
오현숙 엘리사벳(범박동), 전순옥 아녜스(부개2동), 임승숙 세실리아(부개동), 김현영 안젤라(삼산동), 고인숙 베아다(상1동), 이명선 데레사(상동), 고미영 미카엘라(여월동), 정순래 엘리사벳(역곡2동), 조순희 마리안나(중2동), 이인용 율리안나(중3동)

여성 제 156 차

2010. 12. 2 ~ 5

봉 사 자
• **지도신부** | 현상옥 스테파노 • **회장** | 임선모 소피아 • **회장후보** | 채근자 소피아 • **총무부장** | 문정숙 아가다 • **총무부차장** | 홍유미 에스텔 • **활동부장** | 송명자 안젤라 • **활동부차장** | 이경화안나, 김명숙 안나, 김정옥 로사, 원은숙 안나 • **전례부장** | 김미란 마리아 • **전례부차장** | 백윤옥 마리아 • **음악부장** | 채근자 소피아 • **음악부차장** | 최석미 카타리나 • **교수부장** | 신선자 엘리아나 • **교수부차장** | 장영순 그라시아 • **외부강사** | 정윤화 베드로, 김태현 마태오, 나범율 토마스 데 아퀴노, 박경화마리아, 장광혜 스텔라 • **주방봉사** | 오정동

성녀 세실리아 분단
정인숙 유리안나(구월1동), 김익기 세실리아(논현동), 배한영 리따(대야동), 이진희 마리글라라(동춘동), 한순선 데레사(만수6동), 채영화 젬마(선학동), 조미화데레사(한국순교성인), 윤재숙 아녜스(연수), 김순한 펠리치타(일신동)

성녀 벨라뎃다 분단
이경순 아가다(가정3동), 김복례 레아(삼정동), 박정례 리드비나(심곡본동), 이혜숙 안나(여월동), 최일남 율리아(역곡2동), 우기옥 모니카(오정동), 정경임 올리바(원미동), 정미연 아녜스(원종2동), 한현숙 리디아(중1동), 이정희 에스텔(중2동)

성녀 가타리나 분단
김경희 율리안나(계산동), 박순옥 데레사(김포), 임정란 데레사(내가), 강병선 소화데레사(마전동), 이은미 루시아(박촌동), 김윤령 아녜스(서운동), 주양임 젬마(작전2동), 조화현 카타리나(장기동), 편숙자 아녜스(풍무동), 김혜영 아셀라(하점)

성녀 데레사 분단
이해순 헬레나(대청도), 이옥석 엘리사벳(송림4동), 김향숙 로사(송현동), 임순남 엘리사벳(연안), 김미옥 아녜스(용현5동), 박영신 카타리나(주안1동), 홍화엽 마리아(주안3동), 조진숙 크레센시아(주안8동), 조영주 마리아(학익동), 안영배 데레사(화수동)

성녀 아녜스 분단
오현주 데레사(갈산동), 윤영숙 로사(김포), 서면화 마르타(부개2동), 안수선 세실리아(부개동), 나미경 카타리나(부평1동), 박경록 안젤라(부평3동), 권옥자 글라라(산곡3동), 양오목 마르가리타(산곡동), 박남미 안젤라(삼산동), 김춘희 엘리사벳(작전동)

여성 제 157 차

2011. 2. 17 ~ 20

봉 사 자	• **지도신부** | 정윤화 베드로 • **회장** | 지혜순 도미니카 • **회장후보** | 장광혜 스텔라 • **총무부장** | 정화민 로사리아 • **총무부차장** | 임남숙 소화데레사 • **활동부장** | 민정희 크리스티나 • **활동부차장** | 이순필 리드비나, 최성숙 세실리아, 고경숙 폴리세나, 이현순 체칠리아 • **전례부장** | 최은영 리디아 • **전례부차장** | 김경하 젤뚜르다 • **음악부장** | 백영순 루시아 • **음악부차장** | 윤선 실비아 • **교수부장** | 박미선 아나다시아 • **교수부차장** | 이미일 프란치스카 • **외부강사** | 신대근 마르코, 박유양 바오로, 최복순 안나 • **주방봉사** | 간석4동
성녀 세실리아 분단	백은자 베로니카(검단동), 이미화 효주아녜스(검암동), 윤화선 세실리아(박촌동), 문익심 레아(백령도), 한진숙 엠마(양곡), 장기자 벨라뎃다(오류동), 김홍덕 프란치스카로마나(장기동), 이수옥 로사(청수), 김선미 율리안나(풍무동), 조계순 율리아(하점)
성녀 벨라뎃다 분단	김연화 마리아(가정3동), 김현주 요안나(동춘동), 최병애 마리안나(선학동), 서숙자 글로리아(주안1동), 최옥자 크리스티나(주안3동), 임명자 미카엘라(안8동), 윤미화 아녜스(연수), 변선자 미카엘라(학익동), 이금란 레오니아(한국순교성)
성녀 가타리나 분단	강남이 프란치스카(갈산동), 구제순 아녜스(계산동), 김계숙 마리아(부개2동), 하영미 비비안나(부개동), 조희순 실비아(부평1동), 신영인 수산나(부평3동), 최승주 글라라(산곡동), 정명희 수산나(서운동), 전남숙 로사(석남동), 편복수 소화데레사(작전2동)
성녀 데레사 분단	이영심 로사리아(간석4동), 엄정숙 크리스티나(구월1동), 김은실 엘리사벳(논현동), 안금심 율리안나(만수3동), 장현숙 오틸리아(만수6동), 홍가매 미카엘라(모래내), 조광득 말티나(백령도), 박영순 실비아(상동), 구실 베로니카(서창동), 강명남 엘리사벳(작전동)
성녀 아녜스 분단	김혜정 데레사(범박동), 김민정 유스티나(삼정동), 형순심 헬레나(소사), 문영이 라헬(소사본3동), 송은분 율리아(여월동), 최현순 로사(역곡), 조홍순 안젤라(역곡2동), 장선희 헬레나(중1동), 문희우 안젤라(중2동), 김미순 대데레사(중3동)

여성 제 158 차

2011. 4. 17 ~ 10

봉 사 자	• **지도신부** | 오용호 세베리노 • **회장** | 차명식 젬마 • **회장후보** | 이영자 데레사 • **총무부장** | 김창순 데레사 • **총무부차장** | 김신영 베레나 • **활동부장** | 이계화 이사벨라 • **활동부차장** | 이경화 안나, 서미연 요한나, 김복순 글라라 • **전례부장** | 안명희 엘리사벳 • **전례부차장** | 김명순 프로렌티나 • **음악부장** | 백현임 소피아 • **음악부차장** | 문영희 로즈마리 • **교수부장** | 김영주 엘리사벳 • **교수부차장** | 이순미 소사아가다 • **외부강사** | 이학노 요셉, 김혁태 사도요한, 송기철 이사악, 최복순 안나 • **주방봉사** | 대야동
성녀 세실리아 분단	채은자 제노베파(갈산동), 전은주 아녜스(검단동), 장철분 사라(검암동), 양정은 세실리아(박촌동), 이강임 아녜스(불로동), 전현식 수산나(서운동), 공윤순 미카엘라(온수), 홍종숙(임득재) 모니카(작전2동), 정내균 아녜스(작전동), 배정숙 안젤라(효성동)
성녀 벨라뎃다 분단	조연이 마리아(가정3동), 이경숙 세리나(부개2동), 김용순 글라라(부개동), 천은희 비비안나(부평1동), 조루미 카타리나(부평2동), 김용희 크리스티나(부평3동), 민행숙 카타리나(석남동), 홍지수 실비아(연희동), 조명희 요안나(주안8동), 김현주 레지나(해안)
성녀 가타리나 분단	김명희 비비안나(답동), 이귀령 로사리아(선학동), 전옥자 마리아(송림동), 이효경 마리아(연수), 김연이 소피아(용현동), 김경숙(김태은) 마리아(주안1동), 정혜선 젬마(학익동), 박현자 글라라(한국순교성인), 신은희 베로니카(해안), 최미전 루시아(화수동)
성녀 데레사 분단	주야옥 베로니카(간석2동), 양병숙 가브리엘라(남촌동), 주미덕 엘리사벳9논현동), 이미라 글라라(대야동), 최대리 사소화데레사(만수3동), 이정옥 율리안나(만수6동), 박미경 데레사(범박동), 안숙자 프란치스카(영흥), 신현인 레지나(은행동), 최기환 데레사(주안3동)
성녀 아녜스 분단	김선숙 도미질라(고강동), 최은희 미카엘라(소사본3동), 유재희 율리안나(심곡본동), 김혜영 미카엘라(여월동), 이용순 모니카(역곡2동), 안수진 요세피나(오정동), 오난섭 엘리사벳(원미동), 배지윤 이르미나(원종2동), 윤경옥 카타리나(중1동)

여성 제 159 차

2011. 6. 16 ~ 19

봉 사 자
• **지도신부** | 한관우 가누토 • **회장** | 김만례 세실리아 • **회장후보** | 이은주 루시아 • **총무부장** | 김길자 가밀라 • **총무부차장** | 문경미 루시아 • **활동부장** | 김금희 소화데레사 • **활동부차장** | 조성숙 아가다, 원은숙 안나, 조광자 소화데레사, 전재현 헬레나 • **전례부장** | 진향영 로사리아 • **전례부차장** | 김영희 스텔라 • **음악부장** | 채근자 소피아 • **음악부차장** | 박정자 루시아 • **교수부장** | 문정숙 아가다 • **교수부차장** | 송인숙 루시아 • **외부강사** | 김용환 세례자요한, 김태현 마태오, 양성일 시메온, 신민자 데레사 • **주방봉사** | 부평1동

성녀 세실리아 분단
신영주 루시아(고강동), 최혜숙 데레사(상1동), 김선엽 발바라(상3동), 박덕순 안젤라(소사본3동), 최미선 루실라(심곡본동), 이옥선 엘리사벳(여월동), 장정윤 요셉피나(역곡), 이양미 세실리아(역곡2동), 김경희 리따(소사), 손경순 세실리아(원종2동), 김순자 카타리나(중1동)

성녀 벨라뎃다 분단
정구영 세리나(간석2동), 이명실 안나(간석4동), 최월신 글라라(도화동), 김영옥 진이아가다(동춘동), 이순점 마리아(만수3동), 서애숙 베로니카(만수6동), 임정혜 벨라뎃다(연수), 김영숙 베로니카(주안1동), 강혜선 모니카(주안8동), 김진순 마리아(청학동), 백명진 엘리사벳(학익동)

성녀 가타리나 분단
이혜경 임마누엘라(강화), 고순임 율리안나(검단동), 우영희 토마시아(고촌), 신용자 세실리아(김포), 임재숙 제노베파(불로동), 원금순 소화데레사(연희동), 서영애 안나(원당동), 김창희 리디아(박촌동), 이연순 루피나(통진), 김영숙 안젤라(해병청룡)

성녀 데레사 분단
조은경 율리안나(고촌), 김미현 카타리나(부개2동), 권정희 안젤라(부개동), 김민정 로사리아(부평1동), 조향숙 마리스텔라(상동), 이미영 카타리나(서운동), 오연수 마리아막달레나(송내1동), 양광례 모니카(작전2동), 신숙이 안나(작전동), 백숙희 아가페(장기동), 배선옥 요안나(중3동)

성녀 아녜스 분단
천숙자 율리엣다(가정3동), 이우숙 스텔라(답동), 김연숙 비비안나(석남동), 김미경 베로니카(선학동), 이효선 체칠리아(송림4동), 류현희 크리스티나(송림동), 유정자 아가다(옥련동), 유선심 베로니카(용현동), 최천임 데레사(해안), 김명순 정정혜엘리사벳(화수동)

여성 제 160 차

2011. 10. 13 ~ 16

봉 사 자
• **지도신부** | 김일회 빈첸시오 • **회장** | 임소연 마리아 • **회장후보** | 전종근 카타리나 • **총무부장** | 신선자 엘리아나 • **총무부차장** | 서수선 요셉피나 • **활동부장** | 안미숙 베르다 • **활동부차장** | 정영순 브레실라, 이현순 체칠리아, 안연옥 안나, 김경화 프리스카 • **전례부장** | 윤순남 안젤라 • **전례부차장** | 이복희 아녜스 • **음악부장** | 윤선 실비아 • **음악부차장** | 정재향 세실리아 • **교수부장** | 류정임 소화데레사 • **교수부차장** | 김경하 젤뚜르다 • **외부강사** | 이재규 베드로, 정윤섭 요셉, 김대선 안드레아, 박경화 마리아 • **주방봉사** | 상3동

성녀 세실리아 분단
김영자 아녜스(간석2동), 이상민 레오나(간석4동), 김복성 헬레나(구월1동), 홍명숙(홍민채) 세실리아(소래포구), 유버들 데레사(남촌동), 김영례 릿따(만수3동), 김혜정 마르타(만수6동), 최은영 카타리나(모래내), 이지우 사비나(선학동), 송경희 마리아막달레나(연수)

성녀 벨라뎃다 분단
이춘자 아녜스(송림4동), 안정진 바울라(송현동), 노낙순 안나(제물포), 임영의 데레사(제물포), 김태순 안나(주안3동), 여순연 세실리아(주안5동), 추은희 안젤라(주안8동), 김연주 마리아(학익동), 이애자 에스텔(한국순교성인), 최광희 베로니카(해안)

성녀 가타리나 분단
정은숙 호영페트라(가정3동), 임미라 베로니카(강화), 김신형 파비올라(검단동), 고은희 크리스티나(검암동), 권명택 헬레나(김포), 오세희 소화데레사(연희동), 김연옥 레지나(온수), 전명숙 로사리아(원당동), 김애숙 바울라(청수), 한갑례 글라라(풍무동)

성녀 데레사 분단
김선숙 아녜스(대야동), 정현자 소피아(부개2동), 박영이 아녜스(상3동), 김기애 헬레나(상동), 김순남 율리안나(소사), 강수연 올리바(소사본3동), 송미정 비아(송내1동), 김은영 글리체리아(심곡본동), 박경숙 수산나(역곡2동), 장호길 가밀라(중2동)

성녀 아녜스 분단
정희순 아녜스(계산동), 이준명 마리요한(연수), 김경미 엘리사벳(부개동), 강수선 소화데레사(부평1동), 김상예 도미니카(사우동), 신은숙 효주아녜스(산곡동), 박영신 소피아(서운동), 남형순 로사(십정동), 강미자 프란체스카(작전동), 유수자 세실리아(효성동)

여성 제 161 차

2011. 12. 8 ~ 11

봉 사 자

• **지도신부** | 송형훈 세자요한 • **회장** | 이영자 데레사 • **회장후보** | 지혜순 도미니카 • **총무부장** | 김금주 헬레나 • **총무부차장** | 최순애 스테파니아 • **활동부장** | 송명자 안젤라 • **활동부차장** | 김정옥 로사, 김영희 스텔라, 김영하 로사, 권옥자 글라라 • **전례부장** | 안명희 엘리사벳 • **전례부차장** | 백윤옥 마리아 • **음악부장** | 백현임 소피아 • **음악부차장** | 최석미 카타리나 • **교수부장** | 정화민 로사리아 • **교수부차장** | 민정희 크리스티나 • **외부강사** | 이학노 요셉, 정윤섭 요셉, 송준회 베드로, 이광자 글라라 • **주방봉사** | 소사

성녀 세실리아 분단

유금자 루치아(간석2동), 한정란 마리아(고강동), 신순연 발바라(구월1동), 이길남 파우스티나(동춘동), 이경순 마리아(만수1동), 이춘화 율리안나(만수3동), 주말임 마리아(선학동), 김순녀 루시아(소래포구), 임애숙 로사(십정동), 권영미 루시아(연수), 이은 체칠리아(은행동), 전미경 로사(중3동)

성녀 벨라뎃다 분단

권명숙 데레사(계산동), 권종이 카타리나(부개2동), 노양순 막달레나(부평1동), 김향래 데레사(부평2동), 윤명석 실비아(삼산동), 황선자 안젤라(서운동), 이효진 비르짓다(일신동), 강윤순 글라라(작전동), 남근우 율리아(장기동), 이종숙 젬마(효성동)

성녀 가타리나 분단

김미숙 그라시아(상1동), 형순임 바실리아(소사), 임미옥 아나스타시아(송내1동), 황영숙 안나(심곡본동), 김성자 카타리나(역곡2동), 이호숙 말가리다(원미동), 송수희 마리아벨라뎃다(원종2동), 김향숙 아녜스(풍무동)

성녀 데레사 분단

김송겸 세라피나(도화동), 윤혜원 유타(상1동), 이영희 세실리아(송현동), 이미순 루시아(용현5동), 김혜련 요셉피나(용현동), 이기섭 베로니카(주안1동), 구윤경 데레사(주안8동), 이라미 데레사(학익동), 조은정 사비나(해안), 김순영 카타리나(화수동)

성녀 아녜스 분단

김애자 블란디나(가정3동), 임미옥 스콜라스티카(강화), 김애숙 테클라(검단동), 남영희 빈첸시아(검암동), 오윤화 율리안나(김포), 김명숙 아녜스(마전동), 최진숙 요셉피나(불로동), 장광순 마리안나(석남동), 박순례 쏠리나(연희동), 이순덕 소화데레사(원당동)

여성 제 162 차

2012. 2. 16 ~ 19

봉 사 자

• **지도신부** | 정윤섭 요셉 • **회장** | 이은주 루시아 • **회장후보** | 송문순 데레사 • **총무부장** | 김금란 엘리사벳 • **총무부차장** | 이춘자 벨라뎃다 • **활동부장** | 송인숙 루시아 • **활동부차장** | 이경화 안나, 김복순 글라라, 임은영 안나, 김영옥 엘리사벳 • **전례부장** | 문정숙 아가다 • **전례부차장** | 조금 순엘라 • **음악부장** | 박정자 루시아 • **음악부차장** | 정재향 세실리아 • **교수부장** | 최은영 리디아 • **교수부차장** | 나미경 카타리나 • **외부강사** | 이경일 토마스, 조명연 마태오, 최복순 안나 • **주방봉사** | 십정동

성녀 세실리아 분단

전희경 로사리아(가정동), 유석경 마리안나(검암동), 이명숙 카타리나(계산동), 도인숙 데레사(김포), 이경순 데레사(사우동), 이은화 마리아막달레나(서운동), 윤학자 안나(석남동), 문희순 글라라(연희동), 임봉미 카엘라(원당동), 김숙지 율리아(작전동), 최영숙 레지나(장기동)

성녀 벨라뎃다 분단

박종안 안나(갈산동), 최병화 헬레나(백령도), 박정숙 아녜스(부개2동), 장지원 데레사(부개동), 이재옥 헬레나(부평1동), 안미자 마리안나(부평2동), 박영아 스텔라(산곡3동), 서정순 보나(산곡동), 이명선 레지나(삼산동), 김선숙 마리아(십정동), 우금성 수산나(일신동)

성녀 가타리나 분단

강민주 헬레나(고강동), 이선자 유스티나(삼정동), 허성복 아나스타시아(상1동), 조인경 프란체스카(상3동), 제환숙 글라라(송내1동), 장정희 요안나(심곡본동), 김유자 안젤라(역곡2동), 이정란 마리아막달레나(원미동), 오혜숙 미카엘라(원종2동), 오경자 도다(은행동), 윤현옥 마리나(중1동), 조미숙 글라라(중2동)

성녀 데레사 분단

전경자 루시아(남촌동), 이현정 글라라(논현동), 송미숙 안나(동춘동), 임미령 소화데레사(만수1동), 박호순 글로리아(만수3동), 진혜원 프란치스카(간석2동), 김영숙 엘리사벳(만수6동), 최정임 카타리나(소래포구), 김경옥 다니엘라(한국순교성인), 공영숙 마르시아(연수), 조경화 루치아(옥련동)

성녀 아녜스 분단

안정희 세레나(답동), 김점연 데레사(송림4동), 서명자 안젤라(송현동), 박숙자 크리스티나(용현동), 조상순 글라라(주안1동), 김원숙 마리아(주안3동), 임순례 마리아(주안5동), 정희숙 안젤라(주안8동), 박영현 쥬리아(청학동), 천선미 헬레나(학익동), 신인숙 마르타(화수동)

여성 제 163 차

2012. 4. 19 ~ 22

봉 사 자
• **지도신부** | 이용옥 요한보스코 • **회장** | 이인숙 마리아 • **회장후보** | 최은영 리디아 • **총무부장** | 김광덕 위비나 • **총무부차장** | 서미연 요한나 • **활동부장** | 진향영 로사리아 • **활동부차장** | 장영순 그라시아, 조성숙 아가다, 전재현 헬레나, 송진순 베로니카, 우영희 토마시아 • **전례부장** | 신선자 엘리아나 • **전례부차장** | 이현순 체칠리아 • **음악부장** | 최석미 카타리나 • **교수부장** | 김금희 소화데레사 • **교수부차장** | 김신영 베레나 • **외부강사** | 오용호 세베리노, 정윤섭 요셉, 송준회 베드로, 최복순 안나 • **주방봉사** | 통진

성녀 세실리아 분단
김현숙 아녜스(가정3동), 고승배 글라라(갈산동), 황금순 데보라(검암동), 이미숙 요셉피나(부개2동), 박정자 안젤라(부평1동), 정혜숙 아녜스(부평2동), 박명선 요안나(산곡3동), 여영란 마르시아(삼산동), 안명자 안젤라(상3동), 정숙자 소화데레사(연희동)

성녀 벨라뎃다 분단
유복희 벨라뎃다(간석2동), 김금란 이사벨라(간석4동), 박양옥 크리스티나(논현동), 김미자 리따(만수1동), 김미희 쥴리아(만수3동), 박수자 세실리아(선학동), 송지현 세실리아(소래포구), 이연주 라파엘라(신천), 최정미 로스앤(일신동), 맹영인 베로니카(청학동)

성녀 가타리나 분단
김순옥 프란치스카(고촌), 김신일 도로테아(김포), 소말임 논나(박촌동), 백화영 라파엘라(사우동), 전미영 글라라(서운동), 문석순 카타리나(양곡), 최수현 데보라(원당동), 이경순 글로리아(작전동), 박경례 아녜스(장기동), 양영미 페트라(통진)

성녀 데레사 분단
노춘희 율리안나(고강동), 김원숙 세라피나(범박동), 홍순년 로사리아(삼정동), 김경미 안나(상1동), 부옥순 로사(상동), 노동임 율리아(심곡), 정영애 소화데레사(심곡본동), 최정순 비비안나(역곡), 강맹임 젬마(역곡2동), 김미정 수산나(원미동), 임명자 베로니카(원종2동)

성녀 아녜스 분단
변해숙 베로니카(답동), 강민정 소화데레사(도화동), 안경애 세실리아(송림4동), 전영애 세실리아(숭의동), 노영숙 그라시아(옥련동), 임명희 로사(주안1동), 최순옥 율리아(주안3동), 최정자 실비아(주안8동), 김명숙 엘리사벳(해안), 김혜린 모니카(화수동)

여성 제 164 차

2012. 6. 14 ~ 17

봉 사 자
• **지도신부** | 박병훈 요셉 • **회장** | 임선모 소피아 • **회장후보** | 전종근 카타리나 • **총무부장** | 조선자 루시아 • **총무부차장** | 홍유미 에스텔 • **활동부장** | 김길자 가밀라 • **활동부차장** | 서수선 요셉피나, 이은미 루시아, 이옥남 레지나, 김창희 리디아 • **전례부장** | 김명숙 안나 • **전례부차장** | 최경미 마리아 • **음악부장** | 문영희 로즈마리 • **교수부장** | 이미일 프란치스카 • **교수부차장** | 이숙경 율리아나 • **외부강사** | 김동철 토마스, 송기철 이사악, 신일섭 아우구스티노, 최복순 안나, 김금희 소화데레사 • **주방봉사** | 연희동

성녀 세실리아 분단
조은숙 베로니카(범박동), 공미란 헬레나(삼정동), 연양자 마리아(상1동), 장순남 리드비나(상3동), 이민영 미카엘라(심곡), 김현숙 실비아(심곡본동), 이춘희 세실리아(여월동), 노명란 요세피나(역곡2동), 문효정 엘리사벳(원종2동), 서민주 가브리엘라(은행동), 이경숙 엘리사벳(중2동), 나춘화 루시아(포동)

성녀 벨라뎃다 분단
노수민 안나(간석2동), 최기선 헬레나(간석4동), 김영숙 글라라(갈산동), 전수복 마리안나(산곡3동), 한나현 소화데레사(삼산동), 박희숙 마리아(서운동), 유미숙 세실리아(십정동), 김태숙 세꾼다(작전2동), 송영선 로사(작전동), 박희옥 베로니카(주안3동), 이선경 안나(효성동)

성녀 가타리나 분단
최혜경 뽈리나(답동), 김인숙 효주아녜스(도화동), 강묘순 율리엣다(바오로딸), 최병희 미카엘라(부개2동), 박민정 데레사(부개동), 전금화 글라라(부평1동), 박순옥 글라라(송림4동), 신혜숙 미카엘라(숭의동), 이설자 데레사(일신동), 고영희 안나(주안1동), 장미자 로사(해안), 윤문선 아녜스(화수동)

성녀 데레사 분단
김영숙 로사리아(주안8동), 이광례 루치아(만수1동), 이청자 세실리아(만수3동), 김신실 마르티나(서창동), 조화숙 아나다시아(선학동), 박은자 바실라(소래포구), 이혜숙 로사(연수), 홍숙주 젬마(옥련동), 이순우 마리아(용현동), 염길자 소화데레사(학익동), 김현정 소피아(한국순교성)

성녀 아녜스 분단
고선애 데레사(강화), 하영희 아녜스(검암동), 김숙희 글리체리아(고촌), 강명숙 루시아(마전동), 길정순 플로라(불로동), 김경숙 아녜스(사우동), 김영분 프란치스카(석남동), 천순희 마리아(온수), 김상원 데냐(원당동), 심종순 데레사(청수), 박정순 베로니카(풍무동)

여성 제 165 차

2012. 10. 18 ~ 21

봉사자
• **지도신부** | 이춘택 야고보 • **회장** | 임소연 마리아 • **회장후보** | 신선자 엘리아나 • **총무부장** | 조광자 소화데레사 • **총무부차장** | 김성란 로마나 • **활동부장** | 정화민 로사리아 • **활동부차장** | 김경하 젤뚜르다, 최순애 스테파니아, 임은영 안나 • **전례부장** | 김영희 스텔라 • **전례부차장** | 김영하 로사 • **음악부장** | 정재향 세실리아 • **교수부장** | 전재현 헬레나 • **교수부차장** | 김경화 프리스카 • **외부강사** | 정윤화 베드로, 어경진 안스가리오, 김수현 요셉, 최복순 안나, 김금희 소화데레사 • **주방봉사** | 중1동

성녀 세실리아 분단
조성숙 베르노(부평1동), 이용년 수산나(삼정동), 이승희 루시아(상1동), 정영미 가브리엘라(상3동), 이정숙 마리아막달레나(여월동), 최미경 레지나(역곡2동), 신옥희 미카엘라(오정동), 임관순 마리아(중1동), 최은옥 님포도라(중2동), 이상숙 헬레나(중3동)

성녀 벨라뎃다 분단
이정배 헬레나(대부), 고복례 마리아(도창동), 임영순 루시아(만수1동), 장영이 벨리나(만수3동), 권복실 마리아(만수6동), 목수일 마리아(모래내), 김현숙 카타리나(범박동), 이영자 데레사(소사본3동), 정인숙 카타리나(심곡본동)

성녀 가타리나 분단
권오정 마리아(검암동), 유혜정 젬마(계산동), 당종선 나탈리아(김포), 김경옥 클라라(마전동), 김은자 마리안나(바오로딸), 한모춘 줄리아(석남동), 김자애 레지나(양곡), 황봉란 보나(원당동), 황옥희 로사(풍무동), 신기화 안나(효성동)

성녀 데레사 분단
이은경 율리안나(연수), 신미자 리디아(동춘동), 정병해 사비나(선학동), 이윤희 엘리사벳(영종), 이현숙 미카엘라(용현5동), 황임순 안젤라(용현동), 김은양 엘리사벳(학익동), 김은경 베로니카(한국순교성인), 임가륜 베로니카(화수동)

성녀 아녜스 분단
김경희 마리아(갈산동), 한혜숙 모니카(부개2동), 조정미 수산나(부개동), 박아가다 아가다(부평1동), 안수형 미카엘라(서운동), 김희순 마르티나(일신동), 윤희영 마리아라파엘(작전동), 이민자 에밀리아나(주안3동), 유금옥 리사(주안8동)

여성 제 166 차

2012. 12. 6 ~ 9

봉사자
• **지도신부** | 이재규 베드로 • **회장** | 전종근 카타리나 • **회장후보** | 안명희 엘리사벳, 이은주 루시아 • **총무부장** | 김영주 엘리사벳 • **총무부차장** | 김정옥 로사 • **활동부장** | 이경화 안나 • **활동부차장** | 윤순남 안젤라, 안연옥 안나, 김영옥 엘리사벳 • **전례부장** | 진향영 로사리아 • **전례부차장** | 문경미 루시아 • **음악부장** | 정재향 세실리아 • **교수부장** | 김금희 소화데레사 • **교수부차장** | 이계화 이사벨라 • **외부강사** | 정윤화 베드로, 박유양 바오로, 양성일 시메온, 최복순 안나 • **주방봉사** | 원미동

성녀 세실리아 분단
김미자 사라(간석2동), 김영남 베로니카(구월1동), 김지민 데레사(남촌동), 진은순 메히틸다(만수1동), 정숙희 노엘라(만수3동), 유미경 미카엘라(만수6동), 조숙정 아가다(모래내), 박명희 테레지아(병원사목), 이승언 글라라(소래포구)

성녀 벨라뎃다 분단
김성진 루치아(범박동), 전수진 요안나(부개동), 김정희 제노베파(소사), 윤순옥 안젤라(심곡본동), 이영선 베로니카(여월동), 홍현숙 젬마(역곡2동), 이소연 스콜라스티카(원미동), 안정민 소피아(주안8동), 이희순 안나(중1동), 김영용 카타리나(중2동)

성녀 가타리나 분단
김성례 미카엘라(계산동), 한미경 프란치스카(고촌), 황경은 세실리아(마전동), 이병옥 젤뚜르다(불로동), 이은채 임마누엘라(사우동), 유은순 로사리아(서운동), 임순정 루시아(양곡), 이경희 세레나(풍무동), 오영하 마리아(하성), 최희정 마리엔젤이니스(효성동)

성녀 데레사 분단
황점분 임마누엘라(선학동), 임미자 헬레나(숭의동), 정송혜 크리스티나(연수), 정정자 루실라(옥련동), 이수진 세레나(용현동), 김승민 세라피나(제물포), 이귀남 카타리나(주안3동), 김영희 루시아(학익동), 권순애 안젤라(한국순교성인), 최영미 노엘라(해안)

성녀 아녜스 분단
이용주 마리아(갈산동), 김은주 월마(병원사목), 배선아 마리아(부개2동), 박현숙 레아(부개동), 전금옥 바울라(부평1동), 김기태 크리스티나(삼산동), 김귀자 소피아(석남동), 노연경 마리로사(영종), 고창순 마틸다(작전동), 염삼분 율리안나(효성동)

여성 제 167 차

2013. 2. 14 ~ 17

봉사자 • **지도신부** | 차호찬 시메온 • **회장** | 이인숙 마리아 • **회장후보** | 정화민 로사리아, 문정숙 아가다 • **총무부장** | 송명자 안젤라 • **총무부차장** | 송인숙 루시아 • **활동부장** | 이경남 헬레나 • **활동부차장** | 나미경 카타리나, 서영인 수산나, 조미미 헬레나 • **전례부장** | 조금순 엘라 • **전례부차장** | 김복순 글라라 • **음악부장** | 윤선 실비아 • **교수부장** | 김금주 헬레나 • **교수부차장** | 우영희 토마시아 • **외부강사** | 김태현 마태오, 어경진 안스가리오, 양성일 시메온, 임선모 소피아 • **주방봉사** | 범박동

성녀 세실리아 분단 이미연 안나(간석2동), 정갑례 아녜스(논현동), 노진경 빅토리아(만수1동), 이은숙 카타리나(만수3동), 이행은 로즈마리(만수6동), 방미옥 마리아(서창동), 이소연 헬레나(영흥), 윤양희 미카엘라(청학동)

성녀 벨라뎃다 분단 조구슬 라파엘라(부개2동), 김순옥 아녜스(산곡3동), 이영순 글라라(상동), 이명희 데레사(심곡), 엄정자 안젤라(심곡본동), 정경숙 마리아(십정동), 정혜옥 마리엘리사벳(일신동)

성녀 가타리나 분단 안향임 세실리아(가정동), 이재숙 로사리아(석남동), 이성숙 데레사(영종), 허지윤 요셉피나(주안1동), 강현숙 엘리사벳(주안3동), 강영신 올리바(용현동), 김의숙 스텔라(학익동), 김지선 마리아프란치스카(해안)

성녀 데레사 분단 임수정 율리아(마전동), 박정분 안나(사우동), 강순옥 사비나(서운동), 정민희 아녜스(원당동), 임영희 마리아(작전2동), 강향옥 소화데레사(작전동), 심희선 리디아(효성동)

성녀 아녜스 분단 배윤희 마아가렛(고강동), 정애순 데레사(삼정동), 이주영 베레나(상1동), 이혜경 데레사(상3동), 유순애 바실리아(원미동), 정양례 마리안나(원종2동), 박춘희 글라라(중2동), 유형덕 사비나(중3동)

여성 제 168 차

2013. 4. 18 ~ 21

봉사자 • **지도신부** | 이경일 토마스 • **회장** | 임선모 소피아 • **회장후보** | 진향영 로사리아, 최은영 리디아 • **총무부장** | 백윤옥 마리아 • **총무부차장** | 이현순 체칠리아 • **활동부장** | 류정임 소화데레사 • **활동부차장** | 이옥남 레지나, 조경희 안젤라, 김경희 리따 • **전례부장** | 박미선 아나다시아 • **전례부차장** | 이경화 안나 • **음악부장** | 최석미 카타리나 • **교수부장** | 서미연 요한나 • **교수부차장** | 김영희 스텔라 • **외부강사** | 조명연 마태오, 어경진 안스가리오, 김수현 요셉, 최복순 안나 • **주방봉사** | 서창동

성녀 세실리아 분단 김영수 루시아로라(가정3동), 송춘심 아가다(가정동), 이숙경 매임데레사(간석4동), 김승자 엘리사벳(갈산동), 김복단 안나(부평1동), 서선희 베로니카(부평3동), 김혜영 엘리사벳(산곡3동), 고봉인 비비안나(소래포구), 정만옥 요세피나(심곡), 장경희 요한나(일신동)

성녀 벨라뎃다 분단 김은화 모니카(강화), 최선임 도미니카(고촌), 홍성금 수산나(박촌동), 신미숙 모니카(서운동), 김현희 레지나(양곡), 조은경 메히틸다(연희동), 손미희 아녜스(원당동), 권영정 안나(작전2동), 최경란 아네스(청수), 김복선 임마누엘라(효성동)

성녀 가타리나 분단 이영미 루실라(간석2동), 유옥연 수산나(도화동), 이정분 프란치스카(만수1동), 이명희 아녜스(만수3동), 김은숙 비비안나(만수6동), 심순득 아가다(용현동), 전혜경 안젤라(주안1동), 김정화 세레나(주안3동), 김인숙 안나(주안5동), 박양선 수산나(주안8동), 김정선 루시아(학익동)

성녀 데레사 분단 강미옥 카타리나(고강동), 문미경 율리에따(범박동), 이남희 글라라(중3동), 손순임 미카엘라(삼정동), 강숙영 헬레나(상1동), 김미라 크리스티나(상3동), 김숙희 요안나(소사본동), 이은주 비비안나(심곡본동), 김종순 데레사(여월동), 서오숙 세실리아(원종2동), 한혜순 미리암(중2동)

성녀 아녜스 분단 안혜숙 루시아(논현동), 문순옥 스테파니아(대부), 서선례 다리아(대야동), 김명심 아가다(동춘동), 신희숙 세시리아(서창동), 이윤자 로사(선학동), 박금주 카타리나(신천), 이희주 플로라(영흥), 심신녀 아네스(은행동), 이종빈 율리아(한국순교성)

여성 제 169 차

2013. 6. 20 ~ 23

봉 사 자
• **지도신부** | 조명연 마태오 • **회장** | 이은주 루시아 • **회장후보** | 문정숙 아가다 • **총무부장** | 김금희 소화데레사 • **총무부차장** | 김경화 프리스카 • **활동부장** | 최순애 스테파니아 • **활동부차장** | 김영하 로사, 김성란 로마나, 송진순 베로니카 • **전례부장** | 김명숙 안나 • **전례부차장** | 김정옥 로사 • **음악부장** | 윤선실 비아 • **교수부장** | 김금주 헬레나 • **교수부차장** | 임은영 안나 • **외부강사** | 정윤화 베드로, 정윤섭 요셉, 김수현 요셉, 최복순 안나 • **주방봉사** | 역곡2동

성녀 세실리아 분단
손문순 스테파니아(만수2동), 강순주 미카엘라(선학동), 최정화 세실리아(옥련동), 김귀옥 요안나(은행동), 엄영미 아녜스(제물포), 주경희 골롬바(주안3동), 한인옥 마리아(주안8동), 유흥숙 벨라뎃다(학익동), 윤세옥 수산나(한국순교성)

성녀 벨라뎃다 분단
김간란 데레사(부개2동), 최옥희 아델라(부평1동), 허수린 안젤라(부평2동), 신순희 소화데레사(산곡3동), 변순남 마리안나(상1동), 이정춘 레지나(상3동), 조송자 마리아(작전동), 선해영 베로니카(중2동), 정광숙 베네딕다(중3동), 류영애 마리아(효성동)

성녀 가타리나 분단
윤두순 율리아나(가정동), 송예원 베로니카(계산동), 곽선희 리드비나(마전동), 이병옥 루시아(사우동), 한석자 세실리아(연희동), 홍혜숙 마리아(작전2동), 전은희 미카엘라(청라), 서정화 노엘라(해안), 황선옥 율리아나(화수동)

성녀 데레사 분단
이봉자 마리아(간석2동), 민안나 요안나(간석4동), 윤삼순 율리안나(구월1동), 박은미 레아(논현동), 이선옥 효주아녜스(만수1동), 김남희 율리안나(만수3동), 문영임 모니카(모래내), 유지희 피엔시아(소래포구), 조숙자 아가다(신천)

성녀 아녜스 분단
권봉례 데레사(김포), 이승주 레지나(삼정동), 윤한중 안토니아(소사), 조금숙 까리따스(소사본3동), 박영애 율리안나(소사본동), 박점순 크리스티나(심곡본동), 안동순 모니카(여월동), 양연옥 에스텔(역곡2동), 김혜숙 글라라(원미동)

여성 제 170 차

2013. 9. 12 ~ 15

봉 사 자
• **지도신부** | 김일회 빈첸시오 • **회장** | 전종근 카타리나 • **회장후보** | 정화민 로사리아 • **총무부장** | 김금란 엘리사벳 • **총무부차장** | 김정순 엘리사벳 • **활동부장** | 김길자 가밀라 • **활동부차장** | 백윤옥 마리아, 박아가다 아가다, 도인숙 데레사, 이애숙 로사, 조미숙 글라라 • **전례부장** | 안명희 엘리사벳 • **전례부차장** | 이미일 프란치스카 • **음악부장** | 백영순 루시아 • **교수부장** | 박경화 마리아 • **교수부차장** | 문경미 루시아 • **외부강사** | 제정원 베드로, 박유양 바오로, 신일섭 아우구스티노, 최복순 안나 • **주방봉사** | 옥련동

성녀 세실리아 분단
장숙자 스텔라(계산동), 김정자 베트라(범박동), 이차숙 글라라(부개동), 이희정 미카엘라(상3동),김순이 요안나(소사), 전성자 유스티나(심곡본동), 백경화 데레사(원미동), 박진옥 막달레나(장기동)

성녀 벨라뎃다 분단
이영희 모니카(강화), 임명자 라파엘라(고촌), 신상분 안나(김포), 황춘경 마리아고레티(불로동), 윤금년 루시아(사우동), 박미자 마리아(석남동), 최복희 아가다(연희동), 장광희 요안나(온수), 김봉열 베로니카(원당동)

성녀 가타리나 분단
김연세 다리아(동춘동), 최옥순 아녜스(동춘동), 남상순 미카엘라(산곡3동), 박정희 베로니카(삼산동), 한옥향 마리나(서운동), 안금옥 세실리아(옥련동), 권외생 안젤라(작전2동), 김분이 세실리아(효성동)

성녀 데레사 분단
인선자 모니카(도화동), 이정희 로마나(숭의동), 이경순 수산나(영종), 김춘임 로사(주안1동), 황미자 카타리나(주안3동), 전은자 마리아(학익동), 김경애 아녜스(해안), 최금옥 안나(화수동)

성녀 아녜스 분단
오숙자 루시아(간석2동), 하분이 세실리아(간석2동), 김보영 수산나(논현동), 이문자 마리아(대야동), 김연임 글라라(만수1동), 최순월 젬마(만수3동), 홍옥기 데레사(만수6동), 박명자 아나스타시아(소래포구), 김민자 골롬바(영흥)

여성 제 171 차

2013. 11. 14 ~ 17

봉 사 자

• **지도신부** | 어경진 안스가리오 • **회장** | 문정숙 아가다 • **회장후보** | 이인숙 마리아 • **총무부장** | 이현순 체칠리아 • **총무부차장** | 김영옥 엘리사벳 • **활동부장** | 나미경 카타리나 • **활동부차장** | 이영란 세실리아, 공미란 헬레나, 홍숙주 젬마 • **전례부장** | 김복순 글라라 • **전례부차장** | 전재현 헬레나 • **음악부장** | 정재향 세실리아 • **교수부장** | 송명자 안젤라 • **교수부차장** | 김경화 프리스카 • **외부강사** | 정윤섭 요셉, 김대선 안드레아, 임선모 소피아 • **주방봉사** | 학익동

성녀 세실리아 분단

정애련 노엘라(고잔), 오선옥 마리아(구월1동), 고정예 로사(도화동), 안성경 세실리아(동춘동), 최종미 말지나(만수2동), 김명임 아녜스(만수6동), 김미연 마리안나(서창동), 장명숙 안나(소래포구), 이옥자 데레사(숭의동), 박현숙 율리안나(연수), 차순희 크리스티나(옥련동)

성녀 벨라뎃다 분단

박지은 안나(계산동), 윤여진 아녜스(바오로딸), 김복년 테오도라(박촌동), 장향우 안젤라(불로동), 강용선 아녜스(사우동), 허진숙 로사리아(서운동), 이상남 레지나(작전동), 정경미 라파엘라(장기동), 정해금 에리꼬(풍무동), 김상희 세실리아(하성), 김홍순 데레사(효성동)

성녀 가타리나 분단

조성혜 마틸다(고강동), 전용석 바울라(삼정동), 박갑임 비비안나(상1동), 이은영 크리스티나(여월동), 이달순 세실리아(오정동), 민천숙 마리안나(원미동), 정상임 미카엘라(원종2동), 손정숙 로사리아(중1동), 이민희 아녜스(중2동), 정영연 카타리나(중3동), 여인옥 데레사(청라)

성녀 데레사 분단

임봉선 모니카(대야동), 박은영 마리세레마(범박동), 서선순 수산나(부평1동), 최미자 세실리아(부평3동), 이영숙 카타리나(산곡3동), 이미자 사라(소사), 박옥순 베로니카(소사본3동), 복경미 로사리아(신천), 채철희 수산나(심곡본동), 오정희 글라라(일신동), 김경옥 세실리아(포동)

성녀 아녜스 분단

이경숙 글라라(가정동), 오복자 율리안나(가좌동), 이병년 루치나(검암동), 최종명 아녜스(마전동), 이희숙 아녜스(석남동), 고명숙 가브리엘라(용현동), 박현숙 마리스텔라(원당동), 최효분 아네스(제물포), 강영주 마리아(주안3동), 장간란 요안나(학익동), 김양순 율리안나(해안)

여성 제 172 차

2014. 2. 13 ~ 16

봉 사 자

• **지도신부** | 제정원 베드로 • **회장** | 임소연 마리아 • **회장후보** | 최은영 리디아 • **총무부장** | 김신영 베레나 • **총무부차장** | 장영실 도로테아 • **활동부장** | 박미선 아나다시아 • **활동부차장** | 서영인 수산나, 조구슬 라파엘라, 안향임 세실리아 • **전례부장** | 김정옥 로사 • **전례부차장** | 심순애 요셉피나 • **음악부장** | 박정자 루시아 • **교수부장** | 이경남 헬레나 • **교수부차장** | 이옥남 레지나 • **외부강사** | 정윤화 베드로, 어경진 안스가리오, 신일섭 아우구스티노, 임선모 소피아 • **주방봉사** | 가정3동

성녀 세실리아 분단

장인숙 율리아(답동), 정희영 까리따스(동춘동), 임현숙 제노베파(모래내), 성영숙 마르타(선학동),임미경 구네군다(연수), 공남숙 엘리사벳(옥련동), 지연자 베로니카(용현동), 김혜선 미카엘라(주안8동), 김재영 율리안나(한국순교성인), 오명진 레지나(해안)

성녀 벨라뎃다 분단

김리란 요셉피나(가정3동), 김옥미 젤마나(가정3동), 최병창 로사리아(가정동), 이남희 헬레나(가좌동), 박정숙 데레사(사우동), 한명숙 세실리아(석남동), 주외숙 루시아(원당동), 박인숙 사비나(청라), 노계향 가브리엘라(풍무동), 서윤옥 엘리사벳(하점)

성녀 가타리나 분단

조정자 사비나(간석2동), 유선미 스텔라(대야동), 이미옥 아녜스(만수1동), 남궁미 자베로니카(부평1동), 김정임 베르타(부평2동), 이향진 도미니카(신천), 이영실 로사(일신동), 장복선 아녜스(제물포), 김옥수 소화데레사(주안1동), 김금순 안나(주안3동)

성녀 데레사 분단

김명경 헬레나(상3동), 이정숙 제노비아(소사본동), 이재련 마리아(심곡본동), 손숙희 루실라(여월동), 김영순 요셉피나(역곡2동), 장선옥 루치아(원종2동), 박미정 로즈마리(중1동), 유혜란 마리나(중2동), 유경숙 비비안나(중3동)

성녀 아녜스 분단

임희정 소화데레사(검암동), 기명수 세실리아(계산동), 김정옥 수산나(마전동), 오현경 수산나(박촌동), 조정선 율리안나(범박동), 방현경 마리아(상동), 송은화 아녜스(서운동), 이춘란 아네스(송내1동), 목진희 소화데레사(작전동), 지해숙 카타리나(장기동)

여성 제 173 차

2014. 4. 10 ~ 13

봉 사 자 • **지도신부** | 김성만 파트리치오 • **회장** | 최은영 리디아 • **회장후보** | 이인숙 마리아 • **총무부장** | 최순애 스테파니아 • **총무부차장** | 조미숙 글라라 • **활동부장** | 김광덕 위비나 • **활동부차장** | 김경희 리따, 박점미 미카엘라, 박숙희 실비아 • **전례부장** | 백윤옥 마리아 • **전례부차장** | 우영희 토마시아 • **음악부장** | 정재향 세실리아 • **교수부장** | 김영희 스텔라 • **교수부차장** | 임은영 안나 • **외부강사** | 정윤화 베드로, 어경진 안스가리오, 신일섭 아우구스티노, 최복순 안나 • **주방봉사** | 여월동

성녀 세실리아 분단 김경주 가브리엘라(가정3동), 이진숙 엘리사벳(가정동), 김경미 안젤라(가좌동), 최경자 마리아(검암동), 이미숙 율리안나(부평1동), 윤석련 베로니카(부평2동), 김순식 안젤라(일신동), 허덕임 수산나(주안8동), 김미순 레지나(중1동), 윤병희 레지나(중2동)

성녀 벨라뎃다 분단 안기순 세실리아(계산동), 오경숙 글라라(김포), 장순분 안나(박촌동), 유은미 유스티나(원당동), 김하수 블란디나(작전2동), 이미경 안나(작전동), 장양님 아나다시아(장기동), 윤병임 루도비카(풍무동), 송미아 카타리나(하성), 오영례 크리스티나(효성동)

성녀 가타리나 분단 박정희 요안나(고잔), 이용자 효주아녜스(논현동), 정인경 요셉피나(대야동), 심원선 소화데레사(만수1동), 임미정 막달레나(만수2동), 조순이 루시아(만수3동), 박미성 안젤라(만수6동), 정정옥 젬마(소래포구), 이춘화 마리아(신천), 안옥희 수산나(은행동)

성녀 데레사 분단 이규화 프란치스카(간석2동), 윤연숙 세실리아(답동), 김병란 로사(동춘동), 김진희 루치아(부평3동), 서지윤 율리아나(영종), 정재선 베로니카(용현동), 최정란 사비나(제물포), 이덕호 카타리나(주안3동), 손정희 카타리나(청학동), 장미희 루실라(학익동)

성녀 아녜스 분단 이명례 마리아(삼정동), 이영희 레지나(소사본3동), 김영숙 로사리아(소사본동), 오정숙 마멜다(송내1동), 최해자 스콜라스티카(심곡본동), 이영애 세레나(여월동), 황재연 제노베파(역곡2동), 이행선 마리아(원미동), 차정화 F.로마나(원종2동), 이옥춘프란체스카(중3동)

여성 제 174 차

2014. 6. 12 ~ 15

봉 사 자 • **지도신부** | 박병훈 요셉 • **회장** | 이은주 루시아 • **회장후보** | 김금희 소화데레사 • **총무부장** | 김영주 엘리사벳 • **총무부차장** | 전재현 헬레나 • **활동부장** | 문정숙 아가다 • **활동부차장** | 김정순 엘리사벳, 김정옥 로사, 박아가다 아가다 • **전례부장** | 이현순 체칠리아 • **전례부차장** | 도인숙 데레사 • **음악부장** | 윤선 실비아 • **교수부장** | 김금란 엘리사벳 • **교수부차장** | 나미경 카타리나 • **외부강사** | 김현수 도마, 정윤섭 요셉, 김수현 요셉, 최복순 안나 • **주방봉사** | 원종2동

성녀 세실리아 분단 박종해 글라라(답동), 김옥희 루시아(도화동), 봉미덕 마리아막달레나(선학동), 김현숙 율리안나(숭의동), 윤경애 글라라(옥련동), 정희숙 데레사(용현동), 김명자 레지나(제물포), 신성영 마리아(주안3동), 윤정옥 아가다(주안5동), 윤은자 모니카(한국순교성)

성녀 벨라뎃다 분단 김정희 요셉피나(박촌동), 최옥희 안나(서운동), 나은희 데레사(작전동), 이선옥 데레사(장기동), 이민희 아가다(청수), 이은분 바울리나(통진), 정영자 베로니카(풍무동), 김우성 마리우성(효성동), 최승미 안나(효성동)

성녀 가타리나 분단 노봉애 안젤린(병원사목), 심선애 효주아녜스(상1동), 정행화 젬마(상동), 노영순 엘리사벳(소사), 이기자 그라시아(소사본동), 박혜정 체칠리아(심곡), 김유미 소화데레사(여월동), 조금자 라파엘라(원종2동), 김옥석 프란치스카(중2동), 김진숙 제나(중3동)

성녀 데레사 분단 민명숙 율리안나(가좌동), 한미경 안젤라(갈산동), 권승애 로마나(마전동), 박성애 마리아(부평1동), 김숙희 유리안나(부평2동), 김영란 말가리다(부평3동), 안금준 안나마리아(산곡3동), 한영희 베로니카(삼산동), 이희숙 율리아나(원당동)

성녀 아녜스 분단 이금심 글라라(간석2동), 권미조 소피아(고잔), 이혜자 글라라(논현동), 김순자 스텔라(대부), 이양순 율리안나(만수2동), 박영복 마리아(만수3동), 이미숙 마리아(만수6동), 소진숙 유스티나(신천), 김희경 데레사(은행동)

여성 제 175 차

2014. 9. 18 ~ 21

봉 사 자 • **지도신부** | 김성만 파트리치오 • **회장** | 이인숙 마리아 • **회장후보** | 안명희 엘리사벳 • **총무부장** | 진향영 로사리아 • **총무부차장** | 공미란 헬레나 • **활동부장** | 전종근 카타리나 • **활동부차장** | 이미일 프란치스카, 정송혜 크리스티나, 백자현 도미니카, 김명경 헬레나 • **전례부장** | 김복순 글라라 • **전례부차장** | 김재영 율리안나 • **음악부장** | 윤선 실비아 • **교수부장** | 장광혜 스텔라 • **교수부차장** | 문경미 루시아 • **외부강사** | 오용호 세베리노, 송준회 베드로, 양성일 시메온, 최복순 안나 • **주방봉사** | 부개동

성녀 세실리아 분단 윤현숙 메니라(가정3동), 최석경 레베카(교구청), 신경임 요안나(산곡3동), 황은실 헬레나(상1동), 이경화 골롬바(상동), 이갑심 비아(석남동), 이경숙 마리아(일신동), 김미숙 요안나(작전2동), 우경천 마리아(작전동), 오선희 루시아(효성동)

성녀 벨라뎃다 분단 고미자 가타리나(가정동), 김영자 노엘라(검암동), 허영란 까리따스(김포), 최옥경 엘리사벳(마전동), 조미례 유스티나(양곡), 유정숙 아녜스(원당동),장혜자 마리안나(청라), 노현아 글로리아(청수), 김미숙 율리안나(하점)

성녀 가타리나 분단 이한예 세레나(범박동), 안윤미 경련베네딕다(삼정동), 강막례 카타리나(소사본3동), 안정숙 가브리엘라(소사본동), 최경순 요안나(심곡본동), 김윤정 디오니시아(상3동), 김현옥 에렘베르따(역곡2동), 안경애 율리안나(원미동), 이애란 젤뚜르다(원종2동), 박옥순 모니카(중3동)

성녀 데레사 분단 김지미 비비안나(답동), 정임숙 세실리아(송림동), 강정애 마리안나(송현동), 김유경 멜라니아(용현동), 정정숙 아가다(제물포), 이금순 루치아(주안3동), 강금란 젬마(주안5동), 이난숙 아녜스(학익동)

성녀 아녜스 분단 이미진 카타리나(대야동), 한막래 글라라(만수2동), 오연섭 레오까띠아(만수3동), 김화연 마틸다(만수6동), 김은희 루시아(선학동), 김숙 요셉피나(소래포구), 신성희 유스티나(십정동), 이선애 안젤라(연수), 강혜경 소피아(영흥), 이경자 마리아(한국순교성)

여성 제 176 차

2014. 11. 13 ~ 16

봉 사 자 • **지도신부** | 한덕훈 스테파노 • **회장** | 김만례 세실리아 • **회장후보** | 정화민 로사리아 • **총무부장** | 류정임 소화데레사 • **총무부차장** | 안향임 세실리아 • **활동부장** | 이경남 헬레나 • **활동부차장** | 박춘희 글라라, 유흥숙 벨라뎃다, 장인숙 율리아 • **전례부장** | 백윤옥 마리아 • **전례부차장** | 조미미 헬레나 • **음악부장** | 윤선실 비아 • **교수부장** | 이옥남 레지나 • **교수부차장** | 김영옥 엘리사벳 • **외부강사** | 김태현 마태오, 정윤섭 요셉, 김성만 파트리치오, 임선모 소피아 • **주방봉사** | 원당동

성녀 세실리아 분단 김영숙 베로니카(삼정동), 신옥 엘라(상1동), 강다라 마리아(상3동), 정경미 율리안나(소사), 이영임 세실리아(소사본3동), 심재분 로사(심곡본동), 양현주 마리아(여월동), 최원옥 베로니카(역곡2동), 김귀순 모니까(원미동), 양승미 젬마(중3동)

성녀 벨라뎃다 분단 지명희 바울리나(가정동), 우영란 안젤라(가좌동), 이은경 스텔라(검단동), 이유원 실비아(송현동), 홍미선 루시아(석남동), 육현경 소화데레사(송림동), 김란경 카타리나(연희동), 탁부진 레지나(원당동), 김윤영 엘리아(청라), 이경미 콜레타(풍무동)

성녀 가타리나 분단 이경민 모니카(계산동), 김난희 율리아(김포), 김진이 안젤라(부평1동), 오석례 사라(부평3동), 허길자 데레사(산곡3동), 김영미 요셉피나(삼산동), 오형림 글라라(일신동), 이명화 모니카(작전2동), 김영아 아녜스(장기동), 최민규 마르타(효성동)

성녀 데레사 분단 안선희 비비안나(답동), 권홍점 루치아(도화동), 문금자 프란치스카(선학동), 김선례 소피아(연수), 송은영 소피아(용현동), 최기용 율리아(제물포), 공영희 소피아(주안1동), 이혜숙 크리스티나(주안8동), 이용순 로사(학익동), 박묘자 리디아(해안)

성녀 아녜스 분단 박미희 미카엘라(간석2동), 연영순 안젤라(고잔), 임경옥 마리아(논현동), 장영미 말가리다(대야동), 박현옥 에스텔(도창동), 박영숙 글라라(만수1동), 김정녀 세레나(만수6동), 임향임 카타리나(신천), 김세봉 율리안나(은행동)

여성 제 177 차

2015. 2. 12 ~ 15

봉 사 자 • **지도신부** | 정윤화 베드로 • **회장** | 문정숙 아가다 • **회장후보** | 임선모 소피아 • **총무부장** | 김신영 베레나 • **총무부차장** | 김영하 로사 • **활동부장** | 최순애 스테파니아 • **활동부차장** | 김정순 엘리사벳, 심순득 아가다, 노계향 가브리엘라, 김금순 안나 • **전례부장** | 김정옥로사 • **전례부차장** | 안명희 엘리사벳 • **음악부장** | 채근자 소피아 • **음악부차장** | 김동옥 아녜스 • **교수부장** | 나미경 카타리나 • **교수부차장** | 장영실 도로테아 • **외부강사** | 이상희 마르띠노, 어경진 안스가리오, 양성일 시메온, 최복순 안나 • **주방봉사** | 검단동

성녀 세실리아 분단 최석금 데레사(가좌동), 이정희 쥴리아(간석2동), 정혜경 카타리나(부평1동), 김윤심 로사리아(부평2동), 윤선이 아녜스(산곡3동), 최영주 루피나(석남동), 허영채 노엘라(검암동), 김성자 스테파니아(작전동), 박금자 로사(중3동)

성녀 벨라뎃다 분단 김애숙 리오바(답동), 여미화 리디아(송림동), 이창희 마리안나(영흥), 김광나 안나(용현동), 이미경 마리아(주안1동), 서옥희 사비나(주안5동), 한선옥 보나(주안8동), 김은섭 데레사(학익동), 손경열 세실리아(해안)

성녀 가타리나 분단 김성임 마르타(대야동), 양봉애 비비안나(삼정동), 강진희 유스티나(상1동), 윤영환 에디따(상3동), 전희자 데레사(소사본동), 최은주 루치아(심곡본동), 박광자 아녜스(원미동), 오정자 세실리아(중1동)

성녀 데레사 분단 이병금 요안나(가정동), 민명숙 수산나(강화), 이경미 베로니카(검단동), 양미강 미카엘라(김포), 이종숙 요안나(사우동), 윤금숙 프란체스카(서운동), 이정주 유스티나(원당동), 김종숙 크리스티나(장기동), 조영주 글라라(청라), 고단우 아녜스(풍무동)

성녀 아녜스 분단 황용자 마리아(고잔), 조영희 바울리나(동춘동), 황은순 안나(만수1동), 조미애 소피아(만수2동), 박선영 안나(만수6동),윤기준 발레리아(선학동), 김순민 글로리아(소래포구), 이선희 베로니카(연수), 임미숙 아가다(옥련동), 윤정숙 엘리사벳(한국순교성)

여성 제 178 차

2015. 4. 16 ~ 19

봉 사 자 • **지도신부** | 김성만 파트리치오 • **회장** | 전종근 카타리나 • **회장후보** | 정화민 로사리아 • **총무부장** | 조금순 엘라 • **총무부차장** | 조성숙 아가다 • **활동부장** | 송명자 안젤라 • **활동부차장** | 유흥숙 벨라뎃다, 서화윤 세실리아, 이남희 글라라, 유혜란 마리나 • **활동부5차장** | 이희숙 율리아나 • **전례부장** | 이미일 프란치스카 • **전례부차장** | 김하수 블란디나, 도인숙 데레사 • **음악부장** | 윤선실 비아 • **교수부장** | 김경화 프리스카 • **교수부차장** | 홍숙주 젬마 • **외부강사** | 김태현 마태오, 김수현 요셉, 최복순 안나 • **주방봉사** | 논현동

성녀 세실리아 분단 김경옥 율리아(간석4동), 연현숙 베로니카(논현동), 윤종갑 테클라(만수1동), 이태화 요셉피나(만수2동), 홍선미 그라시아(만수3동), 양미애 리나(만수6동), 심상순 카타리나(부평2동), 이은숙 미카엘라(서창동), 천화순 데레사(소래포구), 황정연 레지나(일신동)

성녀 벨라뎃다 분단 김미영 도미니카(가정3동), 한채례 엘리사벳(가정동), 홍선미 세실리아(가좌동), 김미자 바울라(강화), 이영미 마리아(검단동), 김정자 사비나(검암동), 신윤아 벨라뎃다(김포), 김옥이 베로니카(석남동), 이종미 도미니카(원당동), 나경자 율리안나(청수), 최영희 오틸리아(풍무동)

성녀 가타리나 분단 라한숙 데레사(선학동), 백남정 로사(송현동), 김선순 디나(숭의동), 문현자 희순루치아(옥련동), 이숙경 세시리아(용현5동), 황희순 루치아(주안3동), 성열옥 소화데레사(주안5동), 변영주 호노리나(청학동), 최귀자 세라피나(한국순교성), 임은경 이레네(화수동)

성녀 데레사 분단 이선미 루치아(대야동), 박주란 세라피나(상1동), 연경애 아녜스(상3동), 김경희 세실리아(소사), 정수경 율리안나(소사본동), 이인숙 소피아(신천), 박영란 카타리나(심곡), 전정렬 안나(심곡본동), 이영희 아녜스(범박동), 정순암 베로니카(은행동)

성녀 아녜스 분단 권숙자 데레사(백령도), 조민자 히야친타(서운동), 황은경 요안나프란치스카(여월동), 정경애 소화데레사(오정동), 조현숙 엘리사벳(원미동), 변원실 수산나(원종2동), 최해원 사라(장기동), 신보수 벨라뎃다(중1동), 석옥희 모니카(중2동), 원기옥 데레사(중3동)

여성 제 179 차

2015. 9. 10 ~ 13

봉 사 자 • **지도신부** | 차호찬 시메온 • **회장** | 임소연 마리아 • **회장후보** | 문정숙 아가다 • **총무부장** | 이은주 루시아 • **총무부차장** | 백자현 도미니카 • **활동부장** | 임은영 안나 • **활동부차장** | 이영란 세실리아, 민안나 요안나, 이행선 마리아 • **전례부장** | 김영희 스텔라 • **전례부차장** | 정화 민로사리아 • **음악부장** | 문영희 로즈마리 • **교수부장** | 문경미 루시아 • **교수부차장** | 김재영 율리안나 • **외부강사** | 정윤섭 요셉, 김성만 파트리치오, 한덕훈 스테파노, 임선모 소피아 • **주방봉사** | 부평3동

성녀 세실리아 분단 박정규 미카엘라(가정동), 김정애 우술라(가좌동), 황명남 아녜스(박촌동), 서명희 대데레사(범박동), 박연숙 에스텔(사우동), 윤병숙 소피아(산곡3동), 김순화 모니카(석남동), 방금숙 막달레나(송도2동), 박정임 아가다(작전2동)

성녀 벨라뎃다 분단 강영자 마리아(답동), 최은주 데레사(도화동), 김순이 유리안나(부평3동), 동해연 루시아(선학동), 문삼지 마리아(송림동), 김명자 테레사(숭의동), 이경애 인덕마리아(용현동), 이순희 안젤라(주안1동), 이수정 마리아(주안3동), 남수연 그라시아(학익동)

성녀 가타리나 분단 명형숙 마리아(강화), 주선연 알비나(검암동), 김미아 소화데레사(고촌), 석영수 글라라(부평1동), 조성숙 카타리나(불로동), 신현주 글리체리아(원당동), 유경자 모니카(청라), 최애경 요안나(청수), 김한영 보나(풍무동)

성녀 데레사 분단 신직녀 베로니카(간석2동), 최옥순 노렌시아(간석4동), 정명자 세실리아(구월1동), 박진수 안젤라(논현동), 호춘옥 마리아(대야동), 박은자 마리아(만수6동), 박상금 글로리아(부평2동), 유정은 세실리아(영종), 최선순 까리따스(한국순교성인)

성녀 아녜스 분단 강선희 로사(고강동), 김영자 요셉피나(상3동), 황미옥 안나(소사), 서춘자 안나(소사본동), 김효숙 효주아녜스(여월동), 조춘미 요셉피나(역곡2동), 김명희 카타리나(원미동), 장희순 수산나(원종2동), 이용순 루시아(중1동), 양능수 율리안나(중3동)

여성 제 180 차

2015. 11. 12 ~ 15

봉 사 자 • **지도신부** | 김부민 베드로 • **회장** | 임선모 소피아 • **회장후보** | 박미선 아나다시아 • **총무부장** | 류정임 소화데레사 • **총무부차장** | 공미란 헬레나 • **활동부장** | 김정옥 로사 • **활동부차장** | 안향임 세실리아, 박미정 로즈마리, 허영채 노엘라, 강진희 유스티나 • **전례부장** | 김복순 글라라 • **전례부차장** | 장인숙 율리아, 김명경 헬레나 • **음악부장** | 윤선 실비아 • **교수부장** | 김영옥 엘리사벳 • **교수부차장** | 김경희 리따 • **외부강사** | 김성만 파트리치오, 최인비 유스티노, 신일섭 아우구스티노, 최복순 안나 • **주방봉사** | 풍무동

성녀 세실리아 분단 오금숙 마리아(대야동), 조예숙 소화데레사(상3동), 홍금례 수산나(소사), 박정숙 노엘라(심곡), 정봉자 아녜스(심곡본동), 최옥자 헬레나(역곡2동), 김광순 아녜스(중1동), 오삼진 안나(중3동)

성녀 벨라뎃다 분단 김말순 안나(간석2동), 이문자 글라라(간석4동), 이일옥 안나(부평1동), 박은순 데레사(부평2동), 박무옥 마리아(부평3동), 김효순 안젤라(산곡3동), 장가훈 바울리나(일신동)

성녀 가타리나 분단 구자봉 소피아(계산동), 김영숙 리디아(신공항), 송혜자 비올라(여월동), 이맹순 헬레나(원종2동), 조현례 마리아(작전2동), 김재희 베로니카(청라), 김옥자 카타리나(풍무동)

성녀 데레사 분단 유재희 율리아(구월1동), 이현숙 실비아(동춘동), 윤복남 율리엣다(만수3동), 최문길 엘리사벳(만수6동), 윤금자 테오필라(연수), 이범일 데레사(주안3동), 박홍순 세실리아(주안8동)

성녀 아녜스 분단 남만순 바울리나(가좌동), 노명희 골룸바(마전동), 이영주 아녜스(송림동), 최단춘 프란치스카(영흥), 송정주 베아트릭스(원당동), 김지숙 엠마(한국순교성인), 우종월 비비안나(해안)

여성 제 181 차

2016. 2. 18 ~ 21

봉 사 자 • **지도신부** | 민영환 토마스모어 • **회장** | 이인숙 마리아 • **회장후보** | 안명희 엘리사벳 • **총무부장** | 이경남 헬레나 • **총무부차장** | 우영희 토마시아 • **활동부장** | 장광혜 스텔라 • **활동부차장** | 김하수 블란디나, 배지윤 이르미나, 이민희 아녜스 • **전례부장** | 이현순 체칠리아 • **전례부차장** | 조성숙 아가다 • **교수부장** | 전재현 헬레나 • **교수부차장** | 장영실 도로테아 • **외부강사** | 김태현 마태오, 어경진 안스가리오, 양성일 시메온, 최복순 안나 • **주방봉사** | 가좌동

성녀 세실리아 분단 박향용 안나(고강동), 조이순 수산나(삼정동), 신정미 까리따스(상1동), 신혜진 세실리아(상3동), 권상희 프란치스카(여월동), 강종례 마르타(원미동), 노명호 엘리사벳(원종2동), 나형미 그라시아(중1동), 김복례 베로니카(중2동), 유선희 효주아녜스(중3동)

성녀 벨라뎃다 분단 김인경 아녜스(가정3동), 공미순 베로니카(가좌동), 윤인숙 카타리나(검단동), 김원영 세실리아(계산동), 정은영 엘리사벳(마전동), 이성숙 베로니카(불로동), 조순옥 글라라(석남동), 이정미 다미아나(연희동), 이광순 루치아(작전2동), 최순화 크리스티나(장기동)

성녀 가타리나 분단 김미숙 크리스티나(갈산동), 최명희 제르뜨루다(부평1동), 김재순 미카엘라(상동), 유연자 마리아고렛띠(소사), 한양순 요안나(소사본동), 차정희 유스티나(심곡본동), 정유자 마리아막달레나(역곡), 유성자 소피아(역곡2동)

성녀 데레사 분단 김영란 율리안나(간석2동), 허영희 마리아(대부), 한명숙 바울라(도화동), 정해원 크리스티나(송림동), 손정애 루치아(옥련동), 이미경 베로니카(용현동), 김동숙 소화데레사(청학동), 윤숙자 마리나(학익동), 최숙자 로사(한국순교성인)

성녀 아녜스 분단 송숙희 요셉피나(고잔), 박영자 수산나(구월1동), 차도행 루시아(만수1동), 김병숙 세실리아(만수2동), 차기정 아녜스(만수6동), 김용례 세실리아(서창동), 곽진희 젬마(소사본3동), 이혜경 아녜스(은행동)

여성 제 182 차

2016. 4. 14 ~ 17

봉 사 자 • **지도신부** | 차호찬 시메온 • **회장** | 이은주 루시아 • **회장후보** | 진향영 로사리아 • **총무부장** | 최순애 스테파니아 • **총무부차장** | 유혜란 마리나 • **활동부장** | 백윤옥 마리아 • **활동부차장** | 안향임 세실리아, 허영채 노엘라, 유순애 바실리아 • **전례부장** | 송명자 안젤라 • **전례부차장** | 도인숙 데레사 • **음악부장** | 윤선 실비아 • **교수부장** | 나미경 카타리나 • **교수부차장** | 이행선 마리아 • **외부강사** | 최인비 유스티노, 박유양 바오로, 김수현 요셉, 임선모 소피아 • **주방봉사** | 부개2동

성녀 세실리아 분단 박영임 안젤라(가좌동), 장정희 스텔라(검단동), 곽은덕 마리아막달레나(김포), 유연옥 모니카(마전동), 정남희 세라피나(불로동), 오미애 루이사(사우동), 박재순 레지나(연희동), 한지훈 데레사(원당동), 오채현 마리안나(청라), 이선심 세실리아(풍무동)

성녀 벨라뎃다 분단 손분향 가브리엘라(갈산동), 박경아 아녜스(부개2동), 최성이 글라라(부개동), 김현무 효주아녜스(부평1동), 이윤순 로사(부평2동), 박미혜 카타리나(부평4동), 신애리 엘리사벳(상1동), 홍명순 귀임마리아(상동), 김태숙 세실리아(십정동), 하영희 미카엘라(중1동)

성녀 가타리나 분단 소미경 마리안나(삼정동), 허현미 율리아(서운동), 안숙 아녜스(소사본동), 남욱향 도미틸라(심곡본동), 우지연 율리안나(여월동), 양유경 수산나(역곡2동), 김미애 사비나(작전2동), 안성순 루시아(장기동), 허영희 파비올라(중3동), 정인숙 릿다(효성동)

성녀 데레사 분단 심미영 마리아(답동), 하정현 안젤라(동춘동), 이명수 글라라(송림동), 이해진 베로니카(송현동), 최명인 보나(숭의동), 서명아 사비나(영종), 유미순 수산나(옥련동). 한안나 안나(용현동), 김희수 데레사(주안3동), 강문자 아녜스(해안)

성녀 아녜스 분단 장영미 소화데레사(간석2동), 김윤희 율리안나(간석4동), 천은숙 데레사(구월1동), 이영숙 세레나(대부), 윤명자 유스타(만수1동), 박수영 마리아(서창동), 김진영 실비아(신천), 문점득 엘리사벳(연수), 김정연 미카엘라(한국순교성인)

여성 제 183 차

2016. 6. 16 ~ 19

봉 사 자
• **지도신부** | 김성만 파트리치오 • **회장** | 문정숙 아가다 • **회장후보** | 임선모 소피아 • **총무부장** | 백자현 도미니카 • **총무부차장** | 김하수 블란디나 • **활동부장** | 김정옥 로사 • **활동부차장** | 임남숙 소화데레사 , 서화윤 세실리아, 민안나 요안나 • **전례부장** | 문경미 루시아 • **전례부차장** | 이영란 세실리아 • **음악부장** | 백영순 루시아 • **음악부차장** | 윤선 실비아 • **교수부장** | 이미일 프란치스카 • **교수부차장** | 조미숙 글라라 • **외부강사** | 김경희 리따 • **주방봉사** | 석남동

성녀 세실리아 분단
임선미 데레사(가정동), 박영심 엘리사벳(검단동), 전인자 엘리사벳(검암동), 이지연 에스텔(마전동), 이미숙 엘리사벳(불로동), 이명옥 안나(서운동), 조봉남 요세피나(석남동), 조정란 글라라(연희동), 이민희 사비나(원당동), 문미화 세실리아(청수)

성녀 벨라뎃다 분단
김혜정 크리스티나(상1동), 정정희 미카엘라(상3동), 강임순 마리아(소사), 곽영란 스텔라(소사본3동), 강의순 마리아(심곡), 김정숙 임마누엘라(심곡본동), 유서영 사라(역곡), 원희정 글라라(역곡2동), 김형신 비비안나(중1동), 김명희 마르첼라(중3동)

성녀 가타리나 분단
김경자 엘리사벳(가좌동), 강안나 마리루메나(교구청), 정옥희 데레사(답동), 김인순 사라(송림동), 이은미 엘리사벳(영종), 김영란 안나(주안1동), 김난순 미카엘라(주안3동), 배은선 젬마(청라), 장윤희 도미니카(해안)

성녀 데레사 분단
이선애 파비올라(갈산동), 주원숙 요안나(부개동), 신혜숙 베로니카(부평1동), 이현주 마리아안젤라(부평2동), 박미옥 벨라뎃다(부평3동), 박수선 아수산나(부평4동), 김선자 안나(삼산동), 김효순 효주아녜스(십정동), 김선희 로사리아(작전2동), 원용녀 비비안나(작전동)

성녀 아녜스 분단
최윤숙 글라라(구월1동), 이순옥 가밀라(동춘동), 황금자 도로테아(만수1동), 이순자 데레사(만수6동), 김데리사 데레사(신천), 정옥희 세실리아(여월동), 안영실 안젤라(영흥), 박남순 루시아(옥련동), 남초현 수산나(원미동), 양희선 소화데레사(한국순교성인)

여성 제 184 차

2016. 9. 22 ~ 25

봉 사 자
• **지도신부** | 박병훈 요셉 • **회장** | 임소연 마리아 • **회장후보** | 이경남 헬레나, 진향영 로사리아 • **총무부장** | 장영실 도로테아 • **총무부차장** | 김영희 스텔라 • **활동부장** | 임은영 안나 • **활동부차장** | 정송혜 크리스티나, 김희자 정혜엘리사벳, 진혜원 프란치스카 • **전례부장** | 이현순 체칠리아 • **전례부차장** | 김명경 헬레나 • **음악부장** | 윤선 실비아 • **교수부장** | 장광혜 스텔라 • **교수부차장** | 백윤옥 마리아 • **외부강사** | 김성만 파트리치오, 송준회 베드로, 이현수 베드로, 임선모 소피아 • **주방봉사** | 송림동

성녀 세실리아 분단
김미숙 세실리아(가정3동), 신금옥 마리나(가정동), 정윤희 데레사(검단동), 김정미 카타리나(고촌), 박경옥 리디아(김포), 김순자 안나(마전동), 성정애 젤뚜르다(불로동), 남경란 실비아(석남동), 박기순 크리스티나(연희동), 성은정 마리아(청라)

성녀 벨라뎃다 분단
유금자 안나(가좌동), 고춘하 막달레나(만수6동), 오혜경 비비안나(부평2동), 양애순 수산나(부평4동), 강연구 카타리나(산곡동), 최현숙 가브리엘라(상동), 하성용 데레사(서창동), 김경자 율리엣따(소사본3동), 한미정 요안나(신천), 김찬녀 수산나(십정동)

성녀 가타리나 분단
원유순 아녜스(고강동), 안평숙 비비안나(삼정동), 양영례 안나(상1동), 김순전 마리아(소사), 정도영 마리안나(심곡), 강영임 카타리나(심곡본동), 유영자 대데레사(여월동), 윤정랑 마리아(역곡2동), 이해선 아녜스(원미동), 류춘자 헬레나(중3동)

성녀 데레사 분단
김양자 세실리아(간석2동), 서충자 안젤라(간석4동), 김일순 리디아(답동), 홍옥녀 라파엘라(선학동), 현영희 루시아(송림동), 최명애 크리스티나(연수), 박정념 글라라(옥련동), 김문식 카타리나(주안3동), 김영자 엘리사벳(화수동)

성녀 아녜스 분단
이봉희 루시아(계산동), 조강자 비비나(대부), 신정자 골롬바(소래포구), 서정덕 율리아(영종), 김혜숙 베로니카(영흥), 이옥연 골롬바(작전2동), 김명순 안나(작전동), 이근옥 가타리나(주안8동), 황옥자 마리아(한국순교성인)

여성 제 185 차

2016. 11. 17 ~ 20

봉사자 • **지도신부** | 어경진 안스가리오 • **회장** | 안명희 엘리사벳 • **회장후보** | 전종근 카타리나 • **총무부장** | 김정옥 로사 • **총무부차장** | 배지윤 이르미나 • **활동부장** | 나미경 카타리나 • **활동부차장** | 박미정 로즈마리, 진선미 미카엘라, 박연숙 에스텔 • **전례부장** | 최순애 스테파니아 • **전례부차장** | 장인숙 율리아 • **교수부장** | 안향임 세실리아 • **교수부차장** | 서화윤 세실리아 • **외부강사** | 이상희 마르띠노, 김성만 파트리치오, 한덕훈 스테파노, 김경희 리따 • **주방봉사** | 중2동

성녀 세실리아 분단 임월자 마리아(가좌동), 박민숙 헬레나(검단동), 조연숙 루피나(마전동), 박미영 유스티나(부평4동), 류정화 소화데레사(석남동), 김금숙 안젤라(십정동), 김정희 다미아노(영종), 추문녀 아녜스(오류동), 김희래 율리아나(청라)

성녀 벨라뎃다 분단 장길수 베로니카(간석2동), 이성순 루치아(논현동), 정선영 마리토마(만수3동), 함경심 요안나(소래포구), 박윤정 빅토리아(영종), 서양희 미카엘라(옥련동), 박미경 정정혜엘리사벳(은행동), 장경옥 아가다(주안1동), 박은영 레지나(한국순교성인)

성녀 가타리나 분단 송난희 라파엘라(고강동), 신미숙 베로니카(부평1동), 권영애 이냐시아(부평4동), 민은미 데레사(삼정동), 신경순 율리안나(상1동), 신영실 프란치스카(상3동), 조향옥 세실리아(여월동), 조경희 모니카(원종2동), 배은영 알비나(중2동), 이복순 로즈마리(중3동)

성녀 데레사 분단 김은희 로사리아(답동), 이정옥 빅토리아(만수3동), 김옥현 글라라(백령도), 윤경덕 엘리사벳(소사), 유인숱 마리아(소사본3동), 박노실 골롬바(송내1동), 김경난 베로니카(역곡2동), 강선선 아녜스(제물포), 박미애 마리아(주안3동)

성녀 아녜스 분단 최명희 마리안나(고촌), 조인숙 엘리사벳(김포), 김경숙 베로니카(작전2동), 한숙희 엘리사벳(작전동), 최경숙 그라시아(장기동), 강혜숙 아녜스(주안1동), 강경희 베로니카(청수), 조미숙 에카(통진), 조성옥 모니카(하점)

여성 제 186 차

2017. 4. 20 ~ 23

봉사자 • **지도신부** | 김성만 파트리치오 • **회장** | 전종근 카타리나 • **회장후보** | 이경남 헬레나 • **총무부장** | 이현순 체칠리아 • **총무부차장** | 김명경 헬레나 • **활동부장** | 전재현 헬레나 • **활동부차장** | 김태숙 세꾼다, 김미아 소화데레사, 손정애 루치아 • **전례부장** | 안명희 엘리사벳 • **전례부차장** | 장영실 도로테아 • **음악부장** | 최명희 제르뜨루다 • **교수부장** | 문정숙 아가다 • **교수부차장** | 김복순 글라라 • **외부강사** | 김경희 리따

성녀 세실리아 분단 황복례 로사(강화), 이증숙 마가렛(계산동), 채영옥 디오니시아(김포), 서병애 데레사(박촌동), 김민정 수산나(서운동), 최민정 가브리엘라(청수), 이미경 가브리엘라(통진), 서미자 모니카(효성동)

성녀 벨라뎃다 분단 장은주 글라라(만수1동), 구자숙 프란치스카(만수2동), 김수남 루시아(만수3동), 박명옥 아녜스(부평1동), 황임선 소화데레사(부평4동), 배홍숙 카타리나(상동), 최은경 베로니카(역곡), 정호순 마리아(작전동)

성녀 가타리나 분단 원미경 마리아(모래내), 박경 데레사(연수), 서미숙 사비나(옥련동), 이순선 마리아(용현동), 정원희 엘리사벳(주안1동), 인명희 베로니카(주안5동), 박현희 안젤라(주안8동), 서은선 플로라(한국순교성인)

성녀 데레사 분단 최정자 아녜스(삼정동), 이정자 스텔라(상1동), 임순분 아가다(소사), 김현정 헬레나(심곡), 김현숙 젬마(여월동), 임순순 바올라(원미동), 유복순 안나(중1동), 이정수 카타리나(중3동)

성녀 아녜스 분단 조재희 세실리아(가좌동), 지금옥 마리아막달레나(검단동), 박혜란 아녜스(검암동), 엄혜정 데레사(마전동), 이순희 소피아(석남동), 신동화 아가다(연희동), 김영미 율리안나(원당동), 한민아 세실리아(청라)

여성 제 187 차

2017. 7. 13 ~ 16

봉사자 • **지도신부** | 김성만 파트리치오 • **회장** | 문정숙 아가다 • **회장후보** | 장광혜 스텔라 • **총무부장** | 최순애 스테파니아 • **총무부차장** | 허영채 노엘라 • **활동부장** | 이미일 프란치스카 • **활동부차장** | 민안나 요안나, 박미정 로즈마리, 오석례 사라 • **전례부장** | 김영희 스텔라 • **전례부차장** | 이영란 세실리아 • **교수부장** | 송명자 안젤라 • **교수부차장** | 김정옥 로사 • **외부강사** | 송준회 베드로, 어경진 안스가리오, 이현수 베드로, 임선모 소피아

성녀 세실리아 분단 이선희 비비안나(가좌동), 송현심 수산나(답동), 박인자 소화데레사(송림동), 박정화 말지나(연희동), 이경란 베로니카(제물포), 홍지연 레지나(청라), 허경숙 마리아(송현동), 김미란 세실리아(해안)

성녀 벨라뎃다 분단 김희자 릿따(옥련동), 남은희 소화데레사(동춘동), 최은경 크리스티나(만수3동), 김영란 프란치스카(모래내), 김정숙 젬마(주안5동), 김영미 임마누엘라(주안3동), 송인숙 헬레나(학익동), 홍미숙 마리아프란체스카(한국순교성인)

성녀 가타리나 분단 김남효 세레나(계산동), 이선영 마르첼리나(김포), 서미정 세실리아(박촌동), 이정옥 안나(사우동), 차혜련 헬레나(서운동), 김정순 스테파니아(양곡), 임문자 안젤라(운양동), 김경이 젬마(작전동)

성녀 데레사 분단 권기화 안젤라(부개동), 황정순 데레사(부평3동), 조경희 잔다르크(부평4동), 안영미 율리안나(산곡3동), 박미숙 아녜스(산곡동), 홍금자 스테파니아(삼산동), 배선옥 요셉피나(작전2동), 정영미 에밀리아나(효성동)

성녀 아녜스 분단 송은숙 데레사(검암동), 박영아 루치아(마전동), 강순자 베로니카(상1동), 홍성아 세실리아(상3동), 정인옥 도미니까(송내1동), 유덕자 안나(여월동), 유미경 글라라(역곡), 이창하 세실리아(중1동)

여성 제 188 차

2017. 10. 26 ~ 29

봉사자 • **지도신부** | 어경진 안스가리오 • **회장** | 진향영 로사리아 • **회장후보** | 이은주 루시아 • **총무부장** | 임남숙 소화데레사 • **총무부차장** | 나미경 카타리나 • **활동부장** | 최순애 스테파니아 • **활동부차장** | 김경화 프리스카, 진혜원 프란치스카, 이희숙 율리아나 • **전례부장** | 문정숙 아가다 • **전례부차장** | 장인숙 율리아 • **음악부장** | 윤선 실비아 • **교수부장** | 문경미 루시아 • **교수부차장** | 서화윤 세실리아 • **외부강사** | 김성만 파트리치오, 박유양 바오로, 김경희 리따, 강안나 마리루메나

성녀 세실리아 분단 강채숙 크리스티나(논현동), 민나영 스텔라(만수3동), 김은숙 실비아(모래내), 김미숙 루시아(부개2동), 김현혜 미카엘라(부평2동), 오명자 소화데레사(부평4동), 송경숙 마리아(용현동), 김지영 젬마(주안8동)

성녀 벨라뎃다 분단 조용주 미카엘라(상1동), 이종운 요안나(상3동), 조복남 아델라(소사), 진현숙 실비아(심곡), 강보민 스텔라(심곡본동), 박은순 세레나(역곡2동), 김태익 스테파니아(일신동), 방정분 루시아(중1동)

성녀 가타리나 분단 김연선 로사(갈산동), 편의숙 세실리아(계산동), 문선정 소화데레사(김포), 김정자 크리스티나(불로동), 성숙 스텔라(서운동), 김지용 아녜스(운양동), 여지영 리디아(풍무동), 박현열 루치아(효성동)

성녀 데레사 분단 김민경 아녜스(답동), 최순자 엘리사벳(송림동), 박혜숙 카타리나(신천), 김영옥 소피아(영종), 이돈혜 마리아(영흥), 강경자 효주아녜스(옥련동), 김미량 마리아(청학동), 이은희 크리스티나(한국순교성인)

성녀 아녜스 분단 전희진 아나스타시아(가좌동), 백갑인 수산나(검단동), 장원자 마리아(마전동), 유영숙 베네딕따(삼산동), 도현경 세라피나(석남동), 이혜현 세실리아(연희동), 김수연 아나스타시아(원당동)

여성 제 189 차

2018. 3. 8 ~ 11

봉 사 자 • **지도신부** | 이성만 시몬 • **회장** | 이은주 루시아 • **회장후보** | 장광혜 스텔라 • **총무부장** | 조성숙 아가다 • **총무부차장** | 김미아 소화데레사 • **활동부장** | 김금희 소화데레사 • **활동부차장** | 진선미 미카엘라, 박연숙 에스텔, 박주란 세라피나 • **전례부장** | 백윤옥 마리아 • **전례부차장** | 김복순 글라라 • **교수부장** | 이미일 프란치스카 • **교수부차장** | 손정애루 치아 • **외부강사** | 이현수 베드로, 어경진 안스가리오, 황성재 미카엘, 임선모 소피아

성녀 세실리아 분단 문영미 아가다(구월1동), 황유순 솔란지아(만수1동), 정경화 미카엘라(만수3동), 장순아 루치아(송림동), 박정예 엘리사벳(제물포), 이정애 안나(주안1동), 김현자 요셉피나(주안3동), 이영애 헬레나(주안8동)

성녀 벨라뎃다 분단 엄명숙 루치아(갈산동), 정희선 에스텔(동춘동), 최영란 율리엣다(부평2동), 이현숙 베로니카(부평3동), 김진분 소화데레사(부평4동), 윤영순 올리바(산곡3동), 이복희 스테파니아(옥련동), 이미현 요안나(한국순교성)

성녀 가타리나 분단 정조양 요안나(상1동), 남은서 글라라(소사), 정은아 로사(송내1동), 조분례 마리아(신천), 김정자 아녜스(심곡), 송은진 헬레나(심곡본동), 권나영 스콜라스티카(역곡), 박경화 아가다(역곡2동)

성녀 데레사 분단 고미영 글라라(가좌동), 이유정 플로라(고강동), 여은주 엘리사벳(마전동), 신희정 젬마(여월동), 박명서 루치아(연희동), 오순자 율리아나(원종2동), 강옥자 카타리나(중2동), 박선옥 마리나(중3동)

성녀 아녜스 분단 윤영희 로사리아(계산동), 이혜경 헬레나(고촌), 김진숙 안나(김포), 김경희 글라라(박촌동), 한성림 젬마(서운동), 윤광순 마리아(작전2동), 김기정 소피아(작전동), 정애숙 데레사(효성동)

여성 제 190 차

2018. 5. 10 ~ 13

봉 사 자 • **지도신부** | 전대희 바울로 • **회장** | 안명희 엘리사벳, 최순애 스테파니아 • **회장후보** | 전종근 카타리나 • **총무부장** | 전재현 헬레나 • **활동부장** | 안향임 세실리아 • **활동부차장** | 송명자 안젤라, 김태숙 세꾼다, 서양희 미카엘라 • **전례부장** | 김명경 헬레나 • **전례부차장** | 허영채 노엘라 • **교수부장** | 김영희 스텔라 • **교수부차장** | 이현순 체칠리아 • **외부강사** | 송준회 베드로, 박규남 마티아, 송기철 이사악, 이경남 헬레나

성녀 세실리아 분단 이미경 가타리나(김포), 김미영 미카엘라(불로동), 황영숙 아녜스(사우2동), 주민희 요세피나(사우동), 우진경 요안나(연희동), 이미란 아나다시아(운양동), 이숙희 데메트리아(풍무동), 이귀연 안젤라(하점)

성녀 벨라뎃다 분단 김연옥 데보라(고잔), 오춘희 스테파니아(대야동), 한선숙 마리나(만수2동), 진효서 마리아(산곡3동), 이영숙 율리안나(산곡동), 채희순 율리안나(십정동), 이민자 크리스티나(은행동),김미향 안젤라(부평1동)

성녀 가타리나 분단 박해순 가브리엘라(선학동), 이금옥 스텔라(숭의동), 김은숙 로사(옥련동), 공미영 루피나(주안1동), 안인숙 데레사(주안5동), 이희자 아가파(주안8동), 이순자 율리엣타(청학동), 최향남 안젤라(한국순교성)

성녀 데레사 분단 엄순희 마리안나(검단동), 정명례 루시아(계산동), 정시향 엘리사벳(마전동), 최영서 로사(삼산동), 박경심 세레나(서운동), 이정순 리오바(영종), 황성덕 마리아(원당동), 이조순 베로니카(작전동)

성녀 아녜스 분단 신혜원 엘리사벳(고강동), 정순자 스텔라(삼정동), 양삼일 글라라(상1동), 송길순 젬마(소사) 임채임 베로니카(송내1동), 손숙진 아가다(여월동), 김정숙 모니카(역곡), 손수자 실비아(중1동)

여성 제 191 차

2018. 8. 30 ~ 9. 2

봉 사 자

• **지도신부** | 전대희 바울로 • **회장** | 문정숙 아가다 • **회장후보** | 이경남 헬레나 • **총무부장** | 나미경 카타리나 • **총무부차장** | 문경미 루시아 • **활동부장** | 민안나 요안나 • **활동부차장** | 진혜원 프란치스카, 정송혜 크리스티나 • **전례부장** | 임남숙 소화데레사 • **전례부차장** | 조미숙 글라라 • **음악부장** | 윤선 실비아 • **음악부차장** | 서화윤 세실리아 • **교수부장** | 김영옥 엘리사벳 • **교수부차장** | 박미정 로즈마리 • **외부강사** | 이현수 베드로, 김영희스텔라, 강안나 마리루메나

성녀 세실리아 분단

서경숙 모니카(가정동), 김정숙 루피나(가좌동), 장윤주 마리스텔라(검암동), 곽영신 마리안나(순교자의 모), 이종분 마리아(연수), 최명례 세실리아(연희동), 이명덕 헬레나(영종), 최은희 엘리사벳(오류동), 신진숙 안젤라(한국순교성인)

성녀 벨라뎃다 분단

조성희 아가페(고강동), 김명심 아녜스(상1동), 박은영 헬레나(상3동), 안종옥 수산나(상동), 정은주 아델라(역곡), 백남순 아녜스(역곡2동), 이순자 글라라(원미동), 강희정 카타리나(중2동)

성녀 가타리나 분단

이순형 바울라(부개2동), 최성수 로사(부개동), 조현숙 안나(부평2동), 오순옥 글라라(부평3동), 박명옥 소화데레사(부평4동), 도영희 카타리나(산곡3동), 이금옥 프란치스카(산곡동), 한순희 엘리사벳(십정동)

성녀 데레사 분단

구월란 레온시아(구월1동), 강주형 스텔라(만수1동), 전미화 율리아빌리아르(만수3동), 진미경 안나(소래포구), 김순란 데레사(숭의동), 김매실 마리안나(제물포), 최미경 요셉피나(주안3동), 김상미 계임막달레나(주안8동)

성녀 아녜스 분단

김현애 마리아(강화), 김숙희 소화데레사(고촌), 김선애 미카엘라(김포), 김영식 안나(백령도), 박선주 글라라(사우동), 김재연 제노베파(운양동), 양순자 이레네(통진), 최형자 레지나(풍무동), 조은경 루시아(효성동)

여성 제 192 차

2018. 11. 1 ~ 4

봉 사 자

• **지도신부** | 황성재 미카엘 • **회장** | 진향영 로사리아 • **회장후보** | 이은주 루시아, 김정옥 로사 • **총무부장** | 이영란 세실리아 • **총무부차장** | 김신영 베레나 • **활동부장** | 김명숙 안나 • **활동부차장** | 김정순 엘리사벳, 이남희 글라라, 김진이 안젤라 • **전례부장** | 김금주 헬레나 • **전례부차장** | 배지윤 이르미나 • **교수부장** | 김경화 프리스카 • **교수부차장** | 조미미 헬레나 • **외부강사** | 전대희 바울로, 송기철 이사악, 양성일 시메온, 윤선 실비아, 김영희 스텔라

성녀 세실리아 분단

이미경 프란체스카(가좌동), 이상복 율리안나(검단동), 유경순 마리아(마전동), 남기정 마리아(불로동), 최정옥 수산나(연희동), 최애정 세실리아(영종), 김선여 가타리나(오류동), 이미경 카타리나(청라)

성녀 벨라뎃다 분단

김순희 소화데레사(갈산동), 이숙희 카타리나(계산동), 김영미 소화데레사(부평4동), 노영주 안나(산곡3동), 유옥명 유스티나(서운동), 심순섭 마르티나(작전2동), 김선미 루피나(청수), 이미경 다니엘라(풍무동)

성녀 가타리나 분단

홍미희 릿다(상동), 전춘례 실비아(소사본3동), 김헬렌 헬레나(심곡), 김미영 리드비나(원미동), 박경숙 비르짓다(원종2동), 김은희 안젤라(중1동), 김종현 말가리다(중2동), 장순덕 아가다(중3동)

성녀 데레사 분단

조명숙 루시아(선학동), 이영화 베로니카(연수), 지수영 바울라(옥련동), 황정남 세실리아(용현동), 김민송 글라라(제물포), 이순란 빈첸시아(주안3동), 박연옥 베로니카(주안5동), 김미례 에스텔(한국순교성인)

성녀 아녜스 분단

신옥 안젤라(고잔), 김영길 파비올라(논현동), 김진옥 루시아(만수2동), 김미화 데레사(만수3동), 성미영 클라라(모래내), 이경희 요셉피나(상1동), 전연화 베로니카(십정동), 박세실 리아세실리아(영흥), 이용미 엘리사벳(은행동)

제3장

인천교구 꾸르실료 체험 성직자 명단

성 명	세례명	차수
가경웅	젤마노	152
강근신	미카엘	8
강성욱	마태오	1
강성욱	스테파노	182
강성표	프란치스코	170
강영식	바오로	86
강용운	시몬	1
강윤희	토마스아퀴나스	79
강의선	힐라리오	3
강진영	바오로	0
고동수	바오로	138
고동현	노엘	66
고을식	토마스	110
권제랄드	제랄드	11
김기태	사도요한	107
김기현	세례자요한	180
김대선	안드레아	139
김대우	베드로	156
김덕원	토마	143
김동건	바오로	158
김동성	루카	192
김동영	가롤로 르왕가	164
김동철	토마스	91
김미카엘	미카엘	129
김민수	프란치스코	190
김민중	안드레아	145
김범일	베드로	128
김병상	필립보	5
김보성	베드로	143

성 명	세례명	차수
김복기	야고보	129
김부민	베드로	139
김상용	힐라리오	2
김상우	토마스	166
김선명	요셉	159
김성만	파트리치오	128
김성수	바오로	164
김성수	토마스	164
김성수	스테파노	176
김성진	베드로	147
김수철	바오로	160
김수현	요셉	160
김영욱	요셉	70
김용환	세례자요한	15
김웅래	요셉	139
김원영	프란치스코	181
김윤석	바오로	117
김일회	빈첸시오	159
김재섭	요한 마리아 비안네	73
김재영	요셉	124
김재영	로벨도	12
김재욱	사도요한	113
김재현	도미니코	195
김정수	사도요한	151
김정원	스테파노	198
김종기	요셉	78
김종민	세례자요한	159
김종학	바오로	18
김준석	멜키올	108

성 명	세례명	차수
김준태	요셉	103
김중훈	멜키올	71
김지훈	토마스 아퀴나스	117
김지훈	펠릭스	169
김창재	다미아노	32
김태헌	요셉	104
김태현	마태오	153
김태환	요셉	120
김학선	아우구스티노	171
김학신	야고보	165
김혁중	제노	187
김혁태	사도요한	98
김현석	야곱	157
김현수	도마	174
김형찬	가브리엘	161
김효근	야고보	150
나기원	미카엘	170
나길모	굴리엘모	2
나범율	토마스 데 아퀴노	153
나병식	대건안드레아	156
남상범	세례자요한	151
노동한	베네딕도	83
노세현	마티아	1
노형호	실베리오	122
도요섭	요셉	87
라현준	베드로	155
류범선	루치오	198
류성수	보스꼬	83
문태원	아오스딩	46

성 명	세례명	차수
민경덕	베드로	185
민영환	토마스모어	141
박광선	베드로	108
박규남	마티아	145
박락군	사도요한	144
박병훈	요셉	101
박복남	요셉	18
박성경	시몬	166
박성규	베네딕도	1
박성빈	라파엘	186
박성수	사도요한	170
박영배	루카	174
박요환	세례자요한	132
박유양	바오로	155
박유진	바오로	73
박임호	마티아	151
박제성	요셉	133
박진양	베드로	196
박찬용	사도요한	20
박창목	바르톨로메오	55
박형순	바오로	192
박희중	안드레아	121
방성수	야고보	192
방호일	로마노	106
배효식	바오로	157
배희준	요셉	171
백민기	클레멘스	195
백승재	베네딕토	134
빙상섭	바오로	107

성 명	세례명	차수
서상범	토마	43
서성만	베드로	140
설립안	헨리코	3
설요한	요한	64
성제현	루카	102
손광배	도미니코	97
손동훈	요한세례자	174
손정혁	사도요한	140
손해락	멜키올	129
송기철	이사악	142
송재훈	마르코	148
송주석	안셀모	10
송준회	베드로	127
송찬	요셉	159
송태일	안셀모	149
송형훈	세자요한	144
신교선	가브리엘	15
신대근	마르코	136
신동민	스테파노	155
신동환	바오로	107
신일섭	아우구스티노	166
신형학	대건안드레아	195
심재형	세자요한	65
안규도	도미니코	17
안규태	베네딕토	147
안상윤	에밀리오	147
안현철	안토니오	47
양성일	시메온	157
양영길	토마스	166

성 명	세례명	차수
양영진	하상바오로	0
양정환	대건안드레아	174
양주용	바오로	133
어경진	안스가리오	148
염상민	베드로	168
오경환	프란치스코	58
오상민	마르코	127
오세현	루치아노	181
오용호	세베리노	47
오학준	요한	170
오혁환	아벨	176
유두환	프란치스코	181
유봉철	베드로	83
유수영	아브라함	161
유승경	이사악	116
유승학	마티아	162
유시명	도미니코	144
유영욱	프란치스코	151
유영진	루가	110
유영훈	토마스데아퀴노	54
유종선	시몬	183
유창우	암브로시오	156
윤경섭	요한	148
윤성균	가브리엘	51
은성제	요셉	157
이경일	토마스	128
이근일	마태오	86
이근창	프란치스코	10
이덕상	비오	34

성 명	세례명	차수
이덕진	가브리엘	29
이민재	안드레아	196
이민주	요한	31
이범석	아오스딩	108
이병근	대건안드레아	195
이상희	마르띠노	109
이석재	T.아퀴나스	15
이성득	요셉	48
이성만	시몬	102
이승남	스테파노	181
이영재	대건안드레아	72
이완희	스테파노	89
이용권	베드로	63
이용옥	요한보스코	145
이용현	베드로	196
이우진	요셉	169
이윤하	노르베르토	35
이인수	힐라리오	195
이재규	베드로	122
이재천	프란치스코	118
이재학	안티모	120
이정	젤마노	160
이종승	빈첸시오	84
이준희	마르코	18
이찬우	요셉	0
이춘일	분도	89
이춘택	야고보	101
이치국	히지노	102
이학노	요셉	11

성 명	세례명	차수
이현수	베드로	141
이현수	바오로	153
이현창	안드레아	165
이홍일	토마	122
이효민	시몬	170
인만희	마누엘	55
임기선	요셉	63
임성환	바오로	162
임현택	안드레아	111
장기용	세례자요한	134
장동수	야고보	88
장동훈	빈첸시오	197
장인호	R.벨라르미노	168
장준혁	바르톨로메오	133
장태식	사도요한	56
장희성	프란치스코	144
전대희	바울로	116
정귀호	다니엘	50
정동채	대건안드레아	175
정민기	로베르또 모세	198
정병덕	라파엘	121
정병철	요셉	92
정성종	요한베르크만스	153
정윤섭	요셉	118
정윤화	베드로	12
정인상	베드로	60
정인준	바드리시오	61
정인화	야고보	73
정지원	마르코	187

성 명	세례명	차수
정하선	베드로	165
제정원	베드로	51
조명연	마태오	124
조성교	요한금구	69
조영승	빅토리노	171
조용걸	아오스딩	2
조용수	베드로	136
조호동	바오로	68
주에레미아	에레미아	7
주재효	요셉	5
지성용	가브리엘	167
진신부	야고버	2
차신부	가롤로	10
차호찬	시메온	143
채명성	미카엘	170
최경일	빈첸시오	78
최기복	마티아	7
최기산	보니파시오	41
최덕성	안토니오	158
최동건	프란치스코	170
최병학	바오로	23
최상기	레오	142
최상진	야고보	64
최솔	세베리노	191
최승진	요한금구	139
최신부	분도	2
최인비	유스티노	128
최화인	라우렌시오	158
태진우	안드레아	141

성 명	세례명	차수
한관우	가누토	91
한덕훈	스테파노	171
한산동	마르코	150
한의열	요셉	52
한재희	스테파노	174
한정수	그레고리오	122
한현철	아우구스티노	165
허홍	프란치스코	180
현명수	바오로	43
현상옥	스테파노	92
현정민	바오로	174
홍범기	베드로	12
홍성훈	시몬	163
홍승모	미카엘	78
홍종학	요사팟	1
황상근	베드로	5
황성재	미카엘	192
황성진	베드로	133
황운상	베드로	176
황인철	베드로	198
황일종	리카르도	47
황창희	알베르또	91

제4장

역대 사무국 임원 명단 및 현재임원 명단

인천교구꾸르실료 역대 담당사제

초대~2대

강의선 힐라리오

1967~1971

3대

(故)강성욱 마태오

1972 ~ 1975. 12. 31

4~5대

(故)송주석 안셀모

1976. 1. 1 ~ 1979. 3. 17

6대

최기복 마티아

1980.2.25~1983.2.20

7대

이학노 요셉

1983. 2. 21 ~ 1986. 2. 2

8~9대

정윤화 베드로

1986. 2. 12 ~ 1988. 7. 10

10대

(故)최기산 보니파시오

1987. 2. 18 ~ 1990. 2. 13

11~12대

박찬용 사도요한

1990. 2. 26 ~ 1993. 2. 12

13대

김용환 세례자요한

1993. 2. 12 ~ 1997. 10

14대

정윤화 베드로

1997. 11 ~ 1999. 10

15대

조호동 바오로

1999. 11 ~ 2001. 8. 31

16~17대

현명수 바오로

2001. 9. 1 ~2004. 12. 5

17~18대

최상진 야고보

2004. 12. 6 ~2008. 1. 13

19대

안규태 베네딕도

2008. 1. 14 ~2009. 2. 4

19~20대

정윤섭 요섭

2009. 2. 5 ~ 2013. 1. 21

21대

김현수 도마

2013. 1. 22 ~ 2014. 1. 12

22~23대

김성만 파트리치오

2014. 1. 13 ~ 2018. 1. 14

23대

전대희 바울로

2018. 1. 15 ~ 2019. 1. 14

24~25대

이용현 베드로

2019. 2. 8 ~ 현재

인천교구꾸르실료 역대 사무국 임원

1대임원 1969~1971	• **지도신부**/강의선 힐라리오 • **주간**/오춘근 안셀모 • **총무부장**/안정환 요셉 • **교수부장**/노 바오로 • **신심부장**/이 스테파노 • **활동부장**/조요한 • **음악부장**/조태진요셉
2대임원 1969~1971	• **지도신부**/강의선 힐라리오 • **주간**/노영택 바오로 • **총무부장**/안정환 요셉 • **교수부장**/조태진 요셉 • **신심부장**/박봉식 방지거 • **활동부장**/서원모 도마
3대임원 1974.4.15~ 1976.11.14	• **지도신부**/강성욱 마태오 • **주간**/노영택 바오로 • **총무부장**/박영호 베드로 • **교수부장**/이순우 아오스딩 • **신심부장**/조태진 요셉 • **출판부장**/서원모 도마 • **활동부장**/채인국 타니엘 • **지방부장**/조성근 요한 • **음악부장**/황종옥 안토니오
4대임원 1976.11.14 ~1978	• **지도신부**/송주석 안셀모 • **주간**/전희창 토마스 • **총무부장**/박상철 아담 • **교수부장**/심혁진 바오로 • **신심부장**/김주원 아오스딩 • **활동부장**/양인용 헨리코 • **지방부장**/박영철 첼리스티노 • **여성부장**/구갑순 데레사 • **음악부장**/황종옥 안토니오
5대임원 1979 ~1980	• **지도신부**/송주석 안셀모 • **주간**/박영철 첼리스티노 • **부주간**/정종원 다미아노, 구갑순 데레사 • **총무부장**/박상철 아담 • **차장**/함재수 빅돌, 김춘자 카타리나 • **교수부장**/심혁진 바오로 • **차장**/한형식 요셉, 김혜순 헬레나 • **신심부장**/김정대 마르꼬 • **차장**/김진원 바오로, 석영란 로사리아 • **활동부장**/박제근 야고버 • **차장**/태민웅 바오로, 윤송자 헬레나 • **조직부장**/배영연 글레도 • **차장**/이광하 알렉스, 이대평 바리시다 • **음악부장**/황종옥 안토니오 • **차장**/서원모 도마, 남 경우 안나(1980.2.3) • **활동부장**/이길우 마태오 • **신심부차장**/홍윤표 시몬
6대임원 1981~1983. 2	• **지도신부**/최기복 마티아 • **주간**/박영철 체리스티노 • **부주간**/최일 요한, 문정자 마리안나(1982.1.15) • **총무부장**/박상철 아담 • **차장**/김연욱 레오파노, 안순자 벨베뚜아 태민웅 바오로(1982.1.15) • **교수부장**/이길우 마태오 • **차장**/허문영 바오로, 박호숙 모니카 • **신심부장**/홍윤표 시몬, 한형식 요셉(1982.1.15) • **차장**/서영배 베네딕도, 구순자 헬레나 • **출판부장**/한종오 베드로 • **차장**/태민웅 바오로, 구자룡 시몬(1982.1.15), 김신자 카타리나, 최미순 수산나(1982.1.15) • **활동부장**/김정대 마르코 • **차장**/박용호 안셀모, 이정자 안나, 석영란 로사리아(1982.1.15) • **조직부장**/한형식 요셉, 홍윤표 시몬(1982.1.15) • **차장**/김창진 요한, 서예석 가밀라 • **음악부장**/황종옥 안토니오 • **차장**/우희탁 안드레아, 박호섭 미카엘, 매평임 데레사
7대임원 1983.3.19 ~1986	• **지도신부**/이학노 요셉 • **주간**/노병건 스테파노 • **부주간**/김연욱 레오파노, 문정자 마리안나 • **총무부장**/박상철 아담 • **차장**/문명진 노렌조, 안순자 벨베뚜아 • **교수부장**/이규달 안드레아 • **차장**/정신건 요한, 박호숙 모니카 • **신심부장**/태민웅 바오로 • **차장**/이명지 라파엘, 표정자 데레사 • **출판부장**/정진철 베드로 • **차장**/홍사술 스테파노, 유영자 마리아 • **활동부장**/서영배 분도 • **차장**/오용선 야고버, 김종욱 수산나 • **조직부장**/유흥수 요한 • **차장**/양광일 아오스딩, 이영자 네오니아 • **음악부장**/고인섭 가스발 • **차장**/차재영 에지도, 최정인 데레사
8대임원 1986.3 ~1987.2	• **지도신부**/정윤화 베드로 • **주간**/김태정 안드레아 • **부주간**/김연욱 데오파노, 박상철 아담, 문정자 마리안나 • **총무부장**/태민웅 바오로 • **차장**/김효풍 안또니오, 민경춘 고렛다 • **교수부장**/이규달 안드레아 • **차장**/정신건 요한, 방희자 카타리나 • **신심부장**/이명지 라파엘 **차장**/김용석 프란치스코, 표경자 데레사 • **출판부장**/유영자 마리아 • **차장**/이영숙 헬레나, 박호숙 모니카 • **활동부장**/문병진 라우렌시오 • **차장**/장용범 요셉, 조송죽 마리아 • **조직부장**/강한영 요셉 **차장**/차재영 에지도, 이영자 네오니아 • **음악부장**/황준근 요셉 • **차장**/고인섭 가스발, 최정인 데레사

9대임원 1987.3.17 ~1989.4	• **지도신부**/정윤화 베드로 • **주간**/이규달 안드레아 • **부주간**/강한영 요셉, 유영자 마리아 • **총무부장**/이명지 라파엘 • **차장**/임종택 요셉 • **교수부장**/홍사술 스테파노 • **차장**/방희자 카타리나 • **신심부장**/곽하영 야고버, 조상복 레오도모 • **차장**/오상희 세레나 • **출판부장**/박호숙 모니카 • **차장**/이영숙 헬레나 • **활동부장**/박신준 루까 • **차장**/최순옥 아가다 • **음악부장**/황준근 요셉 • **차장**/고인섭 가스발
10대임원 1989.5.2~ 1991.1	• **지도신부**/최기산 보니파시오 • **주간**/이규달 안드레아 • **부주간**/강한영 요셉, 문정자 마리안나 • **총무부장**/이명지 라파엘 • **차장**/안동욱 요아킴 • **교수부장**/정신건 요한 • **차장**/방희자 카타리나 • **신심부장**/태민웅 바오로 • **차장**/백금자 세실리아 • **출판부장**/신현대 라자로 • **차장**/박호숙 모니카 • **활동부장**/두현풍 사무엘 • **차장**/한치영 마태오, 송미령 안젤라 • **음악부장**/장용범 요셉 차장/정경애 미카엘라, 오명자 베로니까(1990.8.28)
11대임원 1991.2.26 ~1991.12	• **지도신부**/박찬용 사도요한 • **주간**/신현대 라자로 • **부주간**/민용규 라이문도, 문정자 마리안나 • **총무부장**/한동욱 요아킴 • **차장**/한치영 마태오, 박호숙 모니카 • **교수부장**/임종택 요셉 차장/권회숙 이멜다 • **신심부장**/이정희 아브라함 • **차장**/오명자 베로니카 • **출판부장**/유영자 마리아 • **차장**/홍순이 막달레나 • **활동부장**/이재문 요한 • **차장**/고환석 아오스딩, 이정희 요안나, 성정희 데레사 • **음악부장**/장용범 요셉 차장/방희자 카타리나
12대임원 1992.1.17 ~1993.10	• **지도신부**/박찬용 사도요한 • **주간**/임종택 요셉 • **부주간**/이정희 아브라함, 태민웅 바오로(1992.8.24)박호숙 모니카, 문정자 마리안나(1993.6.9) • **총무부장**/한동욱 요아킴 • **차장**/한치영 마태오, 차귀환 세바스띠아노(1992.8.24)이연숙 안나, 김혜련 아녜스(1992.8.24) • **교수부장**/이재문 사도요한, 용혜숙 비아(1992.8.24) • **차장**/권회숙 이멜다, 곽상태 요한(1992.8.24) • **신심부장**/태민웅 바오로, 한치영 마태오(1992.8.24) • **차장**/오명자 베로니카, 안창모 실베스텔(1992.8.24)정정은 첼리나 • **출판부장**/유영자 마리아, 강귀경 데레사(1992.8.24) • **홍보부장**/정성희 원선시오(1993.3) • **차장**/ 유재형 안드레아(1993.3.28) • **활동부장**/고환석 아오스딩 • **차장**/안창모 실베스텔, 서인수 미카엘(1992.8.24), 김동언 스테파노(1992.8.24), 이정희 요안나, 성정희 데레사 • **음악부장**/장용범 요셉 차장/방희자 카타리나 1992.8.24., 백영순 루시아, 오봉순 요안나(1992.8.24) 박상환 분도 • **음악부 요원**/차재영 에지도, 장용범 요셉, 박상환 분도, 김광우 야고보, 노동호 바오로, 김인섭 야고보, 이영세 프란치스코, 두현풍 사무엘, 조성무 바오로, 오봉순 요안나
13대임원 1993.11 ~1995.4	• **지도신부**/김용환 세자요한 • **주간**/신현대 라자로 • **부주간**/이재문 사도요한, 방희자 카타리나 • **총무부장**/고환석 아오스딩 • **차장**/김동언 스테파노, 성정희 데레사 • **교수부장**/민용규 라이문도, 문정자 마리안나(1994.9) • **차장**/이현배 미카엘,배경자 그라시아 • **신심부장**/서인수 미카엘 • **차장**/정영희 토마스, 안경숙 로사 • **홍보부장**/유재형 안드레아 • **차장**/이연숙 안나 • **행사부장**/곽호은 미카엘, 신창섭 바오로(1994.4.14) • **차장**/신창섭 바오로,김용태 아오스딩(1994.7) 유병조 도밍고(1994.9) 김정순 리나 • **기획조직부장**/한동욱 요아킴 • **차장**/유병조 도밍고, 문정자 마리안나 • **재정부장**/정정은 첼리나,민재홍 히야친또(1995.4) • **차장**/권순향 수산나 • **음악부장**/이영세 프란치스코 • **차장**/백영순 루시아
14대임원 1997.11 ~1999.11	• **지도신부**/정윤화 베드로 • **담당수녀**/정재희 데레지아 • **주간**/이재문 사도요한 • **부주간**/이종갑 바오로, 방희자 카타리나 • **총무부장**/민재홍 히야친토 • **차장**/정기회 요셉, 이인숙 마리아 • **신심부장**/방진환 안드레아 • **차장**/김정순 리나 • **교수부장**/태민웅 바오로 • **차장**/임홍빈 아오스딩, 홍종자 크리스티나 • **조직부장**/고중섭 요셉 • **차장**/서애숙 데레사 • **행사부**

인천교구꾸르실료 역대 사무국 임원

장/한동욱 요아킴 • **차장**/김현원 시몬, 이석훈 바오로, 허숙 데레사 • **재정부장**/함효은 요셉 차장/용혜숙 비아 • **홍보부장**/유재형 안드레아 • **차장**/이연숙 안나 • **음악부장**/차재영 에지도 • **차장**/백영순 루시아 • **여성부장**/신민자 데레사 • **차장**/이한화 안나

15대임원
1999.11
~2001.11

• **지도신부**/조호동 바오로 • **지도수녀**/안명란 리노 • **고문**/신현대 라자로, 이재문 사도요한, 문정자 마리안나, 방희자 카타리나 • **주간** 이종갑 바오로 • **부주간**/민재홍 히야친토, 신민자 데레사 • **총무부장**/박호식 마티아 • **차장**/최혜숙 율리아 • **신심부장**/태민웅 바오로 • **차장**/우영애 카타리나, 김성철 필립보, 김수남 미카엘 • **교수부장**/한동욱 요아킴 • **차장**/정경애 미카엘라, 이연숙 안나 • **조직부장**/방노준 베드로 • **차장**/김만례 세시리아 • **행사부장**/고중섭 요셉 • **차장**/이형석 안셀모, 이명수 요셉, 윤경옥 사비나 • **재정부장**/이정희 스테파노 • **차장**/김인옥 베르다 • **홍보부장**/최경식 요셉 • **음악부장**/고인섭 가스발 • **차장**/이안순 데레사 • **여성부장**/임소연 마리아 • **차장**/이인숙 마리아

16대임원
2001.9
~2004.1

• **지도신부**/현명수 바오로 • **주간**/이종갑 바오로 자문위원/신현대 라자로, 이재문 사도요한, 문정자 마리안나, 방희자 카타리나 • **수석 부주간**/태민웅 바오로 • **부주간**/함효은 요셉, 신민자 데레사 • **총무부장**/박호식 마티아 • **차장**/김광 미카엘, 남기환 마태오 • **신심부장**/김성철 필립보 • **차장**/최익기 요셉, 최혜숙 율리아, 전태석 요한 • **교수부장**/홍성환 돈보스코 • **차장**/배경자 그라시아, 이인숙 마리아 • **재정부장**/김명훈 안드레아 • **차장**/지혜순 도미니카, 안명희 엘리사벳 • **행사부장**/고중섭 요셉 • **차장**/이명주 소화데레사, 신언수 프란치스코, 고동구 힐라리오, 이형석 안셀모, 나한례 젬마 • **조직부장**/김현원 시몬 • **차장**/김봉춘 프란치스코, 김만례 세실리아, 박상훈 베드로, 송경희 모니카 • **홍보부장**/최경식 요셉 • **차장**/채근자 소피아, 박동오 프란치스코 • **여성부장**/우영애 카타리나 • **차장**/김형옥 헬 레 나, 오광자 비비안나 • **음악부장**/고인섭 가스발 • **차장**/백영순 루시아 • **상근간사** 노영화 세실리아

17대임원
2004.1
~2004.12

• **지도신부** 최상진 야고보 • **주간**/이종갑 바오로 • **수석부주간**/태민웅 바오로 • **부주간**/함효은 요셉, 신민자 데레사 • **총무부장**/홍성환 돈보스코 • **차장**/남기환 마태오 • **신심부장**/김성철 필립보 • **차장**/최익기 요셉, 최인자 마리아, 전태석 요한 • **교수부장**/이인숙 마리아 • **차장**/최윤희 요셉 • **재정부장**/김명훈 안드레아 • **차장**/지혜순 도미니카, 김경숙 아델라, 안명희 엘리사벳 • **행사부장**/고중섭 요셉 • **차장**/신언수 프란치스코, 고동구 힐라리오, 박영철 마르띠노, 심순애 요셉피나 • **조직부장** 김현원 시몬 • **차장**/김봉춘 프란치스코, 김만례 세실리아, 박상훈 베드로 • **홍보부장**/최경식 요셉 • **차장**/강병철 베네딕도, 채근자 소피아 • **여성부장**/임선모 소피아 • **차장**/오광자 비비안나, 선용자 안나 • **음악부장**/차재영 에지도 • **차장**/백영순 루시아, 조기영 바비아노

18대임원
2006.1.1
~2006.12

• **지도신부**/최상진 야고보 • **주간**/이종갑 바오로 • **부주간**/홍성환 돈보스코, 임선모 소피아 • **총무부장**/남기환 마태오 • **차장**/박종규 루수, 류정임 데레사, 전숙랑 안젤라 • **교수부장**/방진환 안드레아 차장/이인숙 마리아, 최윤희 요셉, 이명수 요셉 • **신심부장**/김성철 필립보 • **차장**/이규진 스타니슬라오, 장영실 도로테아, 강병훈 디모테오, 최은영 리디아 • **재정부장**/김명훈 안드레아 • **차장**/김경숙 아델라, 안명희 엘리사벳, 홍해숙 세실리아 • **행사부장**/고중섭 요셉 • **차장**/조판형 사도요한, 송선자 미카엘라, 이명록 마태오 • **조직부장**/김현원 시몬 • **차장**/김만례 세실리아, 추한식 프란치스코, 박흥진 예로니모, 이은주 루시아 • **홍보부장**/황의섭 요셉 • **차장**/조형모 마태오, 이청미 소화데레사 • **여성부장**/지혜순 도미니카 • **차장**/이영자 데레사, 이준자 엘리사벳 • **음악부장**/오광섭 베드로 • **차장**/백현임 소피아 • **상근간사**/노영화 세실리아

19대임원 2007.1-2012.1	• **지도신부**/최상진 야고보, 안규태 베네딕토(2008.1.14) 정윤섭 요셉(2009.2.5) • **주간**/홍성환 돈보스코 • **부주간**/임선모 소피아, 차명식 젬마(2009.2) • **총무부장** 남기환 마태오, 류정임 데레사(2009.2) • **차장**/강병훈 디모테오, 류정임 데레사, 이은주 루시아(2009.2) • **교수부장**/이인숙 마리아 • **차장**/이명수 요셉, 박찬종 베네딕도, 이청미 소화데레사 • **신심부장**/김성철 필립보 • **차장**/박운형 프란치스코, 이숙경 율리안나, 주은희 카타리나 • **재정부장**/윤석만 요한 **차장**/김만례 세실리아, 안명희 엘리사벳, 조금순 엘라 • **행사부장**/조판형 사도요한 • **차장**/윤기원 베드로, 이명록 마태오 • **조직부장**/박종규 루수 • **차장**/천민섭 빈첸시오, 심기홍 사무엘, 박흥진 예로니모, 이종원 스테파노, 김정진 갈리스도 • **홍보부장**/황의섭 요셉 • **차장**/이효경 베드로 • **여성부장**/지혜순 도미니카, 송선자 미카엘라, 김금란 엘리사벳 • **음악부장**/박상익 갈리스도, 이동식 요한(2009.2) • **차장**/김기식 노엘, 김윤자 아녜스, 정상현 베드로(2009.2) • **상근간사**/이옥연 글라라(2009.2)
20대임원 2012.1~2013.1	• **지도신부**/정윤섭 요셉 • **주간**/김명훈 안드레아 • **부주간**/고중섭 요셉, 지혜순 도미니카 • **총무부장**/김명규 종삼요한 • **차장**/조성숙 아가다 • **재정부장**/문칠성 안젤로 • **차장**/안명희 엘리사벳, 이현순 체칠리아 • **조직부장**/천민섭 빈첸시오 • **차장**/채철수 스테파노, 옥영욱 다두 • **교수부장**/남기환 마태오 • **차장**/전종근 카타리나, 신통원 시몬 • **신심부장**/박길원 베네딕토 • **차장**/이은주 루시아 • **행사부장**/이종원 스테파노 • **차장**/신태수 베르나르도, 박진흥 프란치스코 • **홍보부장**/김경희 안나 • **차장**/한종우 에드몬드 • **음악부장**/김기식 노엘 • **차장**/윤선 실비아 • **여성부장** 주은희 카타리나 • **차장**/문정숙 아가다 • **상근간사**/이옥연 글라라
21대임원 2013.1~2014.1	• **지도신부**/김현수 도마 • **주간**/윤석만 요한 • **부주간**/남기환 마태오, 이인숙 마리아 • **총무부장**/김성철 필립보 • **차장**/홍기영 모세 • **교수부장**/이종원 스테파노 • **차장**/김금희 소화데레사 • **전례부장**/박길원 베네딕토 • **차장**/이은주 루시아 • **재정부장**/조명석 다니엘 • **차장**/문정숙 아가다, 이현순 체칠리아 • **홍보부장**/김구영 엘리지오 • **차장**/최인섭 시메온 • **행사부장**/천민섭 빈첸시오 • **차장**/박종영 사도요한 • **조직부장**/옥영욱 다두 • **차장**/정양기 아우구스티노 • **여성부장**/전종근 카타리나 • **차장**/안명희 엘리사벳 • **음악부장**/이동식 요한 차장/윤선 실비아 • **상근간사**/이옥연 글라라
22대임원 2014.1~2016.1	• **전담사제**/김성만 파트리치오 • **주간**/김명훈 안드레아 • **부주간**/고중섭 요셉, 전종근 카타리나 • **총무부장**/홍기영 모세 • **차장**/조금순 엘라 • **교수부장**/이명수 요셉 • **차장**/김금주 헬레나 • **전례부장**/김성철 필립보 • **차장**/안명희 엘리사벳, 박선욱 실바노 • **재정부장**/박정현 다윗 • **차장**/이현순 체칠리아, 최순애 스테파니아 • **홍보부장**/김구영 엘리지오 • **차장**/최인섭 시메온 홍숙주 젬마 • **행사부장**/신언수 프란치스코 • **차장**/정기태 필립보, 장진훈 베드로, 이정길 라우렌시오 • **조직부장**/정양기 아우구스티노 • **차장**/서용관 베드로, 이기성 T. 아퀴나스, 천세종 베드로 • **여성부장**/김금희 소화데레사 • **차장**/김정옥 로사 • **음악부장**/이강국 아브라함 • **차장**/이범수 대건안드레아 • **감사**/정종남 베드로 • **에스꾸엘라학교장**/방진환 안드레아 • **상근간사**/이옥연 글라라
23대임원 2016.1~2019.1	• **전담사제**/전대희 바울로(2018.1) 김성만 파트리치오 • **주간**/이인숙 마리아 • **부주간**/고동구 힐라리오, 문정숙 아가다 • **총무부장**/김계익 스테파노 • **차장**/이현순 체칠리아, 나현민 이사야 • **교수부장**/장영철 아우구스티노 • **차장**/문경미 루시아, 류형곤 대건안드레아 • **전례부장**/박선욱 실바노 • **차장**/장인숙 율리아, 양정훈 야고보 • **재정차장**/김정옥 로사, 진선미 미카엘라 • **홍보부장**/김구영 엘리지오 • **차장**/최인섭 시메온 • **행사부장**/신언수 프란치스코 • **차장**/장진훈 베드로, 송례범 마태오 • **조직차장**/김성민 에드몬드, 이태희 젤마노 • **음악부장**/오

인천교구꾸르실료 역대 사무국 임원

	문석 안드레아 • **50주년기획팀장**/천세종 베드로 • **팀원**/남기환 마태오, 모강옥 안드레아, 마재작 안토니오 • **사무장**/이옥연 글라라
24대임원 2019.1~2021.6	• **담당사제**/이용현 베드로 • **주간**/신언수 프란치스코 • **부주간**/장영철 아우구스티노, 진향영 로사리아 • **총무부장**/류형곤 대건안드레아 • **차장**/서양희 미카엘라 • **교수부장**/문경미 루시아 • **차장**/오정광 요아킴 • **전례부장**/장인숙 율리아 • **차장**/박선욱 실바노, 양정훈 야고보 • **재정부장**/김계익 스테파노 • **차장**/김정옥 로사, 진선미 미카엘라 • **홍보부장**/김구영 엘리지오 • **차장**/최인섭 시메온 • **행사부장**/장진훈 베드로 • **차장**/임은영 안나, 윤자춘 제론시오 • **조직부장**/정양기 아우구스티노 • **차장**/천민섭 빈첸시오, 박종영 사도요한 • **음악부장**/윤선실비아 • **사무장**/박정옥 데레사
25대임원 2021. 12. 현재	• **담당사제**/이용현 베드로 • **주간**/고동구 힐라리오 • **부주간**/서용관 베드로, 이미일 프란체스카 • **총무부장**/정현모 이시도로 • **차장**/박현웅 레오, 김진이 안젤라 • **교수부장**/김영희 스텔라 • **차장**/전재현 헬레나 • **전례부장**/양정훈 야고보 • **차장**/박연숙 에스텔, 김기영 안토니오 • **조직부장**/오정광 요아킴 • **차장**/김영우 미카엘, 허영채 노엘라, 김재삼 사도요한 • **행사부장**/윤치용 안드레아 • **차장**/윤진호 프란치스코 • **홍보부장**/홍숙주 젬마 • **음악부장**/윤선실비아 **사무장**/박정옥 데레사

편집후기

2021년 코로나19로 인한 갇힌 마음과 자유롭지 못한 일상으로 심신이 지쳐있었다. 그러나 무엇인가를 할 수 있다는 것이 얼마나 행복한 일인지 새삼 느껴지는 한 해였다. 인천 교구 꾸르실료 50년을 정리한다는 것은 미천한 능력으로는 커다란 산이었다. 무엇보다도 10여 년 동안 사무국에서 봉사하면서 어떻게든 정리해야 한다는 부담감은 이루 말할 수 없었다. 그저 사무국 봉사를 오래 했다는 이유로 인천교구 선배 꾸르실리스따의 꾸르실료 50년 역사를 정리한다는 것이 행여 누가 되지 않을까 두렵기도 하였다. 그러나 함께 준비한 인천교구 꾸르실료 담당 신부이신 이용현 베드로 신부님과 꾸르실료 사무국에서 함께 한 남기환 마태오 형제님, 송해용 빈첸시오 형제를 믿고 시작하였다. 50년의 역사를 들여다보니 엉켜진 실타래처럼 꼬여 있기도 하였고 그동안 놓쳐왔던 역사를 보기도 하였다. 조금 더 알찬 내용을 담으려고 노력했지만 편찬을 마냥 늦출 수가 없었다. 아쉽지만 남은 과제는 미래의 편집위원 몫으로 남긴다.

그동안 틈틈이 준비 못 한 게으름을 반성하면서 사실적이고 객관적이기를 기도하며 하느님께 맡겨드린다.

- 김구영 엘리지오

인천교구 꾸르실료가 50주년으로 다가설 무렵인 3년 전, 준비 위원들과 만나 기획을 했고 여러 자료와 사진 정리 등을 하였다. 그러나 중단해야만 하는 아픔이 있었고 시간이 흘러 COVID-19로 인해 꾸르실료도 모든 것이 정지상태가 되었다.

이러한 어려운 상황에서 2021년 초 사무국 꾸르실료 담당 사제인 이용현 베드로 신부님과 사무국 홍보부장을 역임한 김구영 엘리지오 형제님과 함께 인천교구 50년사 정리를 위한 첫발을 내딛었다.

과거에 자료들을 참고하여 50여 년의 역사를 정리한다는 것은 마음처럼 쉬운 일은 아니었다. 시냇물이 작지만 모여 큰 강을 이루듯이 그동안 사무국에서 쌓아왔던 자료들이 모이고 많은 꾸르실리스따들의 도움으로 여기까지 올 수 있었음을 감사드린다.

부족한 부분은 주님께서 채워주시리라고 믿는다. 함께 해주신 이용현 베드로 신부님, 김구영 엘리지오 형제님, 송해용 빈첸시오 형제님, 사무국 박정옥 데레사 자매님께 감사드린다.

- 남기환 마태오

편찬위원 및 편집위원 명단

편찬위원장 이용현 베드로 신부(24대, 25대 꾸르실료 담당사제)
편 집 위 원 김구영 엘리지오 (21~24대 홍보부장)
남기환 마태오 (21대 부주간)
송해용 빈첸시오페레르(검암동성당 간사)
박정옥 데레사(꾸르실료 사무국 사무장)

Nihil Obstat :
Rev. Raphael Jung
Censor Librorum
Imprimatur :
Most Rev. John Baptist JUNG Shin-chul, S.T.D., D.D.
Episcopus Dioecesanus Incheonensis
2022. 1. 5

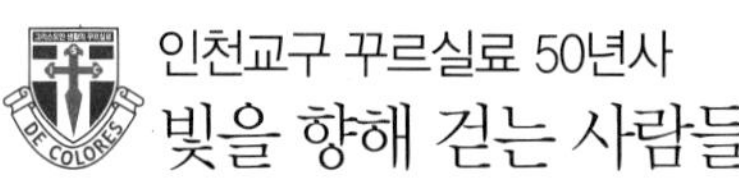

인천교구 꾸르실료 50년사
빛을 향해 걷는 사람들

초판 1쇄 인쇄 2022년 3월 3일
초판 1쇄 발행 2022년 3월 3일

펴낸이 천주교 인천교구 꾸르실료
주소 인천광역시 중구 우현로50번길 2(답동)
가톨릭사회사목센터 109호
전화 032-766-5961 **팩스** 032-766-5900

펴낸곳 쏠트라인saltline
출판등록 제452-2016-000010호

ISBN 979-11-92139-06-7 03230
값 | 30,000원